時《じ》代《だい》考《こう》証《しょう》で見る！日本の歴史

武光誠 監修

西東社

古墳時代の暮らしを伝える王の館

古墳に埋葬されている王たちは、自分たちの祖先を神とする祖霊信仰に基づいて銅鏡や剣などのさまざまな祭器を用いて祭祀を行い、その力によって人々をまとめ上げた。人々は王のもとに団結し、集落を敵の侵略から守りながら暮らしていた。特別な存在である王の館は、村人が住む集落からはやや離れた場所につくられていた。

王の館
推定復元模型
高床倉庫
民によって納められた米などの食料が蓄えられる。食料は、敵に襲われ館に立てこもるときの備蓄にもなった。
竪穴《たてあな》住居
王族や家臣が住むための住居。

写真提供：かみつけの里博物館

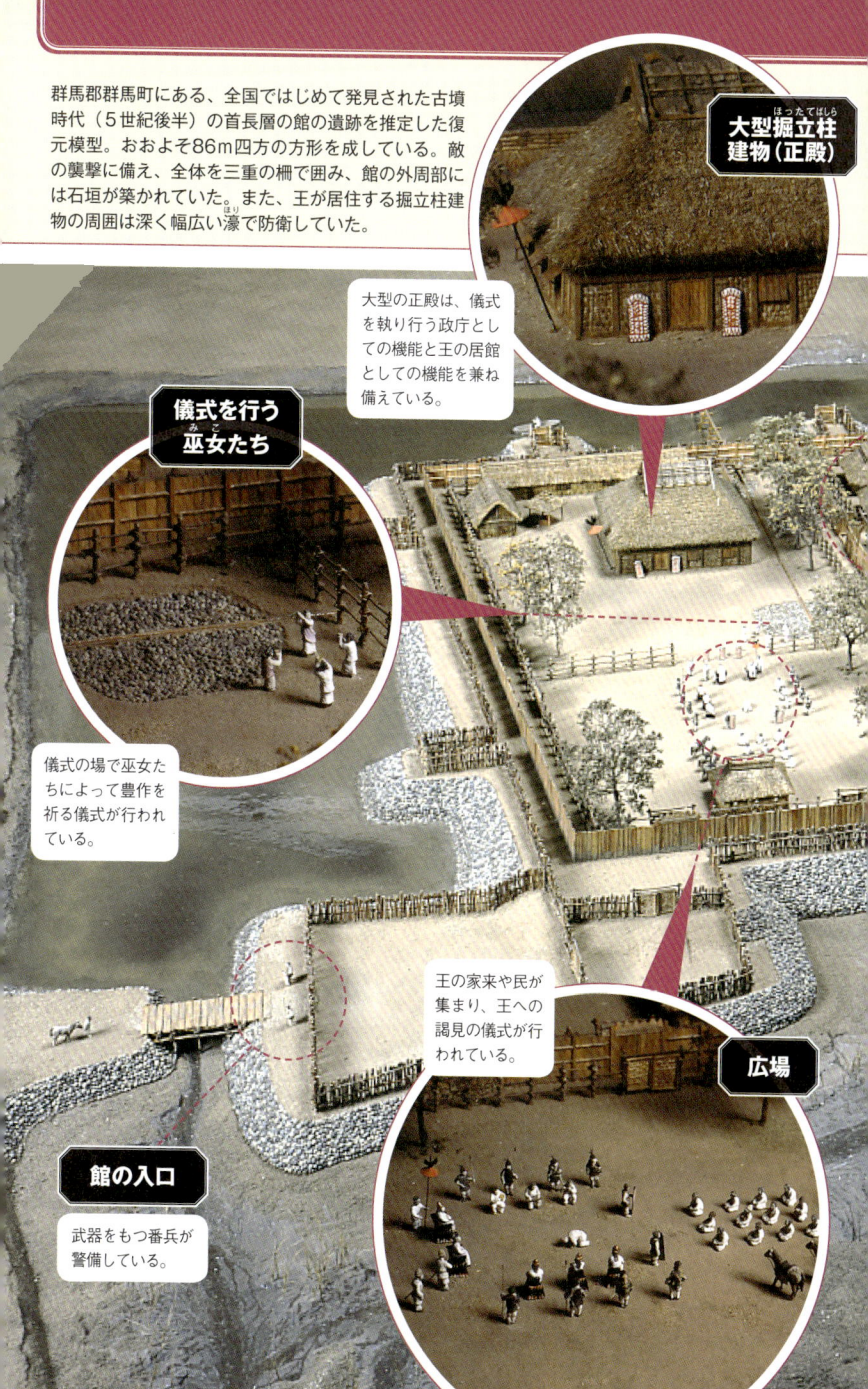

群馬郡群馬町にある、全国ではじめて発見された古墳時代（５世紀後半）の首長層の館の遺跡を推定した復元模型。おおよそ86m四方の方形を成している。敵の襲撃に備え、全体を三重の柵で囲み、館の外周部には石垣が築かれていた。また、王が居住する掘立柱建物の周囲は深く幅広い濠《ほり》で防衛していた。

大型掘立柱《ほったてばしら》建物（正殿）
大型の正殿は、儀式を執り行う政庁としての機能と王の居館としての機能を兼ね備えている。

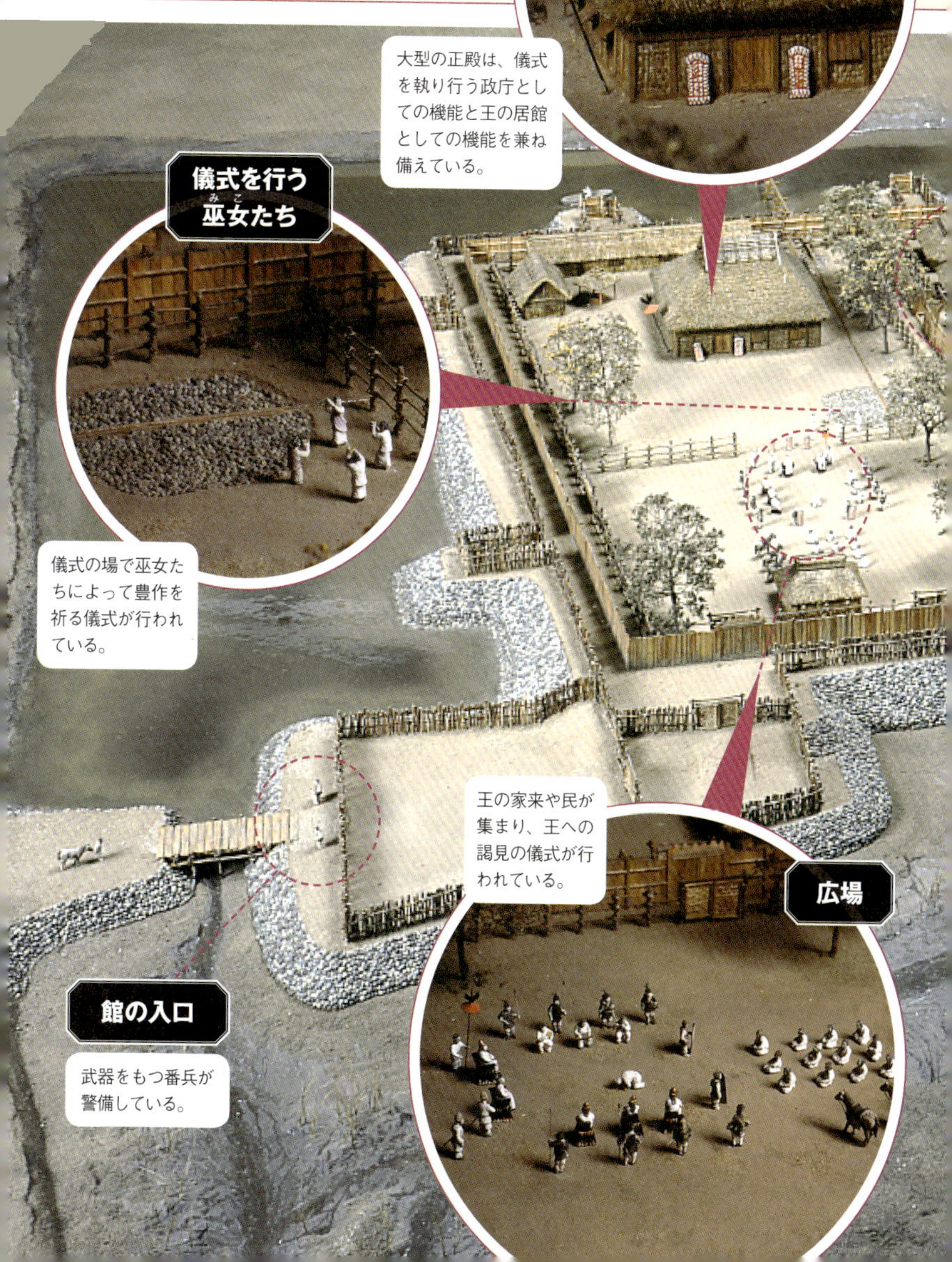

儀式を行う巫女《みこ》たち
儀式の場で巫女たちによって豊作を祈る儀式が行われている。
王の家来や民が集まり、王への謁見の儀式が行われている。
広場
館の入口
武器をもつ番兵が警備している。

古代中国の思想に基づいた高松塚古墳

高松塚古墳《たてまつづか》は、7世紀末~8世紀はじめの飛鳥時代末期につくられたと考えられる終末期の古墳で、天武《てんむ》天皇の皇子を葬った墓ではないかといわれている。

石室内部の壁には、極彩色の女子群像や男子群像が描かれ、大陸風の当時の風俗を知る貴重な資料となっている。また、壁には中国で東西南北を司る神とされる四神（朱雀のみ壁の破損により現存しない）、天子を象徴する月と太陽が描かれ、天井には天帝を意味する星座（星宿《せいしゅく》）が描かれている。これらのことから、高松塚古墳は、古代中国の思想の大きな影響のもとにつくられたと考えられている。

内部の石室は、幅が約103cm、奥行きが約265cm、高さが約113cmで、当時は漆塗りの木棺が収められていたとされる。

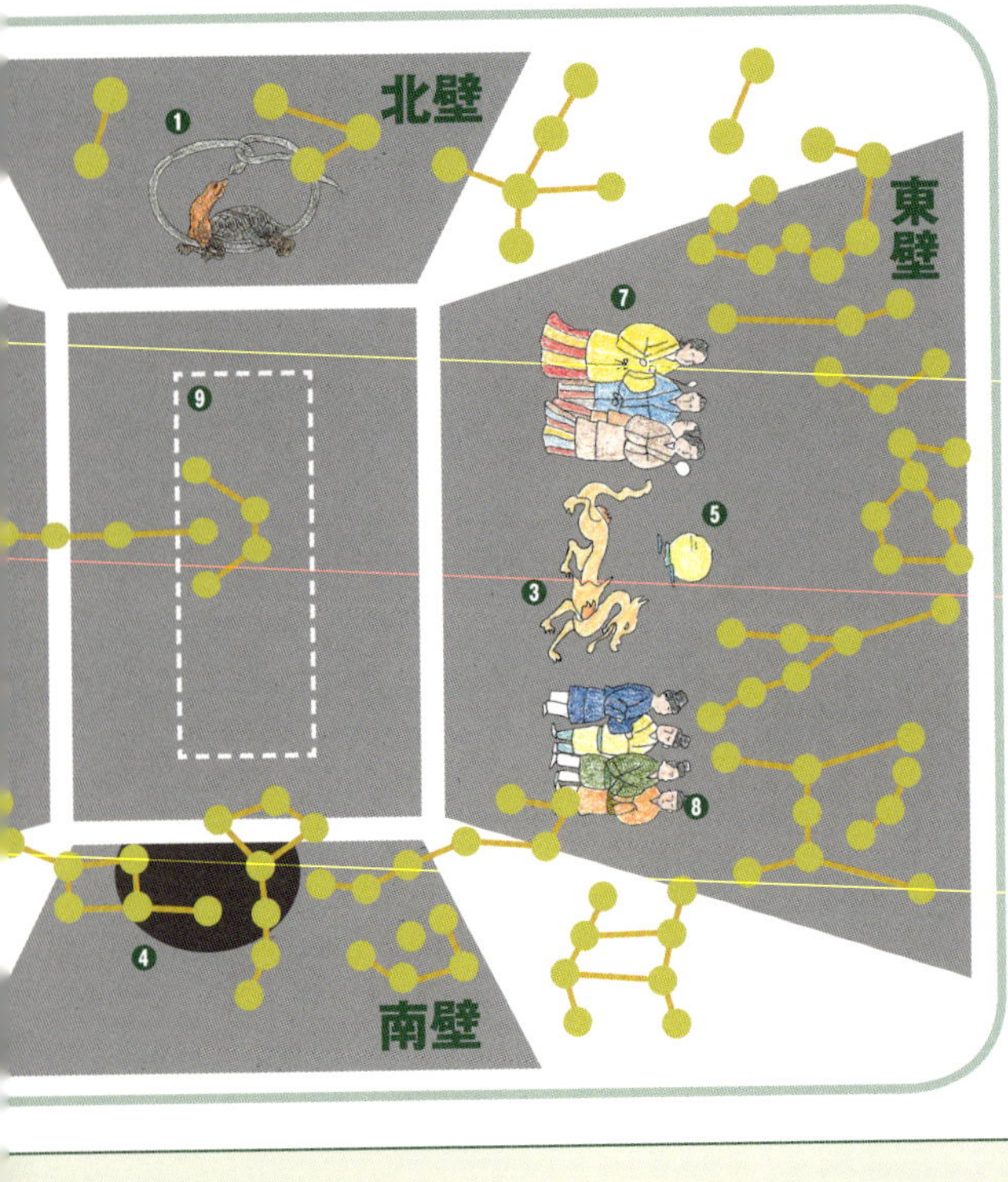

石室の再現図

❶玄武
❷白虎
❸青龍

石室の壁には四方を司る四神（神獣）が描かれている。東は青龍、北は玄武、西は白虎の壁画が現存している。

❹盗掘口

南側の壁には南を司る朱雀が描かれていたと考えられているが、盗掘などのために損傷したらしく、今は見ることができない。

❺日像《にちぞう》　❻月像《げつぞう》

東の壁の青龍の上に描かれた日像、西の壁の白虎の上に描かれた月像は、ともに方角を示すとともに、天子（皇帝）を象徴しているといわれる。

古墳外観

高松塚古墳は高さ5mの二段円墳。直径は下段が23mで上段は18m。

❼女子群像

色鮮やかな唐風の衣装に身をつつんだ４人の婦人。東西の壁に４人ずつ、合計８人の婦人が描かれている。

❽男子群像

男子の官人を描いた壁画。女子と同じく、東西の壁に４人ずつ、合計８人の官人が描かれている。

西壁
女子群像

壁画発見当初の西壁女子群像。鮮やかな色彩が残っている。歴史の教科書等でも紹介され、「飛鳥美人」というニックネームがつけられた。

❾木棺

石室の中央には、幅が約57㎝、奥行きが約202㎝の木棺が安置されていたと考えられている。

❿星宿図

石室の天井に円形の金箔を貼りつけて星を表し、星と星を朱の線でつないで星座を表している。中央には、北極五星と四鋪四星《しほしせい》で構成され、天帝の居所を意味する紫微垣《しびえん》があり、その周囲には二十八宿が描かれる。

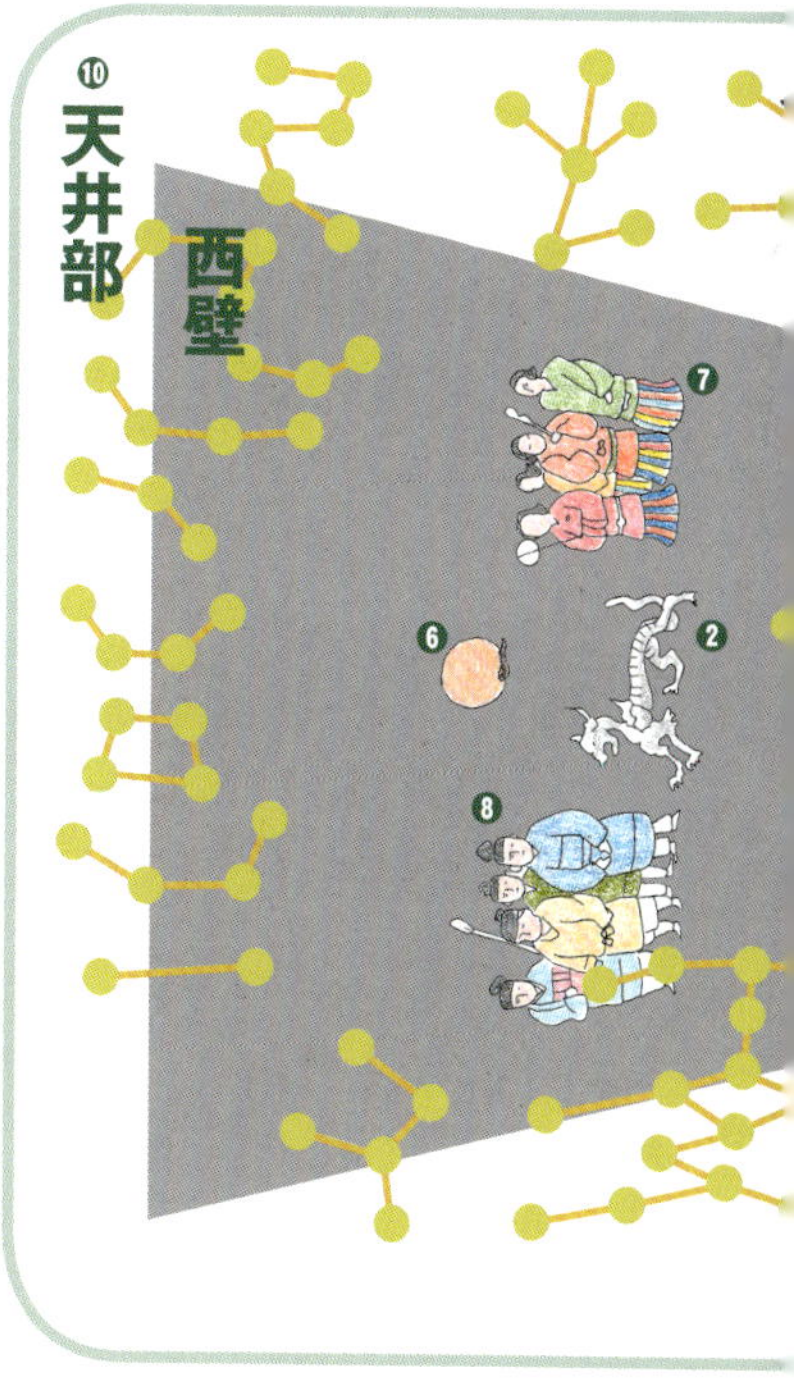

写真提供：明日香村教育委員会

生産技術の発展とともに発達した市

奈良時代から平安時代にかけては、朝廷の指定した地域以外での市の開設は禁止されていたが、朝廷の力が弱まるにつれて各地に私設の市が開かれるようになった。

鎌倉時代に入ると農業や工業の生産技術の発展に伴った生産量の増加で、市での取引がますます盛んに行われるようになった。食料品や生活用品、武具なども売られ、生活必需品の多くを手に入れることができた。

市の多くは定期市として毎月3回、特定の日に開催される「三斎市《さんさいいち》」が多かった。「四日市」「六日市」といった地名は、その地域で行われていた市の開催日が地名として残ったものである。

備前福岡の市の復元模型

時宗の開祖であり、鎌倉時代に全国を旅しながら布教を続けた僧・一遍《いっぺん》上人の活動のようすを描いた「一遍上人絵伝」に登場する、備前福岡（現在の岡山県瀬戸内市）の市を復元した模型。

①魚屋
自分で獲った魚を売っている。頼めば、その場でさばいてくれることもあった。

②米屋
米は量り売りで売られていた。

復元された
草《くさ》戸《ど》千《せん》軒《げん》の町並み

鎌倉時代から室町時代にかけて栄えた草戸千軒（現在の広島県福山市）を再現した町並み。市の日には、左側にある物売り小屋でさまざまな品物が取引された。荷を積んでやってきた船は、手前にある船着場で荷を降ろした。

写真提供：
広島県立歴史博物館

❻喧嘩

武士と僧が喧嘩をしている。人々の往来が多い市では、このようなけんかも多く見られたことだろう。

❹下駄屋

大工仕事などの合間に自分でつくった下駄を売っている。

❸反物屋

機織機で織った布地を売っている。

❺かめ屋

備前焼の大きなかめを雑然と並べて売っている。

写真提供：国立歴史民俗博物館

織田信長の野望の跡 安土城址

1579年、天下統一を目前にした織田信長《おだのぶなが》は、近江国の安土山（現在の滋賀県近江八幡市・東近江市）に安土城を築いた。当時の城の多くが防御性や実用性に主眼を置いていたのに対し、安土城は権力の象徴である天主（高層天守）を日本ではじめて設けるなど、ほかの城には見られない特殊な構造が多い。信長はすべての権力を手中にし、宗教や政治を超越した特別な存在になりたいという願いをこの城に込めたのである。

安土城の天主は、地上6階・地下1階の7層構造となっていた。完成からわずか3年で焼け落ちて以来、長い間放置されていたが、1940年の発掘により礎石が発見され、現在はほぼ発掘当時のままの姿で保存されている。

安土城址模型

伝本丸御殿跡

東西約50m、南北約34mの東西に細長い敷地は、三方を天主台、本丸取付台、三の丸の石垣で囲まれ、南方のみ開けている。発掘調査により碁盤状に配置された礎石が発見された。その配列によって、伝本丸御殿は京都御所の清涼殿に似た建造物であったと推測される。

山の上に建つ城の威容が、絵を通して伝わってくる。安土山は、現在は干拓によって周囲が陸地になっているが、当時は琵琶湖に囲まれており、水運にも恵まれていた。

『安土城図』大阪城天守閣蔵

大手道・石段に使われた石仏

石仏

大手門から天主へと続く道は広く、防御に適していない。天皇を迎えるために、このような広い道をつくったといわれている。信長は石段の一部に石仏や石像を使っている。無神論者なので気にせずに再利用したという説、寺社勢力に対する見せしめという説、神をも恐れぬ偉大さを誇示したという説などがある。

天主台跡

伝二の丸跡（御廟）
天主跡
伝黒金門跡
伝本丸跡
伝三の丸跡（名倉邸）
伝織田信忠邸跡
伝武井夕庵邸跡
旧摠見寺跡
伝羽柴秀吉邸跡
伝前田利家邸跡
大手道跡

写真提供：滋賀県立安土城考古博物館（安土城址模型）、
滋賀県教育委員会（上記以外）

江戸の風俗を写し出した浮世絵

浮世絵は江戸時代に登場した風俗画の一種である。初期のものは肉筆画や単色刷りのものが多かったが、18世紀半ばになると多色刷りのものがつくられるようになり、18世紀後半から19世紀にかけて最盛期を迎えた。浮世絵は「浮世（世の中、現代風）」という言葉通り、当時の世相や人々の趣味・嗜好などを的確に写し出しており、当時の暮らしを知る貴重な資料となっている。

❶過ぎし日の恋に思いを馳せる女性の物憂げな表情が、見事に表現されている。当時の女性は結婚するとお歯黒をし、子どもができると眉を剃った。

❷かんざしの先には耳かきがついていることが多かった。かんざしは贅沢品として禁止されていたため、耳かきを頭につけていることにしていたらしい。

❸くしは、女性が髪を結うようになった江戸時代に急速に発達し、鮮やかな装飾が描かれたものも多くつくられた。

❹燈籠鬢《とうろうびん》と呼ばれるポピュラーな髪型。髪が両側に張り出し、透けているのがわかる。

写真提供：アダチ伝統木版画技術保存財団

美人画・役者絵

『歌撰恋之部　物思恋』
喜多川歌麿作

美人画や役者絵は、現代でいえばブロマイドのようなものだった。有名な役者などはもちろん、花魁《おいらん》や遊女、町で評判の美女なども盛んに描かれた。喜多川歌麿《きたがわうたまろ》は「大首絵《おおくびえ》」という顔をアップする作風で、表情の美を追求した。

見立て絵・やつし絵

『雨夜の宮詣』鈴木春信作

中国の故事などを題材にして描いた浮世絵を「見立て絵」といった。同じようなものに、歌舞伎の演目などを当時の風俗に落とし込んだ「やつし絵」もあった。鈴木春信《すずきはるのぶ》はとくに美女を描いた見立て絵を得意とし、江戸庶民に飛ぶように売れたという。

❶『古今和歌集』の撰者としても有名な紀貫之《きのつらゆき》が、馬を下りずに蟻通明神《ありどおしみょうじん》様の前を通ったところ、神の怒りで突然雨に降られ、乗っていた馬が倒れてしまった。そこで貫之は歌を詠み、神の怒りを鎮めたという。この絵は、若い女性に置きかえて故事「蟻通明神」に見立てている。

❷提灯には、水茶屋「鍵屋」の紋が描かれている。そのことから、この絵のモデルは当時人気のあった鍵屋の看板娘、お仙という女性だということがわかる。お仙は絵のモデルになることで大変な人気を呼び、鍵屋もおおいに繁盛したという。

名所絵

『東海道五十三次之内　日本橋』
歌川広重作

歌川広重《うたがわひろしげ》の「東海道五十三次」や葛飾北斎《かつしかほくさい》の「富嶽三十六景」など、名所の風景を描いた名所絵は、気軽に旅行ができない当時の人々にとって、絵葉書や旅行パンフレットのような存在だった。

❶当時はもちろん木の橋だった日本橋。五街道の出発点でもあった。❷遠くに火の見櫓《やぐら》が見える。火事の多い江戸に、櫓は必要不可欠なものだった。❸日本橋の木戸は、七つ時（午前4時）になると開かれた。❹開門を待っていたかのように出発する大名行列。❺行列をよけながら、商売に出かける魚屋。

❺染色技術の発達で、繊細で鮮やかな柄の着物が庶民の間にも広まったが、江戸時代の終わり頃には地味な色の着物が「粋」とされて流行した。

錦絵に見る文明開化

明治政府は、それまでの鎖国による国際的な遅れを取り戻そうと、政治・経済の西洋化を積極的に推し進めた。それに伴って西洋の文化が大量に流入し、人々の生活は急速に西洋化していった。当時の風俗を描いた錦絵を見ると、人々の暮らしが西洋化していったようすがよくわかる。

東京都江戸東京博物館　Image：
東京歴史文化財団イメージアーカイブ

明治初期の町並み

明治初期の銀座通りを描いた錦絵。和洋折衷だった当時の風俗がよくわかる。

『東京開化名勝京橋石造銀座通り両側煉化石商家盛栄之図』
歌川広重(三代)作

❶レンガ造りの洋風建築。❷こうもり傘をさした男性。❸洋装の女性。このような服装は、当時の最先端だった。❹当時まだ新しい乗りものだった人力車。❺現在のバスのような乗りものだった乗合馬車。❻警察官。当時は「邏卒《らそつ》」と呼ばれていた。❼当時の主要な街頭照明だったガス灯。夕方になると、係員がひとつひとつつけて回った。

日本初の銀行

『東京海運橋兜町為換座五階造り図』歌川広重(三代)作

銀行の設立をうたった国立銀行条例の制定を受けて、1873年に日本初の商業銀行として営業を始めた第一国立銀行(現在のみずほ銀行、みずほコーポレート銀行)。5階建ての豪華な和洋折衷建築で、創業した三井組の名を取って「三井組ハウス」と呼ばれていた。

産業発展を担った内国勧業博覧会

『内国勧業博覧会　機械館の図』楊洲周延作

1877年、明治政府は産業振興のために東京・上野で第1回内国勧業博覧会を開催した。以後、内国勧業博覧会は京都や大阪などで数年おきに開催され、多くの見学者を集めた。

高速移動を可能にした鉄道の開業

『東京品川鉄道蒸気車発車之図』歌川広重(三代)作

1872年、日本初の鉄道路線が新橋ー横浜間に開通した。もっとも安い運賃でも37銭５厘で、米約10kgと同じ値段(現在の価格に換算すると3000円以上)だった。

写真提供：GAS MUSEUM がす博物館（上以外3点）

日本がつくった満洲国と南満洲鉄道

南満洲鉄道（満鉄）は、日露戦争の勝利でロシアから手に入れた東清鉄道（長春―大連間など）を運営するために1906年につくられた半官半民の会社である。設立以来、鉄道の運営のみならず、炭鉱や鉱山、港湾、ホテル事業、附属地経営（学校や病院の運営）などさまざまな事業を展開し、満洲における日本の権益を一手に握っていた。

そして、1932年に日本陸軍（関東軍）主導のもとで傀儡《かいらい》国家である満洲国が樹立された後も、終戦までその経済を支え続けたのである。

満洲国と南満洲鉄道
（1945年当時）
ソビエト連邦
黒河
ハバロフスク
佳木斯
東安
牡丹江
北鮮線
ウラジオストク
羅津
朝鮮
南満洲鉄道
満洲国国有鉄道
その他の鉄道

1

鞍山《あんざん》製鉄所

周辺で採掘された鉄鉱石と撫順炭砿の石炭を用いて、大規模な製鉄を行った。満洲国建国後は昭和製鋼所となり、世界でも有数の鉄鋼生産量を誇るにいたった。

撫順《ぶじゅん》炭砿

露天掘を中心に石炭採掘が行われ、満鉄を支える重要な財源となった。炭砿の周辺には満鉄によって市街が建設され、人口10万人を超える都市となっていた。

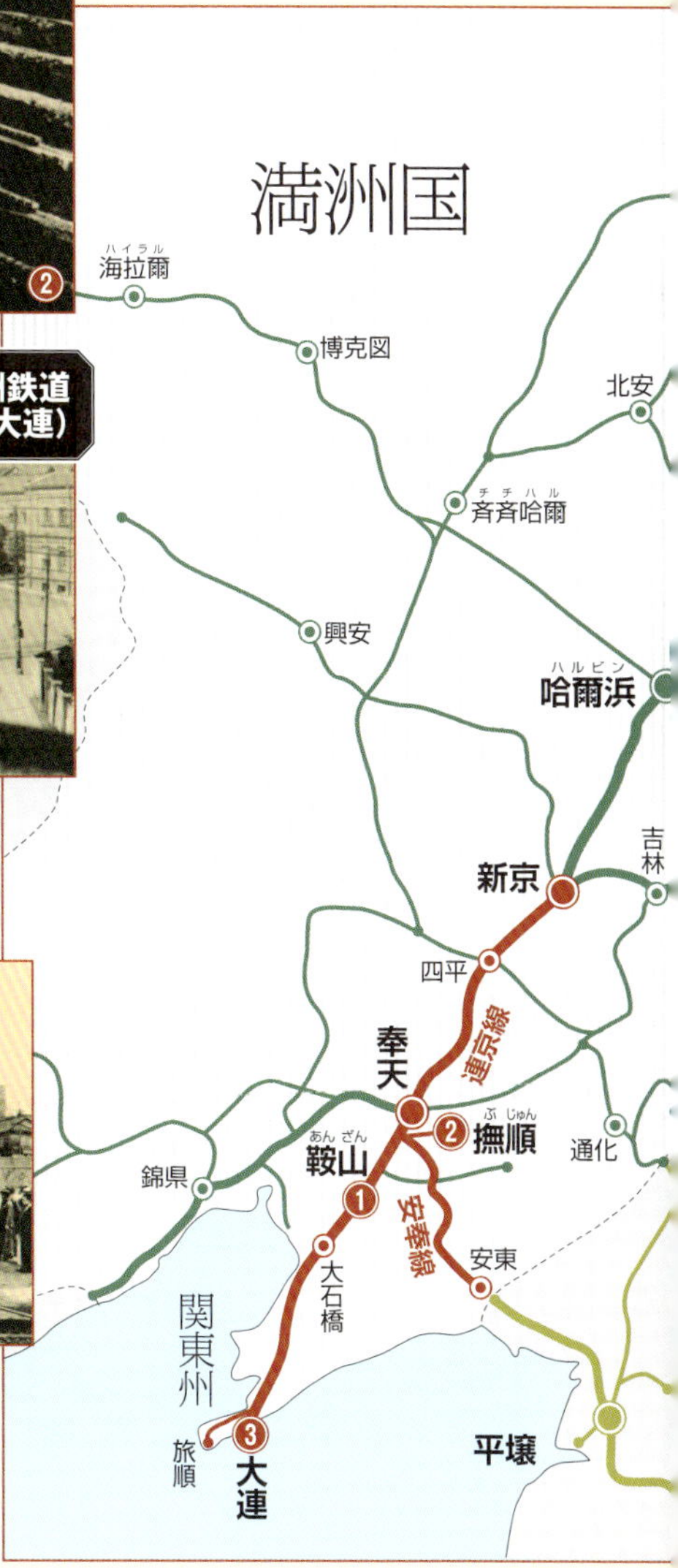

南満洲鉄道本社（大連）

本社は関東州大連市であるが、満洲国が成立すると満洲国首都の新京特別市に本部が置かれ、そちらが事実上の本社となった。

特急「あじあ」号

1934年、満鉄最初の特急「あじあ」が大連ー新京間に投入された。最高速度130km/hを誇り、世界ではじめて冷暖房を完備するなど日本の鉄道技術の粋を集めた列車で、流線型の蒸気機関車に牽引されて荒野をばく進する姿は日本の国力を世界に宣伝する材料となった。

 写真提供：満鉄会

戦後の物資不足で繁盛した「ヤミ市」

戦後、日本では生活必需品などは配給制となっていたが、その量は十分ではなく、とくに都市部では深刻な物資不足が発生した。そのため、余剰物資をもつ人々が空き地などに露天を出すようになり、自然発生的にヤミ市（闇市）ができあがった。ヤミ市は非合法であり価格も高かったが、さまざまなものが手に入るため、多くの人々に利用されて繁盛した。

終戦直後のヤミ市

終戦直後のヤミ市では歩道に品物が並べられ、「青空市場」と呼ばれることもあった。

写真提供：毎日新聞社

当時、ヤミ市は都市部のさまざまな場所にあった。この模型は、現在の池袋東口にあったヤミ市を再現したものである。

池袋のヤミ市の模型

❶長屋式の連鎖商店街

当初はござなどをしいただけの簡素な店構えだったが、やがて焼け残った廃材などを使ったバラック建ての長屋式連鎖商店街も建てられるようになった。飲み屋のような飲食店が多かったが、食料店、衣料などを扱う家庭用品店などもあり、さまざまなものが売られていた。

❷靴磨きをする少年

靴を磨くことは、親を失った孤児たちにできる数少ない仕事のひとつだった。

❸自転車タクシー

三輪自転車を利用したタクシー。輪タクともいった。燃料不足の終戦直後には主要な交通機関のひとつだった。

❹進駐軍の兵士たち

立ち話をしている。彼らのなかには、アメリカにもち帰る土産をヤミ市で購入する者も多かった。

写真提供：豊島区立郷土資料館

はじめに

歴史を学ぶことによって、自分自身では体験できない多くの人間の人生を知ることができる。また歴史を知ることを通じて、文化の発展の大きな流れもわかってくる。古代から現代までのさまざまな文化のあり方が見えてくれば、現代の文化を客観的な目で正確に評価することができる。

歴史は、きわめて興味深い。人類が今日まで積み上げてきたことのすべてが歴史になる。歴史を学ぶ者の姿勢によって、百人百様の歴史が見えてくるのである。

本書はさまざまな興味深いエピソードを交えつつ、読者に楽しんで日本史を知ってもらうための本である。歴史の転換点と、何が歴史を動かす力となったかに重点を置いて、項目を選んでみた。

本書の作成に当たって、なるべく多くの図版や資料を入れるように心がけた。図版を見てあれこれ考えることによって見えてくるものもあり、本文と合わせて上手に活用してほしい。

本書を通じて読者の方々がさまざまな発見に出会えることを期待している。

武光誠

時代考証で見る！

日本の歴史

目次

巻頭特集　ビジュアルで見る　歴史の移り変わり

古墳時代
古墳時代の暮らしを伝える王の館……2

飛鳥時代
古代中国の思想に基づいた高松塚古墳……4

鎌倉時代
生産技術の発展とともに発達した市……6

安土桃山時代
織田信長の野望の跡　安土城址……8

江戸時代
江戸の風俗を写し出した浮世絵……10

明治維新
錦絵に見る文明開化……12

世界大戦以前
日本がつくった満洲国と南満洲鉄道……14

世界大戦以降
戦後の物資不足で繁盛した「ヤミ市」……16

1章　国の誕生
旧石器・縄文・弥生・古墳時代

旧石器時代
〔約3万年前〕**日本人の登場**
永遠の謎に終わるのか？　日本人の起源……30

縄文時代
〔約1万6500年前〕**縄文土器の出現**
縄文人の精霊崇拝文化が生んだ傑作・火焔土器……32

〔約5500年前～4000年前〕**三《さん》内《ない》丸《まる》山《やま》遺跡**
現代人の想像を超えた縄文人のネットワーク……34

弥生時代
〔紀元前3世紀～紀元3世紀頃〕**吉《よし》野《の》ヶ《が》里《り》遺跡**
米によって生まれた戦争と貧富の差……36

〔239年〕**邪《や》馬《ま》台《たい》国《こく》が魏へ使者を派遣**
呪術の力で平和と安定をもたらした女王・卑弥呼……38

〔248年〕**卑《ひ》弥《み》呼《こ》の死去**
日本誕生の謎を解く鍵となる邪馬台国……40

古墳時代

〔3世紀後半〕**大和政権の始まり**
鉄をめぐる争いが生み出した大和政権……42

〔4世紀末～〕**巨大古墳が全国に広がる**
大和政権の権威を高めた巨大古墳……44

CLOSE UP **大仙陵古墳の造営**
巨大古墳はどのようにつくられたか……46

2章 貴族の隆盛
飛鳥・奈良・平安時代

飛鳥時代

〔6～7世紀〕**蘇我氏の台頭**
古代の政治を牛耳った謎の豪族・蘇我氏の正体……50

〔6世紀中頃〕**仏教公伝**
蘇我氏と物部氏の対立の原因は仏教ではなかった……52

〔630年〕**遣唐使の派遣**
大陸の文化をもたらした遣唐使の危険な旅路……54

〔645年〕**乙巳《いっし》の変**
藤原氏によって悪役に仕立て上げられた蘇我氏……56

〔663年〕**白村江《はくそんこう》の戦い**
白村江の戦いは日本の政治体制を変えた……58

奈良時代

〔689年〕**飛鳥《あすか》浄《きよ》御《み》原《はら》令《りょう》の施行**
対外政策の変化によって「日本」の国号が生まれた……60

〔743年〕**墾《こん》田《でん》永《えい》年《ねん》私《し》財《ざい》法《ほう》の発布**
貴族の私有地・荘園は律令制の崩壊で生まれた……62

平安時代

〔794年〕**平安京への遷都**
平安京は陰陽五行説によって守られていた……64

〔9～11世紀頃〕**平安貴族の繁栄**
平安貴族はたった200人のエリート集団だった……66

〔806年〕**密教の伝来**
密教保護は貴族たちの欲望実現のためだった……68

〔9～11世紀頃〕**藤原氏の摂関政治**
外戚戦略の決め手は天皇の祖父としての発言力だった……70

CLOSE UP **日本独自の国風文化**
国風文化の担い手は宮廷女性だった …… 72

〔10世紀以降〕**末《まっ》法《ぽう》思《し》想《そう》の流行**
世情の混乱のなかで浄土教と陰陽道が広まる …… 74

〔935～941年〕**承《じょう》平《へい》・天《てん》慶《ぎょう》の乱**
平将門と藤原純友の反乱は中央からの自立が目的 …… 76

〔11世紀〕**源氏と平氏の台頭**
源氏と平氏は貴族と寺院の対立を利用して政界へ …… 78

〔1086年〕**院《いん》政《せい》の始まり**
上皇のしいた「院政」が藤原氏を衰退させた …… 80

3章 武士の勃興

平安・鎌倉・南北朝・室町時代

平安時代

〔1156年〕**保《ほ》元《げん》の乱**
〔1159年〕**平《へい》治《じ》の乱**
保元・平治の乱をへて平氏が頭角を現した …… 84

〔1167年〕**平《たいらの》清《きよ》盛《もり》の太《だ》政《じょう》大臣就任**
外戚戦略と日宋貿易で権力を手中にした平清盛 …… 86

〔1177年〕**鹿《しし》ケ《が》谷《たに》事件**
平氏は武士にも貴族にもなり切れなかった …… 88

〔1180～1185年〕**治《じ》承《しょう》・寿《じゅ》永《えい》の乱**
頼朝は同族争いに勝利して源氏の棟梁となった …… 90

〔1185年〕**平氏の滅亡**
壇ノ浦にはかなく散った平氏一族の夢 …… 92

CLOSE UP **武士の戦いの作法**
戦いの花形は弓矢による一騎打ち …… 94

鎌倉時代

〔1185年頃〕**鎌倉幕府の成立**
頼朝は義経たちの戦いを尻目に支配体制を固めた …… 96

〔1189年〕**奥州平定**
後白河法皇のしたたかさが義経の悲劇を招いた …… 98

〔1190年頃〕**鎌倉幕府の整備**
鎌倉幕府の拠点は意外にコンパクトだった …… 100

〔1192年〕**源《みなもとの》頼《より》朝《とも》の征夷大将軍就任**
「将軍＝源氏」の図式を頼朝がつくり上げた …… 102

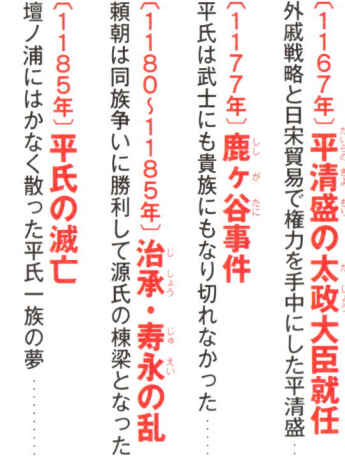

〈12世紀末頃〉**鎌倉新仏教の誕生**
武士や民衆の救済に目を向けた鎌倉新仏教……104

〈1199年〉**十三人の合議制の開始**
十三人の合議制が北条氏の台頭を生んだ……106

〈1219年〉**源《みなもとの》実《さね》朝《とも》の暗殺**
北条政子は身内の犠牲に目をつぶり幕府を支えた……108

〈1221年〉**承《じょう》久《きゅう》の乱**
武士による全国支配を確立させた承久の乱……110

〈1221年〉**新《しん》補《ぽ》地《じ》頭《とう》の誕生**
承久の乱をきっかけに幕府が発展した……112

〈13世紀末頃～14世紀〉**惣《そう》領《りょう》制の浸透**
鎌倉時代に生まれた武士道の精神……114

〈1274年〉**文《ぶん》永《えい》の役**
〈1281年〉**弘《こう》安《あん》の役**
無敵の元軍に衝撃を与えた鎌倉武士の戦いぶり……116

〈1293年〉**得《とく》宗《そう》専《せん》制《せい》政治の強化**
反北条の機運を高めた得宗専制政治……118

〈1318年〉**後《ご》醍《だい》醐《ご》天皇の即位**
天皇復権のために倒幕を決意した後醍醐天皇……120

〈1324年〉**正《しょう》中《ちゅう》の変**
〈1331年〉**元《げん》弘《こう》の変**
新興武士勢力・悪党が倒幕運動の中心となった……122

〈1333年〉**鎌倉幕府の滅亡**
新田義貞は鎌倉攻めで宝剣を奉納しなかった!?……124

南北朝時代

〈1334年〉**建《けん》武《む》の新《しん》政《せい》**
天皇中心の建武の新政は武士の反発を招いた……126

〈1336年〉**湊《みなと》川《がわ》の戦い**
後醍醐天皇は楠木正成の進言を退けて命運尽きた……128

〈1336年〉**南北朝の対立**
幕府の内紛が南北朝の対立を長引かせた……130

〈14世紀前半〉**ばさら大名の登場**
守護の成長がばさら大名をもたらした……132

〈1368年〉**足《あし》利《かが》義《よし》満《みつ》の征夷大将軍就任**
足利義満は偽の提案で南北朝時代を終結させた……134

室町時代

（１４０１年）**足利義満《あしかがよしみつ》が日本国王に冊封《さくほう》**
国王を名乗った足利義満は天皇を目指していた？……136

（１４０４年）**日明《にちみん》（勘合《かんごう》）貿易の開始**
日明貿易は明への朝貢という形式で行われた……138

（１４２８年）**足利義教《あしかがよしのり》の征夷大将軍就任**
くじ引き将軍と風流将軍が戦国乱世を呼び込んだ……140

（14世紀末）**北山文化**
（15世紀中頃）**東山文化**
貴族中心から武家中心へ　多彩な文化が花開いた……142

（１４２８年）**正長《しょうちょう》の徳政一揆《とくせいいっき》**
農民たちの連帯によって一揆が頻発した……144

（15世紀後半）**一向《いっこう》宗の流行**
室町時代の仏教は貴族・武士から民衆へ……146

4章 群雄割拠

戦国・安土桃山・江戸時代

戦国時代

（１４６７〜１４７７年）**応仁《おうにん》・文明《ぶんめい》の乱**
応仁の乱では大軍同士の直接対決はなかった……150

（１４７１年）**朝倉敏景《あさくらとしかげ》の越前守護就任**
戦国大名への道は３パターンに分けられる……152

（１４９３年）**北条早雲《ほうじょうそううん》が伊豆国支配**
（１５４２年）**斎藤道三《さいとうどうさん》が美濃国支配**
戦国大名の領国統治は意外にも安定志向だった……154

CLOSE UP **自治都市・堺の発展**
なぜ堺は自治が可能だったのか？……156

（１５４３年）**鉄砲伝来**
火縄銃の製造法はひとりの娘と引きかえに伝えられた……158

（１５４６年）**河越《かわごえ》城の戦い**
地道な拡大戦略で築いた北条氏の１００年……160

〔1549年〕**ザビエルの来日**
戦国大名に歓迎されたキリスト教……162

〔1554年〕**甲相駿《こうそうすん》三国同盟**
今川義元は優れた政治的手腕をもっていた……164

〔1550年代〕**今川義元《いまがわよしもと》の台頭**
多方面で辣腕を振るった僧出身の軍師たち……166

〔1560年〕**桶狭間《おけはざま》の戦い**
織田信長の桶狭間の勝利は情報収集力の賜物だった……168

〔16世紀中頃〕**武田信玄《たけだしんげん》による治水工事**
京都までの距離が天下人への足かせとなった……170

〔1561年〕**川中島《かわなかじま》の戦い（第四次）**
謎の軍師・山本勘助の活躍は後世の脚色だった！……172

〔1560年代〕**織田信長《おだのぶなが》の台頭**
織田信長は意外にもへりくだり外交が得意!?……174

〔1570～1580年〕**石山合戦**
一向一揆は戦国大名に並ぶ勢力を誇っていた……176

〔1571年〕**毛利元就《もうりもとなり》の死去**
脈々と受け継がれた毛利元就の結束力の教え……178

安土桃山時代

〔1570年代中頃〕**織田信長が兵農分離を実施**
織田信長が足軽をはじめて職業軍人化した……180

〔1575年〕**長篠《ながしの》の戦い**
長篠の戦いでの鉄砲隊の活躍が合戦史を塗り替えた……182

〔1577～1582年〕**織田軍の中国攻め**
竹中半兵衛は本当に名軍師だったのか？……184

〔1578年〕**織田信長が右大臣を辞任**
戦国大名は金を払ってでも位階・官職を欲しがった……186

〔1579年〕**秀吉が信長の子・於次丸《おつぎまる》を養子にする**
戦国時代の政略結婚事情 信長・秀吉・家康は親戚同士!?……188

〔1579年〕**安土城の完成**
安土城はほかの戦国の城と異なる目的で築かれた……190

CLOSE UP **変わり行く城の役割**
要塞から政治の中枢・権力の象徴へ……192

〔1579年〕**安土宗論《あづちしゅうろん》**
宗教に対して寛容だった!? 信長の宗教コントロール術……194

〔1582年〕**本能寺の変**
単独犯？ 複数犯？ 謎に包まれた本能寺の変……196

〔1583年〕**賤ヶ岳《しずがたけ》の戦い**
賤ヶ岳の戦いは味方の裏切りが勝敗を分けた……198

〔1584年〕**小牧《こまき》・長久手《ながくて》の戦い**
小牧・長久手の戦いでの苦杯が家康の評価を上げた……200

〔1585年〕**羽柴秀吉《はしばひでよし》の関白就任**
なぜ秀吉は将軍ではなく関白になったのか？……202

〔1590年〕**小田原征伐**
石垣山一夜城が小田原城攻略の鍵となった……204

CLOSE UP **知られざる石垣の力**
城の石垣が地震で崩れない理由とは……206

〔1592年〕**文禄《ぶんろく》の役**
〔1597年〕**慶長《けいちょう》の役**
秀吉の朝鮮出兵は武士の失業対策だった……208

〔1590年代〕**豊臣政権の内部分裂**
朝鮮出兵が豊臣家臣団の確執を決定的にした……210

〔1600年〕**会津征伐**
直江状で家康を挑発した直江兼続の勝算……212

〔1600年〕**関ヶ原の戦い**
家康の155通の手紙が関ヶ原合戦を勝利に導いた……214

江戸時代
〔1614～1615年〕**大阪の陣**
大坂城の攻略法は実は秀吉が考えたものだった……216

5章 鎖国と封建社会

江戸時代

江戸時代
〔1615年〕**武家諸法度《ぶけしょはっと》の発布**
福島正則の悲劇は城の修理がきっかけだった……220

CLOSE UP **一石の価値とは？**
百万石は現在の2000億円!!……222

〈1616年〉**徳《とく》川《がわ》家《いえ》康《やす》の死去**
家康はてんぷらで死んだ？ 歴代将軍の意外な死因……224

〈1627年〉**紫《し》衣《え》事件**
家康・秀忠からの方針転換 家光が目指した公武融和……226

〈1639年〉**鎖国の完成**
鎖国の完成後、かえって海外貿易は盛んになった!?……228

〈17世紀中頃〉**江戸が世界最大の都市になる**
江戸は人口2000人の町から世界最大の都市へ……230

〈17世紀後半〉**大《だい》名《みょう》貸《が》しの隆盛**
江戸の金貸しは困窮する民衆や大名相手に成長した……232

〈17世紀〉**商人の町・大坂の発展**
幕府は江戸ではなく大坂を商業の中心地に選んだ……234

〈1687年〉**生《しょう》類《るい》憐《あわれ》みの令の発布**
本当は悪法ではなかった!? 生類憐みの令に秘められた意図……236

〈1702年〉**赤《あ》穂《こう》事件**
赤穂事件は武士の価値観の変化を知らしめた……238
本当の忠臣蔵には陣太鼓も揃いの羽織もなかった……240

〈1709年〉**正《しょう》徳《とく》の治《ち》**
新井白石の経済の知識の乏しさが改革を失敗させた……242

〈1745~1754年〉**加賀騒動**
巷を騒がせた御家騒動 実はただの権力争いだった……244

〈1772年〉**甲州街道の完成**
将軍の避難路だった!? 甲州街道の知られざる役割……246

〈1774年〉**『解《かい》体《たい》新《しん》書《しょ》』の刊行**
世界が驚くほど高かった!? 江戸時代の医療技術……248

CLOSE UP **江戸庶民の教育事情**
識字率は世界トップレベルだった!!……250

〈1786年〉**田《た》沼《ぬま》意《おき》次《つぐ》の失脚**
田沼意次の経済政策は先進的過ぎて失敗した……252

〈19世紀初頭〉**化政文化**
好景気のなかで生まれた庶民のための化政文化……254

〈1821年〉**『大《だい》日《に》本《ほん》沿《えん》海《かい》輿《こう》地《ち》全《ぜん》図《ず》』の完成**
もち出し禁止となった伊能忠敬の日本地図……256

〈1837年〉**大《おお》塩《しお》平《へい》八《はち》郎《ろう》の乱**
大塩平八郎の真意は社会を根本から変えることだった……258

〈1838年〉**緒方洪庵《おがたこうあん》が適塾《てきじゅく》を開設**
日本近代化を促進させた適塾の完全実力主義……260
〈1841年〉**天保《てんぽう》の改革**
ことごとく失敗に終わった江戸幕府の財政改革……262

6章 近代国家の成立
幕末・明治維新

江戸時代
〈1853年〉**ペリー来航**
開国は幕府の内政の混乱でなしくずしに実現した……266
〈1864年〉**西郷隆盛《さいごうたかもり》と勝海舟《かつかいしゅう》が会見**
薩摩による武力討幕は幕臣の勝海舟が決意させた……268
〈1866年〉**薩長同盟の成立**
薩長同盟は薩長の経済的な打算によって成立した……270
〈1867年〉**「ええじゃないか」の流行**
「ええじゃないか」現象は倒幕派が画策した!?……272
〈1868年〉**王政復古の大号令**
朝廷随一の策士・岩倉が画策したクーデター……274
明治時代
〈1868年〉**鳥羽《とば》・伏見《ふしみ》の戦い**
3倍の兵力差がありながらなぜ旧幕府軍は敗れたのか?……276
〈1868年〉**江戸城の無血開城**
江戸城無血開城は列強から日本を守るために行われた……278
〈1868年〉**会津戦争**
見せしめのために徹底的に破壊された会津藩……280
〈1868～1869年〉**箱館戦争**
榎本武揚は蝦夷地に徳川家臣団の移住を夢見た……282
〈1871年〉**廃藩置県**
廃藩置県が倒幕を主導した武士たちを失業させた……284

7章 富国強兵 世界大戦以前

明治時代

（1872年）**学制の制定**
小学校の設置が理由で農民一揆が起こった!? …… 288

（1873年）**明治改暦**
12月がわずか3日!? 混乱を招いた明治の改暦 …… 290

（1874年）**民撰議院設立建白書の提出**
自由民権運動の中心となったのは不平士族だった …… 292

（1905年）**日本海海戦**
日本海海戦が日本国民の海軍びいきを決定づけた …… 294

（1905年）**日露戦争の勝利**
第一次世界大戦のきっかけになった日露戦争 …… 296

8章 ふたつの大戦から現代へ 第一次世界大戦以降

大正時代

（1914年）**第一次世界大戦の勃発**
日本の参戦理由は中国の権益を手に入れるためだった …… 300

昭和時代

（1936年）**二・二六事件**
二・二六事件が日本の軍国主義化を加速させた …… 302

（1938年）**東京オリンピックの中止**
幻となったオリンピックが日本の国際的孤立を深めた …… 304

（1940年）**日独伊三国同盟の締結**
「ドイツに続け」とばかりに安易に結んだ三国同盟 …… 306

（1951年）**サンフランシスコ講和条約の締結**
サンフランシスコ講和条約が日本の経済成長を決めた …… 308

索引 …… 310

1章

国の誕生

旧石器・縄文・弥生・古墳時代

この時代のおもな出来事

時代	年代	出来事	頁
旧石器時代	約3万年前	全国的に日本人が活動した痕跡が残される	▼P30
	1万8000～7000年頃	沖縄地方で港川人が活動する	▼P31
縄文時代	約1万6500年前	縄文土器が出現する	▼P32
	約1万年前	日本列島が大陸から切り離される	
	約5500～4000年前	東日本で大規模な集落が誕生する	▼P34
弥生時代	紀元前1000年頃	水稲耕作が伝わる	
	紀元前400～300年頃	鉄器や青銅器など金属器が伝わる	
	57	倭の奴国王が後漢から金印を授かる	
	180年代	邪馬台国による統治が始まる	

古墳時代

239 邪馬台国が魏へ使者を派遣する …… P38
248頃 卑弥呼が死去する …… P40
266 倭の女王が西晋に使者を送る
3世紀後半 大和政権が成立する …… P42
391 倭軍が百済・新羅連合軍を破る
4世紀末 巨大古墳が全国に広がる …… P44
478 倭王・武が中国（宋）に使者を送る
527 筑紫君磐井が乱を起〇こす（磐井の乱）

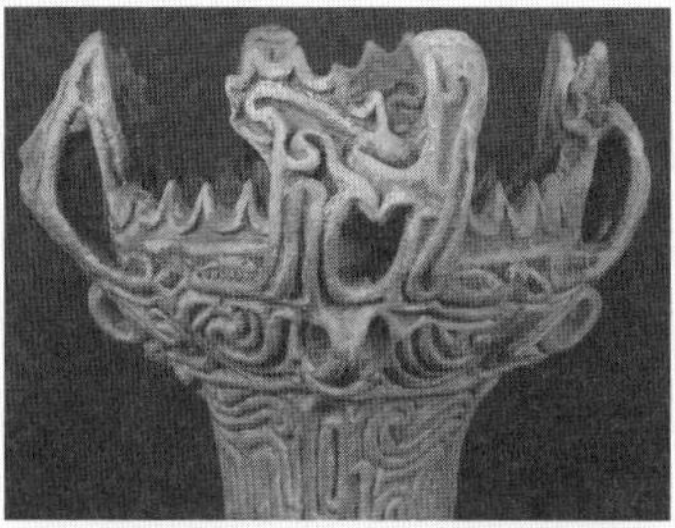

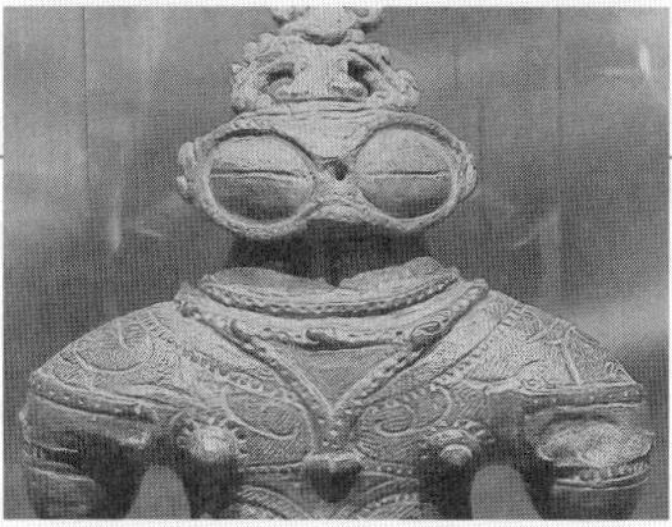

写真提供　上：新潟県長岡市教育委員会
中：つがる市教育委員会
下：国土交通省

永遠の謎に終わるのか？ 日本人の起源

考古学が示す日本人のルーツは北方系民族

日本人はどこからきたのか？　この質問に答えるのは難しい。

考古学的な見解では、遺跡の発掘品などから、約3万年前に旧石器を用いる人々が**北方からやってきて**日本列島に広がったと考えられている。

この頃は氷河期で海面が今より100mも下がっていたため、宗谷海峡や間宮海峡は陸橋となり、日本列島の北方はサハリンを通じて大陸とつながっていた。最初の日本人は、このルートを通って日本に住みついたらしい。

そして約1万8000年前になると、シベリアや中国東北地方から**細石器**《さいせっき》（小型の打製石器の一種）が伝わる。ナイフのように鋭い細石器の出現で文化は急速に発達し、約1万6000年前、**縄文文化が誕生**した。その後、約1万2000年前に日本列島と大陸が切り離されたこともあり、縄文文化は独自の発展を遂げていった。

遺伝学・形質分類学的には南方アジア人の可能性も？

しかし、考古学以外の分野でのさまざまな調査では、多くの違った説がある。旧石器時代の人骨や縄文人の人骨に**南方アジア人**の特徴が見られることから、形質分類学的には日本人の祖先は南方アジア人だという。また、遺伝学の分野においては、**縄文人のDNAが東南アジア人のものと一致した**との研究結果もある。

これらのことから、北方ルートだけではなく、朝鮮半島、そして沖縄などの南方ルートからも、日本列島へ人々が断続的にわたってきて、**多様な人種が混ざりあい**、日本人が生まれたと考えられる。

今後、さまざまな分野で研究が進むにつれ、日本人の起源はより詳しく解明されるに違いない。

ここが発見！

日本人のルーツは、考古学的には北方から南下してきた人々だが、遺伝学などでは南方アジア人の可能性も指摘されている。

北！南？ 日本人の渡来ルート

今から約１万2000年前までは最後の氷河期にあたり、日本列島は大陸とつながっていた。そのため、食料となる野生動物や植物を求めて大陸から旧石器人がやってきて、日本列島に定住したと考えられている。また、一部の人々は南方から島伝いにやってきた可能性も指摘されている。

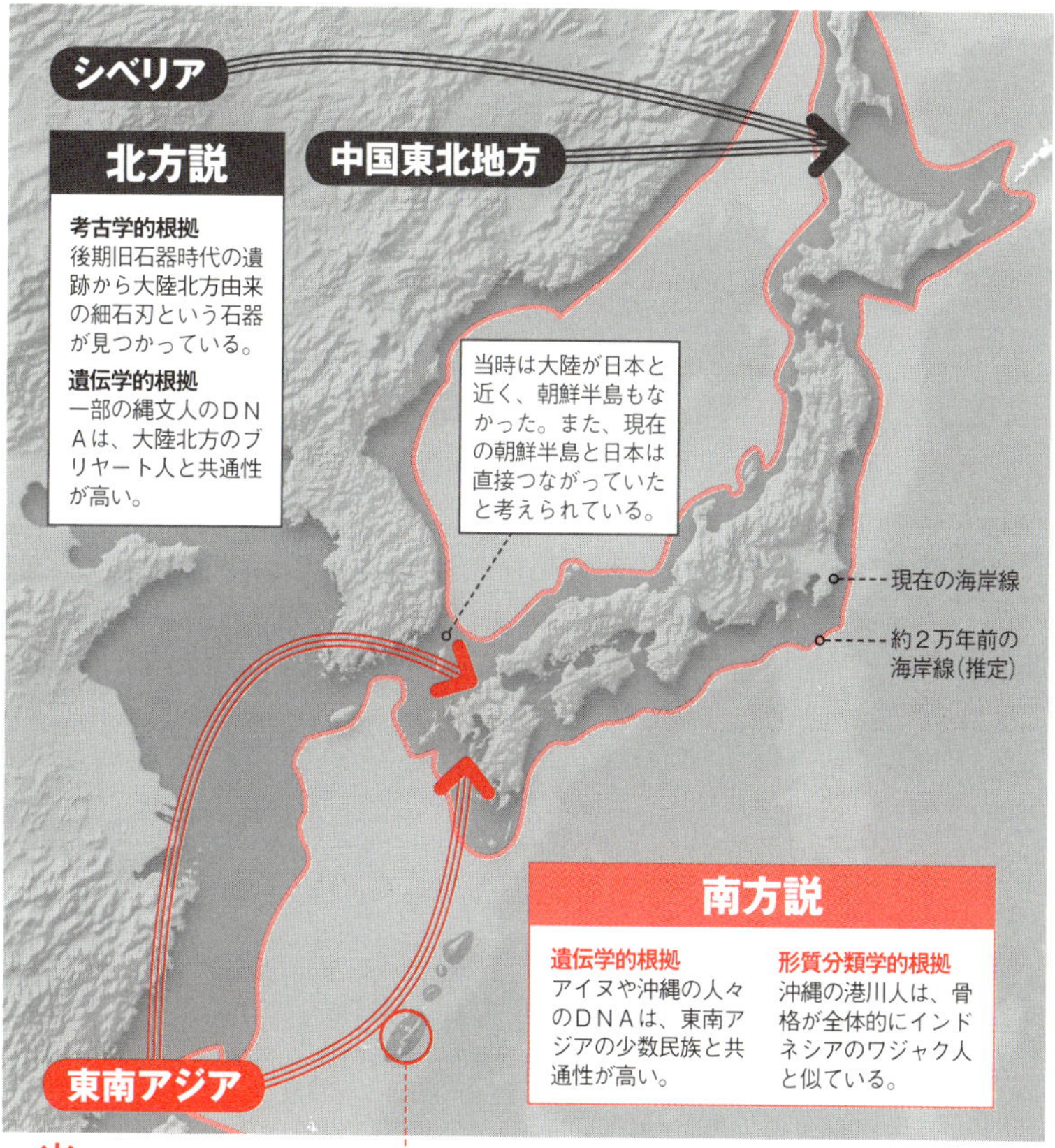

シベリア
北方説
中国東北地方
考古学的根拠
後期旧石器時代の遺跡から大陸北方由来の細石刃という石器が見つかっている。
遺伝学的根拠
一部の縄文人のＤＮＡは、大陸北方のブリヤート人と共通性が高い。
当時は大陸が日本と近く、朝鮮半島もなかった。また、現在の朝鮮半島と日本は直接つながっていたと考えられている。
現在の海岸線
約２万年前の海岸線（推定）
南方説
遺伝学的根拠
アイヌや沖縄の人々のＤＮＡは、東南アジアの少数民族と共通性が高い。
形質分類学的根拠
沖縄の港川人は、骨格が全体的にインドネシアのワジャク人と似ている。
東南アジア

縄文人の祖先？ 港川《みなとがわ》人

1967年、沖縄県具志頭村港川で約１万7000年前～１万8000年前頃の人骨が発見された。身長は約153～155cmと全体的に小柄で、手が大きく、腕力が強かったと考えられている。頭骨は現代人よりもやや大きく、頬骨が張って鼻筋が高く、彫りが深いのが大きな特徴。

全体的にインドネシアのワジャク人と似ているため、もともとは南方からやってきた海洋民族で、その後縄文人の祖先になったのではないかと考えられている。

縄文土器の出現 約1万6500年前

縄文人の精霊崇拝文化が生んだ傑作・火焔土器

人々の生活を変えた世界最古の土器の出現

縄文時代が始まるきっかけとなったのは、世界最古の土器のひとつといわれる**縄文土器**だった。縄文土器の出現は、古代人の生活を画期的に変えた。土器によって、ドングリやクリのような固い木の実なども煮炊きして食べられるようになり、それらを大量に保存しておくことで、食料の確保が格段に楽になった。飢餓と戦いながら動物などの獲物を追って移動生活をする必要がなくなり、**定住することが可能になった**のである。

縄文土器は、形態や文様の変化から、草創期、早期、前期、中期、後期、晩期の6期に分けられるが、基本の形態は一貫して、**煮炊きに用いる深鉢形**である。その一種である**尖底《せんてい》土器**は、全体が円錐形をしており、先のとがった部分を地面に埋め、周りに火をくべて煮炊きに用いた。後期には多様な形のものが現れるようになり、食物を盛りつける浅鉢や急須のような形をした注口《ちゅうこう》土器、壺などもつくられた。

精霊崇拝が生んだ高度なデザイン性

縄文土器は多様な形状をもつが、もっとも注目されるのはそのフォルムとデザイン性である。実用性からはまったくかけ離れた、呪的文様をつけたものも多く出土している。その代表例が**火焔《かえん》土器**だ。燃えさかる炎のような姿は、見るものを圧倒する。祭祀に用いられたものと考えられており、新潟県の**笹山遺跡**の約４５００年前の地層から出土したものは、日本最古の国宝にも指定されている。

また、縄文文化は自然のものに神が宿るとする**精霊崇拝（アミニズム）**の文化である。その思想が土器に投影され、芸術性豊かな土器が生まれたといえる。

ここが発見！

縄文時代中期以降のデザイン性の高い土器は、縄文人に精霊崇拝という精神的に高度な文化が生まれたことを示している。

謎の多い火焔《かえん》土器

今から約5000年前の縄文時代中期に、おもに現在の新潟県周辺でさかんにつくられた。およそ実用的とは思えない装飾性の高さと独特の力強いフォルムが、縄文人の豊かな創造性を表している。このように装飾性の高い土器は、世界的に見てもほとんど例がない。

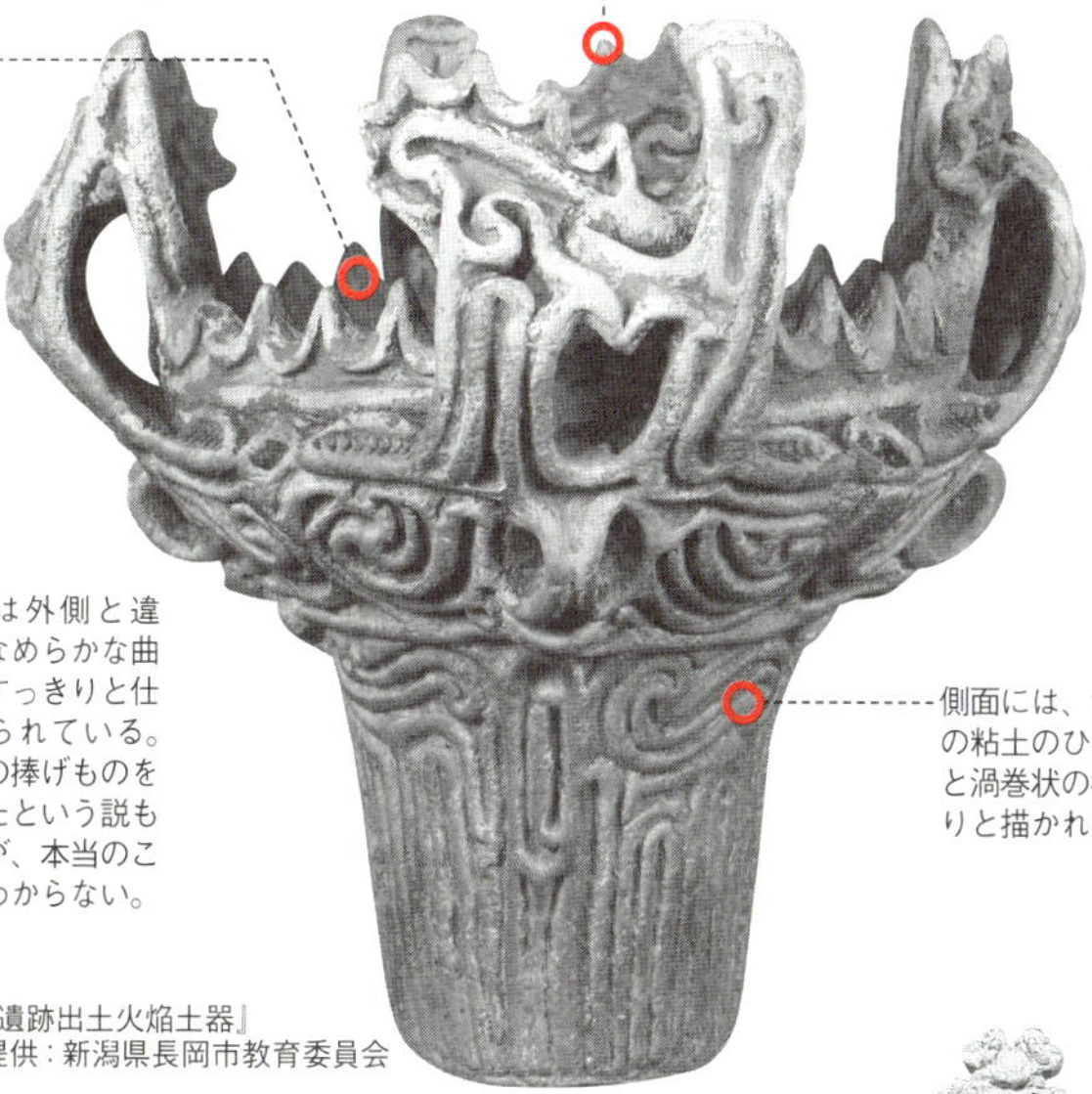
ふちの部分に炎が燃え上がるような独特の装飾がほどこされている。この部分は炎を表しているといわれるが祖先の霊を表す鳥や、人々の生活に欠かせない水の流れを表しているという説もある。
内側は外側と違い、なめらかな曲面ですっきりと仕上げられている。神への捧げものを入れたという説もあるが、本当のことはわからない。
側面には、太さ5㎜ほどの粘土のひもで、直線状と渦巻状の模様がびっしりと描かれている。

『馬高遺跡出土火焔土器』
写真提供：新潟県長岡市教育委員会

縄文人の祭祀用具だった土偶

土器と同じように、土をかためて焼いた道具に土偶がある。土偶は、乳房や腰といった女性の身体的な特徴を誇張しているものが多い。そのため、土器のように実用的なものではなく、出産の安全や人々の健康などを祈る儀式に用いられたと考えられる。また、壊れた状態で出土するものが多いことから、儀式などで身代わりに破壊されていたと考える説もあったが、現在は破壊目的ではなく、あくまで祭祀用具としてつくられたと考えられている。

土偶はその姿を通して、縄文時代の人々の豊かな信仰心や自然に対してもっていた畏敬の念を、今に伝えてくれる貴重な遺物といえる。

遮光器《しゃこうき》土偶
北方民族が光から目を守るためにつけていた遮光器に似た目をしているために、この名がついた。

『亀ヶ岡遺跡出土遮光器土偶（複製品）』
写真提供：つがる市教育委員会
（原資料は東京国立博物館蔵）

縄文時代　三内丸山《さんないまるやま》遺跡　約5500年前〜4000年前

現代人の想像を超えた縄文人のネットワーク

縄文都市は効率的な都市計画のもとにつくられた

青森市の西部にある**三内丸山遺跡**は、縄文時代の前期から中期（約５５００年〜４０００年前）の遺跡だ。１９９２年に始まった本格的な発掘調査によって、「人々は**狩猟・採集**を行い、小規模な集落をつくって**竪穴住居**に住んでいた」という縄文時代の常識を覆すような発見がいくつかなされ、おおいに驚きを集めた。

三内丸山遺跡は約10万坪におよぶ大集落で、５００人もの人々が暮らしていた「**縄文都市**」ともいえるものだった。集落は計画的に整備されており、大通り、居住地区、墓地、ゴミ捨て場などが確認され、直径1mにおよぶ6本のクリの木を柱に使った巨大な柱の跡が見つかったことから、高さ10mにもなる高床式の重層の建築物があったらしいこともわかった。

また、出土したクリはＤＮＡを調べた結果、**栽培種**であることがわかり、ほかにもエゴマやゴボウ、マメなどの**栽培植物**も出土した。５００人もの人口を支えたのは、**農業を通じた効率的な食料生産**だったのである。

これらの発見から、弥生時代に始まったと思われていた高床建物の建造や農耕栽培の歴史は、数千年さかのぼることになった。

ここが発見！

三内丸山遺跡は、北海道から東北、北陸、関東におよぶ広範囲なネットワークが形成されていたことを明らかにした。

東日本一帯に形成されていた交易ネットワーク

また出土品からは、石器の材料となる北海道からの黒曜石、岩手県からの琥珀《こはく》、アクセサリーに用いる新潟県糸魚川上流からの翡翠《ひすい》などのほか、千葉県以南でしか採取できないイモガイなど、遠くの土地から運ばれてきたものが多数見つかった。縄文人は、私たちの想像をはるかに超える広範囲にわたり、ダイナミックな**交易ネットワーク**を形成していたのである。

三内丸山遺跡が伝える進歩的な縄文文化

三内丸山では、約40haの広大な敷地に1500年にわたって集落が存在し、最盛期には500人を超える人々が暮らしていたと考えられている。遺跡からは、大型住居や倉庫、道路、広場、ゴミ捨て場、墓地などが計画的に配置されていたことがうかがえる。

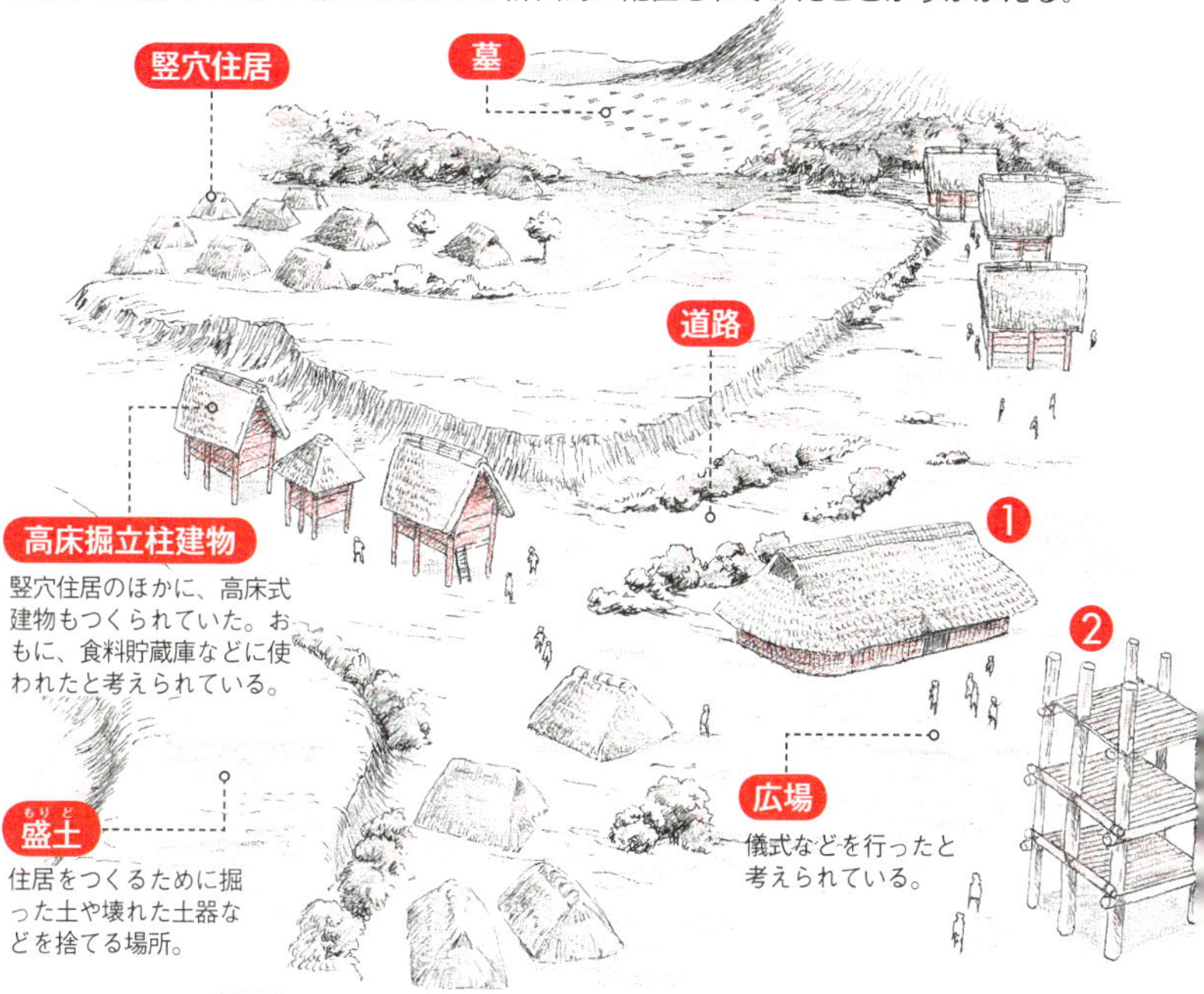
竪穴住居
墓
道路
高床掘立柱建物
竪穴住居のほかに、高床式建物もつくられていた。おもに、食料貯蔵庫などに使われたと考えられている。
盛土《もりど》
住居をつくるために掘った土や壊れた土器などを捨てる場所。
広場
儀式などを行ったと考えられている。
①
②

① 大型竪穴《たてあな》住居

長さ約32m、幅約9.8m、高さは約7.5mもあったといわれる。人々が共同で作業をしたり、集会や行事などを行ったりするために使ったと考えられている。

② 大型掘立柱《ほったてばしら》建物

建物であったという説のほか、柱の列の向きが夏至の日の出と冬至の日の入りを結ぶ線と一致することから、儀式に使われていたという説などもあるが、本当の形や目的はわかっていない。

発達した交易ネットワーク

三内丸山遺跡には、遠く離れた地域から産出するさまざまな品物が出土しており、縄文人が広い交易ネットワークをもっていたことを物語っている。当時、海岸線は今よりも内陸にあり、三内丸山は海から近かったため、これらの品物は船で直接運ばれたと考えられる。

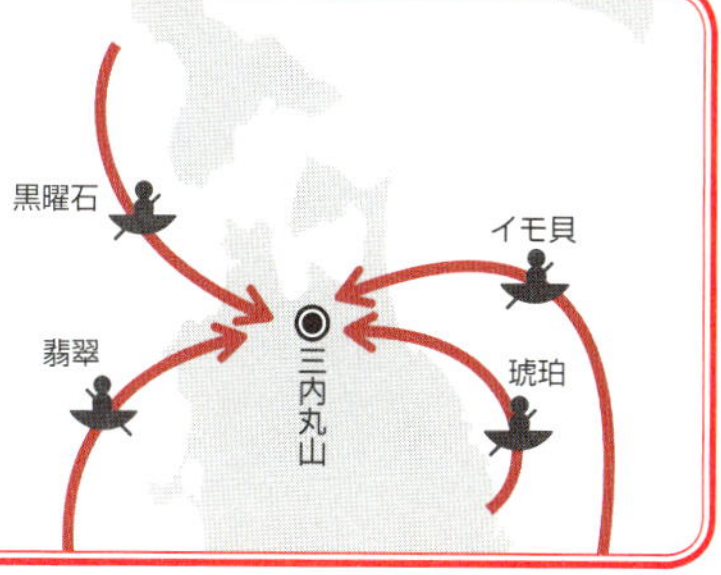
黒曜石
イモ貝
翡翠
琥珀
三内丸山

弥生時代　吉野ヶ里《よしのがり》遺跡　紀元前3世紀～紀元3世紀頃

米によって生まれた戦争と貧富の差

土地をめぐる争いを生み出した農耕社会

紀元前1000年頃、中国の長江下流域や朝鮮半島から**水稲耕作**が伝わると、**弥生文化**が花開く。紀元前400～300年頃になると、**鉄器**や**青銅器**などの金属器も伝わり、さらに生産性を高めた弥生文化は急速に発展していった。

弥生文化は西日本には早いうちに広まったが、東北地方ではしばらく縄文文化が続いていた。クリやドングリなど豊富な食糧があった東北地方は、水稲耕作を進める文化をあまり必要としなかったことが理由だと考えられる。

農耕の発達によって保存できる米の生産が可能になると、1年を通じて**食料事情が安定**したため人口が増加し、それに応じて農地も多く必要になった。そこで、農地をめぐる争いが生まれた。

戦争の頻発から生まれた防御性の高い環濠集落

弥生時代文化を代表する遺跡に、佐賀県の**吉野ヶ里遺跡**がある。集落全体が二重の環濠《かんごう》で囲まれた**城塞都市**で、柵などがない縄文時代の三内丸山遺跡と比較すると防御力の違いは明らか。この時代に争いが続いたことは、吉野ヶ里のような**環濠集落**が各地に見られるようになり、同じく防御性の高い高地性集落が瀬戸内海沿岸に出現したことからもうかがえる。

当時の戦いは白兵戦が主流で、おもに狩猟に用いる武器で戦った。互いに離れた位置で対峙し、弓を射掛けあい、次に剣や矛《ほこ》など各々が得意とする武器で戦った。

戦いが繰り返されるなかで、やがて奪う側と奪われる側という貧富の差が生まれ、富める農民たちの代表はやがて集落の首長となり、集団をまとめていく。こうして、日本各地に**小国が分立**していくことになったのである。

ここが発見！

農耕の発達による人口増加に端を発した農地の争奪戦が、防御性の高い集落とともに、人々の間に貧富の差を生み出した。

弥生時代の戦いは白兵戦だった

戦いは、数十人～数百人単位の男性が敵の集落に襲いかかり、敵味方入り乱れての白兵戦を行うという形が多かったと考えられる。石や鉄、青銅製の剣や弓矢がおもな武器で、石つぶてなども使われた。住居に火を放たれるなどして、女性や子どもが犠牲になることもあったと思われる。

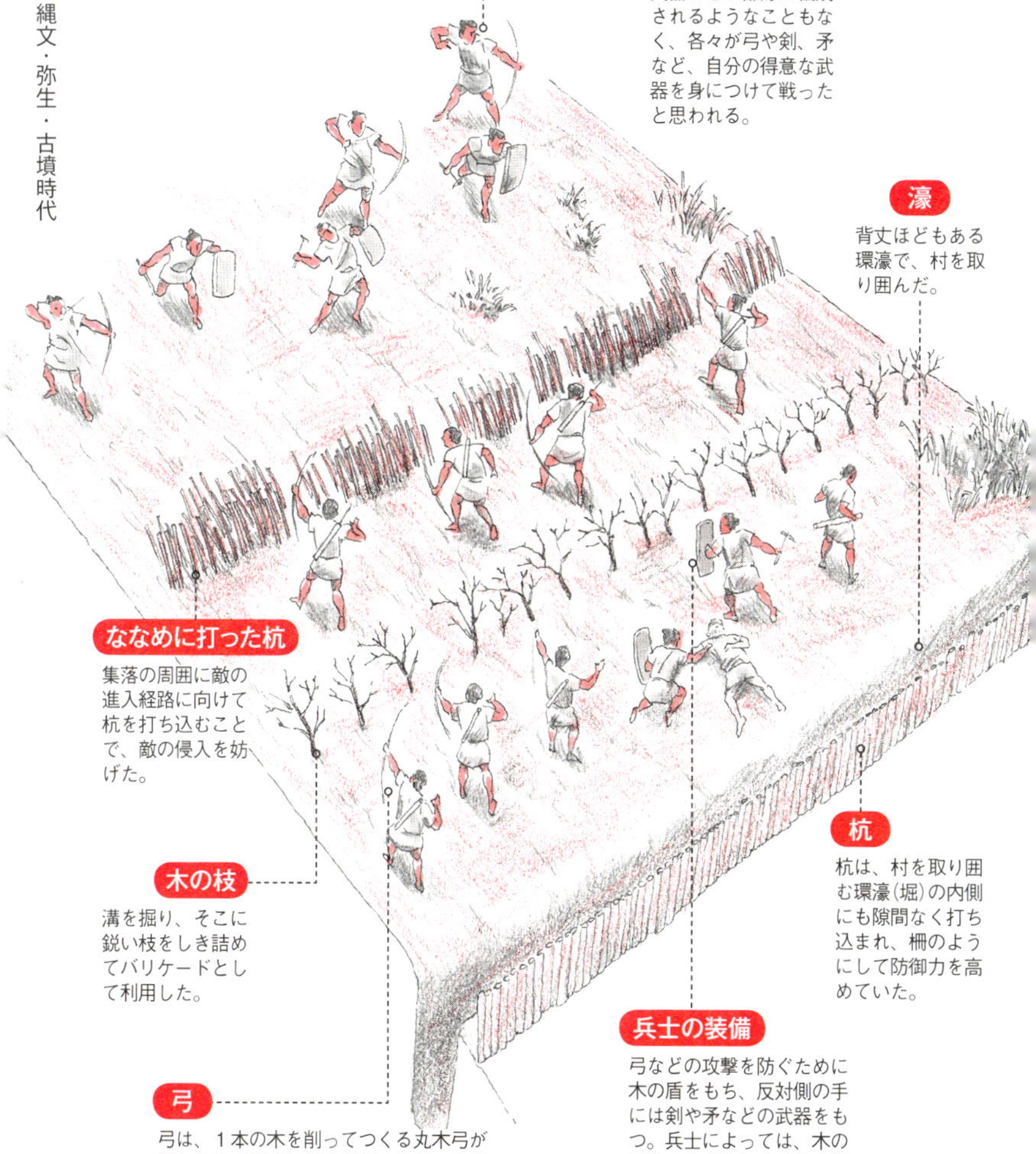
戦い方
武器ごとに部隊が編成されるようなこともなく、各々が弓や剣、矛など、自分の得意な武器を身につけて戦ったと思われる。
背丈ほどもある環濠で、村を取り囲んだ。
ななめに打った杭
集落の周囲に敵の進入経路に向けて杭を打ち込むことで、敵の侵入を妨げた。
杭は、村を取り囲む環濠（堀）の内側にも隙間なく打ち込まれ、柵のようにして防御力を高めていた。
溝を掘り、そこに鋭い枝をしき詰めてバリケードとして利用した。
兵士の装備
弓などの攻撃を防ぐために木の盾をもち、反対側の手には剣や矛などの武器をもつ。兵士によっては、木の板をつなぎあわせて胸や脇、背中を守る簡単な鎧を身につけていたと考えられる。
弓は、１本の木を削ってつくる丸木弓が使われた。『魏志』倭人伝によると、この頃すでに弦の下のほうをもつ日本式の使い方が行われていたらしい。

弥生時代 **邪馬台国《やまたいこく》が魏へ使者を派遣 239年**

呪術の力で平和と安定をもたらした女王・卑弥呼

長い戦乱を終わらせ小国をまとめた卑弥呼

1世紀後半頃に編纂された中国の歴史書**『漢書《かんじょ》』地理志**によると、朝鮮半島の地方行政機構である楽浪《らくろう》郡に**倭人《わじん》が交易にきた**という。これが、日本人に関するもっとも古い記録である。次いで、5世紀に編纂された**『後漢書《ごかんじょ》』東夷《とうい》伝《でん》**には、57年に**倭**の**奴国《なこく》**の使者が洛陽を訪れ、光武《こうぶ》帝から印を授かったとある。そして、2世紀終わり頃の日本では、**邪馬台国**など数十の小国が乱立し、長い間戦乱が続いていたと、3世紀に編纂された**『三国志』**は記している。『三国志』のなかの倭人についての記事が**『魏志《ぎし》』倭人伝**である。

倭人伝によると、倭では戦乱の後、邪馬台国の**卑弥呼《ひみこ》**が女王に立ったという。卑弥呼は30ほどの小国連合の女王となり、239年に魏の皇帝へ使者を送る。そして、異民族の首長としては最高位となる**「親魏倭王《しんぎわおう》」**の称号を受けた。

祖霊信仰だった卑弥呼の呪術

卑弥呼は、呪術による霊的な権威で民衆を支配していた。卑弥呼の呪術は、**祖霊信仰**に基づくものだと考えられている。祖先の霊が風、雨などを司る自然の神と一体となって人々を守るとするものだ。そして卑弥呼の仕事は、どのように行動すれば自然の神の意にかなうかを**祖先の霊にたずねる**ことだった。

卑弥呼は終生独身であり、弟の助けを借りながら、優れた政治的手腕を発揮した。**宗教的権威**で民衆や首長らを支配するとともに、魏に使いを出すことで自らの**政治的権威**を高めた。また、朝鮮半島との交易を監視し、従属する国々に税を課した。このような優れた政治によって邪馬台国は繁栄し、人々の生活は安定したのである。

ここが発見!

卑弥呼は呪術による霊的な権威を使って民衆を支配するとともに、優れた政治的手腕を発揮して平和と安定をもたらした。

霊的権威と外交を利用した卑弥呼の政治

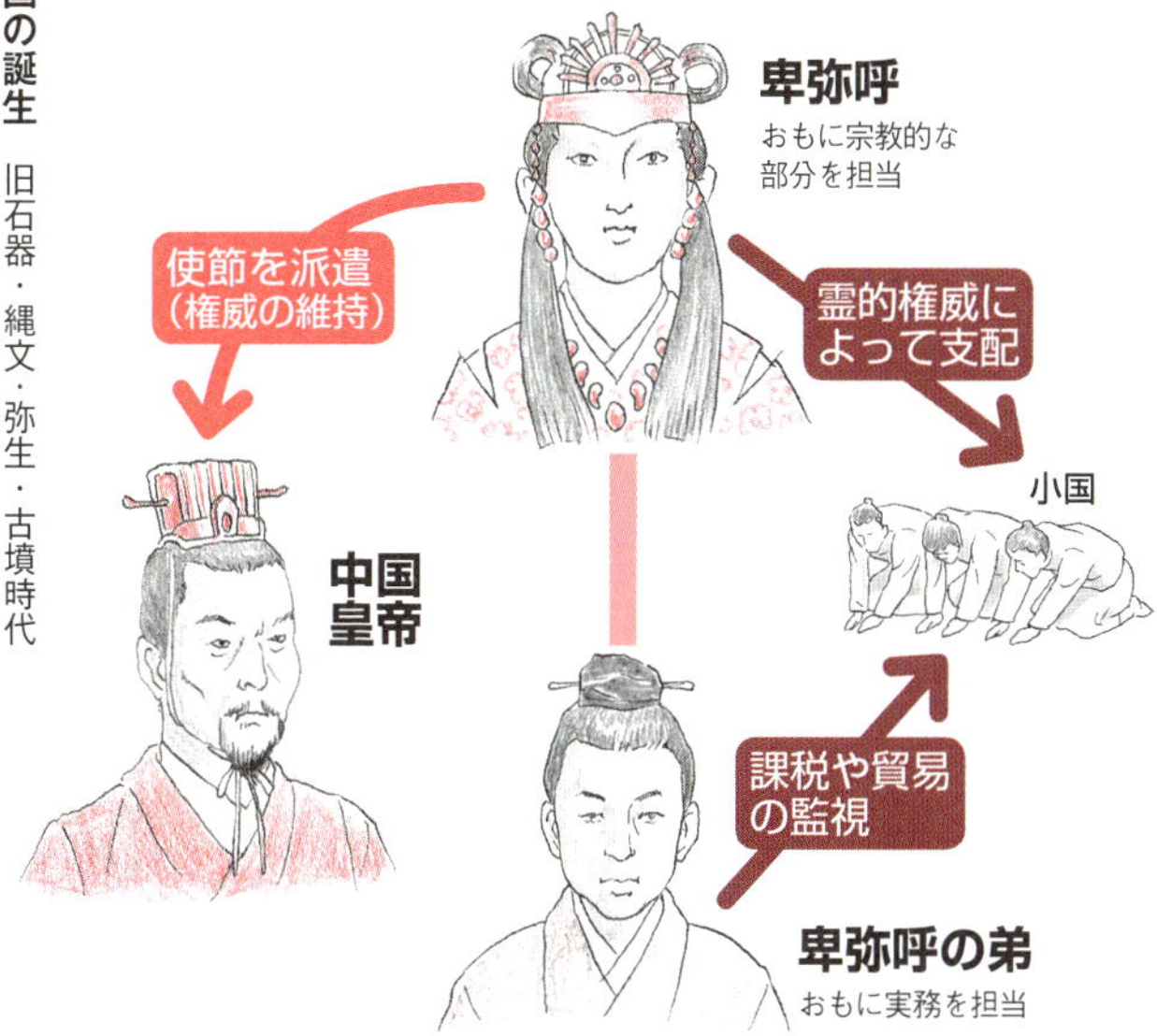
卑弥呼
おもに宗教的な部分を担当
使節を派遣（権威の維持）
霊的権威によって支配
小国
中国皇帝
課税や貿易の監視
卑弥呼の弟
おもに実務を担当

卑弥呼の統治方法は『魏志』倭人伝の記述により、おぼろげながら見えてくる。それによると、卑弥呼は宗教的な力によって人々を支配し、実際の政治的な活動は弟に行わせていた。

また、外交政策では積極的に使節を送るなどして、その権威によって民衆や周囲の国に対する支配権を確固たるものにしていたと考えられている。

シンプルだった弥生人のファッション

弥生時代になると、縄文時代にはなかった貧富の差が生じた。庶民は貫頭衣《かんとうい》と質素な服を身につけて竪穴住居に住んでいたが、身分の高い裕福な者はカラフルなデザインの服に身をつつみ、立派な木造の建物に住んでいたと考えられている。

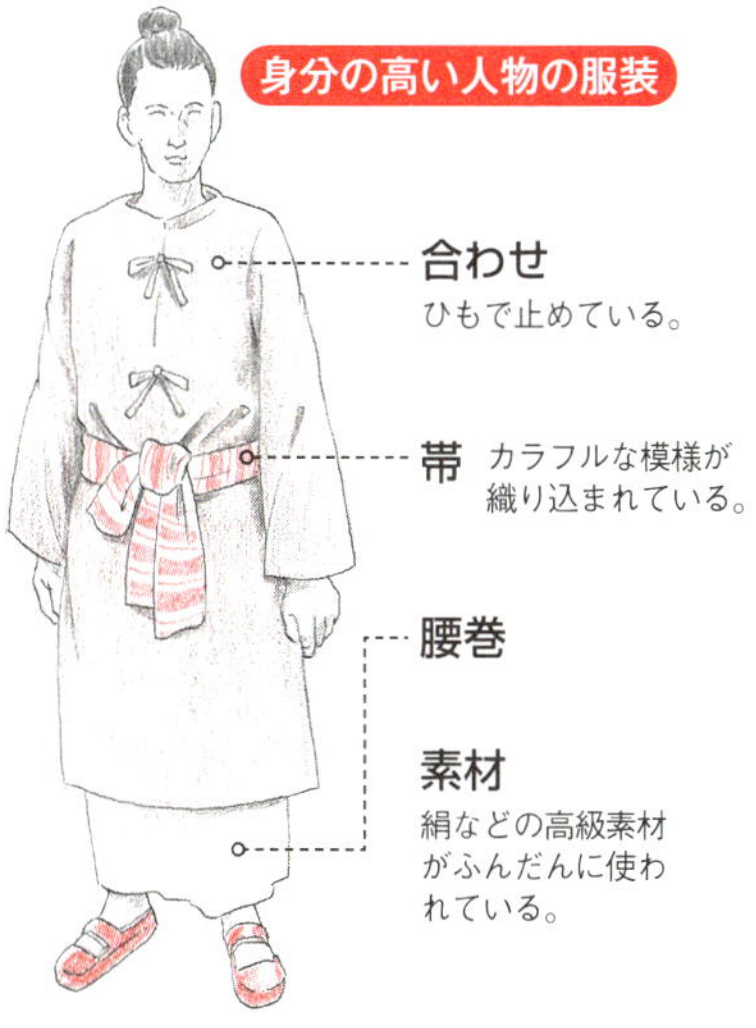
身分の高い人物の服装
合わせ
ひもで止めている。
帯
カラフルな模様が織り込まれている。
腰巻
素材
絹などの高級素材がふんだんに使われている。

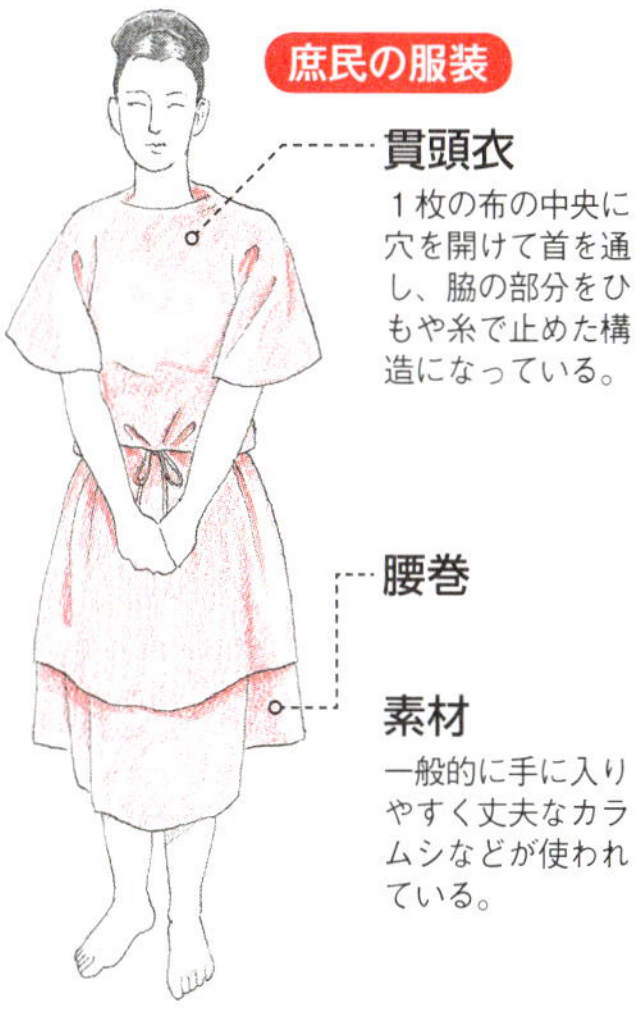
庶民の服装
貫頭衣
1枚の布の中央に穴を開けて首を通し、脇の部分をひもや糸で止めた構造になっている。
腰巻
素材
一般的に手に入りやすく丈夫なカラムシなどが使われている。

日本誕生の謎を解く鍵となる邪馬台国

ここが発見！

邪馬台国の場所については、畿内説と九州説が有力であるが、いずれも決定的な証拠は少なく、いまだ決着を見ていない。

『魏志』倭人伝にのみ伝わる謎の国・邪馬台国

邪馬台国《やまたいこく》がどこにあったかという論争は、江戸時代から続いている大論争である。しかし、邪馬台国は30国を従えた大国ではあったが、地方の一政権にすぎない。そんな国の場所が、なぜ問題になるのか？　それは、邪馬台国について明らかになれば、後に現れる**大和政権の成立の経緯**が明らかになる可能性があるからだ。

日本国内には邪馬台国について書き残されたものはなく、**『魏志《ぎし》』倭人伝《わじんでん》**が唯一の資料である。しかし、邪馬台国の位置を記述通りに測ると、日本のはるか南方の海上になってしまう。邪馬台国が日本のどこかにあったとすると、記述が誤っていると考えるしかない。昔から、この記述に対するあらゆる解釈法が試され、さまざまな場所が邪馬台国に比定されてきた。

畿内か？ 九州か？ 考古学的証拠に欠ける両説

有力な説は、記された方角を誤りとする**畿内説**と、距離を誤りとする**九州説**のふたつである。畿内説が正しいのなら、邪馬台国が直接大和政権につながる可能性が高くなるし、九州説が正しいのなら、邪馬台国が大和政権に直接つながる可能性は低くなる。しかし一方で、九州の邪馬台国が畿内に移動したという**東遷説《とうせん》**などもあり、問題は一筋縄ではいかない。

論争に決着がつかないのは、考古学的証拠が不足しているためだが、近年、奈良県桜井市の**纒向《まきむく》石塚古墳**から大型の建物跡が見つかり、畿内説に賛同する人々を喜ばせた。しかし、九州に規模の大きい弥生時代の遺跡が多いことから、九州説も否定できない。

古代史最大の謎は、まだまだ私たち日本人の好奇心をかきたててくれそうだ。

『魏志』倭人伝による邪馬台国への道のり

『魏志』倭人伝に記載されている邪馬台国への道のりにはさまざまな解釈があるが、代表的なものに「放射説」と「連続説」がある。どちらも伊都国までは同じだが、放射説ではそこから先の国への道のりを伊都国を中心として放射状に表記していると解釈するのに対し、連続説では伊都国から先の国への道のりも連続して表記していると解釈する点で異なっている。

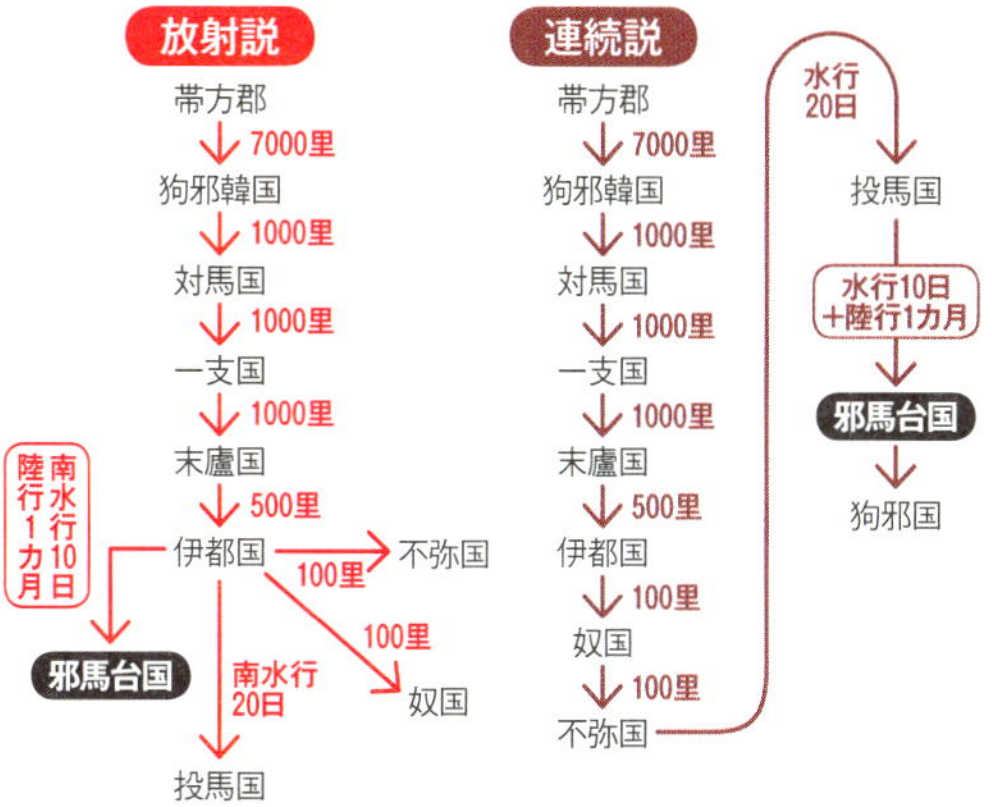
放射説
帯方郡
7000里
狗邪韓国
1000里
対馬国
1000里
一支国
1000里
末盧国
500里
伊都国
100里
不弥国
100里
奴国
南水行20日
投馬国
陸行1カ月 南水行10日
邪馬台国
連続説
帯方郡
7000里
狗邪韓国
1000里
対馬国
1000里
一支国
1000里
末盧国
500里
伊都国
100里
奴国
100里
不弥国
水行20日
投馬国
水行10日+陸行1カ月
邪馬台国
狗邪国

畿内説と九州説 邪馬台国の謎

畿内説
九州説
邪馬台国の候補地

『魏志』倭人伝の読み解き方の違いによって、邪馬台国にはさまざまな候補地が存在する。代表的なものは畿内説と九州説だが、それ以外にも北陸説、四国説、中国説、諏訪説などがある。

卑弥呼の墓？ 箸墓古墳《はしはか》

卑弥呼の墓といわれる遺跡は、九州や近畿地方を中心に、全国に分布している。そのなかのひとつ、奈良県桜井市にある箸墓古墳は日本最古の巨大前方後円墳で、宮内庁は『日本書紀』の記述を根拠に、この古墳を第７代孝霊天皇の子・倭《やまと》迹《と》迹《と》日《ひ》百《もも》襲《そ》姫命《ひめのみこと》の墓に認定している。一部の研究者がこの古墳を卑弥呼の墓と考えているのには、いくつかの根拠がある。

❶３世紀半ばという造営時期が、卑弥呼の没年とほぼ重なる。

❷倭迹迹日百襲姫命は巫女的な役割をもった人物で、卑弥呼のイメージと重なる。

❸『魏志』倭人伝にある記述と、墓の大きさがほぼ一致している。

などの点だ。しかし、この古墳は宮内庁によって発掘などが許可されていないため、真相は今もって謎となっている。

鉄をめぐる争いが生み出した大和政権

権力と富の源泉となった鉄

貧富の差を生み出し、権力争いの要因となったのは、米だけではなかった。鉄も米と同じように**権力や富の源泉**となり、多くの争いを生み出した。

弥生時代に入ると、**朝鮮からの交易品**が重要な役割をもつようになった。そのなかでも鉄は、農器具のほか、斧やのみなどの工具、集落同士の争いのための武器、権力の象徴として墳墓へ埋蔵するための剣などに利用され、とくに重要視された。

当時、鉄の有力な生産地は朝鮮半島南端にある伽耶《かや》地方であった。北九州に小国ができた紀元前1世紀末以降、鉄の入手は半島に近い**九州北西部の玄界灘沿岸の勢力**が中心的役割を担うようになり、なかでも**伊都国**《いとこく》は交易の中心となっていた。しかし、中国国内で大規模な農民反乱である黄巾の乱などが起こって後漢が衰退すると、鉄の入手が難しくなった伊都国は没落し、代わって玄界灘沿岸以外の勢力が台頭するようになる。

全国に拡大した鉄の交易権をめぐる争い

近畿や**瀬戸内海沿岸**、**山陰**などをはじめとするそのほかの勢力も同じように鉄を必要としていたため、**鉄の交易をめぐる争い**が起こり始める。しかし、玄界灘沿岸の勢力が鉄の交易ルートをおさえている状態では容易に入手することができなかった。そこで、これらの勢力は**政治的に連合**を図り、玄界灘沿岸の勢力と対決するようになる。この勢力が、やがて畿内を中心とする**広域な連合政権に発展**し、大和政権の成立へとつながっていく。

日本の統一政権が成立したきっかけとなったものは、鉄の入手ルートをめぐる争いだったのである。

ここが発見!

玄界灘沿岸の勢力と、そのほかの地域の連合勢力の間で起こった鉄をめぐる争いが、大和政権成立のきっかけとなった。

九州に多い鉄器の出土

鉄製の武器は、京都を除くと九州からの出土数が圧倒的に多い。このことからも、朝鮮半島から近く、早くから大陸との交易が盛んだった九州北部が鉄の交易の中心地だったことが推測できる。これらの地域では、鉄の権益をめぐって争いも多かったであろうし、その争いがまた優秀な武器（鉄器）をより多く必要とさせたのかもしれない。

鉄器出土数ベスト10

● 鉄刀・鉄剣・鉄矛《てつほこ》・鉄戈《てつか》

順位	出土県	出土数
1	福岡県	102
2	京都府	48
3	佐賀県	34
4	長崎県	33
5	鳥取県	26
6	兵庫県	24
7	群馬県	16
8	千葉県	15
9	長野県	13
9	熊本県	13

● 鉄鏃《てつぞく》

順位	出土県	出土数
1	福岡県	398
2	熊本県	339
3	大分県	241
4	京都府	112
5	宮崎県	109
6	岡山県	104
7	山口県	97
8	兵庫県	92
9	広島県	79
10	千葉県	63

※ともに『弥生時代鉄器総覧』（川越哲志編／広島大学文学部考古学研究室／2002年）をもとに作成

鉄の入手ルート

当時は、まだ国内で鉄を大量に生産する技術がなかったため、おもに朝鮮半島南部で採掘した鉄鉱石を加工し、製品あるいは半製品にした状態のものが輸入された。鉄の交易ルートを押さえている伊都国は、中国に対して定期的に朝貢を行い、交易権の維持に努めた。

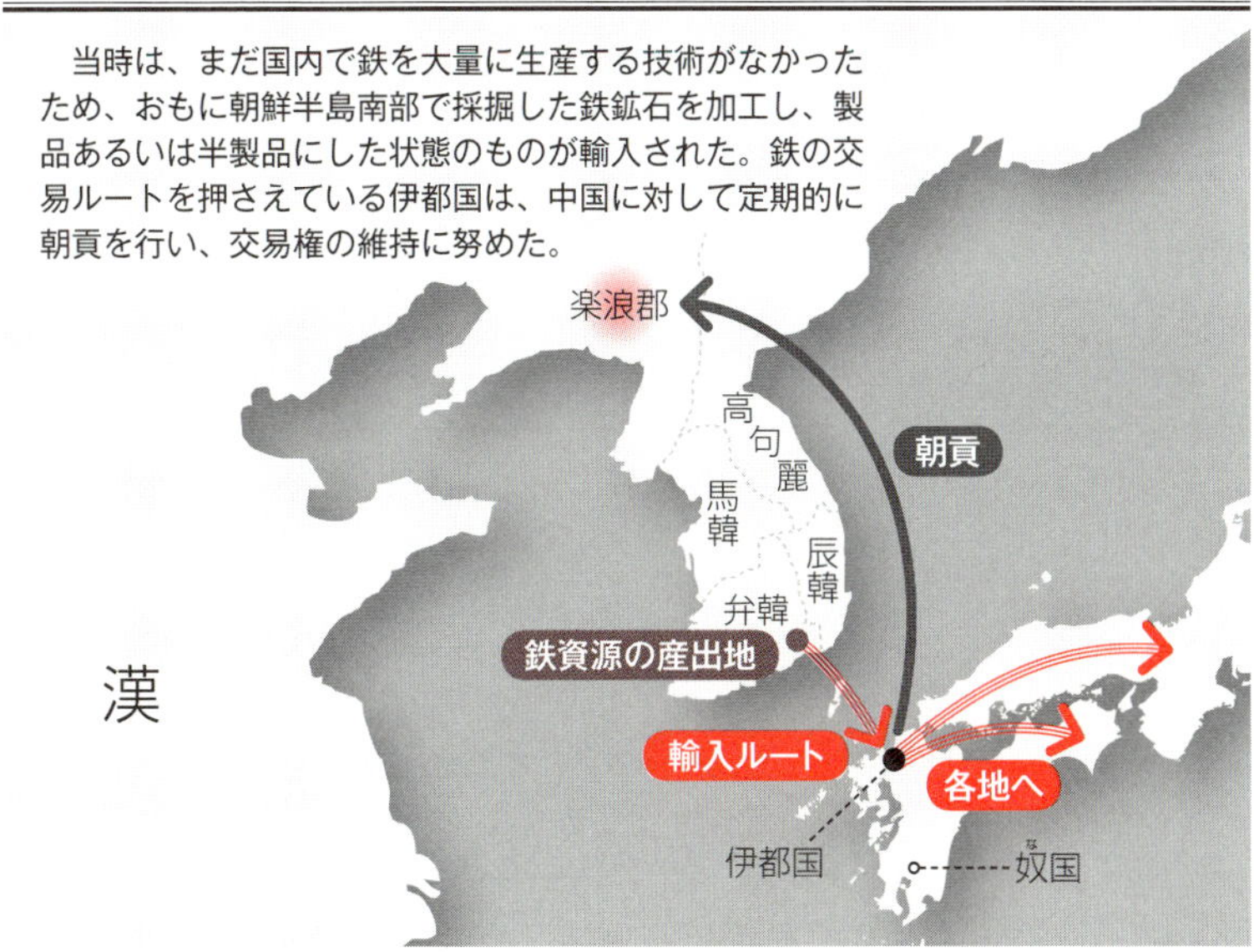

大和政権の権威を高めた巨大古墳

大和政権の勢力拡大を示す巨大古墳

　日本最古の古墳は、3世紀前半に造営されたとされる奈良県桜井市の**纏向《まきむく》石塚古墳**と考えられている。この古墳の造営以降、古墳は巨大化しながら全国へと広がり、**4世紀**に入ると同じ様式をもつ古墳が全国に見られるようになった。

　古墳の広がりは、**大和政権**が**全国へ支配力を拡大**していった証拠ともいえる。巨大古墳は大和政権の盟主である**大王《おおきみ》の墓**と考えられ、いずれも畿内にある。ほかにも、岡山県の吉備、福岡県の筑紫、群馬県の毛野《けぬ》、島根県の出雲などに大きな古墳があり、有力な首長たちがいたことを物語る。

　古墳は、有力者の墓というだけでなく、地域の首長の祖先を神として祀る**首長霊信仰**に基づいて造営された。そして、各地の首長の祖先の上に立つ大王の祖先は、最高位の首長霊であり、日本全体の守り神とされた。大和朝廷は、古墳を通して**大王の祖先を神格化**し、朝廷の権威を高めたのである。

古墳は律令制度の整備とともに姿を消した

　古墳時代前期には、古墳に銅鏡や勾玉《まがたま》などの**祭器**が副葬され、中期になると、馬具や甲冑などの**武器**が副葬されるようになる。このことから、古墳時代前期の被葬者は**司祭者的性格**をもっていたが、大和朝廷の支配が広まるにつれ、被葬者が**武人的性格**をもつようになったと考えられる。

　古墳は、6世紀頃まで盛んにつくられた。そのため、3世紀後半〜6世紀末までを古墳時代という。7世紀に入って中国の影響を受けた**律令制**が整い始めると、古墳は急速に数を減らしたが、中央から離れた東北や北海道などの一部地域では、小規模なものが8、9世紀までつくられ続けた。

ここが発見！

古墳は、有力者の墓であると同時に、支配者である大王の祖先を神格化させるシステムとなっていた。

古墳が伝える大和政権の勢力

3世紀前半に纏向石塚古墳がつくられたのを皮切りに、各地で古墳の造営が始まるが、主要古墳の地域分布を見ると、圧倒的に近畿地方に集中していることがわかる。これは当時の近畿地方に有力な豪族の集まりである大和朝廷が存在していたことを示している。

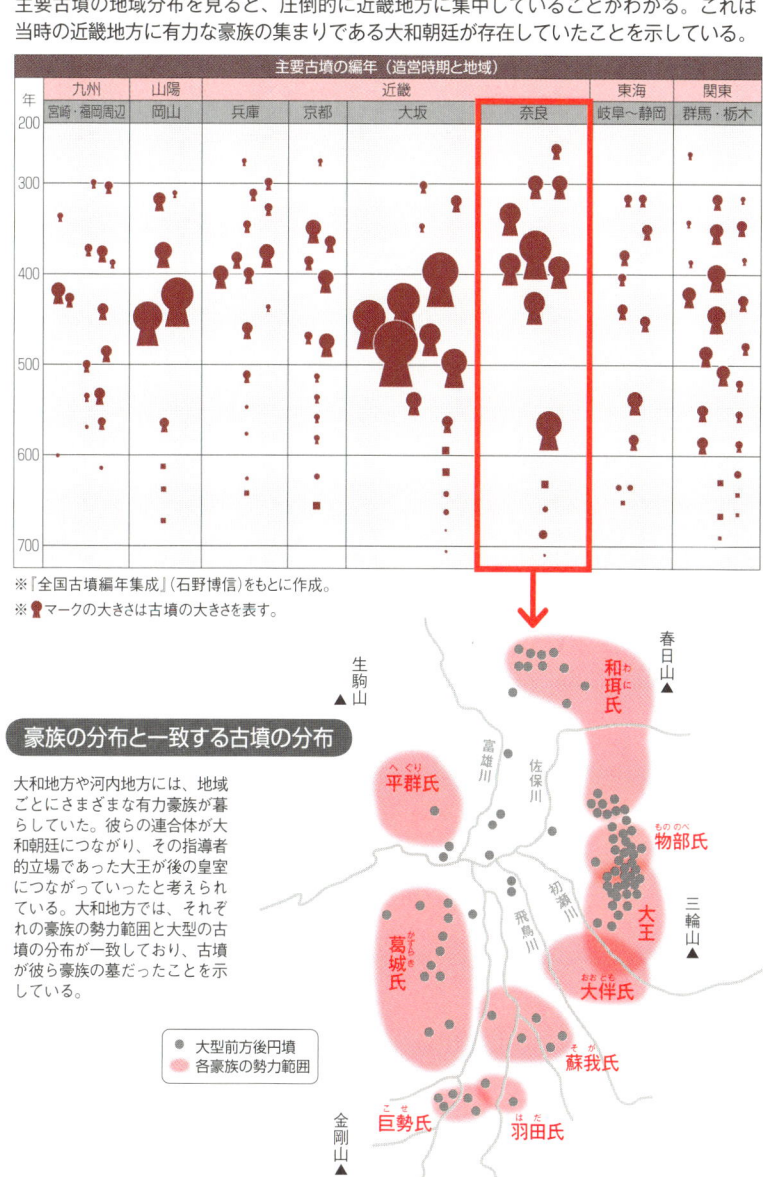

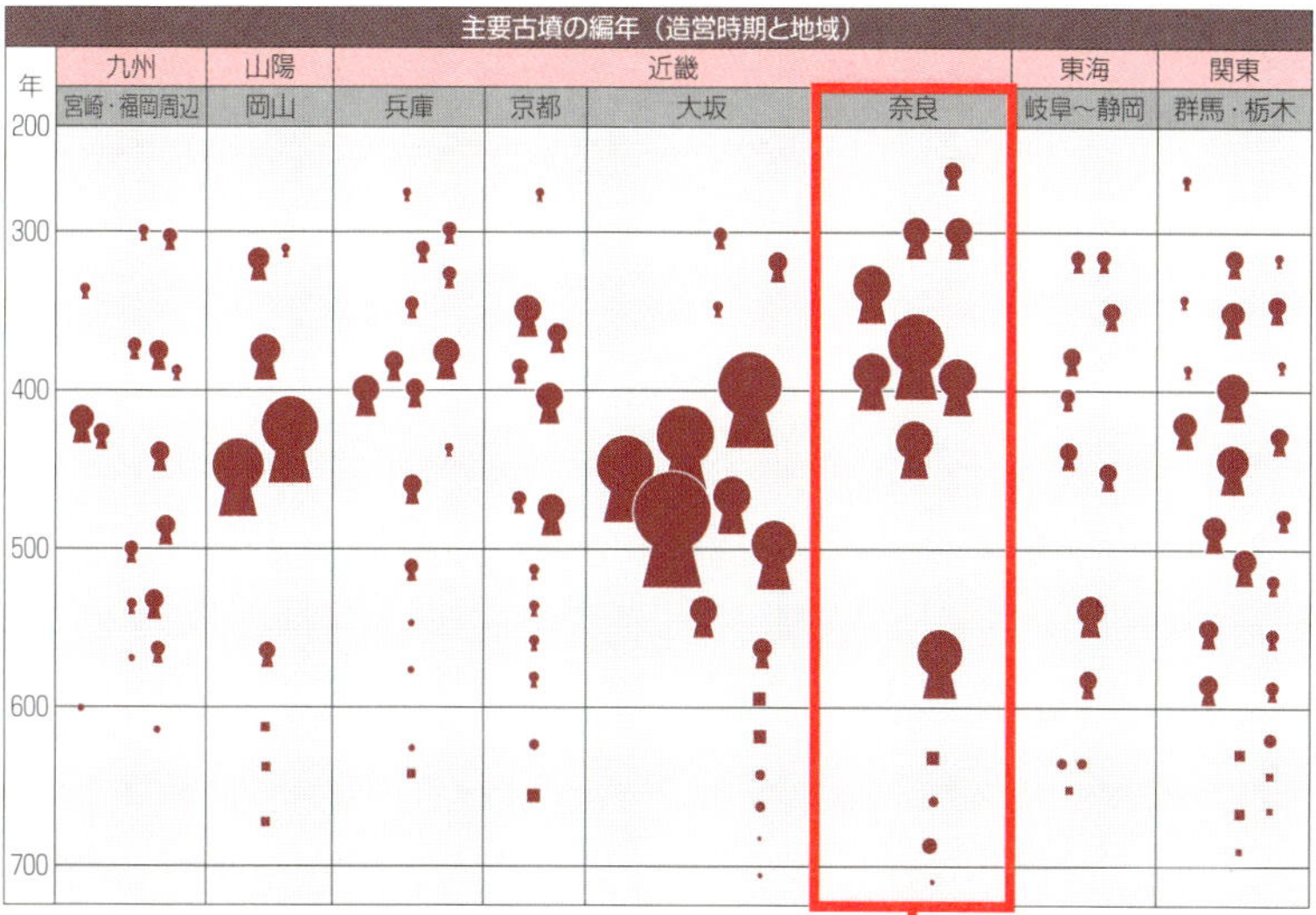
主要古墳の編年（造営時期と地域）
年
九州
宮崎・福岡周辺
山陽
岡山
近畿
兵庫
京都
大坂
奈良
東海
岐阜～静岡
関東
群馬・栃木
200
300
400
500
600
700

※『全国古墳編年集成』（石野博信）をもとに作成。

※マークの大きさは古墳の大きさを表す。

豪族の分布と一致する古墳の分布

大和地方や河内地方には、地域ごとにさまざまな有力豪族が暮らしていた。彼らの連合体が大和朝廷につながり、その指導者的立場であった大王が後の皇室につながっていったと考えられている。大和地方では、それぞれの豪族の勢力範囲と大型の古墳の分布が一致しており、古墳が彼ら豪族の墓だったことを示している。

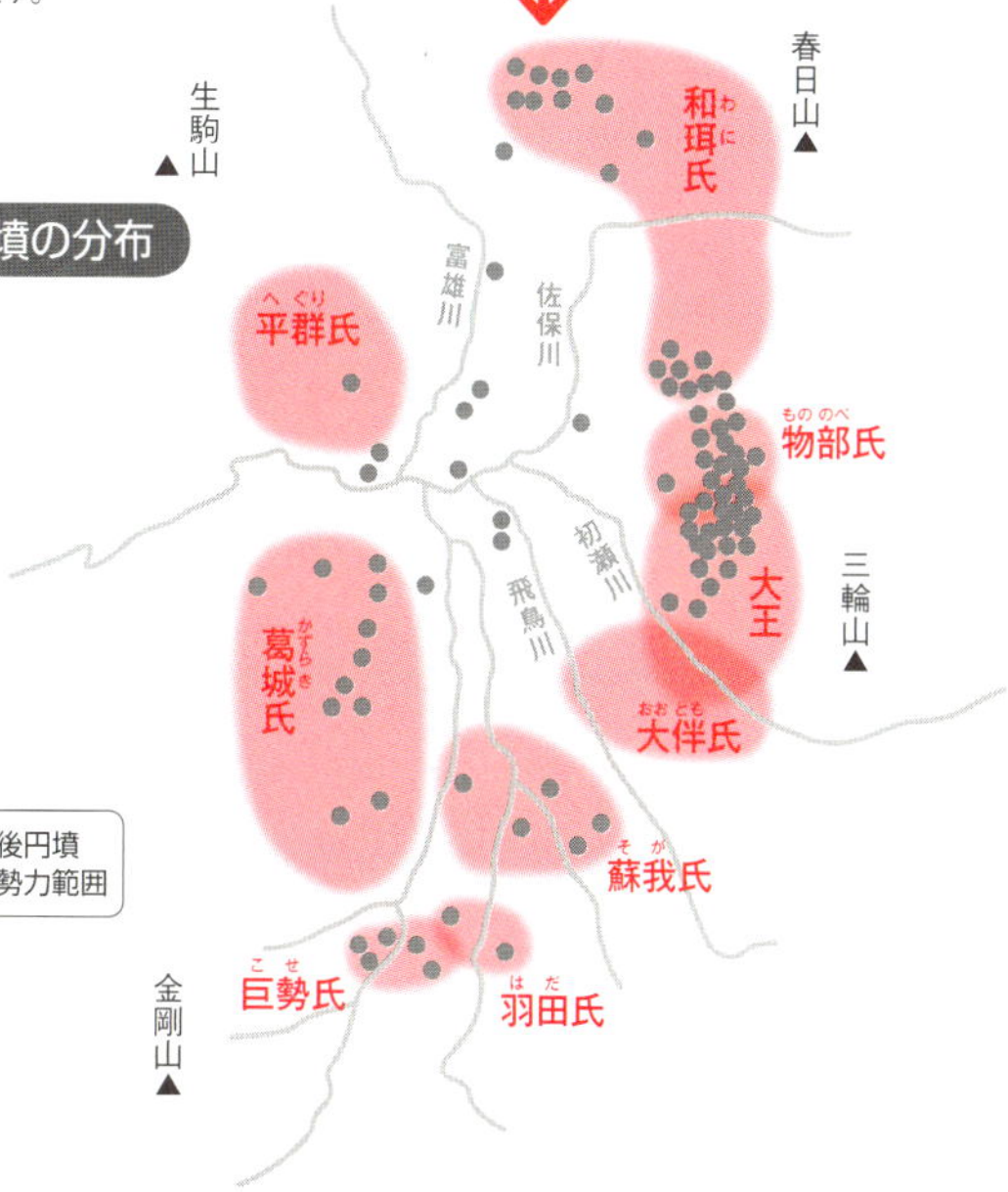
生駒山
春日山
和珥《わに》氏
富雄川
佐保川
平群《へぐり》氏
物部《もののべ》氏
初瀬川
飛鳥川
三輪山
大王
葛城《かずらき》氏
大伴《おおとも》氏
蘇我《そが》氏
巨勢《こせ》氏
羽田《はだ》氏
金剛山

● 大型前方後円墳
● 各豪族の勢力範囲

大仙陵古墳の造営

巨大古墳はどのようにつくられたか

日本で最大規模の古墳は、古墳時代中期につくられた、大阪府堺市の**百舌鳥《もず》古墳群**のなかにある全長486mの**大仙陵《だいせんりょう》古墳**だ。日本のみならず**世界でも最大級の墳墓**で、クフ王のピラミッドや秦の始皇帝陵と並ぶ大きさである。

このような巨大古墳は莫大な人数を動員してつくられた。古墳の造営は、樹木を伐採して平地をつくることから始まる。そして濠《ほり》を掘削し、墳丘に盛土《もりど》していく。足りない土は、ほかの土地から採掘して運び込む。盛土が完成すると、その表面に石をしき詰め、同時に墳丘の周囲に**埴輪《はにわ》**をつくって並べていく。

墳丘が完成すると、後円部に上方から穴を開けて石室をつくり、石棺を収めてふたをする。このように、上部からつくった石室を「**竪穴式石室**」という。後の時代になると、側面からつくったトンネルの奥に石室を設置する「**横穴式石室**」がつくられるようになる。この方式は大陸の影響を受けた構造で、4世紀に九州で見られるようになり、6世紀に全国に広がった。

大仙陵古墳は誰の墓?

宮内庁は現在、大仙陵古墳を仁徳《にんとく》天皇陵としている。周囲に並べられた円筒埴輪の形状などから見ると、5世紀末頃の古墳だと思われるが、『古事記』によると仁徳天皇の崩御が5世紀初頭なので、もしその記述が正しいとすると、時代がやや違っている。当時の大王の墓であることは確実だろうが、現在、この陵墓の発掘調査は宮内庁により認められていないため、仁徳天皇陵かどうかは確認できていない。

写真提供：国土画像情報（カラー空中写真）国土交通省

巨大古墳ができるまで

大王を埋葬するための巨大古墳の造営は国を挙げての一大事業で、莫大な人員と日数が費やされた。大仙陵古墳の場合、1日に最大2000人、のべ680万人を動員しても、当時の技術では約16年かかったという試算が出されている。

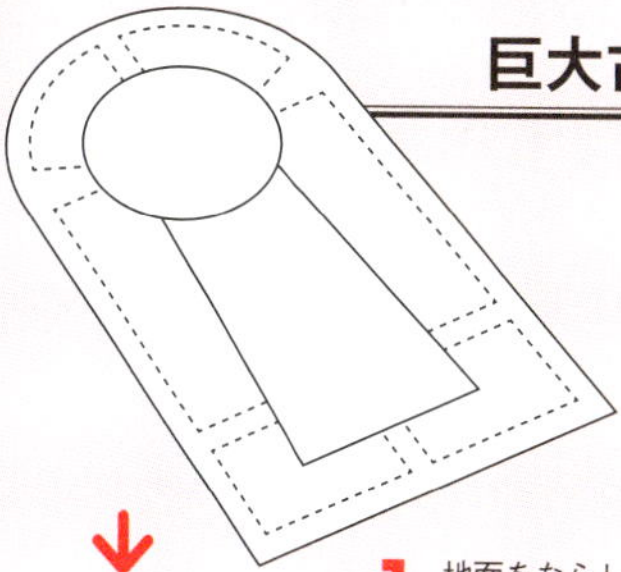

1 地面をならし、水平な地盤をつくって古墳の形を地面に描く。

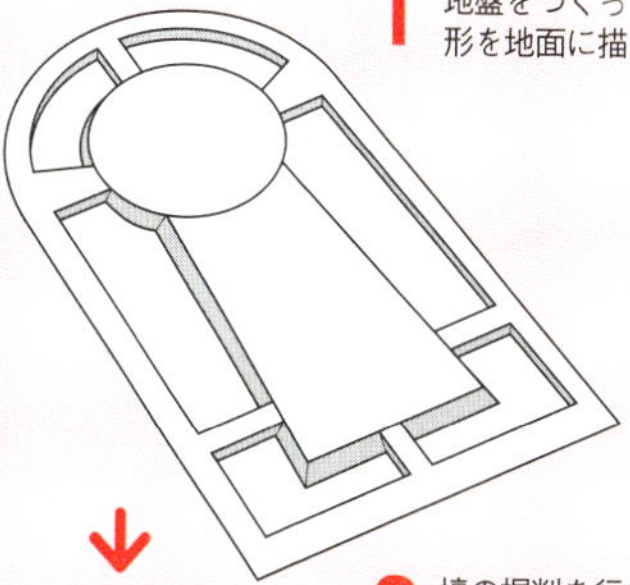

2 壕の掘削を行いながら、掘った土を盛土として利用する。

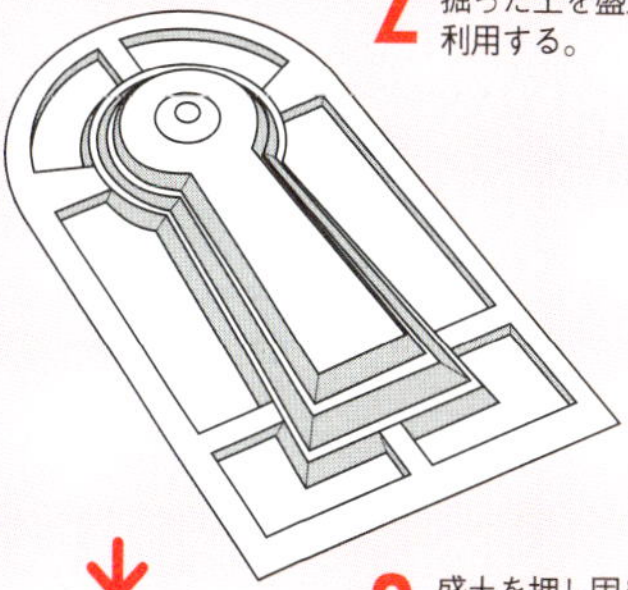

3 盛土を押し固めて墳丘をつくり、墳丘の中央に石室をつくる。この頃、埴輪製作も平行して行う。

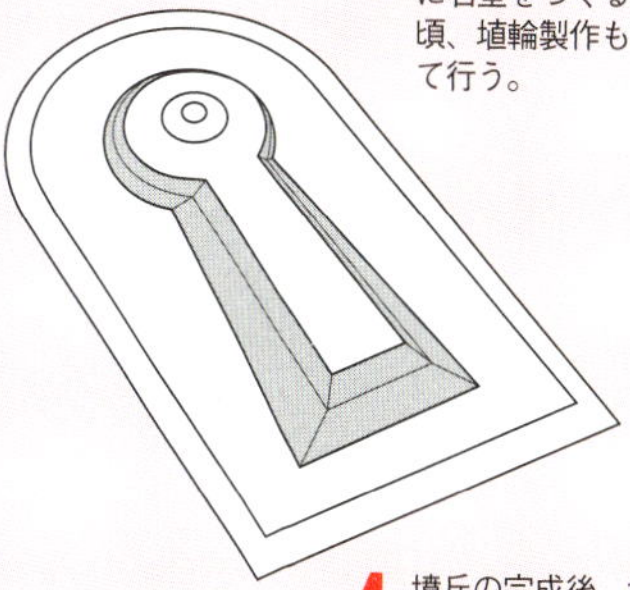

4 墳丘の完成後、埴輪を並べ、壕に水を入れて遺体を埋葬する。

竪穴式石室 古墳時代前期～中期

石室の上に天井石を置いてふたをし、土をかぶせて墳丘をつくる。3世紀中頃から4世紀にかけてつくられた古墳に見られる。

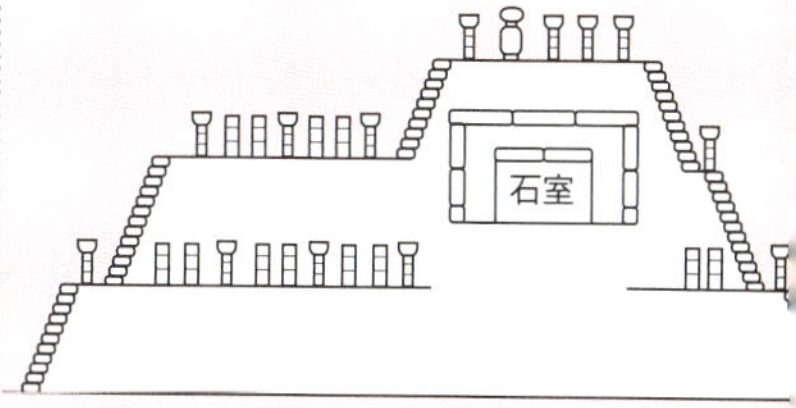

横穴式石室 古墳時代後期

墳丘の横にある出入り口から遺体を入れてふたをする。朝鮮半島から伝わった形式で、4世紀後半から多くつくられた。

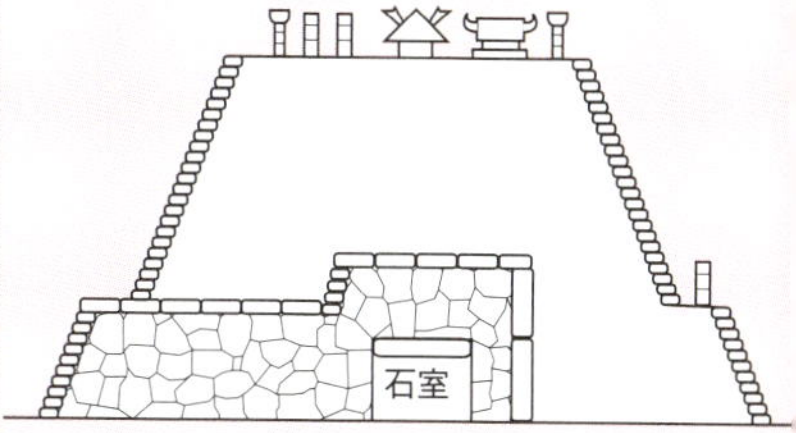

2章

貴族の隆盛

飛鳥・奈良・平安時代

この時代のおもな出来事

飛鳥時代

538（552）	百済より仏教が伝わる	▶P52
587	蘇我氏が物部氏を滅ぼす	
593	聖徳太子が摂政となる	
600	遣隋使の派遣が始まる	
630	遣唐使の派遣が始まる	▶P54
643	蘇我入鹿が山背大兄王を暗殺し、上宮王家一族を滅ぼす	
645	乙巳の変が起こる	▶P56
646	改新の詔が発せられる（大化の改新）	
663	白村江の戦いで日本軍が唐・新羅連合軍に敗れる	▶P58
672	壬申の乱が起こり、大海人皇子が大友皇子を討つ	
689	飛鳥浄御原令が施行される	▶P60
694	藤原京に遷都する	
701	大宝律令が制定される	
708	和同開珎が鋳造される（日本初の流通貨幣）	

奈良時代

710	平城京に遷都する	

723 三世一身の法が制定される

740 藤原広嗣の乱が起こる

741 国分寺・国分尼寺建立の詔が出される

743 墾田永年私財法が発布される ……▼P62

752 東大寺大仏の開眼供養が行われる

757 養老律令が施行される

764 藤原仲麻呂（恵美押勝）の乱が起こる

784 長岡京に遷都する

平安時代

794 平安京に遷都する ……▼P64

797 坂上田村麻呂が征夷大将軍になる

806 空海により密教が伝えられる ……▼P68

810 嵯峨天皇と平城上皇が対立し、薬子の変が起こる

858 藤原良房が摂政となる ……▼P70

866 応天門の変が起こり、伴善男が追放される

887 藤原基経が関白となる（日本初の関白）

894 菅原道真により遣唐使が廃止される

901 昌泰の変が起こり、菅原道真が大宰府に左遷される

935～941 承平・天慶の乱が起こる ……▼P76

969 安和の変が起こり、源高明が追放される

1016 藤原道長が摂政となる

1051 奥州で源頼義・清原武則と安倍頼時が争う（前九年の役）

1069 延久の荘園整理令が出される

1083 奥州で清原家衡と清原清衡・源義家が争う（後三年の役）

1086 白河天皇が上皇となり、院政が始まる ……▼P80

古代の政治を牛耳った謎の豪族・蘇我氏の正体

古代史に突如として現れた蘇我氏とは何者だったのか

6~7世紀の大和政権は、**蘇我氏**を中心とする時代であった。6世紀の前半、**欽明《きんめい》天皇**の時代に**蘇《そ》我稲目《がのいなめ》**が突如として頭角を現すと、**馬子《うまこ》**、**蝦夷《えみし》**、**入鹿《いるか》**の四代で絶大な権力を築き上げ、約100年間にわたって政治を牛耳った。

蘇我氏の出自には多様な説がある。『**日本書紀**』は蘇我氏を葛城《かずらき》氏の同族とし、**武内宿禰《たけのうちのすくね》**という人物を両氏の共通の始祖とする系譜を伝える。しかし、武内宿禰は200年余りにわたって生きたとされる伝説上の人物で、蘇我馬子が活躍した頃に創作されたらしい。

大和朝廷の政治の流れを見ると、葛城氏の本流の勢力が後退した後に、葛城氏の同族であった巨《こ》勢《せ》氏、次いで蘇我氏が朝廷で重用されたと見るのが現実的だろう。

渡来人とのつながりを利用 権力を手中に収めた蘇我氏

このほかにも、**蘇我氏渡来人説**がある。蘇我氏は渡来系の**秦《はた》氏**や**東漢《やまとのあや》氏**、**今来漢人《いまきのあやひと》**と呼ばれる新たに渡来した人々と強く結びついていた。とくに蘇我氏の本拠地である飛鳥に住んでいた東漢氏への影響力は強く、彼らがもたらす進んだ技術や知識を取り入れて勢力を拡大していった。百済《くだら》から伝えられた**仏教**も、そのような先進文化のひとつだった。これらの先進的な政策は、ほかの有力豪族たちには見られない蘇我氏独自のものである。しかし、蘇我氏が朝鮮半島出身だった確かな証拠はない。

蘇我馬子は、蘇我氏の血を引く皇子を次々と天皇に即位させて権力の集中を図り、意のままに動かなかった**崇峻天皇《すしゅんてんのう》**を592年に暗殺。そして、日本で初の女帝・**推古《すいこ》天皇**を立て、同じ蘇我氏の血を引く**聖徳太子《しょうとくたいし》**（**厩戸王《うまやとおう》**）とともに中央集権化を推進したのである。

ここが発見!

葛城氏の一族とも渡来人の末裔ともいわれる蘇我氏は、渡来人から大陸の先進文化や技術を取り入れながら権力を確立した。

蘇我氏を押し上げた渡来人コネクション

蘇我氏は、東漢氏や今来漢人、秦氏など、優れた技術をもつ渡来人を影響下に置いたことで、ほかの氏族よりも大きな権力をもつこととなった。

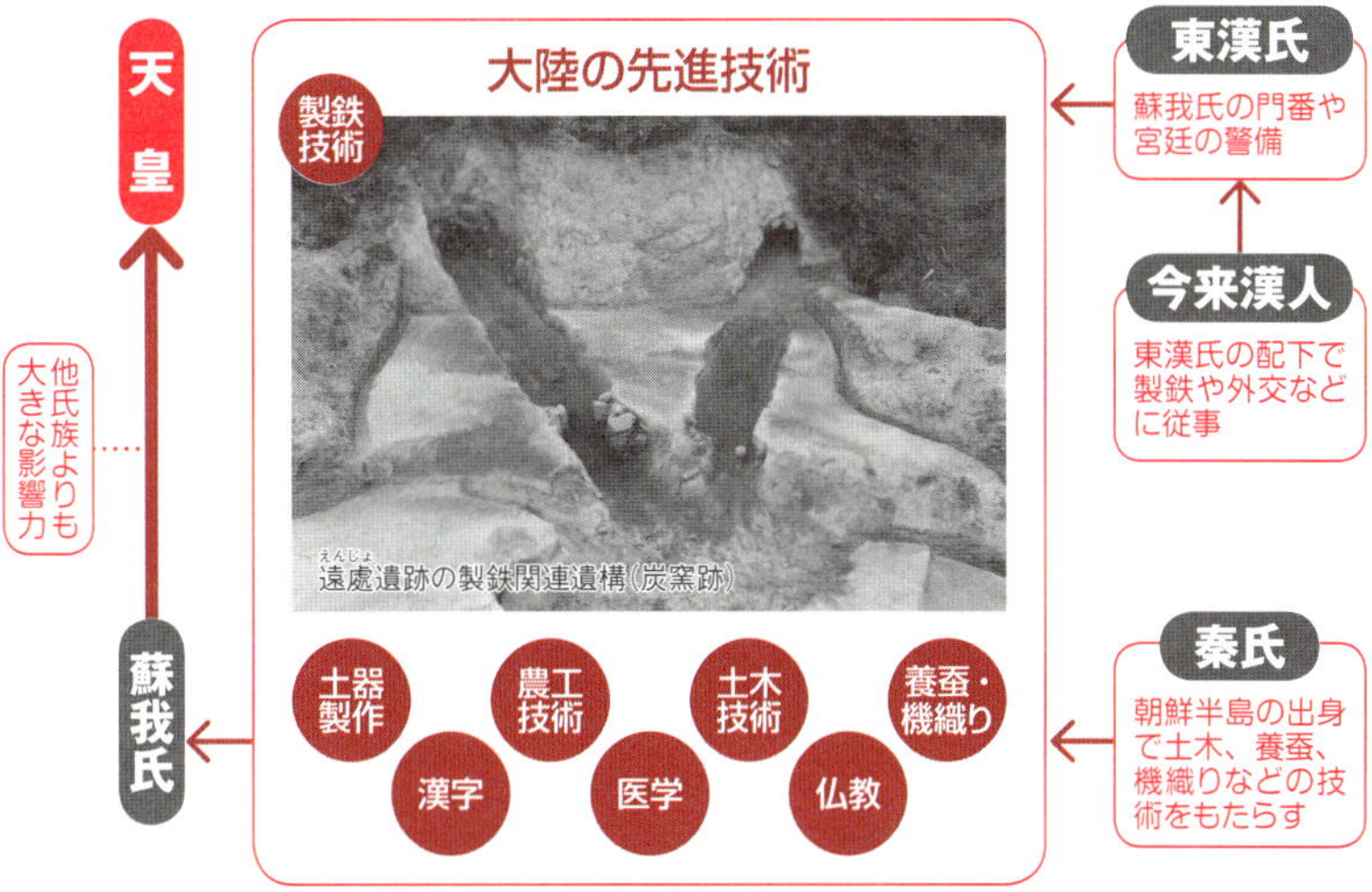
天皇
他氏族よりも大きな影響力
蘇我氏
大陸の先進技術
製鉄技術
土器製作
農工技術
土木技術
養蚕・機織り
漢字
医学
仏教
東漢氏
蘇我氏の門番や宮廷の警備
今来漢人
東漢氏の配下で製鉄や外交などに従事
秦氏
朝鮮半島の出身で土木、養蚕、機織りなどの技術をもたらす
遠處《えんじょ》遺跡の製鉄関連遺構(炭窯跡)

写真提供：京都府埋蔵文化財調査研究センター

天皇と結びついた蘇我氏の系図

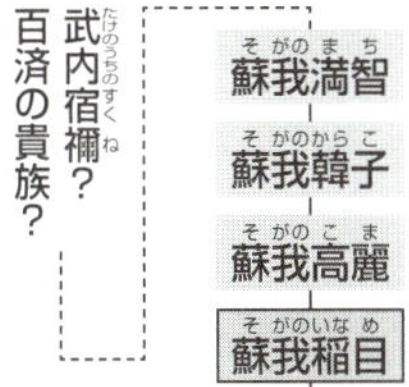
武内宿禰《たけのうちのすくね》？
百済の貴族？
蘇我満智《そがのまち》
蘇我韓子《そがのからこ》
蘇我高麗《そがのこま》
蘇我稲目《そがのいなめ》

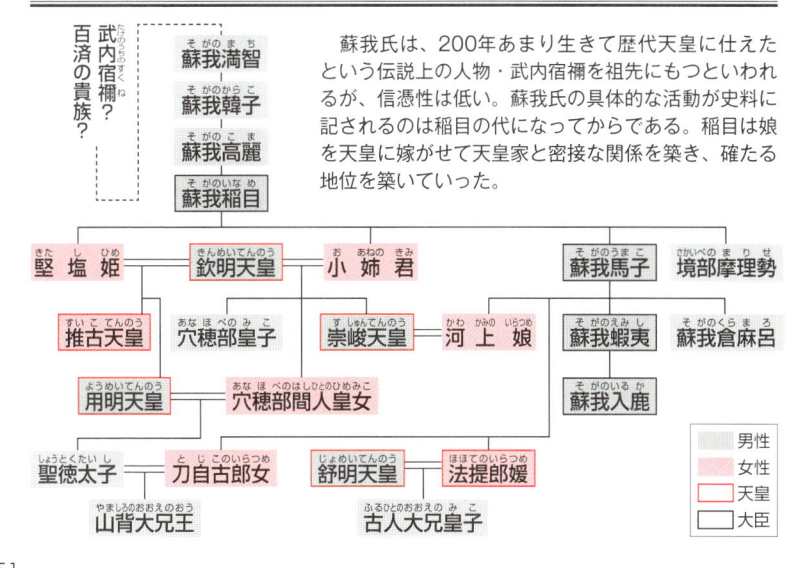

蘇我氏は、200年あまり生きて歴代天皇に仕えたという伝説上の人物・武内宿禰を祖先にもつといわれるが、信憑性は低い。蘇我氏の具体的な活動が史料に記されるのは稲目の代になってからである。稲目は娘を天皇に嫁がせて天皇家と密接な関係を築き、確たる地位を築いていった。

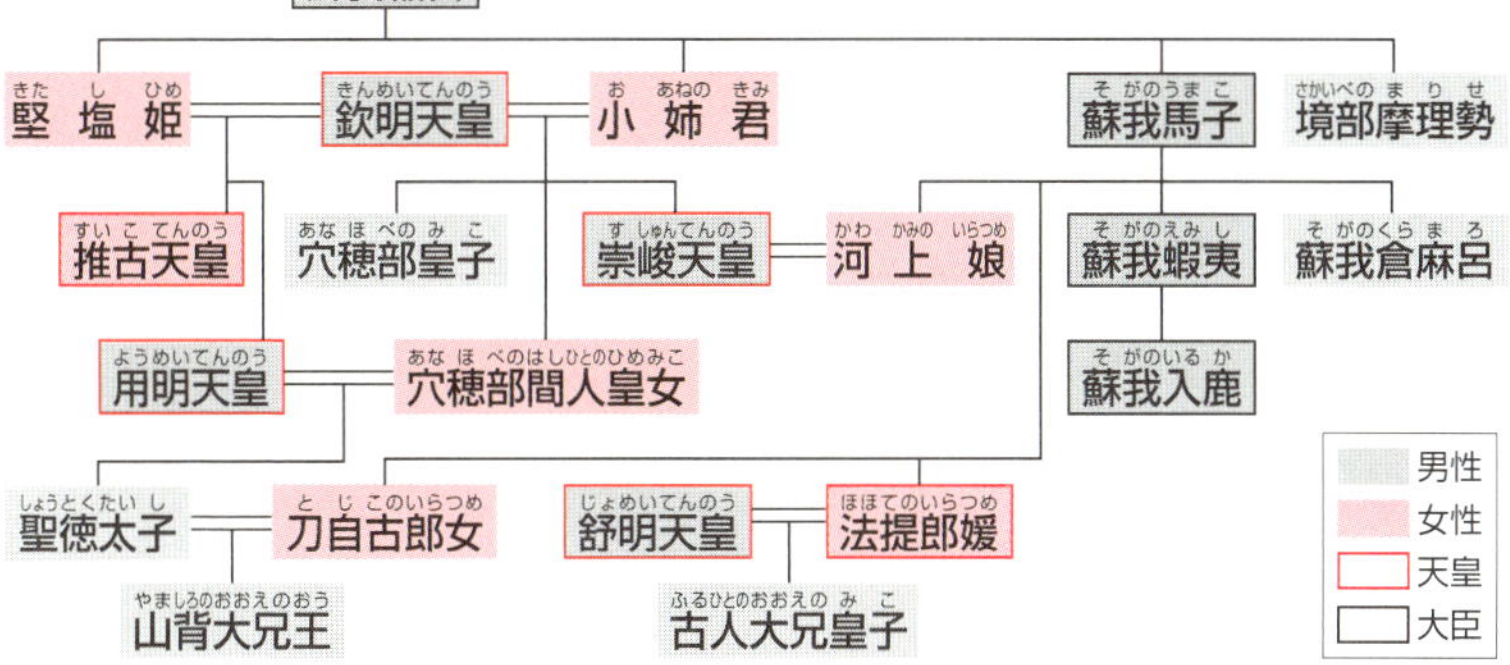
堅塩姫《きたしひめ》
欽明天皇《きんめいてんのう》
小姉君《おあねのきみ》
蘇我馬子《そがのうまこ》
境部摩理勢《さかいべのまりせ》
推古天皇《すいこてんのう》
穴穂部皇子《あなほべのみこ》
崇峻天皇《すしゅんてんのう》
河上娘《かわかみのいらつめ》
蘇我蝦夷《そがのえみし》
蘇我倉麻呂《そがのくらまろ》
用明天皇《ようめいてんのう》
穴穂部間人皇女《あなほべのはしひとのひめみこ》
蘇我入鹿《そがのいるか》
聖徳太子《しょうとくたいし》
刀自古郎女《とじこのいらつめ》
舒明天皇《じょめいてんのう》
法提郎媛《ほほてのいらつめ》
山背大兄王《やましろのおおえのおう》
古人大兄皇子《ふるひとのおおえのみこ》
男性
女性
天皇
大臣

蘇我氏と物部氏の対立の原因は仏教ではなかった

どちらが勝っても仏教は受け入れられていた?

6世紀の半ば、日本（倭《わ》）へ仏教が伝えられたとき、**崇仏派**の**蘇《そ》我《が》氏**と**廃仏派**の**物部《もののべ》氏**との間で争いが起こった。この争いに敗れた物部氏は滅亡し、やがて仏教は人々の間に広まっていった。一般的に、**崇仏論争**はこのように解釈されている。

しかし、これは後世に脚色されたものである。争いの真相は、急激に力を伸ばしてきた新興勢力と、古来の勢力による単なる**覇権争い**だったらしい。仮に両氏の対立がなくても、仏教は日本人に受け入れられただろう。日本人は異国の文化を取り入れ、自分たちの文化を高めるという特徴をもつ。崇仏論争などなくても、仏教は広まったはずである。

また、物部氏が勝っていたとしても、やはり仏教は日本人の間へ浸透したと思われる。廃仏派だったとされる物部氏だが、実は本拠地に仏寺を建立していた形跡が見られるという。物部氏が敵視していたのは仏教というよりも、**大陸の先進技術を一手に握っていた蘇我氏**そのものであり、「物部氏＝廃仏派」という単純な図式はあてはまらないのである。

ここが発見!

蘇我氏と物部氏の対立は仏教の受容をめぐる崇仏論争だとされているが、実は両氏の単なる権力争いにすぎなかった。

渡来僧は外交官としての役割も担っていた

ところで、仏教は百済《くだら》から伝えられたことから「**仏教＝百済**」というイメージがつきまとう。しかし、仏教の庇護《ひご》者であった聖徳太《しょうとくたい》子《し》や蘇我馬子《そがのうまこ》の師は**高句麗《こうくり》**の僧であった。

彼らが活躍した推古《すいこ》天皇の時代、百済だけでなく高句麗や**新羅《しらぎ》**からも、僧が派遣されてきていた。渡来僧は仏教の教えを伝えるだけでなく、複雑化する朝鮮半島情勢のなかで、日本との関係を良好に保つ**外交官としての役割**も果たしていたのである。

仏教がもたらした先進技術

当時の仏教は純粋な宗教というよりも大陸の進んだ学問であり、身分の高い者にとっての教養としての側面をもっていた。天皇をはじめとする当時の権力者は仏教を権威の象徴として利用するため、また仏教とともに入ってくる大陸のさまざまな先進技術を手に入れるために、仏教を進んで保護するようになっていった。さらに、当時の朝鮮半島諸国は互いに緊張状態にあったため、仏教などを通して日本との関係を良好に保つ必要があった。このような利害関係が一致して、仏教が日本に広まっていったといえる。

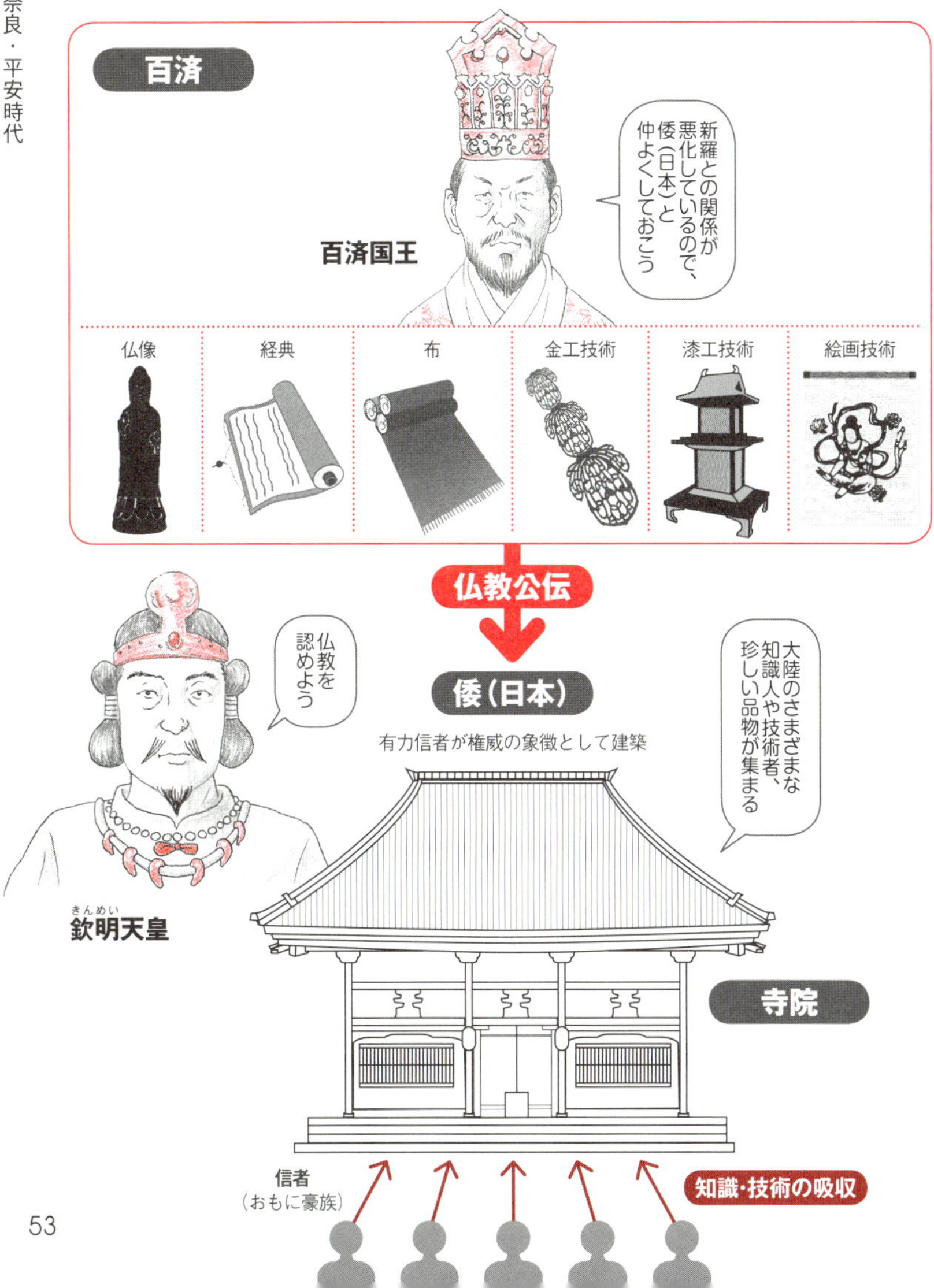
百済
新羅との関係が悪化しているので、倭（日本）と仲よくしておこう
百済国王
仏像
経典
布
金工技術
漆工技術
絵画技術
仏教公伝
仏教を認めよう
欽明《きんめい》天皇
倭（日本）
有力信者が権威の象徴として建築
大陸のさまざまな知識人や技術者、珍しい品物が集まる
寺院
信者
（おもに豪族）
知識・技術の吸収

大陸の文化をもたらした遣唐使の危険な旅路

ここが発見！
遣唐使は大陸の文化や知識を入手するため、250年以上にわたって続けられた。しかし、その航路は大変危険なものだった。

121人中5人しか生き残れないこともあった

中国への外交使節の派遣は、当時の日本にとって進んだ文化や知識を得るために必要なものだった。600年に**遣隋使**が派遣され、630年には建国間もない唐へ最初の**遣唐使**が送られた。

初期の遣唐使は1隻か2隻の帆船に**120人**ほどが乗り込んで航海したといわれている。後に4隻編成となり、一行全員で**500〜600人**ほどとなった。

船旅はどんなに早くとも**1〜2カ月**かかり、航行術もまだ未熟なうえに季節風を知らずに航海し、およそ**16回の航海で約3割が遭難**したとされている。653年には北路で帰国中の船が難破し、121人の乗組員中で生き残ったのは5人だったという。

藤原氏は政敵候補を抹殺するために遣唐使船に乗せた？

遣唐使船は、唐での正月行事に間にあわせるため、天候が荒れやすい初夏に出航し、東風に乗って中国に向かった。中国は南北に広いため往路はなんとかたどりつくが、秋から冬の西風に乗って日本を目指す帰路は、南西諸島に漂流することも多かった。勢力拡大を狙う藤原氏が、政敵となりそうな優秀な人物を抹殺するために遣唐使に加えたという話もあるほど、**遣唐使の危険性**は誰もが認識していたのである。

300年近く続いた遣唐使は894年、**菅原**《すがわら》**道真**《のみちざね》によって廃止される。中国との民間貿易が盛んになり、政治的な緊張関係のなかでも朝鮮半島との貿易が続いていたこと、唐が衰退したことなどから、その意味が失われたからである。しかし、遣唐使がもたらした文化や知識は日本人に消化・吸収され、日本独自の「**国風文化**」（▼P72）へ受け継がれていった。

政情によって変化した遣唐使の渡航ルート

当初は、博多から朝鮮半島に沿って山東半島に入る比較的安全な北路を用いていた。しかし、白村江《はくそんこう》の戦い(▶P58)により新羅《しらぎ》と敵対した日本は、8世紀には南西諸島を利用する南島路を、次いで東シナ海を直接渡航し、短い日数で済む南路を用いた。

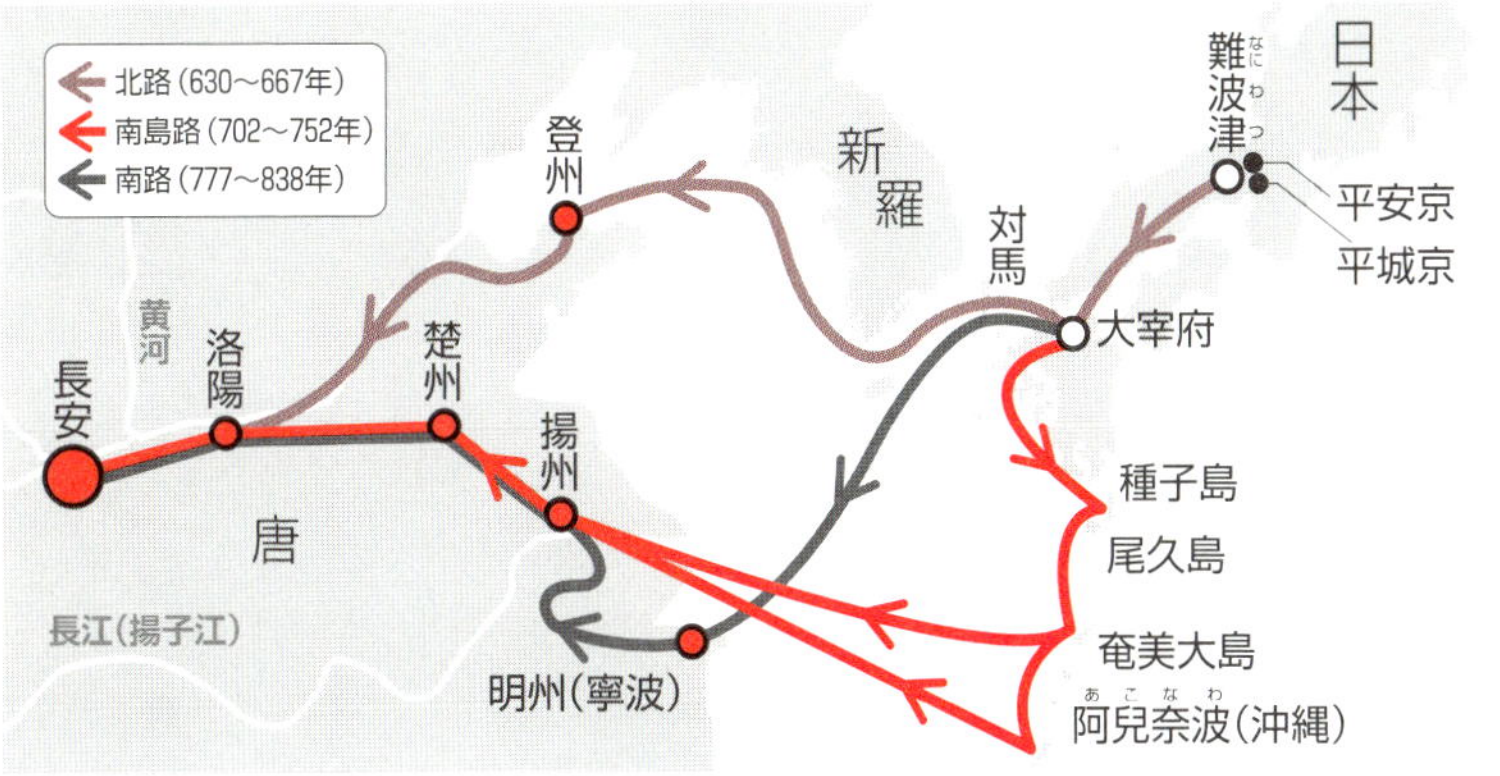
北路(630～667年)
南島路(702～752年)
南路(777～838年)
日本
難波津《なにわつ》
平安京
平城京
新羅
対馬
大宰府
登州
黄河
洛陽
長安
楚州
揚州
唐
長江(揚子江)
明州(寧波)
種子島
尾久島
奄美大島
阿児奈波《あこなわ》(沖縄)

遣唐使船の構造

遣唐使船は、さまざまな資料から長さ約25m、幅7～8m、帆の高さ約8mだったと考えられている。竜骨のない平底船で鉄釘はほとんど用いず、平板を継ぎあわせてつくったため、波切りが悪く不安定で強風や波浪に非常に弱いものであった。

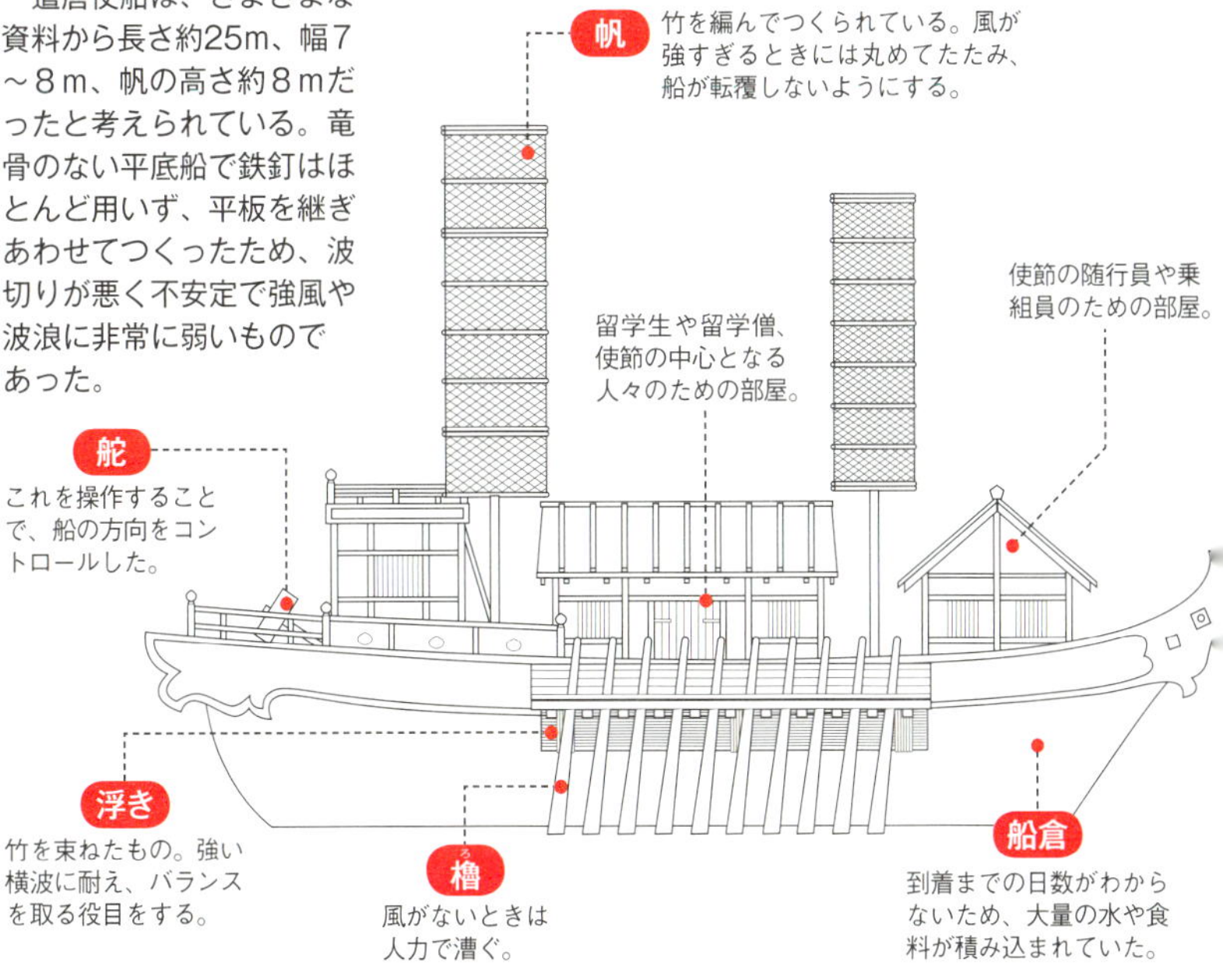
帆
竹を編んでつくられている。風が強すぎるときには丸めてたたみ、船が転覆しないようにする。
留学生や留学僧、使節の中心となる人々のための部屋。
使節の随行員や乗組員のための部屋。
舵
これを操作することで、船の方向をコントロールした。
浮き
竹を束ねたもの。強い横波に耐え、バランスを取る役目をする。
櫓《ろ》
風がないときは人力で漕ぐ。
船倉
到着までの日数がわからないため、大量の水や食料が積み込まれていた。

藤原氏によって悪役に仕立て上げられた蘇我氏

乙巳の変は単なる権力争いだった

645年、権力を笠に着て天皇をないがしろにしていた蘇我入鹿《そがのいるか》が、**中大兄皇子**《なかのおおえのおうじ》（後の**天智**《てんじ》**天皇**）と**中臣鎌足**《なかとみのかまたり》によって暗殺された。そして翌日、入鹿の父である**蝦夷**《えみし》も自害し、蘇我氏は滅亡した。**乙巳の変**である。

『日本書紀』は、蘇我氏の悪行を列挙し、蝦夷と入鹿が大王家の地位を奪おうとしていたため滅ぼしたとする。しかし、これは『日本書紀』の創作である。

では、真相はどうだったのか。中大兄皇子は**舒明**《じょめい》**天皇**の子なので王位の直系であるが、権力欲が強い人物であった。蘇我氏は、そんな中大兄皇子を王位から遠ざけ、中大兄皇子の異母兄で賢く人望もあった**古人大兄皇子**《ふるひとのおおえのみこ》を天皇にしようとした。王位につけず、**山**《やま》**背大兄王**《しろのおおえのおう》（▼左頁）のように殺される危険性もあった中大兄皇子は、中臣鎌足とともにクーデターを起こした。蘇我氏は単に**権力争いに敗れた**にすぎないのである。

大化の改新は藤原氏を正当化するための捏造か？

『日本書紀』がまとめられた奈良時代初期、朝廷で権力を握っていたのは中臣鎌足の子孫である**藤原氏**だった。彼らは、先祖が討った蘇我蝦夷・入鹿父子のことを悪く脚色することで、自らの地位を正当化しようと考えたのである。

同様のことは**大化の改新**についてもいえる。乙巳の変後、「**改新の詔**《みことのり》」が出され、さまざまな政治改革が行われた。これが大化の改新である。しかし、『日本書紀』に記された改新の詔による政策には、後世に加えられたと思われる多くの修飾がある。蘇我氏による大罪と大化の改新の業績は、どうやら藤原氏賛美のための捏造《ねつぞう》だった可能性が高いのである。

ここが発見！

蘇我氏が大王家のっとりを画策したために討たれたという『日本書紀』の説は、藤原氏が自らを正当化するための捏造だった。

乙巳《いっし》の変《へん》当時の皇室の人間関係

大きな権力を握っていた蘇我入鹿は、甥である古人大兄皇子を次の天皇にしようと画策していた。これに危機感を覚えて中臣鎌足とともに乙巳の変を実行した中大兄皇子は、古人大兄皇子の異母兄弟だった。蘇我氏と天皇の一族には密接な姻戚関係があり、一族内で権力争いが繰り返されていた。

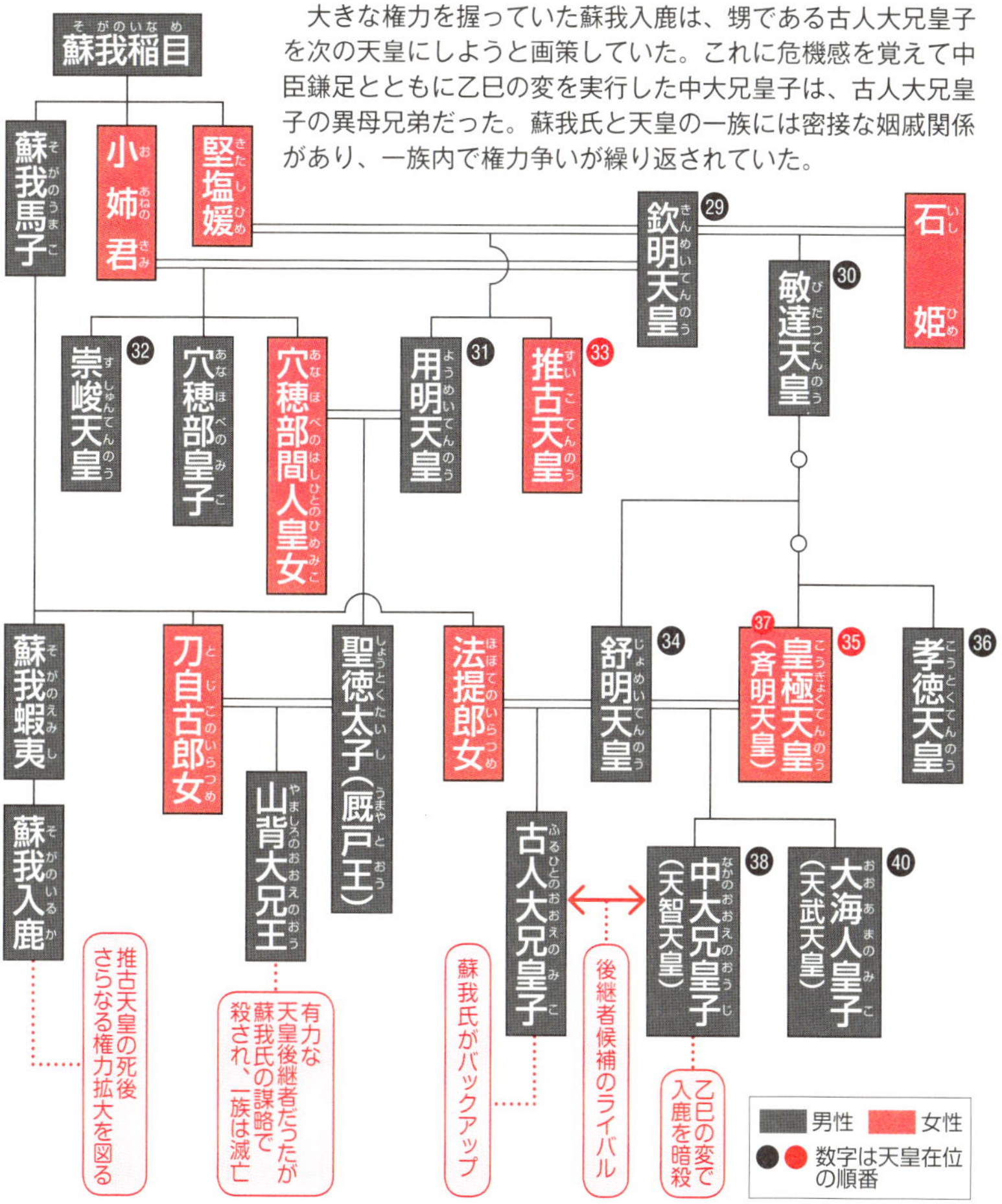
蘇我稲目《そがのいなめ》
蘇我馬子《そがのうまこ》
小姉君《おあねのきみ》
堅塩媛《きたしひめ》
欽明天皇《きんめいてんのう》 29
石姫《いしひめ》
敏達天皇《びだつてんのう》 30
崇峻天皇《すしゅんてんのう》 32
穴穂部皇子《あなほべのみこ》
穴穂部間人皇女《あなほべのはしひとのひめみこ》
用明天皇《ようめいてんのう》 31
推古天皇《すいこてんのう》 33
蘇我蝦夷《そがのえみし》
刀自古郎女《とじこのいらつめ》
聖徳太子《しょうとくたいし》（厩戸王《うまやとおう》）
法提郎女《ほほてのいらつめ》
舒明天皇《じょめいてんのう》 34
37 皇極天皇《こうぎょくてんのう》（斉明天皇） 35
孝徳天皇《こうとくてんのう》 36
蘇我入鹿《そがのいるか》
山背大兄王《やましろのおおえのおう》
古人大兄皇子《ふるひとのおおえのみこ》
中大兄皇子《なかのおおえのおうじ》（天智天皇） 38
大海人皇子《おおあまのみこ》（天武天皇） 40
推古天皇の死後さらなる権力拡大を図る
有力な天皇後継者だったが蘇我氏の謀略で殺され、一族は滅亡
蘇我氏がバックアップ
後継者候補のライバル
乙巳の変で入鹿を暗殺
男性　女性
数字は天皇在位の順番

聖徳太子の正体

「聖徳太子」という呼称は、生前に用いられた名前ではなく、死後につけられた諡《おくりな》（生前の事績を尊んで贈る名）である。聖徳太子の正体については諸説が入り乱れていたが、蘇我一族出身の用明天皇の第二皇子、厩戸王（皇子）であるという説が有力とされている。近年は、歴史の教科書での呼び方にも変化が見られる。以前は「聖徳太子（厩戸皇子）」とされていたが、近年は生前の名前を前にした「厩戸王（聖徳太子）」に変更されている。

白村江の戦いは日本の政治体制を変えた

出兵の理由は貿易の利権と国民の不満解消だった

日本で大化の改新が行われていた660年、**唐**は**新羅**《しらぎ》とともに**百済**《くだら》に進軍し、これを攻め滅ぼした。新羅と距離を置く一方、百済と友好関係にあった日本にとっては一大事だった。情勢次第では、大陸からの交易品が手に入らなくなる可能性があるからだ。

そんな折、旧百済の重臣である鬼室福信《きしつふくしん》から、日本に援軍要請がきた。「日本に人質としている豊《ほう》璋《しょう》を百済王とし、日本の援軍によって百済を復興したい」という内容であった。**中大兄皇子**《なかのおおえのおうじ》は、**斉**《さい》**明**《めい》**（皇極**《こうぎょく》**）天皇**とともに百済への援軍を決定した。朝廷は、将軍の**阿倍比羅夫**《あべのひらふ》が東北地方の日本海沿岸地域の民族・蝦夷《えみし》を従えることに成功し、軍事面では気をよくしていた。また、土地の国有化、徴税の制度化などの急進的な政治改革を行った大化の改新に対する**国民の不満**をかわす思惑もあった。

白村江での大敗で政治改革が加速した

日本軍は、阿倍比羅夫らに率いられて朝鮮半島にわたった。しかし、663年に**白村江**で唐の水軍に挑んで大敗。百済復興は消滅した。

この大敗に衝撃を受けた中大兄皇子は、唐・新羅の侵攻に備えて各地に堅牢な朝鮮式山城を築き、北九州沿岸に**防人**《さきもり》を配備するとともに、都を内陸の**大津宮**《おおつのみや》（滋賀県）に移した。同時に、国力の充実を図るために官僚制を整備し、税制を確立させるために戸籍の作成を急いだ。この政策によって670年に完成したのが、日本最初の戸籍である「**庚午年籍**《こうごねんじゃく》」である。

これらの政策によって、日本は天皇を中心とする**中央集権的な国家**へと生まれ変わった。白村江での敗北は、結果的に新しい日本誕生のきっかけとなったのである。

ここが発見！

百済の友好国であった日本は百済救援軍を送ったが大敗。これをきっかけに律令国家を目指す政治改革が加速した。

大敗に終わった海外派兵 白村江の戦い

660年、唐・新羅連合軍に滅ぼされた百済の遺臣が倭《わ》（日本）に救援を求めると、それに応じた斉明《さいめい》天皇は各地で徴兵を行わせ、翌年には各地で兵を集めながら中大兄皇子とともに九州に赴いた。九州で天皇が崩御した後、指揮権を引き継いだ皇子は、最終的に３回に分けて４万2000人の兵士を朝鮮半島に派遣し、5000人の百済軍とともに唐・新羅連合軍と戦わせた。

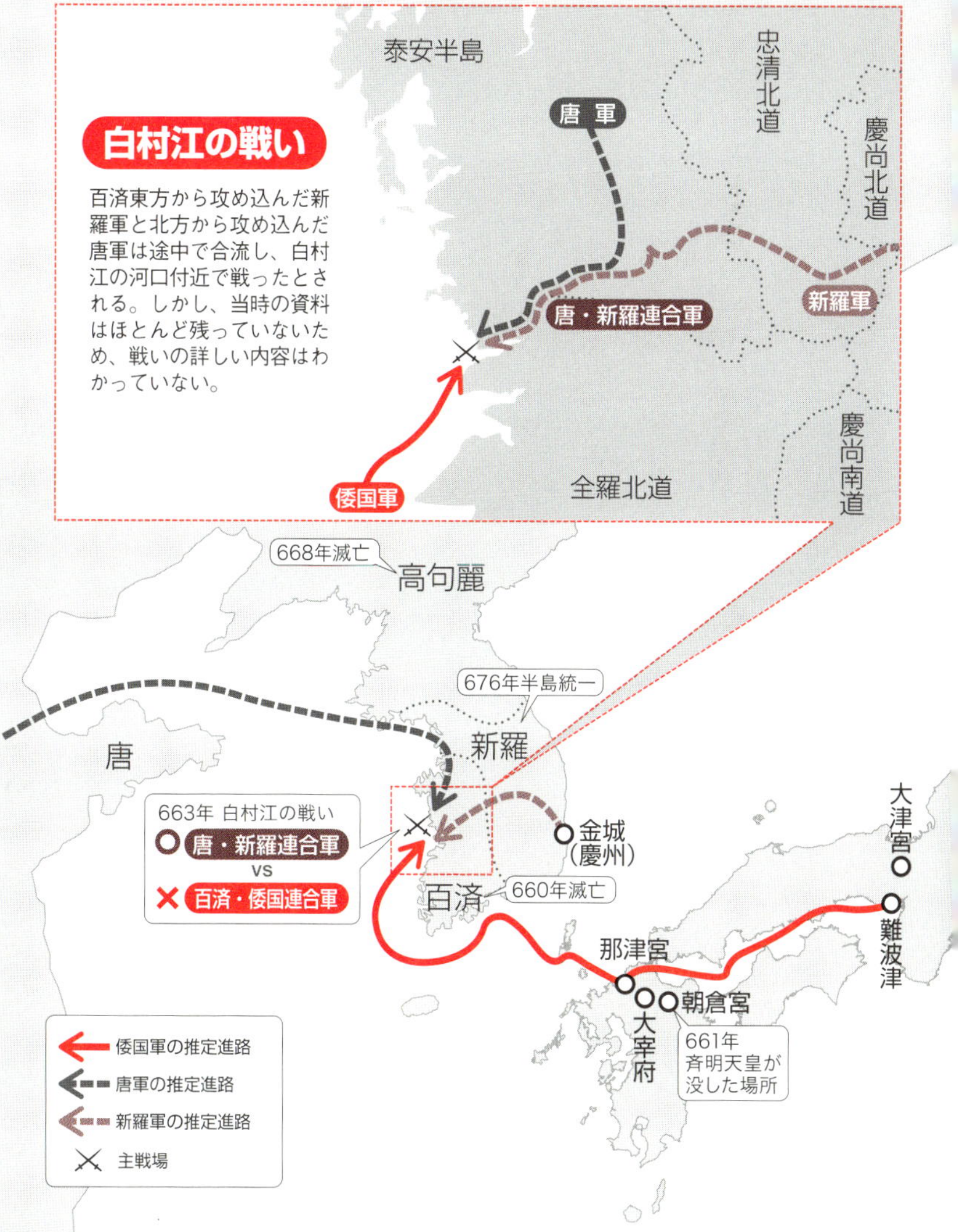
白村江の戦い
百済東方から攻め込んだ新羅軍と北方から攻め込んだ唐軍は途中で合流し、白村江の河口付近で戦ったとされる。しかし、当時の資料はほとんど残っていないため、戦いの詳しい内容はわかっていない。
泰安半島
忠清北道
慶尚北道
唐軍
唐・新羅連合軍
新羅軍
倭国軍
全羅北道
慶尚南道
668年滅亡
高句麗
676年半島統一
新羅
唐
663年 白村江の戦い
○ 唐・新羅連合軍
vs
× 百済・倭国連合軍
金城
（慶州）
660年滅亡
百済
大津宮
難波津
那津宮
朝倉宮
大宰府
661年
斉明天皇が
没した場所
倭国軍の推定進路
唐軍の推定進路
新羅軍の推定進路
主戦場

飛鳥時代

飛鳥《あすか》浄御原《きよみはら》令《りょう》の施行 689年

対外政策の変化によって「日本」の国号が生まれた

「倭」は日本に対する蔑称だった

607年、**聖徳太子**《しょうとくたいし》は遣隋使を派遣し、「日出づる処《ところ》の天子…」と親書に記した。

当時、日本は中国から「**倭**《わ》」と呼ばれていた。中国では、自国を世界の頂点と考える中華思想にのっとり、周辺国に対してよいイメージの字を用いなかった。倭も「背の低い人」という意味の蔑称《べっしょう》だった。聖徳太子は、倭という表現を避けることで、中国に臣従する形だった外交を改め、対等な外交関係を結ぼうとしたのである。

それから約1世紀後の689年、**持統**《じとう》**天皇**が天武《てんむ》天皇から継いだ「**飛鳥浄御原令**」が施行され、正式に国号が「**日本**」と定められたといわれる。「やまと」に「日出づる処」の意味を込めた日本の字をあて、国号としたのである。

対外的には、702年に第七次遣唐使の**粟田**《あわた》**真人**《まひと》が、皇帝に対し「日本国とは倭国の別名なり」と述べている。

強い神聖性をもつ「天皇」の称号が生まれた

近年、奈良県高市郡にある**飛鳥**《あすか》**池**《いけ》**遺跡**から、「**丁丑年**《ていちゅう》」（677年の年号）と記された**木簡**とともに、「**天皇**」と書かれた木簡が出土した。これが、今のところ日本でもっとも古い天皇という表記である。

天皇以前の君主は「**大王**《おおきみ》」だった。各地の小国の首長が「君《きみ》」、その上に立つ盟主が「大王」という単純明快な意味である。これに対して、天皇とは中国の道教の最高神を表す語である。より強い神聖性をもつ天皇という語は、天武天皇にとって**中央集権国家の君主**にふさわしい称号だった。また、天皇を名乗ることは、**中国の「皇帝」と対等の立場**であることを意味したのである。

ここが発見！

「倭」という国号は中国が日本に対して用いた蔑称だった。天武天皇は「日出づる処」という意味を込めて国号を「日本」に改めた。

権威を求めて国号と支配者の称号が変化した

689年に正式に「日本」という国号が使われるようになる以前、国内では「やまと」、対外的には「倭」という名称が使われていた。また同じ頃、国の最高権力者である「大王」に対して「天皇」という称号も使われるようになったと考えられている。これらの称号が使われるようになった背景には、有力者たちが日本という国や朝廷に対して、より強い権威づけを望むようになったということがある。

国号
倭
「背が低い人」という意味をもつ蔑称
日本
天照大神が統べる神聖な場所という意味
蔑称で呼ばれることを拒否し、さらに神聖な場所という意味をもたせることで、唐などとできるだけ対等な立場で外交を行おうとした。
支配者
大王
もっとも偉い人への尊称。宗教的な意味などはない
天皇
道教の最高神を表す
大陸から伝わった道教に関する称号をつけることで、律令制度を推し進めるために必要な、より強い権威づけを行った。

倭国と日本は別の国だった？

10世紀に中国で書かれた『旧唐書』では、「倭国伝」と「日本伝」が別の章として扱われ、日本の国名の由来についても「倭国と日本は別の国である」「倭国が国号を改めた」「日本が倭国を併合した」という3つの説明が記されている。さらに、対外的にはじめて日本という国号を使ったとされる遣唐使一行について「信用できない」という記述もあった。

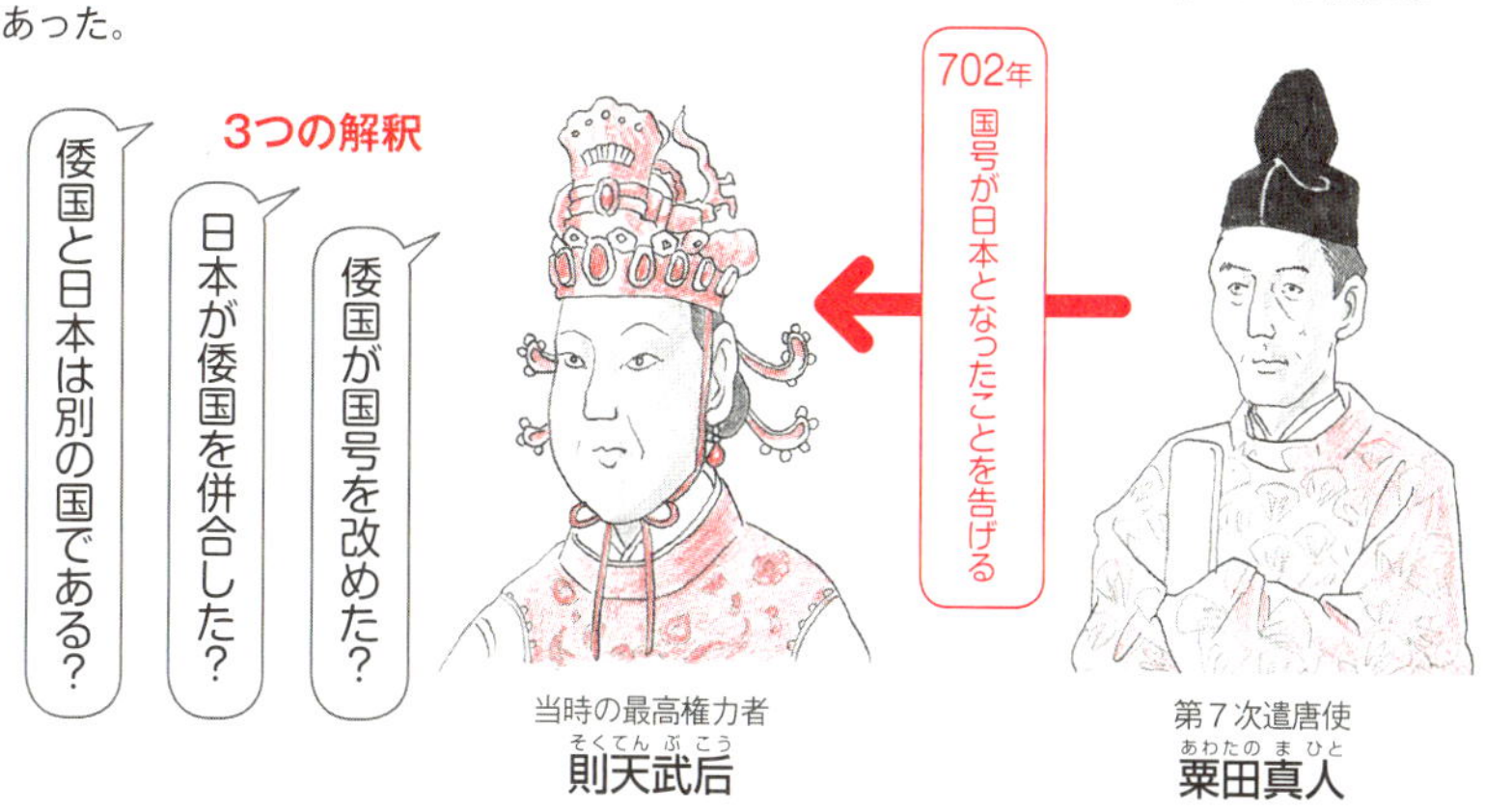
3つの解釈
倭国が国号を改めた？
日本が倭国を併合した？
倭国と日本は別の国である？
702年
国号が日本となったことを告げる
当時の最高権力者
則《そく》天《てん》武《ぶ》后《こう》
第7次遣唐使
粟田《あわたの》真《ま》人《ひと》

貴族の私有地・荘園は律令制の崩壊で生まれた

律令によって公地公民制と税制が確立した

701年に成立した「**大宝律令**」によって確立した律令制の基盤となっていたのは「国のすべての土地や人民は朝廷に属する」という**公地公民制**である。律令制定以前は、土地や人民を豪族たちが支配していたために、権力を朝廷に集中させることができなかった。

そこで、土地や人民を朝廷が支配する代わりに、豪族たちを官僚として律令システムに組み入れ、**食封**《じきふ》（給与）を与えることにしたのだ。また、戸籍をつくり、その戸籍に従って**口分田**《くぶんでん》（農地）を与えた（**班田収授法**）。これにより人民は生活の最低保証を得て、**租**《そ》（米）・**庸**《よう》（労役の代替物）・**調**《ちょう》（特産物）などの税を朝廷に納めることになった。

公地公民制の崩壊で富の集中を生んだ荘園が発展

しかし、律令による土地制度はほどなく崩壊する。土地の良し悪しや作柄によって**農民に格差が生まれた**のだ。納税の負担に苦しむ農民は口分田を捨てて逃げ出したり、貴族のもとに入ったりして税から逃れた。朝廷も、各地での戦いや公共事業などで出費がかさみ、財政難に陥った。そこで、税収を確保するため、新たな土地の開墾を奨励し、土地の私有を認める方針を打ち出した。

723年、人口増加による**口分田不足を補う目的**で、新たな開墾地を三代にわたって私有することを認める「**三世一身法**《さんぜいっしんのほう》」が、743年に開墾地の私有を永久に認める「**墾田永年私財法**」が出される。

これにより、大寺院や貴族は多くの農民を動員して、原野を開発。大規模な土地所有を成した。彼らが開いた私有地・**荘園**（初期荘園）は、平安時代を通じてさらに発展を遂げていくことになる。

ここが発見！

律令制の行き詰まりから土地の私有が認められるようになると、有力貴族が土地を所有するようになり、荘園が誕生した。

荘園の誕生から消滅まで

1 飛鳥時代以来の土地制度（律令制度）

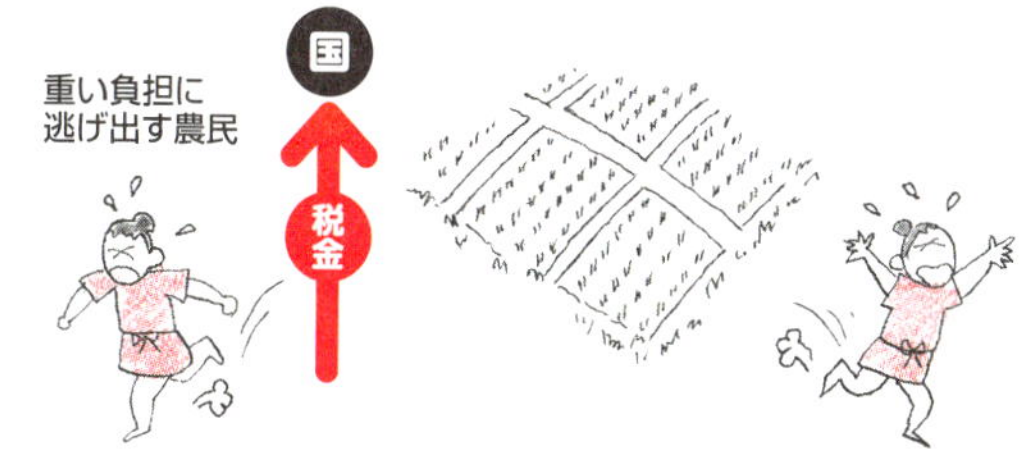
重い負担に
逃げ出す農民
国
税金

土地と農民は国のものであり、農民たちはさまざまな税を課された。しかし、重い負担に耐えきれずに逃げ出す農民が増えるようになり、荒れ果てる農村が後を絶たなかった。

2 初期の荘園（自墾地系荘園）

国
税金
荘園
開墾
年貢
寺社・貴族

三世一身法や墾田永年私財法により、新たな開墾地の私有が認められるようになると、寺社や貴族が農民を使って土地を開墾し、自分たちの土地（荘園）として経営した。

3 平安時代中期の荘園（寄進地系荘園）

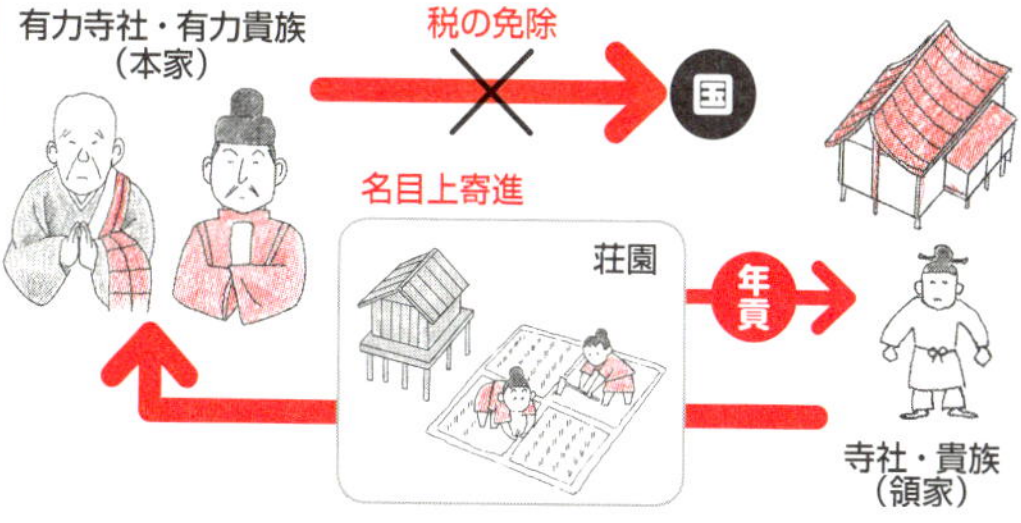
有力寺社・有力貴族
（本家）
税の免除
国
名目上寄進
荘園
年貢
寺社・貴族
（領家）

荘園を名目上、一部の有力寺社や有力貴族に寄進することで、荘園を所有する寺社や貴族は税を免除される権利（不輸権《ふゆのけん》）や役人の検査を拒否する権利（不入権《ふにゅうのけん》）を得るようになった。

4 鎌倉時代以降の荘園

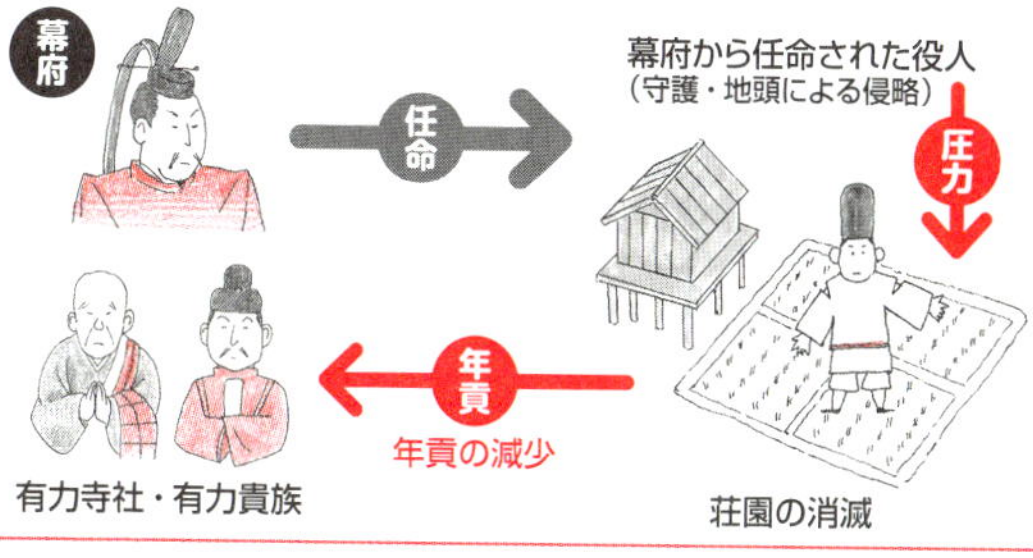
幕府
任命
幕府から任命された役人
（守護・地頭による侵略）
圧力
年貢
年貢の減少
有力寺社・有力貴族
荘園の消滅

荘園は、幕府から任命されて土地に送り込まれてきた役人（守護・地頭）によって少しずつ支配されるようになり、やがて衰退していった。

平安京は陰陽五行説によって守られていた

長岡京への遷都は政教分離が目的だった

奈良時代末期、**南都六宗**と呼ばれる奈良の仏教勢力が政治に介入、国政が乱れた。そこで、**桓武《かんむ》天皇**は仏教勢力を排除して政教分離を実現するため、784年に**平城京**から**長岡京**への**遷都**を決めた。

ところが、長岡京の造営責任者である**藤原種継《ふじわらのたねつぐ》**が暗殺されるという事件が起こり、この事件の黒幕と疑われた天皇の弟・**早良《さわら》親王**が抗議の憤死を遂げた。その後、桓武天皇の母と妃の死去、干ばつや飢饉、疫病の流行、皇子の安殿親《あこのみ》王《こ》の発病など、桓武天皇の周囲には災いが相次ぐようになる。その原因を占わせたところ、原因は「**早良親王の祟り**」であると出た。驚いた桓武天皇は、あわてて再び遷都することを決意する。こうして、794年に**平安京への遷都**が行われた。長岡京は、わずか10年で捨てられることとなったのである。

平安京は四神相応の地に建設された

平安京は**陰陽五行《おんみょうごぎょう》説**に基づく「**四神相応《しじんそうおう》**」の地に設計されたという。四神相応とは、**北に山**（**船岡山**）、**東に川**（**鴨川**）、**南に池**（**巨椋《おぐら》池**）、**西に道路**（**山陰道**）がある地は、四方を守る神の力が最高になるという考えである。

この地に都をつくると、山から来たよい「**気**」が、天皇が生活する**内裏**（**御所**）に入る。そして、内裏の気は**左京**、**朱雀大路**、**右京**の3つの流れをつくり、朱雀門から京外に出ていく。さらに平安京の守りとして、陰陽道で鬼が出入りするとされる**鬼門**の方角（北東）には**延暦《えんりゃく》寺**が建てられた。

こうして陰陽五行説によって守られた平安京は、以後1200年間、日本の都として機能することとなる。これも、四神のパワーのおかげだったのかもしれない。

ここが発見！

弟・早良親王の祟りを恐れて遷都を決意した桓武天皇。彼が平安京をつくらせた京都は、四神相応の地だった。

四神に守られた平安京の町づくり

平安京の都市構造

平安京は東西4.5km、南北5.2kmの長方形につくられた計画都市で、碁盤の目のように区画され、約10万の人口を抱えていたと考えられている。北側中央には政治の中心といえる大内裏があり、そこから南の羅城門に向かって走る幅28条（約84m）の朱雀大路によって西側の右京と東側の左京に分けられていた。

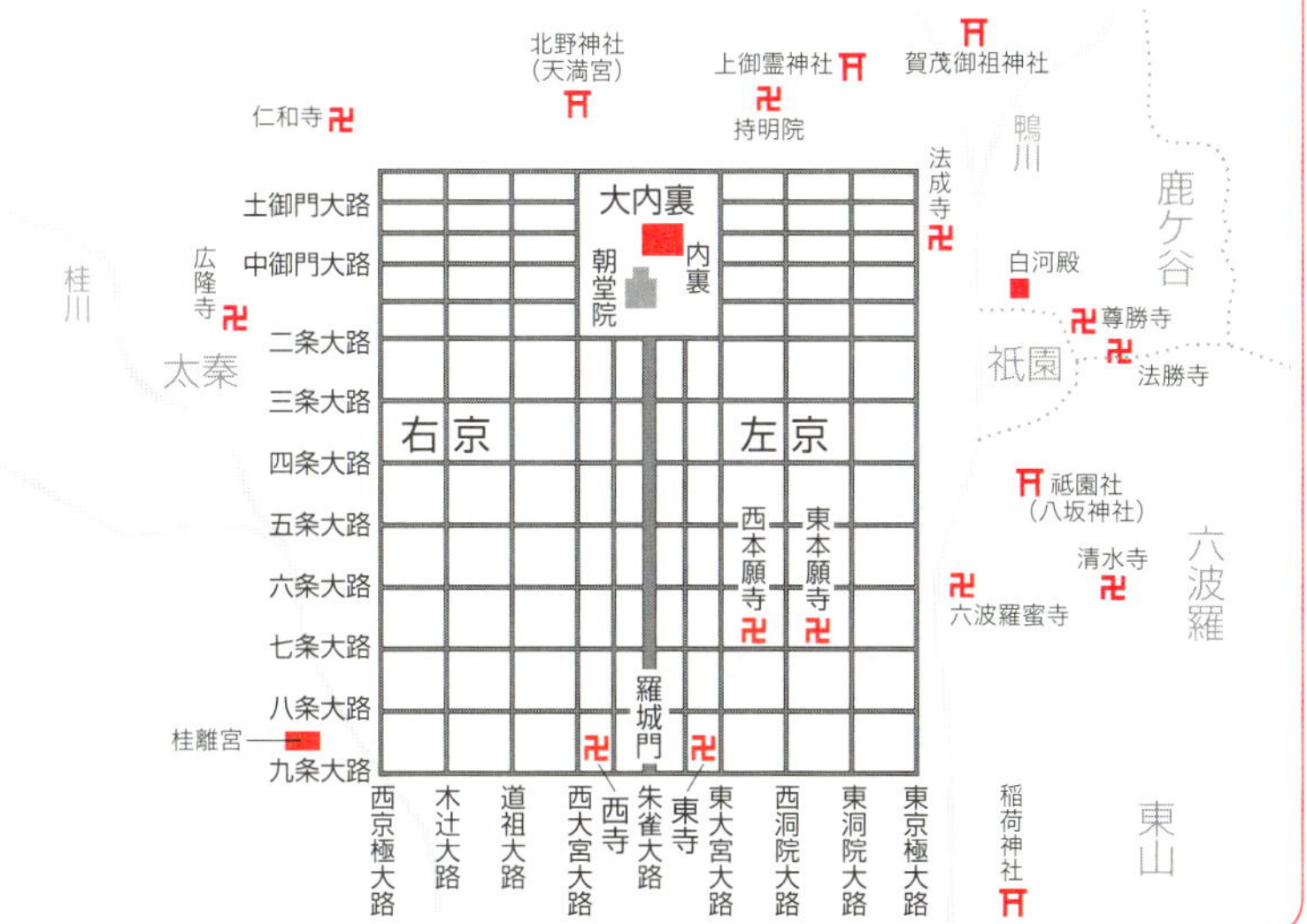

大内裏《だいだいり》の構造

天皇が住んでいる内裏を中心に、さまざまな役所が置かれていた。

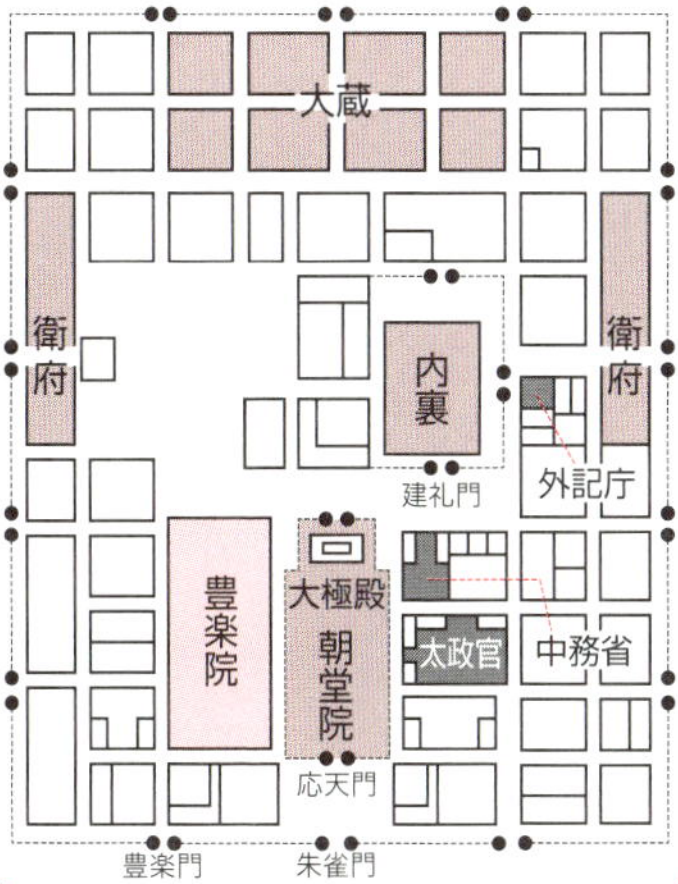

平安京の立地

北に玄武である船岡山、東に青龍である鴨川、南に朱雀である巨椋池、西に白虎である山陰道が位置し、陰陽五行説の「四神相応」に対応。

平安貴族はたった200人のエリート集団だった

ここが発見！

約1万3000人いたといわれる平安時代の官人のうち、貴族と呼べるのは200人。官人全体のわずか1.5％にすぎなかった。

官人の階級は30の位階に細分化されていた

平安時代の**貴族社会**は、今でいう官僚社会で、官僚は「**官人**《かんじん》」と呼ばれていた。律令によってさまざまな階級や役職が設けられ、官人はその仕事によって朝廷から給料をもらっていた。

位階（階級）は、身分の高い順に一～八位、その下に**初位**《そい》があり、それぞれが「正一位、従一位、正二位、従二位…」というように**正**《しょう》**・従**《じゅ》に分けられ（初位のみ大、少）、正四位以下はさらに**上下**に分けられるという具合に、全部で30に細かく分けられていた。**官職**（役職）は**二官八省**を基本とし、祭祀を担当する「**神祇官**《じんぎかん》」と政治を担当する「**太政官**《だじょうかん》」（二官）、太政官の下に「**式部省**《しきぶしょう》」「**中務**《なかつかさ》**省**《しょう》」「**刑部省**《ぎょうぶしょう》」などの各政務を担当する省庁（八省）が置かれた。

貴族の地位は世襲によって守られていた

官人のなかで「**貴族**」と呼ばれるのは五位以上の者で、1万3000人もいた官人のなかで200人程度だった。さらに貴族のなかでも、天皇の御殿である清涼殿へ上がることを許された「**殿上人**《てんじょうびと》」は、数十人程度にしぼられる。そして、貴族の最高クラスが摂政、関白などの「**公卿**《くぎょう》」で、彼らは20人程度である。つまり、公卿は0.2％にも満たないという超エリートなのである。

能力があれば、このような超エリート貴族まで上り詰められるのか？　実は、それは難しい。有力貴族は「**蔭位**《おんい》**の制**」によって守られていた。蔭位の制とは、五位以上の位階をもつ父や祖父がいると、その子弟が21歳になったとき、それに応じた位階が与えられる制度である。貴族社会は個人の能力ではなく**家柄を重視**する、まさに親の「お蔭《かげ》」の社会だったのだ。

身分によって大きく異なった平安貴族の収入

当時の人口約900万人のうち、役人などの官人は約１万3000人、貴族と呼ばれる上級官人はわずか200人だった。貴族のうち、とくに上位である三位以上（一部は四～五位）の位階をもち、天皇の御所である清涼殿に出入りすることを許された殿上人は数十人、そのなかでも大臣クラスである公卿は20人前後にすぎなかった。

身分	律令制の位階		位田（町）	位封（戸）	位分資人（人）	現在のお金に換算した年収※
総人口 約900万人／官人 約1万3000人／皇族・貴族 約200人／公卿 約20人	太政大臣クラス	正一位	80	300	100	約3億7500万円
		従一位	74	260		
	左右大臣クラス	正二位	60	200	80	約1億2500万円
		従二位	54	170		
	大納言クラス	正三位	40	130	60	約7500万円
		従三位	34	100		
		正四位上	24	—	40	約4100万円
		正四位下				
		従四位上	20	—	35	
	神祇伯クラス	従四位下				
		正五位上	12	—	25	約2800万円
		正五位下				
		従五位上	8	—	20	
	少納言クラス	従五位下				
	下級官人		—	—	—	1日あたり米8合
	公　民		—	—	—	—

※金額は、それぞれ正位のもの。

貴族たちの給料は朝廷から支払われており、位階（位の高さ）と官職（役職）に応じて支給された。正一位の貴族の場合、位階に対して80町（約80ha）の田（位田《いでん》）からの収穫物と、300戸の農家（位封《いふ》）から納められた税のうち、米の半分と布や特産物などの全部、100人の従者（位分資人《いぶんしじん》）などが給料として与えられた。また、大臣クラスでは、これ以外に官職に対する給料として、30町（約30ha）の田（職分田《しきぶんでん》）からの収穫物と、2000戸の農家（職封《しきふ》）から納められた税のうち、米の半分と布や特産物などの全部が給料に加算された。これらを現在の価値に直すと、年収４億円相当になるといわれている。一方で、下級官人の給料は1日あたり米８合という薄給だった。

密教保護は貴族たちの欲望実現のためだった

空海によって日本に伝えられた密教

平安時代初期、**南都六宗**に代表される奈良の大寺院は、政治に大きな発言力をもち、貴族と結びついたり、ほかの宗派との内部抗争に明け暮れたりしていた。

やがて、そのような仏教界を捨て、新たな仏教を模索する僧たちが現れた。**最澄**《さいちょう》、**空海**《くうかい》らである。ふたりは８０４年に遣唐使に従って唐にわたった。最澄は東大寺での修行をへて**官費で渡航**したエリート留学生。空海は山林で修行するなか、**密教**の存在を知り**私費で渡航**したのである。後に最澄は多くの教典を携えて帰国。比叡山に戻って延暦寺を建て、**天台宗**を開いた。空海は密教の奥義をきわめて帰国。**真言宗**を開いて高野山（金剛峯寺）で活動した。

密教は現世利益を求める貴族たちに保護された

密教は、文字通り秘密の教えであり、呪術的要素を強くもつ。密教の呪法を用いた**加持祈祷**《かじきとう》は、本来は国や社会の安全を祈祷するものだったが、**現世利益**《げんせいりえき》をもたらすと解釈され、天皇や貴族たちは出世、跡継ぎの出産、ライバルの凋落など、自らの望みを祈らせて現世利益を願った。貴族がこぞって密教寺院を保護したことで、密教を中心とする平安仏教は**貴族のための仏教**となっていった。

呪術的要素が強い密教は、日本古来の神道と結びつきやすい性格をもっていたため、この時代には**神仏習合**《しんぶつしゅうごう》も広まりを見せた。神社の境内に神宮寺《じんぐうじ》を建てたり、寺院に鎮守の神を祀ったりし、神と仏を融合して信仰するものだ。また、密教の山岳修行と在来の山岳信仰が結びついて、**修験道**《しゅげんどう》も現れる。とくに**熊野三山**は、10世紀以降の摂関期や院政期に厚い信仰を集めることになった。

ここが発見!

空海が唐からもち帰った密教は、貴族たちに広まった。貴族たちが密教に求めていたのは、現世利益だった。

教養から宗教へ 新仏教の台頭

新しい仏教（新仏教）

宗派 **真言宗**
開祖 **空海**（774～835年）

分類 密教

本山寺院 高野山金剛峯寺

本尊 大日如来
宇宙の本体であり絶対の真理

教え 密厳一乗
大日如来による悟りの世こそが仏教であるという考え

宗派 **天台宗**
開祖 **最澄**（767～822年）

分類 顕教※のちに密教化

本山寺院 比叡山延暦寺

本尊 釈迦如来
法華経の本尊

教え 法華一乗
法華経こそが仏教であるという考え

修行・呪術によって悟りを開くもので、現世利益を得たい貴族によって保護された。

※顕教《けんきょう》は万人に開かれた仏教を意味する。

従来の仏教（南都六宗）

宗派
法相宗《ほっそう》、三論宗《さんろん》、倶舎宗《くしゃ》、成実宗《じょうじつ》、華厳宗《けごん》、律宗《りつ》

本山寺院
東大寺など

内容
おもに仏教の研究を行う

僧侶や貴族が知識として身につけるもので、政治的な発言力が強くなり、貴族に嫌われた。

平安貴族は、発言力が増して政治に介入するようになった従来の仏教寺院を避け、自分たちの利益を願わせるために密教寺院を保護するようになった。なかでも、最澄の比叡山延暦寺と空海の高野山金剛峯寺は密教の二大聖地となった。

外戚戦略の決め手は天皇の祖父としての発言力だった

藤原氏は外戚になることで天皇との結びつきを強めた

『**源氏物語**』に描かれたような、華やかで雅びな平安貴族の全盛期をつくったのは**藤原氏**である。藤原氏は、乙巳《いっし》の変で中大兄皇子《なかのおおえのおうじ》に協力した**中臣鎌足**《なかとみのかまたり》が、その功績で藤原姓をもらったことに始まる。

藤原氏は奈良時代末期から平安時代にかけ、天皇の「**外戚**《がいせき》」になることで天皇家と直接の結びつきを強め、権力を拡大していった。

外戚とは、母方の一族のことをいう。自分の娘が天皇の妃となり、その娘が生んだ皇子が天皇になれば、自分は**外祖父**（天皇の母方の祖父）として力を振るうことができる。その先駆けとなったのは、鎌足の息子・**藤原**《ふじわらの》**不比等**《ふひと》だった。

外戚戦略によって摂関政治が生まれた

当時の貴族社会では、男性が女性の家に通う「**妻問婚**《つまどいこん》」が多く、子どもは一般に母の実家で育った。母の実家には祖父もいるため、子どもは母や祖父の影響を強く受ける。また、当時の習慣として、**外祖父が子どもの養育の責任をもつ**という了解があった。それは天皇家でも同じで、天皇の外戚となった藤原氏は祖父の発言力で**摂政**や**関白**といった地位につき、権力の中枢に座ったのである。

摂政も関白も天皇の補佐役である。天皇が幼いときには摂政、大人になってからは関白として天皇を補佐する、藤原氏の政治システムを「**摂関政治**」という。摂関政治の全盛期である11世紀初頭、**藤**《ふじ》**原**《わらの》**道長**《みちなが》は自分の娘4人を天皇の妃とし、3人の天皇の外祖父として絶大な権力を手にした。ただし、摂関政治でもっとも重要なのは、摂政や関白の地位よりも、天皇の外戚として影響力をもつことである。そのため、道長は関白には一度も就任しなかった。

ここが発見！

藤原氏が絶大な権力を手に入れて摂関政治を行うことを可能にしたのは、自分の娘と天皇を結婚させる外戚戦略だった。

他氏を排斥して政権を占有した藤原氏

　藤原氏は藤原四家《ふじわらしけ》（南家、北家、式家、京家）に分かれ、四家のうち京家と南家、式家はやがて衰退し、北家がもっとも栄えることとなった。

　藤原北家は生まれた女性を利用して、次々と天皇家と婚姻関係を結ばせ、政治的にもっとも大きな権力をもつ摂政・関白を歴任し、藤原氏出身の公卿は多いときで20人（公卿全体の85%）にものぼった。このような権力を手に入れるために、数々の陰謀によってライバルを追い落としたともいわれている。

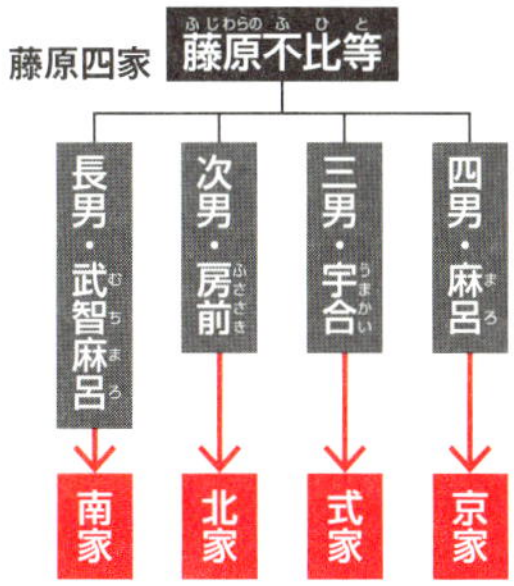

藤原不比等の４人の息子（藤原四兄弟）が興した藤原氏の４つの家系の総称。

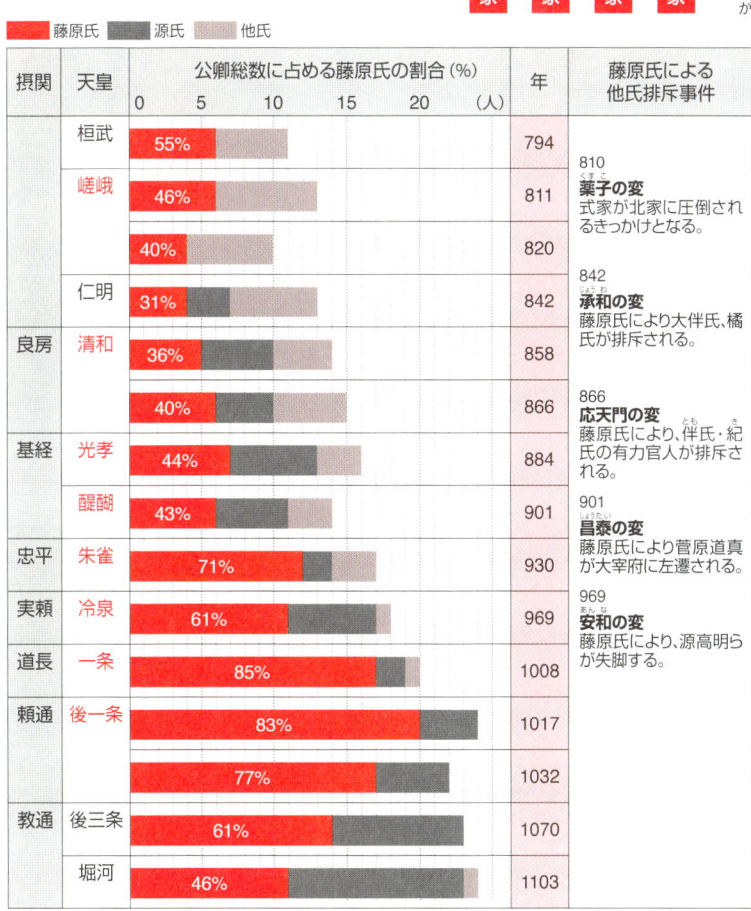

藤原氏　源氏　他氏

摂関	天皇	公卿総数に占める藤原氏の割合（%）　0　5　10　15　20　（人）	年	藤原氏による他氏排斥事件
	桓武	55%	794	
	嵯峨	46%	811	810 **薬子《くすこ》の変** 式家が北家に圧倒されるきっかけとなる。
		40%	820	
	仁明	31%	842	842 **承和《じょうわ》の変** 藤原氏により大伴氏、橘氏が排斥される。
良房	清和	36%	858	
		40%	866	866 **応天門の変** 藤原氏により、伴《とも》氏・紀《き》氏の有力官人が排斥される。
基経	光孝	44%	884	
	醍醐	43%	901	901 **昌泰《しょうたい》の変** 藤原氏により菅原道真が大宰府に左遷される。
忠平	朱雀	71%	930	
実頼	冷泉	61%	969	969 **安和《あんな》の変** 藤原氏により、源高明らが失脚する。
道長	一条	85%	1008	
頼通	後一条	83%	1017	
		77%	1032	
教通	後三条	61%	1070	
	堀河	46%	1103	

※赤字の天皇は母が藤原氏。

日本独自の国風文化

国風文化の担い手は宮廷女性だった

遣唐使が廃止された**9世紀末頃**、現代日本人の美意識や感性にも大きな影響を与え続けている**国《こく》風文化《ふうぶんか》**が生まれる。和歌をはじめとする国文学や日本の風景を描いた**大和絵《やまとえ》**、**蒔絵《まきえ》**などが発達し、書道の分野でも、「**和様《わよう》**」と呼ばれる穏やかな書風が流行した。

国風文化を推し進めた要素のひとつが、**仮名《かな》文字**だった。飛鳥時代の万葉仮名（漢字の読みを日本語に当てはめた文字）をもとに仮名文字がつくられ、多様な仮名文学が登場した。その代表が、**紫式《むらさきしき》部《ぶ》**の『**源氏物語**』や、**清少納言《せいしょうなごん》**の『**枕草子**』である。

現代でも親しまれるこれらの文学の発展を担ったのは、**宮廷の女房《にょうぼう》**たちだった。教養が好まれた摂関期、貴族たちが有能な女性を、自分の娘の**家庭教師**として女房に採用したのである。紫式部は藤原《ふじわらの》道長《みちなが》の娘で一条《いちじょう》天皇の中宮・彰子《しょうし》の女房であり、清少納言も道長の姪で一条天皇の中宮・定子《ていし》の女房であった。文化人が集う文芸サロンとなった宮廷で、数多くの才女が文化の発展に貢献したのである。

平安貴族の1日

職場である大内裏《だいだいり》の門は日の出とともに開き、日没とともに閉じられた。貴族は、朝まだ暗いうちに牛車に乗って大内裏に向かい、門が開くと職場に入って仕事を始めた。そして、昼ごろまで仕事をした後、午後は思い思いに遊びを楽しみ、夕方に再び牛車に揺られて家路へと向かった。

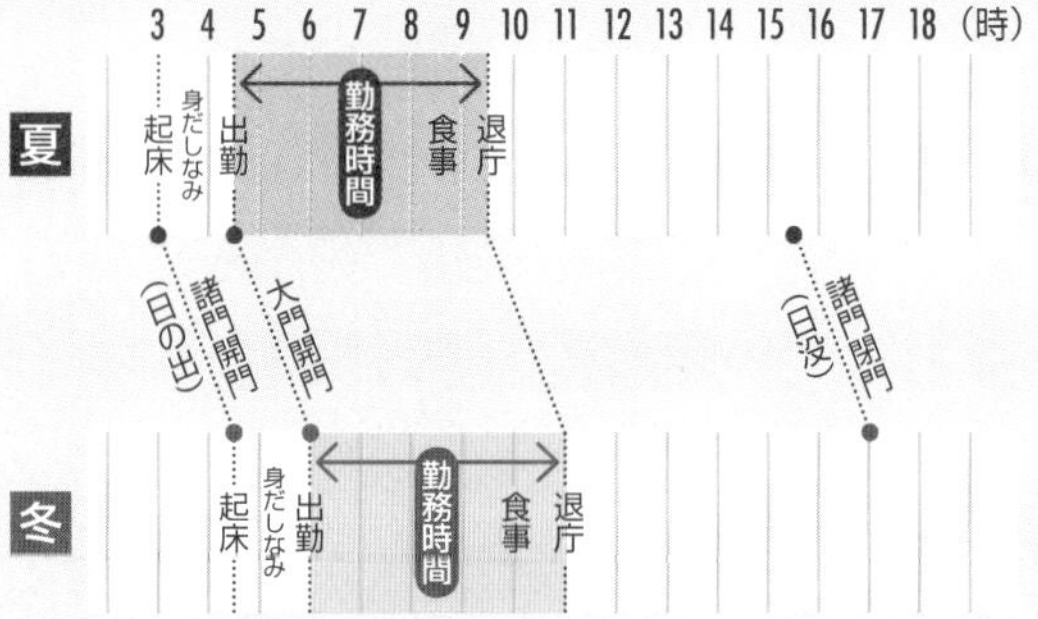
3 4 5 6 7 8 9 10 11 12 13 14 15 16 17 18（時）
夏
起床
身だしなみ
出勤
勤務時間
食事
退庁
諸門開門
（日の出）
大門開門
諸門閉門
（日没）
冬
起床
身だしなみ
出勤
勤務時間
食事
退庁

平安貴族の雅《みや》びな生活

平安時代中期に生まれた国風文化は、貴族たちの優雅な生活を通して発展していった。貴族たちは、寝殿造の立派な建物に住み、部屋のなかを豪華な調度品で飾り立て、たびたび歌会や舟遊びなどの贅沢な宴を催して楽しんだ。当時は、詩文の読み書きはもちろん、楽器の演奏やさまざまな宮廷での遊びも、貴族にとって大切な教養の一部だった。

貴族の仕事

宮中では、1年を通してさまざまな行事が行われるほか、記録の整理や会議なども少なくなく、意外と忙しかった。

けまり

まりを足でけり、落とさないようにする遊び。このような遊びも大切な教養のひとつだった。

楽器の演奏

楽器は、神楽や舞楽の舞の伴奏用に使われていたが、後に貴族のたしなみのひとつとして楽しまれるようになった。琵琶や琴、横笛などさまざまな種類があった。

食事

主食は蒸し米で、魚や山菜を煮たり焼いたりとさまざまに調理したものが食べられていた。奈良時代に比べると贅沢なものが多くなり、品数も増えたが、全体的に消化の悪いものが多かった。

平安貴族の服装

男性は、重要な行事などには隋・唐の装束を模した「束帯《そくたい》」を着用し、日常的には「衣冠《いかん》」が用いられた。女性は、襲《かさ》ね着するのが主流で、季節の移り変わりを意識して衣服の配色を組みあわせた。

男性貴族の服装（衣冠）

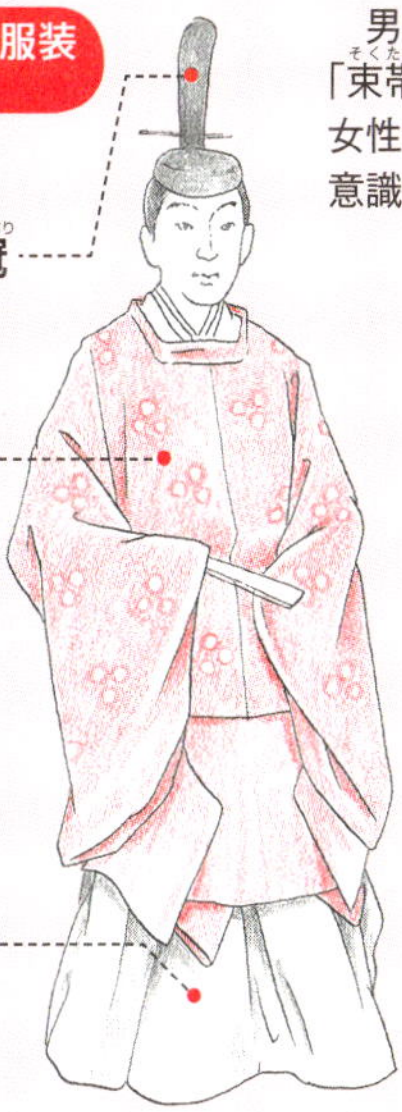

冠《かんむり》

袍《ほう》
男性用の上着。なかには単を着込んでいる。

指貫《さしぬき》
裾の周りにひもを通した袴。

宮廷内の女性の服装（女房装束（十二単））

小袖と袴を着た後に、単、袿（五枚）、打衣、表着、唐衣、裳の順に着ていく。

唐衣《からぎぬ》
表着《うわぎ》
打衣《うちぎぬ》
袿《うちき》
単《ひとえ》

裳《も》 ひもで腰に結びつけ、背中側に垂らす。

長袴《ながばかま》
足は袴の中に入っている。

世情の混乱のなかで浄土教と陰陽道が広まる

社会不安を背景に末法思想と浄土教が浸透していった

　10世紀以降の日本は、貴族による摂関政治に陰りが見えて武士が台頭し始めた時代だった。治安の乱れに加えて大規模な災害も起こり、人々の間には社会不安が広まっていた。

　その頃、唐では仏教における**末法思想**が盛んになっていて、遣唐使の一行として唐にわたった天台宗の祖・**最澄**《さいちょう》によって日本にも末法思想が紹介された。本来は時間の経過とともに仏の教えが通用しなくなるという仏教に限定された教えだが、庶民には**厭世的な思想**ととらえられ、社会不安を背景に広く浸透していった。

　この思想の流行とともに広まったのが、**極楽浄土への往生**を説く**浄土教**《じょうどきょう》である。仏教の宗派の浄土宗とは別物で、**阿弥陀如来**《あみだにょらい》にすがれば死後に浄土へ生まれ変われるという教えである。摂関政治で貴族の頂点をきわめた**藤原道長**《ふじわらのみちなが》も、晩年には法成寺《ほうじょうじ》という立派な寺を建立し、阿弥陀如来にすがった。道長は死を間近に控え、堂に鎮座する9体の阿弥陀像から自分の手に糸をつなぎ、極楽浄土への生まれ変わりを願いながら亡くなったという。

貴族たちは陰陽道に心の平安を求めた

　同時期に、やはり社会不安を背景として**陰陽道**《おんみょうどう》も発達、**安倍晴明**《あべのせいめい》など多くの**陰陽師**が出た。陰陽道は、6世紀後半に中国から伝わった**陰陽五行説**に基づき、科学と呪術を一体化させた学問である。

　上流貴族たちは、自分の運命や吉凶を非常に気にかけ、陰陽道による祈祷《きとう》や占いで災厄を避けることに心を砕いた。陰陽師に占ってもらい、指定された日に引きこもって身を慎む「**物忌**《ものいみ》」や、凶とされる方角を避けて行動する「**方**《かた》**違**《たがえ》」を盛んに行ったという。

ここが発見！

平安時代中期、浄土教や陰陽道が広まった背景には、災害や治安悪化による社会不安から逃れたいという人々の願いがあった。

終末論と同一視された末法思想

末法思想は、釈迦による立教から「正法《しょうほう》」「像法《ぞうほう》」「末法」という３つの段階をへて少しずつ仏の教えが失われていくという考えである。終末論のような破滅的な思想ではないが、日本にもち込んだ最澄が1052年に末法の時代が始まると説いたことから、社会情勢が悪化するのと相まって、民衆には終末論的な思想ととらえられることが多かった。

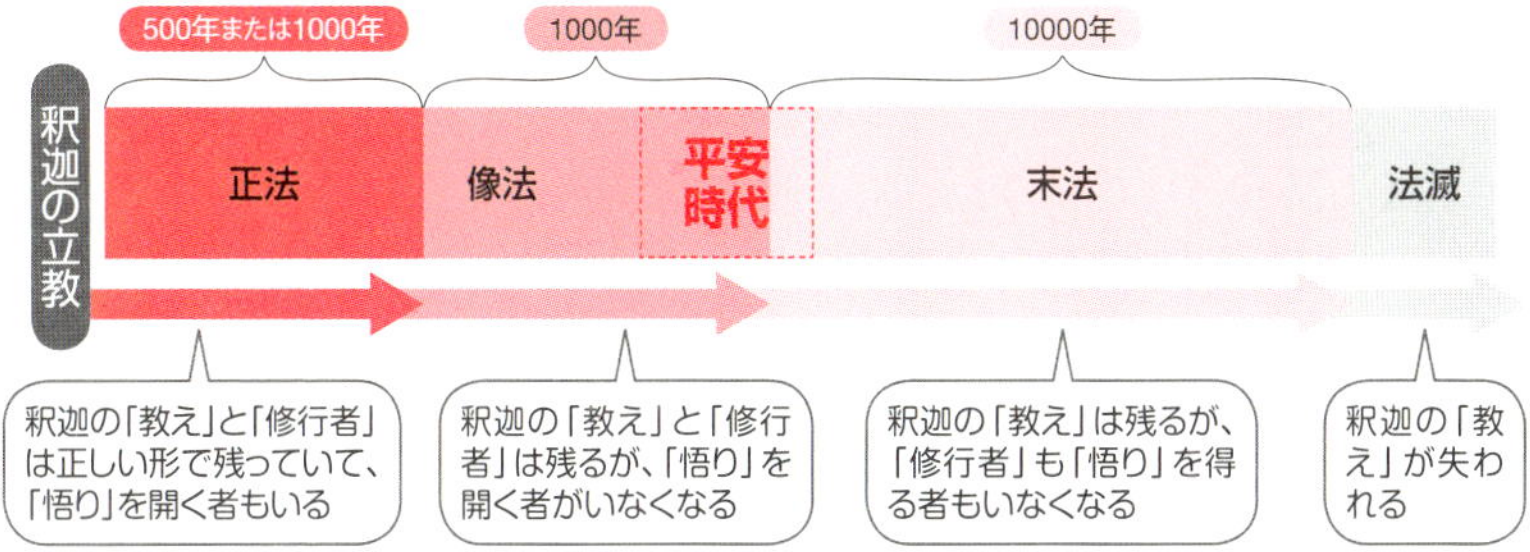
500年または1000年
1000年
10000年
釈迦の立教
正法
像法
平安時代
末法
法滅
釈迦の「教え」と「修行者」は正しい形で残っていて、「悟り」を開く者もいる
釈迦の「教え」と「修行者」は残るが、「悟り」を開く者がいなくなる
釈迦の「教え」は残るが、「修行者」も「悟り」を得る者もいなくなる
釈迦の「教え」が失われる

陰陽師を生んだ陰陽五行説

すべての事象は「陰」と「陽」という相反する形で存在するという「陰陽思想」。万物は「木火土金水」という５つの要素により成り立ち、それぞれが影響を与えながら移り変わってゆくという「五行思想」。このふたつを利用し、世のなかの流れや人の運命を知ることで、それらをコントロールしようとするのが、陰陽五行説である。

陰陽五行説は、日本へ６世紀後半に伝わり、道教の思想なども取り入れながら独自の発展を遂げ、陰陽道となった。陰陽道は貴族や朝廷から重視され、それを操る陰陽師のなかには、当時の貴族社会に大きな影響力をもつ者も現れた。

五行説

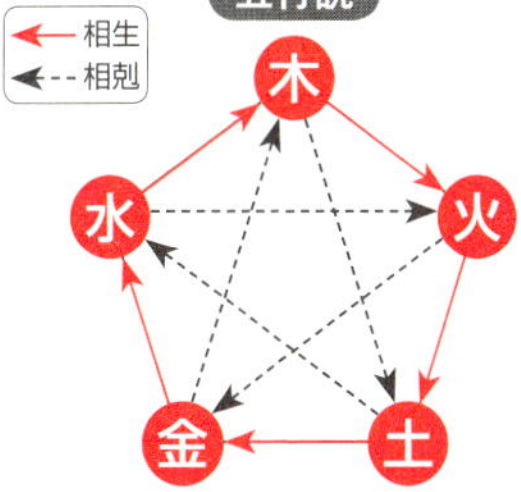
相生
相剋
木
火
土
金
水

五行説では、相手を強める関係を「五行相生《ごぎょうそうじょう》」といい、相手を弱める関係を「五行相剋《ごぎょうそうこく》」という。

陰陽師の出現

本来、陰陽師は律令制による官職のひとつでそれほど高い位ではなかったが、陰陽道が定着するにつれ、天皇や時の権力者に重用されるようになった。

安倍晴明
平安時代中期の陰陽師。現代では若かりし頃の姿で描かれるが、実際は遅咲きであった。陰陽道の卓越した知識を認められ表舞台に出てくるのは、40歳をすぎた頃といわれている。

写真提供：
阿部王子神社

承平《じょうへい》・天慶《てんぎょう》の乱 935〜941年

平将門と藤原純友の反乱は中央からの自立が目的

律令制が崩壊して武士の時代が始まった

平安時代、地方は中央から任命された**国司**《こくし》や有力な地元豪族である**郡司**《ぐんじ》が支配していたが、律令制が崩れると彼らの支配力は低下していった。そこで朝廷は、国司に一定の税を収めさせ、それ以外は地方の運営を任せるようになる。このような国司を「**受領**《ずりょう》」と呼ぶ。

10世紀頃になると、郡司の支配から独立して土地を領地化し、武装して守る有力農民や豪族が現れた。「**武士**」の誕生である。彼らは自分の土地を貴族や大寺院に寄進して「**荘官**」という立場になり、税を納める代わりに受領などから守ってもらっていた。

しかし、受領の多くは私腹を肥やすために武力で強硬に徴税したため、**受領と武士の争い**が頻発するようになる。受領の圧力を受けた武士たちは、荘園の領主である貴族や大寺院に助けを求めたが、彼らの力がおよばないことも多かった。失望した武士たちは、やがて家柄がよい有力な武士のもとに集まり対抗するようになった。

受領の圧政に耐えかねた武士たちが反乱を起こした

このような受領の圧政のなかで立ち上がった武士が、**東国の平**《たいらの》**将門**《まさかど》、**西国の藤原純友**《ふじわらのすみとも》だった。このふたりの反乱を**承平・天慶の乱**という。東国の反受領勢力は将門の決起に呼応し、一気に東国を制圧した。純友も船団によって瀬戸内海沿岸部を荒らし回った。

ただし、彼らは最初から朝廷を敵に回そうとしていたのではなく、受領の圧政を退け、最終的には朝廷と妥協して国司となり、中央の干渉から自立しようと考えていたらしい。ともに最終的には敗れるが、**地方武士の実力は中央に知れわたり**、朝廷は武士を積極的に登用するようになっていった。

ここが発見!

武士たちが受領の圧政に反旗を翻した承平・天慶の乱。戦いには負けたが、朝廷に武士の力を思い知らせることになった。

関東を駆け抜けた平将門の足跡

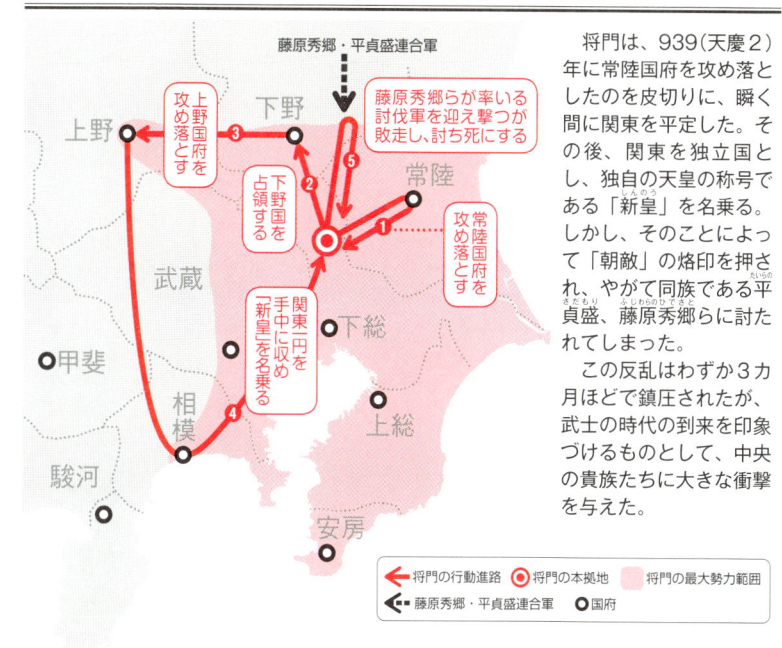

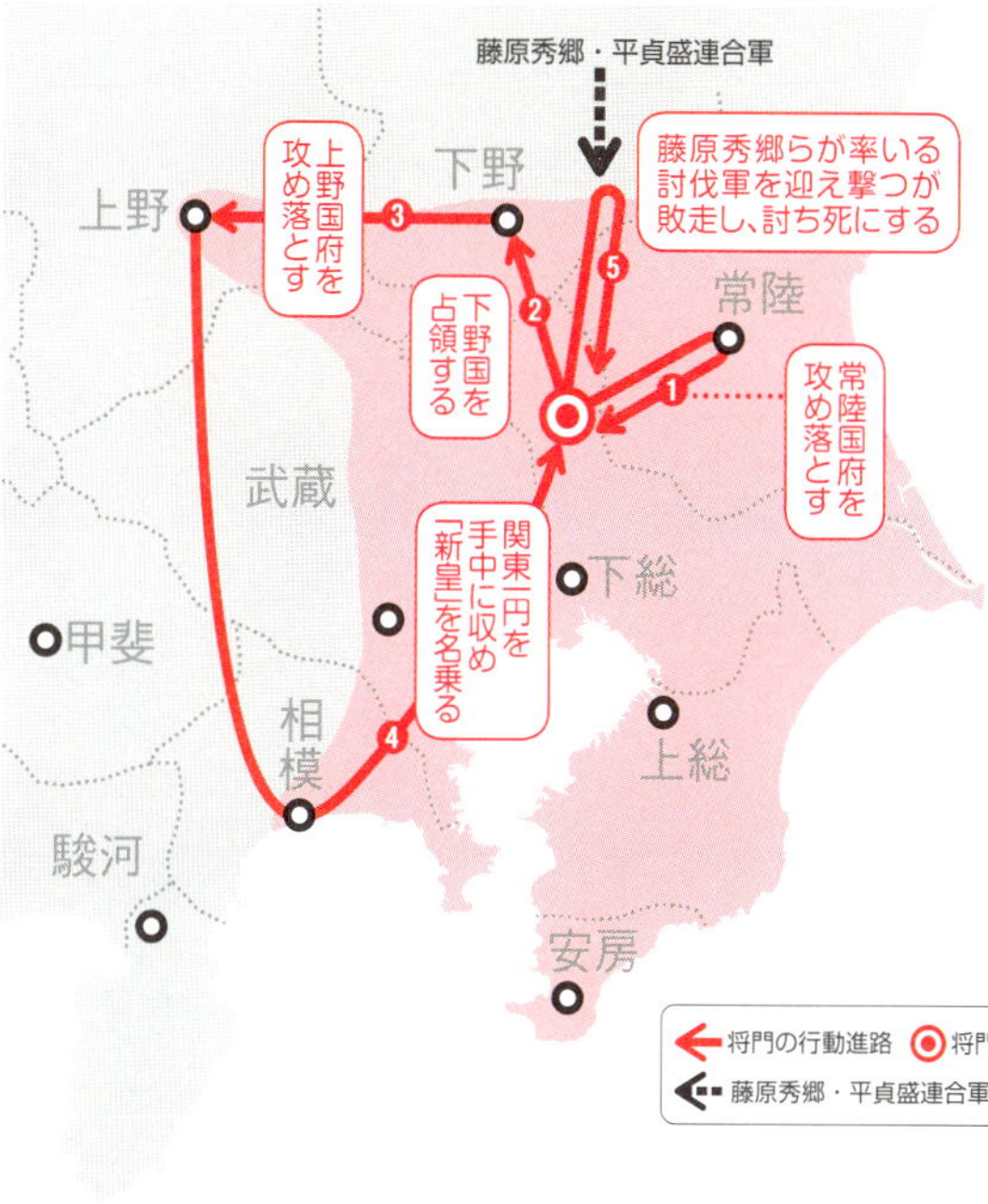
藤原秀郷・平貞盛連合軍
藤原秀郷らが率いる討伐軍を迎え撃つが敗走し、討ち死にする
上野国府を攻め落とす
下野国を占領する
常陸国府を攻め落とす
関東一円を手中に収め「新皇」を名乗る
上野
下野
常陸
武蔵
下総
甲斐
相模
上総
駿河
安房
将門の行動進路
将門の本拠地
将門の最大勢力範囲
藤原秀郷・平貞盛連合軍
国府

将門は、939(天慶2)年に常陸国府を攻め落としたのを皮切りに、瞬く間に関東を平定した。その後、関東を独立国とし、独自の天皇の称号である「新皇《しんのう》」を名乗る。しかし、そのことによって「朝敵」の烙印を押され、やがて同族である平《たいらの》貞盛《さだもり》、藤原秀郷《ふじわらのひでさと》らに討たれてしまった。

この反乱はわずか3カ月ほどで鎮圧されたが、武士の時代の到来を印象づけるものとして、中央の貴族たちに大きな衝撃を与えた。

将門を追い込んだ人間関係

将門が反乱を起こした理由には受領の圧制に対する反乱という側面のほかに、将門を取り巻く人間関係も大きく影響していた。土地や家督をめぐる平氏一族内の争いだけではなく、源氏とも対立していたため、つねに争いが絶えなかった。このような人間関係の軋轢が将門を反乱へ追い込んでいったとも考えられる。

ちなみに、将門の祖父・平高望は桓武天皇の曾孫ではじめて平姓を名乗った人物。父・良将は、武士団を形成して関東を地盤とする高望王流桓武平氏の基礎を築いた。

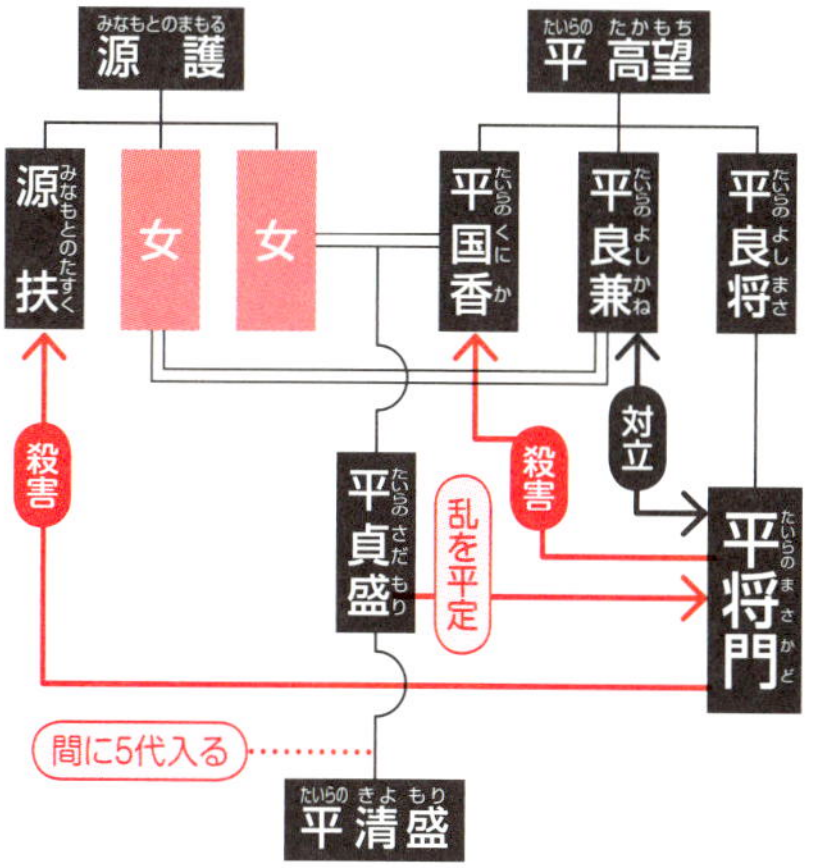
源護《みなもとのまもる》
平《たいらの》高望《たかもち》
源扶《みなもとのたすく》
女
女
平《たいらの》国香《くにか》
平《たいらの》良兼《よしかね》
平《たいらの》良将《よしまさ》
殺害
殺害
対立
平《たいらの》貞盛《さだもり》
乱を平定
平《たいらの》将門《まさかど》
間に5代入る
平《たいらの》清盛《きよもり》

源氏と平氏は貴族と寺院の対立を利用して政界へ

ここが発見！
源氏は東国で、平氏は西国でそれぞれ勢力を伸ばし、やがて貴族と大寺院の対立を利用して朝廷での発言力を強めていった。

天皇の血を引く武家の棟梁　源氏と平氏

平安時代、武士の集団である武士団の棟梁《とうりょう》として活躍したのが、**源氏**と**平氏**である。

源氏は、9世紀前半に**嵯《さ》峨《が》天皇**が自分の子に皇族を離れさせ、「**源**」の姓を与えたことに始まる。以後の天皇もたびたび同じことを行い、彼らは父祖の天皇の名から**清《せい》和《わ》源氏**、**宇《う》多《だ》源氏**などと呼ばれるようになった。11世紀中頃、東北で**前九年・後三年の役**が起こると、**源 頼義**《みなもとのよりよし》・**義家**《よしいえ》父子は東国武士を率いてこれを鎮めた。この戦いで、源氏は東国武士と強い結びつきをもつようになった。

一方、平氏は平安京を築いた桓《かん》武《む》天皇の曾孫・**高望王**《たかもちおう》が「**平**」の姓を与えられたことに始まり、**桓武平氏**と呼ばれる。平氏は、11世紀後半から12世紀にかけて**平正**《たいらのまさ》**盛**《もり》らが**白河**《しらかわ》**上皇**らに接近して力を伸ばし、海賊平定などを通じて西国の武士たちと強く結びついた。ここに、「**東の源氏・西の平氏**」という図式がつくられた。

貴族たちは源氏と平氏の武力に頼らざるを得なかった

この時代、貴族と武士に次ぐ第三の勢力として、**大寺院**の力も強力だった。一部の大寺院は地方武士出身の下級僧侶らに武器をもたせ、**僧兵**《そうへい》として組織した。そして、上皇が仏教を保護したのをいいことに、これらの僧兵を使って自分たちのさまざまな要求を通そうとした。これら大寺院のなかで、とくに強大な興福寺と延暦寺は「**南**《なん》**都**《と》**・北嶺**《ほくれい》」と呼ばれた。

武士の台頭を快く思わなかった貴族たちも、寺院勢力が力を伸ばしてくると、これらに対抗するために源氏や平氏の力を必要とするようになる。こうして両氏は中央政界に進出し、互いに衝突するようになっていったのである。

源氏・平氏の台頭と武士団の勃興

平安時代後期の10世紀になると、武士たちは土着した貴族や豪族など、有力者たちのもとに集まり、武士団を形成していくようになる。武士団の規模はさまざまだったが、なかには伊勢平氏や河内源氏のように、朝廷や貴族に対して影響力をもつ大きなものも生まれた。これらの武士団が、やがて武力によって政治を動かすようになり、鎌倉時代の武家政権へとつながっていくこととなる。

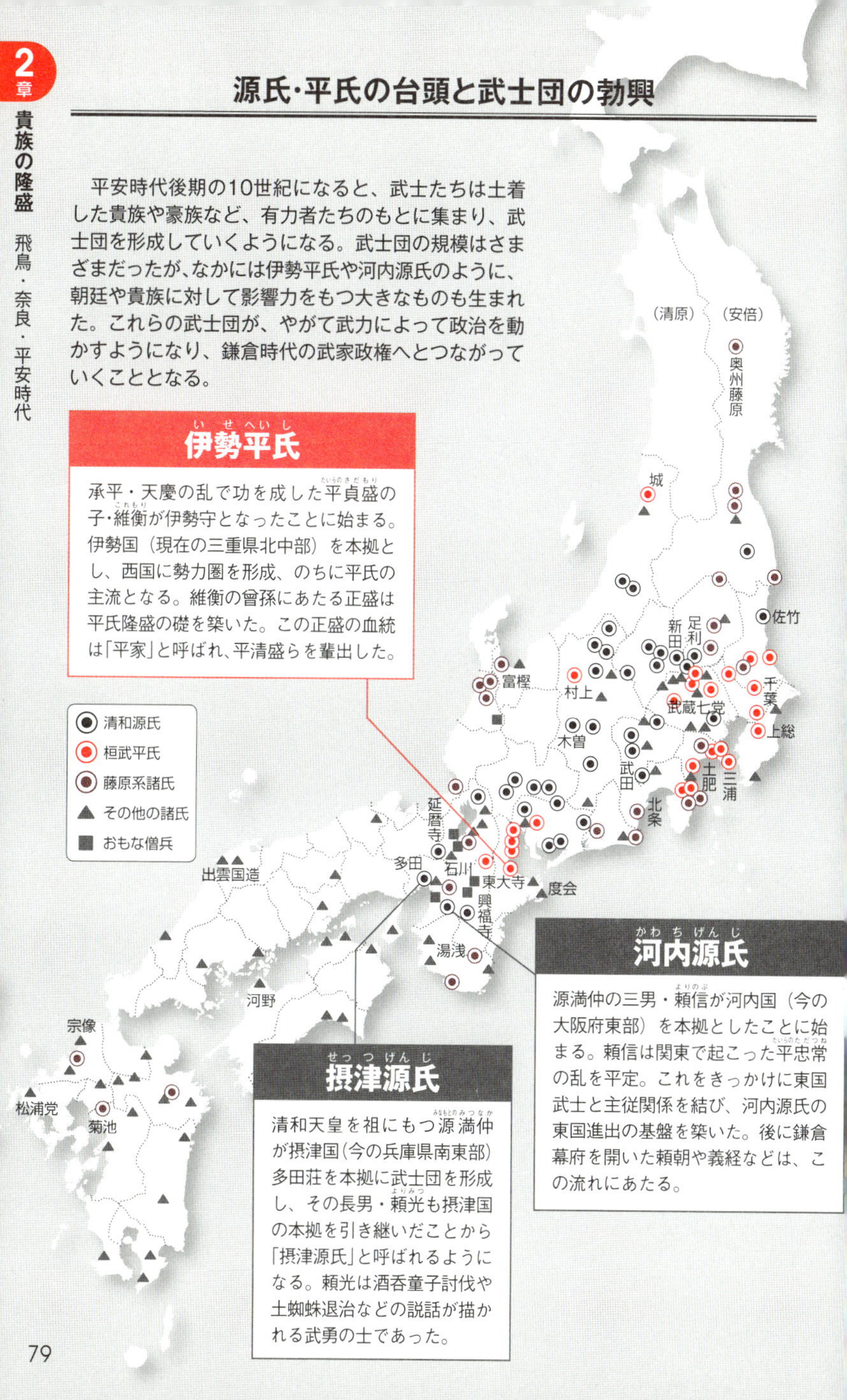
清和源氏
桓武平氏
藤原系諸氏
その他の諸氏
おもな僧兵
(清原)
(安倍)
奥州藤原
城
佐竹
新田
足利
富樫
村上
武蔵七党
千葉
上総
木曽
武田
土肥
三浦
北条
延暦寺
多田
石川
東大寺
興福寺
度会
出雲国造
湯浅
河野
宗像
松浦党
菊池

伊勢平氏《いせへいし》

承平・天慶の乱で功を成した平貞盛《たいらのさだもり》の子・維衡《これもり》が伊勢守となったことに始まる。伊勢国（現在の三重県北中部）を本拠とし、西国に勢力圏を形成、のちに平氏の主流となる。維衡の曾孫にあたる正盛は平氏隆盛の礎を築いた。この正盛の血統は「平家」と呼ばれ、平清盛らを輩出した。

河内源氏《かわちげんじ》

源満仲の三男・頼信《よりのぶ》が河内国（今の大阪府東部）を本拠としたことに始まる。頼信は関東で起こった平忠常《たいらのただつね》の乱を平定。これをきっかけに東国武士と主従関係を結び、河内源氏の東国進出の基盤を築いた。後に鎌倉幕府を開いた頼朝や義経などは、この流れにあたる。

摂津源氏《せっつげんじ》

清和天皇を祖にもつ源満仲《みなもとのみつなか》が摂津国（今の兵庫県南東部）多田荘を本拠に武士団を形成し、その長男・頼光《よりみつ》も摂津国の本拠を引き継いだことから「摂津源氏」と呼ばれるようになる。頼光は酒呑童子討伐や土蜘蛛退治などの説話が描かれる武勇の士であった。

院政《いんせい》の始まり 1086年

上皇のしいた「院政」が藤原氏を衰退させた

延久の荘園整理令が藤原氏没落の要因だった

藤原氏の絶頂期、**藤原頼通**《ふじわらのよりみち》は父・**道長**《みちなが》と同様、天皇に娘を嫁がせ、外戚《がいせき》の地位を狙った。しかし、娘らに皇子が生まれず、1068年、171年ぶりに藤原氏の外戚でない**後三条**《ごさんじょう》**天皇**が誕生した。

天皇は、**大江匡房**《おおえのまさふさ》らを登用して大胆な政治改革に着手した。なかでも1069年の「**延久**《えんきゅう》**の荘園整理令**」は徹底していた。荘園整理令とは、違法な荘園を取り締まるものである。それまでにも何度か出されていたが、国司らに取り締まりを任せていたため、中途半端で成功しなかった。しかし、延久の荘園整理令では、中央に専門の役所を設けて厳しいチェックを行うことで、基準にあわない荘園は藤原氏や大寺院のものであっても免税の特権を取り消した。これにより、**天皇家の優位性**が広く認識されることになったのである。

朝廷は院政によってさらに権力を回復させた

次代の**白河**《しらかわ》**天皇**は、幼少の**堀河**《ほりかわ》**天皇**に譲位して**上皇**《じょうこう》となり、天皇の後見人として実権を握る方式を確立した。上皇の御所である院を中心とする政治だったため、これを「**院政**」という。

院政によって摂政、関白、大臣などは実権を失うことになり、長年にわたり政治を牛耳ってきた藤原氏の力は衰えた。さらに、上皇は御所に「**北面武士**《ほくめんのぶし》」を組織して側近とし、警護にあたらせるなど、武力による権力強化に努めた。上皇が取り込んだ武士や中級貴族は、やがて藤原氏に代わって政治の表舞台に立つことになった。

藤原氏から政治権力を取り戻した院政は、同時に**武士勢力**という爆弾を内包するものだった。力をもった武士勢力は、やがて朝廷を脅かすようになるのである。

ここが発見！

院政によって、朝廷は藤原氏から政治の実権を取り戻すことに成功したが、後に武士の台頭を許すこととなった。

朝廷をも超越した院政のしくみ

院政では、院（上皇）が下す命令（院宣《いんぜん》）が、天皇の命令である詔勅《しょうちょく》や宣旨《せんじ》よりも力をもっていた。また、院庁で働く院司《いんじ》には、摂関時代には重く用いられなかった中小貴族が採用されることが多く、彼らは単なる役人として以上に有力貴族に対する反対勢力として機能した。

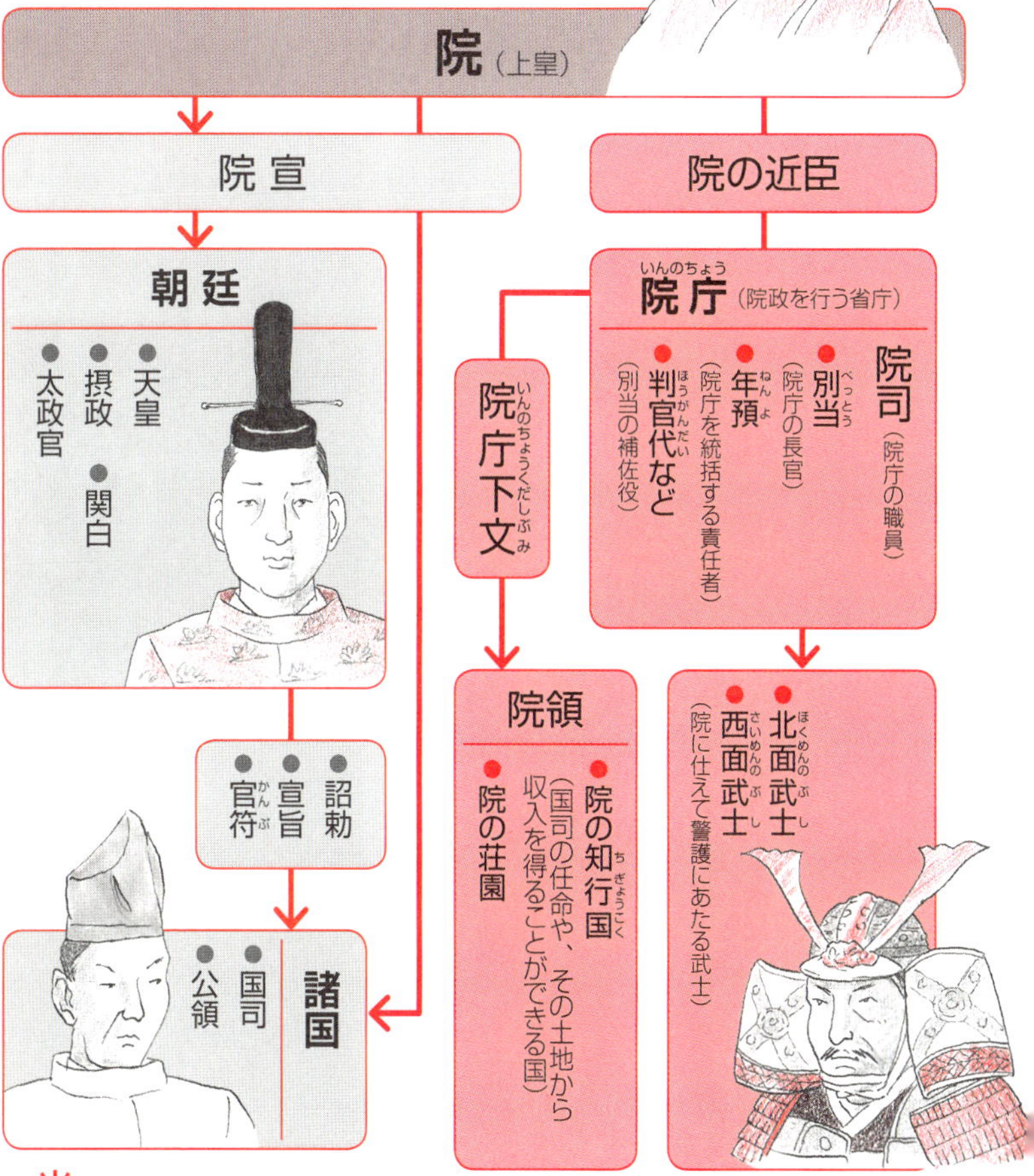
院（上皇）
院宣
朝廷
●天皇
●摂政
●関白
●太政官
●詔勅
●宣旨
●官符《かんぷ》
諸国
●国司
●公領
院の近臣
院庁《いんのちょう》（院政を行う省庁）
院司（院庁の職員）
●別当《べっとう》（院庁の長官）
●年預《ねんよ》（院庁を統括する責任者）
●判官代《ほうがんだい》など（別当の補佐役）
院庁下文《いんのちょうくだしぶみ》
院領
●院の知行国《ちぎょうこく》（国司の任命や、その土地から収入を得ることができる国）
●院の荘園
●北面武士《ほくめんのぶし》
●西面武士《さいめんのぶし》
（院に仕えて警護にあたる武士）

北面武士・西面武士とは？

北面武士は白河《しらかわ》上皇、西面武士は後鳥羽《ことば》上皇によって創設された武士団である。おもに院御所の警備を行ったが、院直属の重要な軍事力として反乱の鎮圧なども行った。のちに頭角を現す平清盛も北面武士として活躍した。

3章

武士の勃興

平安・鎌倉・南北朝・室町時代

この時代のおもな出来事

平安時代

1156	後白河天皇と崇徳上皇が争い、保元の乱が起こる	▼P84
1159	平治の乱が起こり、平清盛が勢力を伸ばす	▼P84
1167	平清盛が太政大臣に就任する	▼P86
1177	打倒平氏を目指す勢力により鹿ヶ谷事件が起こる	▼P88
1180〜1185	以仁王の挙兵により、治承・寿永の乱が起こる	▼P90
1184	源義仲が源義経らに敗れる	
1185	平氏が滅亡する	▼P92

鎌倉時代

1185頃	鎌倉幕府が成立する	▼P96
1189	奥州平定により源義経が討たれ、奥州藤原氏が滅亡する	▼P98
1192	源頼朝が征夷大将軍になる	▼P102
1199	鎌倉幕府で十三人の合議制が始まる	▼P106
1203	北条時政が執権となる	
1219	源実朝が暗殺される	▼P108
1221	後鳥羽上皇が幕府に反旗を翻し、承久の乱が起こる	▼P110
	各地に新補地頭が配置され、京都に六波羅探題が設置される	▼P112

1232 御成敗式目が定められる
1274 文永の役が起こる ▼P116
1281 弘安の役が起こる ▼P116
1293 北条貞時が得宗による専制政治を強化する ▼P118
1318 後醍醐天皇が即位する ▼P120
1324 後醍醐天皇らが六波羅探題を襲う計画を立て、正中の変が起こる ▼P122
1331 後醍醐天皇が討幕の挙兵を行い、元弘の変が起こる ▼P122
1333 鎌倉幕府が滅亡する ▼P124

南北朝時代

1334 建武の新政が始まる ▼P126
1335 足利尊氏が後醍醐天皇に対して挙兵する
1336 湊川の戦いで朝廷軍が足利軍に敗れる ▼P128
南北朝の対立が始まる ▼P130
1338 足利尊氏が征夷大将軍になる
1350 足利尊氏・直義兄弟が対立し、観応の擾乱が起こる

室町時代

1368 足利義満が征夷大将軍になる ▼P134
1392 南北朝合一が実現する
1397 足利義満が金閣を造営する
1401 足利義満が明により日本国王に冊封される ▼P136
1404 明との間で勘合貿易が始まる ▼P138
1428 足利義教が征夷大将軍になる ▼P140
正長の徳政一揆が起こる ▼P144

平安時代　保元《ほげん》の乱 1156年　平治《へいじ》の乱 1159年

保元・平治の乱をへて平氏が頭角を現した

保元の乱は上皇と天皇の兄弟での権力争いだった

平安時代後期、**鳥羽《とば》上皇**は息子の**崇徳《すとく》天皇**を立てて**院政**をしいた。崇徳天皇が成長すると、鳥羽上皇は崇徳天皇の異母弟・**近衛《このえ》天皇**を立て、出家して**法皇**となるが、その後も引き続き実権を握った。

近衛天皇が若くして亡くなると、鳥羽法皇は崇徳上皇の同母弟で近衛天皇の兄にあたる**後白河《ごしらかわ》天皇**を立て、一年後に「後白河天皇が親政をしくように」との遺言を残し亡くなる。鳥羽法皇の死後、息子の重仁《しげひと》親王を皇位につける夢を絶たれた崇徳上皇は、摂関家の**藤原頼長《ふじわらのよりなが》**と結んで**源為義《みなもとのためよし》**、**平《たいらの》忠正《ただまさ》**らを動員し、武力で後白河天皇を退位させようとする。

これに対して後白河天皇方は、出家して「**信西《しんぜい》**」を名乗っていた近臣の**藤原通憲《ふじわらのみちのり》**、**源義朝《みなもとのよしとも》**（為義の息子）、**平清盛《たいらのきよもり》**（忠正の甥）らを集めて先制攻撃をしかけ、逆に上皇方を破った。この事件を**保元の乱**という。

平治の乱は源氏と平氏の対立が引き金となって起きた

保元の乱後、信西と清盛が政治の主導権を握った。後白河天皇は**二条《にじょう》天皇**に譲位して**上皇**となり院政をしくが、今度は上皇の近臣である**藤原信頼《ふじわらののぶより》**と源義朝が、清盛が熊野詣に出た留守を狙ってクーデターを起こす。信頼・義朝軍は信西を追い詰めて自害させ、後白河上皇もおさえるが、兵力で勝る清盛が帰京すると天皇や上皇、貴族たちは一斉に清盛方へつき、信頼と義朝は討ち取られた。この事件を**平治の乱**という。

これらの事件は、武士が政局や貴族社会を左右したはじめての事件となり、武士の力をもはや無視できないことを知らしめた。そして、**武士の棟梁**である平清盛の権力は、ここから高まっていった。

ここが発見！

保元・平治の乱は、武士の力が無視できないものであることを示した。なかでも、平氏はこの乱によって大きく力を伸ばした。

骨肉の争い 保元の乱の対立の構図

崇徳上皇と後白河天皇の権力争いに端を発した保元の乱では、有力貴族や武士の兄弟・親子が敵味方に分かれ、身内同士で争うこととなった。おもな武将のうち、戦闘による死者は流れ矢にあたって後日死亡した頼長だけだったが、戦後、忠正や為義など敗戦側の多くの武将が処刑され、崇徳上皇は讃岐に流された。

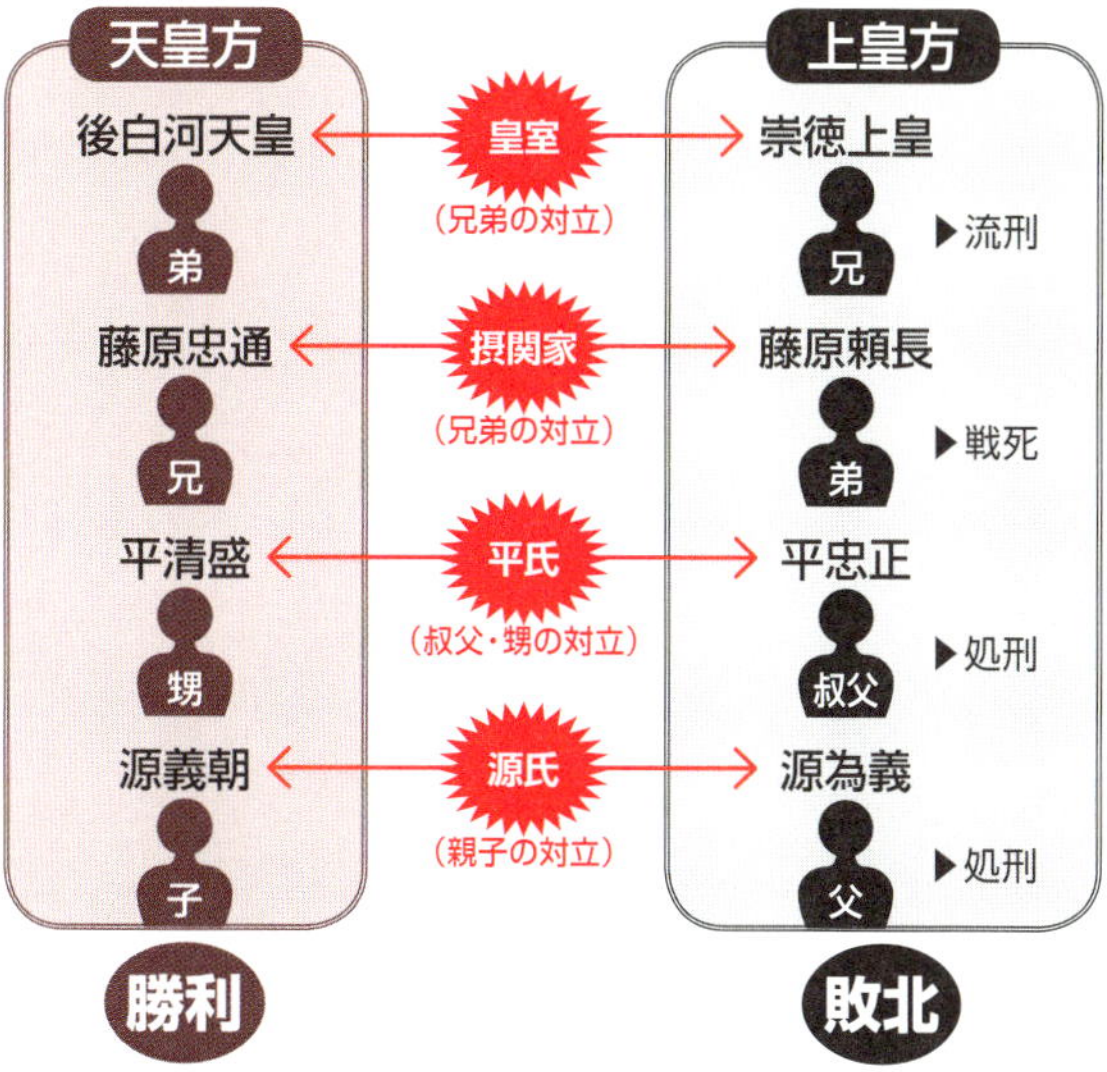
天皇方
上皇方
後白河天皇
弟
皇室
（兄弟の対立）
崇徳上皇
兄
▶流刑
藤原忠通
兄
摂関家
（兄弟の対立）
藤原頼長
弟
▶戦死
平清盛
甥
平氏
（叔父・甥の対立）
平忠正
叔父
▶処刑
源義朝
子
源氏
（親子の対立）
源為義
父
▶処刑
勝利
敗北

源平確執の始まり 平治の乱の対立の構図

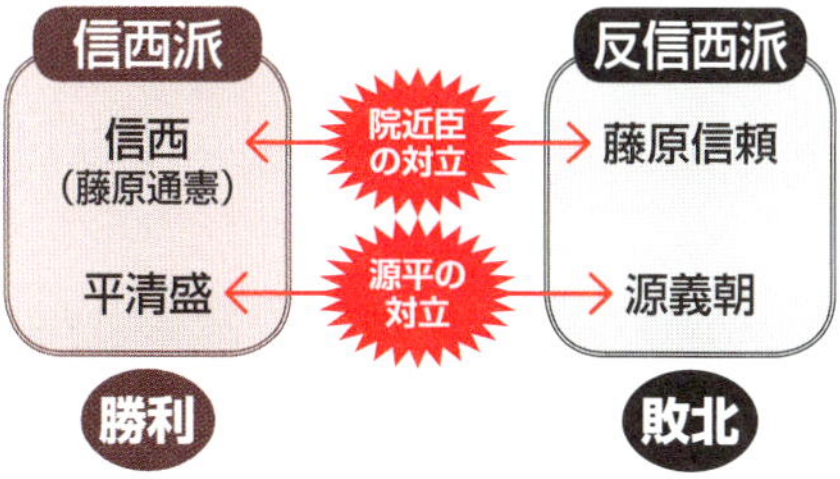
信西派
反信西派
信西
（藤原通憲）
院近臣の対立
藤原信頼
平清盛
源平の対立
源義朝
勝利
敗北

平治の乱では、大きな権力を握っていた信西（藤原通憲）を快く思っていなかった藤原信頼が、平氏の台頭に反感をもっていた源義朝らとともに挙兵し、後白河上皇と二条天皇の身柄を確保した。しかし、信西は自害したものの、上皇や天皇が脱出して平氏側についたことで信頼たちは孤立し、敗北した。

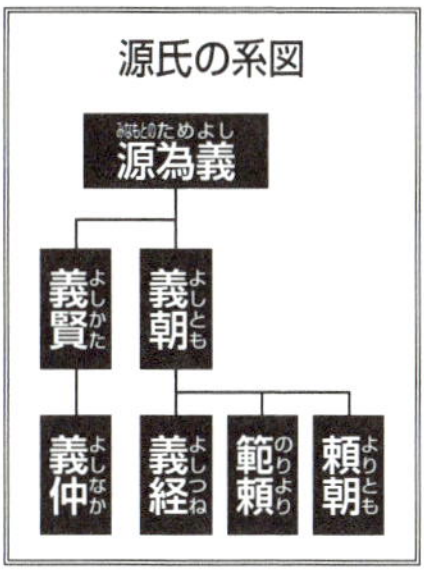
源氏の系図
源為義《みなもとのためよし》
義賢《よしかた》
義朝《よしとも》
義仲《よしなか》
義経《よしつね》
範頼《のりより》
頼朝《よりとも》

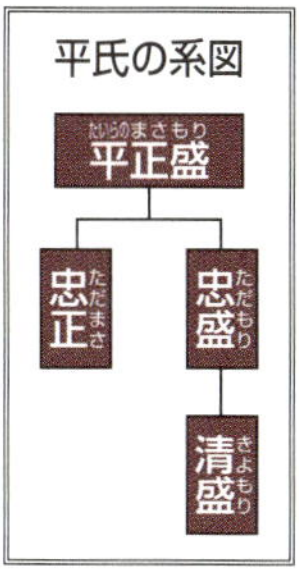
平氏の系図
平正盛《たいらのまさもり》
忠正《ただまさ》
忠盛《ただもり》
清盛《きよもり》

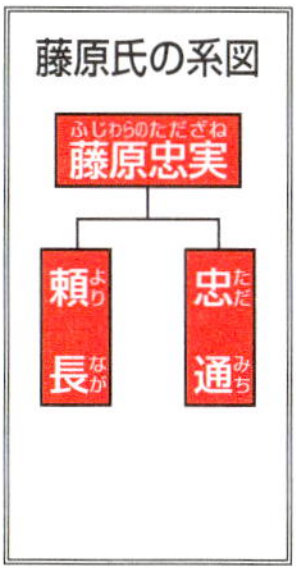
藤原氏の系図
藤原忠実《ふじわらのただざね》
頼長《よりなが》
忠通《ただみち》

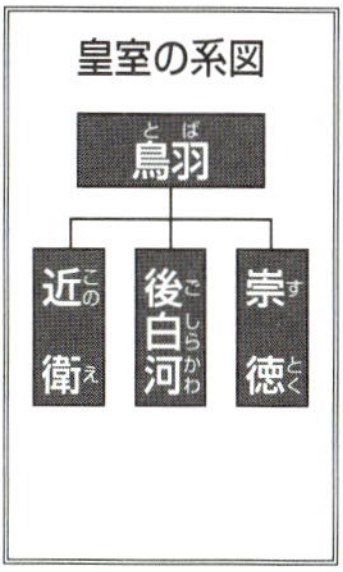
皇室の系図
鳥羽《とば》
近衛《このえ》
後白河《ごしらかわ》
崇徳《すとく》

外戚戦略と日宋貿易で権力を手中にした平清盛

武士・平清盛が用いたのは貴族と同じ外戚戦略だった

平治の乱は、源氏と平氏のどちらが**武士の棟梁**として主導権を握るかという戦いでもあり、敗れた源氏は権力の座から後退した。

平治の乱後、後白河《ごしらかわ》上皇の近臣の第一人者となった**平清盛**は、武士としては異例の**太政大臣**へと昇進。また、平氏一門も一気に高官に取り立てられ、代々摂政や関白を務めていた**藤原氏**（摂関家）をしのぐ勢いを見せた。貴族たちに軽んじられていた武士が、ついに政権の中心に立ったのである。

清盛は勢力拡大のため、**天皇家の外戚**の地位を得て朝廷に影響力をおよぼす藤原氏のやり方を取り入れた。清盛の妻の妹である**滋子《しげこ》**が生んだ憲仁《のりひと》親王を即位させて**高《たか》倉《くら》天皇**とすると、娘の**徳子《とくこ》**（**建礼《けんれい》門院《もんいん》**）を天皇の妃に送り、生まれた皇子をわずか三歳で即位させて**安徳《あんとく》天皇**とした。また、娘の**盛子《もりこ》**を摂関家の**藤原基実《ふじわらのもとざね》**の妻に送り込み、基実が若くして亡くなると、盛子の後見人として摂関家の膨大な荘園も手に入れた。

日宋貿易という金の卵が清盛の権力を磐石にした

清盛は一方で、独自の支配体制の確立も模索していた。そのひとつが**日宋《にっそう》貿易**である。摂津の大輪《おおわ》田泊《だのとまり》（神戸港）を修築し、瀬戸内海や九州の港の安全を確保して、宋からの貿易船を招き入れた。宋からは大量の**宋銭**などが輸入され、貿易による莫大な利益は平氏政権の重要な**経済的基盤**となっていった。

このほかに、平氏は自分たちに従った西国の武士たちに**地頭**の地位を与え、地方を管理させた。武士が独自に土地を支配して権力を得るという**鎌倉時代の支配体制の原型**が、この時期につくられたともいえるだろう。

ここが発見！

平清盛は、藤原氏に倣った外戚戦略で権力を磐石なものとし、日宋貿易の独占によって莫大な財産を手に入れた。

平氏も取り入れた皇室との外戚戦略

清盛が大きな権力を手に入れた最大の理由は、摂関家の藤原氏と同様に皇室の外戚となったことにある。

平氏一族の滋子が後白河天皇の寵愛《ちょうあい》を受け、後に高倉天皇を出産。その高倉天皇に清盛の娘の徳子が嫁ぎ、安徳天皇が誕生した。これにより、平氏は武士でありながら、摂関家をもしのぐ政治的影響力をもつにいたった。

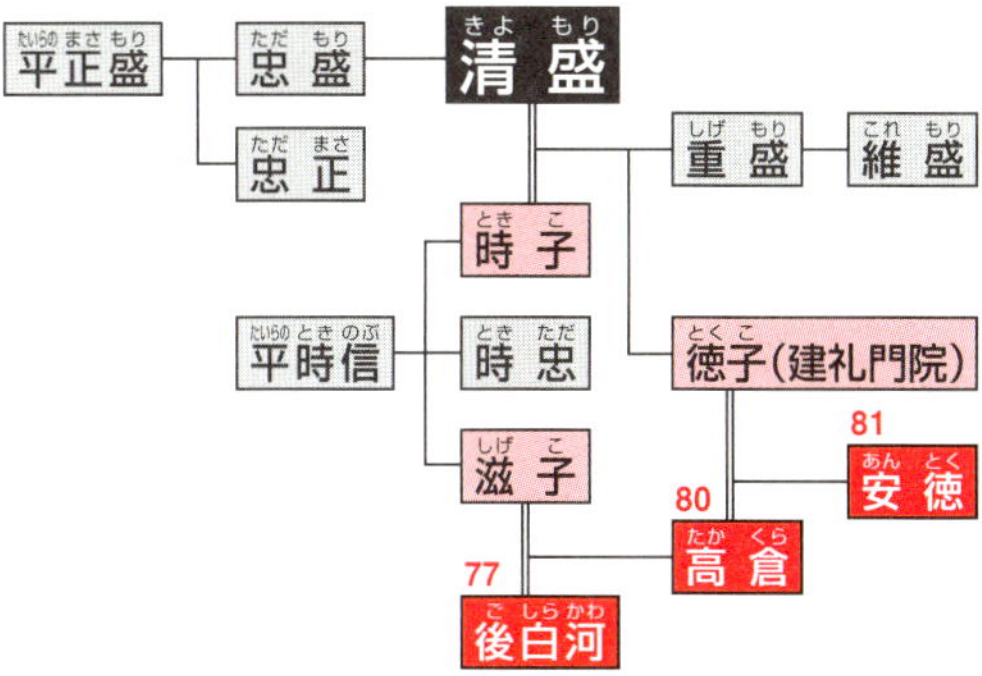
平《たいらの》正《まさ》盛《もり》
忠《ただ》盛《もり》
忠《ただ》正《まさ》
清《きよ》盛《もり》
重《しげ》盛《もり》
維《これ》盛《もり》
時《とき》子《こ》
平《たいらの》時《とき》信《のぶ》
時《とき》忠《ただ》
徳子《とくこ》(建礼門院)
滋《しげ》子《こ》
81
安《あん》徳《とく》
80
高《たか》倉《くら》
77
後《ご》白《しら》河《かわ》

※　　　は天皇
赤数字は皇統譜による天皇の即位順

莫大な富を生んだ日宋貿易

平清盛の父・忠盛が行った日宋貿易は、清盛によってさらに推し進められた。清盛が高い地位を手に入れることができた背景には、大量の輸入品を贈ることで上皇に気に入られたことも関係しているといわれている。貿易量の詳細などわかっていない点も多いが、大量に輸入された宋銭によって物価の高騰が起こるなどしたことから、相当な量の貿易が行われていたと考えられる。

航路
大輪田泊
日本
高麗
博多
黄海
瀬戸内海を通る
済州島
揚州
坊津
宋
東シナ海
明州(寧波)

貿易には「大輪田泊(兵庫)－博多－済州島－揚州」と結ばれたルートのほか、「大輪田泊－博多－明州」「大輪田泊－博多－坊津－明州」というルートなどがあった。

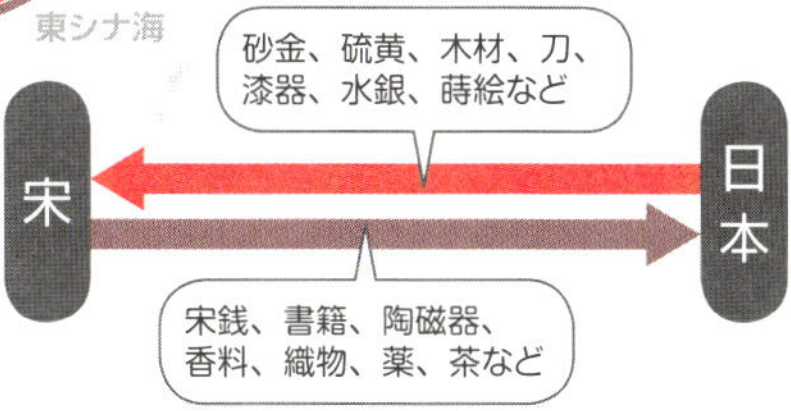
砂金、硫黄、木材、刀、漆器、水銀、蒔絵など
宋
日本
宋銭、書籍、陶磁器、香料、織物、薬、茶など

鹿ヶ谷事件《ししがだに》 1177年

平氏は武士にもなり切れなかった

貴族の政治を武士が行ったことが平氏没落の要因だった

平氏の棟梁である**平清盛**《たいらのきよもり》は京都育ちで、武士でありながら貴族文化しか知らず、朝廷での出世欲も強かった。そのため、自らの権力を伸ばすために**従来の貴族政治を踏襲**した。後の鎌倉幕府が朝廷から権力を奪い、武士による新しい政治体制をつくったのとは対照的である。

この頃の貴族の政策に、**知**《ち》**行**《ぎょう》**国**《こく》制度がある。貴族たちが一国の支配権を得て知行国とし、自分の一族や近親者を**国守**《こくしゅ》に任命するとともに、現地に**目代**《もくだい》を派遣して多くの荘園を占有して収益を得た。平氏も弱体化していた藤原氏に代わって平氏一門を各国の国守に任命し、多くの国を知行国とした。

さらに、朝廷や貴族層に支持基盤をもたない平氏は**法皇の権力を利用**し、朝廷の要職を一族で固めて権力の安定を目指した。平氏政権を後押ししたのは**後白河**《ごしらかわ》**法皇**であり、清盛が法皇の近臣として権力を振るっている限り、貴族たちも文句をいえなかった。

有力者の誅殺と法皇の幽閉が平氏政権を没落に導いた

こうしたなか、法皇の近臣・**西**《さい》**光**《こう》らが平氏打倒を企てたとして、清盛が西光らを処断する事件が起こった。**鹿ヶ谷事件**である。この事件で後白河法皇が平氏を見放すと、清盛は**法皇を幽閉**し、軍事独裁体制をしいた（**治承**《じしょう》**三年の変**）。

皇室に弓を引く前代未聞の事件に、朝廷や貴族、寺社勢力は一斉に反発した。貴族化した平氏政権を信頼していなかった東国などの武士たちも、これに呼応した。

貴族たちから受け入れられず、武士としての政治体制も確立できなかった平氏政権は、こうして両者からの信頼を失い、没落していくのである。

ここが発見！

法皇を後ろ盾に権力を強めた平氏は、貴族的な政治や独裁体制が貴族や武士の反感を買ったことが没落の原因となった。

栄枯盛衰 短命に終わった平氏政権の流れ

清盛は、保元の乱（▶P84）では天皇側につくなど後白河天皇と良好な関係を築いていたが、その影響力を強めるにつれ後白河と対立するようになっていった。そして、ついには法皇となっていた後白河を幽閉する事態にいたるが、これが打倒平氏を目指す勢力が各地で立ち上がるきっかけとなり、やがて平氏を滅亡へと追い込んでいった。

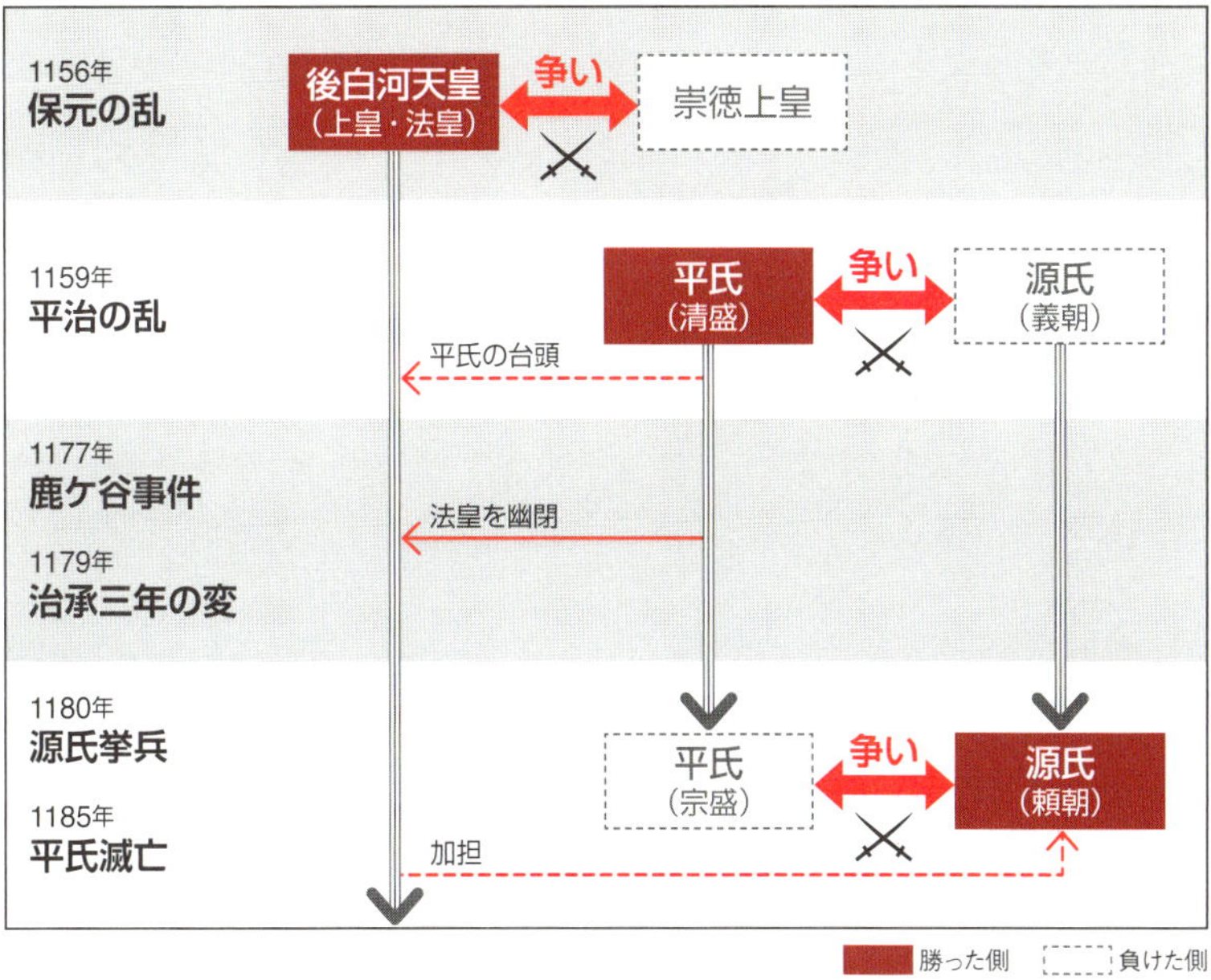

1156年
保元の乱
後白河天皇
（上皇・法皇）
争い
崇徳上皇
1159年
平治の乱
平氏
（清盛）
争い
源氏
（義朝）
平氏の台頭
1177年
鹿ケ谷事件
法皇を幽閉
1179年
治承三年の変
1180年
源氏挙兵
平氏
（宗盛）
争い
源氏
（頼朝）
1185年
平氏滅亡
加担
勝った側
負けた側

よいとこ取りが仇となった平氏政権

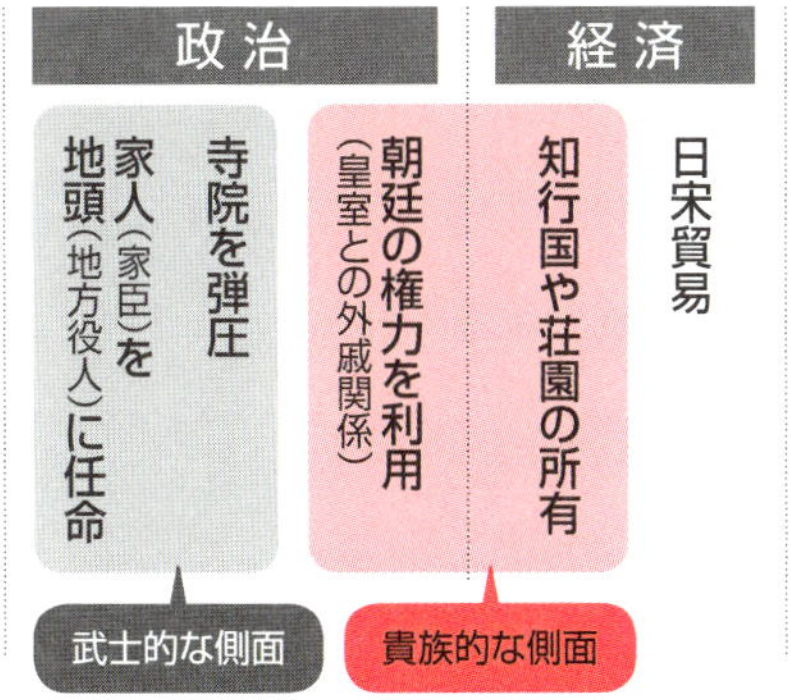

政治
経済
寺院を弾圧
家人（家臣）を地頭（地方役人）に任命
朝廷の権力を利用（皇室との外戚関係）
知行国や荘園の所有
日宋貿易
武士的な側面
貴族的な側面

平氏政権は、皇室と外戚関係を結ぶことで権力を維持したり、知行国や荘園を次々と所有して莫大な収入を得たりするなど、貴族的な側面をもっていた。一方で、家臣を地頭に任命したり、南都（奈良の寺院）焼き討ちに代表されるような寺院の弾圧を行ったりするという武士的な側面も併せもっていた。

しかし、貴族的側面が武士の反感を買い、武士的な側面が貴族の反感を買うこととなり、各地に反平氏勢力が生まれるひとつの原因となった。

頼朝は同族争いに勝利して源氏の棟梁となった

打倒平氏を目指して源氏が挙兵した

1180年、後白河《ごしらかわ》法皇の第二皇子の**以仁王**《もちひとおう》が、平氏打倒の狼煙《のろし》を上げる。平氏政権の横暴を許さぬとして、全国の武士に**平氏打倒の令旨**《りょうじ》（命令書）を出し、武士たちの決起を促した。5年にわたって戦いが続く**治承・寿永の乱**の始まりである。

以仁王自身は平氏に討たれてしまったが、その呼びかけに呼応した武士たちは各地で立ち上がり、平治の乱に敗れて討ち取られた源氏の棟梁・**源**《みなもとの》**義朝**《よしとも》の子で、伊豆に流罪の身であった**頼朝**《よりとも》も平氏打倒の兵を挙げた。伊豆へ流されてから約20年後のことであった。

頼朝は父の代からの味方である**東国武士**たちを組織し、勢力を拡大して関東地方をほぼ手中にする。頼朝の従兄弟にあたる**源**《みなもとの》**（木**《き》**曾**《そ》**）義仲**《よしなか》も平氏打倒の兵を挙げ、信濃を服属させると北陸へ入り、京を目指した。義仲は清盛《きよもり》の孫・**平**《たいらの》**維盛**《これもり》の軍を打ち破り、勢いに乗って京へ攻め上って**平氏を都から追放**することに成功した。

新政権の担い手を決めるため頼朝と義仲は同族で争った

武士たちの間では、平氏政権への不満が噴出していた。源氏側の勝算は高かったが、頼朝と義仲らの間では、だれが**新政権の担い手**になるかということは決まっていなかった。

いち早く京へ入った義仲は「**朝日（旭）将軍**」ともてはやされたが、粗暴な振る舞いが多かったため、後白河法皇は頼朝と結ぶことにした。頼朝は義仲を討つべく弟の**範頼**《のりより》、**義経**《よしつね》を大将とする軍を派遣。義仲は応戦したが味方も少なく、範頼・義経軍に討ち取られた。

こうして新政権は、同族争いに勝利した頼朝の手に委ねられる公算が高くなったのである。

ここが発見！

平氏打倒のために挙兵した源氏だが、一枚岩ではなかった。とくに、棟梁の座を狙う頼朝と義仲の争いは熾烈であった。

源氏の反撃 平氏追討のルート

1180年４月に源頼政《みなもとのよりまさ》が反平氏の兵を挙げると、８月には頼朝が東国で、９月には義仲が木曽でそれぞれ兵を挙げるなど、各地で反平氏の挙兵が相次いだ。なかでも、義仲は連戦連勝を続け、一時は中部地方日本海側から中国地方までの広い範囲を勢力圏に置いた。しかし、京都に入った義仲は、朝廷と対立して範頼・義経らに討たれる。その後、義経らは平氏追討を続け、一ノ谷や屋島で次々と平氏を打ち破り、平氏を壇ノ浦へと追い詰めていった。

源頼朝軍の進路
源義経軍の進路
源範頼軍の進路
源義仲軍の進路
主戦場
1183年
倶利伽羅峠《くりから》の戦い
1180年
富士川の戦い
平泉
1180年
石橋山の戦い
1181年
墨俣川《すのまた》の戦い
1185年
壇ノ浦の戦い(▶P92)
1183年
水島の戦い
木曽
京都
鎌倉
壇ノ浦
屋島
一ノ谷

1185年 屋島の戦い

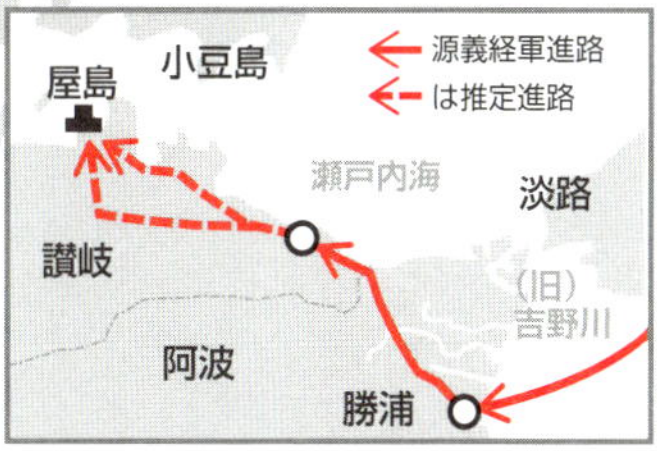
屋島
小豆島
源義経軍進路
は推定進路
瀬戸内海
淡路
讃岐
(旧)吉野川
阿波
勝浦

讃岐国(今の香川県)屋島に陣を張った平氏に対し、暴風雨のなかで摂津国(今の大阪府)から阿波国(今の徳島県)に上陸した義経軍は、陸路から屋島に向かい、平氏の背後を突いた。海からの攻撃を警戒していた平氏軍は、この攻撃により屋島を捨てて海上に逃げることとなった。

1184年 一ノ谷の戦い

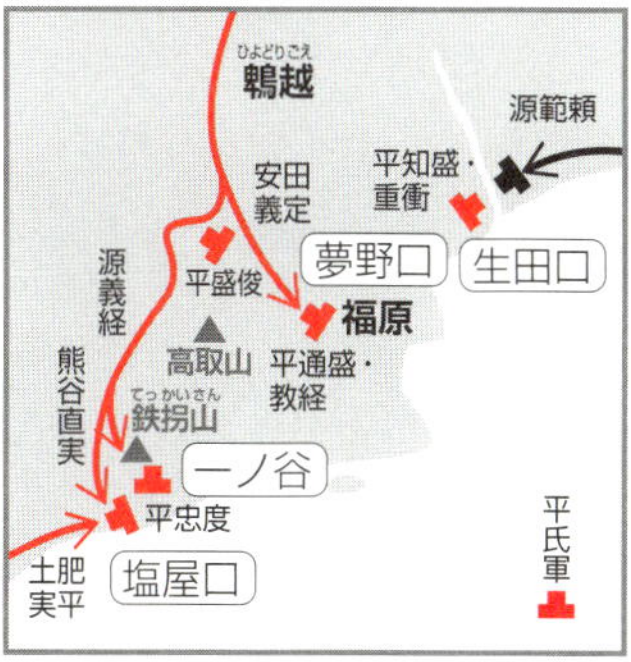
鵯越《ひよどりごえ》
源範頼
安田義定
平知盛・重衡
夢野口
生田口
平盛俊
福原
源義経
熊谷直実
高取山
平通盛・教経
鉄拐山《てっかいさん》
一ノ谷
平忠度
土肥実平
塩屋口
平氏軍

鵯越で主力と分かれ、わずか70騎で鉄拐山へと進んだ義経は、急斜面を下って一ノ谷城へ奇襲をかけ、見事平氏を敗走させた。後に「逆落とし」と呼ばれる奇襲作戦である。この作戦に関しては、鵯越が舞台であるという説や実際には行われなかったという説もある。

平氏の滅亡 1185年

壇ノ浦にはかなく散った平氏一族の夢

壇ノ浦の潮流が源氏と平氏の勝敗を分けた

１１８５年の**壇ノ浦の戦い**は、海をよく知り、船も充実していた**平氏水軍に有利**な戦いであるかに思えた。壇ノ浦とは、関門海峡の本州側、山口県下関の海岸一帯をさす。平氏は、この戦いに勝つことができれば、西日本の勢力を結集して**源氏に対抗できる可能性もあった**。海峡の西にある彦島を拠点とする平氏に対し、源氏は東方から壇ノ浦へ向かい、両者は対峙した。

戦いが始まると、平氏水軍は西から東への潮の流れに乗り、東方からくる源氏水軍を攻め立てて追い詰めた。しかし、潮流が源氏水軍に味方するように西向きに変わると、今度は平氏水軍が後退を強いられた。平氏軍は、**海上の義経《よしつね》軍、陸上の範頼《のりより》軍**から攻められて、最後まで形勢を立て直せないまま**滅亡のときを迎えた**。

一説によると、平氏が勝利をつかみかけたとき、義経が相手方の船を操る人夫を弓で狙わせ、それによって平氏水軍が崩れたという。当時は、**非戦闘員である人夫は狙わない**のが常識であり、もし事実なら義経らしい奇襲作戦だったといえる。

幼帝・安徳天皇は二位尼とともに波間に沈んだ

壇ノ浦の戦いは、平氏一門と幼い天皇の悲しい逸話も生んだ。祖父・平 清盛《たいらのきよもり》の権力によって3歳で天皇となった**安徳《あんとく》天皇**は、いよいよ平氏が追い詰められるなか、祖母・**二位尼《にいのあま》（平 時子《たいらのときこ》）**の懐に抱かれた。「どこへいくのか」と問うと、二位尼は「弥陀の浄土へ参りましょう。波の下にも都がございます」と答え、天皇を抱いたまま**三種の神器**とともに海中へ沈んでいったという。権勢をほしいままにした平氏のはかない最期を象徴するエピソードである。

ここが発見！

壇ノ浦に追い詰められた平氏は最後の決戦を挑み、当初は優勢だったが、潮流の変化や義経の奇襲作戦に翻弄され、滅亡した。

壇ノ浦の戦い 賭けに敗れた平氏の顛末《てんまつ》

平氏軍と源氏軍は、壇ノ浦で最後の決戦を迎えた。『吾妻鏡《あづまかがみ》』によると、850艘の船を率いた義経軍を500艘の平氏軍が迎え撃ったという。当初は潮の流れに乗った平氏軍が源氏軍を押し込んで戦いを優位に運んだが、やがて潮の流れが反転すると戦いの流れは源氏軍に傾き、平氏軍は狭い関に追いやられて壊滅した。しかし、潮流は戦いの流れにそれほど大きな影響を与えなかったという説もある。この戦いでは、義経が平教経《たいらののりつね》との戦いで船を次々と飛び越えたという「八艘飛び」などの伝説が生まれた。

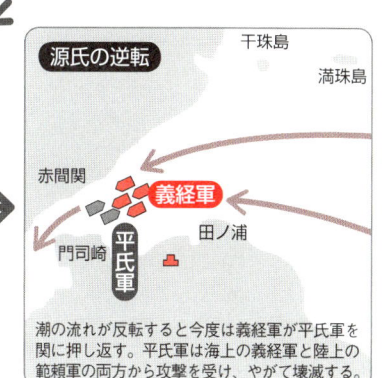

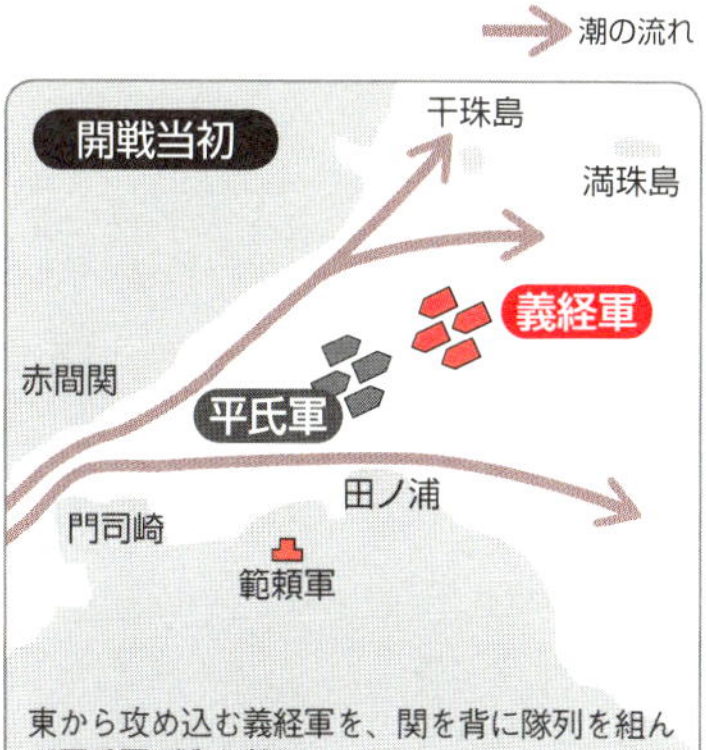

東から攻め込む義経軍を、関を背に隊列を組んだ平氏軍が迎え撃つ。

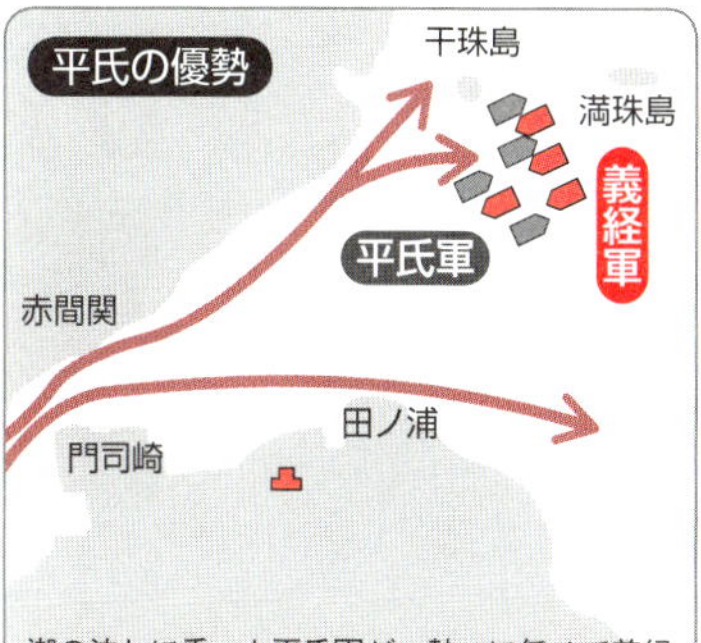

潮の流れに乗った平氏軍が、勢いに任せて義経軍を押し返す。

潮の流れが反転すると今度は義経軍が平氏軍を関に押し返す。平氏軍は海上の義経軍と陸上の範頼軍の両方から攻撃を受け、やがて壊滅する。

三種の神器

三種の神器とは天皇家に伝わる宝物で、天皇に即位する儀式の際に用いられる「八咫鏡《やたのかがみ》」、「八坂瓊勾玉《やさかにのまがたま》」、「天叢雲剣《あめのむらくものつるぎ》(別名・草薙剣《くさなぎのつるぎ》)」のことをいう。記紀神話では、三種の神器は天孫降臨のときに天照大神《あまてらすおおみかみ》が瓊瓊杵尊《ににぎのみこと》に授けたものとされる。八咫鏡と八坂瓊勾玉は、天照大神を天岩戸から呼び出す祭に用いられ、天叢雲剣はスサノオがヤマタノヲロチを退治したときに、ヲロチの尾から出たという逸話も残されている。

壇ノ浦に沈んだ三種の神器のうち、八咫鏡と八坂瓊勾玉は源氏軍によって回収されたが、天叢雲剣はそのまま水中に没したという説もある。

現在、三種の神器の実物を見ることはできないが、八咫鏡は伊勢神宮(皇大神宮)、八坂瓊勾玉は皇居(御所)、天叢雲剣は熱田神宮に安置されているとされる。

武士の戦いの作法

戦いの花形は弓矢による一騎打ち

10世紀に入り武士たちの争いが頻発するようになると、**一騎打ち**が行われるようになり、戦いにも作法が決められるようになった。

まず、互いの軍が到着すると、大将は自分たちの正当性を大声で主張する。次に、自分たちの強さをアピールするために「**鬨《とき》の声**」を上げ、両軍から音の出る矢（**鏑《かぶら》矢《や》**）を射あって開戦の合図をする。そして、腕に自信のある武士同士が前に進み出て「やあやあ、我こそは～」と名乗り、馬上から互いに**弓矢で射合う一騎打ち**となる。

弓矢で決着がつかない場合は太刀で打ち合い、相手を馬上から突き落とし、**組み打ち**になる場合もあった。勝ったほうは相手の首を取り、その証とした。一騎打ちの勝負がつくと、さらなる一騎打ちに移るか、軍勢同士の戦いになる。

戦いは一騎打ちの結果だけで収束する場合もあれば、乱戦にもつれ込む場合もあったが、いずれにしても卑怯な振る舞いをしないというのが暗黙のルールであった。こうした合戦は、平安時代末期から室町時代（南北朝）まで続いた。

戦いの進め方

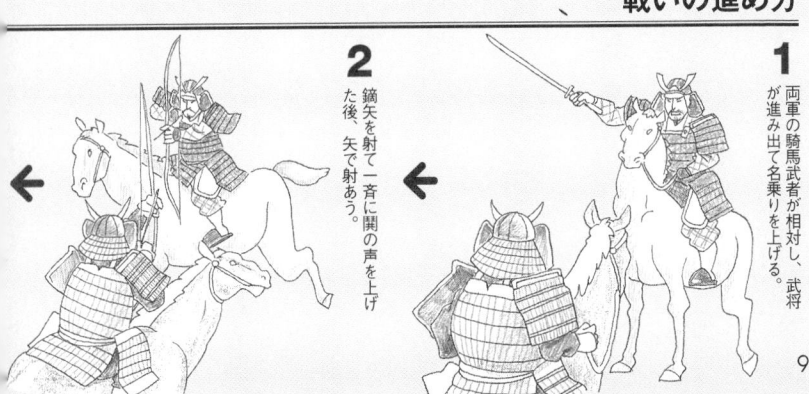

1
両軍の騎馬武者が相対し、武将が進み出て名乗りを上げる。

2
鏑矢を射て一斉に鬨の声を上げた後、矢で射あう。

平安時代～鎌倉時代の武士のいでたち

戦闘はおもに馬に乗った状態で行い、歩いたり走ったりすることがないため、大鎧には軽さよりも矢や刀に負けない堅牢さが求められ、重さも20～30kgあった。大鎧は、矢を射やすくすると同時に矢を防ぎやすくする構造になっていた。体の動きを妨げないように、金属製の小さな板（小札《こざね》）をひもなどでつないだ「威《おどし》」と呼ばれる構造が多用されていたのも大きな特徴。

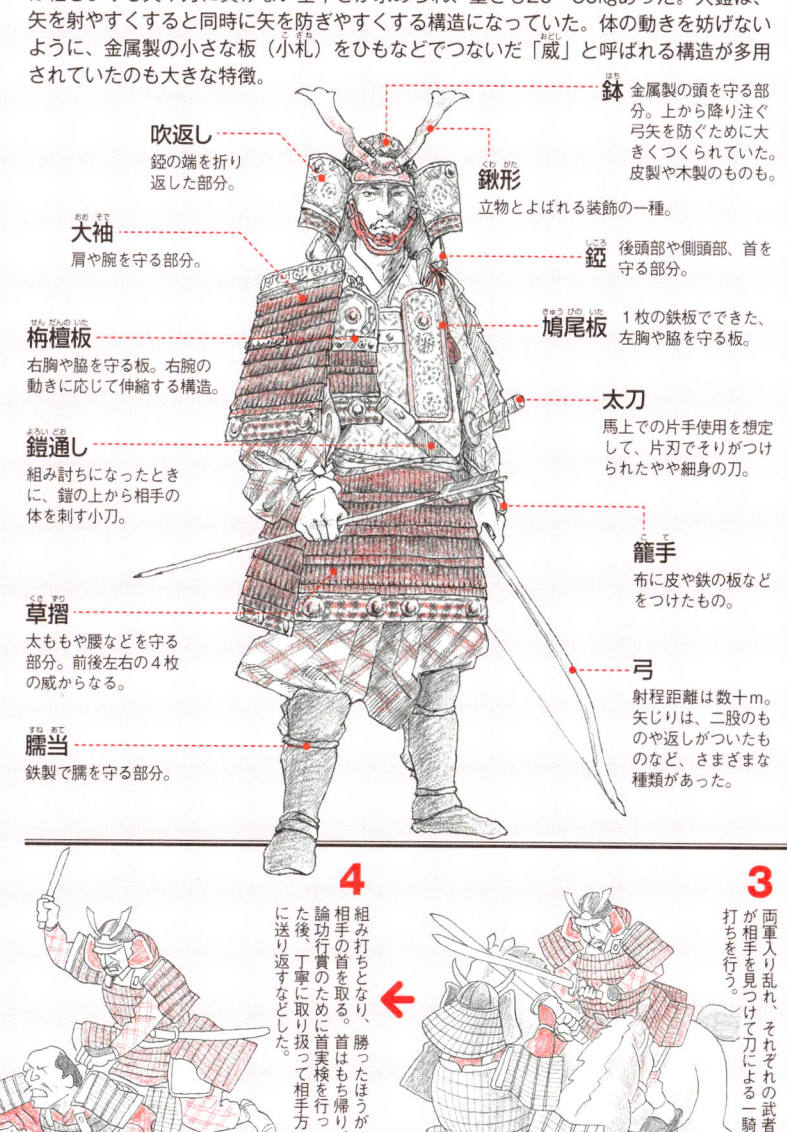

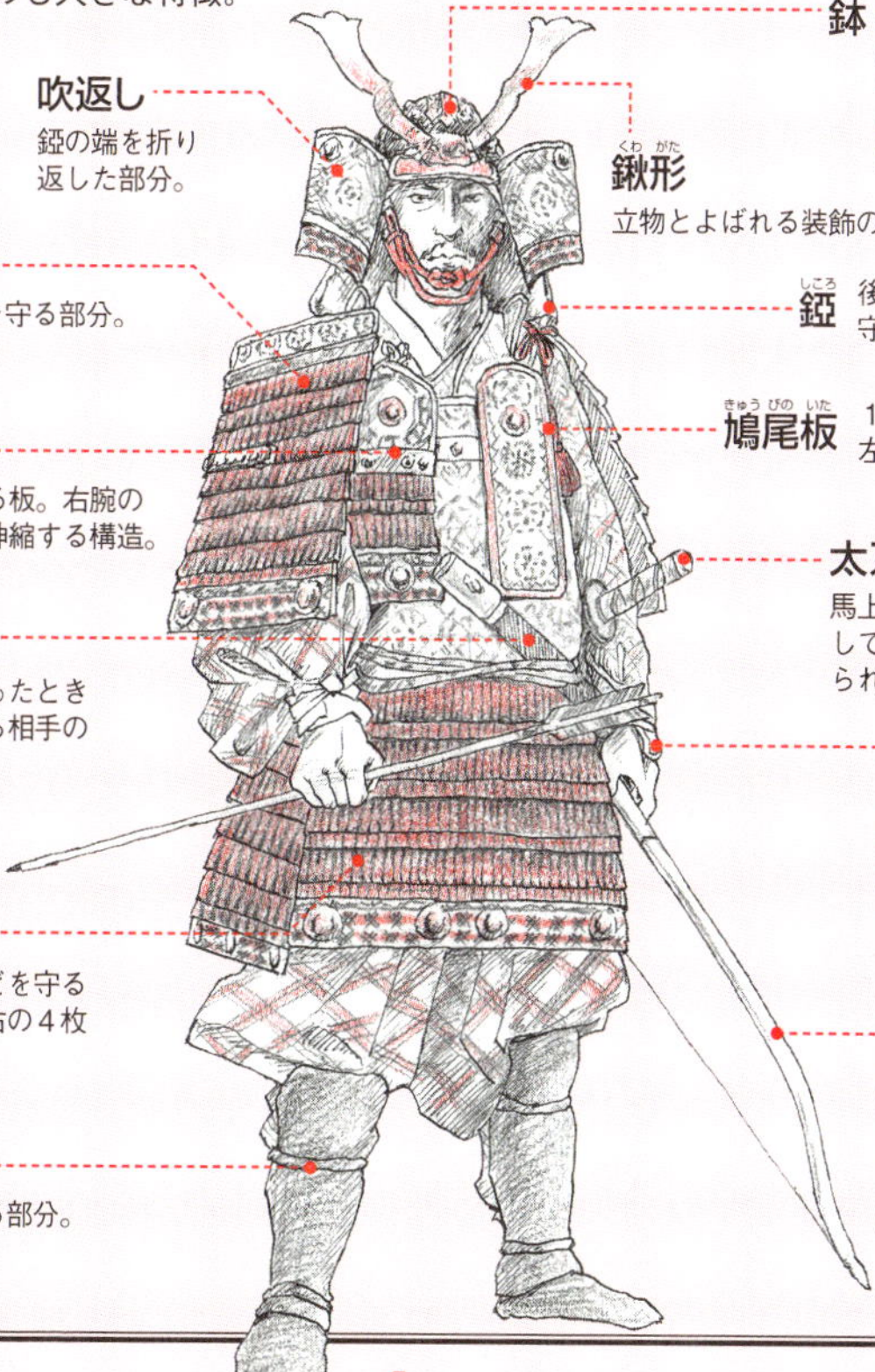
鉢《はち》 金属製の頭を守る部分。上から降り注ぐ弓矢を防ぐために大きくつくられていた。皮製や木製のものも。
吹返し
錏の端を折り返した部分。
鍬《くわ》形《がた》
立物とよばれる装飾の一種。
大《おお》袖《そで》
肩や腕を守る部分。
錏《しころ》 後頭部や側頭部、首を守る部分。
栴《せん》檀《だんの》板《いた》
右胸や脇を守る板。右腕の動きに応じて伸縮する構造。
鳩《きゅう》尾《びの》板《いた》 1枚の鉄板でできた、左胸や脇を守る板。
太刀
馬上での片手使用を想定して、片刃でそりがつけられたやや細身の刀。
鎧《よろい》通《どお》し
組み討ちになったときに、鎧の上から相手の体を刺す小刀。
籠《こ》手《て》
布に皮や鉄の板などをつけたもの。
草《くさ》摺《ずり》
太ももや腰などを守る部分。前後左右の４枚の威からなる。
弓
射程距離は数十m。矢じりは、二股のものや返しがついたものなど、さまざまな種類があった。
臑《すね》当《あて》
鉄製で臑を守る部分。

3

両軍入り乱れ、それぞれの武者が相手を見つけて刀による一騎打ちを行う。

4

組み打ちとなり、勝ったほうが相手の首を取る。首はもち帰り、論功行賞のために首実検を行った後、丁寧に取り扱って相手方に送り返すなどした。

鎌倉幕府の成立 1185年頃

頼朝は義経たちの戦いを尻目に支配体制を固めた

頼朝には平氏追討に出られない理由があった

以仁王《もちひとおう》、源頼政《みなもとのよりまさ》の挙兵からほどなく、関東で挙兵した**源頼朝**《みなもとのよりとも》は、石橋山の合戦では敗れるものの、安房国《あわのくに》で体勢を立て直すと東国武士を次々と味方に引き入れ、瞬く間に関東を制圧していった。そして、富士川の戦いで**平維盛**《たいらのこれもり》を破り、**関東での地位を確立**する。

この戦いの後、鎌倉に戻った頼朝は**侍所**《さむらいどころ》を設置するなどして政治体制を整備し、**東国経営に専念**するようになる。当時の頼朝は、東国を制圧したとはいっても、鎌倉を留守にして西へ攻め上るほどの余裕はもっていなかった。留守にしている間に、奥州藤原氏などに関東を奪われる恐れがあったのである。

１１８３年に**義仲**《よしなか》**追討**を決意したときも、朝廷が頼朝の上洛を望んでいたにもかかわらず、弟の義経《よしつね》と範頼《のりより》に任せて**自らは鎌倉を離れようとはしなかった**。

頼朝は平氏追討中にも地盤づくりを怠らなかった

頼朝が鎌倉幕府を開いた年を「**1192**（いい国）つくろう鎌倉幕府」と覚えた人も多いはずだ。しかし、頼朝が侍所を設置した**1180年**を幕府の成立とする説がある。また、当初は反乱軍扱いだった頼朝軍に対し、朝廷が正式に関東の支配権を認めた**1183年**や、頼朝が鎌倉の行政機構を整えた**1184年**とする説などもある。いずれも平氏滅亡以前であり、義経らが頼朝の命を受けて平氏と戦っている最中である。

弟たちを最前線で戦わせながら、同時に地元の東国武士を懐柔と武力によってまとめ、自らの支配体制を着々と整えていく。この戦略により、**平氏滅亡後の政権の担い手**は必然的に頼朝以外に考えられなくなっていったのである。

ここが発見！

源頼朝は、義経らが戦っている間も関東での支配体制を固め続けた。この戦略が、平氏滅亡後の政権獲得を可能にした。

歴史の謎!? 鎌倉幕府の成立年はいつか?

現在は、鎌倉幕府の成立年を1192年とする説は否定的である。1192年は源頼朝が征夷大将軍に就任した年であるが、それ以前に鎌倉で武家政権を機能させていたことは間違いない。

鎌倉幕府の成立年とは、どの出来事をもって武家政権の成立とするかであり、幕府成立年の主要な説は、今のところ右記のように6つある。これらのうち、頼朝の政治力が全国におよんだという面から、❹(1185年説)が最も有力となっている。

❶1180年成立説	頼朝は、東国の武士たちを率いて鎌倉に入り、侍所を設置する。侍所は家臣の御家人たちを統率する組織であり、実質的に関東地方の支配権を手に入れたといえる。
❷1183年成立説	この年の10月、「寿永二年十月宣旨」が出される。これは、朝廷が東海道・東山道の荘園からの税を確保するため、頼朝にその指揮権を認めたものである。これによって、関東地方の支配権が正式に朝廷に認められたといえる。
❸1184年成立説	鎌倉に公文所・問注所が設置された。公文所は一般財務を扱う機関で、問注所は裁判を扱う機関である。これにより鎌倉に行政機関が整ったといえる。
❹1185年成立説 有力	平氏滅亡後、義経と対立した頼朝は、義経追討のため、各国に守護(軍事・警察機能)・地頭(徴税・治安維持機能)を置くことを朝廷に認めさせた。これによって、頼朝が全国に支配力をおよぼすようになったといえる。
❺1190年成立説	この年、頼朝が右近衛大将に任命された。
❻1192年成立説	この年、頼朝が征夷大将軍に任命された。

庶民を悩ませた幕府と朝廷による二元支配

貴族や寺社の領地である荘園や朝廷の領地である国衙領《こくがりょう》には、年貢徴収などを担う地頭が置かれた。そのため、荘園や国衙領では今まで貴族や寺社、朝廷などの領主に納めていた年貢のほかに、地頭を通して幕府に納める年貢の流れが生まれ、年貢が二重に徴収されるようになった。

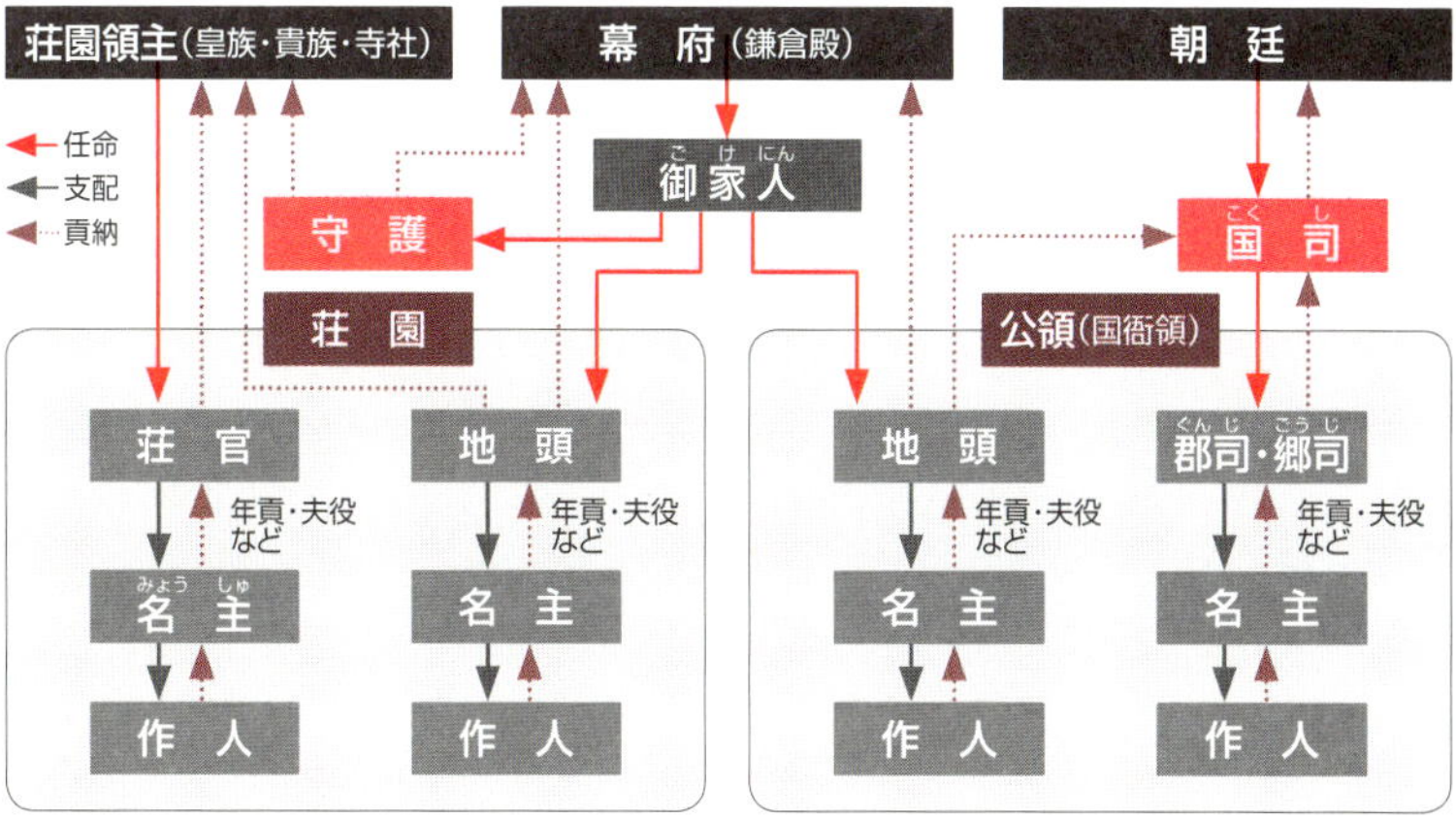

後白河法皇のしたたかさが義経の悲劇を招いた

後白河法皇は源氏と平氏の共倒れを狙っていた

平氏追討戦における一番の功労者は**源義経**《みなもとのよしつね》である。しかし、平氏を滅ぼした英雄である義経は、兄の源頼朝《みなもとのよりとも》と決裂し、追われる身となり、最期は自害して果てた。

義経の悲劇の裏には、**後白河**《ごしらかわ》**法皇**の存在があった。平清盛《たいらのきよもり》をはじめとする平氏一門に政権を奪われた法皇は、虎視眈々《こしたんたん》と自らの**実権回復**を狙っていた。法皇は平氏政権を倒すために源氏をけしかけ、武士同士が争って共倒れすることで、朝廷の権威が復興することを望んでいたのだ。

義経は法皇の変わり身の早さに翻弄された

法皇は京から平氏を追放した**源**《みなもとの》**（木曾**《きそ》**）義仲**《よしなか》と手を結ぶ。しかし、義仲が力をもつようになると頼朝と結び、義仲を討たせた。そして、平氏が滅びて頼朝が力をもつと、今度は**義経に接近**する。

法皇は頼朝の命に背くことになるのを知りながら、義経に官職を与えた。案の定、頼朝は怒り、義経の鎌倉への帰還を許さずに所領も没収。義経は、たび重なる頼朝の圧力に対し戦うことを決意した。

このとき、法皇は義経に押し切られて、**頼朝追討の院宣**《いんぜん》を出す。しかし、義経が挙兵に失敗し、頼朝の命を受けた軍勢が上京してくると、今度は**義経追討の院宣**を出し直した。このような法皇の変わり身の早さが、義経の悲劇を生んだといえる。

頼朝追討の院宣を出した法皇は、頼朝のもとへ弁明の使者を送っている。そのとき頼朝は「日本一の大天狗は、誰であろうか」と法皇を罵ったという。義経は頼朝の追跡を逃れ、**奥州藤原氏**のもとへ身を寄せた。しかし、頼朝の圧力に屈した**藤原泰衡**《ふじわらのやすひら》**の裏切り**によって襲撃され、自刃したのである。

ここが発見！

源義経は、頼朝との兄弟対立を利用して権力を握ろうとした後白河法皇の計画に翻弄され、自滅への道をたどった。

後白河天皇の生き残り戦略

後白河天皇は、そのときの情勢に応じて次々と立場を変え、周囲の者を利用することで生き残りを図った。権力をほしいままにした平氏が滅亡し、代わって頼朝が最高権力者に上り詰めるという激動の時代を通じて、つねに一定の政治的影響力を保ち続けた。頼朝は、後白河を「日本一の大天狗」と評したといわれている。

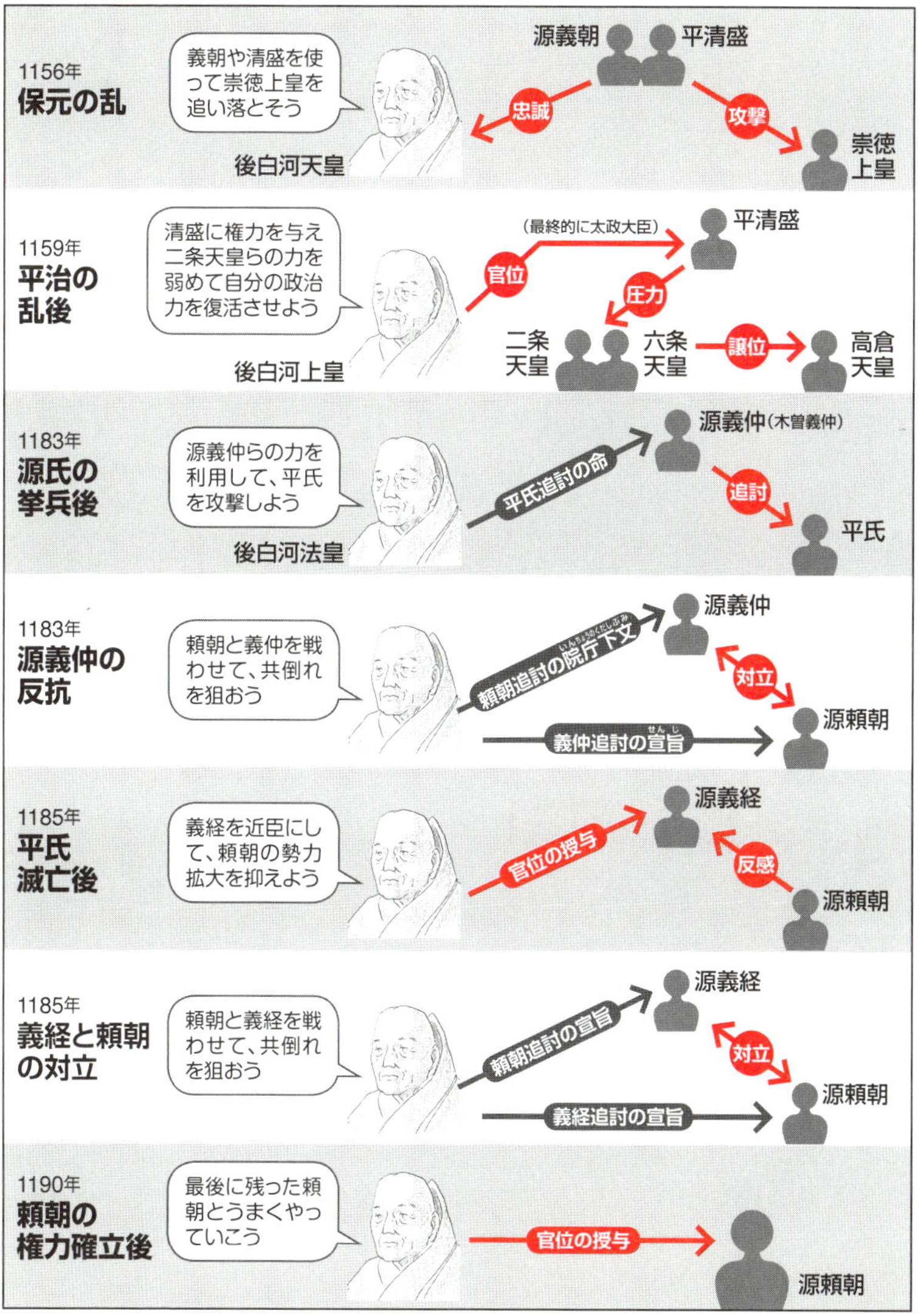
1156年
保元の乱
義朝や清盛を使って崇徳上皇を追い落とそう
後白河天皇
源義朝
平清盛
忠誠
攻撃
崇徳上皇
1159年
平治の乱後
清盛に権力を与え二条天皇らの力を弱めて自分の政治力を復活させよう
後白河上皇
(最終的に太政大臣)
官位
平清盛
圧力
二条天皇
六条天皇
譲位
高倉天皇
1183年
源氏の挙兵後
源義仲らの力を利用して、平氏を攻撃しよう
後白河法皇
平氏追討の命
源義仲(木曽義仲)
追討
平氏
1183年
源義仲の反抗
頼朝と義仲を戦わせて、共倒れを狙おう
頼朝追討の院庁下文《いんちょうのくだしぶみ》
源義仲
対立
源頼朝
義仲追討の宣旨《せんじ》
1185年
平氏滅亡後
義経を近臣にして、頼朝の勢力拡大を抑えよう
官位の授与
源義経
反感
源頼朝
1185年
義経と頼朝の対立
頼朝と義経を戦わせて、共倒れを狙おう
頼朝追討の宣旨
源義経
対立
源頼朝
義経追討の宣旨
1190年
頼朝の権力確立後
最後に残った頼朝とうまくやっていこう
官位の授与
源頼朝

鎌倉幕府の拠点は意外にコンパクトだった

頼朝は地の利に恵まれた鎌倉を武家政権の拠点にした

鎌倉は、頼朝《よりとも》の先祖にあたる**源**《みなもとの》**頼義**《よりよし》に由来する、源氏ゆかりの土地である。東北地方で**前九年の役**を平定して鎌倉に入った頼義が、出陣の際に戦勝祈願した京都の石清水八幡宮を勧請《かんじょう》して、由比ヶ浜に祀ったのが**鶴岡八幡宮**の起こりとされる。鎌倉は**南が海に面し、他の三方が山に囲まれた**自然の要害である。頼朝は東国武士を率いて鎌倉に入り、ここに館を構えた。

　鎌倉における最初の幕府は、鶴岡八幡宮の東側の**大蔵**《おおくら》**幕府**（1185〜1225年）、次に若大路に

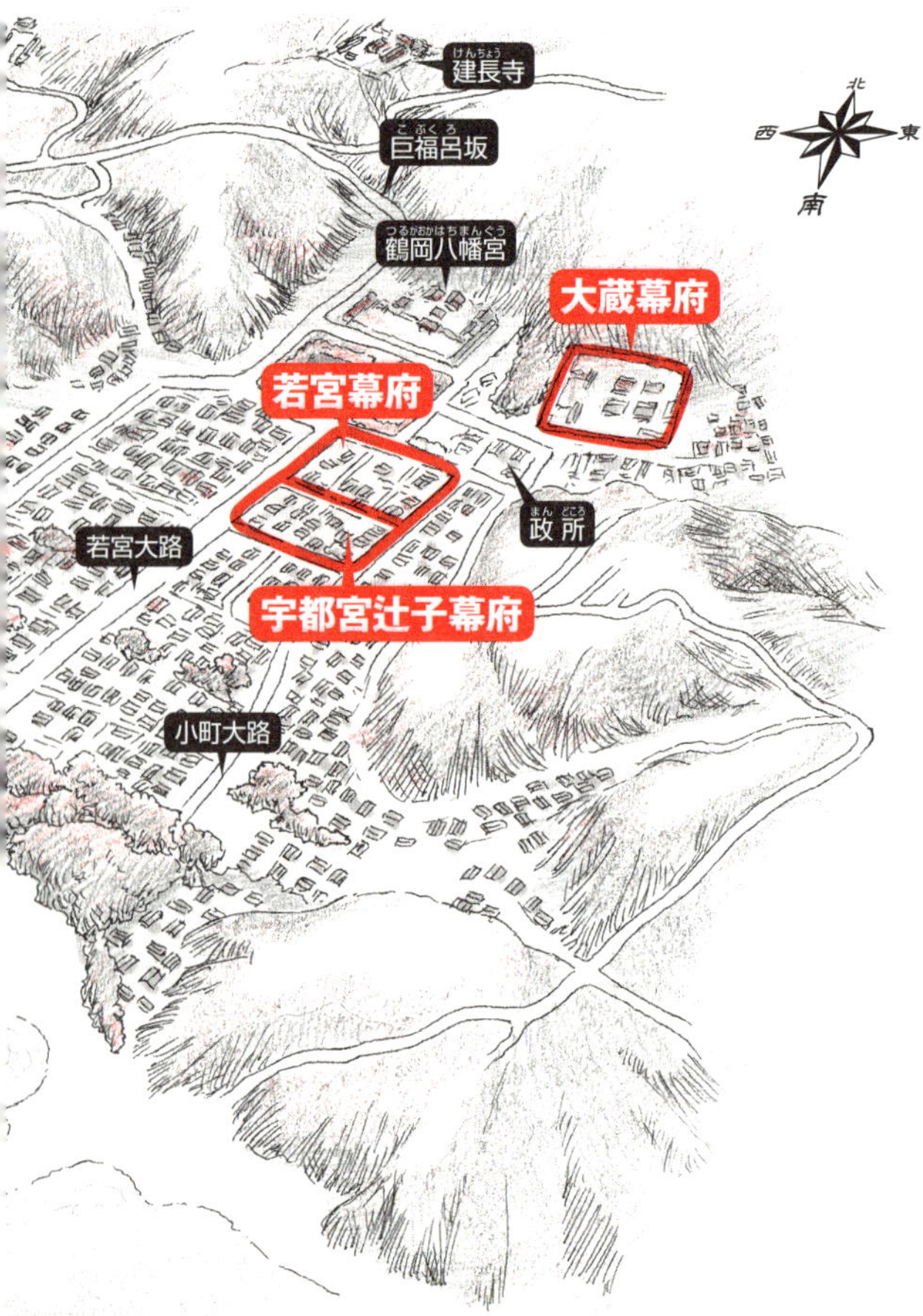

建長寺《けんちょう》
巨福呂坂《こふくろ》
北
西
東
南
鶴岡八幡宮《つるがおかはちまんぐう》
大蔵幕府
若宮幕府
政所《まんどころ》
若宮大路
宇都宮辻子幕府
小町大路

ここが発見!

当初の幕府はとても小規模なものだったが、朝廷の影響を受けにくい東国の鎌倉にあったことで、うまく機能した。

面した**宇都宮辻子《うつのみやずし》幕府**（1226～1236年）、さらにその北側の**若宮《わかみや》幕府**（1236～1333年）へと移っていった。いずれの幕府も、朝廷の大内裏《だいだいり》とは比べものにならない小ささであった。

幕府の職務は**侍所《さむらいどころ》**、**公文所《くもんじょ》**、**問《もん》注所《ちゅうじょ》**などに限られ、現地で解決できない**武士同士の訴訟**や、**朝廷との交渉**などを受けもった。荘園村落と呼ばれる土地の管理は各地の武士たちに任せる方針が採られていた。また、この時代の鎌倉幕府の支配力は、**守護**や**地頭**を通じて全国へおよんでいたものの、朝廷の国衙《こくが》や荘園領主の力も依然強かった。朝廷から距離があり、直接影響を受けにくかった鎌倉の地は、結果的に**武家政権**を確立するのに絶好の土地であったといえる。

鎌倉の街づくり

町の北側にある鶴岡八幡宮からは若宮大路が南北に伸び、大路を中心に東西南北を走る多くの道路がつくられた。それらはまるで、南北に走る朱雀大路の北の端に内裏を抱き、町全体が碁盤の目のように区画された平安京のイメージそのものだった。

一方で、海に面した南側以外は山に囲まれた天然の要害となっており、その山には敵の侵入を阻むため、町全体を取り囲むように人工の崖がつくられていた。これらの特徴からわかるように、鎌倉は政治的中心地としての側面と、軍事要塞としての側面というふたつの性格をもっていた。

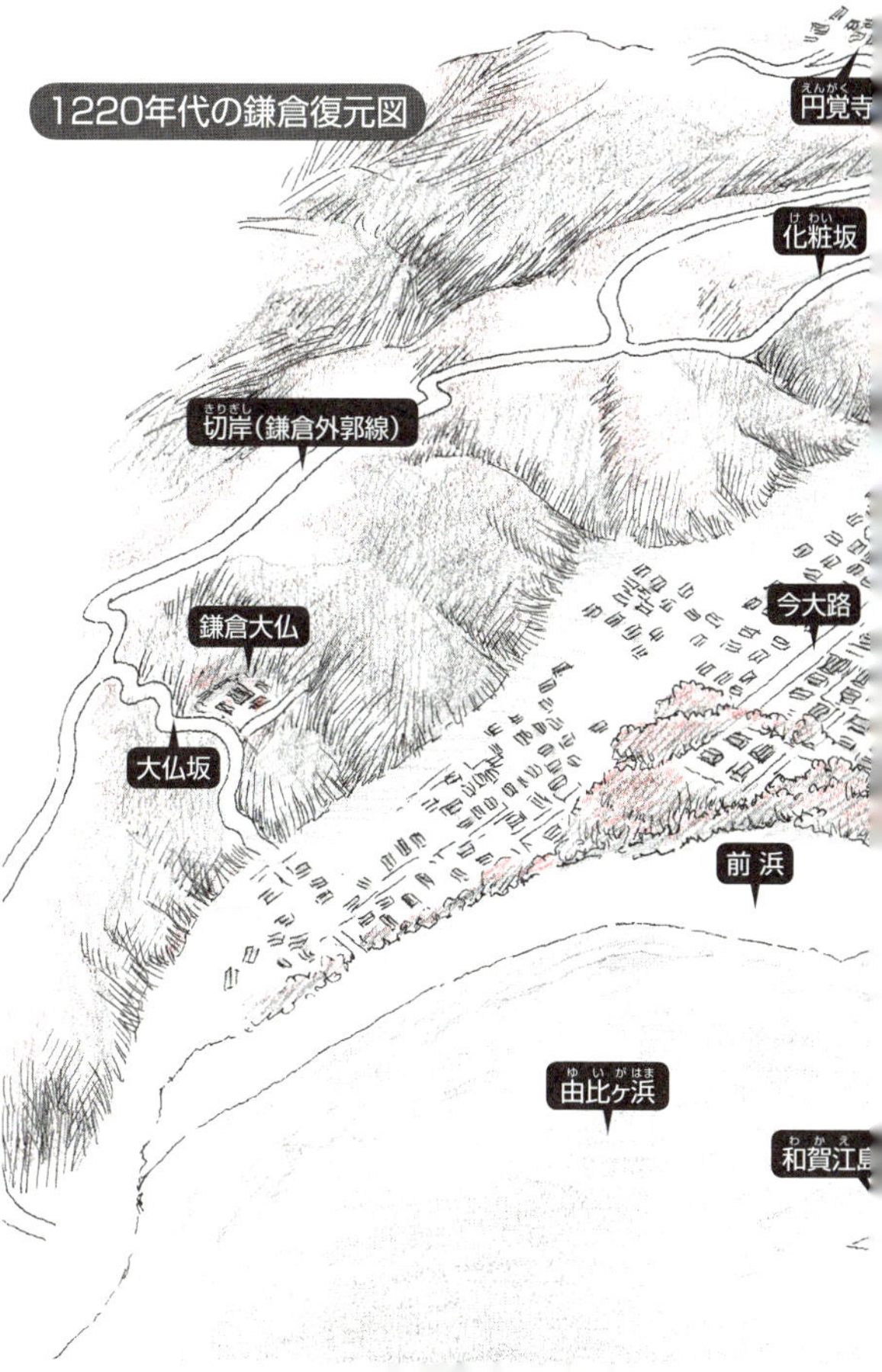
1220年代の鎌倉復元図
円覚《えんがく》寺
化粧《けわい》坂
切岸《きりぎし》（鎌倉外郭線）
鎌倉大仏
大仏坂
今大路
前浜
由比ヶ浜《ゆいがはま》
和賀江《わかえ》

鎌倉時代　源頼朝《みなもとのよりとも》の征夷大将軍就任 1192年

「将軍＝源氏」の図式を頼朝がつくり上げた

頼朝は鎌倉を地盤にするために将軍職を欲しがった

朝廷は、奥州を平定した頼朝に対し、**大納言《だいなごん》**や武官の最高職である**近衛《このえ》大将**などの官職を与えた。しかし、頼朝はこれらの官職をすべて辞任している。大納言や近衛大将は、ともに朝廷の運営において重要な地位にあるため、これらの地位につくと**鎌倉に戻ることができなくなる**と考えたためだといわれている。

頼朝は武家政権を成立させるにあたって、むしろ**征夷大将軍**の官職を欲しがっていた。征夷大将軍とは、もともとは東国の蝦夷《えみし》を征討する将軍のことで、征討に際して現地軍の最高司令官として、**天皇の命令を仰がずに行動**することが許されていた。軍事面での最高司令官であり、同時に近衛大将などよりも**朝廷からの独立性が高い**地位だったのである。

「将軍＝源氏」の図式は後世にまで受け継がれた

実は、武士出身の最初の征夷大将軍は、**源 義仲《みなもとのよしなか》**である。義仲は鎌倉から進軍してきた範頼《のりより》・義経《よしつね》軍に対抗しようと征夷大将軍に就任したが、就任後わずか5日で討ち死にした。その8年後、後白河《ごしらかわ》法皇の死後に頼朝が征夷大将軍に就任を果たす。これ以降、征夷大将軍は朝廷から支配権を認められた**幕府のトップを意味する**ようになる。そして、このふたりが源氏であったため、のちに**征夷大将軍は源氏の血を引く者に限る**という暗黙の了解が生まれた。

室町幕府を開いた**足利尊氏《あしかがたかうじ》**は八《はち》幡《まん》太郎《たろう》 源 義家《みなもとのよしいえ》の子孫であったし、江戸幕府を開いた**徳川家康《とくがわいえやす》**も源義家につながる新田家の子孫を名乗って将軍に就任した。家康の場合は家系を捏造《ねつぞう》したようであるが、「**将軍＝源氏**」の図式はそれほど後世に伝わっていたのだ。

ここが発見！

頼朝の征夷大将軍就任により、将軍が幕府のトップを意味するようになり、同時に将軍は源氏に限るという図式ができた。

頼朝が「征夷大将軍」の地位を欲した理由

頼朝が征夷大将軍という地位を望んだのには、以下のようなさまざまな理由があったといわれている。

1 立身出世の夢
自分が滅ぼした奥州藤原氏がもっていた「鎮守府将軍」以上の地位を手に入れたい

2 義仲への対抗心
ライバルだった源義仲と同等の地位を手に入れたい

3 天皇からの信任
全国を支配するために天皇から軍事警察権を委任された地位が欲しい

4 権威欲
東国の武士たちに権威を示す称号が欲しい

5 貴族からの独立
貴族としての官位ではなく貴族からの独立性を守ることができる地位が欲しい

源頼朝

東北を支配した奥州藤原氏

奥州藤原氏は、平将門《たいらのまさかど》による天慶《てんぎょう》の乱（939～940年）を平定した藤原秀郷《ふじわらのひでさと》の子孫・藤原清衡《ふじわらのきよひら》が、後三年の役（1083～1087年）に勝利したことで、東北地方一体の支配権を手に入れたことに始まる。その後、奥州藤原氏は1189年に頼朝に滅ぼされるまで、奥州平泉（今の岩手県平泉町）を中心に、4代にわたって東北一帯を支配し続けた。

領地内で豊富に採れる金をもとに莫大な財を成した奥州藤原氏は、都の貴族たちに対する献上品を欠かさなかった。そのため、奥州支配を朝廷から黙認され、清衡や子の基衡《もとひら》は押領使《おうりょうし》（地方の治安維持を任される立場）、孫である秀衡《ひでひら》は鎮《ちん》守《じゅ》府《ふ》将軍の地位を与えられた。このような財力と権力を背景に、平泉を都に負けない文化都市に発展させ、頼朝に滅ぼされるまで東北地方に一時代を築いた。

三代・秀衡《ひでひら》は、若き日の源義経を都から受け入れたことで知られているが、これには源氏の血を引く義経を囲い込むことで、激動の時代の生き残りをはかるという藤原氏の思惑があったという説がある。しかし、このことが後に頼朝による奥州討伐の遠因となり、奥州藤原氏滅亡の原因となったのである。

武士や民衆の救済に目を向けた鎌倉新仏教

貴族のための仏教から民衆を救うための仏教へ

平安時代の仏教寺院は貴族の保護のもとに荘園領主として栄えたが、鎌倉時代に**新興武士や民衆を対象**とする活動を始める僧が現れた。彼らの教えは、大寺院による学問仏教や難解な密教には見られない、**民衆や弱者の魂の救済**へと目を向けたものだった。このような新しい仏教を**鎌倉六宗**という。

浄土《じょうど》宗の**法然《ほうねん》**は、難しい修行や学問をしなくても、「南無阿弥陀《なむあみだ》仏《ぶつ》」と**念仏**を唱えれば誰でも極楽浄土へ往生できると説いた。その弟子で**浄土真宗**を開いた**親鸞《しんらん》**は、阿弥陀仏への信仰が大事で、仏を信じて念仏を唱えた瞬間に**極楽浄土は約束される**と説いた。**時《じ》宗**の**一遍《いっぺん》**は、全国を行脚して**踊念仏《おどりねんぶつ》**を広め、民衆の人気を集めた。

座禅で悟り武士のための仏教が誕生

これに対して、**臨済《りんざい》宗**の**栄西《えいさい》**は、**座禅と問答**によって悟りを開くことを説き、**曹洞《そうとう》宗**の**道元《どうげん》**はひたすら座禅によって悟りを開くことを説いた。これら**禅宗**は、朝廷寄りの旧仏教に対抗して、武士のための仏教を求めていた**幕府に保護**され、鎌倉武士に受け入れられた。

日蓮《にちれん》は**法華経**こそが救いの道だとして、「南無妙法蓮華経《なむみょうほうれんげきょう》」の題目を唱えることで仏になれると説き、**日蓮宗**も浄土宗系と同じく民衆に受け入れられた。

こうした新しい流れは、旧仏教の側にも影響を及ぼし、南都の諸宗からも**明恵《みょうえ》**や**叡尊《えいそん》**など、革新運動を進める者が現れた。叡尊やその弟子の**良寛《りょうかん》**は、貧しい人々を救済する施設をつくるなど、社会事業に尽くして民衆を助けた。

武士の世という新しい時代のなかで、仏教も貴族や朝廷から離れ、さまざまな形で人々の間へ広がっていったのである。

ここが発見！

鎌倉時代に、旧来の貴族向けの仏教に代わって武士や民衆の間に広まった仏教は、人々の救済に目を向けたものだった。

旧仏教と鎌倉新仏教

平安時代の仏教には、学問としての性格が強い南都六宗（法相宗、華厳宗、律宗など）や厳しい修行を前提とする密教などがあったが、いずれもおもに貴族に信仰され、一般庶民にまでは浸透していなかった。鎌倉時代に始まる新仏教は、教義がわかりやすく、日常的に実践しやすい内容をもつのが特徴。浄土宗系の教えや日蓮宗などはおもに一般庶民に、禅宗系の教えは武士階級に広がっていった。

旧仏教

法相宗	華厳宗	律宗		
❶ 貞慶《じょうけい》（笠置寺）	❷ 高弁《こうべん》（高山寺）	❸ 俊芿《しゅんじょう》（泉涌寺）	❹ 叡尊《えいそん》（西大寺）	❺ 忍性《にんしょう》（極楽寺）
僧の堕落を批判して笠置寺で戒律の復興に努めるとともに、法然を批判した。	戒律を重んじて、念仏を重視する法然を批判した。	宋にわたって戒律を学び、戒律を重視する教えを説いた。	戒律の復興と民衆への布教に努めた。	鎌倉に寺を開き貧民や病人の救済に努めた。

鎌倉新仏教

浄土宗系				禅宗系			
浄土宗	浄土真宗	時宗	日蓮宗	臨済宗			曹洞宗
他力本願（阿弥陀仏による救済）				自力本願（自力による悟り）			
❻ 法然《ほうねん》（知恩院）	❼ 親鸞《しんらん》（本願寺）	❽ 一遍《いっぺん》（清浄光寺）	❾ 日蓮《にちれん》（久遠寺）	❿ 栄西《えいさい》（建仁寺）	⓫ 蘭渓道隆《らんけいどうりゅう》（建長寺）	⓬ 無学祖元《むがくそげん》（円覚寺）	⓭ 道元《どうげん》（永平寺）
念仏（南無阿弥陀仏）を唱えることで、往生できると説いた。	念仏を唱えることで往生でき、悪人こそ救われるべきであると説いた。	すべての人が救われると説き、全国各地で踊念仏による布教を行った。	題目（南無妙法蓮華経）を唱えることで成仏できると説いた。	座禅によって精神統一を図り、師から与えられる公案を解くことで悟りを開くと説いた。	中国から来た僧。宋風の本格的な臨済宗を広め、幕府の庇護のもと鎌倉に寺を開いた。	蘭渓道隆の死後、臨済宗の中心人物に。鎌倉武士の信仰を集め、幕府政策にも影響を与えた。	座禅を重視し、ひたすら座禅に徹することを説いた。

十三人の合議制が北条氏の台頭を生んだ

合議制が将軍の独裁体制を終わらせた

１１９９年、源頼朝《みなもとのよりとも》が突如亡くなる。落馬事故だったという。頼朝の死後、跡を継いだのは嫡子の**頼家**《よりいえ》であった。頼家は、父と同じように独裁的に振る舞った。しかし、頼朝と一緒に鎌倉幕府をつくってきた**有力御家人**《ごけにん》（将軍の家来）たちは、若い頼家の独裁を許さなかった。そして彼らは、頼家の将軍としての権力を剥奪《はくだつ》し、政治を合議制で行うことにした。**十三人の合議制**である。

このような形で鎌倉幕府が早い時期に合議制に移行したのは、もともと幕府が**個々の御家人たちに依存**して成立していたからである。東国の武士たちは、自分たちの所領を保証してくれる後ろ盾を欲して、頼朝という「**源氏の正統**」のブランドのもとに参集して戦った。頼朝をリーダーとして鎌倉幕府を開き、自分たちの権利を獲得した後は、強力な独裁者はもはや必要なかったのである。この合議制は、やがて「**評定衆**《ひょうじょうしゅう》」という政務評議機関へと発展していく。

よき支援者だった北条時政が政治の表舞台に登場した

十三人の合議制の中心的人物は、頼朝の義父である**北条時政**《ほうじょうときまさ》である。伊豆の流人《るにん》時代の頼朝は、時政の娘・**政子**《まさこ》と出会って恋に落ちた。当時全盛期だった平氏を敵に回さないためにも頼朝を娘婿にしたくはなかった時政だが、結局ふたりの仲を認め、頼朝の平氏追討の挙兵の際にも力を貸す。

それ以来、有力御家人として頼朝を支え、鎌倉幕府の成立に力を尽くしてきた時政は、この合議制によって政治の表舞台に躍り出ることとなった。その後、北条氏はほかの**有力御家人たちを次々と排除**し、源氏に代わり幕府の実権を握るようになっていくのである。

ここが発見！

源頼朝の死後、十三人の合議制が発足して将軍の独裁体制は崩れた。同時に、北条氏が政治の表舞台に登場するようになった。

北条氏による権力闘争と他氏排斥

頼朝の時代、北条氏は外戚である時政を中心に、御家人のなかでも大きな権力をもっていた。しかし、頼朝の息子・頼家が将軍になると、外戚の地位を比企氏に譲ることになり、北条氏は一有力御家人に成り下がってしまった。そこで、時政は権謀術数をめぐらして他氏を次々と排斥し、将軍にも劣らない大きな権力を手に入れることに成功した。

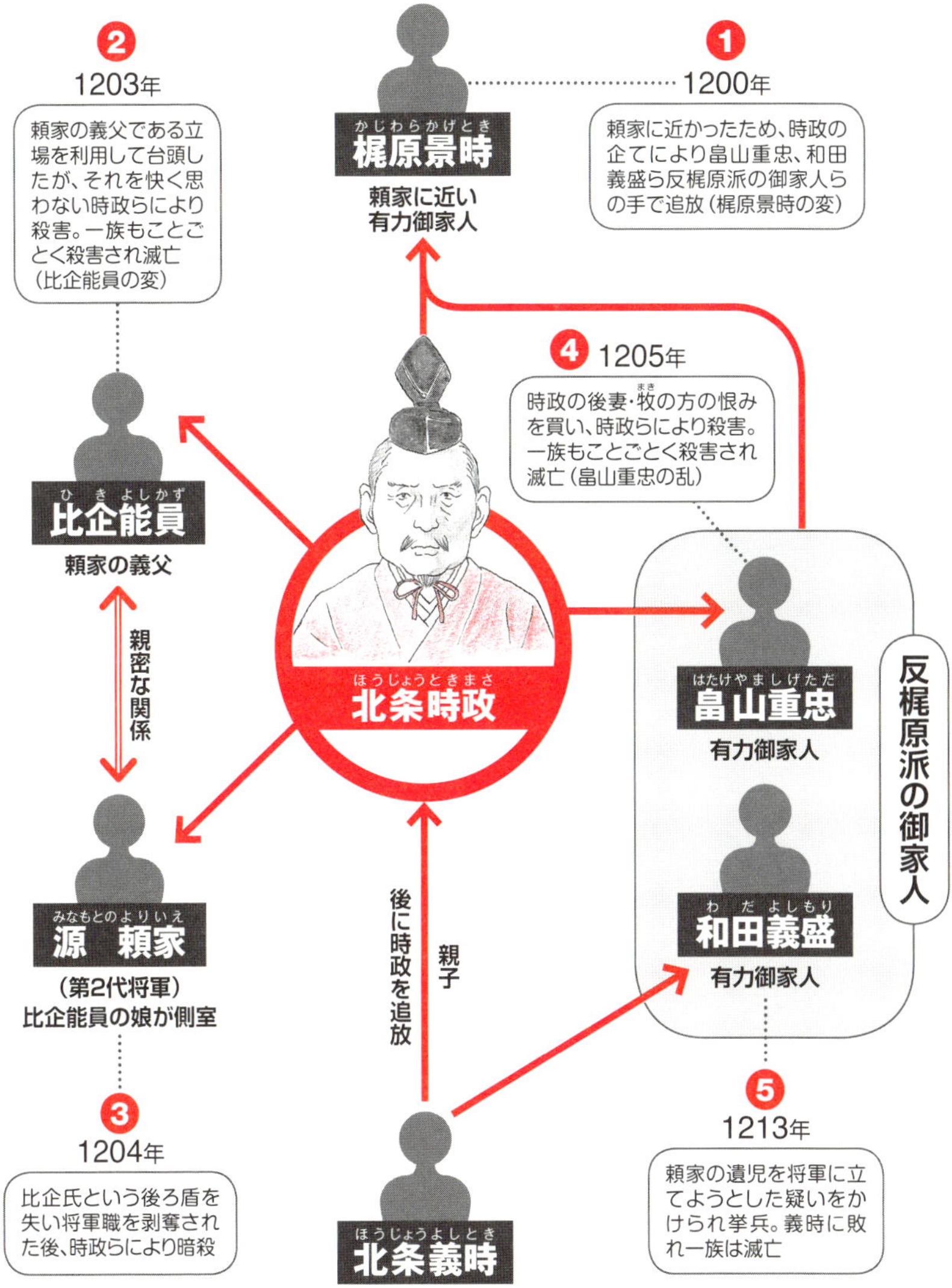

❶ 1200年
頼家に近かったため、時政の企てにより畠山重忠、和田義盛ら反梶原派の御家人らの手で追放（梶原景時の変）
梶原景時《かじわらかげとき》
頼家に近い有力御家人
❷ 1203年
頼家の義父である立場を利用して台頭したが、それを快く思わない時政らにより殺害。一族もことごとく殺され滅亡（比企能員の変）
比企能員《ひきよしかず》
頼家の義父
親密な関係
源　頼家《みなもとのよりいえ》
（第2代将軍）
比企能員の娘が側室
❸ 1204年
比企氏という後ろ盾を失い将軍職を剥奪された後、時政らにより暗殺
北条時政《ほうじょうときまさ》
❹ 1205年
時政の後妻・牧《まき》の方の恨みを買い、時政らにより殺害。一族もことごとく殺され滅亡（畠山重忠の乱）
畠山重忠《はたけやましげただ》
有力御家人
和田義盛《わだよしもり》
有力御家人
反梶原派の御家人
後に時政を追放
親子
北条義時《ほうじょうよしとき》
❺ 1213年
頼家の遺児を将軍に立てようとした疑いをかけられ挙兵。義時に敗れ一族は滅亡

源実朝《みなもとのさねとも》の暗殺 1219年

北条政子は身内の犠牲に目をつぶり幕府を支えた

御家人同士の権力闘争が幕府内部で繰り広げられた

頼朝《よりとも》の死後に導入された**十三人の合議制**は、次第に権力争いを生む。頼朝・頼家《よりいえ》父子に信頼の厚かった**梶原景時《かじわらかげとき》**は**北条《ほうじょう》時政《ときまさ》**の指示により追放、駿河国で討ち死にした。さらに1203年、二代将軍の頼家が病に倒れると、時政は力を強めていた頼家の義父・**比企能員《ひきよしかず》**を謀殺して比企一族を滅ぼし、頼家を伊豆の修禅寺に幽閉する。そして、三代将軍に頼家の弟・**実朝**を立て、**頼家を幽閉先で暗殺**した。

実朝を将軍に立てた時政は政所《まんどころ》別当《べっとう》（政所の長官）となり、将軍・実朝の後見人である**執権《しっけん》**となって政治の実権を握った。そして1205年には後妻の牧《まき》の方と謀り、実朝を退けて娘婿の**平賀朝雅《ひらがともまさ》**を将軍にしようと企てる。しかし、それは時政の子の**義時《よしとき》**と**政子《まさこ》**によって阻止され、時政は**幕府から追放**されることになった。

尼将軍・政子は夫がつくった幕府のために冷徹に行動した

幕府内の混乱は続き、1219年に**実朝が頼家の子・公暁《くぎょう》によって暗殺**された。ここに源氏の正統は**三代で断絶**し、源氏将軍はとうとういなくなった。

> **ここが発見！**
> ときには、身内に対しても冷徹な行動に出た北条政子。その目的は、夫が築いた鎌倉幕府を存続させることだった。

実朝の死後、新しい将軍を京都から迎えるにあたり、後見人となったのは政子だった。政子は、将軍を迎えた後に御家人をまとめて政治を取り仕切り、幕府の危機を乗り切ることに心血を注いだ。**尼将軍**の誕生である。

政子といえば、息子の幽閉を黙認、父を追放するなど、その冷徹さゆえに悪いイメージがつきまとう。しかし、政子にとって重要だったのは、夫が築き上げた**幕府をなんとしても存続させる**ことだった。そのために、ときに冷徹な判断を下すのも、彼女にとって仕方のないことだったのである。

北条氏の権力を磐石にした執権と得宗《とくそう》

　執権とは、幕府において将軍を補佐する役職である。北条時政が初代執権の地位に就いて以来、北条氏に世襲されるようになり、三代執権の泰時が、幕府内に執権を頂点とする権力構造を確立、有力者を集めた評定衆《ひょうじょうしゅう》による合議制で政治を動かした。これを「執権政治」という。

　その後、北条氏は嫡流《ちゃくりゅう》である北条宗家（得宗家）に権力の集中を図るようになった。五代執権の時頼の頃から、その傾向は顕著となり、評定衆の存在は形骸化し、北条氏の権力はより強大なものとなった。これを「得宗専制」と呼ぶ。

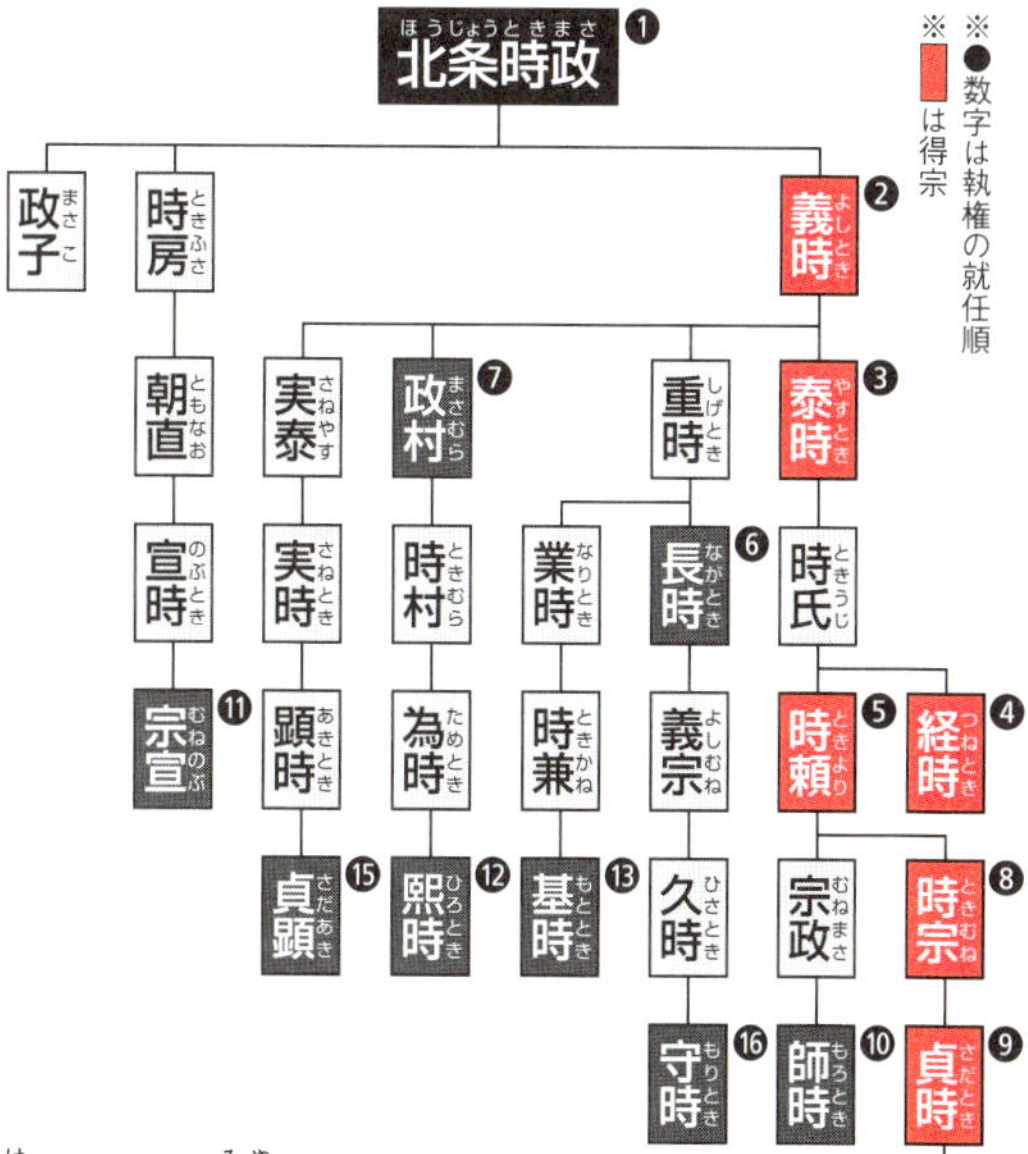
北条時政《ほうじょうときまさ》❶
政子《まさこ》
時房《ときふさ》
義時《よしとき》❷
朝直《ともなお》
宣時《のぶとき》
宗宣《むねのぶ》⓫
実泰《さねやす》
実時《さねとき》
顕時《あきとき》
貞顕《さだあき》⓯
政村《まさむら》❼
時村《ときむら》
為時《ためとき》
熙時《ひろとき》⓬
重時《しげとき》
業時《なりとき》
時兼《ときかね》
基時《もととき》⓭
長時《ながとき》❻
義宗《よしむね》
久時《ひさとき》
守時《もりとき》⓰
泰時《やすとき》❸
時氏《ときうじ》
時頼《ときより》❺
経時《つねとき》❹
宗政《むねまさ》
師時《もろとき》❿
時宗《ときむね》❽
貞時《さだとき》❾
高時《たかとき》⓮
時行《ときゆき》
※●数字は執権の就任順
※■は得宗

摂家《せっけ》将軍と宮《みや》将軍

　実朝暗殺により頼朝の血を引く源氏は途絶えた。事態解決のため、藤原摂関家出身で頼朝の妹のひ孫にあたる藤原頼経が京都から呼び寄せられ、将軍の地位にすえられた。頼経は頼家の娘と結婚して頼嗣が生まれるが、頼経は亡くなり頼嗣も早逝してしまう。この二代続いた将軍を「摂家将軍」と呼ぶ。

　摂家将軍が途絶えた後は、今度は皇室から将軍が迎えられるようになった。これを「宮将軍」と呼ぶ。宮将軍は鎌倉幕府の滅亡まで、四代続いた。

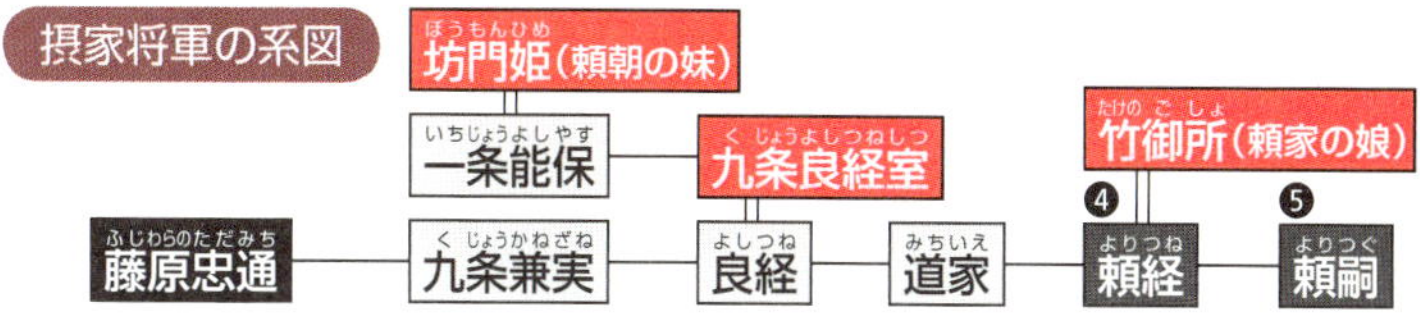
摂家将軍の系図
坊門姫《ぼうもんひめ》（頼朝の妹）
一条能保《いちじょうよしやす》
九条良経室《くじょうよしつねしつ》
竹御所《たけのごしょ》（頼家の娘）
藤原忠通《ふじわらのただみち》
九条兼実《くじょうかねざね》
良経《よしつね》
道家《みちいえ》
❹頼経《よりつね》
❺頼嗣《よりつぐ》

※藤原忠通は保元の乱（1156年）の中心人物のひとり

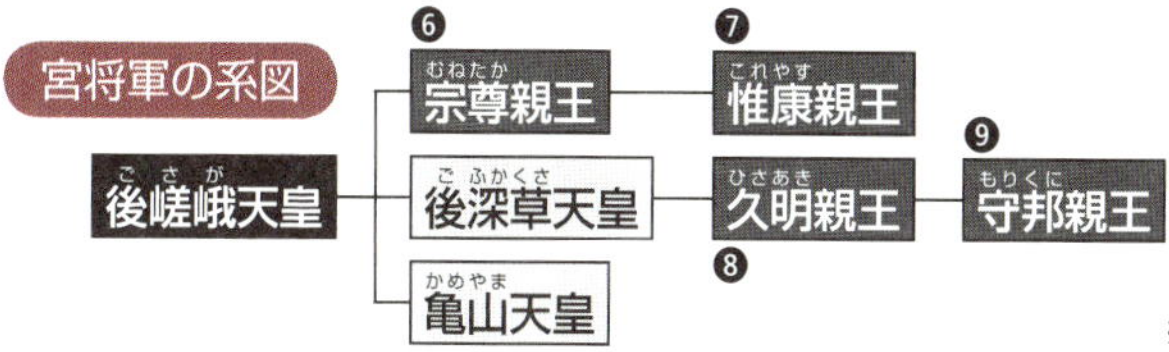
宮将軍の系図
❻宗尊親王《むねたか》
❼惟康親王《これやす》
後嵯峨天皇《ごさが》
後深草天皇《ごふかくさ》
久明親王《ひさあき》❽
❾守邦親王《もりくに》
亀山天皇《かめやま》

※●数字は将軍の就任順

武士による全国支配を確立させた承久の乱

源実朝の死が後鳥羽上皇の挙兵決断の引き金になった

後鳥羽《ごとば》上皇は、幕府に対抗するため政治の立て直しを行い、**北面《ほくめん》の武士**（上皇の御所の警備兵）に加えて、近畿・近国の武士、在京御家人などで組織された**西面《さいめん》の武士**を設置した。この時点で、上皇側は**幕府とほぼ同等の兵力**を動員できる力をもっていた。

三代将軍・実朝《さねとも》の妻は、後鳥羽上皇の妃の妹だった。そこで、上皇は実朝に接近して幕府を取り込もうと考えた。しかし、**実朝の暗殺**によって幕府との距離が離れると、北条氏が牛耳る幕府を武力で倒そうと考えるようになる。幕府に従わない武士や北条氏に不満をもつ武士を組織すれば、内紛続きの幕府を倒せると判断したのだ。

そこで上皇は、実朝の死から2年後の1221年、**執権・北条《ほうじょう》義時《よしとき》を追討する院宣《いんぜん》**を出し、倒幕の兵を挙げた。**承久の乱**である。

勝利を得て幕府の力が強まり真の武家政権が確立した

上皇の院宣で幕府方は朝敵になり、御家人たちは動揺した。この幕府の危機を救ったのが、尼将軍の**北条政子《ほうじょうまさこ》**だった。政子は「頼《より》朝《とも》様からうけた恩は、山より高く海より深い。天皇は逆臣の讒言《ざんげん》で誤った命令を出したのだ」と訴え、御家人たちの気持ちは団結し、朝廷軍に立ち向かうことができたという。院宣によって多くの武士を取り込めると信じていた上皇の目論見は外れたのである。

幕府軍は、19万の大軍を組織して**三方面から京へと進軍**した。上皇方は圧倒的な幕府軍に対して、なすすべもなく敗れた。承久の乱により、鎌倉幕府の力は朝廷よりも圧倒的優位になった。以後江戸時代まで全国を支配することになる**武家政権**は、このときはじめて確立されたといえる。

ここが発見！

後鳥羽上皇は幕府を倒すことができると考えて挙兵したが敗れた。これにより幕府の力はさらに強まることとなった。

将軍の座が引き起こした承久の乱

朝廷の
地位回復を
目指したい

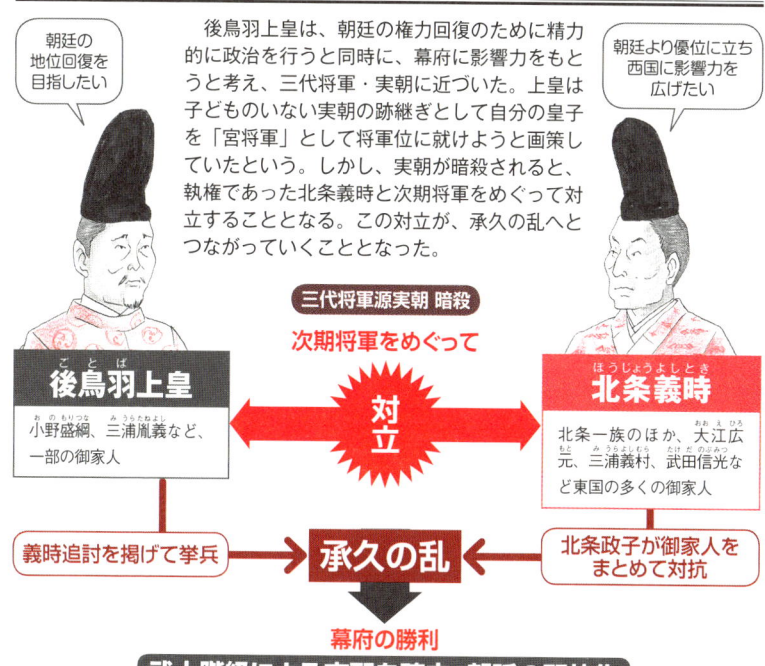

後鳥羽上皇は、朝廷の権力回復のために精力的に政治を行うと同時に、幕府に影響力をもとうと考え、三代将軍・実朝に近づいた。上皇は子どものいない実朝の跡継ぎとして自分の皇子を「宮将軍」として将軍位に就けようと画策していたという。しかし、実朝が暗殺されると、執権であった北条義時と次期将軍をめぐって対立することとなる。この対立が、承久の乱へとつながっていくこととなった。

朝廷より優位に立ち
西国に影響力を
広げたい

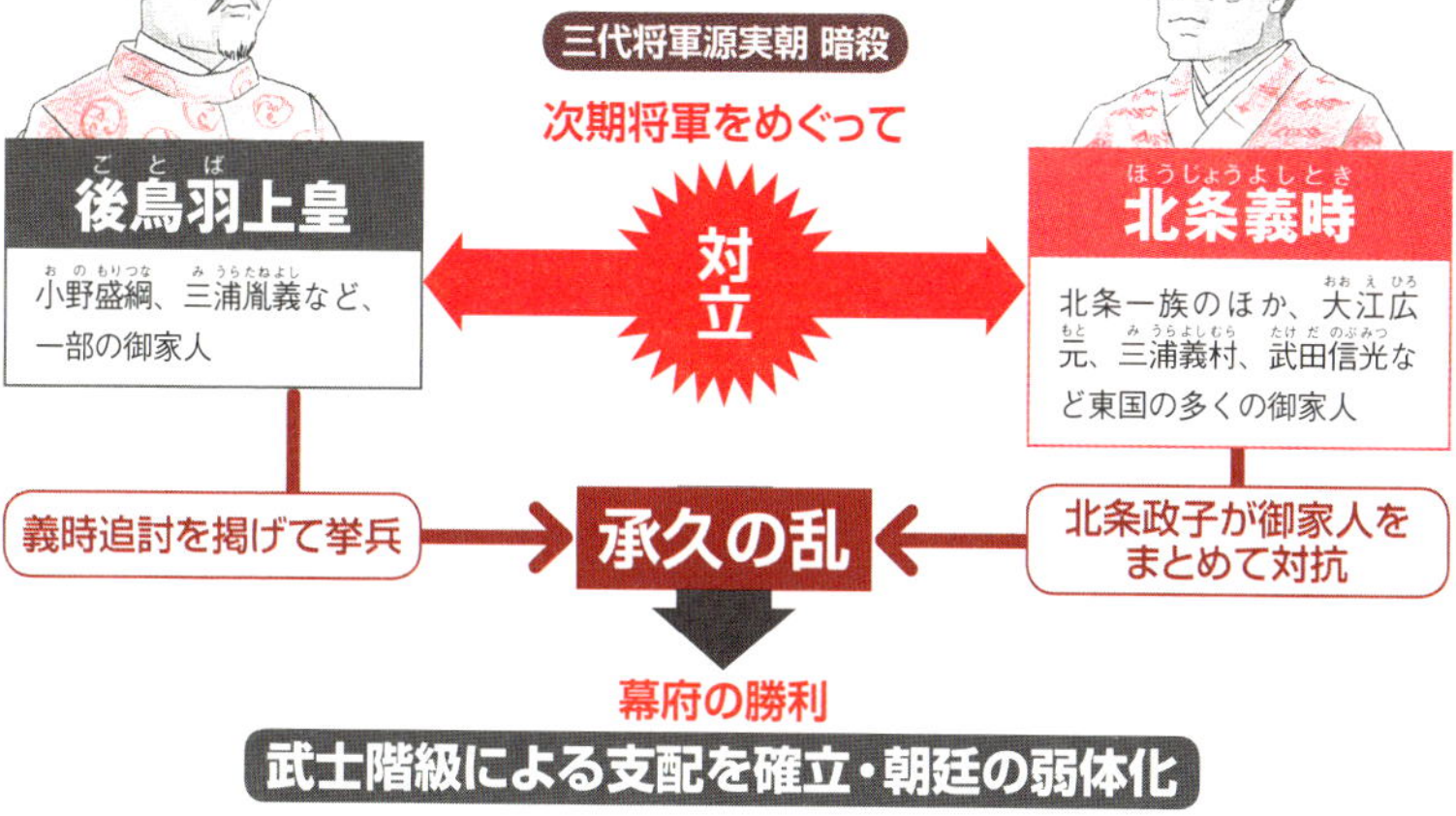
三代将軍源実朝 暗殺
次期将軍をめぐって
後鳥羽《ごとば》上皇
小野盛綱《おのもりつな》、三浦胤義《みうらたねよし》など、
一部の御家人
対立
北条義時《ほうじょうよしとき》
北条一族のほか、大江広《おおえひろ》
元《もと》、三浦義村《みうらよしむら》、武田信光《たけだのぶみつ》な
ど東国の多くの御家人
義時追討を掲げて挙兵
承久の乱
北条政子が御家人を
まとめて対抗
幕府の勝利
武士階級による支配を確立・朝廷の弱体化

承久の乱 幕府軍の進攻ルート

1221年５月、後鳥羽上皇は北条義時を討つとともに朝廷の権威回復を目指すため、義時追討の兵を挙げた。対する幕府軍はすぐさま19万騎を３手に分けて京都を目指し、数万騎に満たない朝廷軍を次々と撃破しながら６月に京都に入り、乱を鎮圧した。

5月30日
越後国府
北陸道軍
北条朝時
４万騎
6月8日
砺波山
東山道軍
武田信光
５万騎
6月5日
大井戸
6月15日
京都
墨俣
東海道軍
北条泰時・時房
10万騎
鎌倉
宇治
6月14日
6月6日
橋本
5月30日
幕府軍進路

承久の乱をきっかけに幕府が発展した

北条氏が下した朝廷に対する処分は厳しいものだった

承久《じょうきゅう》の乱後、北条氏は徹底した処分を下した。**後鳥羽《ごとば》上皇**、**順徳《じゅんとく》上皇**、**土御門《つちみかど》上皇**を流罪とし、後鳥羽上皇の嫡孫・**仲恭《ちゅうきょう》天皇**を廃した。さらに、乱に関わった貴族や武士を処刑し、所領をすべて没収。その所領は三千カ所に及び、新たな地頭として功績のあった御家人を置いた。これを従来の地頭（**本補地頭《ほんぽじとう》**）に対して**新補地頭**という。上皇側の所領は西日本に多く、新補地頭がその地に入ることで、幕府の支配力は本格的に全国に及ぶようになった。

北条氏がこのように徹底した処分を行ったのは、北条氏が**権威の後ろ盾をもたない**一族であることが関係している。もともと有力豪族ではなく、源氏のような高貴な血筋でもない北条氏は、その地位をたやすく覆されかねない立場であった。そこで、朝廷や貴族を抑え込んで**幕府の強大な力を世に示す**ことによって、朝廷の威信を失墜させ、幕府を優位に立たせようとしたのである。

六波羅探題と御成敗式目で朝廷と武士をさらに統制した

乱の後、争乱の再発を防ぐために**朝廷の軍事面を監視**する目的で、京に**六波羅探題《ろくはらたんだい》**が置かれた。これによって、朝廷は以前のように独自の軍事行動を起こすことができなくなり、幕府が軍事面を一手に掌握することになる。また、朝廷より優位に立った幕府は、皇位の継承問題など**朝廷の政治にも干渉**するようになった。

さらに、北条義時《ほうじょうよしとき》の跡を継いで執権となった**泰時《やすとき》**は、武士のための法令集である「**御成敗式目《ごせいばいしきもく》**」を制定し、武士たちに対する支配体制も強化した。これによって、幕府は朝廷や貴族、武士を厳しく統制することに成功したのである。

ここが発見！

権威の後ろ盾がない北条氏は、承久の乱後に朝廷側に対して徹底した処分を行うことで、幕府の力を示し、権威を向上させた。

承久の乱によって拡大した幕府の勢力圏

承久の乱で朝廷が幕府に敗れたことにより、3人の上皇は島流しにされるとともに、仲恭天皇は廃位させられ、後鳥羽上皇の血筋から外れた後堀河天皇が即位させられた。また、朝廷側についた西国の守護の多くが幕府によって交替させられた。これにより、北条氏の影響力は西国にまでおよぶこととなった。

幕府の勢力図

承久の乱前の北条氏の守護国
承久の乱後に北条氏の守護国になった国
承久の乱後に守護が交代した国

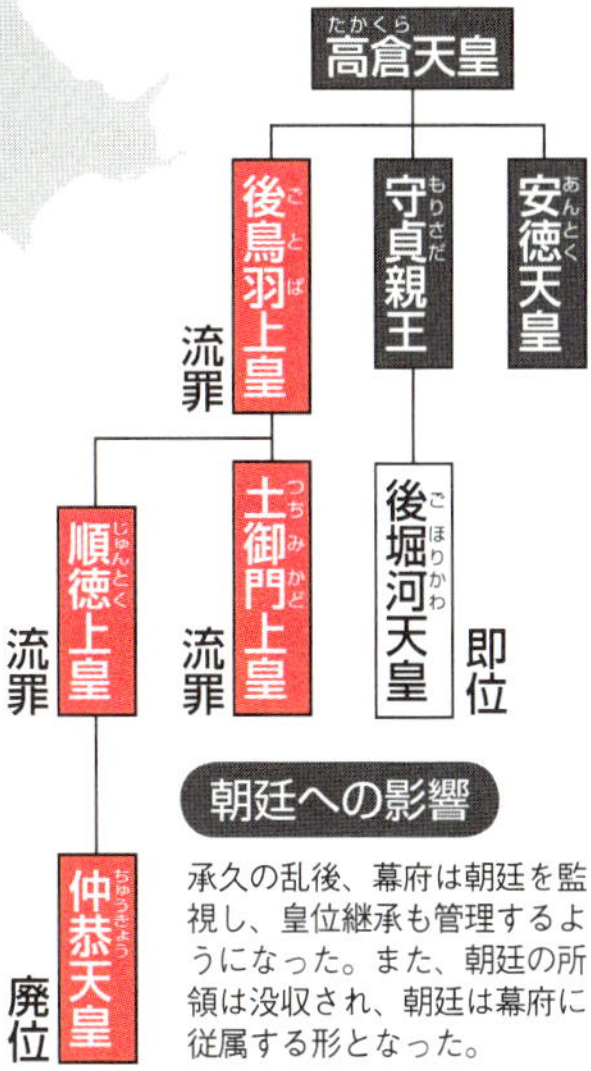
高倉《たかくら》天皇
後鳥羽《ごとば》上皇
流罪
守貞《もりさだ》親王
安徳《あんとく》天皇
順徳《じゅんとく》上皇
流罪
土御門《つちみかど》上皇
流罪
後堀河《ごほりかわ》天皇
即位
仲恭《ちゅうきょう》天皇
廃位

朝廷への影響

承久の乱後、幕府は朝廷を監視し、皇位継承も管理するようになった。また、朝廷の所領は没収され、朝廷は幕府に従属する形となった。

承久の乱以降の幕府の政治機構

承久の乱後、北条義時らは幕府の支配力を強めるために政治機構の整備にも力を注いだ。評定《ひょうじょう》会議として、執権のほかに補佐役である連署や、十三人の合議制の発展型である評定衆を設置した。また、朝廷を監視して西国を統治するために、京都に新しく六波羅探題を設置した。

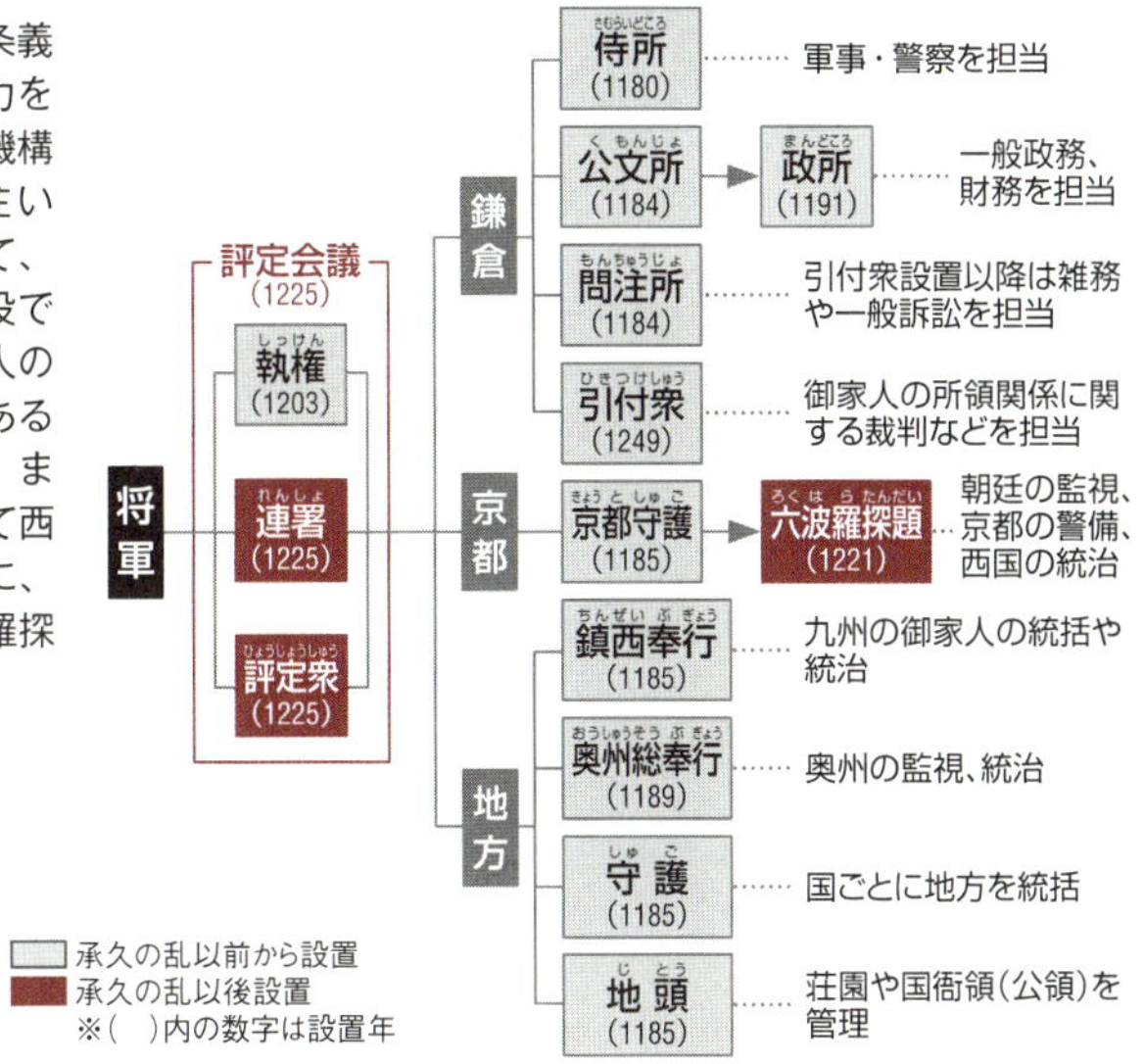
将軍
評定会議
(1225)
執権《しっけん》
(1203)
連署《れんしょ》
(1225)
評定衆《ひょうじょうしゅう》
(1225)
鎌倉
侍所《さむらいどころ》
(1180)
軍事・警察を担当
公文所《くもんじょ》
(1184)
政所《まんどころ》
(1191)
一般政務、財務を担当
問注所《もんちゅうじょ》
(1184)
引付衆設置以降は雑務や一般訴訟を担当
引付衆《ひきつけしゅう》
(1249)
御家人の所領関係に関する裁判などを担当
京都
京都守護《きょうとしゅご》
(1185)
六波羅探題《ろくはらたんだい》
(1221)
朝廷の監視、京都の警備、西国の統治
地方
鎮西奉行《ちんぜいぶぎょう》
(1185)
九州の御家人の統括や統治
奥州総奉行《おうしゅうそうぶぎょう》
(1189)
奥州の監視、統治
守護《しゅご》
(1185)
国ごとに地方を統括
地頭《じとう》
(1185)
荘園や国衙領(公領)を管理
承久の乱以前から設置
承久の乱以後設置
※( )内の数字は設置年

鎌倉時代に生まれた武士道の精神

惣領制は一族の衰退を防ぐために生まれた

　鎌倉時代、武士は土地を兄弟などで分けあって相続する**分割相続**を原則としていた。このような分割相続には、**勢力の分散**と**一族の衰退**という危険性がつねにつきまとっていた。そこで、派生した分家は本家の統制のもとに置かれて**一門（一家）**となるしくみがとられた。その一門をまとめるのが、本家の長である**惣領**である。

　惣領は一門の責任者であり、戦いのときには一門を率いて戦った。また、幕府からの指令なども惣領が受け、一門に割り振った。

　こうした惣領を中心とする武士のシステムを「**惣領制**」という。幕府もこの惣領制を基本として、御家人の統率を行った。

武士道は統率者のための道徳から始まった

　総領をはじめとする武士たちは、一族や支配する庶民を守るために道徳をもって振る舞わねばならないと考えた。武芸を磨き、質素倹約し、礼儀を重んじ、欲に溺れず、弱い者を助けるといった武士の道徳が整えられていく。これは「**弓馬《きゅうば》の道**」や「**兵《つわもの》の道**」と呼ばれ、江戸時代に儒教と融合し「**武士道**」としてまとめられた。

　武士が質素を重んじた例として、『**徒然草《つれづれぐさ》**』の五代執権・**北条《ほうじょう》時頼《ときより》**の話がある。時頼が平宣時《たいらののぶとき》という者を館に呼び、酒を飲むことになったが、下女たちが眠っている時間だったので、宣時に「台所に酒肴がないか見てきてくれ」と頼む。すると宣時が味噌を皿に盛ってきた。それを見た時頼は「いい酒肴だ」と喜んだという。

　ちなみに、幕府は1252年に鎌倉で酒を売り買いしてはならないというお触れを出している。これも、**贅沢を嫌う武士の精神**が現れた例のひとつといえる。

ここが発見！

自己鍛錬・質素倹約などを旨とする武士道精神は、鎌倉時代に一族の統率者のための道徳として生まれ、武士の間に広まった。

時代とともに変化した武士道

「武士道」という言葉が生まれたのは、武士の誕生からずいぶんと時代が下ってからのことだが、「武士のあるべき道」という考え方は、武士が誕生した頃から存在していた。現在は武士道と聞くと「主君に忠誠を誓う」「重大なミスを犯すと切腹して責任を取る」などに代表されるように「名誉と体面を重んじながら生きる道」と思われがちだが、実はこのようなイメージが定着したのは江戸時代になってからのことだ。武士のあるべき道としての武士道は、時代とともにつねに変化してきたのである。

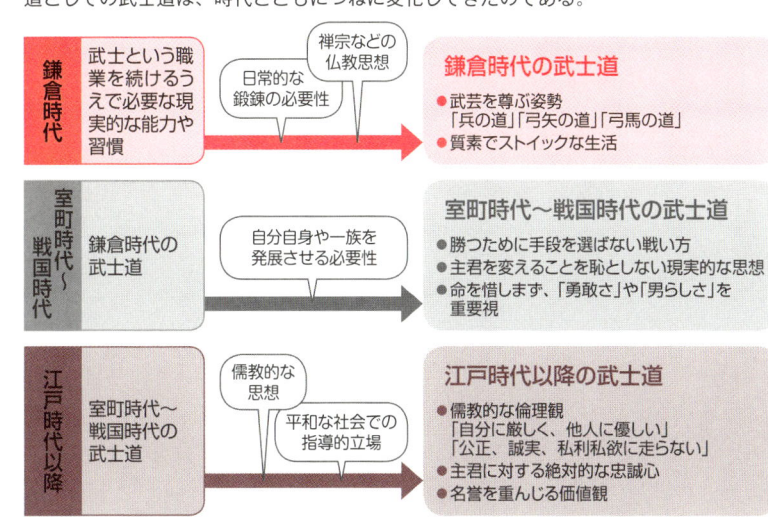

鎌倉時代

武士という職業を続けるうえで必要な現実的な能力や習慣

日常的な鍛錬の必要性

禅宗などの仏教思想

→ **鎌倉時代の武士道**

- 武芸を尊ぶ姿勢
「兵の道」「弓矢の道」「弓馬の道」
- 質素でストイックな生活

室町時代〜戦国時代

鎌倉時代の武士道

自分自身や一族を発展させる必要性

→ **室町時代〜戦国時代の武士道**

- 勝つために手段を選ばない戦い方
- 主君を変えることを恥としない現実的な思想
- 命を惜しまず、「勇敢さ」や「男らしさ」を重要視

江戸時代以降

室町時代〜戦国時代の武士道

儒教的な思想

平和な社会での指導的立場

→ **江戸時代以降の武士道**

- 儒教的な倫理観
「自分に厳しく、他人に優しい」
「公正、誠実、私利私欲に走らない」
- 主君に対する絶対的な忠誠心
- 名誉を重んじる価値観

防衛施設も兼ねていた鎌倉武士の屋敷

鎌倉時代の武士の多くは、後の時代のような職業軍人ではなかった。ふだんは自分の領地を経営したり、役人として荘園を管理したり、ときには自ら田畑を耕しながら暮らし、戦いになると武器をもって駆けつけるという生活をしていた。彼らの屋敷は自分の領地の一角にあり、領主の館としての性格が強かったが、周囲を堀に囲まれ、柵ややぐらを設けるなど、戦を想定した防御的性格ももっていた。また、戦いに使う馬を飼う厩舎や、弓矢の練習をする矢場なども設けられていた。

『東国武士の館の模型』
写真提供：国立歴史民俗博物館

鎌倉時代　**文永《ぶんえい》の役 1274年　弘安《こうあん》の役 1281年**

無敵の元軍に衝撃を与えた鎌倉武士の戦いぶり

ここが発見！

元軍の集団戦法にも負けず、鎌倉武士は勇敢に戦った。その勇猛さが元軍に衝撃と恐怖を与え、日本軍に勝利をもたらした。

鎌倉武士を困惑させたのは集団戦法という異文化だった

13世紀後半、**元朝の皇帝・フビライ**は、日本へ何度も**朝貢**《ちょうこう》を強要していた。しかし、鎌倉幕府の執権・**北条時宗**《ほうじょうときむね》は、ことごとくこれを退ける。1274年、ついに元軍が日本へ襲来する（**文永の役**）。元と高麗《こうらい》の連合軍約2万8000人が、126隻の船団を擁して博多沿岸に上陸してきたのだ。守る日本側の軍勢は、九州の武士を中心とする1万人程度だった。

元軍は、**火器**や**毒矢**など日本人が想像しない武器を用いたうえ、その戦い方は当時の日本にはない**集団戦法**だった。日本の武士は合戦のルールにのっとり、名乗りを上げて**一騎打ち**を挑むが、元軍は意に介さず多勢で取り囲んでは討ち取っていく。このような展開に、日本軍は苦戦を強いられた。

武士の勇猛果敢さが元軍を恐怖させ、日本を救った

しかし、接近戦にもち込み、1対1での戦いとなれば武士が圧倒的に強い。予想以上の激しい抵抗に元軍は衝撃を受けた。明るいうちに決着をつけられず、慣れない土地での**夜襲を恐れた**元軍は、船に戻った。そこへ**台風**が襲来し、**元軍は壊滅**する。

フビライは怒り、1281年に2度目の侵攻を行う（**弘安の役**）。今度は、14万人の軍勢である。しかし、再襲来に備えて九州沿岸に築いていた**石塁**《せきるい》が功を奏し、日本は主力部隊の上陸を阻止する。元軍も武士の勇猛さを知っていたため、慎重になった。そして、またも台風によって壊滅する。

諦めないフビライはさらなる侵攻も考えたが、中国南部で起きた反乱などの影響で延期となり、フビライの死により**3度目の襲来はなくなった**。こうして日本は大帝国の侵略から救われたのである。

機動性に優れていた元軍の装備

　元軍の武器や装備は全体的に日本のものよりも軽く、機動性に優れていた。元軍の兵士は銅鑼や太鼓の音にあわせて陣形を変化させて戦う集団戦法を用いたが、それも機動性に優れる装備がなせる業だった。

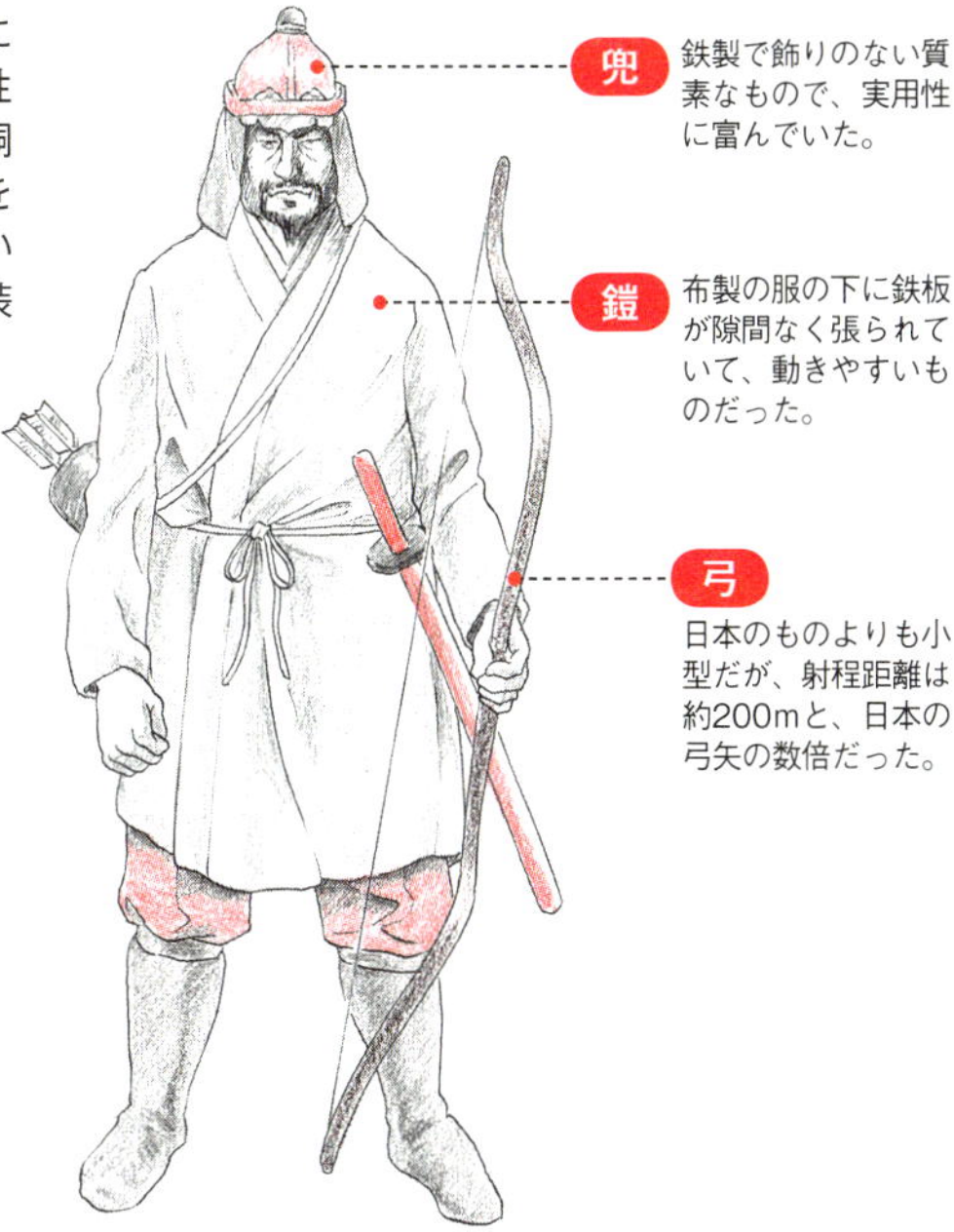
兜
鉄製で飾りのない質素なもので、実用性に富んでいた。
鎧
布製の服の下に鉄板が隙間なく張られていて、動きやすいものだった。
弓
日本のものよりも小型だが、射程距離は約200mと、日本の弓矢の数倍だった。

てつはう

陶器の球の中に火薬や鉄片などを詰めたもの。敵に投げつけて爆発させることで、敵を威嚇したり、傷つけたりした。

文永・弘安の役 元軍の侵攻ルート

文永の役 1274年

　10月３日に朝鮮を出発した元・高麗軍２万8000人（４万人との説あり）は対馬をへて10月19～20日に博多に上陸。元軍が優勢だったが、内陸の大宰府攻略に失敗し、沖に停泊中の船に引き揚げた。一説によると、その夜、博多湾を暴風雨が襲い、半数近くの兵士を失った元軍は朝鮮半島に引き揚げた。

弘安の役 1281年

　元と高麗の連合軍である東路軍４万人は５月３日に朝鮮半島を、旧南宋軍を中心とする江南軍10万人は６月18日に、日本に向けて出発した。東路軍は６月はじめに博多湾周辺や長門沿岸地域で交戦、６月末には遅れて到着した江南軍と合流した。しかし、今度も暴風雨にあい、一夜のうちに壊滅したという。

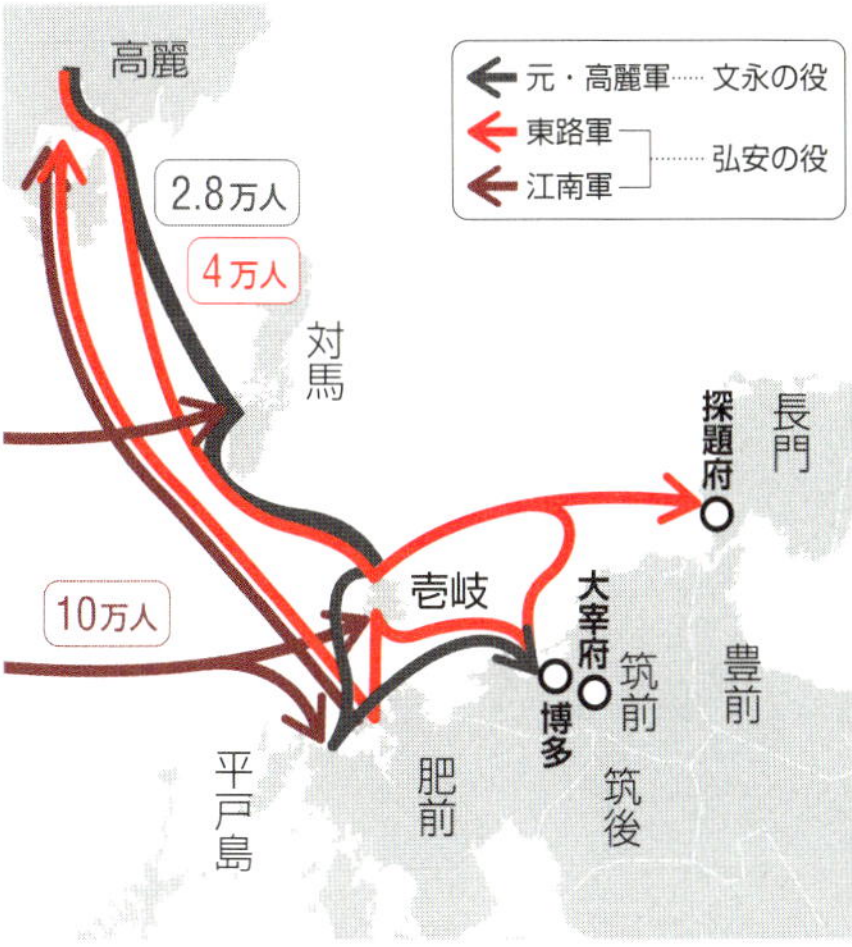
元・高麗軍……文永の役
東路軍
江南軍
……弘安の役
高麗
2.8万人
4万人
対馬
10万人
壱岐
平戸島
肥前
博多
大宰府
筑前
筑後
探題府
長門
豊前

※日本軍の数／文永の役…1万人、弘安の役…4万人

得宗専制《とくそうせんせい》政治の強化 1293年

反北条の機運を高めた得宗専制政治

元寇が御家人の窮乏にとどめを刺した

元軍の襲撃は、幕府と御家人たちに非常に大きな爪あとを残した。御家人たちは、見事な戦いぶりで**奉公**（義務）を務めたが、そのための戦費は大きな負担であった。一方、戦いで戦利品や賠償金などを得られなかった幕府は御家人たちに**御恩**《ごおん》（恩賞）を与えることができなかった。こうして、幕府と御家人との「**御恩と奉公**」の関係で成り立っていた幕府の支配は揺らぎ始める。

この時代は手工業や商業の発展で**貨幣経済**が浸透し、武士の所領の分割相続は**土地不足**によって限界となり、経済は行き詰まりを見せていた。収入が減った武士のなかには、**有力武士に保護を求める**者も多く、彼らを吸収した有力武士が各地で勢力を拡大し、武士の社会は大きく動き始めていた。

得宗専制政治は武士の窮乏を救えずに反感を買った

その頃、幕府内部は権力争いに明け暮れていた。執権・**北条貞**《ほうじょうさだ》**時**《とき》は、北条氏に権力を集中させることで政権の危機を打開しようと考え、政敵を抹殺して北条氏本家（**得宗**）による専制政治を強化した。**得宗専制政治**である。

専制政治を始めた貞時は、困窮する御家人たちを救済するため、1297年に「**永仁**《えいにん》**の徳政令**《とくせいれい》」を発し、御家人が売却した所領を無償で返却させることにした。しかし、これは御家人が借金できない状況をつくるなど、**商工民と御家人に混乱をもたらした**だけで、思うような成果は得られなかった。

さらに、専制政治によって北条氏の権力が強まったことが反感を買い、かえって**反北条の機運を高める**ことになった。幕府は自らの力を高めるつもりが、自らの首を絞めることとなったのである。

ここが発見！

北条氏への権力集中を図った得宗専制政治で、御家人に反北条の機運が高まったことが、幕府を衰退させる原因となった。

御家人救済につながらなかった永仁の徳政令

分割相続による所領の細分化で収入が減ったことに加え、元寇《げんこう》による負担などから御家人の多くは次第に生活に困窮し、なかには所領を売却したり、質に入れたりする者もいた。このような御家人たちを困窮から救うため、九代執権北条貞時が発したのが、「永仁の徳政令」である。しかし、この政策は思ったような効果を上げることはできず、かえって御家人たちを苦しめることとなった。

九代執権
北条貞時《ほうじょうさだとき》
徳政令で武士（御家人）を救おう

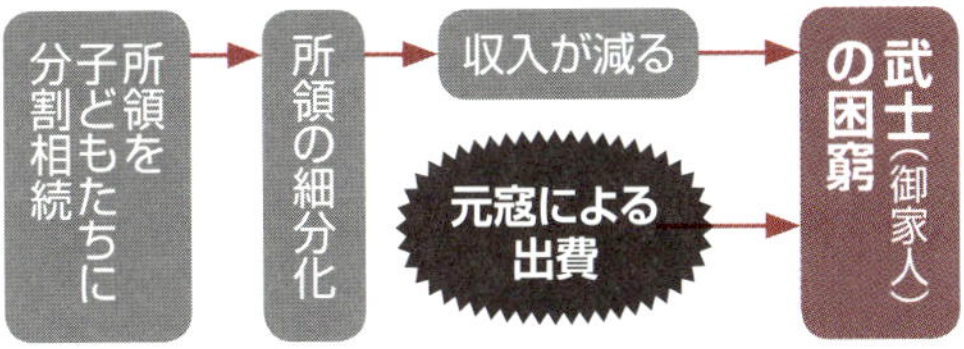
所領を子どもたちに分割相続
所領の細分化
収入が減る
元寇による出費
武士（御家人）の困窮

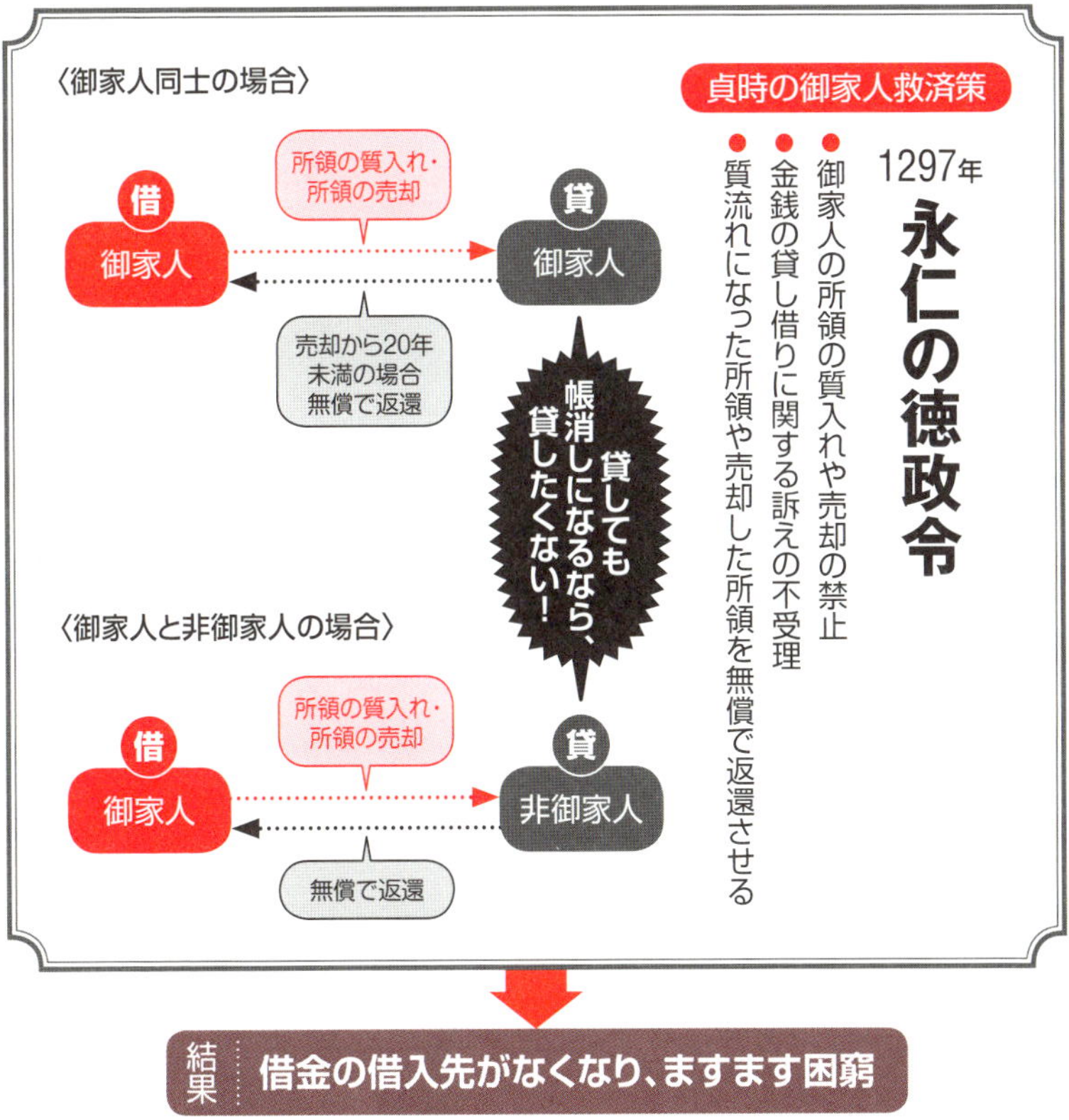
〈御家人同士の場合〉
借
御家人
所領の質入れ・所領の売却
貸
御家人
売却から20年未満の場合無償で返還
貸しても帳消しになるなら、貸したくない！
〈御家人と非御家人の場合〉
借
御家人
所領の質入れ・所領の売却
貸
非御家人
無償で返還
貞時の御家人救済策
1297年
永仁の徳政令
●御家人の所領の質入れや売却の禁止
●金銭の貸し借りに関する訴えの不受理
●質流れになった所領や売却した所領を無償で返還させる

結果 借金の借入先がなくなり、ますます困窮

天皇復権のために倒幕を決意した後醍醐天皇

幕府の調停によって朝廷の両統迭立が始まった

13世紀中頃、**後嵯峨《ごさが》上皇**は息子の**後深草《ごふかくさ》天皇**に代えて、偏愛していた**亀山《かめやま》天皇**（後深草天皇の弟）を即位させると、亀山天皇の息子の**世仁《よひと》親王（後宇多《ごうだ》天皇）**を皇太子に立てた。しかし、後嵯峨上皇（法皇）が亡くなると、後深草上皇と亀山天皇の間で**皇位継承について対立**が起こった。

承久の乱以降、皇位継承に影響力をもっていた幕府は調停に乗り出し、世仁親王の次に後深草上皇の息子の**煕仁《ひろひと》親王（伏見《ふしみ》天皇）**が即位することを認めた。その背景には、執権・北条時宗《ほうじょうときむね》の後深草上皇に対する同情や、朝廷の分裂を謀る戦略があったともいわれる。

この後、亀山上皇の系統「**大覚《だいかく》寺統《じとう》**」と、後深草上皇の系統「**持《じ》明院統《みょういんとう》**」の両統が交互に天皇を立てる「**両統迭立《りょうとうてつりつ》**」が慣行となる。そして、両統は互いに次の天皇を自分の系統から立てようと、幕府の後押しを求めて画策していく。

才ある天皇の登場が倒幕への一歩となった

1318年、大覚寺統の**後醍醐天皇**が即位する。政治に強い意欲を示した人物であり、若くして文武両道の天皇に、朝廷内でも院政を廃して**親政《しんせい》**（天皇による政治）を求める声が上がった。そして1321年、親政が開始された。

当時、西国では幕府による**得宗《とくそう》専制政治への反発**が現れていた。また、専制化を強化した北条貞《ほうじょうさだ》時《とき》が亡くなり、跡を継いだ**高時《たかとき》**は武士からの評判を落としていた。

そこで後醍醐天皇は、**天皇による政治主導**、**朝廷の権威回復**を目指して**倒幕**に踏み出すのである。挙兵の背景には、息子を皇太子にしようとして幕府に阻止された後醍醐天皇の個人的な恨みがあったともいわれている。

ここが発見！

天皇による君主独裁を目指す後醍醐天皇は、皇位継承問題に介入した幕府に反感を覚え、倒幕を決意した。

幕府と朝廷の思惑が交錯する皇位継承の系図

大覚寺統の後醍醐天皇は、幕府の信頼が厚い持明院統に比べて朝廷内部での影響力が弱く、幕府の圧力により息子の皇位継承権を得ることができなかった。もともと幕府や上皇の影響力を排除した天皇による政治を理想としていた天皇は院政を廃止し、周囲の反幕府勢力を集めて、倒幕の画策を始めるのである。

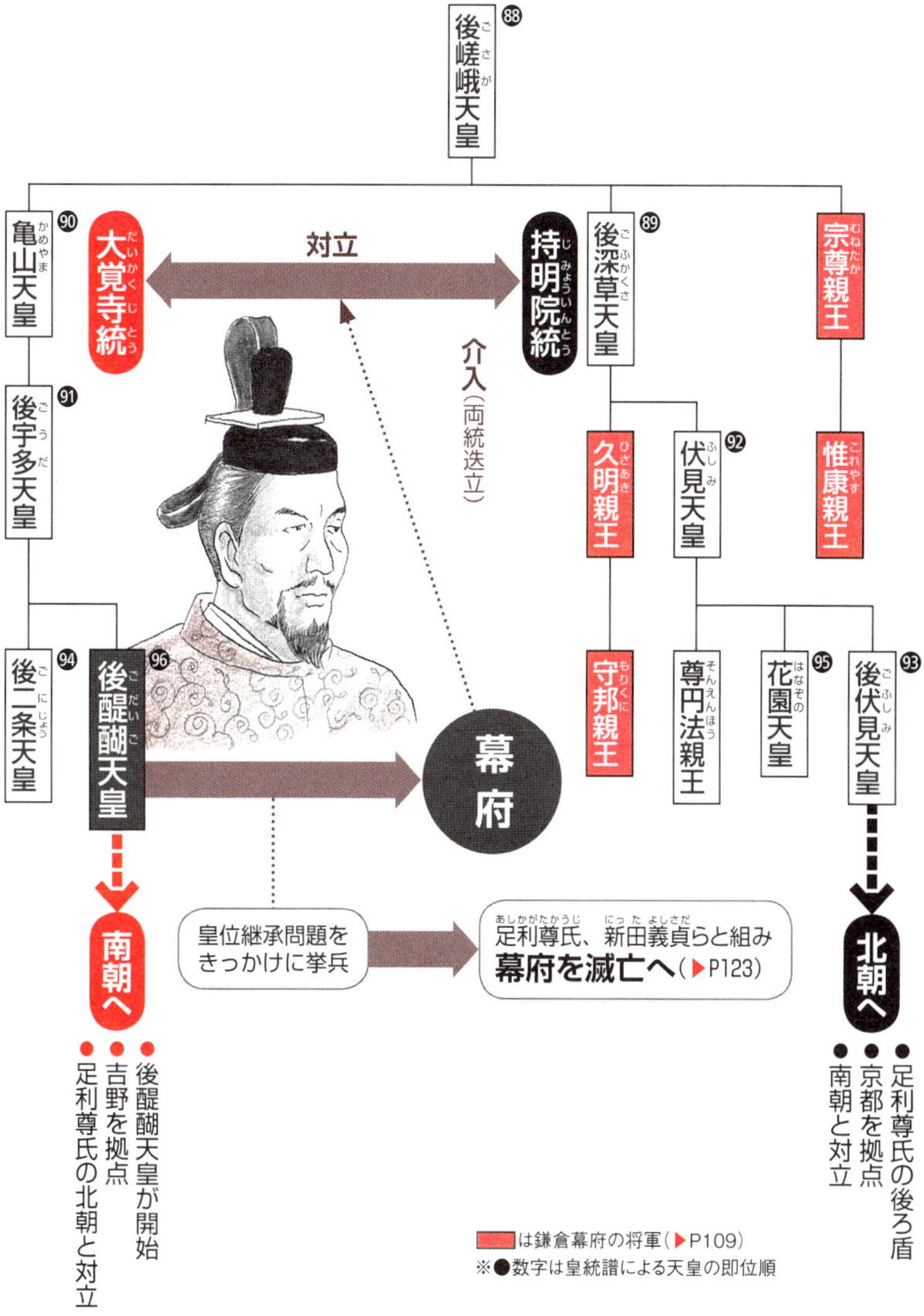

88 後嵯峨《ごさが》天皇
90 亀山《かめやま》天皇
大覚寺統《だいかくじとう》
対立
持明院統《じみょういんとう》
89 後深草《ごふかくさ》天皇
宗尊《むねたか》親王
91 後宇多《ごうだ》天皇
介入（両統迭立）
久明《ひさあき》親王
92 伏見《ふしみ》天皇
惟康《これやす》親王
94 後二条《ごにじょう》天皇
96 後醍醐《ごだいご》天皇
幕府
守邦《もりくに》親王
尊円法《そんえんほう》親王
95 花園《はなぞの》天皇
93 後伏見《ごふしみ》天皇
南朝へ
皇位継承問題をきっかけに挙兵
足利尊氏《あしかがたかうじ》、新田義貞《にったよしさだ》らと組み
幕府を滅亡へ（▶P123）
北朝へ
●後醍醐天皇が開始
●吉野を拠点
●足利尊氏の北朝と対立
●足利尊氏の後ろ盾
●京都を拠点
●南朝と対立
は鎌倉幕府の将軍（▶P109）
※●数字は皇統譜による天皇の即位順

鎌倉時代　**正中《しょうちゅう》の変 1324年　元弘《げんこう》の変 1331年**

新興武士勢力・悪党が倒幕運動の中心となった

後醍醐天皇による倒幕計画はたびたび繰り返された

1324年、**後醍醐天皇**は側近の**日野《ひの》資朝《すけとも》**・**日野《ひの》俊基《としもと》**らと謀り、美濃の**土岐《とき》頼貞《よりさだ》**や**多治見《たじみ》国長《くになが》**らを味方につけて、**六波羅《ろくはら》探題《たんだい》**を襲う計画を立てた。しかし、この計画は、六波羅探題に察知されて失敗。土岐頼貞と多治見国長は討ち取られ、日野資朝は佐渡に流された。これを**正中の変**という。

後醍醐天皇はさらに倒幕計画を練ったが、1331年に天皇の側近・吉田《よしだ》定房《さだふさ》の密告によって露見したため、京を脱出して笠置《かさぎ》山で挙兵。これに呼応して河内の**楠木《くすのき》正成《まさしげ》**も兵を挙げた。しかし、ともに幕府軍に敗れ、天皇は隠岐《おき》へ流刑となり、正成は姿をくらました。**元弘《げんこう》の変**である。

その後も、倒幕の動きは止まらない。正成は河内の**千早《ちはや》城**を拠点として再び挙兵し、**ゲリラ戦**によって幕府軍を撃ち破った。**赤松《あかまつ》則村《のりむら》**も播磨で幕府軍と戦い、京へ迫る勢いを見せた。

悪党は反幕府勢力として倒幕運動を支えた

正成や則村のような武士たちを「**悪党《あくとう》**」という。悪党とは、貨幣経済の発達によって近畿を中心に台頭してきた、従来の体制に属さない**新興武士層**である。彼らは幕府からすると社会秩序を乱す反体制的な者たちだったが、正成のように朝廷と関係をもち、天皇による**倒幕の動きを助けた**者も多かった。1333年、隠岐を脱出して京へ進軍する天皇を助けた**名和《なわ》長《なが》年《とし》**なども、そのひとりである。

悪党は、倒幕の大きな力となったが、彼らは特定の土地に根づいているわけではなく、広域で団結して新時代の担い手となることもなかった。倒幕後の社会は、土地に根づいた有力武士たちの手に委ねられることとなるのである。

ここが発見！

鎌倉時代に登場した悪党は、民衆にとっての悪ではなく支配体制から見た悪、すなわち反体制的な新興武士勢力であった。

三度目の正直 後醍醐天皇の倒幕運動

後醍醐天皇は、朝廷による政治の復活を目指すべく、たびたび倒幕の策をめぐらすがことごとく失敗に終わる。しかし、それでも諦めない天皇は、流刑地の隠岐を抜け出して再び挙兵する。この動きに同調するように、幕府に不満をもつ各地の武士勢力や、新しい勢力として台頭しつつあった悪党たちも兵を挙げ、ついには幕府を滅亡へ追いやることとなった。

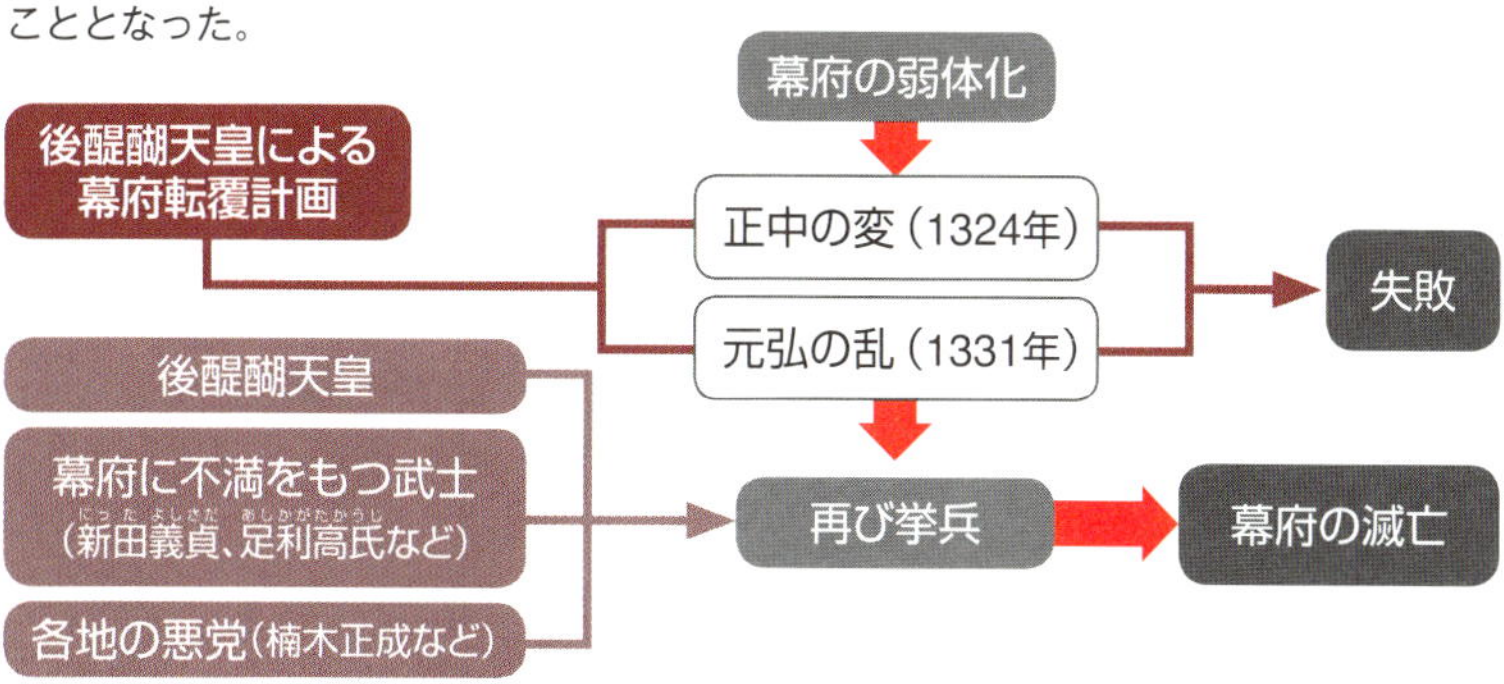
幕府の弱体化
後醍醐天皇による幕府転覆計画
正中の変（1324年）
元弘の乱（1331年）
失敗
後醍醐天皇
幕府に不満をもつ武士（新田《にった》義貞《よしさだ》、足利《あしかが》高氏《たかうじ》など）
各地の悪党（楠木正成など）
再び挙兵
幕府の滅亡

反体制を掲げた悪党の成立と台頭

悪党とは、幕府の支配体制からあぶれた没落武士や領地争いに敗れた在地領主、遊行僧や芸能民などから構成される、幕府の支配体制に含まれない反体制的な武装勢力だった。彼らは、たびたび幕府によって弾圧されたが、幕府の支配力が弱体化するにつれて、一部の者は朝廷などと結びつき、倒幕の戦いを通じてその勢力を伸ばしていった。

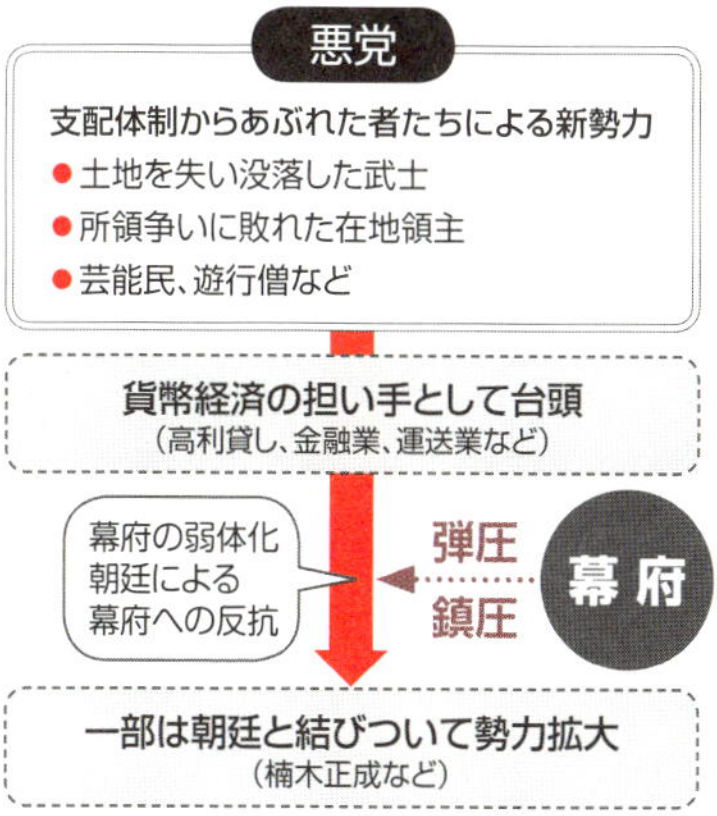
悪党
支配体制からあぶれた者たちによる新勢力
●土地を失い没落した武士
●所領争いに敗れた在地領主
●芸能民、遊行僧など
貨幣経済の担い手として台頭
（高利貸し、金融業、運送業など）
幕府の弱体化
朝廷による
幕府への反抗
弾圧
鎮圧
幕府
一部は朝廷と結びついて勢力拡大
（楠木正成など）

楠木正成

河内国出身の豪族（悪党）とされるが、前半生については不詳。後醍醐天皇の倒幕運動に応じて挙兵、幕府軍を少数でのゲリラ戦術で苦しめた。

写真提供：千早神社

新田義貞は鎌倉攻めで宝剣を奉納しなかった!?

150騎だった新田義貞軍は最終的に60万の大軍となった

鎌倉幕府は、反幕府勢力による騒動を一掃するため、**足利高氏**《あしかがたかうじ》（後の**尊氏**《たかうじ》）の軍勢を掃討軍として西に送った。しかし、高氏が幕府を裏切って**反幕府側へついた**ことから流れは一気に反幕府側に傾き、戦局は決定的となった。

この頃には関東でも、得宗《とくそう》専制政治に反発する武士たちが大勢を占めていた。そのため、源氏一門の**新田義貞**《にったよしさだ》が挙兵すると、義貞の戦力を見くびっていた幕府側の予想を覆し、武士たちはこぞって義貞の軍に参集した。幕府軍は、60万人を超える大軍に膨れ上がった新田軍に対して必死に戦ったが、ついに力尽き、1333年、執権・**北条高時**《ほうじょうたかとき》と北条一門が自刃して**鎌倉幕府は滅亡**した。

新田義貞はリスクを冒して山越えルートを選んだ

このときの義貞の活躍が『**太平記**』に描かれている。新田軍は**三方から鎌倉を目指し**、その主力は稲村ヶ崎へと到着した。しかし、稲村ヶ崎から由比ヶ浜、鎌倉と続く道には幕府軍が待ち構えており、海上から一斉に弓を射かけられて先へ進めなくなった。そこで、義貞が宝剣を海に投げ入れて龍神に祈ると、潮が引いて幕府の船団が沖へ流され、新田軍は鎌倉に入ることができたという。

しかし、新田氏の家来の家に伝わる『**和田文書**《もんじょ》』に記された三木《みき》村俊連《むらとしつら》という武士の記録によると、実際には稲村ヶ崎の北方、極楽寺の切通しのそばの霊山を越えて鎌倉に入ったという。新田軍の主力部隊は、海沿いではなく峻険な**山越えのルートを選んで鎌倉に入った**のである。幕府側も、新田軍がそんなに険しい山道を越えて攻めてくるとは思わず、不意を突かれて大敗してしまったのだ。

ここが発見！

新田義貞は宝剣で稲村ヶ崎の潮を引かせて鎌倉に入ったといわれるが、実際は山側の道を通って鎌倉に入ったらしい。

倒幕の立役者 新田義貞の鎌倉攻め

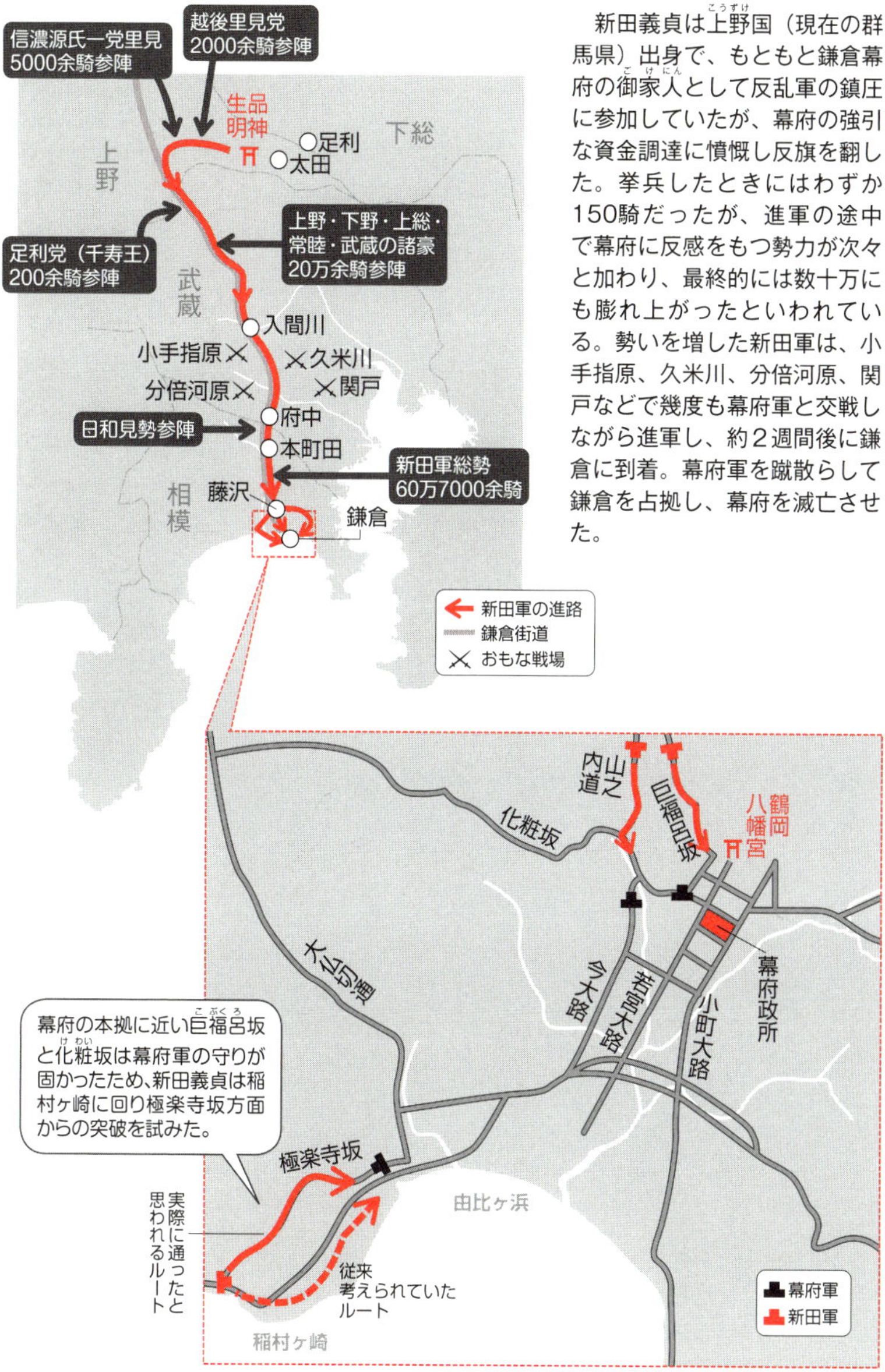
信濃源氏一党里見
5000余騎参陣
越後里見党
2000余騎参陣
生品明神
足利
太田
下総
上野
足利党（千寿王）
200余騎参陣
上野・下野・上総・
常陸・武蔵の諸豪
20万余騎参陣
武蔵
入間川
小手指原
久米川
分倍河原
関戸
府中
日和見勢参陣
本町田
新田軍総勢
60万7000余騎
相模
藤沢
鎌倉
新田軍の進路
鎌倉街道
おもな戦場
山之内道
巨福呂坂
鶴岡八幡宮
化粧坂
幕府政所
大仏切通
今大路
若宮大路
小町大路
幕府の本拠に近い巨福呂《こぶくろ》坂と化粧《けわい》坂は幕府軍の守りが固かったため、新田義貞は稲村ヶ崎に回り極楽寺坂方面からの突破を試みた。
極楽寺坂
由比ヶ浜
実際に通ったと思われるルート
従来考えられていたルート
稲村ヶ崎
幕府軍
新田軍

新田義貞は上野国《こうずけ》（現在の群馬県）出身で、もともと鎌倉幕府の御家人《ごけにん》として反乱軍の鎮圧に参加していたが、幕府の強引な資金調達に憤慨し反旗を翻した。挙兵したときにはわずか150騎だったが、進軍の途中で幕府に反感をもつ勢力が次々と加わり、最終的には数十万にも膨れ上がったといわれている。勢いを増した新田軍は、小手指原、久米川、分倍河原、関戸などで幾度も幕府軍と交戦しながら進軍し、約２週間後に鎌倉に到着。幕府軍を蹴散らして鎌倉を占拠し、幕府を滅亡させた。

天皇中心の建武の新政は武士の反発を招いた

ここが発見！
建武の新政が失敗に終わったのは、天皇中心の政治改革に反発する武士たちの力を後醍醐天皇が見くびっていたためだった。

建武の新政は後醍醐天皇の権力強化が中心だった

1333年、**後醍醐《ごだいご》天皇**は鎌倉幕府が立てた**光厳《こうごん》天皇**を天皇と認めず、上皇の座にすえた。そして、「**延喜《えんぎ》・天暦《てんりゃく》の治《ち》**」と呼ばれた平安時代中期の醍醐天皇らによる天皇支配を目標とし、さまざまな改革を行った。

そのひとつが、すべての土地の領有は**天皇の綸旨《りんじ》**（天皇の許可証）がなければ認めない「**個別安堵《こべつあんど》法**」である。しかし、人々が所領を認めてもらおうと都に殺到して**大混乱をもたらした**ため、わずか1カ月でこの法は取り消されることになった。この法を含む一連の改革は、翌年に年号が「**建武**」と改められたことにちなんで「**建武の新政**」と呼ばれた。

後醍醐天皇は武士の力を見くびっていた

天皇は、北条氏から没収した土地を近臣や公家ばかりに配り、武士たちへの恩賞を十分に行わないなど、**武士を無視する政治改革**を行った。もともと、北条氏に代わって**足利尊氏《あしかがたかうじ》**が幕府を開き、全国の武士たちを守ってくれると期待して倒幕運動へ参加していた武士たちは、それを認めない建武の新政に不満をもつようになる。この時点で天皇は、公家をしのぐ**武士の力を見くびっていた**。

武士の不満は反乱となって現れた。1335年、鎌倉幕府最後の執権・北条高時《ほうじょうたかとき》の子・**時行《ときゆき》**が挙兵して鎌倉に攻め入ると、尊氏の弟・**直義《ただよし》**の軍勢を破り、鎌倉の地を回復した（**中先代《なかせんだい》の乱**）。尊氏はこの乱を鎮めるため、天皇の勅許を得ずに鎌倉へと進軍し、鎌倉の奪回に成功すると、朝廷の命令を無視して**武士たちに独自に恩賞を与えた**。尊氏は後醍醐天皇との決別を決心し、ついに動き出したのである。

武士をないがしろにした建武の新政

後醍醐天皇の政治の理想は、朝廷の力を回復し、天皇による親政を行う「公家一統の政」にあった。そこで、天皇はさまざまな改革を矢継ぎ早に行うが、その多くは貴族や朝廷を武士よりも大切にする立場からの改革であったため、倒幕の戦いで活躍した多くの武士たちにとって不満の残る内容だった。そのため、多くの武士たちは建武の新政に失望し、武士のなかでも実力者として知られていた足利尊氏に「武士の世」の復活を期待するようになるのである。

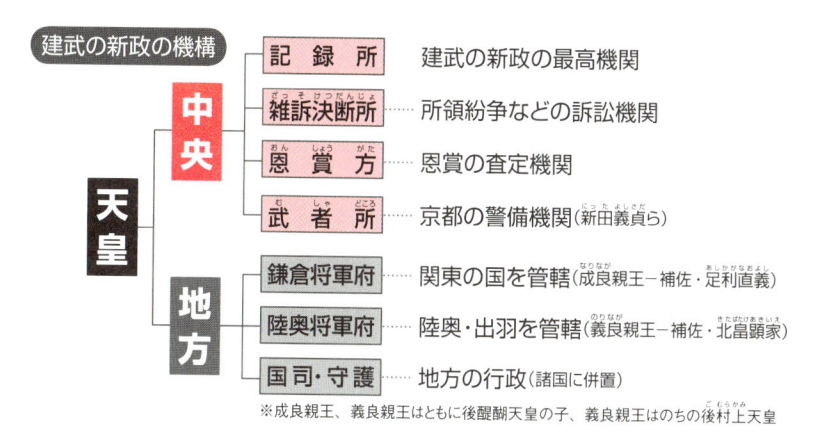

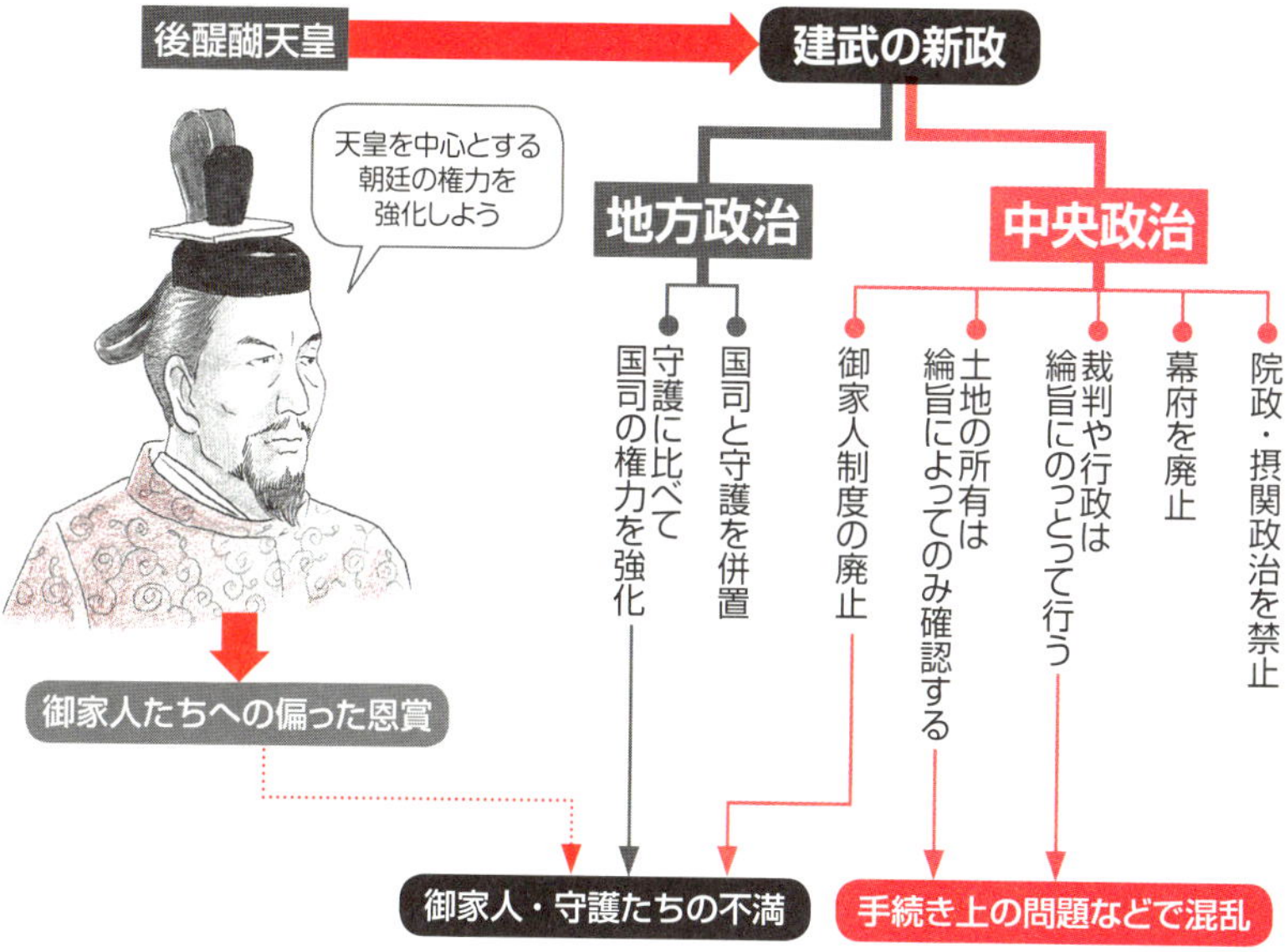
後醍醐天皇
建武の新政
天皇を中心とする朝廷の権力を強化しよう
地方政治
中央政治
国司と守護を併置
守護に比べて国司の権力を強化
院政・摂関政治を禁止
幕府を廃止
裁判や行政は綸旨にのっとって行う
土地の所有は綸旨によってのみ確認する
御家人制度の廃止
御家人たちへの偏った恩賞
御家人・守護たちの不満
手続き上の問題などで混乱

建武の新政の機構

- **天皇**
  - **中央**
    - 記録所 建武の新政の最高機関
    - 雑訴決断所《ざっそけつだんじょ》……所領紛争などの訴訟機関
    - 恩《おん》賞《しょう》方《がた》……恩賞の査定機関
    - 武《む》者《しゃ》所《どころ》……京都の警備機関（新田義貞《にったよしさだ》ら）
  - **地方**
    - 鎌倉将軍府……関東の国を管轄（成良《なりなが》親王－補佐・足利直義《あしかがなおよし》）
    - 陸奥将軍府……陸奥・出羽を管轄（義良《のりなが》親王－補佐・北畠顕家《きたばたけあきいえ》）
    - 国司・守護……地方の行政（諸国に併置）

※成良親王、義良親王はともに後醍醐天皇の子、義良親王はのちの後村上《ごむらかみ》天皇

湊川《みなとがわ》の戦い 1336年

後醍醐天皇は楠木正成の進言を退けて命運尽きた

足利尊氏は朝廷の内部対立を利用して官軍となった

後醍醐《ごだいご》天皇は、反旗を翻した**足《あし》利尊氏《かがたかうじ》**の追討に、**新田義貞《にったよしさだ》**を派遣した。1335年、尊氏と義貞は箱根・竹ノ下で激突するが、義貞は敗走。それを追って尊氏が京へ入ると、天皇は**比叡山**に逃れた。ところが京に入った尊氏は、奥州からやってきた**北畠顕家《きたばたけあきいえ》**の大軍に反撃され、京を追われた。

九州へ落ち延びた尊氏だったが、このとき尊氏は、**光厳《こうごん》上皇**と接触して「京へ東上せよ」という**院宣《いんぜん》**を得た。大覚寺統《だいがくじとう》の後醍醐天皇は、持明院統《じみょういんとう》の光厳上皇にとって、いわば敵である。尊氏は、**両統の対立に目をつけた**のである。

院宣の力によって、尊氏軍は官軍となった。これにより、西国の武士たちが尊氏のもとへと終結し、尊氏は息を吹き返すのである。

天皇や公卿たちのおごりが戦況判断を誤らせた

1336年、尊氏は7000人といわれる水軍を率いて海路で、弟・**直義《ただよし》**は数万人といわれる軍勢を率いて陸路で京へ向かった。これに対し天皇側の**楠木正成《くすのきまさしげ》**は、一度比叡山に逃れて足利軍を京へ誘い込み、挟み撃ちにすることを進言。しかし、2度も続けて比叡山に逃れるのは権威に関わるとする**公卿たちの反対**で、その進言は退けられ、天皇は兵庫で足利軍を迎え撃てと命じた。正面からぶつかりあえば、人数の少ない天皇側に勝ち目はない。これで、**天皇側の命運は尽きた**といえる。

正成は決死隊を募って**湊川**で足利軍と対決したが、奮戦むなしく最期は自刃。義貞も必死に戦ったが敗退して京へ駆け戻り、天皇を守りながら比叡山へ逃れた。この湊川の戦いに勝利した尊氏は、京を制圧し、**新政権を担う権利**を手中に収めたのである。

ここが発見!

敵との戦力差を冷静にとらえていたのは楠木正成だけだった。起死回生の策も、面子にこだわる後醍醐天皇や公家に却下された。

足利尊氏の挙兵から入京まで

関東で北条氏の残党によって起こされた中先代の乱を平定した足利尊氏は、そのまま鎌倉に居座り、独自の武家政治を開始した。これに怒った後醍醐天皇は、新田義貞を尊氏追討に向かわせるが敗北。勢いに乗った足利軍は西に攻め上り、1336年に京都を制圧する。京に向かった天皇方の援軍に敗れたことから一旦は九州に逃げ延びるものの、九州で兵力を整えた後、再び東上を開始する。そして、湊川の戦いで楠木軍を撃破して約半年ぶりに再入京を果たし、室町幕府を開くのである。

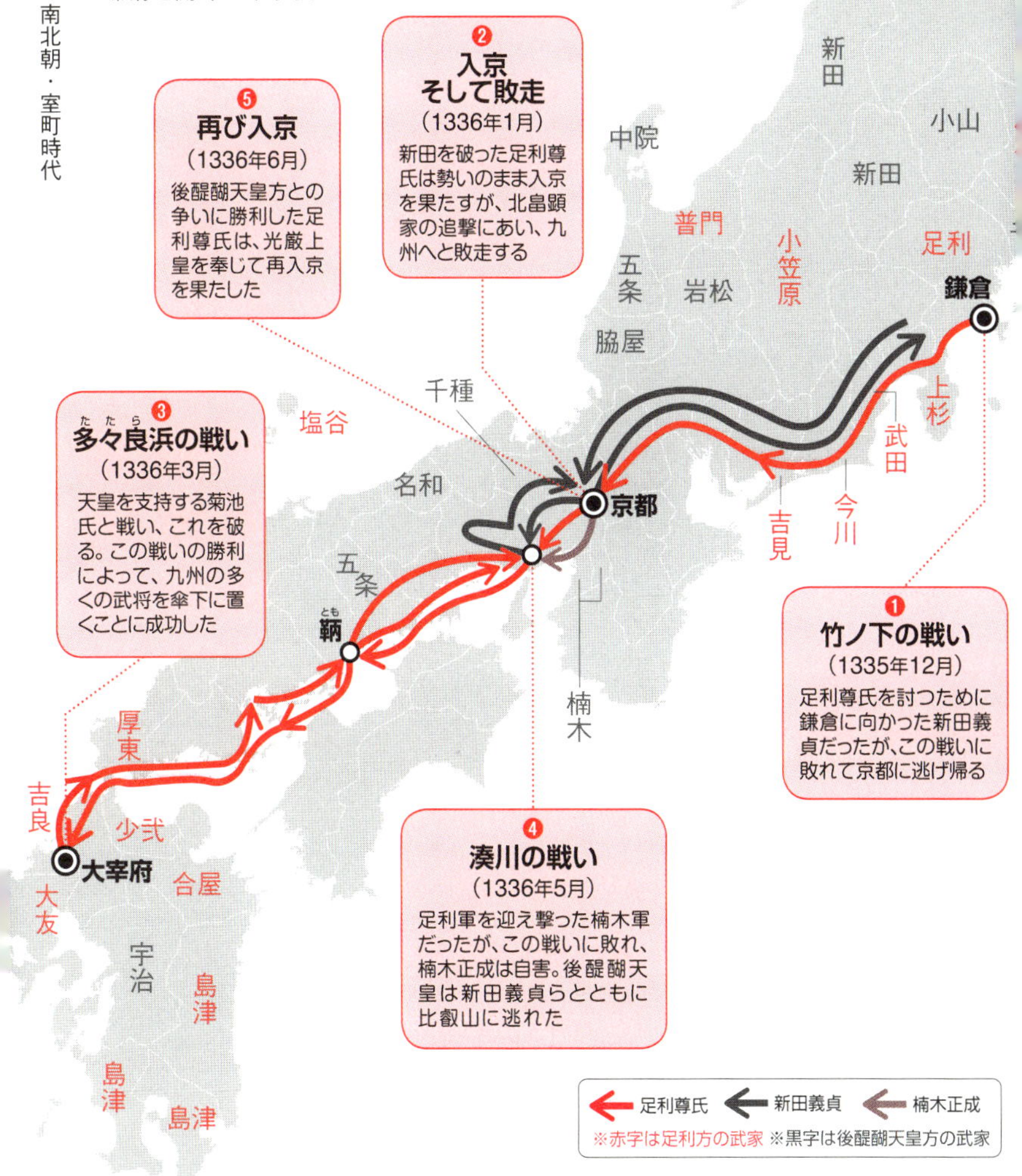
❷ 入京そして敗走
（1336年1月）
新田を破った足利尊氏は勢いのまま入京を果たすが、北畠顕家の追撃にあい、九州へと敗走する
❺ 再び入京
（1336年6月）
後醍醐天皇方との争いに勝利した足利尊氏は、光厳上皇を奉じて再入京を果たした
❸ 多々良《たたら》浜の戦い
（1336年3月）

天皇を支持する菊池氏と戦い、これを破る。この戦いの勝利によって、九州の多くの武将を傘下に置くことに成功した
❶ 竹ノ下の戦い
（1335年12月）
足利尊氏を討つために鎌倉に向かった新田義貞だったが、この戦いに敗れて京都に逃げ帰る
❹ 湊川の戦い
（1336年5月）
足利軍を迎え撃った楠木軍だったが、この戦いに敗れ、楠木正成は自害。後醍醐天皇は新田義貞らとともに比叡山に逃れた
北畠
新田
小山
中院
新田
普門
小笠原
足利
五条
岩松
鎌倉
脇屋
千種
上杉
塩谷
武田
名和
京都
今川
吉見
五条
鞆《とも》
楠木
厚東
吉良
少弐
大宰府
合屋
大友
宇治
島津
島津
島津
足利尊氏
新田義貞
楠木正成
※赤字は足利方の武家 ※黒字は後醍醐天皇方の武家

南北朝の対立 1336年

幕府の内紛が南北朝の対立を長引かせた

観応の擾乱は足利兄弟の権力争いが発端だった

1336年、京を制圧した**足利《あしかが》尊氏《たかうじ》**は、後醍醐《ごだいご》天皇を廃して持《じ》明院統《みょういんとう》の**光明《こうみょう》天皇**を即位させ、これにより**室町幕府が成立**した。

これに対して後醍醐天皇は、京を逃れて**吉野**にこもり、自分が正統だと主張した。京の朝廷・北朝と**吉野**の朝廷・南朝が対立する、**南北朝時代**の始まりである。

1338年、尊氏は北朝から**征夷大将軍に任命**され、自分は軍事の責任者となり、弟の**直義《ただよし》**を政治の責任者とした。この**二頭体制**によって次第に幕府内には亀裂が生じ、1350年に「**観応《かんのう》の擾乱《じょうらん》**」と呼ばれる内紛が勃発した。この内紛は、直義の養子・**直冬《ただふゆ》**の一派と、尊氏とその息子・**義詮《よしあきら》**の一派の争いとなって引き継がれ、**十数年にわたって続く**ことになる。

幕府内部の対立によって南朝が息を吹き返した

同時に、北南朝の対立も約60年におよぶ長いものとなる。これは、幕府の内紛が朝廷を巻き込んだことに関係する。

南朝は、1337~1339年頃にかけて北畠顕家《きたばたけあきいえ》や新田義貞《にったよしさだ》らの主力が戦死し、後醍醐天皇も亡くなった後は、ほとんど組織的な戦力をもてなくなり、北朝にいつ滅ぼされてもおかしくない状態となっていた。しかし、観応の擾乱をはじめとする幕府の内紛によって、尊氏派も直義派もしばしば**南朝を戦力として取り込み**、その都度、南朝は息を吹き返した。

また、この騒動が全国へと飛火して、各地の武士同士の争いへと拡大したことも、南北朝の対立を長期化させる原因となった。武士たちは、それぞれの思惑で**北朝派**か**南朝派**、**尊氏派**か**直義派**かに分かれ、各地域や地方での主導権争いを繰り広げていくのである。

ここが発見!

南北朝の対立は北朝有利だったが、足利兄弟が権力争いに南朝を利用したため、南朝は息を吹き返して対立が長期化した。

足利兄弟の対立と南北朝の動き

一時期、尊氏の側近・高師《こうのもろ》直《なお》などの奮戦により、南朝は力を失いつつあった。ところが、後村上《ごむらかみ》天皇による直義追討の綸旨《りんじ》と引き換えに、尊氏が南朝に対して一時的にとはいえ降伏したことで、大きな変化が生まれる。皇位継承に対する発言権を認めたこと、三種の神器をもつ南朝を正統の皇室としたこと、さらに南朝の反撃によって上皇や皇太子が南朝に拘束されたことなどが原因で、南朝と北朝の力関係は拮抗することとなった。

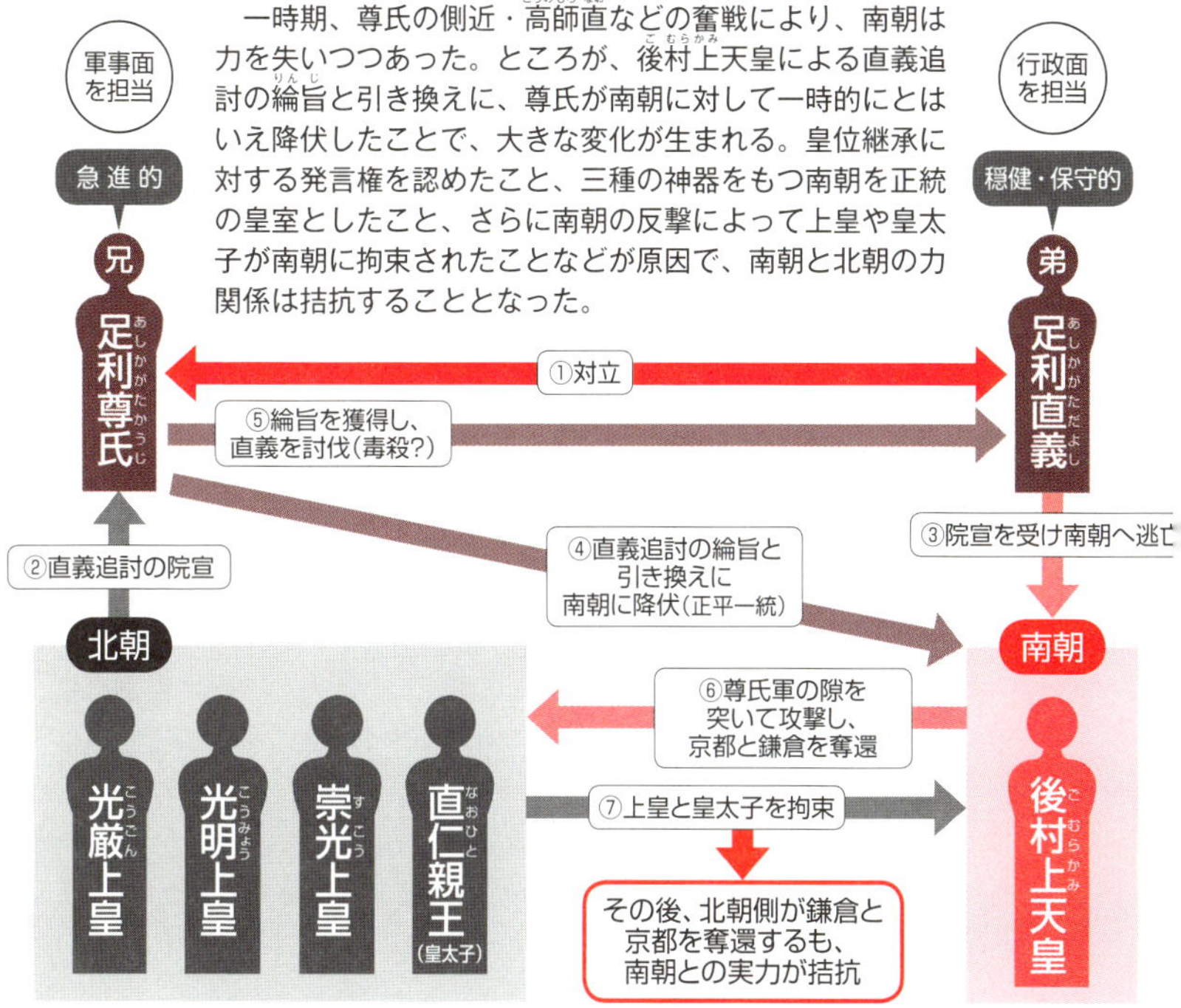
軍事面を担当
急進的
兄
足利尊氏《あしかがたかうじ》
行政面を担当
穏健・保守的
弟
足利直義《あしかがただよし》
①対立
⑤綸旨を獲得し、直義を討伐（毒殺？）
②直義追討の院宣
③院宣を受け南朝へ逃亡
④直義追討の綸旨と引き換えに南朝に降伏（正平一統）
北朝
光厳《こうごん》上皇
光明《こうみょう》上皇
崇光《すこう》上皇
直仁《なおひと》親王（皇太子）
南朝
後村上《ごむらかみ》天皇
⑥尊氏軍の隙を突いて攻撃し、京都と鎌倉を奪還
⑦上皇と皇太子を拘束
その後、北朝側が鎌倉と京都を奪還するも、南朝との実力が拮抗

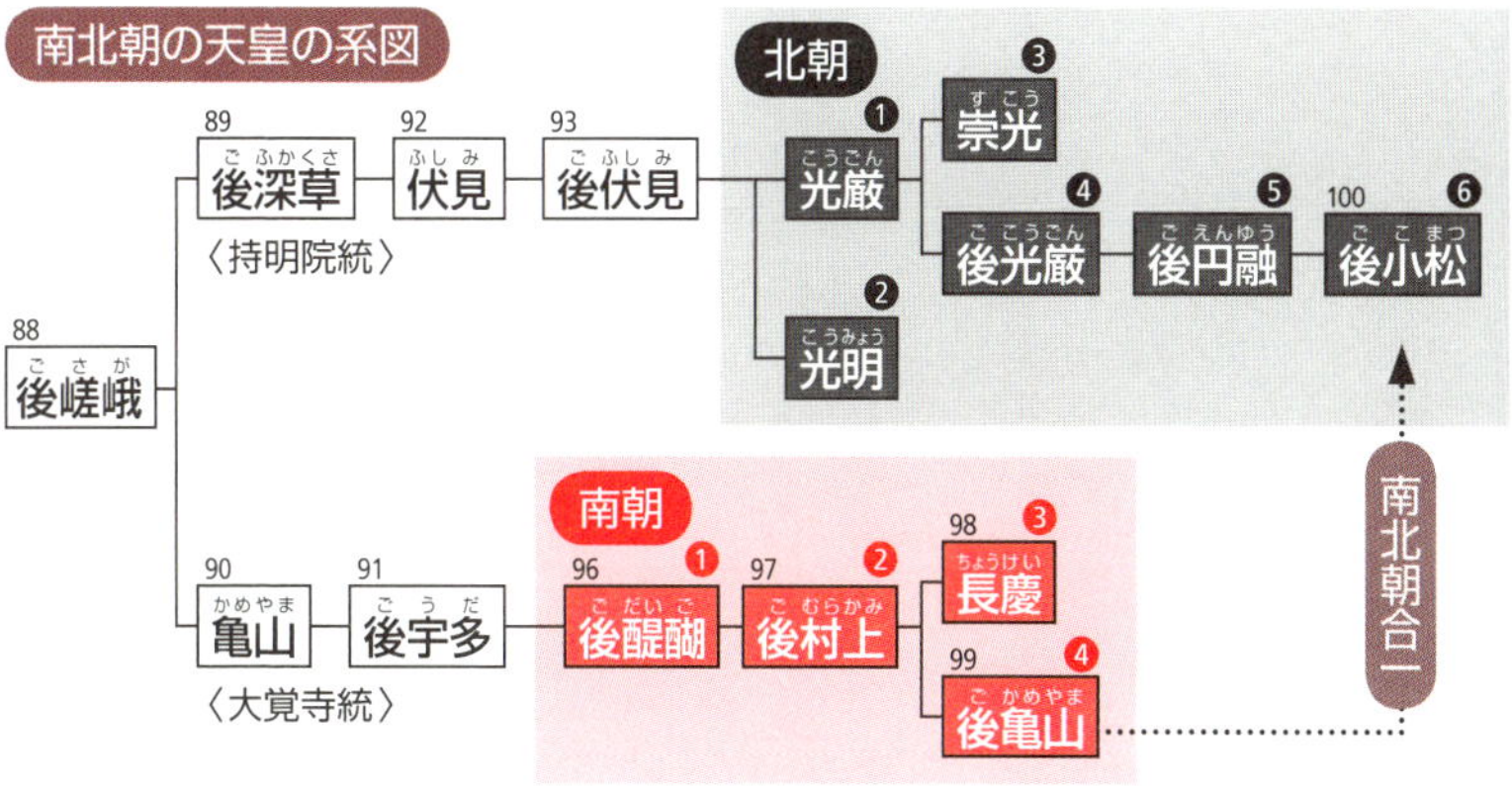
南北朝の天皇の系図
88 後嵯峨《ごさが》
89 後深草《ごふかくさ》
92 伏見《ふしみ》
93 後伏見《ごふしみ》
〈持明院統〉
北朝
❶ 光厳《こうごん》
❷ 光明《こうみょう》
❸ 崇光《すこう》
❹ 後光厳《ごこうごん》
❺ 後円融《ごえんゆう》
100 ❻ 後小松《ごこまつ》
90 亀山《かめやま》
91 後宇多《ごうだ》
〈大覚寺統〉
南朝
96 ❶ 後醍醐《ごだいご》
97 ❷ 後村上《ごむらかみ》
98 ❸ 長慶《ちょうけい》
99 ❹ 後亀山《ごかめやま》
南北朝合一

※数字は天皇の即位順、丸数字はそれぞれの朝での即位順

守護の成長がばさら大名の登場をもたらした

守護大名は幕府の政策によって生まれた

室町幕府は、全国の武士をまとめるため、**守護の権限を拡大**した。おもに、土地所有権を主張して勝手に田の稲を刈ってしまう「**刈田《かりた》狼藉《ろうぜき》**」の**取り締まり権**と、土地問題の解決手続きである「**使節《しせつ》遵《じゅん》行《ぎょう》**」の権限が守護に与えられた。この権限で、守護は武士の争いに介入できるようになった。

さらに幕府は、軍費調達のため、守護に一国内の荘園や公領の年貢の半分を徴発させる「**半済令《はんぜいれい》**」を発布した。守護は半済令を盾に一国内の荘園や公領を侵略し、それを武士に分け与えて自らの統制下に組み入れていく。これにより、一国全体におよぶ**守護の支配が確立**されていくのである。

将軍の権威を恐れないばさら大名が誕生した

この頃、有力な在地領主である**国人《こくじん》**と呼ばれる武士層が各地で成長し、さらに国人たちをまとめ**守護大名**となる守護たちが現れた。新興守護大名のなかには、華美な服装をして贅沢な暮らしにふけり、朝廷を軽んじて、将軍の権威を恐れない「**ばさら（婆娑羅《ばさら》）大名**」と呼ばれた者がいた。

ここが発見！

朝廷や将軍の権威をものともしないほどに力をもったばさら大名。彼らの新しい価値観が、後にくる下剋上の時代をつくった。

ばさら大名の代表格が、近江国の守護・**佐々木道誉《ささきどうよ》（高氏《たかうじ》）**である。道誉は、東山の妙法寺で紅葉の枝を折って住職の亮性法親王《りょうしょうほうしんのう》に叱られると、寺に火をかけた。陸奥国に流されることになった道誉だったが、道中で酒宴を開いては物見遊山を楽しんだという。

足利尊氏は、1336年に出した「**建武式目《けんむしきもく》**」で、ばさらの風潮を戒めている。武士の旨である倹約に反するうえ、社会秩序を乱して幕府の支配体制を揺るがすと考えたからである。そして現実に彼らの価値観は、後に**戦国の下剋上社会**へ受け継がれることとなる。

守護の権限強化から守護大名の誕生へ

　使節遵行の権限や刈田狼藉を取り締まる権限を与えられ、さらに領地から領主に流れる年貢の半分を得ることができる半済令が出されたことで、守護の権限は次第に強化されていった。このような流れの中で大きな力を得た守護は、やがて守護大名へと成長していく。そして、守護大名の一部が権力に臆しない「ばさら大名」化していくのである。

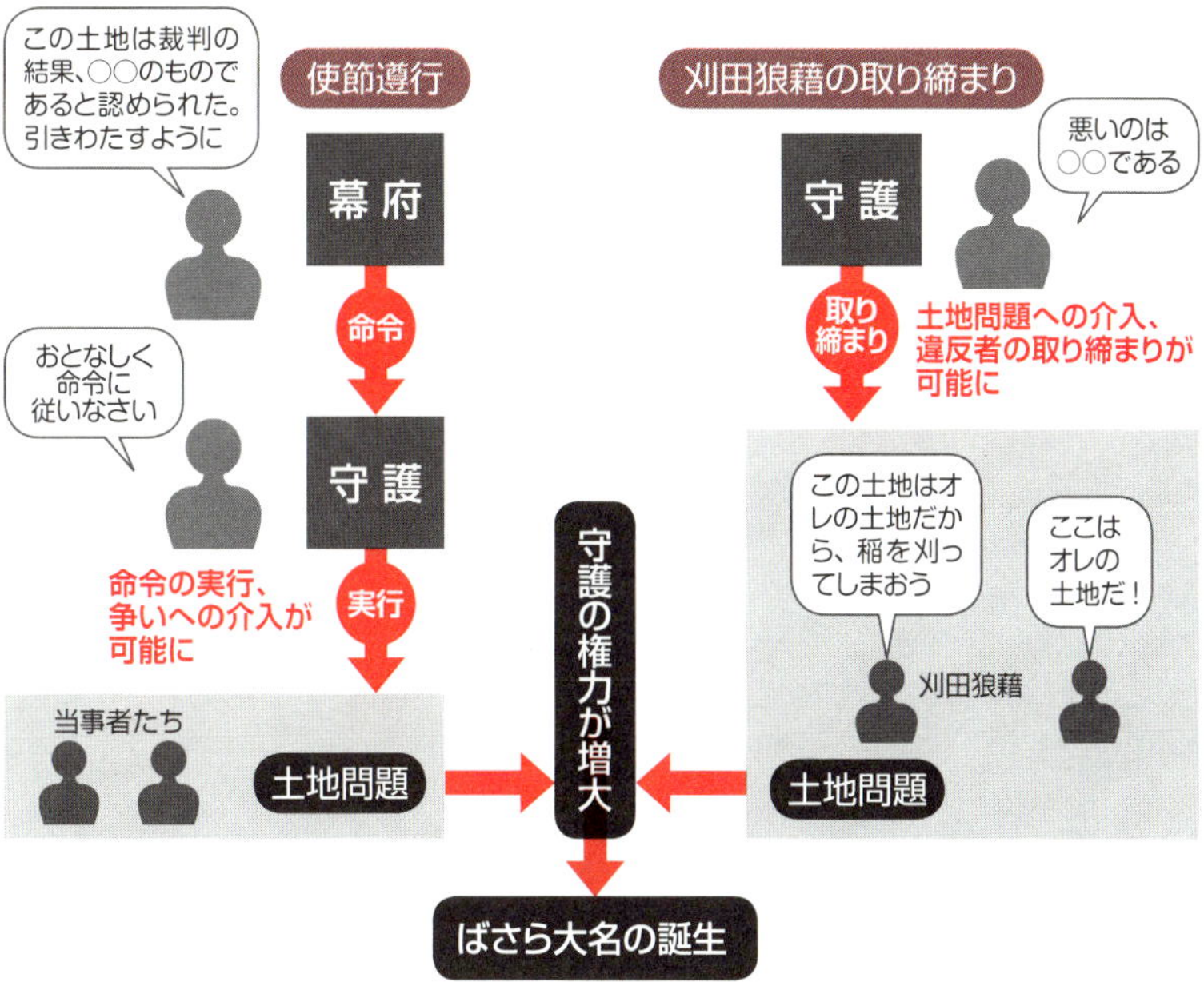
使節遵行
この土地は裁判の結果、○○のものであると認められた。引きわたすように
幕府
命令
おとなしく命令に従いなさい
守護
実行
命令の実行、争いへの介入が可能に
当事者たち
土地問題
刈田狼藉の取り締まり
守護
悪いのは○○である
取り締まり
土地問題への介入、違反者の取り締まりが可能に
この土地はオレの土地だから、稲を刈ってしまおう
ここはオレの土地だ！
刈田狼藉
土地問題
守護の権力が増大
ばさら大名の誕生

守護の強大化に一役買った半済令

　半済令によって、荘園領主や朝廷への年貢の半分が守護の収入となった。さらに、独自に課税する権限も与えられるようになるなど守護の権限は拡大し、やがて荘園や公領を侵略して領国化していくようになった。

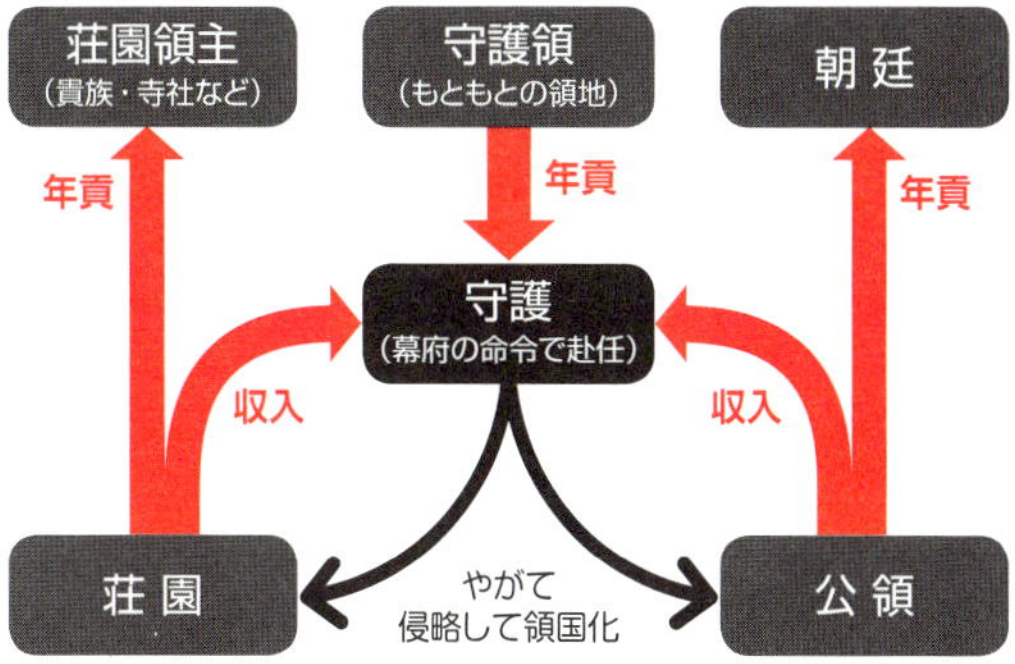
荘園領主
（貴族・寺社など）
守護領
（もともとの領地）
朝廷
年貢
年貢
年貢
守護
（幕府の命令で赴任）
収入
収入
荘園
やがて侵略して領国化
公領

南北朝時代　足利義満《あしかがよしみつ》の征夷大将軍就任 1368年

足利義満は偽の提案で南北朝時代を終結させた

守護統制のために次々と政治改革を行った

南北朝時代、貴族は以前より衰えたとはいえ、依然として商工民を支配していた。このような権限を吸収し、独裁体制を固めたのが第三代将軍・**足利義満**である。

義満は父・義詮《よしあきら》の死によって、1368年に11歳で将軍になると、幕府の権力を高めるため有力守護の統制を始めた。1390年、有力守護の土岐《とき》氏を追討すると（**土岐氏の乱**）、翌年には11国の守護を務めていた山名《やまな》氏を討ち、3国へと削減した（**明徳《めいとく》の乱**）。

また、将軍を補佐する**管領《かんれい》**に、足利一門の**斯波《しば》・細川・畠山**の3氏を交代で任命し（**三管領《さんかんれい》**）、**所《しょ》司《し》**（侍所《さむらいどころ》の長官）は守護の**山名・赤松・京極・一色**の4氏から任命することとした（**四職《ししき》**）。このしくみは、特定の守護に権力が集中するのを避ける役目を果たした。

さらに、幕府の地方機関として**鎌倉府《かまくらふ》**、**九州探題**、**奥州《おうしゅう》探題**、**羽州《うしゅう》探題**を置き、鎌倉府の長・**鎌倉公方《くぼう》**に足利尊氏《あしかがたかうじ》の息子・**基氏《もとうじ》**を任命すると、この職を世襲とした。これにより、鎌倉府は室町幕府と同じ組織をもつ**第二の幕府**のような組織となり、東国を安定的に支配できるようになった。

南北朝統一のために天皇の譲位を実現させた

義満のもうひとつの業績は、約60年にわたって続いた**南北朝時代の終結を成し遂げた**ことにある。1392年に義満は、今後は両統から互いに天皇を出すという偽りの提案を南朝の**後亀山《ごかめやま》天皇**にもちかけた。そして、後亀山天皇から北朝の**後小松《ごこまつ》天皇**に**三種の神器**をわたさせ、譲位を実現させた。

この提案は後に反故《ほご》にされたが、義満は策略や改革を次々と実現して各地の大勢力を抑え込み、幕府の政治的基盤を整備して強力な支配体制を築いたのである。

ここが発見！

足利義満は、守護を統制する政治改革、偽の提案で南北朝を合一させる策略などにより政治的安定をつくり出した。

政治を安定させた足利義満の功績

南北朝の戦乱が続く動乱の時代に生まれた義満は、幕府の支配体制を確立するためには、南北朝を統一させて政治的安定を図り、同時に台頭する守護の力を抑えることが必要不可欠だと考えていた。義満は、時代の流れを読む鋭い洞察力と優れた行動力で、これらの諸問題を次々と解決に導き、幕府による政治を強化することに成功した。また、優れた文化的素養を備えていて、鹿苑寺《ろくおんじ》金閣に代表される華やかな北山文化の担い手としても活躍した。

足利義満《あしかがよしみつ》

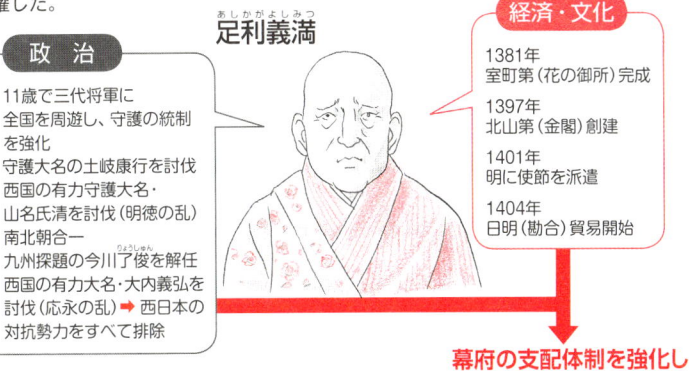

政治

1368年	11歳で三代将軍に
1385〜1389年	全国を周遊し、守護の統制を強化
1390年	守護大名の土岐康行を討伐
1391年	西国の有力守護大名・山名氏清を討伐（明徳の乱）
1392年	南北朝合一
1395年	九州探題の今川了俊《りょうしゅん》を解任
1399年	西国の有力大名・大内義弘を討伐（応永の乱）➡ 西日本の対抗勢力をすべて排除

経済・文化

1381年	室町第（花の御所）完成
1397年	北山第（金閣）創建
1401年	明に使節を派遣
1404年	日明（勘合）貿易開始

幕府の支配体制を強化し、同時に北山文化を推進

室町時代の守護の配置図（1399年頃）

当時、一部の守護は広大な支配地域からの莫大な収入を背景に、大きな力をもちつつあった。義満は、これらの守護を統制していくことに一応成功するが、それでもこれら守護の力はさらに増大していき、後に守護大名の誕生につながっていくこととなる。

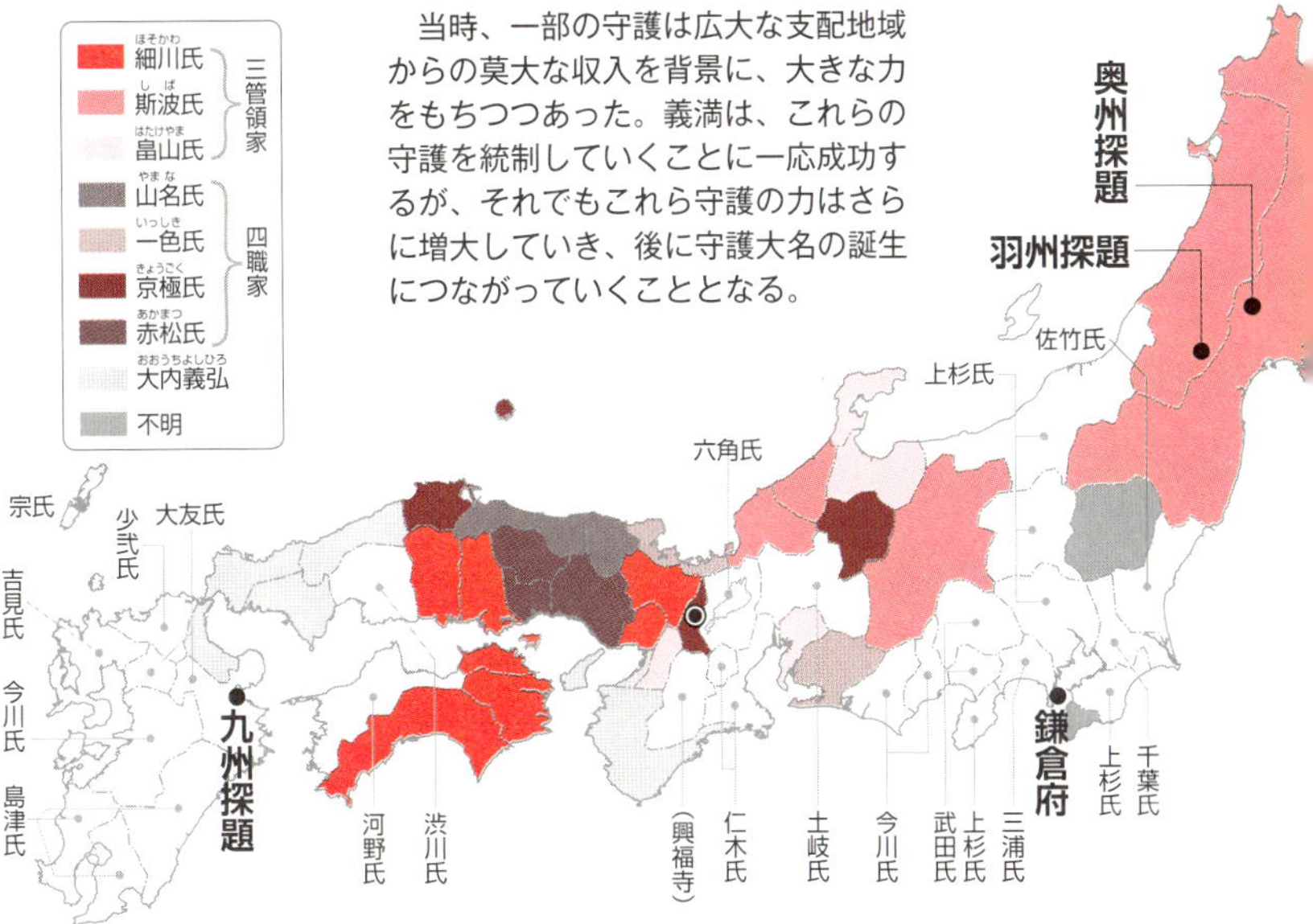
細川氏《ほそかわ》
斯波氏《しば》
畠山氏《はたけやま》
三管領家
山名氏《やまな》
一色氏《いっしき》
京極氏《きょうごく》
赤松氏《あかまつ》
四職家
大内義弘《おおうちよしひろ》
不明
奥州探題
羽州探題
佐竹氏
上杉氏
六角氏
宗氏
少弐氏
大友氏
吉見氏
今川氏
島津氏
九州探題
河野氏
渋川氏
（興福寺）
仁木氏
土岐氏
今川氏
武田氏
上杉氏
三浦氏
鎌倉府
上杉氏
千葉氏

室町時代 **足利義満《あしかがよしみつ》が日本国王に冊封《さくほう》 1401年**

国王を名乗った足利義満は天皇を目指していた？

義満は公家のトップに立つと天皇のように振る舞った

足利義満は、京都の商人や諸国への課税権、海外との外交権など、朝廷の機能を幕府に吸収させながら、全国的な**統一政権**をつくり上げた。同時に義満は、自らの地位を高めることで、幕府の権威も高めようとも考えていた。１３８２年、朝廷の官職として事実上のトップである左大臣になると、翌年に**准三后《じゅさんごう》**（皇后などに準じた皇族待遇）となり、息子の**義持《よしもち》**に将軍職を譲って出家した後は**太政《だじょう》大臣**まで上り詰めた。そして、京都の北山に築いた邸宅・**北山第《きたやまだい》**を拠点とし、政治の実権を握った。

その後、義満は官職を得た者のあいさつを北山第で行わせたり、国家安泰を祈る儀式を行ったりと、**天皇の権利の一部**を自分のものとし、公家たちに自らを**法皇**として扱うように要求した。

義満はまた妻・**康子《やすこ》**を**後小松《ごこまつ》天皇の准母《じゅんぼ》**（母親代わり）にし、康子が生んだ**義嗣《よしつぐ》**を**親王**と同等に扱わせた。ここに義満は公武両方において頂点を極めたのである。

国王を名乗ったのは中国との外交のためだった

さらに義満は**明《みん》**（中国）から「**日本国王**」の称号を授かっている。このことから、義満は義嗣を天皇に立て、皇位を簒奪《さんだつ》しようとしたという説がある。

しかし、**国王の称号は皇帝よりも下位**にあたり、日本の皇帝である天皇を否定することにはならない。また、足利氏は武力で全国を統一したのではなく、**守護大名のまとめ役**であったという当時の情勢を見れば、その企てが実現したとも思えない。義満が国王を名乗った背景には、当時力を入れていた**日明(勘合)貿易**（▼P１３８）を円滑に進める目的があったというのが有力な説である。

ここが発見！

義満が日本国王を名乗ったのは、皇位を乗っ取ろうとしたのではなく、日明貿易を円滑に進めるためだったといわれている。

朝廷に勝る権力を手に入れようとした足利義満

将軍になった足利義満は、朝廷や天皇・法皇に肩を並べるだけの権威を手に入れようと、高い官位を手に入れたり、国王を名乗ったりするなど、さまざまなことを行った。権威を手に入れたいという強い思いは、さまざまなエピソードを通じても後世に伝わっている。

朝廷をしのぐ権威を手に入れるための施策

1383年　准三后の称号を得る
1385年　京都を幕府直轄領として支配する
1394年　貴族の最高官位、太政大臣に就任する
1402年　日明貿易で「日本国王」を名乗る
1397年　御所を真似て北山第（金閣）をつくる

足利義満《あしかがよしみつ》

足利義満の権威欲を示すエピソード

自分の子どもたちを、当時有力貴族しかなれなかった有力寺社の門跡（住職）に就かせた

多くの公卿たちを引き連れて比叡山延暦寺に参詣した

北山第に移ったとき通常は皇居以外では行われない「安鎮法」という儀式を行った

後小松天皇を北山第に招いたとき天皇と同じ服装で対等に振る舞った

朝廷での儀式に出席するときは法皇と同じ服を着用した

朝廷の役人を北山第に呼びつけて指示を与えた

天皇に並ぶ不動の地位を手に入れようとしたが、死によって果たせず

足利義満に潰された大名たち

義満は自らの独裁政治を脅かしかねない存在には容赦なく攻撃をしかけた。最初の標的は、有力守護の土岐《とき》氏だった。義満は当主の死をきっかけに土岐氏の領地を二分し、家督争いを誘発させて頼康《よりやす》の子・康行《やすゆき》を討伐。土岐氏は３国の領地を１国に削減された（土岐氏の乱）。

次いで、11国を治める大大名の山名氏も犠牲となった。義満は家督争いに介入して山名氏清《やまなうじきよ》を討ち取り、わずか３国に削減してしまった（明徳《めいとく》の乱）。

さらに、義満は西国で朝鮮貿易を行い莫大な利益を得ている大内氏に目をつけた。危険を察知した大内義弘《おおうちよしひろ》は、反義満派勢力を味方につけ挙兵。激しい戦いとなったが、幕府の大軍にはかなわず義弘は戦死。やはり、６国から２国への削減となった（応永《おうえい》の乱）。

室町時代

日明《にちみん》（勘合《かんごう》）貿易の開始 1404年

日明貿易は明への朝貢という形式で行われた

切迫した財政事情を立て直すために日明貿易を始めた

足利義満《あしかがよしみつ》の権威は頂点をきわめたが、幕府の内情は**慢性的に赤字続き**の状態だった。全国に建てた関所からの通行税、商人から徴収した税金などの収入があったが、山城国しか直轄領がなく土地からの収入に期待できないため、**財政基盤は安定しなかった**。

そこで義満は、幕府の財源を確保するために明との貿易を始めることにした。しかし、中国を頂点とする「中華思想」の国である明は「**朝貢**《ちょうこう》**貿易**（皇帝に貢物《こうもつ》を捧げ、皇帝から恩賜《おんし》を受ける）をせよ」と命じてきた。屈辱的な話ではあるが義満はその条件を受け入れ、中国にとっては臣下であり、日本国内的には最高権力者であることを意味する「**日本国王**」を名乗り、日明貿易を始めたのである。

明銭の流通は日本の技術力不足によるものだった

こうして1404年に始まった明との貿易は、**勘合符**《かんごうふ》という札を用いて行われたため、「**勘合貿易**」ともと呼ばれる。日本から明には刀剣や硫黄、扇などが輸出され、明からは絹や磁器、**明銭**《みんせん》が輸入された。とくに明銭は大量に輸入されて日本国内に流通し、国内の**商取引**を急速に発達させた。

このように日本が大量に明銭を輸入したのは、**国内では信用のおける貨幣が発行できなかった**からである。貨幣をつくるのには高度な技術が必要で、何より発行する幕府や朝廷の信用力が不可欠なのである。

当時、輸入された明銭は、明ではすでに流通しなくなっていた銅銭だったが、**大きさや目方が統一**されており、何しろ安い値段で大量に輸入できたため、日本で必死に貨幣をつくるより、はるかに合理的だったのだ。

ここが発見!

幕府が明の皇帝の臣下という立場で貿易を行った背景には、なりふり構わず財源を確保したい幕府の厳しい財政事情があった。

室町幕府を救った日明貿易

日明貿易の経路

日明貿易は、明が日本を属国扱いした朝貢貿易であったが、貿易による利益を重視していた足利義満は、それを気に留めることはなかった。たとえば銅を輸出して生糸を輸入した場合、元手の約100倍もの利益を得ることができたという。

この貿易は、義満の子である四代将軍・義持のときに一時中断されるが、義持の弟である六代将軍・義教のときに再開され、幕府の重要な財源となった。

日宋貿易と日明貿易の比較

	日宋貿易	日明貿易
年代	10～13世紀	15～16世紀
貿易の性格	宋との正式国交はなし、民間レベルの貿易	朝貢貿易 (日本が明に朝貢するという形)
中心人物	平清盛	足利義満
貿易地	博多・坊津・大輪田泊	堺・博多・平戸・坊津・寧波 など
輸入品	宋銭・書籍・陶磁器・香料・高級織物・薬・茶 など	明銭・生糸・薬・書籍 など
輸出品	砂金・硫黄・木材・刀・漆器・水銀・蒔絵 など	刀・硫黄・蘇木・銅 など
特徴	清盛による音戸の瀬戸の開削、大輪田泊の修築で貿易振興	勘合を携帯する船のみ貿易可能 (寧波で査証、北京で交易)

勘合貿易と勘合符

勘合符とは、割り印が押された札のこと。当時は倭寇が盛んに活動していたため、倭冦の船と正式な貿易船を区別するための証明書として使われた。日明貿易は、勘合符が使われたために「勘合貿易」とも呼ばれた。勘合符は日字壱号から日字百号までの100枚と本字壱号から本字百号までの100枚、計200枚あり、中国の皇帝が変わるごとに新しいものが発行された。日本から明に行くときには本字○号の札をもっていって明側の札と照合し、明から日本に来るときには日字○号の札で同じことを行った。

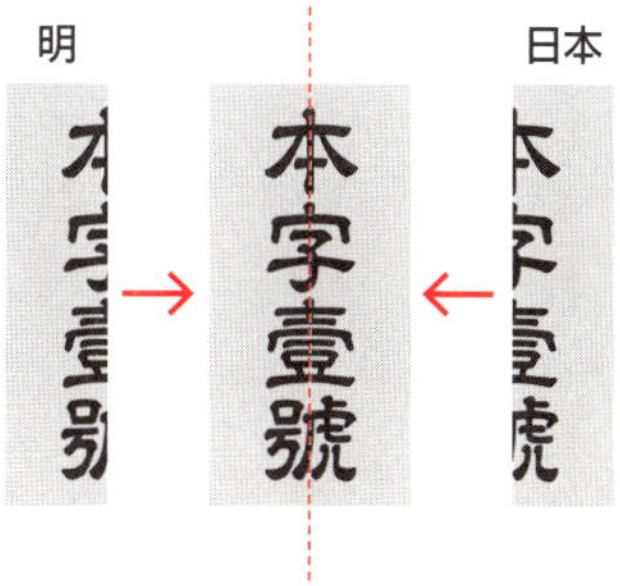

室町時代 **足利義教《あしかがよしのり》の征夷大将軍就任 1428年**

くじ引き将軍と風流将軍が戦国乱世を呼び込んだ

六代将軍・足利義教はくじ引きで選ばれた

１４０８年、足利義満《あしかがよしみつ》の死去で将軍になった**義持《よしもち》**は、実権を握ると義満とは違う路線を取り、幕府と有力守護たちとの**勢力均衡**を図りながら安定した政治を目指した。しかし、守護たちの協力の上に成り立っていた室町幕府は、義満という強力な指導者が亡くなると、その時々の**管領《かんれい》**を務める有力者に政務を委ねるしかなく、将軍の求心力は衰える一方だった。

１４２８年、義持が後継者を決めないまま亡くなると、困った群臣たちは、**くじ引き**で将軍を選ぶことにした。選ばれたのは、仏門に入っていた義持の弟・**義円《ぎえん》**。義円は還俗して**足利義教**と名のり、六代将軍に就任すると将軍と幕府の権威回復を強引に目指した。

恐怖政治を行った義教と政治に興味をなくした義政

１４３８年、かねてから幕府に反旗を翻す機会をうかがっていた鎌倉公方《くぼう》の**足利持氏《あしかがもちうじ》**と関東管領の**上杉憲実《うえすぎのりざね》**が衝突すると、義教は同族の持氏ではなく憲実側につき、持氏を討った（**永享《えいきょう》の乱**）。義教は気に入らない者を片っ端から処罰する恐怖政治を行い、有力守護たちも殺害したため、１４４１年に有力守護の**赤松満祐《あかまつみつすけ》**が義教を暗殺した（**嘉吉《かきつ》の変**）。

その後、七代将軍となった義教の嫡男・**義勝《よしかつ》**は幼くして亡くなり、義勝の弟・**義政《よしまさ》**が八代将軍となる。義政は、正室・**日野富子《ひのとみこ》**の実家である**日野氏の政治介入**などで思い通りの政治ができなかったことから、芸術や風流の世界にしか興味をもたなくなった。これにより**東山文化**が花開くが、将軍の後継者争いや重臣たちの権力争いが激化して政治は混乱し、**応仁《おうにん》・文明の乱**をきっかけに戦国乱世の時代へ突入するのである。

ここが発見！

足利義満以降、将軍の権力は低下し、くじ引きで選ばれる者や政治を顧みない者も登場し、将軍の求心力は急速に低下した。

室町幕府の将軍の系譜

1336年に室町幕府が成立して以来、1573年に幕府が滅亡するまでの約240年の間に、将軍は15人を数えた。その在位期間は、長い者では30年にわたったが、なかには打ち続く戦乱に巻き込まれ、数カ月という短い在位期間に終わった者もいた。とくに応仁・文明の乱（1467～1477年）以降は、政治的な権力を維持することが難しく、不遇のままに終わった将軍も多かった。

1 尊氏（たかうじ）

後醍醐天皇に背く結果になったことを悔やんだり、敵となった後醍醐天皇を許すなど、**人柄がよかった**といわれ、それだけに**周囲の信頼も厚かった**。室町幕府を立てることができたのも、そんな周囲の武士たちによる後押しがあったためといわれている。

2 義詮（よしあきら）

さまざまな改革を行って幕府の力を高めるも、後に政治を側近に任せるようになり、38歳の若さで死去した。

3 義満（よしみつ）

もって生まれた駆け引きのうまさで天皇にも並ぶ強大な権力を手に入れ、幕府による支配を磐石なものとした。また、**明との貿易や芸術活動を推進**し、**北山文化**を担った。

4 義持（よしもち）

芸術的素養に優れていたが、父・義満ほどのリーダーシップはなく、後に有力守護たちに幕府の実権を握られた。

5 義量（よしかず）

政治的な力はなく、酒におぼれて19歳で死去した。

6 義教（よしのり）

激しい性格の持ち主で、厳しい政治を行って**幕府と将軍の復権に努めた**が、嘉吉の乱により**暗殺**された。

7 義勝（よしかつ）

嘉吉の乱で暗殺された父・義教に代わって10歳で将軍になるが、在任わずか8ヵ月で死去する。

8 義政（よしまさ）

政治には興味をもたなかったが芸術を愛し、**銀閣を造営**するなどして**東山文化**を推進した。

9 義尚（よしひさ）

応仁の乱で叔父の義視と将軍位を争った後、将軍として積極的な改革を行ったが、25歳で病死した。

10 義稙（よしたね）

有力大名・細川政元に将軍位を剥奪されて**亡命生活を送る**も13年後に復位。しかし、政元の子・細川高国の陰謀で再び将軍位を失い、亡命先の阿波で死去した。

11 義澄（よしずみ）

義稙が追放されたことで将軍に立てられるも、義稙の復位に伴って将軍位を失い、32歳で死去した。

12 義晴（よしはる）

義稙を2度目の追放に追いやった細川高国によって将軍職につくも、細川家の内紛に巻き込まれて息子・義輝に譲位した。

13 義輝（よしてる）

11歳にして将軍位を譲り受けると、諸国の戦国大名との関係修復に努めて**幕府の威信を回復させる**も、30歳のときに松永久秀らにより**殺害**された。

14 義栄（よしひで）

義輝を殺害した松永久秀らにより将軍位につくも、織田信長入京直前に病没した。

15 義昭（よしあき）

武田信玄や朝倉義景らと**織田信長包囲網を築く**が、逆に信長に敗れ、**室町幕府最後の将軍**となった。

室町時代　北山文化 14世紀末　東山文化 15世紀中頃

貴族中心から武家中心へ多彩な文化が花開いた

足利義満が主導した華美で豪奢な北山文化

室町時代の文化は、武家に浸透した禅宗の文化に加えて、伝統的な公家文化や、日明貿易によってもたらされた中国の文化、成長著しい庶民の文化が融合して形成された「**武家文化**」といえる。

南北朝の動乱時代、朝廷の文化の伝統的権威を否定し、実用性を重んじる文化として生まれた**南北朝文化**では、戦乱の時代を反映して『**太平記**』に代表される**軍記物**や歴史書が多くつくられた。

武家と公家の頂点に立った**義満**《よしみつ》を中心に、権力を拡大しつつある武士たちが公家的なものを吸収して花開いた**北山文化**は、武家と公家の文化を融合させた華やかさ、派手さを特徴とするものだった。この文化を代表する**金閣**は、公家、武家、仏教を支配したいという義満の願望に基づいてつくられたといわれ、1層が**寝殿造**《しんでんづくり》（公家）、2層が**和様**（武家）、3層が**禅宗様**（仏教）に造られている。

足利義教が愛した風雅・幽玄な東山文化

一方、政治から身を引いた**義政**《よしまさ》を中心に生まれた**東山文化**は、武家中心の文化が生活のなかに取り込まれたもので、風雅《ふうが》、幽玄《ゆうげん》、侘《わび》・寂《さび》といった**美意識**が重視された。

義政が建てた**銀閣**は、1層が**書院**《しょいん》**造**《づくり》、2層が**禅宗様**となっており、金閣に比べ質素で落ち着いた雰囲気が特徴である。書院造は今日の和風建築に受け継がれている。

禅の精神を取り入れた**枯山水**《かれさんすい》の庭園が造られたのもこの時代である。また、武家や公家だけでなく、民衆が参加して楽しむ文化が生まれ、**御伽草子**《おとぎぞうし》などが流行した。『一寸法師』『浦島太郎』など、今でも子どもに人気の物語が多い。死者を供養する**盆踊り**も、この時代の民衆に定着したものである。

ここが発見！

室町時代には実用性を重んじる南北朝文化、貴族的な北山文化、侘・寂を重んじる東山文化など、多彩な文化が花開いた。

室町時代に花開いた四種四様の文化

室町文化は武士を中心として鎌倉時代の文化を継承する形で形成され、成熟していったといえる。また、商工業の発展によって商人や農民の地位が向上したこともあり、彼ら庶民のための文化が発達した時代でもあった。室町時代の文化は、大まかに次のような4つに分けることができる。

	南北朝文化	北山文化	東山文化	庶民文化
時代	14世紀前半	14世紀末～ 15世紀前半	15世紀中頃	室町時代全般
背景	時代の転換期に高まった緊張感と不安感	中国文化や禅の思想の影響	中国の影響を受けた文化が日本独自に発展	民衆の地位向上
担い手	ばさら大名	足利義満	足利義政 地方に下った文化人や知識人	庶民
特徴	朝廷などの権威を軽んじる思想 粋で華美な服装や奢侈な振る舞いを好む美意識	大陸文化と日本文化、公家文化と武家文化など諸文化の融合 活気に満ちているが、粗野な側面も	禅の精神に基づく簡素さ 伝統文化がもつ風雅、幽玄、侘、寂の美	素朴さと娯楽性の強さ
代表的な文化	●**軍記物語** ●**歴史書物** 「増鏡」 「神皇正統記」 「太平記」 「梅松論」 ●**連歌** 「二条河原落書」 ●**闘茶** （豪華なものをかけて茶の飲み分けを争う）	●**水墨画** （禅の精神を具現化） （明兆、如拙、周文） ●**金閣** （伝統的な寝殿造と禅宗寺院の禅宗様の折衷） ●**猿能楽** （観阿弥、世阿弥）	●**茶道（侘び茶）** ●**華道** ●**銀閣** （日本家屋の基礎となった書院造） ●**枯山水** （禅の世界の精神で統一された庭園） ●**日本的な水墨画** ●**大和絵** （雪舟、狩野正信、土佐光信）	●**狂言** ●**幸若舞** ●**古浄瑠璃** ●**小歌** 「閑吟集」 ●**連歌** （連歌師の遍歴によって全国に普及） ●**御伽草子** （現在の昔話の基礎） ●**盆踊り**

闘茶《とうちゃ》

茶の産地や品種を飲み分けて勝敗を競う遊び。禁止令が出るほど、流行した。

連《れん》歌《が》会《かい》

数人で連作して歌を詠みあう。有力寺社や貴族の邸宅などでよく行われた。

室町時代

正長《しょうちょう》の徳政一揆《とくせいいっき》 1428年

農民たちの連帯によって一揆が頻発した

農民たちが起こす一揆は集団行動から武装蜂起へ

室町時代には、農民たちが集まる**惣村**《そうそん》が自然発生的に形成され、より大きな共同組織として**惣荘**《そうしょう》や**惣郷**《そうごう》も形成された。また、異なる領主をもつ惣村が連帯し、**与郷**《くみのごう》という組織を結成することもあった。連帯した農民たちは、やがて要求を通すために**集団行動**を起こすようになる。これが**一揆**である。

この時期の一揆は集団行動全般を指すものだったが、ときには**武装蜂起**に発展することもあった。1428年、京都近郊の惣村が団結し、**徳政**（土地の返還や債務の破棄など）を求めて蜂起した。**正長の徳政一揆**である。農民たちは京都の土倉《どそう》や酒屋などを襲って、貸借証文などを奪った。一揆は瞬く間に近畿地方やその周辺に広がっていき、幕府や守護は**徳政令**を出さざるを得なくなった。

室町時代は、農民たちも幕府や守護、荘園領主たちに要求を突きつける時代だったといえる。

幕府を弱体化させた一揆は守護大名の支配を助長した

一揆の背景には、土地はたとえ売ってしまっても、もとの所有者の権利は失われないという社会通念があった。天皇や将軍が代わったときには、それまでに手放した土地の所有権がリセットされ、元のもち主に返ってくるというのである。事実、正長の徳政一揆は六代将軍・足利義教《あしかがよしのり》が将軍に決まったとき、さらに大規模な**嘉吉**《かきつ》**の徳政一揆**は七代将軍・義勝《よしかつ》が将軍に決まったときに起こっている。

相次ぐ一揆により、領主は民と協調するようになり、やがて**農民側に立つ守護大名も現れる**ようになると、幕府の統治能力はますます低下していった。このような不安定な政治情勢は、戦国大名の支配が確立するまで続くのである。

ここが発見！

室町時代には、農民たちが連帯して行動する一揆が広まった。武装蜂起へ発展することも多く、幕府の弱体化を招いた。

自衛意識の高まりから生まれた惣《そう》と土一揆《どいっき》

室町時代、農民たちはさまざまな外部勢力に対抗するために団結を強めて村を自主的に運営するようになり、それが発展して惣とよばれる共同体が生まれた。惣は「惣掟《そうおきて》」と呼ばれる独自の法にのっとって運営された。農民たちの力は次第に大きくなり、なかには集団行動で自分たちの要求を訴える一揆を起こす者たちが現れる。このような農民（土民）の武力による一揆を「土一揆」という。15世紀半ばになると、各地で土一揆が頻発するようになり、幕府を揺り動かす大きな力のひとつになっていった。

惣の形成としくみ

農民たち

- 共同作業による農業や祭事の効率化
- 戦乱に対する自衛の必要性
- 荘園領主や守護などからの圧力に対する抵抗

集結

惣の形成

惣の会議（寄合）

有力な地侍、有力農民など

農民たち

- 惣掟（村法）の決定
- 地下検断《じげけんだん》（治安の維持）
- 入会地《いりあいち》（共同利用地）・用水の利用や管理
- 地下請《じげうけ》（年貢の共同請負）
- 祭祀（さまざまな祭り）

話しあいで決定

一揆

団結による集団行動

柳生《やぎゅう》疱瘡《ほうそう》地蔵《じぞう》（徳政碑文《とくせいひもん》）

地蔵が彫られた花崗岩の脇に、正長の土一揆で徳政を勝ち取った百姓が記念に彫ったもの。「正長元年ヨリ／サキ者カンヘ四カン／カウニヲ井メアル／ヘカラス」（正長元年より前の神戸四箇郷における負債は消滅した）とある。

写真提供：奈良市観光協会

一向《いっこう》宗の流行 15世紀後半

室町時代の仏教は貴族・武士から民衆へ

五山・十刹に代わり林下の寺院の教えが広まった

室町時代の将軍や守護は、武士の信仰を集めていた**禅宗を保護**した。足利義満も、**五山《ござん》・十刹《じっさつ》の制**を確立するなどして禅宗の一派・**臨済《りんざい》宗**を厚く保護した。

五山とは、格式の高い5つの寺のことで、鎌倉時代以来、多くの権力者が制定してきた。義満は、**南禅《なんぜん》寺**を五山の上とし、天龍《てんりゅう》寺・相国《しょうこく》寺・建仁《けんにん》寺・東福《とうふく》寺・万寿《まんじゅ》寺を**京都五山**、建長《けんちょう》寺・円覚《えんがく》寺・寿福《じゅふく》寺・浄智《じょうち》寺・浄妙《じょうみょう》寺を**鎌倉五山**と定めた。また、五山に次ぐ格をもつ十刹は、**京都十刹**と**鎌倉十刹**を中心に、全国に設置された。

しかし、幕府の衰退に伴って五山派も次第に衰え、これに属さない**林下《りんか》の寺院**が自由な布教を行って地方武士や民衆の支持を得るようになる。そのなかでもっとも多くの信者を集めたのは、**浄土宗系の諸宗派**だった。とくに、農民や商工業者などに広く受け入れられて広まったのが、**親鸞《しんらん》**を開祖とする**浄土真宗**である。

一向宗はわかりやすい教えで大勢力となっていった

浄土真宗は、**阿弥陀仏を一向《ひたすら》に信仰する**という教えから**一向宗**とも呼ばれた。一向宗は1471年、第八代法主・**蓮如《れんにょ》**が越前国の吉崎で布教を始めると越前・美濃・東海などへ伝わり、かつてないほどの熱狂的な信者を獲得していく。

蓮如の布教はわかりやすく、民衆のさまざまな不安に答えるものだった。そのため、多くの者が一向宗の信者になり、その教えは**惣《そう》村《そん》組織の横の広がり**を介して爆発的に広まっていった。やがて、信者たちは強い団結力で強力な組織をつくり上げ、宗教という枠を乗り越えて室町時代後半の社会を大きく揺るがす一大勢力となっていくのである。

ここが発見！

幕府が定めた、五山・十刹に代わって林下の寺院の教えが広まった。なかでも、一向宗はわかりやすさで多くの信者を獲得した。

室町時代の新仏教

室町幕府は五山を制定することで宗教的権威を手に入れ、寺社の統制を行った。一方で、鎌倉時代に起こった新たな仏教は、室町時代になって庶民の間にも広まり始めた。その双璧が法華宗（日蓮宗）と浄土真宗である。とくに浄土真宗はさまざまな迫害を受け、たびたび本山を移動させながらもその土地土地で新たな信者を獲得して勢力を広げた。そして、寺を中心とした自治都市を築き、15世紀後半から16世紀前半にかけて各地で一向一揆を起こすなど、戦国時代の一大勢力となっていった。

蓮如上人像

写真提供：東本願寺山科別院長福寺

浄土真宗（一向宗）

蓮如を法主（指導者）として農民を中心とする庶民の間に広まった。

石山御坊《ごぼう》（石山本願寺）	大谷本願寺	山科本願寺	吉崎御坊
1496年、蓮如により現在の大阪市中央区に設立。後に浄土真宗の本山としておおいに発展し、戦国時代の一大勢力となった。	浄土真宗のもともとの本山。延暦寺の圧力により1465年に破却。	1479年、蓮如により現在の京都府山科区に設立。1532年に法華宗の信徒たちによって焼き討ちにあい焼失。	1471年、蓮如により現在の福井県あわら市に建立。加賀の信者たちの拠点となった。

法華宗（日蓮宗）

日像《にちぞう》、日親《にっしん》らの力で勢力を広げ、おもに京都の商人（町衆）などの間に広まった。

京都五山（禅宗、臨済宗）	鎌倉五山（禅宗、臨済宗）
南禅寺（別格） 天龍寺 相国寺 建仁寺 東福寺 万寿寺	建長寺 円覚寺 寿福寺 浄智寺 浄妙寺

幕府に宗教的権威を与えるも、幕府の衰えとともに衰退

4章

群雄割拠

戦国・安土桃山・江戸時代

この時代のおもな出来事

戦国時代

1467〜1477	幕府内の権力争いにより応仁・文明の乱が起こる	▼P150
1471	朝倉敏景が越前守護となる	▼P152
1485	山城国一揆が起こる	
1488	加賀一向一揆が起こる	
1493	北条早雲が伊豆国を支配する	▼P154
1542	斎藤道三が美濃国を支配する	▼P154
1543	種子島に鉄砲が伝来する	▼P158
1546	河越城の戦いで北条氏康が上杉氏らを破る	▼P160
1549	フランシスコ・ザビエルが来日する	▼P162
1554	今川義元らにより甲相駿三国同盟が結ばれる	▼P164
1555	毛利元就が厳島の戦いで陶晴賢を破る	
1560	桶狭間の戦いで今川義元が織田信長に敗れる	▼P168
1561	武田軍と上杉軍の間で第四次川中島の戦いが行われる	▼P172
1567	織田信長が稲葉山城の戦いで斎藤氏を滅ぼす	
1568	織田信長が将軍・足利義昭とともに上洛する	
1570	織田信長が姉川の戦いで浅井・朝倉連合軍を破る	
1570〜1580	織田信長と石山本願寺の間で石山合戦が起こる	▼P176

1571 毛利元就が死去する……▶P178
1572 武田信玄が三方ヶ原の戦いで徳川家康を破る
1573 織田信長が将軍・足利義昭を追放し、室町幕府が滅亡する

安土桃山時代

1575 長篠の戦いで織田信長が武田勝頼を破る……▶P182
1577~1582 織田信長による中国攻めが起こる……▶P184
1578 織田信長が右大臣を辞任する……▶P186
1579 織田信長の子・於次丸が羽柴秀吉の養子となる……▶P188
安土城が完成する……▶P190
安土宗論が行われる……▶P194
1582 織田信長が本能寺の変に倒れる……▶P196
1582 羽柴秀吉が山崎の合戦で明智光秀を破る
羽柴秀吉が太閤検地を始める
1583 賤ヶ岳の戦いで羽柴秀吉軍が柴田勝家軍を破る……▶P198
1584 小牧・長久手の戦いで羽柴秀吉と徳川家康が和睦する……▶P200
1585 羽柴秀吉が関白に就任する……▶P202
1588 豊臣秀吉が刀狩令を出す
1590 豊臣秀吉が小田原征伐を行い、全国統一を果たす……▶P204
1592 文禄の役が起こる……▶P208
1597 慶長の役が起こる……▶P208
1600 会津征伐……▶P212
関ヶ原の戦いが起こる……▶P214

江戸時代

1603 徳川家康が征夷大将軍となり、江戸に幕府を開く
1612 幕府の直轄領にキリスト教禁止令が出される
1615 大坂夏の陣で豊臣氏が滅亡する……▶P216

応仁の乱では大軍同士の直接対決はなかった

応仁・文明の乱は総勢27万の大軍が京都で対峙した

1467年、**足利義視**《あしかがよしみ》と**義尚**《よしひさ》の次期将軍職をめぐる争いに、**畠山**《はたけやま》**氏**と**斯波**《しば》**氏**の跡目争いが加わり、さらに**細川勝元**《ほそかわかつもと》と**山名宗全**《やまなそうぜん》**（持豊**《もちとよ》**）**の幕府内の主導権争いが絡んで、武士たちが東西に分かれて戦いを始めた。**応仁・文明の乱**である。

義視を支持する**東軍**には、勝元を盟主とする細川氏、京極《きょうごく》氏、武《たけ》田《だ》氏などが名を連ねた。義尚に味方する**西軍**には、宗全を盟主とする山名氏、大内《おおうち》氏、一色《いっしき》氏などが加わった。全国の守護を巻き込み、開戦当初は**東軍16万**、**西軍11万**が京の街でにらみあったが、2年目以降は両軍とも直接対決におよぶことはなく、京内での陣取り合戦や、敵陣営の焼き討ちなどの**小競りあい**が続いた。その間、義視が西軍に寝返り、義尚は細川方によって将軍職につくなど、対立軸も変わってしまった。

10年以上も長引いた戦いが幕府の権威を失墜させた

正面衝突がないまま、ときはすぎ、両者の疲弊はピークに達する。そして1477年、西軍が和議を申し入れ、**11年間**も続いた応仁・文明の乱はついに終結した。

この戦乱によって京の町の多くが焼失し、朝廷や寺社も往時の精彩を失ってしまった。また、終始戦いを傍観していた八代将軍・**足**《あし》**利義政**《かがよしまさ》が早々と隠居してしまっていたことで、将軍の権威もおおいに失墜した。もはや将軍にも管領《かんれい》にも全国を治める力はなく、**戦乱は各地に広がった**。

そして、権威が地に落ちた将軍や守護大名に変わり、守護大名の家臣であった**守護代**《しゅごだい》や**国人**《こくじん》が台頭するようになる。彼らのなかには**下剋上**によって大きな力を得る者も現れ、戦国時代の主人公となっていくのである。

ここが発見！

東西27万の大軍が京都で対峙したが、京の街での大規模な衝突はほとんどなく、むしろ戦いは全国に広がっていった。

全国を二分した応仁・文明の乱

幕政の重鎮である勝元と宗全が参戦したことで、両氏に縁のある守護大名や幕政に関わる有力守護も参戦せざるを得なくなり、全国を二分する抗争となった。当初は京都が主戦場であったが、後期になると各地の守護大名家の内紛と合わさって地方に抗争が飛び火した。これが、後に全国的に下剋上が頻発する土壌をつくったといえる。

東軍(細川方)優勢の地域
西軍(山名方)優勢の地域

応仁·文明の乱当初の勢力分布(1467年)

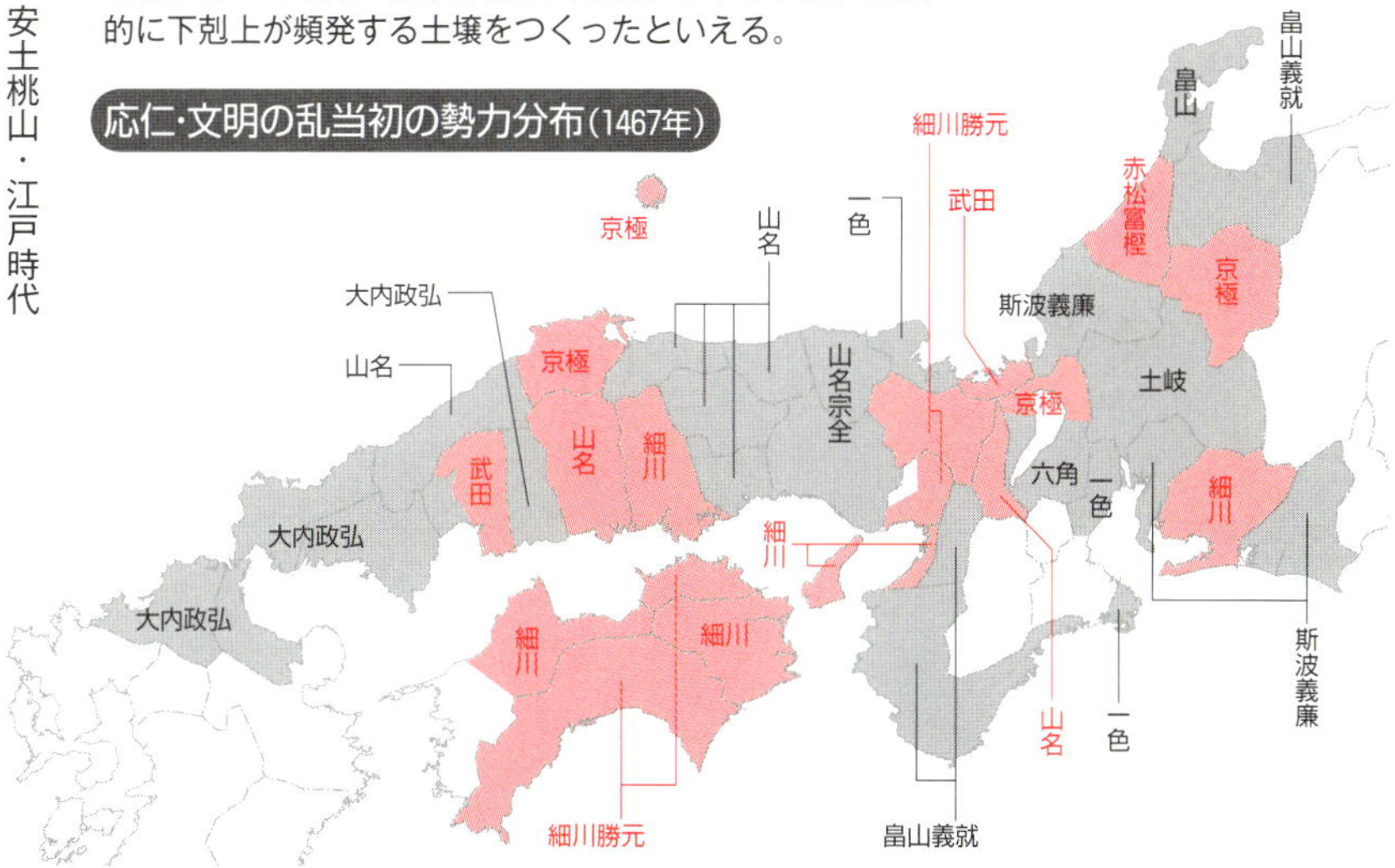

応仁・文明の乱における京都の被災地域

両軍の総大将である山名宗全と細川勝元の邸はわずか数百mしか離れていなかった。そのため、このふたつの邸の周辺を中心に、京都の多くの地域が焼き討ちなどによって被害を受けた。

また、金閣寺や仁和寺が西軍の拠点として使用されたのをはじめ、多くの寺社が焼き討ちの被害を受け(右地図参照)、歴史的建造物が多数焼失した。

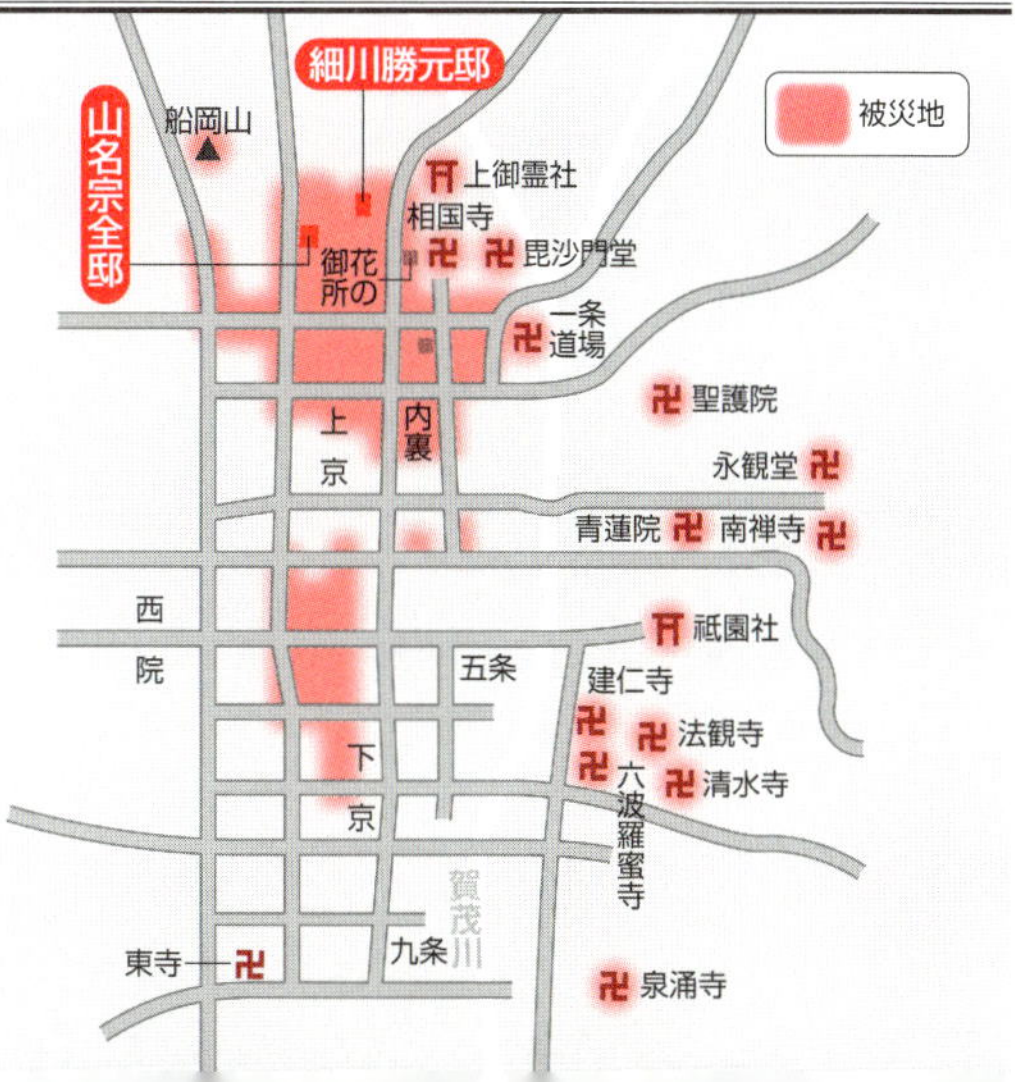

戦国時代　朝倉敏景《あさくらとしかげ》の越前守護就任　1471年

戦国大名への道は3パターンに分けられる

下剋上時代の先駆けとなったのは朝倉敏景だった

応仁・文明の乱によって幕府の権威は失墜し、それまで幕府に抑えられていた**守護**や**守護代**（守護の代理人）、**国人領主**（有力武士）たちが、**独自に領国を経営**するようになる。これが**戦国大名**である。

戦国大名には、いくつかのパターンが存在する。ひとつは、守護大名が守護体制から**独立経営**に**切り替えた**ケースである。甲斐の**武田氏**、駿河の**今川氏**などがこれにあたる。次に、守護大名を補佐する守護代が守護大名を倒して**大名に成り上がった**ケースで、出雲の**尼子氏**、越後の**長尾氏**などが代表格にあたる。そして守護代よりさらに下の国人領主が、国人一揆で力を集結するなどして、**戦国大名に成長した**ケースもある。安芸の**毛利氏**などがこれに該当する。

なかでも、守護代から成り上がった越前の戦国大名・**朝倉敏景（孝景《たかかげ》）**は、**下剋上**の**先駆者**だった。

朝倉敏景は応仁・文明の乱に乗じて下剋上を実践した

越前の守護代であった敏景は、応仁・文明の乱の最中に守護の**斯《し》波《ば》氏**を倒して大名に成り上がった。そして越前の支配力を強化し、公家や寺社の土地を次々と**横領**して領地を増やした。「武者は犬ともいえ、畜生ともいえ、勝つことが本にて候事」とは敏景の言葉だが、要するに勝てば官軍だったのである。それまで荘園からの収入に頼っていた公家や寺社にとっては死活問題で、ある貴族は敏景の死後に「結構至極。彼の者こそ**天下の大悪人**」とまで記したという。

敏景はこのような戦略で、以後100年続く越前・朝倉氏の基礎を築き上げると同時に、下克上の先駆けとなった。敏景の登場以降、日本各地で**下剋上の嵐**が吹き荒れ始めるのである。

ここが発見！

朝倉敏景は下剋上で越前守護となり、いち早く戦国大名となった。以降、各地で力のある者による独自の領国統治が始まった。

おもな戦国大名の出自

　地方で着実に力をつけていた守護大名は時流に乗って戦国大名となったが、家督争いや隣国との争いで弱体化して守護代に下剋上される守護大名も多かった。なかでも、元国人領主の毛利《もうり》元就《もとなり》と元家臣であった北《ほう》条《じょう》早雲《そううん》は特異な例で、下克上の最たるものであったといえる。

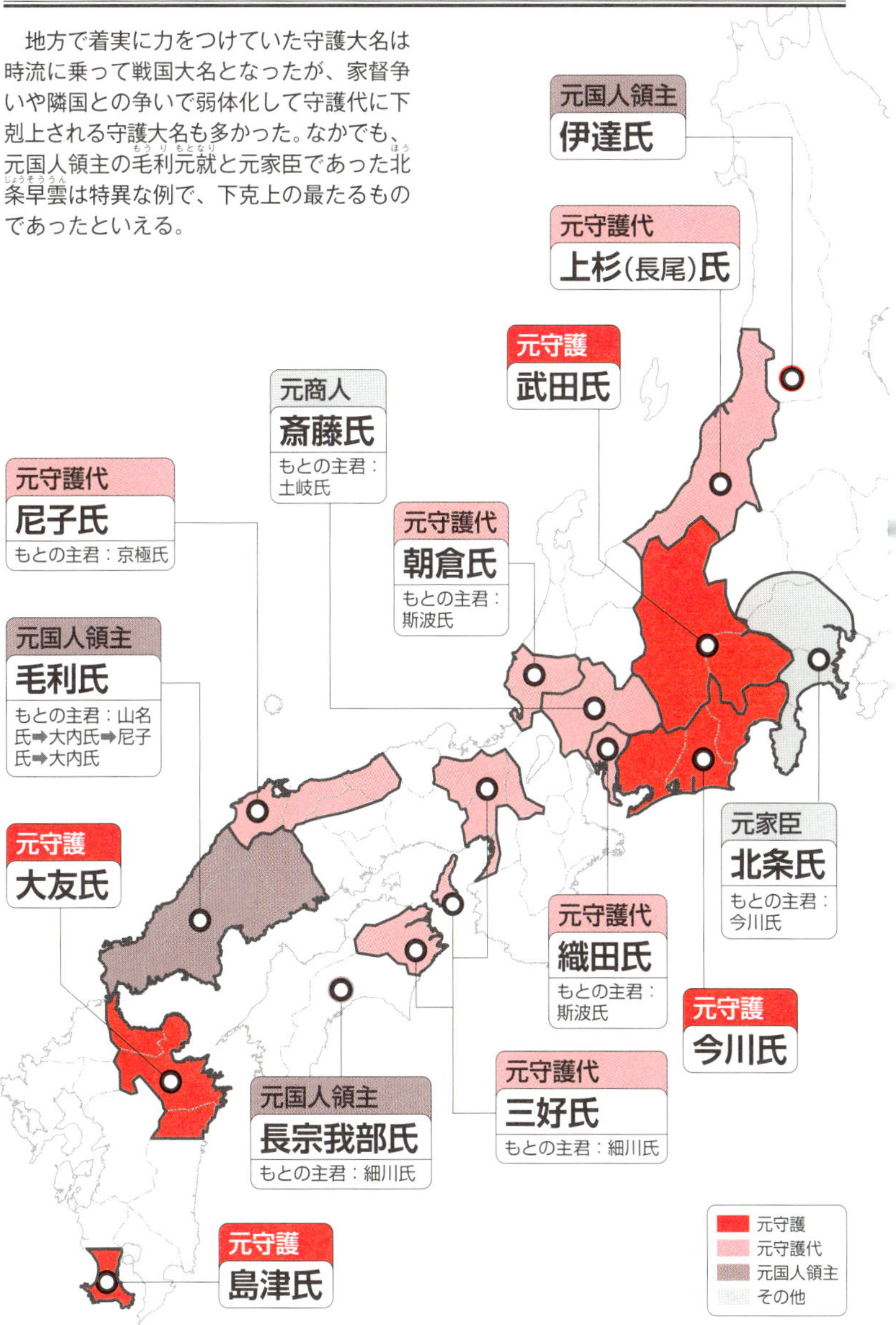
元国人領主
伊達氏
元守護代
上杉(長尾)氏
元守護
武田氏
元商人
斎藤氏
もとの主君：土岐氏
元守護代
尼子氏
もとの主君：京極氏
元守護代
朝倉氏
もとの主君：斯波氏
元国人領主
毛利氏
もとの主君：山名氏➡大内氏➡尼子氏➡大内氏
元守護
大友氏
元家臣
北条氏
もとの主君：今川氏
元守護代
織田氏
もとの主君：斯波氏
元守護
今川氏
元守護代
三好氏
もとの主君：細川氏
元国人領主
長宗我部氏
もとの主君：細川氏
元守護
島津氏
元守護
元守護代
元国人領主
その他

※領国は1550年代中ごろの推定範囲

戦国大名の領国統治は意外にも安定志向だった

北条早雲と斎藤道三は異なる形で国盗りを体現した

弱肉強食が当然の風潮となった戦国時代において、はじめて**国盗り**（守護大名でないものが実力で守護大名に代わり一国を支配すること）を行ったのが、**北条早雲**である。駿河国の守護・**今川義忠**《いまがわよしただ》に仕えていた早雲は、1491年、鎌倉公方《くぼう》・**足利氏**（堀越公方家）の内紛につけ込んで**伊豆国に侵攻**、破竹の勢いで関東に一大勢力を築いた。早雲のこの戦い以降、領地を手に入れるためだけの、**大義名分のない戦い**が戦国大名にとって当然のことになっていった。

また、油商人の子から身を起こしたとされる**斎藤道三**は、父の代に有力武士に成り上がった立場を利用して主君の**土岐頼芸**《ときよりなり》を籠絡し、美濃の守護・**土岐政頼**《まさより》を追放する。そして、頼芸を軟禁して実権を手に入れると、自らが**守護代**となり頼芸を国外に追放。軍勢を使わないでまんまと美濃一国を手に入れたのである。

民衆に支持された戦国大名の領国統治

早雲や道三の国盗りの後、多くの者が下剋上を果たして**戦国大名**となった。彼らは独自に**分国法**《ぶんこくほう》を定め、家臣たちに強力な統制を加えた。分国法に背くことは、たとえ有力武将であっても許されなかった。また、多くの戦国大名は、もともとその地に住んでいた在地の者であったため、中央から派遣された守護大名よりも**領内の安定**や**交通路の整備**を重視し、**商工業や農業の振興**にも力を入れ、自国を富ませていった。

武力や策謀によって下剋上を果たした戦国大名であったが、彼らは至極真っ当な**領国経営**を行っていた。その結果、民衆からは、次第に戦国大名による統治を望む声が多くなっていったのである。

ここが発見！

北条早雲や斎藤道三を代表とする下剋上で成り上がった戦国大名は、国盗り後は領国の安定を重視して民衆の支持を集めた。

領国統治の道しるべ 戦国大名の分国法

戦国時代になって幕府の求心力が弱まり、戦国大名の独立性が強くなるに従って、戦国大名たちは領国内を円滑に統治するために、武士・領民を規制するさまざまな分国法を定めるようになった。多くの分国法には、鎌倉時代初期に制定された御成敗式目、室町時代初期に制定された建武式目《けんむしきもく》の影響が見られる。

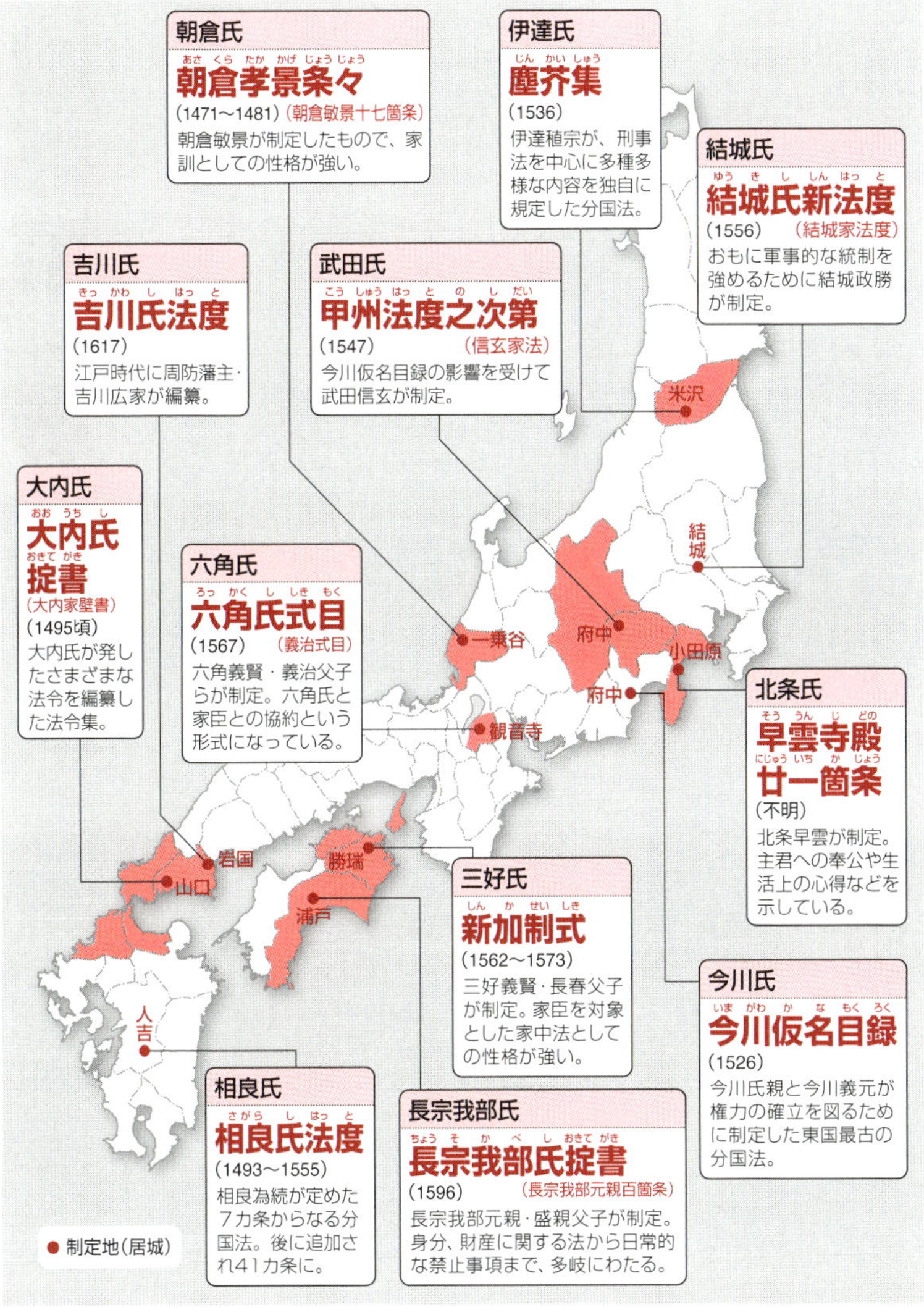
朝倉氏
朝倉孝景条々《あさくらたかかげじょうじょう》
(1471～1481)(朝倉敏景十七箇条)
朝倉敏景が制定したもので、家訓としての性格が強い。
伊達氏
塵芥集《じんかいしゅう》
(1536)
伊達稙宗が、刑事法を中心に多種多様な内容を独自に規定した分国法。
結城氏
結城氏新法度《ゆうきしんはっと》
(1556)(結城家法度)
おもに軍事的な統制を強めるために結城政勝が制定。
吉川氏
吉川氏法度《きっかわしはっと》
(1617)
江戸時代に周防藩主・吉川広家が編纂。
武田氏
甲州法度之次第《こうしゅうはっとのしだい》
(1547)(信玄家法)
今川仮名目録の影響を受けて武田信玄が制定。
大内氏
大内氏《おおうちし》掟書《おきてがき》
(大内家壁書)
(1495頃)
大内氏が発したさまざまな法令を編纂した法令集。
六角氏
六角氏式目《ろっかくしきもく》
(1567)(義治式目)
六角義賢・義治父子らが制定。六角氏と家臣との協約という形式になっている。
米沢
結城
一乗谷
府中
小田原
府中
観音寺
北条氏
早雲寺殿《そううんじどの》
廿一箇条《にじゅういちかじょう》
(不明)
北条早雲が制定。主君への奉公や生活上の心得などを示している。
岩国
山口
勝瑞
浦戸
三好氏
新加制式《しんかせいしき》
(1562～1573)
三好義賢・長春父子が制定。家臣を対象とした家中法としての性格が強い。
今川氏
今川仮名目録《いまがわかなもくろく》
(1526)
今川氏親と今川義元が権力の確立を図るために制定した東国最古の分国法。
人吉
相良氏
相良氏法度《さがらしはっと》
(1493～1555)
相良為続が定めた7カ条からなる分国法。後に追加され41カ条に。
長宗我部氏
長宗我部氏掟書《ちょうそかべしおきてがき》
(1596)(長宗我部元親百箇条)
長宗我部元親・盛親父子が制定。身分、財産に関する法から日常的な禁止事項まで、多岐にわたる。
● 制定地(居城)

※(　　)内の数字は制定年。※領国は当時の推定範囲。

自治都市・堺の発展

なぜ堺は自治が可能だったのか？

堺は瀬戸内海と京都を結ぶ港として古くから栄え、室町時代後期に急速に発展した町である。もとは和泉《いずみ》国の守護・山名氏の守護館がある地だったが、１３９１年の**明徳《めいとく》の乱**で山名氏が**足利義満《あしかがよしみつ》**に敗れると、和泉国を大内氏が引き継いだ。しかし、大内氏も１３９９年に**応永《おうえい》の乱**で幕府に背いたため、将軍・足利義満は和泉国を大名に預けることをやめた。和泉一国の守護を置かず、細川氏の庶流である二氏を和泉半国の守護にして、互いにけん制させたのである。

こうして堺には、有力な支配者が置かれず、**独特な自治体制**が構築されていった。さらに、**応仁・文明の乱**で被害を受けた兵庫に変わる港町として**遣明船《けんみんせん》**の発着場となり、京都や奈良に近い地の利を生かして堺はおおいに繁栄した。

しかし、堺にも衰退の時期が訪れる。阿波《あわ》の三好氏の支配下に入り、**兵站《へいたん》基地**とされたのである。

このときは町の自治を守り通したが、その後**信長**や**秀吉の支配下**に置かれると、自治機能は完全に失われてしまうのである。

住吉祭礼図屏風　江戸時代初期の堺の町を描いた屛風。大坂の町にある住吉大社を出た神輿が、堺にある頓宮へと向かう祭りのようすと堺の賑わいが描かれている。

堺の都市化 自治体制の構築と街づくり

堺の人々は荘園管理と年貢徴収を領主から請け負う「地下請《じげうけ》」の権利を守護から獲得し、自治都市の体裁が整えられた。市政は36人の「会合衆《えごうしゅう》」と呼ばれる豪商の合議によって行われた。会合衆には、茶人として名を馳せた千利休《せんのりきゅう》や今井宗久《いまいそうきゅう》なども含まれていた。

また、堺の町の周囲には侵略から町を守るための深い堀が設けられ、木戸が設けられた出入り口では、傭兵が警備にあたっていた。

堺の町のようす
(17世紀)
紀州街道
大和川
鉄砲遠打場
鉄砲屋敷跡
熊野大路(大道)
御坊
北本郷
総会所
政所
奉行所
堺津
米市場
南本郷
総会所
伝千利休
屋敷跡
仁徳陵
小栗街道
石津川

当時のおもな都市

堺のほかにも、政治の中心地として機能する城下町、寺社の周辺に広がる門前町や寺内《じない》町、交易の基地となる港町、街道沿いの宿場町などが発達していった。

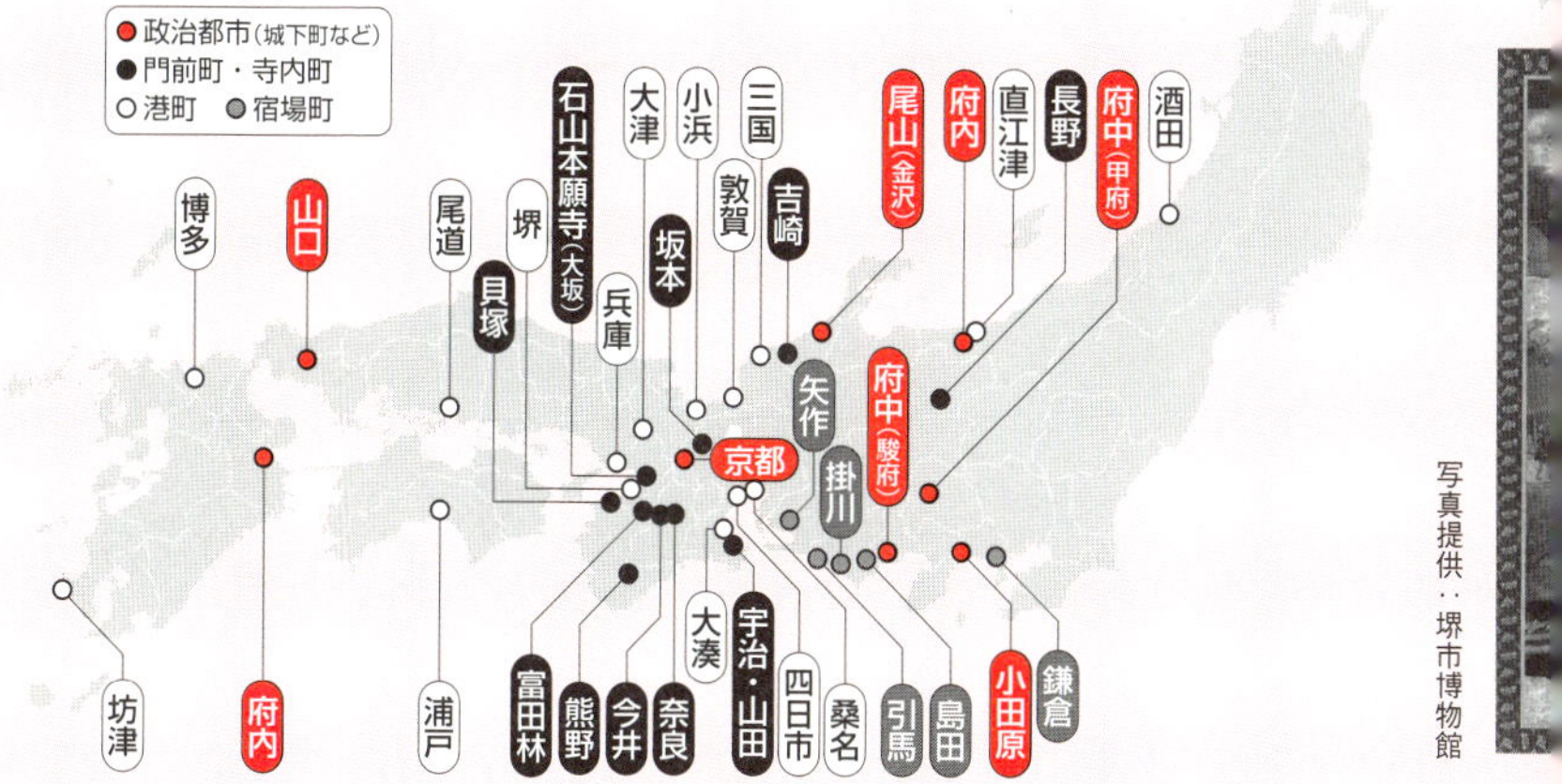
政治都市(城下町など)
門前町・寺内町
港町
宿場町
博多
山口
尾道
堺
貝塚
石山本願寺(大坂)
兵庫
大津
坂本
小浜
敦賀
三国
吉崎
尾山(金沢)
府内
直江津
長野
府中(甲府)
酒田
京都
矢作
府中(駿府)
掛川
坊津
府内
浦戸
富田林
熊野
今井
奈良
大湊
宇治・山田
四日市
桑名
引馬
島田
小田原
鎌倉

写真提供：堺市博物館

火縄銃の製造法はひとりの娘と引きかえに伝えられた

> **ここが発見!**
> 火縄銃の製造技術は、現在の価値で2億円の大金を支払い、ひとりの娘をポルトガル人に差し出すことで日本に伝えられた。

国産鉄砲製造の陰には父の執念と娘の犠牲があった

戦国時代真っ只中の1543年、**種子島に鉄砲が伝えられる**と、合戦の様相は大きく変わった。相手を遠方から**狙撃**することができるようになり、相手に接近して戦う必要がなくなったのだ。

この鉄砲の普及に大きく貢献したのが、当時16歳だった種子島領主・**種子島《たねがしま》時堯《ときたか》**だった。時堯は、**二千両**（現在の価値で約2億円）という大金で**ポルトガル人**から**鉄砲2挺**を譲り受け、領内の**鍛冶職人**に製造法を学ばせた。

鉄砲の製造を任されたのは**八板《やいた》金兵衛《きんべえ》**という職人だった。金兵衛は国産鉄砲の製造に取り組んだが、銃身の底の強度が弱いため暴発する問題に悩まされた。これは翌年再び来航したポルトガル人から底に使うねじの製造法を学ぶことで解決したが、その際の**交換条件**が金兵衛の娘・**若狭《わかさ》**をポルトガル船員の嫁に出すことだった。日本の鉄砲はひとりの娘の犠牲のもとに完成したのである。

戦国大名の鉄砲の生産数は西洋を大きく上回った

鉄砲の噂は本土にも伝えられ、紀伊の武将・**津田監物《つだけんもつ》**が時堯から譲り受けて**畿内**にもち込んだ。さらに堺の商人・**橘屋《たちばなや》又三郎《またさぶろう》**は1年も種子島に滞在して鉄砲の製法を学んだ。そのため、鉄砲の生産地として**根来《ねごろ》**や**雑賀《さいか》**（紀伊）、**堺**（和泉）、**国友《くにとも》**（近江）といった畿内の都市が有名になった。

鉄砲は瞬く間に日本全国に普及し、接近戦という従来の戦法を一変させた。**鉄砲隊**をいち早く結成した**織田信長《おだのぶなが》**が、一気に全国制覇目前まで上り詰めたのは必然だった。戦国時代末期には日本で生産された鉄砲の数は**50万挺**を超え、本家の西洋をはるかに上回るほどだったという。

鉄砲(火縄銃)の構造

当時の鉄砲は銃身が約1m、重さが約4kg。有効射程距離は100mほどで、数十mの距離から鎧を貫通する能力があったといわれる。

写真提供：堺市博物館

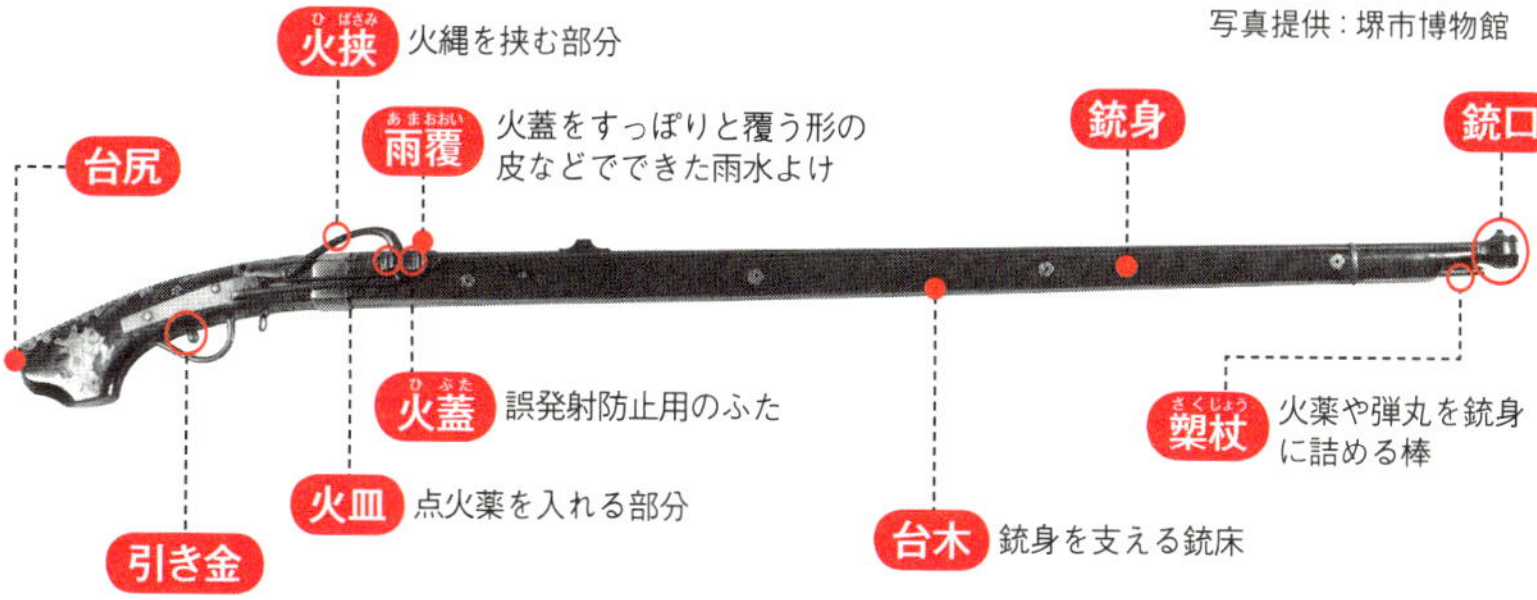
火挟《ひばさみ》
火縄を挟む部分
雨覆《あまおおい》
火蓋をすっぽりと覆う形の皮などでできた雨水よけ
台尻
銃身
銃口
火蓋《ひぶた》
誤発射防止用のふた
槊杖《さくじょう》
火薬や弾丸を銃身に詰める棒
火皿
点火薬を入れる部分
台木
銃身を支える銃床
引き金

鉄砲(火縄銃)の発射方法

当時の鉄砲は先込め式で、火薬の装填から発射まで30秒近くかかったといわれる。しかし、弾丸と火薬などを紙に包んで装填しやすくした「早《はや》合《ごう》」と呼ばれる装置が使われていたという説もある。その場合には1分間に5～7発の弾丸が発射できたと考えられる。

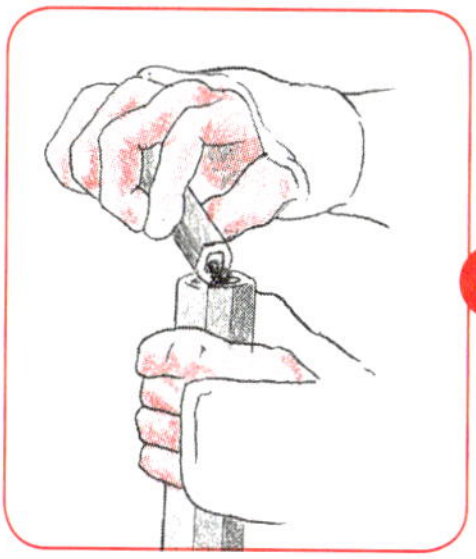

1 銃口から、火薬と弾丸を入れる。

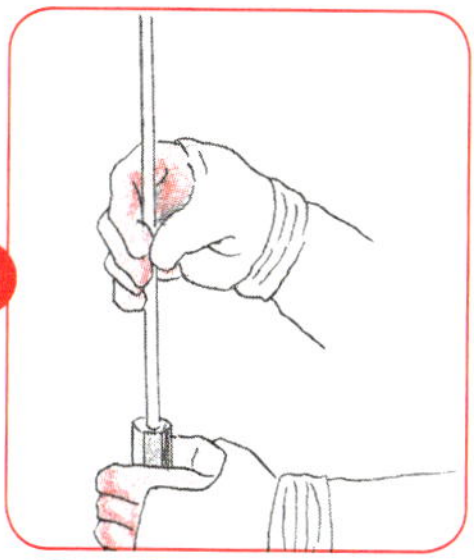

2 槊杖で火薬と弾丸を押し込む。

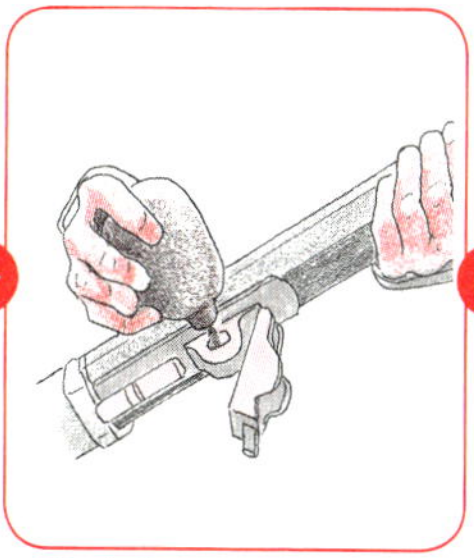

3 火蓋を開き、火皿に口薬(点火用火薬)を入れる。

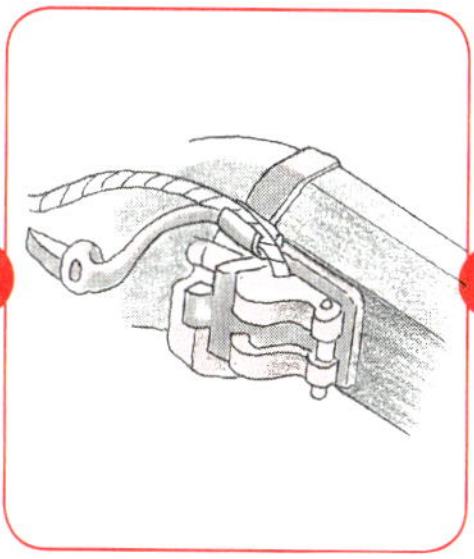

4 火ぶたを閉じ、火挟に火縄を挟む。

5 構えて火蓋を開け、引き金を引く。

河越《かわごえ》城の戦い 1546年

地道な拡大戦略で築いた北条氏の100年

関東の雄・北条氏康は信玄や謙信と互角に戦った

北条五代といわれる歴代当主の中で、関東の動乱が激しかった時代に活躍したのが北条早雲《ほうじょうそううん》の孫・**氏康**《うじやす》である。1546年、古河公《こがく》方《ほう》の**足利晴氏**《あしかがはるうじ》らが北条方の**河越城**を攻めた。このとき、氏康は夜襲をかけ、8倍ともいわれる敵軍を撃ち破った。**河越夜《よ》戦《いくさ》**である。

これにより、関東には反北条勢力がほとんどいなくなった。しかし、その後も関東管領《かんれい》となった**上《うえ》杉謙信《すぎけんしん》**が幾度も関東に侵攻し、**武《たけ》田信玄《だしんげん》**も虎視眈々と関東の侵略を目論むなど、周囲の圧力は絶えなかった。また、隣国には天下にもっとも近い**今川義元**《いまがわよしもと》もいた。

しかし、氏康は小田原城に10万余の大軍で押し寄せた謙信を撃退し、信玄軍の攻囲に対しても果敢に戦った。また、生き残りのために同盟国を幾度となく変えるなど、外交面でも臨機応変に手腕を発揮した。氏康なくして、**北条氏の100年**はなかったといえる。

三代の優れた当主が北条氏を最後まで生き残らせた

今川氏は義元の死後、戦国大名の地位を失い、武田氏は信玄の子・**勝頼**《かつより》が**天目山の戦い**で**織田信長**《おだのぶなが》に敗れて滅亡。上杉氏も謙信の死後は家督争いなどで往時の勢いはなくなった。結局、最後まで生き残ったのは北条氏で、1590年の**小田原征伐**まで**関東の雄**としての地位を守ったのである。

北条氏が関東を支配することができた理由は、立て続けに**3人の優れた当主を輩出した**ことにある。彼らは領土を一気に拡大するのではなく、三代にわたって着実に勢力を拡大させていった。また、民衆に寛大な税制をしくなどの善政を行い、**支配下に置いた国の人心を掌握した**点にも北条氏の堅実さが見て取れる。

ここが発見！

北条氏は三代の優秀な当主によって関東を支配したが、なかでも氏康は優れた戦略で強大な隣国と互角にわたりあった。

北条五代 盛衰の流れ

北条氏は比較的早くから兵農分離を採用し、武器の生産を推し進めるとともに鉄砲の導入にも積極的だった。また、内政では検地を行って財政状況を的確に把握し、飢饉のときには年貢を減らすなどの善政により、安定した領国経営を実現した。さらに、家督の継承にルールを設けることで権力争いを抑えるなどした。これらの政策が、長きにわたって領国を安定的に支配できる要因となった。

北条早雲《ほうじょうそううん》

北条氏初代。伊豆国、相模国を次々と手に入れ、北条氏の基礎を築いた。

▼

北条氏綱《ほうじょううじつな》

武蔵国南部から下総国にかけて、勢力を拡大。支配者としての権力を強化し、領民や家臣の統制を強めた。

▼

北条氏康《ほうじょううじやす》

扇谷《おうぎがやつ》上杉氏を滅ぼすとともに、今川氏、武田氏、上杉氏などと戦い、関東一円にまで勢力を拡大。

▼

北条氏政《ほうじょううじまさ》

氏康から引き継いだ勢力範囲をさらに広げるが、小田原の役で豊臣秀吉に敗れて切腹。

▼

北条氏直《ほうじょううじなお》

小田原の役で領地の大部分を失うも、赦免されて小大名となる。

拡大していく北条氏の勢力

北条氏の関東の雄としての歴史は、今川氏の家臣にすぎなかった北条早雲が堀越公方を破って伊豆国を奪取したことに始まる。以後、北条氏は氏綱、氏康、氏政と四代にわたって着々と勢力拡大を図り、関東一の勢力にまで上り詰めた。

1510年代（早雲の時代）

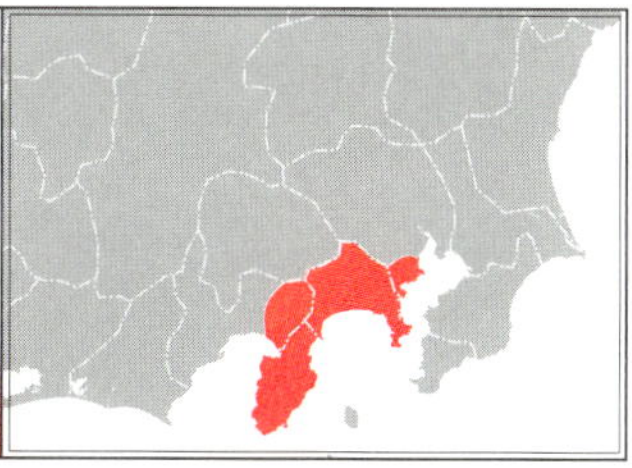

▼

1530年代（氏綱の時代）

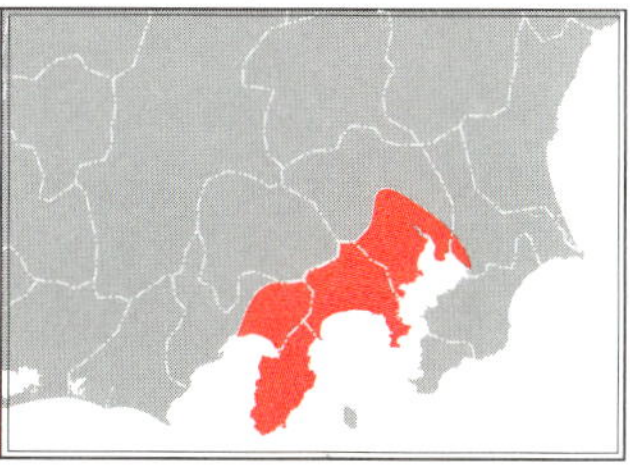

▼

1560年代（氏康の時代）

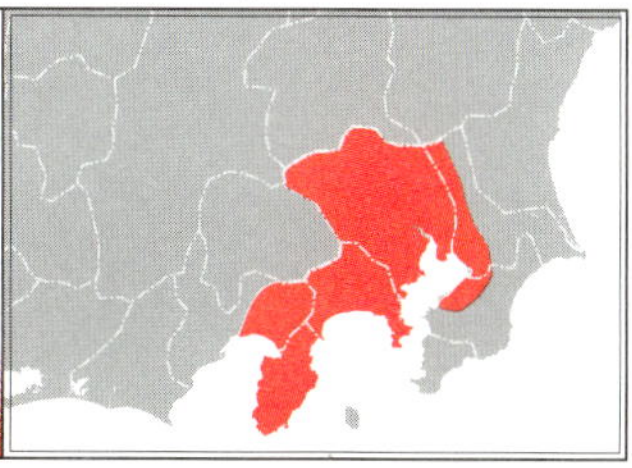

▼

1580年代（氏政の時代）

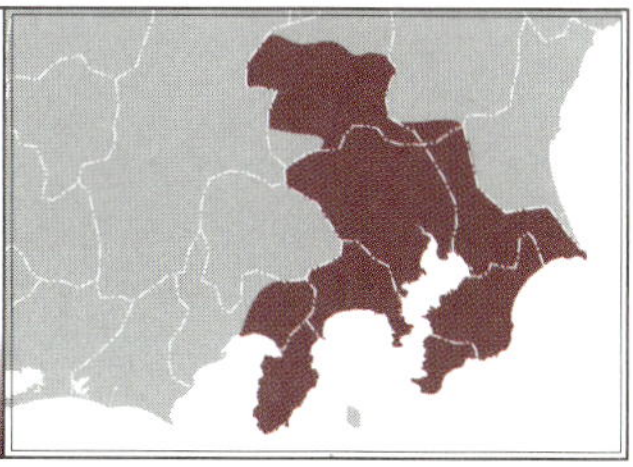

戦国大名に歓迎されたキリスト教

キリスト教は戦国動乱の真っ只中に渡来した

日本にキリスト教を伝えたのは、**イエズス会**の**フランシスコ・ザビエル**である。戦国動乱真っ只中の１５４９年のことだった。

鹿児島に上陸したザビエルは、薩摩領主・**島津**《しまづ》**貴久**《たかひさ》にキリスト教の布教を許された。ところが、**仏教との対立**が激しくなり、貴久がキリスト教禁止の姿勢を強めたことから、ザビエルは**平戸**《ひらど》に移る。

平戸での布教に成功したザビエルは、中央の最高権力者に布教を願い出ようと**京都**に行くが、天皇や将軍の権威が失墜していたために成果を上げられなかった。そこで再び西に向かい、周防《すおう》国の**大内**《おおうち》**義隆**《よしたか》や豊後《ぶんご》国の**大友義鎮**《おおともよししげ》（後の**宗**《そう》**麟**《りん》）のもとで布教を行った。とくに、南蛮貿易の盛んな九州では多くの**キリシタン大名**が生まれた。

戦国大名は貿易による利益と引きかえに布教を許可した

ザビエルは、日本人はよいキリスト教徒になる資質をもっていると評価していた。宣教師の追加派遣を求める書簡などにも「日本人は知識欲が旺盛で、道理にかなった教え方をすればキリスト教も受け入れる」「日本人はたいてい貧乏だが、貧乏を恥だと思っている者はひとりもいない」と賞賛の言葉を記している。

一方で、戦国大名たちは**貿易による利益**や**海外の文化**を得るために、布教を許可することが多かった。布教を望む宣教師と貿易を求める大名たち。両者の**利害関係が一致**したことからキリスト教は急速に広まり、ザビエルに続いて**ガスパル・ヴィレラ**、**ルイス・フロイス**、**バリニャーニ**ら宣教師が続々と来日するようになる。

そして彼らの活動により、信者の数はわずか**30年で15万人にも達した**のである。

ここが発見！

キリスト教は、海外貿易や文化輸入を望む大名によって布教が許され、ザビエルら宣教師たちの熱意により急速に広まった。

戦国大名から始まったキリスト教の布教

キリスト教の布教を許可した大名の大多数が、宣教師からの献上品や貿易による利益が目当てだったが、キリスト教に感化されて自らキリシタンになる大名も少なくなかった。

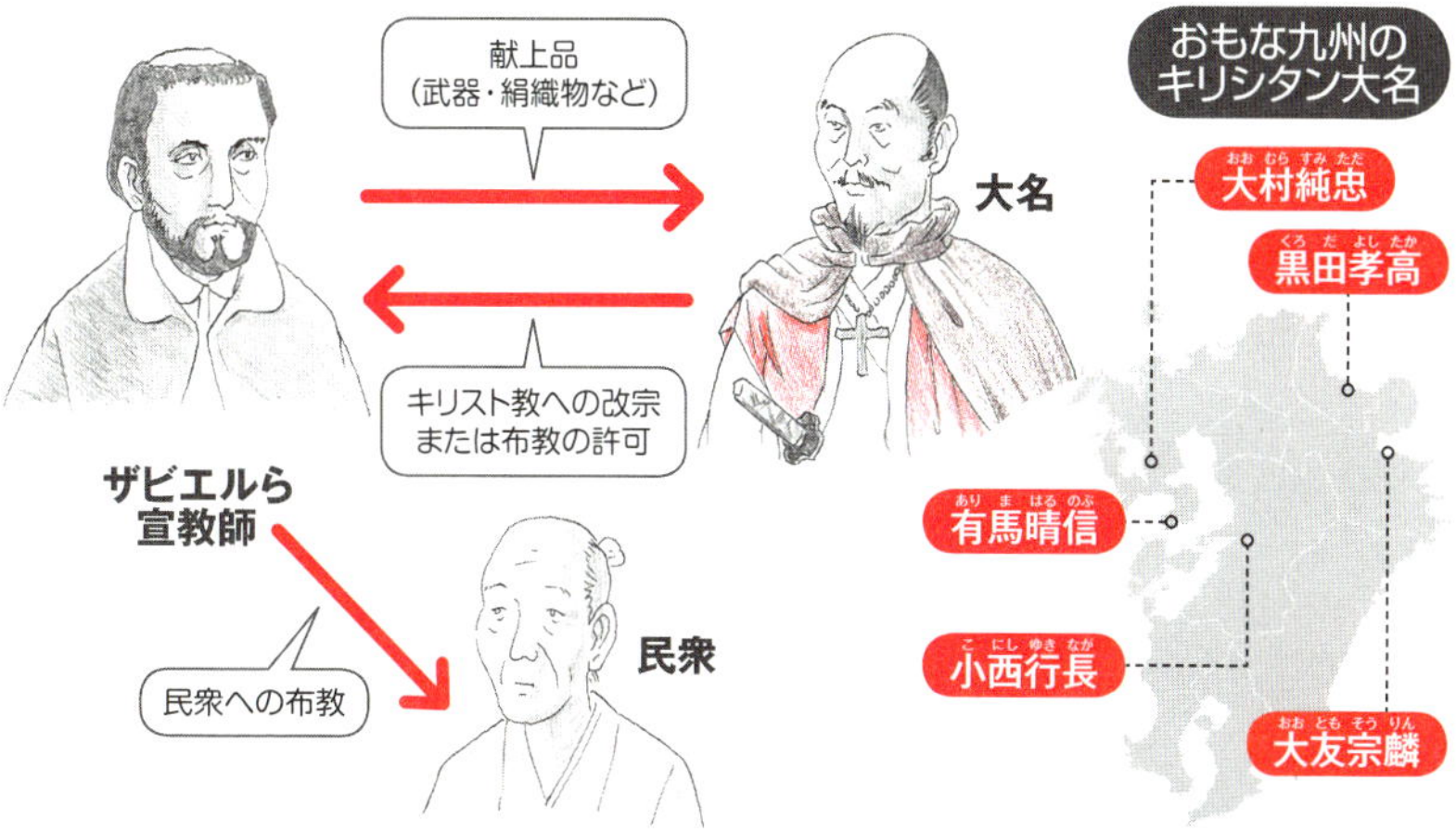
献上品
(武器・絹織物など)
大名
キリスト教への改宗
または布教の許可
ザビエルら
宣教師
民衆への布教
民衆
おもな九州の
キリシタン大名
大《おお》村《むら》純《すみ》忠《ただ》
黒《くろ》田《だ》孝《よし》高《たか》
有《あり》馬《ま》晴《はる》信《のぶ》
小《こ》西《にし》行《ゆき》長《なが》
大《おお》友《とも》宗《そう》麟《りん》

キリシタン大名

大友宗麟

豊後国のキリシタン大名。南蛮の文化や貿易による利益を手に入れるためにキリシタンになったといわれている。一時は九州最大の大名となったが、島津氏に領土を侵され、秀吉軍とともに戦っている最中に病死した。

写真提供：大分市役所観光課

写真提供：高岡古城公園管理事務所

高山右近

キリシタンだった父の影響で12歳のときに洗礼を受けてキリシタンとなり、のちに高槻城主となったが、秀吉のバテレン追放令によってフィリピンに追放された。

今川義元は優れた政治的手腕をもっていた

関東管領が滅び、関東地方は戦国時代に突入した

　室町時代、関東地方を治めていたのは**鎌倉府**という役所で、そのトップが**鎌倉公方《くぼう》**、補佐役が**関東管領**だった。しかし、応仁・文明の乱より前に、関東管領・上杉氏は**山内《やまのうち》上杉氏**と**扇谷《おうぎがやつ》上杉氏**に分裂し、鎌倉公方も**古河《こが》公方**と**堀越公方**に分かれており、当寺の関東は**四者の対立**のなかにあった。

　こうした混乱のなかで土着の**国人**が成長し、上杉謙信《うえすぎけんしん》や武田信《たけだしん》玄《げん》、北条氏康《ほうじょううじやす》などの戦国大名が輩出した。そして、戦乱状態にある関東にあって、駿河国を治めていたのが**今川義元《いまがわよしもと》**だった。

今川義元は領国経営に非凡な手腕を発揮した

　義元は、**桶狭間《おけはざま》の戦い**で**織田信《おだのぶ》長《なが》**に敗れたことで凡将と思われがちだが、そうではない。北条氏、武田氏との**甲相駿三国同盟**で指導的役割を果たしたほか、人質だった**竹千代《たけちよ》**（後の**徳川家康《とくがわいえやす》**）の才を見抜いて我が子同然に育てたり、信玄に追放された父・**武田信虎《たけだのぶとら》**を受け入れたりする度量ももっていた。また、**検地**を行って増えた年貢の一部を家臣に与えたり、半士半農のあいまいな身分だった**名主《みょうしゅ》層**を家臣団に組み入れ、軍政を整備したりするなど、内政でも手腕を発揮した。

　このような領国経営を可能にしたのが、今川氏の内政方針だ。当時、守護大名の多くが領国を守護代に任せていたのに対し、今川氏は早くから自ら**領国経営**を行ってきた。この成果のうえに、義元が勢力を拡大したのである。

　今川領は最盛期で**100万石**近くだったといわれる。この広い領地を維持するには義元の才能と求心力が不可欠だったため、義元の死後、今川氏は急速に衰退の一途をたどることとなった。


ここが発見！

桶狭間での敗戦のため、凡将と評価されがちな今川義元。けっして軟弱で凡庸な戦国大名ではなく、実は緻密な戦略家だった。

今川義元の躍進と周辺国のライバルたち

数多くの戦国大名が群雄割拠していた戦国時代にあって、今川義元は北に武田氏、東に北条氏、西に斎藤氏と織田氏という有力大名と国境を接していた。このような状況のなかで今川義元は天賦の才能を発揮して同盟と戦いを繰り返しながら領土拡張を続け、最終的には100万石近くの領国を治めることになった。

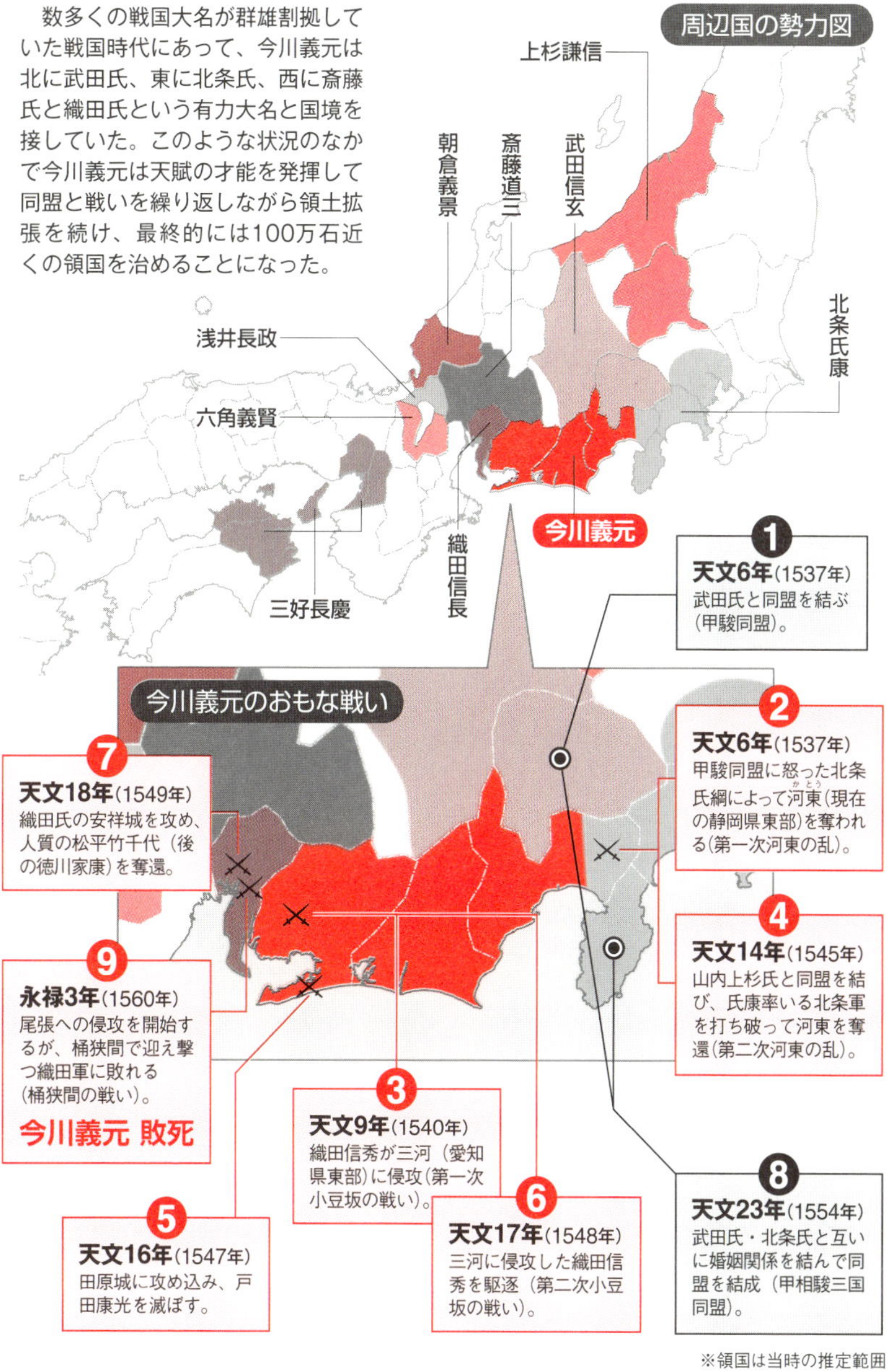
周辺国の勢力図
上杉謙信
武田信玄
斎藤道三
朝倉義景
北条氏康
浅井長政
六角義賢
三好長慶
織田信長
今川義元
今川義元のおもな戦い
1 天文6年(1537年) 武田氏と同盟を結ぶ(甲駿同盟)。
2 天文6年(1537年) 甲駿同盟に怒った北条氏綱によって河東《かとう》(現在の静岡県東部)を奪われる(第一次河東の乱)。
4 天文14年(1545年) 山内上杉氏と同盟を結び、氏康率いる北条軍を打ち破って河東を奪還(第二次河東の乱)。
8 天文23年(1554年) 武田氏・北条氏と互いに婚姻関係を結んで同盟を結成(甲相駿三国同盟)。
7 天文18年(1549年) 織田氏の安祥城を攻め、人質の松平竹千代(後の徳川家康)を奪還。
9 永禄3年(1560年) 尾張への侵攻を開始するが、桶狭間で迎え撃つ織田軍に敗れる(桶狭間の戦い)。
今川義元 敗死
3 天文9年(1540年) 織田信秀が三河(愛知県東部)に侵攻(第一次小豆坂の戦い)。
5 天文16年(1547年) 田原城に攻め込み、戸田康光を滅ぼす。
6 天文17年(1548年) 三河に侵攻した織田信秀を駆逐(第二次小豆坂の戦い)。

※領国は当時の推定範囲

今川義元《いまがわよしもと》の台頭 1550年代

多方面で辣腕を振るった僧出身の軍師たち

今川義元は僧の力を借りて勢力を拡大した

　織田信長《おだのぶなが》が上洛する前、もっとも天下統一に近かったのは駿河国の**今川義元**だった。義元は、異母兄との家督争いや北条氏との争いを制して三河国まで領土を広げ、**100万石**を有する実力者となった。さらに、三河国の松平氏を従えた義元は、1560年に大軍を率いて**織田領の尾張に侵攻**した。

　義元がここまで力をつけたのには、本人の実力もさることながら、**僧**であり、**義元の参謀**であった**太**《たい》**原崇孚**《げんすうふ》**（雪斎**《せっさい》**）**の尽力があったことも忘れてはならない。

政僧たちは優れた知識や交渉術で活躍した

　崇孚の戦略家の才は、安祥城《あんじょう》攻略の逸話にうかがえる。崇孚は安祥城を攻めて城主・**織田信広**《おだのぶひろ》を生け捕りにし、織田氏に拉致されていた**松平竹千代**《まつだいらたけちよ》（後の**徳川家康**《とくがわいえやす》）と信広の人質交換を実現させた。

　これにより、松平氏は義元に従わざるを得なくなり、義元は織田氏との間に緩衝地帯を設けることに成功したのである。武田氏の軍師・**山本勘助**《やまもとかんすけ》は、「崇孚なしに今川氏は立ち行かない」とまで評した。崇孚は桶狭間《おけはざま》の戦いの5年前に死去したが、存命であれば信長の勝利はなかったかもしれない。

　この時代には、**政僧**《せいそう》（僧出身の政治顧問）の活躍が目立った。知識人であった政僧の意見は、政策決定に対して非常に有効だったからだ。また、僧という身分で戦国大名たちに一目置かれることが多かったため、戦国大名同士の交渉のときに**政僧が使者になる**ことも多かった。

　この時代の政僧としては、毛利《もうり》元就《もとなり》に仕えて毛利氏と織田政権の講和を実現すべく活動した**安国**《あんこく》**寺恵瓊**《じえけい》、徳川家康の補佐役として活躍した**以心崇伝**《いしんすうでん》、**南光坊天海**《なんこうぼうてんかい》などがよく知られている。

ここが発見！

戦国時代には、豊富な知識や優れた外交手腕を見込まれ、多くの政僧が軍師として活躍した。その代表格が太原崇孚である。

権謀術数の外交を繰り広げた政僧たち

戦国時代には僧出身の軍師たちも多く登場した。古今の学問に通じ、人心を掌握する技術にも長けていたため、軍事はもとより外交や講和交渉、法案の作成などにも活躍した。なかには、安国寺恵瓊のように軍師であることにとどまらず、大名になる者もいた。

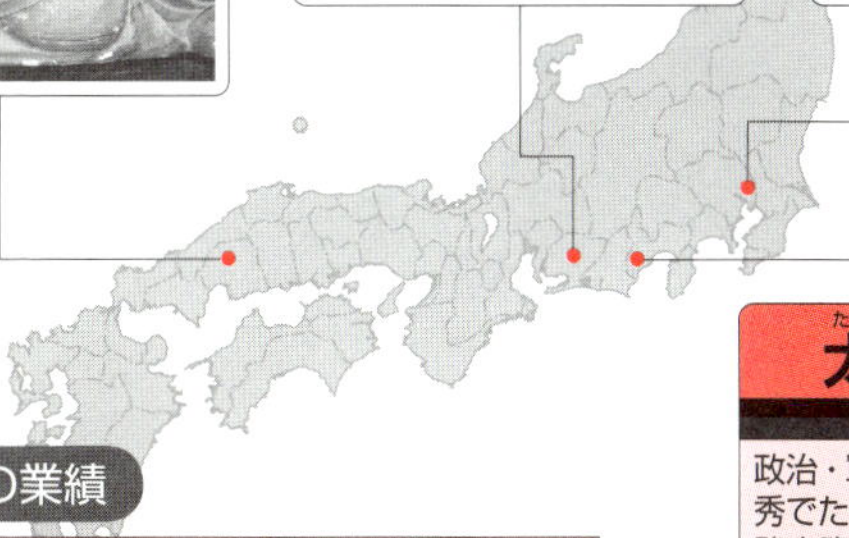

安《あん》国《こく》寺《じ》恵《え》瓊《けい》

1539?～1600

毛利氏の家臣として頭角を現し、伊予の国の大名となったが、関ヶ原の戦いで西軍の首脳として処刑された。

写真提供：不動院

以《い》心《しん》崇《すう》伝《でん》

1569～1633

徳川家康に仕えて外交・政治に手腕を発揮した。家康の死後も政治・文化・宗教に大きな影響力をもち、黒衣の宰相と呼ばれた。

写真提供：金地院

南《なん》光《こう》坊《ぼう》天《てん》海《かい》

1536?～1643

徳川家康の側近として、崇伝とともに江戸幕府初期の朝廷政策・宗教政策に深く関与した。家康を日光東照宮に祀ったことでも有名。

写真提供：川越市立博物館（原資料は喜多院蔵）

太《たい》源《げん》崇《すう》孚《ふ》（雪《せっ》斎《さい》）

1496～1555

政治・軍事・外交に秀でた手腕で今川義元を補佐した。駿府臨済寺の住持として、宗教的な影響力も大きかった。

写真提供：臨済寺

太原崇孚の業績

和暦	西暦	おもなできごと
天文 6年	1537年	武田氏と甲駿同盟を締結。この頃、北条氏との折衝。
天文16年	1547年	田原城攻略。
天文17年	1548年	小豆坂の戦いで総大将として戦う。
天文18年	1549年	安祥城を攻めて織田信広（織田信長の庶兄）を捕らえ、人質の松平竹千代（後の徳川家康）を奪還。
天文22年	1553年	今川氏の分国法である今川仮名目録追加21箇条の制定。
天文23年	1554年	武田氏・北条氏との甲相駿三国同盟の締結に尽力。

※このほか、崇孚は臨済宗を中心とした領内の寺社・宗教の統制や、在来商人を保護する商業政策なども行った。

織田信長の桶狭間の勝利は情報収集力の賜物だった

信長は情報統制で身内にも作戦を漏らさなかった

1560年、織田軍に包囲されていた城の包囲網を解くため、**今《いま》川義元《がわよしもと》**は駿府城を出発した。今川方の先鋒隊は**松平元康《まつだいらもとやす》**（後の**徳《とく》川家康《がわいえやす》**）。彼らは尾張国に侵入し、織田軍に包囲された城に兵糧を入れることに成功した。

こうした動きは、逐一信長に伝えられていた。清洲城の信長は軍議を開いたが、『**信長公記《しんちょうこうき》**』によれば、信長は作戦についての話はせず、家臣たちを早々に帰らせたという。このとき、信長は**内応者の危険**を感じ、作戦について話すことを避けたのではなかろうか。裏切りが当然の戦国時代、まして寡兵《かへい》の織田氏では十分に可能性のあることだった。

信長は地元の郷士を情報源として活用した

翌日、信長はわずかな手勢で出陣した。信長は**簗田政綱《やなだまさつな》**という武将を通じて敵の動きを把握していたといわれる。太原崇孚《たいげんすうふ》なき今川軍が脆弱《ぜいじゃく》であることも熟知していただろう。突然の豪雨を合図に桶狭間山にいた今川軍に攻めかかり、ついに義元を討ち取った。

この戦いで信長は、家臣団に組み入れられていない**郷士《ごうし》**（下級武士）層を使って情報を集めたという。**木下藤吉郎《きのしたとうきちろう》**（後の**豊臣秀吉《とよとみひでよし》**）がそのような情報線の担い手であった可能性が高い。藤吉郎は郷士の**蜂須賀正勝《はちすかまさかつ》（小六《ころく》）**らと交流をもっており、彼らを情報源として活用したのだ。

しかし、信長の情報組織はあくまで**敵状を探るもの**であり、民衆の声を集めて政治に生かすものではなかった。それが信長の情報戦略の限界だったといえる。しかし、この情報戦略そのものは画期的なものであり、後に秀吉や家康などの手でより発展していく。

ここが発見！

織田信長は合戦における情報収集を重視していた。桶狭間の戦いはその戦略が功を奏した代表的な戦いといえる。

桶狭間の戦い 両陣営の進軍ルート

桶狭間は、現在の名古屋市緑区から豊明市の周辺にあったと考えられているが、実ははっきりとしていない。桶狭間の戦いにはそのほかにも謎が多く、信長の軍議はなかったとする説や、簗田政綱による情報はなかったとする説、織田軍は雨で視界の利かない状態で偶然今川軍と遭遇したという説もある。

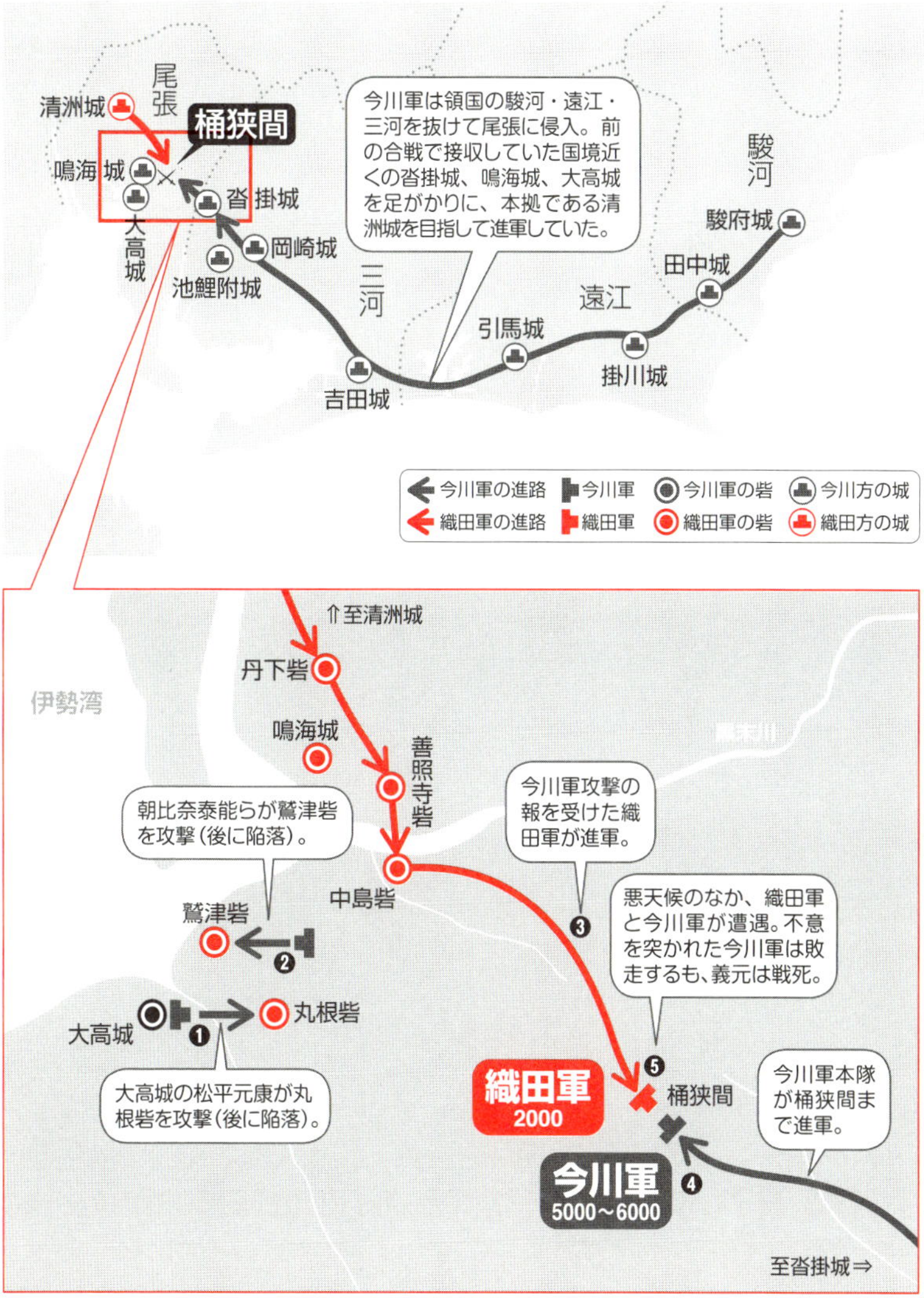
尾張
清洲城
桶狭間
鳴海城
大高城
沓掛城
岡崎城
池鯉鮒城
三河
今川軍は領国の駿河・遠江・三河を抜けて尾張に侵入。前の合戦で接収していた国境近くの沓掛城、鳴海城、大高城を足がかりに、本拠である清洲城を目指して進軍していた。
駿河
駿府城
田中城
遠江
引馬城
掛川城
吉田城
今川軍の進路
今川軍
今川軍の砦
今川方の城
織田軍の進路
織田軍
織田軍の砦
織田方の城
⇧至清洲城
丹下砦
伊勢湾
鳴海城
善照寺砦
今川軍攻撃の報を受けた織田軍が進軍。
朝比奈泰能らが鷲津砦を攻撃（後に陥落）。
中島砦
鷲津砦
悪天候のなか、織田軍と今川軍が遭遇。不意を突かれた今川軍は敗走するも、義元は戦死。
大高城
丸根砦
大高城の松平元康が丸根砦を攻撃（後に陥落）。
織田軍
2000
桶狭間
今川軍本隊が桶狭間まで進軍。
今川軍
5000～6000
至沓掛城⇒

戦国時代 **武田信玄《たけだしんげん》による治水工事 16世紀中頃**

京都までの距離が天下人への足かせとなった

地方の大名は、より民衆の支持を集める必要があった

戦国時代の**実力本位の風潮**は、日本の中心だった京都周辺で生まれ、時間をかけて全国に広がっていった。このタイムラグは大名たちの**人心掌握**の方法にも影響をもたらした。すでに中央では幕府の権威は失墜していたが、地方では、庶民の間に**幕府崇拝の風潮**が色濃く残っていたからである。

地方の大名は、そうした民衆たちの信頼を得なければ、天下統一どころか領内の安定さえおぼつかなかった。そのなかのひとりが、**武田信玄**である。京都から遠い甲斐の地を治めていた信玄は、たびたび氾濫する釜無《かまなし》川に堤防（**信玄堤**）を築いて治水に力を入れたり、金山を開発して領内を富ませたりと、**民衆の支持を集めることに腐心**しなければならなかった。

朝廷の権威を利用するため神仏を崇め和歌をたしなんだ

遠隔地の戦国大名たちは、京都の文化がもつ権威に頼ることも多かった。たとえば、信玄や関東に地盤を築いた**北条早雲**《ほうじょうそううん》は、必要以上に神仏を崇めたり、領土拡大には役に立たない和歌などの文化を学んだりしていた。そうした権威の力を借りなければ、幕府や朝廷の権威を信じている民衆たちがついてこなかったのである。

逆に、**京都に近い**越前の**朝倉敏**《あさくらとし》**景**《かげ》（**孝景**《たかかげ》）は、彼らに比べると神仏や文化を重視しなかった。神仏を信ずべきとした信玄たちに対し、孝景は神社仏閣の前で言葉をかけるだけでよいとした。また、歌道なきは卑しきこととする信玄や早雲に対して、敏景は無駄づかいだと断言している。

庶民を統率する**権威と地域性**の問題は複雑に絡みあい、領国経営や中央への進出に大きな影響をおよぼしていたのである。

ここが発見！

京都から遠い地域ほど、戦国時代以前の価値観が色濃く残っていたため、地方の大名には独自の人心掌握術が必要とされた。

有力戦国大名と上洛の成否

天下取りを目論む戦国大名にとって、将軍や朝廷を後ろ盾とする権威はぜひとも手に入れたいものであり、そのために果たしたい政治的目標のひとつが上洛だった。しかし、上洛をするためには通過する地域を支配する敵将と戦うか、味方につけるかしなければならず、京都からの距離が大きな壁となった。多くの有力大名も大軍勢を率いて天下取りのために上洛を試みたが、失敗に終わったものも多かった。

戦国大名のおもな上洛

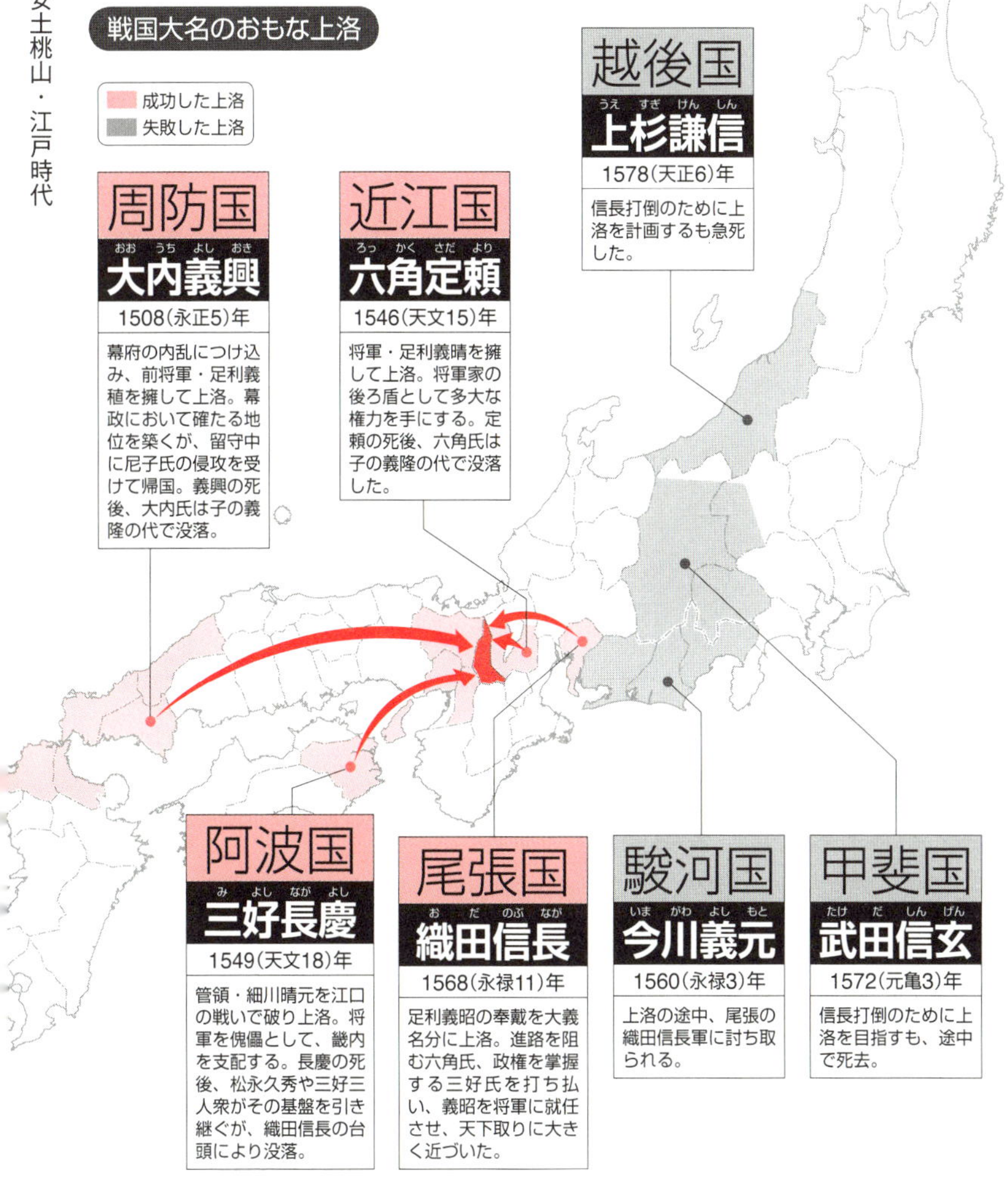
成功した上洛
失敗した上洛
越後国
上《うえ》杉《すぎ》謙《けん》信《しん》
1578(天正6)年
信長打倒のために上洛を計画するも急死した。
周防国
大《おお》内《うち》義《よし》興《おき》
1508(永正5)年
幕府の内乱につけ込み、前将軍・足利義稙を擁して上洛。幕政において確たる地位を築くが、留守中に尼子氏の侵攻を受けて帰国。義興の死後、大内氏は子の義隆の代で没落。
近江国
六《ろっ》角《かく》定《さだ》頼《より》
1546(天文15)年
将軍・足利義晴を擁して上洛。将軍家の後ろ盾として多大な権力を手にする。定頼の死後、六角氏は子の義隆の代で没落した。
阿波国
三《み》好《よし》長《なが》慶《よし》
1549(天文18)年
管領・細川晴元を江口の戦いで破り上洛。将軍を傀儡として、畿内を支配する。長慶の死後、松永久秀や三好三人衆がその基盤を引き継ぐが、織田信長の台頭により没落。
尾張国
織《お》田《だ》信《のぶ》長《なが》
1568(永禄11)年
足利義昭の奉戴を大義名分に上洛。進路を阻む六角氏、政権を掌握する三好氏を打ち払い、義昭を将軍に就任させ、天下取りに大きく近づいた。
駿河国
今《いま》川《がわ》義《よし》元《もと》
1560(永禄3)年
上洛の途中、尾張の織田信長軍に討ち取られる。
甲斐国
武《たけ》田《だ》信《しん》玄《げん》
1572(元亀3)年
信長打倒のために上洛を目指すも、途中で死去。

※上洛には、このように政治的権力を手に入れるための軍事的上洛のほかに、将軍に謁見するためなどに行う非軍事的な上洛もあった。
※領国は上洛または上洛に挑戦した当時の推定範囲。

戦国時代　**川中島《かわなかじま》の戦い（第四次）1561年**

謎の軍師・山本勘助の活躍は後世の脚色だった！

ここが発見！
武田信玄の軍師として数々の戦いで活躍したことで有名な山本勘助だが、その活躍は後世の脚色だった可能性が高い。

5度にわたって行われた川中島の戦い

戦国時代の戦いで著名なものとして川中島の戦いがある。この戦いは、1553年から1564年にかけ、信濃征圧を目論む**武田信玄《たけだしんげん》**と自家の配下領を守ろうとする**上杉謙信《うえすぎけんしん》**の間で**5度**にわたって行われた。最初は両者ともに相手を牽制するだけで直接対決におよぶことはなかったが、1561年の**4度目の戦い**では、謙信が北条《ほうじょう》氏康《うじやす》の小田原城に攻め込んだものの、攻略できずに撃退されたことを知った信玄が、好機到来と見て**直接対決を決意**した。

山本勘助の活躍は江戸時代になってから広まった

このとき、武田側の作戦指揮を取ったのが**山本勘助《やまもとかんすけ》**であったといわれている。勘助は三河出身の浪人で、隻眼《せきがん》で片足が不自由な色黒の男だったという。1543年に200貫の高禄で召し抱えられ、**城取り（築城）の名手**で合戦時の作戦立案能力も高かったため、信玄の信頼を得るようになった。

その勘助が信玄に授けた策は、軍勢を本隊と別働隊に分け、謙信を挟撃するというものだった。しかし、その策を事前に見破っていた謙信は軍を移動し、信玄は苦境に立たされてしまう。責任を感じた勘助は、上杉軍に突撃して壮絶な戦死を遂げたという。結局この戦いは引き分けに終わったが、武田氏が失ったものは大きかった。

以上が有名な勘助のエピソードであるが、実は勘助に関しては史料が少なく、その活躍も江戸時代初期に書かれたと考えられる**『甲陽軍鑑《こうようぐんかん》』**に見られるだけである。どうやら、それが軍記物などを通じて広まったというのが真相のようだ。近年の研究でその**存在は明らかになっている**が、名軍師というほどの働きをしたかについては、いまだに謎のままである。

第四次川中島の戦い 山本勘助の誤算

1561年の第四次合戦では、武田軍が山本勘助の指揮のもと、上杉軍に対して有名な「きつつきの戦法」で奇襲攻撃を行った。これは、きつつきが木をつついて飛び出した虫を食べるように、奇襲によって敵陣から追い出した相手を待ち伏せ攻撃するというものだった。しかし、この奇襲は上杉軍に見破られ、激しい戦闘のなか双方で7000人に上る死者を出して引き分けに終わった。

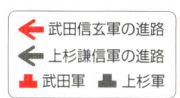

武田信玄軍の進路
上杉謙信軍の進路
武田軍　上杉軍

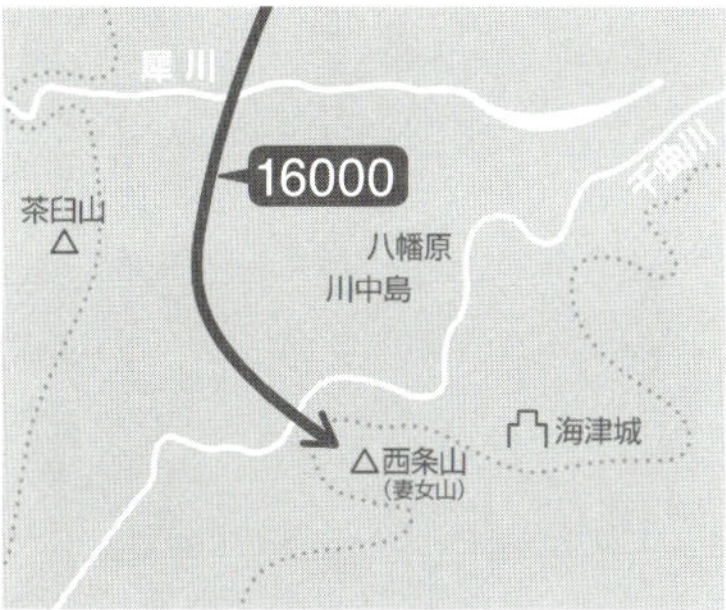

1 武田軍の前線基地として信濃ににらみをきかせていた海津城攻略のため、上杉軍1万6000人が西条山(妻女山)に布陣。

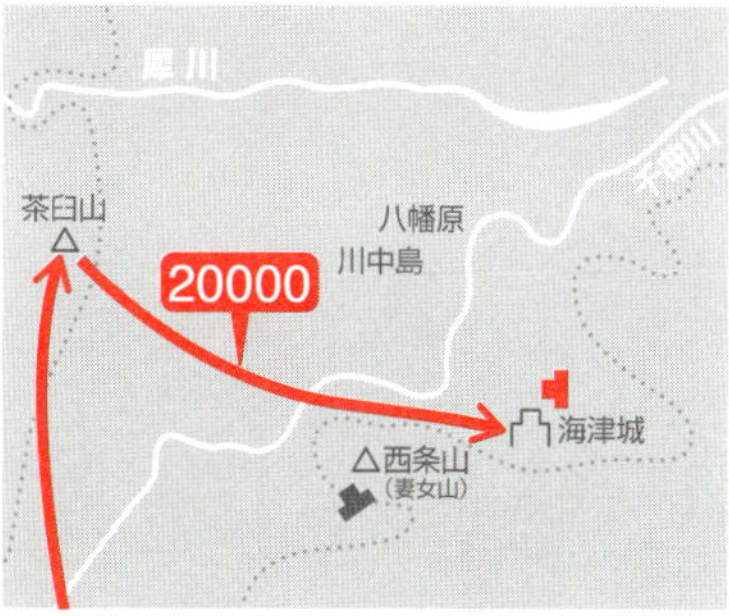

2 上杉軍の動向を見た武田軍約2万は、茶臼山をへて海津城に陣を構える。

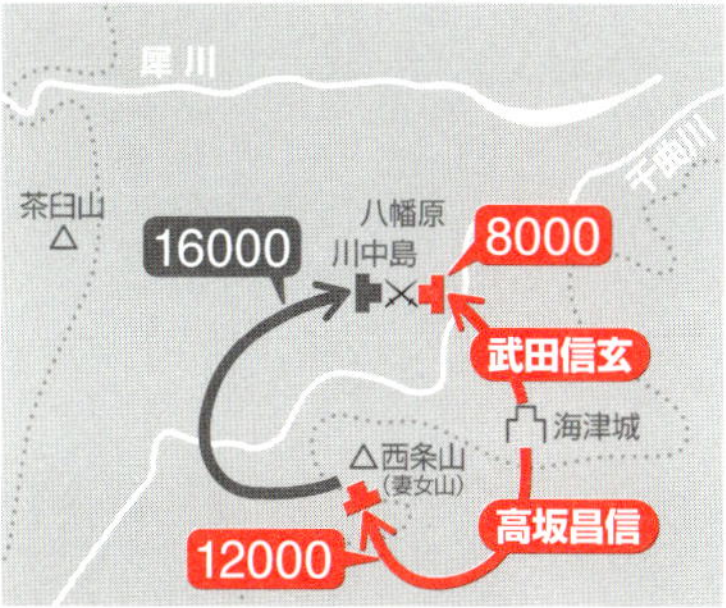

3 高坂昌信率いる武田軍別働隊1万2000が、上杉軍を西条山から追い落とすために奇襲攻撃をかける（きつつきの戦法）。しかし、これに気づいた上杉軍は夜の間にひそかに山を降りて八幡原へと進軍し、待ち伏せのために軍を進めていた武田本軍8000と出会う。

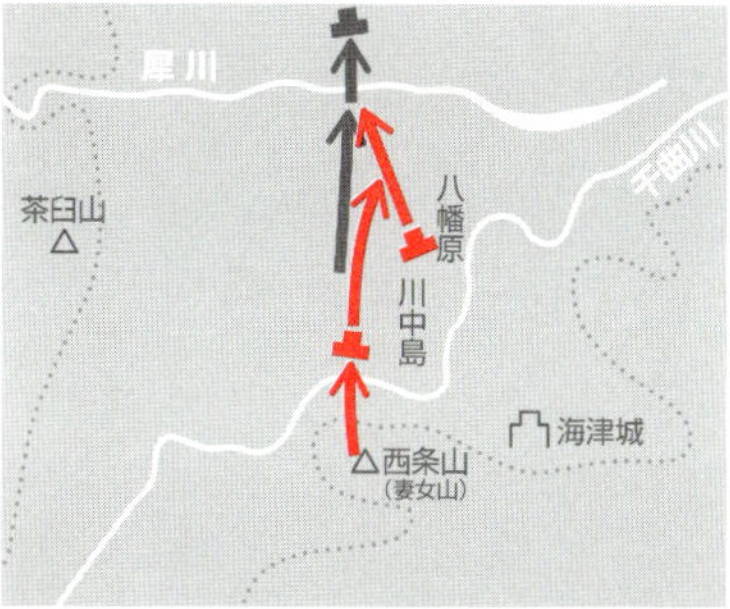

4 激しい戦いとなり、数に勝る上杉軍が有利に戦いを進めるも、西条山から高坂軍が駆けつけると、上杉軍は撤退した。

山本勘助の墓

愛知県豊川市の長谷寺にある、山本勘助の遺髪を納めたと伝えられる墓。このほかにも、各地に山本勘助のものと伝えられる墓がある。

写真提供：豊川市役所商工観光課

織田信長は意外にもへりくだり外交が得意!?

信長は養子縁組とプレゼント攻勢で敵を懐柔した

好戦的なイメージで語られることが多い**織田信長**だが、強いだけでは天下は取れない。実は**外交面**でも突出した才能をもっていた。

武田信玄《たけだしんげん》と精強な甲州軍団を恐れていた信長は、信玄が信濃を越えて飛騨に侵攻してくると、信玄の子・**勝頼**《かつより》と養女の縁組みを進めて友好関係を築いた。そして、その養女が没すると、長男・**信忠**《のぶただ》と信玄の娘・**松姫**《まつひめ》を婚約させた。信玄への進物はつねに極上物で、その箱にまで極上物を使うという念の入れようだったという。

越後の**上杉謙信**《うえすぎけんしん》には、『洛中洛外図屏風』を贈っているほか、1568年に上洛を果たした際には、安芸の**毛利元就**《もうりもとなり》に「困ったことがあればなんなりとお手伝い致す」という旨の書簡を送り、実際1569年には播磨に援軍を出している。卑屈ともいえる**へりくだった外交**は天下の豪傑たちに安心感を抱かせ、信長はその間に悠々と**畿内を平定**したのである。

信長は外交手腕を駆使して有利な状況をつくり出した

信長の外交戦略は、へりくだり外交だけではなかった。たとえば、伊勢の**北畠**《きたばたけ》**具教**《とものり》を攻めたとき、1カ月も城を包囲した後、次男の**信雄**《のぶかつ》を強引に養子に出して講話を結んでいる。また、**浅井長政**《あざいながまさ》と**朝**《あさ》**倉義景**《くらよしかげ》との戦闘中、敵が比叡山に立てこもると信長はすぐに講話を結び、状況が好転してから再び合戦をしかけている。信長の合戦で軍勢同士がぶつかりあうものが意外に少ないのは、このような優れた外交のためであった。

戦力を温存しながら外交で戦いを有利に進めるという抜け目のない戦略。これこそが、信長を戦国の雄に押し上げる大きな要因のひとつとなったのである。

ここが発見!

織田信長は強引な講和だけではなく、へりくだった外交も得意としていた。イメージとは裏腹に外交術に長けていたのである。

信長のイメージと実像

「鳴かぬなら殺してしまえホトトギス」という句にイメージされるように、残虐・冷酷・感情的という部分ばかりがクローズアップされがちな信長だが、実際には柔軟で現実的な考えをもつ緻密な戦略家でもあった。彼が多くの戦国大名に先んじて天下統一の一歩手前までたどりつくことができたのも、内政・外交・軍事面すべてにおいて緻密な戦略があったからこそである。

信長のイメージ

一般的な信長像

新しいもの好き
- 鉄砲の導入
- 西洋文化への興味

残虐・冷酷
- 比叡山焼き討ち
- 一向一揆の弾圧
- 部下や身内への厳しい処罰

変わり者（大うつけ）
- 身分に関係なく庶民とも交流

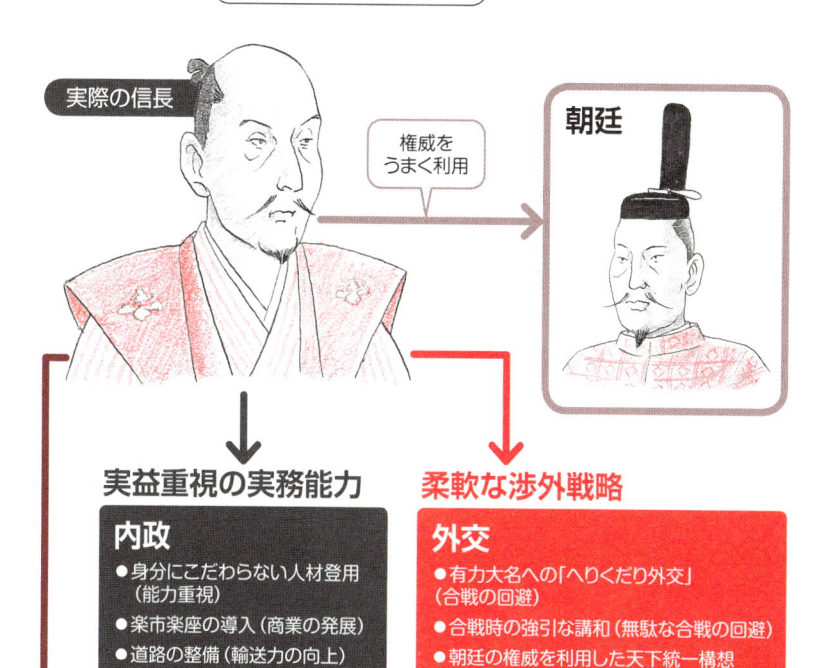

実際の信長

権威をうまく利用

朝廷

実益重視の実務能力

内政
- 身分にこだわらない人材登用（能力重視）
- 楽市楽座の導入（商業の発展）
- 道路の整備（輸送力の向上）

柔軟な渉外戦略

外交
- 有力大名への「へりくだり外交」（合戦の回避）
- 合戦時の強引な講和（無駄な合戦の回避）
- 朝廷の権威を利用した天下統一構想

独創的な発想と先見性

軍事
- 方面軍の運用（各地方に向けた独立軍の設置）
- 兵農分離の導入（職業軍人の育成）
- 新兵器の積極的な導入（長槍、鉄砲、鉄甲船など）

一向一揆は戦国大名に並ぶ勢力を誇っていた

ここが発見！

戦国時代には一向宗徒による一向一揆が頻発した。大きな武力をもつ一揆勢力の勢力拡大は、戦国大名たちを苦しめた。

100年続いた「百姓ノ持チタル国」

戦国大名たちには、他の大名と同じくらいやっかいな存在があった。**一向一揆**である。

人間平等を説いて「**一向**《ひたすら》」に阿弥陀仏を信仰する**一向宗**は、15世紀に現れた八代法主・**蓮如**《れんにょ》の時代におおいに発展した。そして、信者の多くが半農半武の上層農民だったことから、抑圧する権力者に武力で対抗するために一向一揆を起こすようになった。一揆勢力は、荘園領主の支配を拒み、国人・農民による自治を目指す**百姓持ちの国づくり**を主張した。

それが実現したのが１４８８年の**加賀一向一揆**である。守護大名の富樫政親《とがしまさちか》を自害に追い込み、史上初の「**百姓ノ持チタル国**」を出現させた。その後、上層農民たちの**合議による自治**が行われ、加賀の一向宗は長い戦国時代をくぐり抜け、１５８０年まで約１００年間にわたって自治体制を続けたのである。

一向一揆は全国各地で戦国大名を苦しめた

徳川家康《とくがわいえやす》の領地で起きた**三河一向一揆**では、結束の固さでは随一といわれた**三河家臣団の半数が一揆側に立った**ため、家康を窮地に陥れた。家康は馬頭原《ばとうばら》の戦いに勝利して一揆の解体に成功したが、武力を用いて敵対する一向一揆は戦国大名にとって他国の大名並みの脅威となっていた。

天下統一を目論む織田信長《おだのぶなが》にとっても、一向一揆は危険な存在だった。信長は**伊勢長島一向一揆**、**越前一向一揆**など各地の一揆を相次いで弾圧し、１５７０年に**石山本願寺**との決戦を開始した。石山本願寺の守りは堅く、一向宗徒の凄まじい抵抗もあり、信長をもってしても攻略に**10年**という月日を費やしたのである。

各地を揺るがした一向一揆の脅威

応仁の乱をきっかけに幕府の求心力が弱まると、15世紀後半から16世紀にかけて一向一揆が各地で頻発し、戦国大名などの支配層と鋭く対立するようになった。土一揆が生活苦などを背景にした民衆の蜂起であり、その内容が借金の帳消しなどだったのに対し、一向一揆は一向宗徒による理想の国家実現を求めた一揆で、僧侶、武士、農民、商工業者など幅広い身分の門徒が参加。また、蜂起後にその土地で自治体制をしくなど、組織的な統制の取れた一揆でもあった。

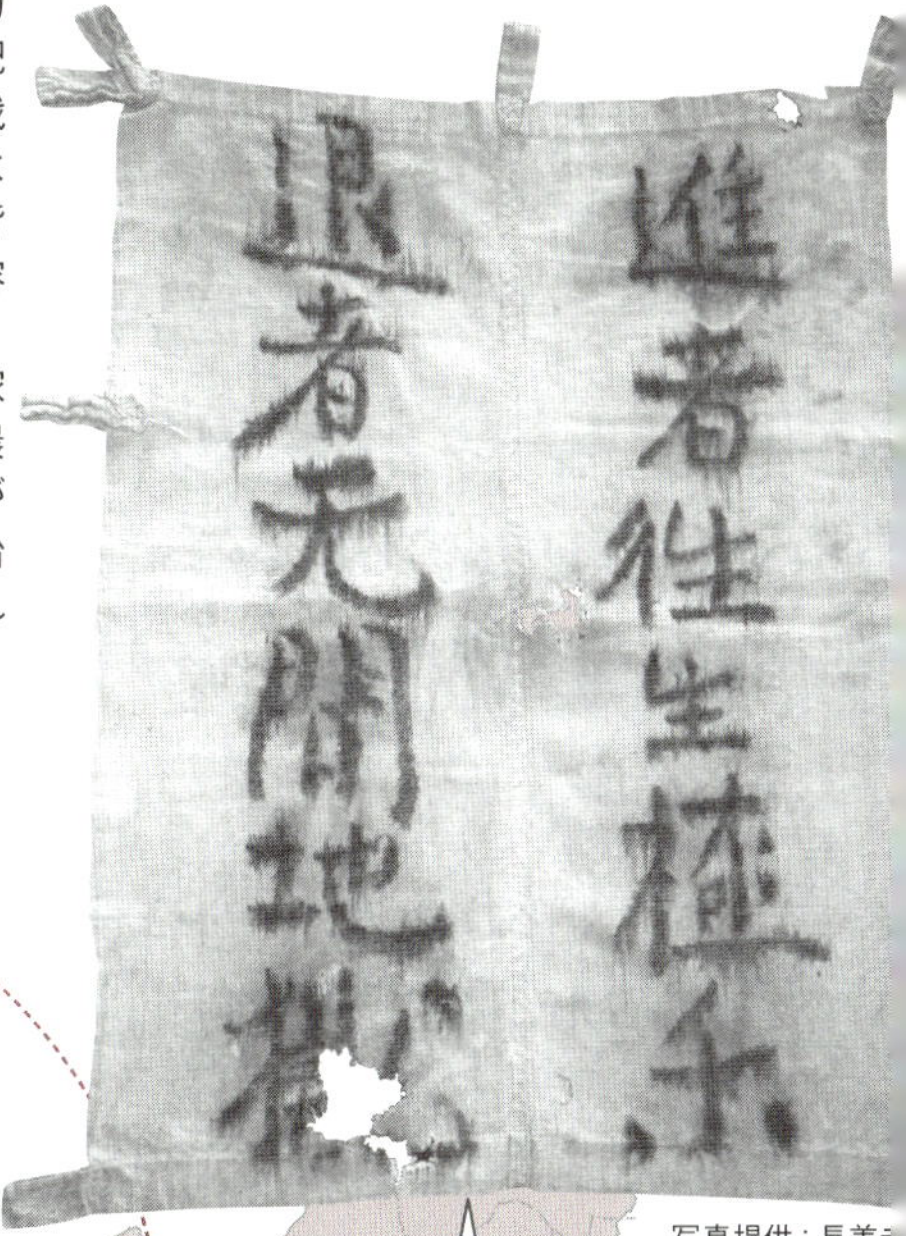

写真提供：長善寺

一向宗徒である瀬戸内の水軍が石山合戦で掲げた旗。「進む者は往生極楽、退く者は無間地獄」と書かれている。

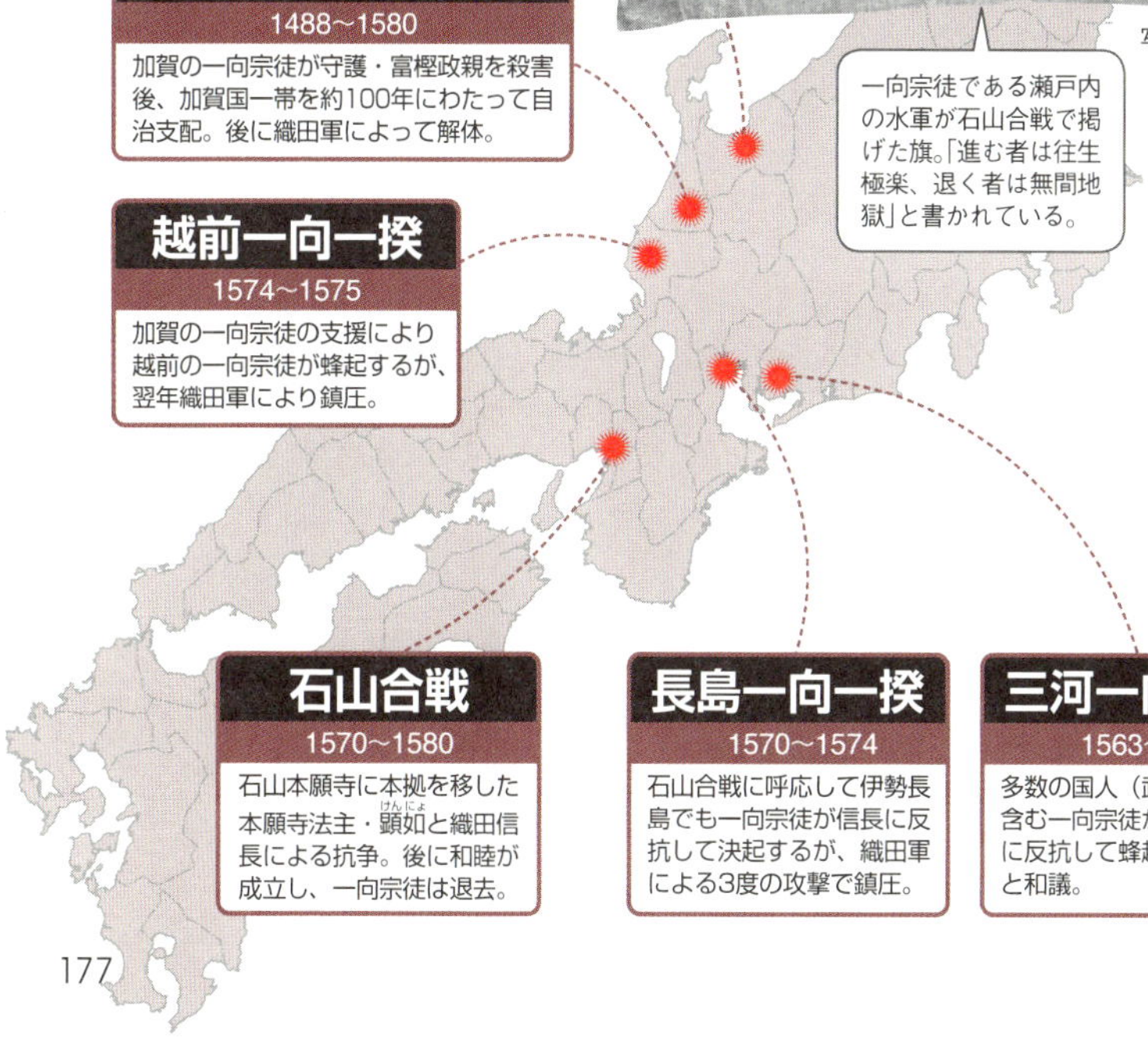

越中一向一揆
1479～1576
越中の一向宗徒が福光城主の石黒光義の弾圧に対して蜂起。越中を支配するも、後に上杉謙信と和睦。

加賀一向一揆
1488～1580
加賀の一向宗徒が守護・富樫政親を殺害後、加賀国一帯を約100年にわたって自治支配。後に織田軍によって解体。

越前一向一揆
1574～1575
加賀の一向宗徒の支援により越前の一向宗徒が蜂起するが、翌年織田軍により鎮圧。

石山合戦
1570～1580
石山本願寺に本拠を移した本願寺法主・顕如《けんにょ》と織田信長による抗争。後に和睦が成立し、一向宗徒は退去。

長島一向一揆
1570～1574
石山合戦に呼応して伊勢長島でも一向宗徒が信長に反抗して決起するが、織田軍による3度の攻撃で鎮圧。

三河一向一揆
1563～1564
多数の国人（武士階級）を含む一向宗徒が、徳川家康に反抗して蜂起。後に家康と和議。

戦国時代　**毛利元就《もうりもとなり》の死去 1571年**

脈々と受け継がれた毛利元就の結束力の教え

「三本の矢」のモデルとなった三子教訓状

毛利元就は、身分的にはけっして高くない**国人**《こくじん》（在地の武士）ながら、安芸国の国人層を上手に組織して有力大名へのし上がった。

元就といえば「**三本の矢の教え**」が有名である。ある日、長男・**隆元**《たかもと》、次男・**元春**《もとはる》（**吉川**《きっかわ》）・三男・**隆景**《たかかげ》（**小早川**《こばやかわ》）に矢を与え、折るよう命じる。1本のときは簡単に折れたが、3本にすると折れない。それを見た元就が、3人で協力することの大切さを説いたという話だ。

一説によると元就の臨終間際の話ということになっているが、隆元は元就より前に没しているし、隆景は元就が死んだときには39歳である。逸話自体は後世の創作であるが、元就が息子たちに与えた『**三子教訓状**《さんしきょうくんじょう》』という書状がもとになったと考えられている。この書状には、「身内の団結を重んじ、毛利氏を盛り立てるように」という元就の教えが記されている。

毛利氏は滅亡の危機を一族の団結力で乗り切った

戦国時代は**有力大名家の身内争い**が絶えなかった。武田信玄《たけだしんげん》による父・信虎《のぶとら》の追放、織田信長《おだのぶなが》は弟・信行《のぶゆき》を殺し、斎藤義龍《さいとうよしたつ》は父・道三《どうさん》を殺すなど、枚挙に暇がない。しかし、毛利氏家中では身内争いはまったく見られなかった。

後に隆元の子・**毛利輝元**《もうりてるもと》は関ヶ原の戦いで西軍の総大将になる。このとき、元春の子・**吉川広家**《きっかわひろいえ》は西軍不利と見て東軍に**内応**した。戦後、徳川家康《とくがわいえやす》は毛利氏の領地を奪い、広家に周防《すおう》・長門《ながと》の地を与えた。すると広家はそれを**毛利本家に差し出し**、自分は岩国《いわくに》周辺の5万石だけを領地とした。

一族結束の重要性を説く元就の教えは孫たちにも受け継がれ、毛利氏を後世まで残したのである。

ここが発見！

「三本の矢」の逸話は後世の創作だが、毛利氏は逸話通りの強い絆で結束していたため、戦国時代を生き残ることができた。

一族を守った毛利氏の生き残り戦術

安芸国の有力な国人領主のひとつに数えられていた毛利氏だったが、15世紀には有力守護である山名氏・大内氏に挟まれ、16世紀には尼子氏と大内氏の勢力争いに巻き込まれるなど、つねにその領地は危険にさらされていた。そのような経験が、領内の有力領主たちとの集団指導体制を重んじ、一族の結束を重要視する政治体制へとつながり、関ヶ原の戦い後も一族が存続する大きな要素となった。

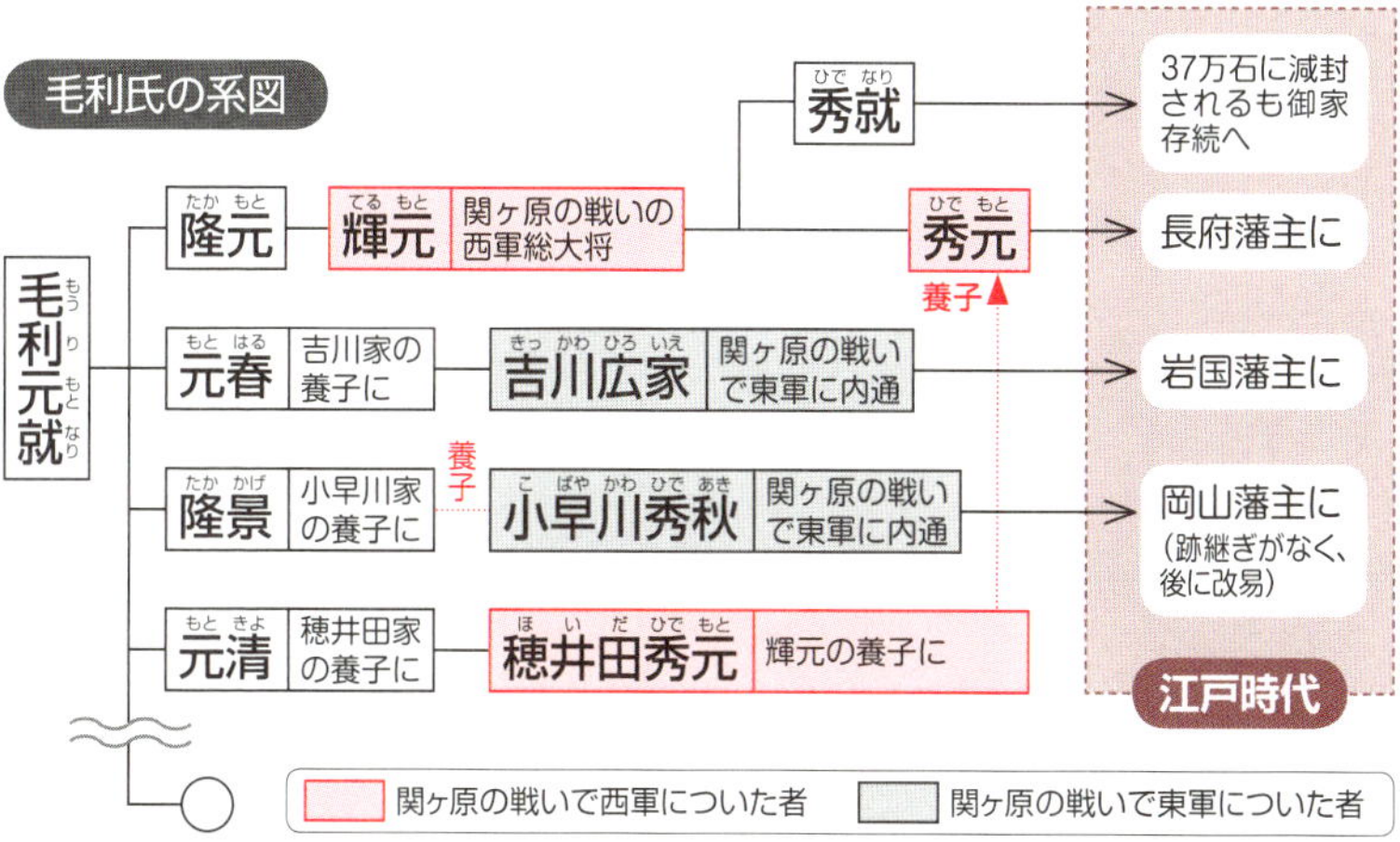
毛利氏の系図
毛利元就《もうりもとなり》
隆元《たかもと》
輝元《てるもと》
関ヶ原の戦いの西軍総大将
秀就《ひでなり》
秀元《ひでもと》
養子
元春《もとはる》
吉川家の養子に
吉川広家《きっかわひろいえ》
関ヶ原の戦いで東軍に内通
隆景《たかかげ》
小早川家の養子に
養子
小早川秀秋《こばやかわひであき》
関ヶ原の戦いで東軍に内通
元清《もときよ》
穂井田家の養子に
穂井田秀元《ほいだひでもと》
輝元の養子に
37万石に減封されるも御家存続へ
長府藩主に
岩国藩主に
岡山藩主に（跡継ぎがなく、後に改易）
江戸時代
関ヶ原の戦いで西軍についた者
関ヶ原の戦いで東軍についた者

三子教訓状

この文書のなかで元就は、毛利隆元・吉川元春・小早川隆景に対して、**3人で力をあわせること**、**身内を大切にすること**、**信仰をおろそかにしないこと**など、毛利家を守るためのさまざまな心がけを説いた。

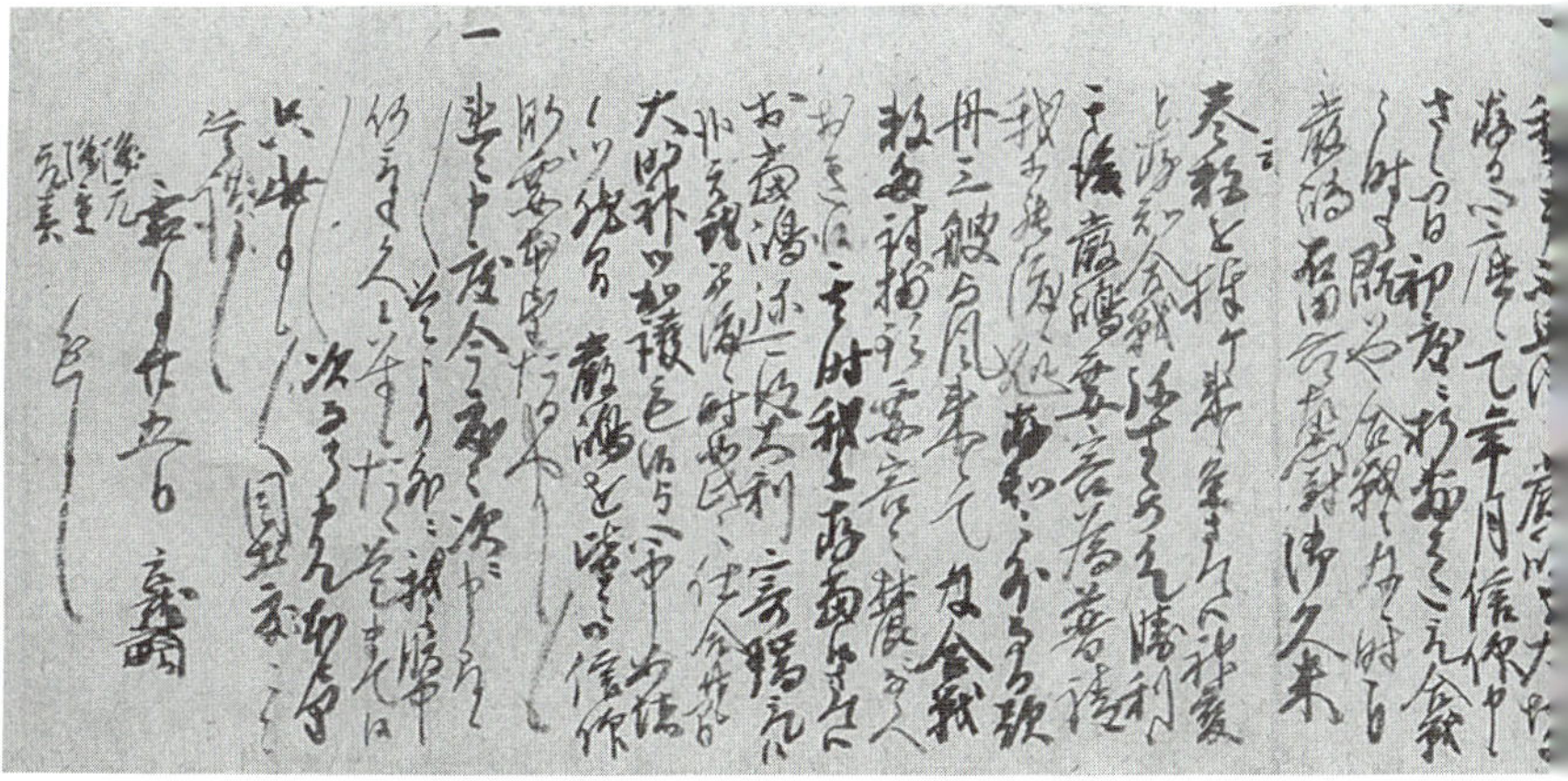

写真提供：毛利博物館

安土桃山時代　織田信長《おだのぶなが》が兵農分離を実施　1570年代中頃

織田信長が足軽をはじめて職業軍人化した

足軽たちの目的は戦いではなく掠奪だった

戦国大名は、**足軽**と呼ばれる戦闘員を大量に集めて戦いに赴いた。しかし、足軽たちは忠誠心から戦場に出るのではなく、その多くは**掠奪**《りゃくだつ》を目的にしていた。彼らは、戦場の近くの村々で貨幣、家財道具、作物などを奪って回った。足軽には**合戦後の恩賞が約束されていなかった**ため、大名は彼らの掠奪を大目に見ることも多かった。

しかし、掠奪が目的であるため、少しでも敗色が濃くなると逃亡したり、合戦中でも勝手に掠奪に向かったりするケースが絶えなかった。また、足軽を含めた武士たちは所領内に自分の土地をもち、ふだんは農耕に従事していたため、**農繁期**の戦いになると農村の労働力不足や、翌年の兵糧に不安を残すという問題もあった。

兵農分離で織田軍は圧倒的な戦力を手に入れた

信長は、それまで**半士半農**だった兵士たちを農地から切り離して城下に住まわせ、給付金を与えるシステムをつくり出した。これが**兵農分離**である。

このメリットは大きかった。城下にいるので、集団訓練がいつでもできる。信長はこの訓練を通じて兵士たちの役割をはっきりと決め、槍隊、弓隊など特定の役割を果たす**専門部隊として育成**した。

また実際の戦闘では、敵対する大名が農村で兵士を集めている間に**先制攻撃**ができるようになり、つねに敵を圧倒することができた。さらに、**給付金で収入が保証**されたために掠奪は少なくなり、戦闘に集中できるようにもなった。

織田軍の強さは、烏合の衆だった**足軽を組織化**し、指揮官の命令で整然と動くように血を通わせたことにあったのである。

ここが発見!

信長は半農半武だった足軽を職業軍人化し、専門的な訓練を受けさせることで、常時活動できる強力な精鋭部隊をつくり上げた。

機能性・集団戦を意識した織田軍の装備

足軽の装備

兵農分離で集めた職業軍人を訓練することにより、織田軍は専門的な技術をもつ兵士による組織的な戦いを行うことが可能になった。鉄砲を扱う鉄砲隊などはその代表例である。また、通常の兵士にとっては扱いにくい長柄（長槍）をもつ長柄足軽たちが集団で進軍する槍ぶすまなども、個人戦的性格の強かったそれまでの戦い方を一変させた。

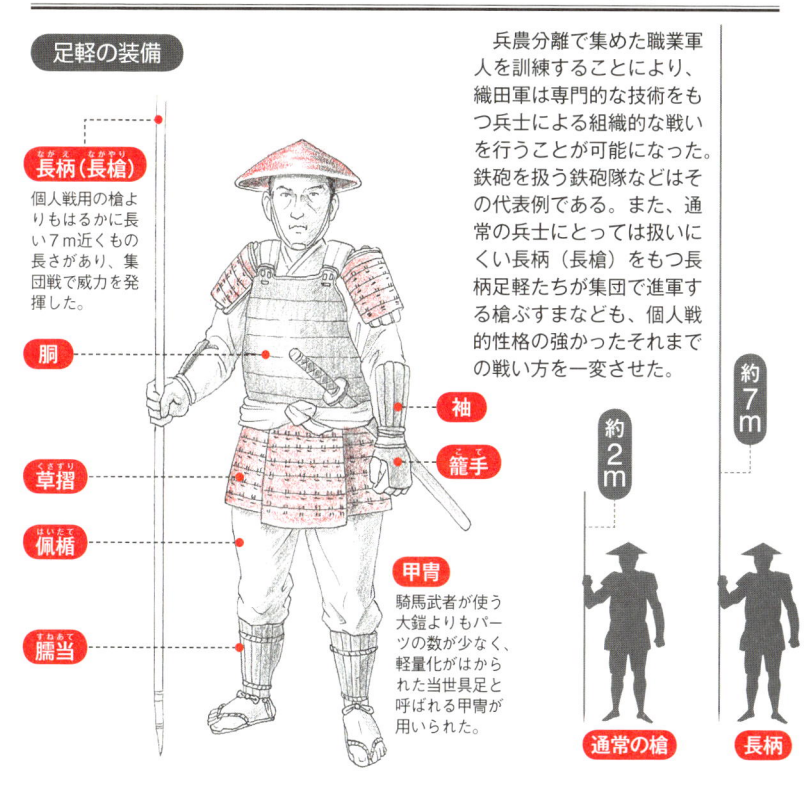

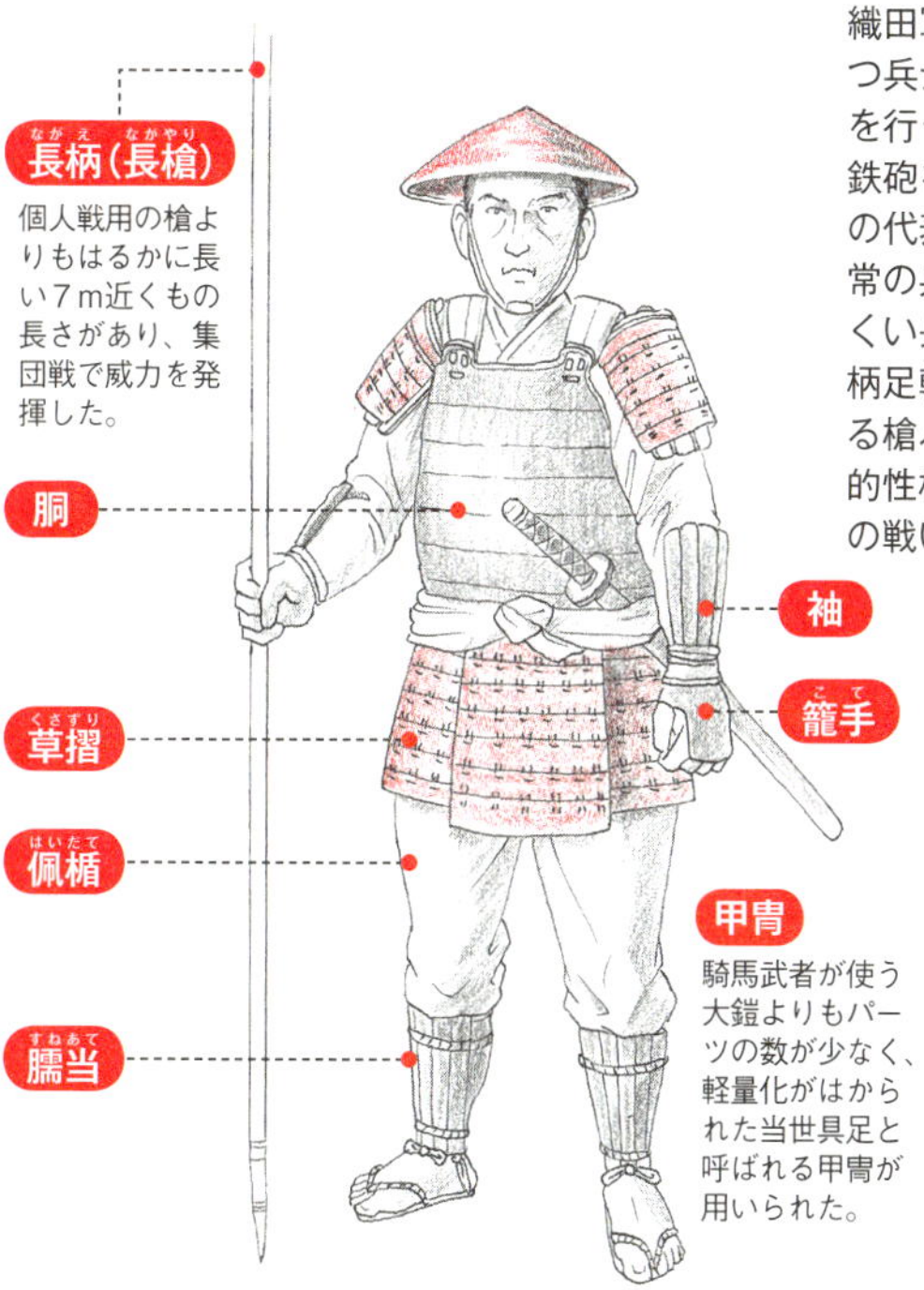
長柄《ながえ》(長槍《ながやり》)
個人戦用の槍よりもはるかに長い7m近くもの長さがあり、集団戦で威力を発揮した。
胴
袖
籠手《こて》
草摺《くさずり》
佩楯《はいだて》
甲冑
騎馬武者が使う大鎧よりもパーツの数が少なく、軽量化がはかられた当世具足と呼ばれる甲冑が用いられた。
臑当《すねあて》

約7m
約2m
通常の槍
長柄

半士半農から兵農分離へ

兵農分離により兵士が高度で専門的な技術を身につけることができるようになっただけでなく、農繁期、農閑期にかかわりなく出陣することが可能になり、長期戦も可能になった。これらのことが、半士半農の兵士の寄せ集めだった他の戦国大名との大きな戦力の差になったといわれている。

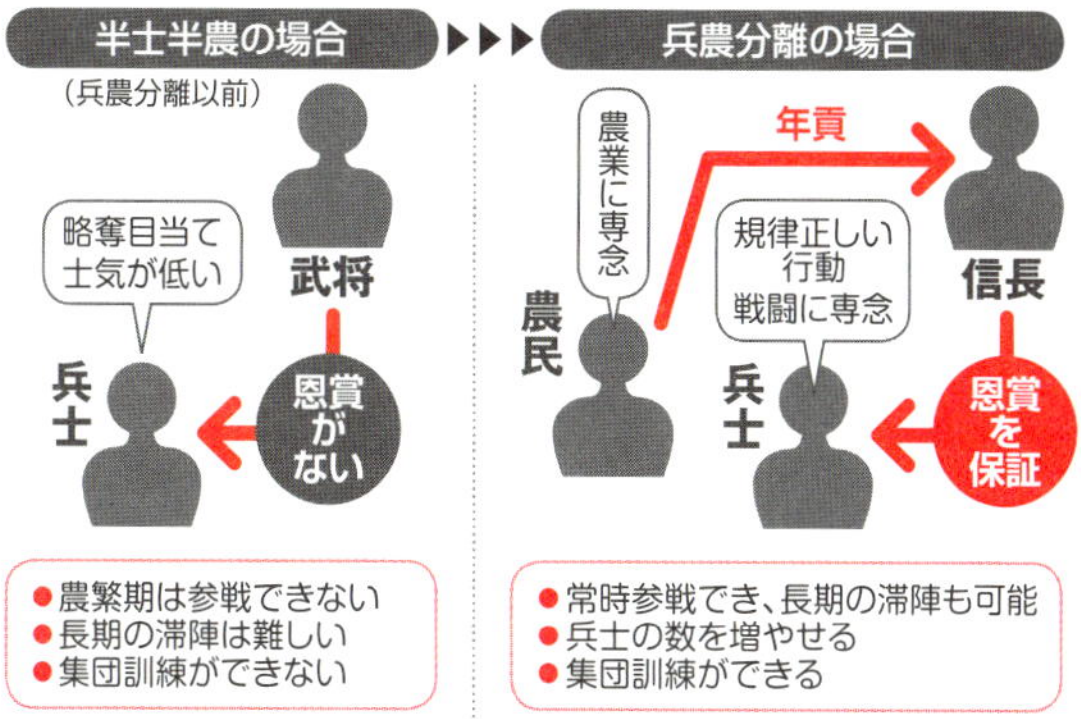
半士半農の場合
（兵農分離以前）
武将
略奪目当て
士気が低い
兵士
恩賞がない
●農繁期は参戦できない
●長期の滞陣は難しい
●集団訓練ができない
兵農分離の場合
農業に専念
農民
年貢
信長
規律正しい
行動
戦闘に専念
兵士
恩賞を保証
●常時参戦でき、長期の滞陣も可能
●兵士の数を増やせる
●集団訓練ができる

長篠での鉄砲隊の活躍が合戦史を塗り替えた

武田氏の最強騎馬軍団 織田軍鉄砲隊の前に散る

織田・徳川連合軍と**武田軍**が雌雄を決した戦いが、１５７５年の**長篠の戦い**である。長篠城を包囲する武田軍の後詰に向かった**織田**《おだ》**信長**《のぶなが》は、設楽原《したらがはら》に陣をしいて武田軍迎撃の用意を固めた。丘陵部に空堀を掘り、**土塁**を構築し、丸太と縄で**馬防柵**《ばぼうさく》をつくった。

信長が別働隊に長篠城を救援させて武田軍の後方を塞ぐと、退路を絶たれた武田軍は無策に設楽原へ突撃するより術はなかった。連合軍の足軽隊が馬防柵の前で武田軍を挑発し、それにつられて武田軍が前進すると、信長自慢の**鉄砲隊**が一斉に弾を撃ち込んだ。空堀や土塁の障害物に足を取られ威力を削がれた武田軍は、ほぼ壊滅状態となった。

武田軍は多くの重臣を失い、戦死者は1万人にのぼったという。**武田**《たけだ》**勝頼**《かつより》は命からがら敗走したが、その後**天目山**《てんもくざん》で討ち取られ、源氏の名門・武田氏は滅びた。

合戦のハイライトでもある 三段撃ちは史実ではなかった

長篠の戦いといえば、織田軍の**「足軽鉄砲隊による三段撃ち」**が有名である。しかし、この説は現在ではほぼ否定されている。どうやらこれは、明治時代以降に広まった創作らしい。

また、鉄砲の数にしても、信長は３０００挺を用意したといわれているが、信頼性が高いとされる**『信長公記《しんちょうこうき》』**には１０００挺とあり、現在ではこの数字が妥当とされている。

しかし、ここぞという大戦で鉄砲隊を最前線に投入し、その威力を存分に発揮したという意味で信長はさすがだった。この戦いの勝利が、後の世の合戦の在り方を大きく変えるターニングポイントとなったことは、間違いないだろう。

ここが発見!

織田信長が長篠の戦いで用いたという三段撃ちは史実ではないが、鉄砲隊の効果的な運用と綿密な作戦が勝利を呼び込んだ。

長篠の戦い 鉄砲の威力を最大限に生かした信長

当時の最新兵器であった鉄砲を組織的に用いたことが織田軍の勝因といわれ、「日本初の鉄砲による近代戦」と評価されているが、優れた戦術が勝敗を分ける大きな要素となったことも見逃せない。背後を塞いで武田軍を引くに引けない状況に追い込み、騎馬隊を鉄砲隊に向かって突撃させた点こそ、信長の戦略の妙である。

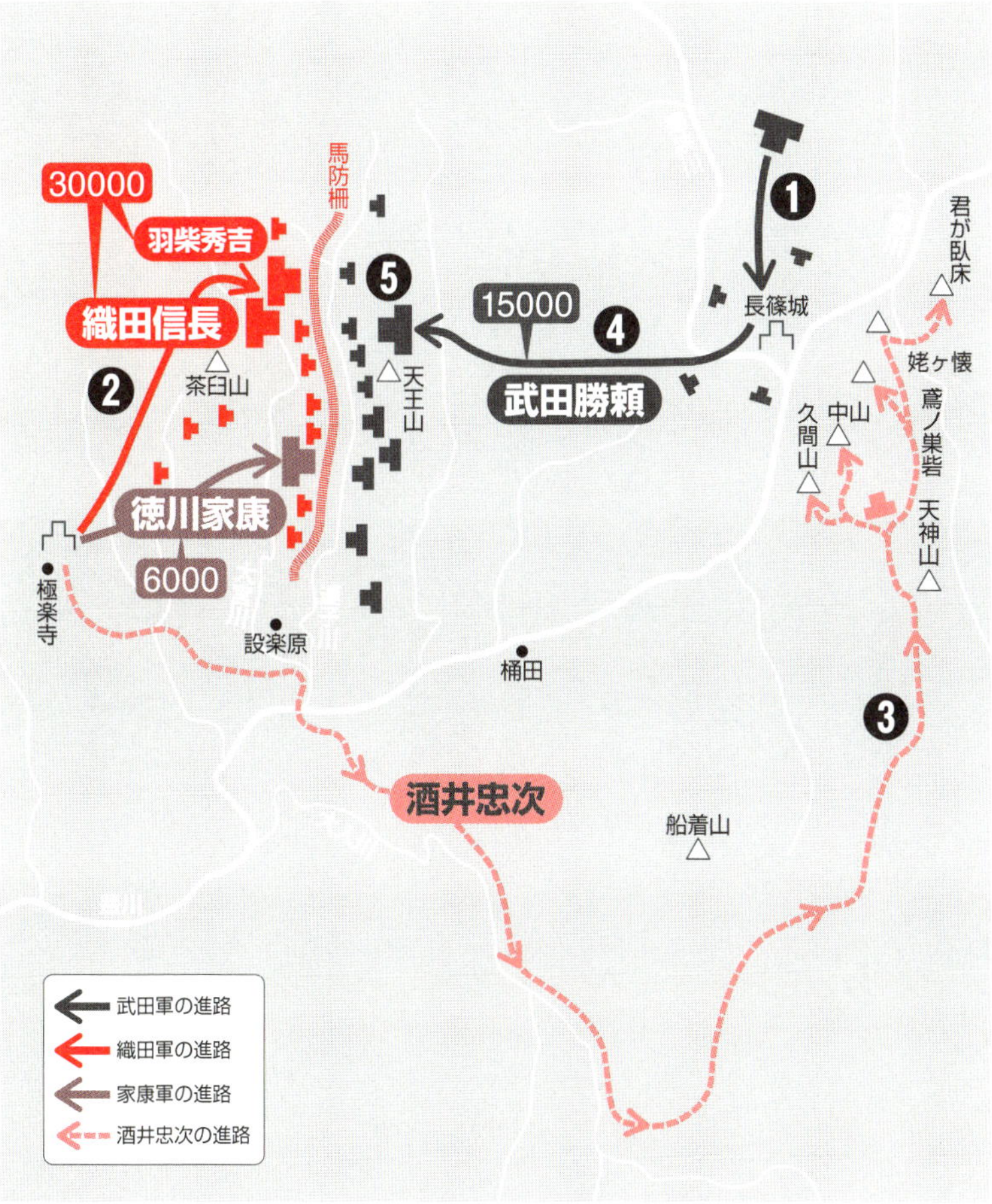

❶武田勝頼が1万5000の軍勢を率いて徳川家康配下の奥平信昌が守る長篠城を包囲
❷徳川軍6000と織田軍3万が合流し、設楽原に着陣。その後、馬防柵をつくって広く展開。
❸酒井忠次が鉄砲隊500を含む別働隊で武田軍の背後にある鳶ノ巣砦を急襲。
❹背後に敵を抱えた武田軍が織田・徳川連合軍3万5000強に突撃。
❺武田軍は広く展開した織田軍の鉄砲隊の一斉射撃により壊滅。

竹中半兵衛は本当に名軍師だったのか？

秀吉の名参謀・竹中半兵衛は中国攻めの最中に病で倒れた

羽柴《はしば》（豊臣《とよとみ》）秀吉《ひでよし》の軍師として名高い**竹中半兵衛《たけなかはんべえ》（重治《しげはる》）**は、斎藤氏の元家臣で、主君を諌《いさ》めるために計略を駆使して**稲葉山城**を**乗っ取った**ことで名を上げた。その後、織田信長《おだのぶなが》の旗下《きか》に入った半兵衛は軍目付として秀吉のもとに派遣され、類まれな才覚で軍師として活躍した。

　1570年の**姉川の戦い**では浅《あざ》井《い》氏の重臣を寝返らせることに成功。秀吉が総大将を務めた中国攻めにも同行し、1578年に宇喜多氏の**備前八幡山城**を調略によって落城させたが、**播磨《はりま》三木《みき》城包囲戦**の最中に病で倒れ、あえなく陣中で没した。

秀吉大出世の理由づけに必要だった竹中半兵衛

　調略の天才として名高い半兵衛だが、『**信長公記《しんちょうこうき》**』を見ると半兵衛の記事は数カ所しかないうえに、八幡山城の一件では半兵衛が調略したことにはふれられていない。また、主君の秀吉は一流の軍師であり、半兵衛が秀吉配下にいたとされる頃は**秀吉自身が自軍の作戦を立てていた**と考えられる。

　半兵衛の事績は、江戸時代に講談などで誇張されて世間に広まったというのが真相のようだ。**身分制**の定まった江戸時代の人々にとって、秀吉がなぜ足軽身分から近江の長浜城主にまで出世できたのか、大きな疑問であった。その理由づけとして、「半兵衛ほどの名軍師がいたから秀吉は出世できた」という説明が広く受け入れられたのだろう。

　戦国軍師のなかには、その活躍が後世になって誇張された例が多い。武田信玄《たけだしんげん》に仕えた**山本勘助《やまもとかんすけ》**、石田三成《いしだみつなり》に仕えた**島左近《しまさこん》**らの活躍も、同様に後世の脚色が多いと考えられている。

ここが発見！

調略において天才的な才能を発揮し、秀吉を助けた竹中半兵衛だが、その活躍は後世に誇張されたものである可能性が高い。

戦国時代の名軍師たち

戦国時代の大名は、豊臣秀吉に限らず、それぞれが竹中半兵衛のような有能な軍師を抱えていた。軍師には、軍事的な戦略だけでなく、外交や内政を担当する参謀的な役割が求められる場合も多かった。

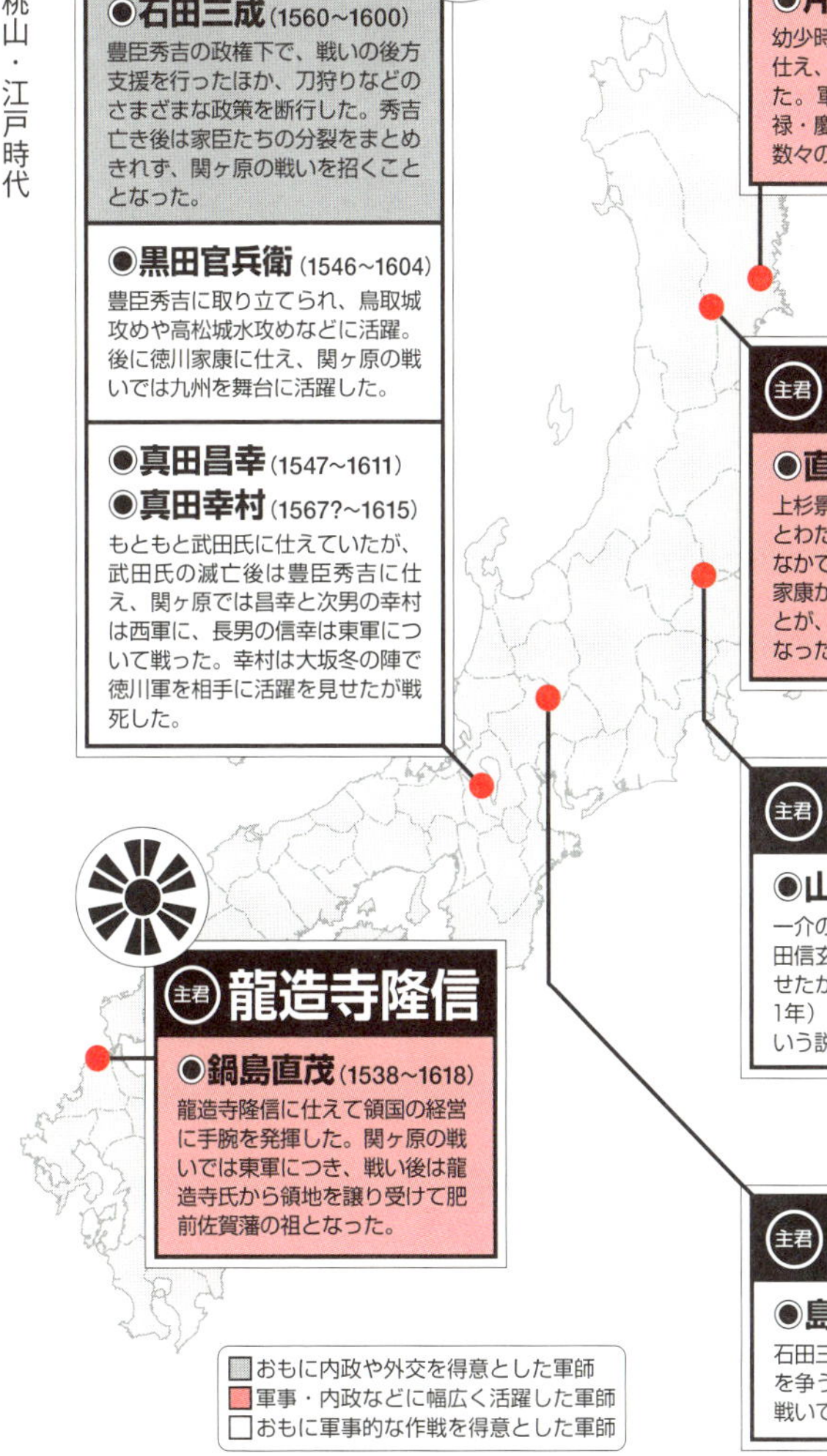

主君 豊臣秀吉

◉石田三成(1560~1600)
豊臣秀吉の政権下で、戦いの後方支援を行ったほか、刀狩りなどのさまざまな政策を断行した。秀吉亡き後は家臣たちの分裂をまとめきれず、関ヶ原の戦いを招くこととなった。

◉黒田官兵衛(1546~1604)
豊臣秀吉に取り立てられ、鳥取城攻めや高松城水攻めなどに活躍。後に徳川家康に仕え、関ヶ原の戦いでは九州を舞台に活躍した。

◉真田昌幸(1547~1611)
◉真田幸村(1567?~1615)
もともと武田氏に仕えていたが、武田氏の滅亡後は豊臣秀吉に仕え、関ヶ原では昌幸と次男の幸村は西軍に、長男の信幸は東軍について戦った。幸村は大坂冬の陣で徳川軍を相手に活躍を見せたが戦死した。

主君 伊達政宗

◉片倉景綱(1557~1615)
幼少時から守役として伊達政宗に仕え、「智の片倉景綱」と呼ばれた。軍師として小田原の役、文禄・慶長の役・関ヶ原の戦いなど数々の戦いで戦功を挙げた。

主君 上杉景勝

◉直江兼続(1560~1619)
上杉景勝の参謀として、徳川家康とわたりあった。家康との交渉のなかで書いた『直江状』が有名。家康が上杉を討とうと出兵したことが、関ヶ原の戦いのきっかけとなった。

主君 武田信玄

◉山本勘助(1493?~1561)
一介の浪人から引き立てられて武田信玄に仕え、目覚しい活躍を見せたが、第四次川中島の戦い(1561年)で戦死。実在しなかったという説もある。

主君 龍造寺隆信

◉鍋島直茂(1538~1618)
龍造寺隆信に仕えて領国の経営に手腕を発揮した。関ヶ原の戦いでは東軍につき、戦い後は龍造寺氏から領地を譲り受けて肥前佐賀藩の祖となった。

主君 石田三成

◉島左近(1540~1600)
石田三成に仕えて徳川家康と覇権を争う三成を支えたが、関ヶ原の戦いで戦死した。

(灰色)おもに内政や外交を得意とした軍師
(赤色)軍事・内政などに幅広く活躍した軍師
(白色)おもに軍事的な作戦を得意とした軍師

安土桃山時代 織《お》田《だ》信長《のぶなが》が右大臣を辞任 1578年

戦国大名は金を払ってでも位階・官職を欲しがった

戦国大名は権威や大義名分のために位階・官職を求めた

室町時代後期、**幕府の権威が失墜**すると、幕府職であった守護職の価値も低下したため、戦国大名は**天皇や皇室の権威を利用**しようとした。朝廷の**官職**を得ることで自己の地位を確立し、自分たちの侵略戦を正当化しようとしたのである。さらに、朝廷から**領国支配の公認**を取りつけることは、領内の商工民の支配を確保することにもつながった。

この時代は**多額の寄付**で朝廷の官職を得ることが可能だったため、戦国大名はこぞって金を支払った。そして、それらが朝廷の資金源にもなっていたのである。陸奥の**伊《だ》達《て》稙宗《たねむね》**は、255貫（現在の約2500万円）の大金を投じて左京大夫（京都の東半分の行政にあたる官職）の職を得た。ほかにも、**上杉謙信《うえすぎけんしん》**や**武《たけ》田《だ》信玄《しんげん》**、**豊《とよ》臣秀吉《とみひでよし》**や**徳川家康《とくがわいえやす》**も朝廷から官職を得ることで、優位性を築いた。

信長は位階・官職を欲していなかった？

しかし、**織《お》田《だ》信長《のぶなが》**は違っていた。父・**信秀《のぶひで》**は三河守の官職を得て、三河国の松平氏への**侵攻を正当化**させたが、信長は朝廷へ献金するなど形式上は敬意を払いつつも、けっして迎合しようとはしなかった。一度は**右大臣**の官職を授かりながらも、すぐに辞任している。あくまで推測になるが、官職について自らの行動が制限されるのを嫌った、あるいは天皇以上の存在を狙っていたとも考えられる。

ただし、本能寺の変の前に朝廷が信長を**三職**（征夷大将軍、太政大臣、関白）に任じようとしていたという説もある。朝廷と信長、はたしてどちらからの働きかけによるものだったのか。信長の死によって謎となり、いまだに議論の的となっている。

ここが発見！

戦国大名は権威を手に入れるため、朝廷に寄付をして位階や官職を授かったが、織田信長だけは位階や官職を望まなかった。

戦国大名が欲した位階・官職

将軍や天皇をしのぐほどの権力をもった有力戦国大名たちも、こぞって位階・官職を望んだ。頼るべき後ろ盾をもたない戦国大名たちにとって、位階・官職は政治的にも軍事的にももっともわかりやすく、効果的な権威だったのである。

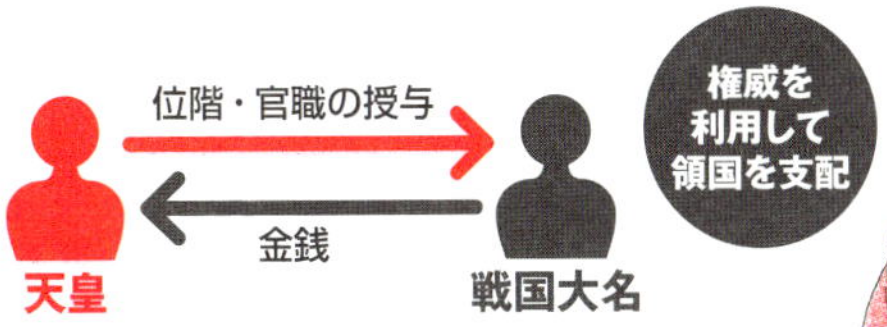

おもな戦国大名の位階・官職

位階（高→低）

- 正一位
- 従一位
- 正二位
- 従二位
- 正三位
- 従三位
- 正四位（上・下）
- 従四位（上・下）
- 正五位（上・下）
- 従五位（上・下）
- 正六位（上・下）
- 従六位（上・下）

豊《とよ》臣《とみ》秀《ひで》吉《よし》
◎従一位
◎関白
◎太政大臣
※死後、1915（大正4）年正一位に。

徳《とく》川《がわ》家《いえ》康《やす》
◎従一位
◎征夷大将軍
◎太政大臣
※死後、1617（元和3）年正一位に。

織《お》田《だ》信《のぶ》長《なが》
◎正二位
◎右大臣
◎右近衛大将
※死後、従一位太政大臣に。さらに1917（大正6）年に正一位に。

毛《もう》利《り》元《もと》就《なり》
◎従四位上
◎陸奥守
◎治部少輔
※死後、1908（明治41）年正一位に。

今《いま》川《がわ》義《よし》元《もと》
◎従四位下
◎三河守
◎治部大輔

武《たけ》田《だ》信《しん》玄《げん》
◎従四位下
◎信濃守
◎大膳大夫
※死後、従三位に。

島《しま》津《づ》貴《たか》久《ひさ》
◎従五位下
◎陸奥守
◎修理大夫
※死後、従三位に。

上《うえ》杉《すぎ》謙《けん》信《しん》
◎従五位下
◎弾正少弼
※死後、従二位に。

官職	授けられた位階に相当する官職が与えられる（○○大臣、○○大夫、○○少輔、○○守など）
令《りょう》外《げ》官《のかん》	令の規定にはないが、必要に応じて授けられる官職（関白や征夷大将軍など）

安土桃山時代　秀吉が信長の子・於次丸《おづきまる》を養子にする 1579年

戦国時代の政略結婚事情 信長・秀吉・家康は親戚同士!?

ここが発見!

政略結婚があたり前だった戦国時代。信長、秀吉、家康も政略結婚や養子縁組によって血縁関係となっていた。

信長は、秀吉・家康と相次いで血縁関係を結んだ

戦国時代は、軍事同盟の手段として**政略結婚**や**養子縁組**が頻繁に行われ、大名同士で親戚関係になるのはあたり前のことだった。それは、**織田信長《おだのぶなが》・羽柴《はしば》（豊臣《とよとみ》）秀吉《ひでよし》・徳川家康《とくがわいえやす》**の3人にもあてはまる。

中国の毛利氏攻略のために播磨の調略にあたっていた秀吉は跡継ぎ不在を理由に、信長の四男・**於次丸**（後の**羽柴秀勝《はしばひでかつ》**）を養子にと願い出て許された。秀吉は信長の子の養父となり、織田氏の親戚となったのである。さらに信長は、長女・**徳姫《とくひめ》**を家康の嫡男・**松平信康《まつだいらのぶやす》**に嫁がせた。このときふたりは、ともに9歳だった。これで、織田氏と徳川氏も親戚同士となった。

家康は信長との同盟を裏切ることはなかった。信長は妹・**お市《いち》**を嫁がせて同盟を結んだ**浅井長政《あざいながまさ》**の裏切りで窮地に陥ったことがある。このような裏切りがあたり前だった当時、最後まで同盟を維持したのは非常に珍しいことだった。

実子の少ない秀吉は政略結婚を使えなかった

信長の死後、次男・**北畠《きたばたけ》（織田）信雄《のぶかつ》**は秀吉への不安から家康に接近し、1584年に**小牧・長久手の戦い**で秀吉と対峙した。しかし、信雄が単独で秀吉と講和したため、大義名分を失った家康は次男・**於義丸《おぎまる》**（後の**結城秀康《ゆうきひでやす》**）を養子に出して秀吉と和睦。秀吉も家康のもとに妹・**旭姫《あさひめ》**を輿入れさせて同盟を強化した。これにより、秀吉と家康も親戚同士となった。

ちなみに、3人のなかでもっとも政略結婚に熱心だったのは信長だった。20人を超える子女をうまく活用して多方面と同盟を結んだ。逆に秀吉は16人もの側室がいたにもかかわらず、実子が秀頼《ひでより》だけだったため、政略結婚をしたくてもできなかったのである。

多方面におよんだ信長の政略結婚

信長には20人以上の子がいたが、そのほとんどは敵や家臣・味方といった武将や公家との政略結婚に利用された。これらによって信長と秀吉、家康は義理の父や兄弟という密接な関係を結ぶにいたった。

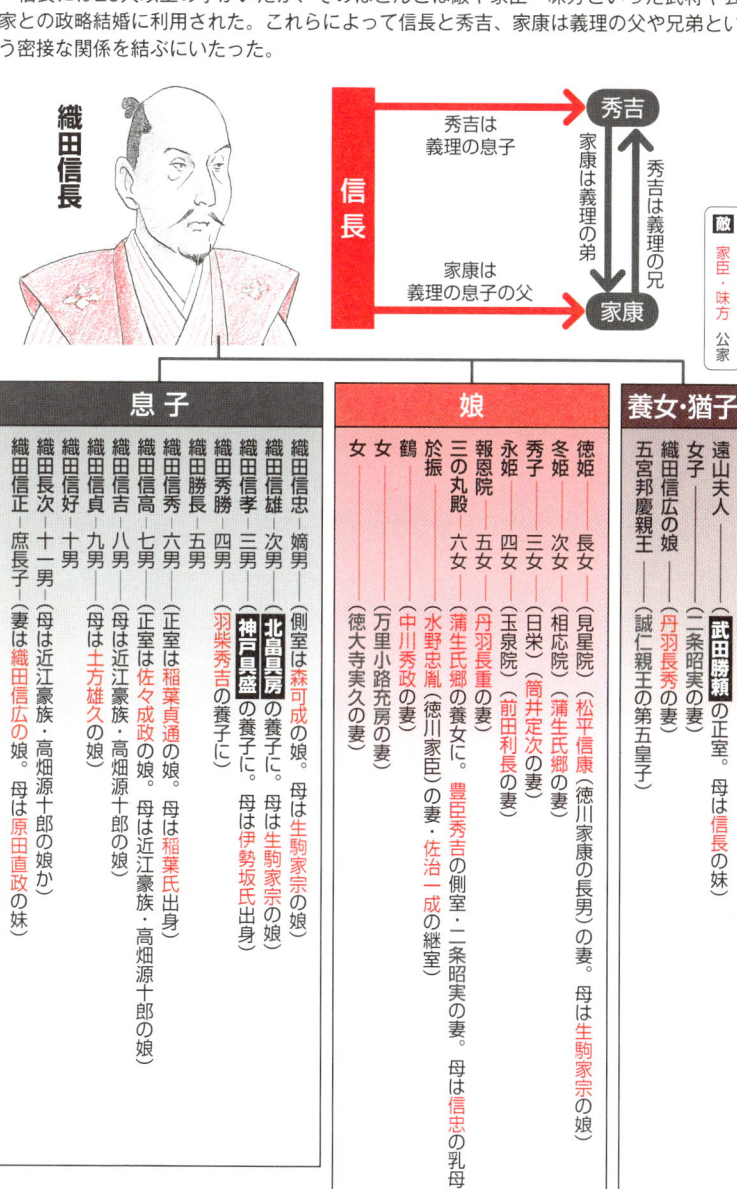

織田信長

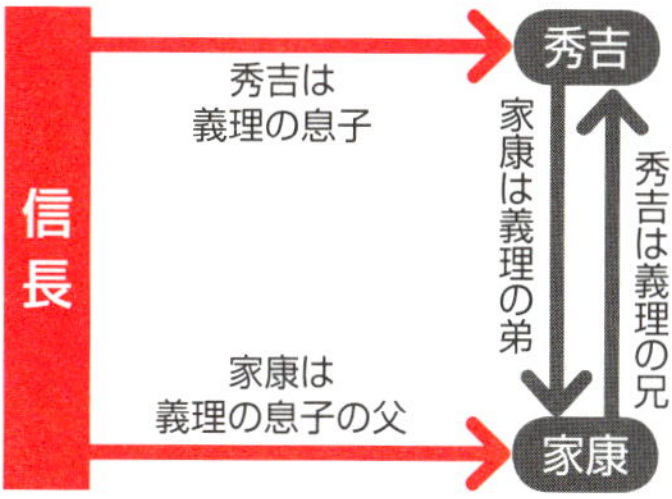
信長
秀吉
家康
秀吉は
義理の息子
家康は
義理の息子の父
家康は義理の弟
秀吉は義理の兄

敵　家臣・味方　公家

息子

織田信忠―嫡男―（側室は森可成の娘。母は生駒家宗の娘）
織田信雄―次男―（**北畠具房**の養子に。母は生駒家宗の娘）
織田信孝―三男―（**神戸具盛**の養子に。母は伊勢坂氏出身）
織田秀勝―四男―（羽柴秀吉の養子に）
織田勝長―五男
織田信秀―六男―（正室は稲葉貞通の娘。母は稲葉氏出身）
織田信高―七男―（正室は佐々成政の娘。母は近江豪族・高畑源十郎の娘）
織田信吉―八男―（母は近江豪族・高畑源十郎の娘）
織田信貞―九男―（母は土方雄久の娘）
織田信好―十男
織田長次―十一男―（母は近江豪族・高畑源十郎の娘か）
織田信正―庶長子―（妻は織田信広の娘。母は原田直政の妹）

娘

徳姫―長女―（見星院）（松平信康（徳川家康の長男）の妻。母は生駒家宗の娘）
冬姫―次女―（相応院）（蒲生氏郷の妻）
秀子―三女―（日栄）（筒井定次の妻）
永姫―四女―（玉泉院）（前田利長の妻）
報恩院―五女―（丹羽長重の妻）
三の丸殿―六女―（蒲生氏郷の養女に。豊臣秀吉の側室・二条昭実の妻。母は信忠の乳母）
於振―（水野忠胤（徳川家臣）の妻・佐治一成の継室）
鶴―（中川秀政の妻）
女―（万里小路充房の妻）
女―（徳大寺実久の妻）

養女・猶子

遠山夫人―（**武田勝頼**の正室。母は信長の妹）
女子―（二条昭実の妻）
織田信広の娘―（丹羽長秀の妻）
五宮邦慶親王―（誠仁親王の第五皇子）

安土城はほかの戦国の城と異なる目的で築かれた

天下取りに近づいた信長は安土城の建設に着手した

1573年に室町幕府を滅ぼし、1575年に長篠の戦いで武田氏を討伐、天下取りの体制をほぼ確立した**織田信長**《おだのぶなが》は、1576年に本拠の岐阜城を嫡男の信忠《のぶただ》に譲って、**安土に築城を開始**する。

安土は琵琶湖の東に位置し、京都と北陸とを結ぶ交易をおさえる重要な場所だった。また、陸上の交通路が未整備だった当時、物資や兵力の輸送に**水路**を用いることが多かった。瀬田川（淀川）を通じて大坂方面、瀬戸内海とつながる琵琶湖に面する安土は、そうした点でも**交通の要所**となっていたのである。

信長は武士と商工民が一体となった街づくりを目指した

信長は、安土城のほかにも長浜城、坂本城、大溝《おおみぞ》城を築き、すべての城に重臣や中下級武士、さらには商工業者までも集めて**城下町**をつくらせた。このような武士の居住地と商工民の居住地を一緒に設ける本格的な城下町は、信長のオリジナルである。

さらに信長は中世の商品流通の妨げになっていた**座**（商工業者などによる組合）の解散（**楽市楽座**）、**関所**を廃止して東西を往還する商人はかならず安土に寄るようにと定めた。商工業の育成が国に繁栄をもたらすことを知っていた信長は、安土城とその城下町を戦いのためではなく、繁栄を実現するための**政治と経済の中心地**にしようと考えていたのである。

また、安土城は**天主（天守閣）**を設けた最初の城で、その姿は宣教師フロイスが「ヨーロッパのもっとも壮大な城に比肩しうるもの」と評したほど壮大なものだったという。信長は自分の偉大さを、この天主によって天下に知らしめたのである。

ここが発見！

信長は、安土城をほかの戦国時代の城のような単なる戦いの砦としてではなく、政治経済の中心地としてとらえていた。

信長の思想 安土城を復元する

1579（天正４）年、信長が標高199mの安土山に築いた安土城は、天主や本丸、二の丸などを備えた日本初の近代城郭だった。信長の死後、築城から数年で焼失したこともあり、詳しいことはわかっていないが、１km×1.5kmの敷地面積があり、天主は７階建ての豪壮な建築だった。信長は財力や政治力の象徴としてはもちろん、すべての宗教を超越し、自分自身を神とする思想をこの城に込めたとも考えられている（▶P8）。

安土城の見取り図

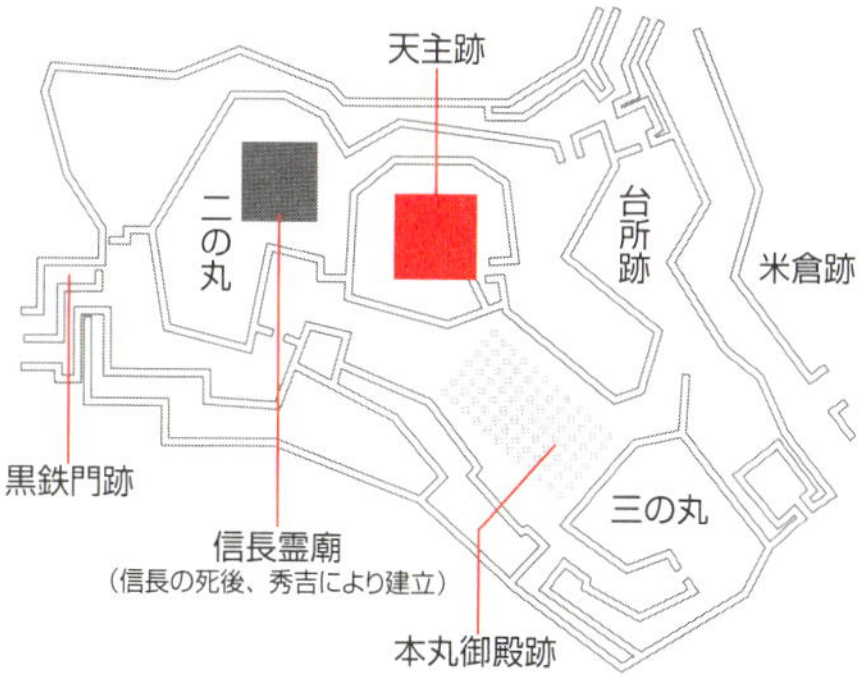
天主跡
二の丸
台所跡
米倉跡
黒鉄門跡
信長霊廟
（信長の死後、秀吉により建立）
三の丸
本丸御殿跡

安土城の構造

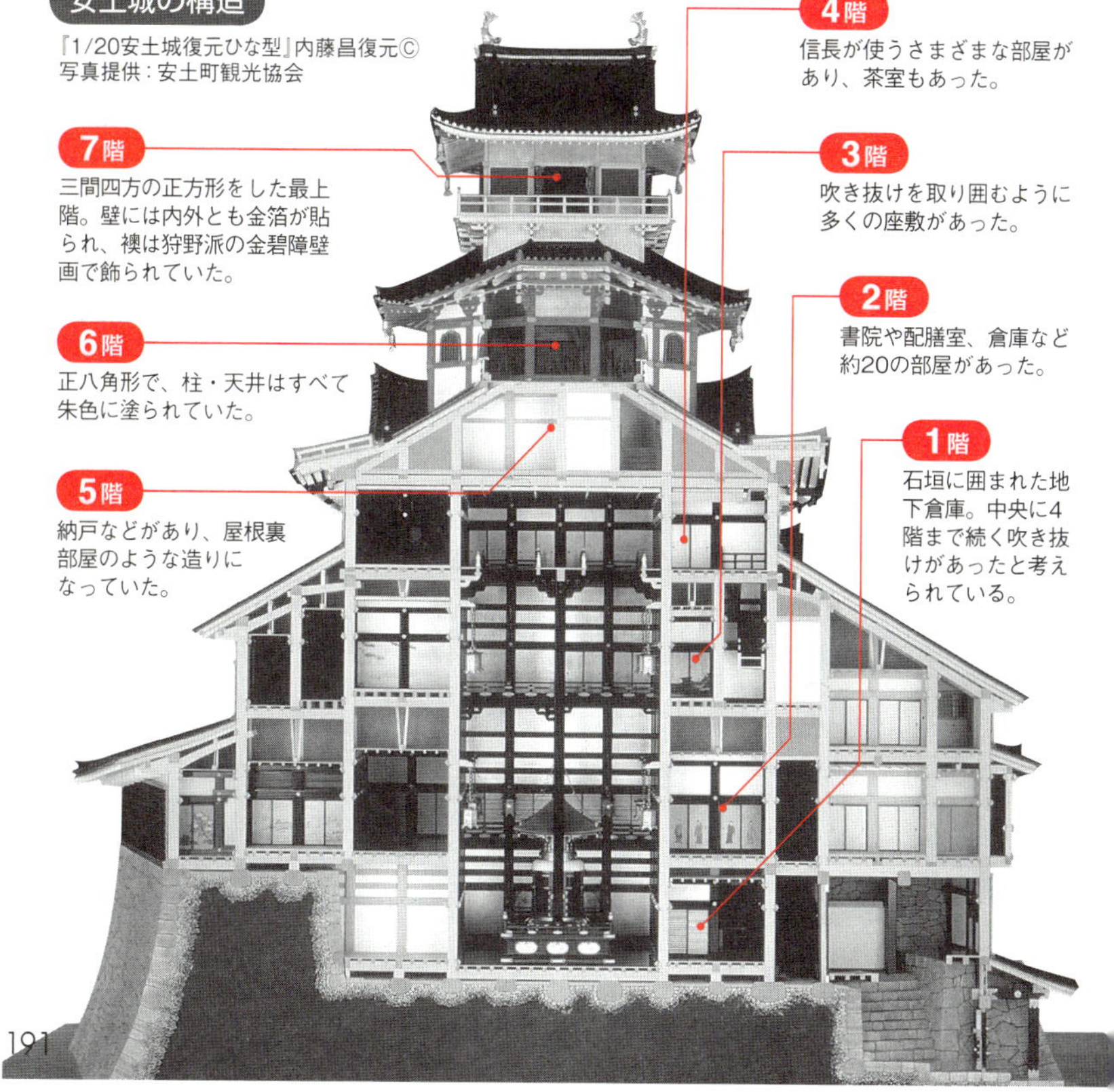
7階
三間四方の正方形をした最上階。壁には内外とも金箔が貼られ、襖は狩野派の金碧障壁画で飾られていた。
6階
正八角形で、柱・天井はすべて朱色に塗られていた。
5階
納戸などがあり、屋根裏部屋のような造りになっていた。
4階
信長が使うさまざまな部屋があり、茶室もあった。
3階
吹き抜けを取り囲むように多くの座敷があった。
2階
書院や配膳室、倉庫など約20の部屋があった。
1階
石垣に囲まれた地下倉庫。中央に4階まで続く吹き抜けがあったと考えられている。

『1/20安土城復元ひな型』内藤昌復元©
写真提供：安土町観光協会

変わりゆく城の役割

要塞から政治の中枢・権力の象徴へ

　戦国時代、多くの守護大名が防御に適した山の上に**山城**を築くようになった。当初大名は山城のふもとの**平地の居館**に住んでいたが、戦乱が激しくなると、山城の中に居館を設けるようになった。

　戦国時代後期になると兵の数も膨れ上がり、狭い山上では軍勢を収容できなくなってきた。そこで戦国大名は、平野を望む丘陵地や平野部に城を築いた。これを**平山城**、**平城**という。城の周囲には**城下町**も建設されるようになった。山城が**軍事要塞**だったのに対し、平山城や平城は**政庁**としての機能も併せもっていた。

　そして、**織田信長**《おだのぶなが》の登場で城の役割に大きな変化が現れる。信長の築いた**安土城**ははじめて**石垣**を多用し、本格的な**天守**（**天主**）を備えた城であった。安土城によって、はじめて城に**権威の象徴**という新たな役割が付与された。

　その後、**豊臣秀吉**《とよとみひでよし》が諸国の大名に**大坂城**をつくらせたことから、築城技術が職人の間に広まり、江戸時代にかけて全国に多くの名城が築かれるようになるのである。

本当に象徴だった天守閣

　天守閣は城の要と思われがちだが、象徴以外の役割はなかった。敵陣視察は物見櫓で十分であり、城の中心であるため防御力も必要なかった。また、天守をもつ近世城郭の普及が秀吉の天下統一後だったうえ、当時の大名には天守に住む習慣はなかったため、歴史上、天守に住んだのは織田信長ひとりだけであるといわれている。

姫路城の天守閣は関ヶ原の戦いの翌年にあたる1601年の建造。国内に12基しかない現存天守のひとつ。　写真提供：姫路市役所

城の変遷 代表的な城と城主

戦国時代初期に軍事拠点として築かれた山城だが、城が政治の中枢としての機能ももつようになると、そのほとんどが廃城となった。山の上よりも交通の便のよい丘や平地に平山城や平城が築かれるようになり、やがて築城技術が広まると安土桃山時代から江戸時代初期にかけて全国の大名はこぞって城を築くようになった。現代に残る城跡の多くがこの時期に築かれたものである。

山城

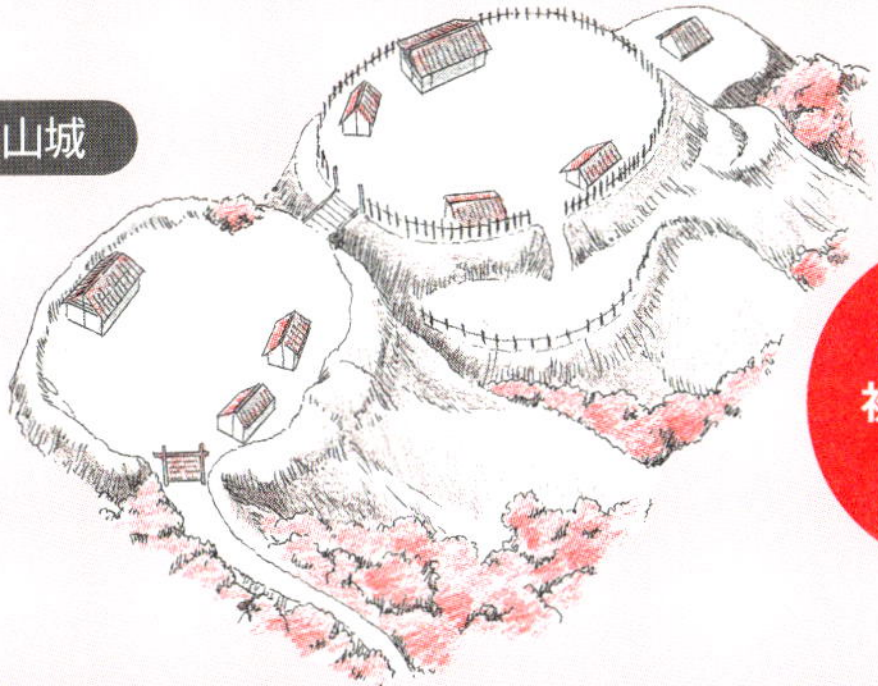

戦国時代初期までの山城 ― 軍事要塞

代表的な城と城主
- **稲葉山城**（斎藤道三）
- **吉田郡山城**（毛利元就）
- **春日山城**（上杉謙信）

↓

平山城

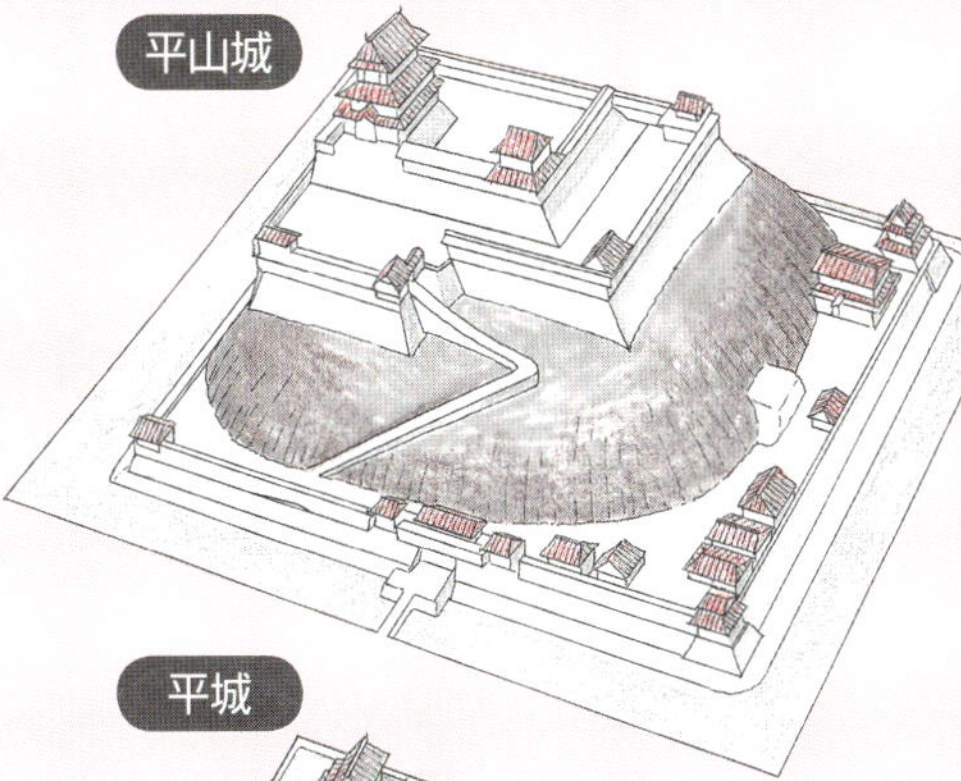

戦国時代の平山城・平城 ― 政治の中枢

代表的な城と城主
- **江戸城**（太田道灌）
- **犬山城**（織田信康）
- **岡山城**（宇喜多直家）

↓

平城

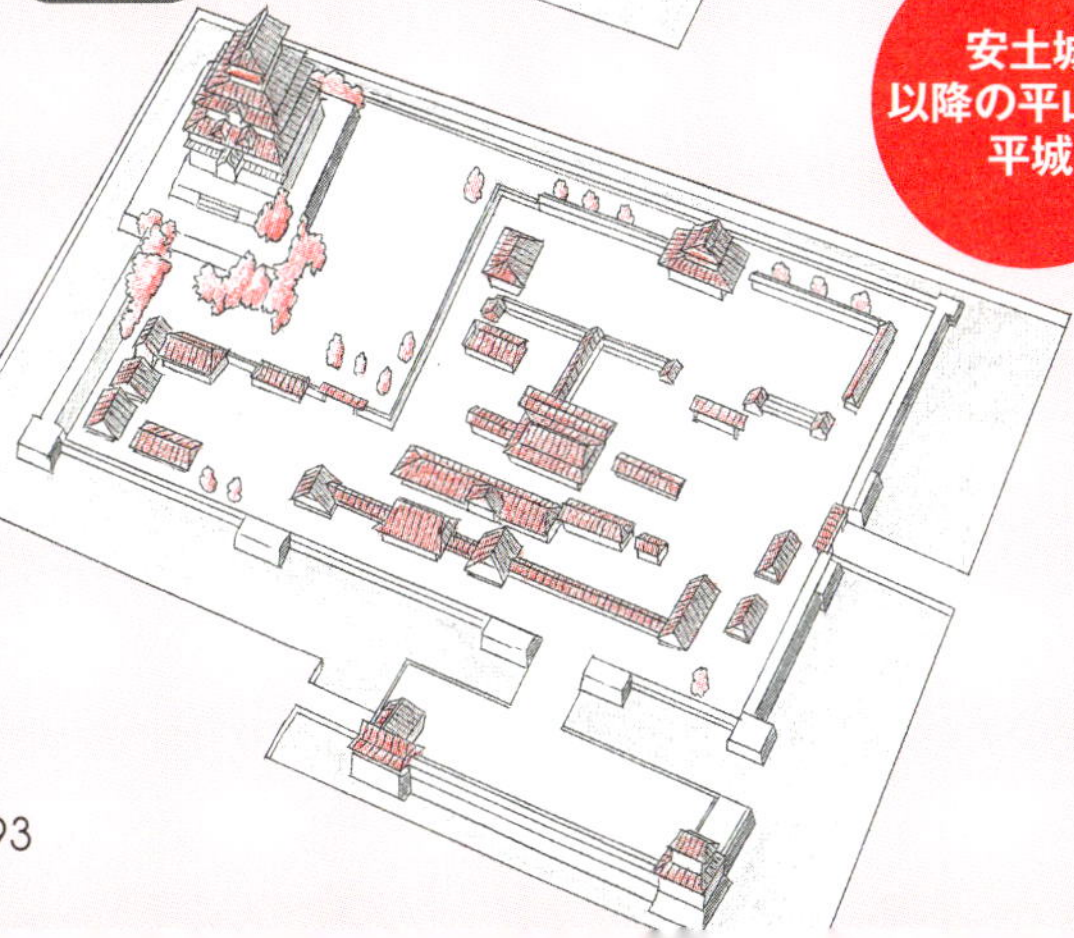

安土城以降の平山城・平城 ― 権威の象徴

代表的な城と城主
- **安土城**（織田信長）
- **大坂城**（豊臣秀吉）
- **名古屋城**（徳川家康）

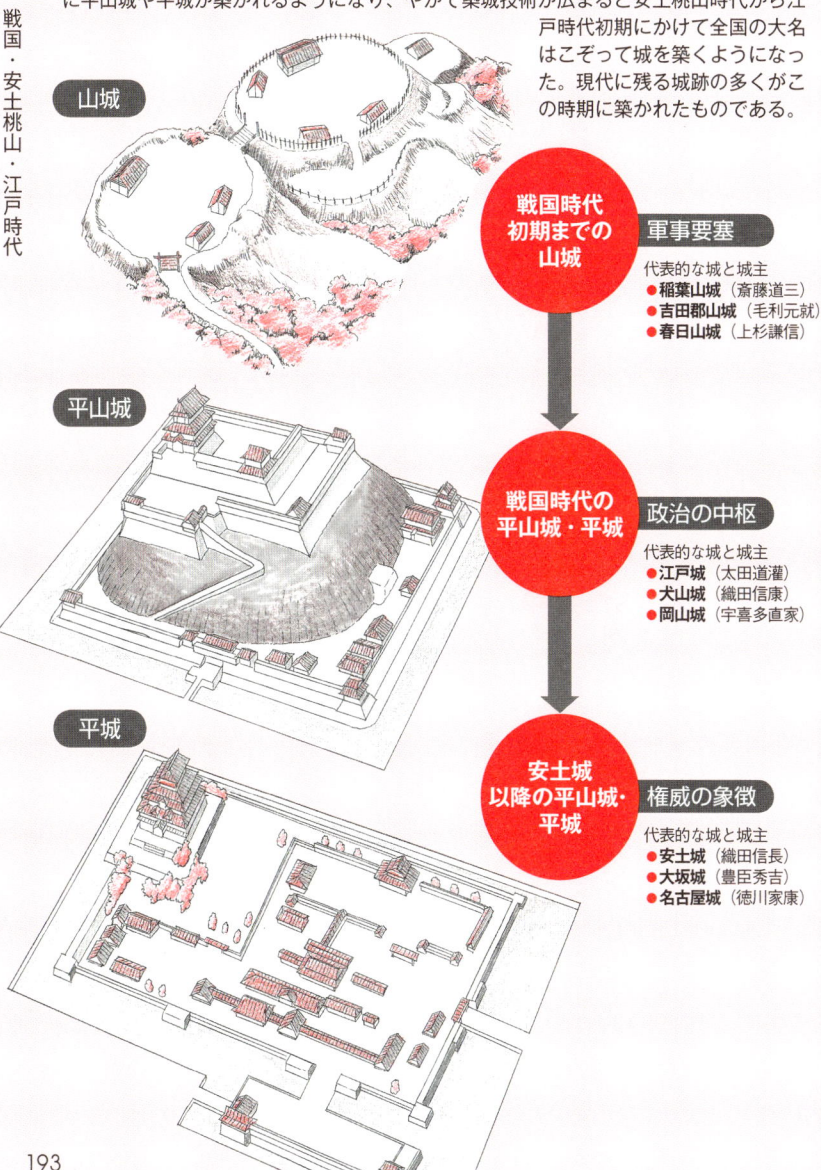

安土宗論《あづちしゅうろん》 1579年

宗教に対して寛容だった!? 信長の宗教コントロール術

ここが発見!

信長は武力・非武力の両面から宗教弾圧を行いつつ、宗教に対して寛容な面も見せ、うまく宗教勢力をコントロールしていた。

信長は議論によって日蓮宗を弾圧した

織田信長《おだのぶなが》は、無慈悲なまでの宗教弾圧を行ったというイメージが強い。実際に、**延暦寺焼き討ち**では女子どもにいたるまで首をはね、３０００人もの僧侶を殺害した。**伊勢長島の一向一揆**では、２万人もの門徒を火あぶりにして殺すなど、敵対する宗教勢力には**武力をもって徹底的に弾圧**した。

一方で、信長は**武力を用いない宗教弾圧**も行っていた。１５７９年、浄土宗の僧侶と日蓮宗の僧侶に、宗派の優劣と教義の真偽を議論によって競わせた「**安土宗論**」である。宗論の舞台は安土城下の浄厳《じょうごん》院。奉行衆の立ち会いのもと、４人の判者が判定するという公開討論という形で行われた。

しかし、信長はあらかじめ八百長を仕組んでおり、**浄土宗の勝利**と判定した。その結果、日蓮宗は一部の僧が斬首されたうえ、２万６０００両もの罰金を取られた。また、宗門存続は許されたものの、他宗を誹謗しないことを誓わされ、布教活動を著しく制限された。一方の浄土宗は、安土宗論の前に「何事も上意次第」と応えており、信長は浄土宗をも統制することに成功したのである。

信長は宗教そのものを否定したわけではない

しかし、信長は**宗教そのものに非寛容だったわけではない**。領国・尾張の神社にはさまざまな保護を与えているし、彼が京都をおさえる有力大名になった後にも、寺社の宗教活動には干渉しなかった。京都の**本能寺**のように、信長の働きで発展した寺院もある。焼き討ちを行った延暦寺に対しても、布教活動は認めている。

信長は政治集団としての宗教を嫌い、そのような宗教勢力に対しては容赦なく弾圧することで**政教分離**を図ったのである。

信長の宗教政策の二面性

一般的には宗教を敵視していたと考えられがちな信長だが、宗教に対して寛容な面と厳しく取り締まる面を使い分けながら、宗教勢力をうまくコントロールしていた。その根底には、政教分離を徹底し、宗教に政治的な権力を与えるべきではないという考えがあった。

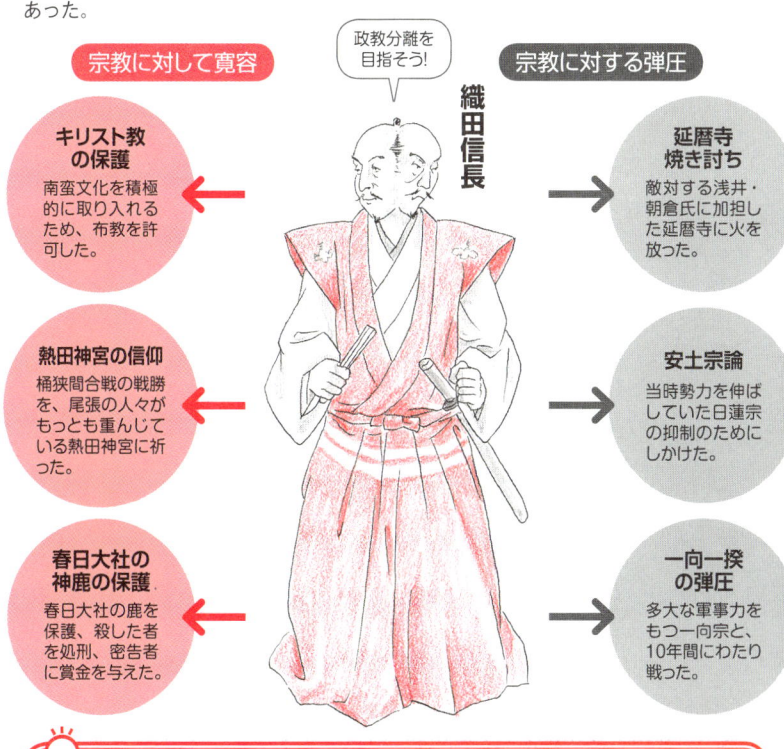

政教分離を目指そう!
織田信長

宗教に対して寛容

キリスト教の保護
南蛮文化を積極的に取り入れるため、布教を許可した。

熱田神宮の信仰
桶狭間合戦の戦勝を、尾張の人々がもっとも重んじている熱田神宮に祈った。

春日大社の神鹿の保護
春日大社の鹿を保護、殺した者を処刑、密告者に賞金を与えた。

宗教に対する弾圧

延暦寺焼き討ち
敵対する浅井・朝倉氏に加担した延暦寺に火を放った。

安土宗論
当時勢力を伸ばしていた日蓮宗の抑制のためにしかけた。

一向一揆の弾圧
多大な軍事力をもつ一向宗と、10年間にわたり戦った。

信長が信じた神々

信長は、劔《つるぎ》神社（福井県）や津島神社（愛知県）を織田家の氏神として厚く庇護したり、稲葉山城攻めの際には手《た》力《ぢから》雄《お》神社（岐阜県）で戦勝祈願を行い、戦勝後は広大な社領を寄進するなど、意外にもしばしば宗教的な行事を行っている。桶狭間の戦いの際に戦勝祈願を行った熱田神宮には、戦勝のお礼として奉納した信長塀（右写真）が今も残っている。

写真提供：熱田神宮

単独犯？ 複数犯？ 謎につつまれた本能寺の変

何の前触れもなく裏切った光秀の目的は何だったのか？

天正10年（1582年）の6月2日未明、1万3000の**明智《あけち》光《みつ》秀《ひで》**軍が、**織田信長《おだのぶなが》**の逗留する**本能寺**に押し寄せた。信長は毛利攻めに苦戦する**羽柴《はしば》（豊臣《とよとみ》）秀吉《ひでよし》**の救援に向かう途中で、80人ほどの手勢しか連れていなかった。信長は攻め寄せる明智勢を相手に奮戦するものの、最後は寺に火を放ち自害した。

光秀は信長の右腕として活躍していた武将であり、**謀反にいたった動機**はわかっていない。日頃疎《うと》んじられていたための**怨恨説**、伝統をないがしろにする信長に対する不満を動機とする**伝統への忠義説**など、さまざまな憶測が存在する。また、**天下取りへの野心**を光秀ももっていたとも考えられる。

腹心中の腹心である秀吉が本能寺の変の黒幕だった!?

一方、光秀には共犯がいたという説もある。そのひとつが**秀吉共犯説**である。自身を神格化し、伝統を軽視する信長を、秀吉と光秀が共謀して殺害した。しかし、秀吉が光秀を裏切り、信長の後継者になったというものだ。その根拠は、本能寺の変から光秀を滅ぼした**山崎の戦い**まで、わずか10日しかないということだ。高松城にいた秀吉は主君の悲報を聞き、すぐに京都に駆けつけたが、その早さは尋常ではなかった。むしろ秀吉は、計画を知っていたとするほうが自然というわけだ。

また、**朝廷黒幕説**もある。天皇以上の権力者になろうとする信長に警戒感を抱いた朝廷が、公家の**吉田兼見《よしだかねみ》**を派遣して光秀をたきつけ、本能寺を襲撃させたというのである。

ほかにも諸説があるが、いずれにしても史料的確証がないため、いまだに真相は闇のなかである。

ここが発見！

本能寺の変は明智光秀が実行したが、信長の腹心の秀吉が共犯だったという説もあり、現在も真相は謎につつまれている。

本能寺の変の容疑者とその動機

本能寺の変は明智光秀が実行犯であるということ以外、謎の多い事件である。それだけに動機、関係者などについては、まったくの創作も含めてさまざまな説が展開されてきた。大きく分けると単独犯行説、共犯説があり、おもなものだけでも10～20の説が存在するといわれている。

単独犯行説

怨恨説

信長に辛く当たられていた光秀が、日頃の恨みを晴らすために挙兵した。

信長への恨み

非情な仕打ち

苛烈な性格の信長から非情な仕打ちを受けていたとする資料は多く、ときには衆目の前で足蹴にされることもあったという。

理不尽な国替え

領国の丹波を召し上げられ、まだ戦争中であるにもかかわらず、毛利氏の領地である出雲と石見に国替えさせられた。

野望説

天下を欲していた光秀が、邪魔者である信長を討つために挙兵した。

伝統への忠義説

信長の革新的な価値観や政策を快く思っていなかった光秀が、伝統的な価値観を守るために挙兵した。

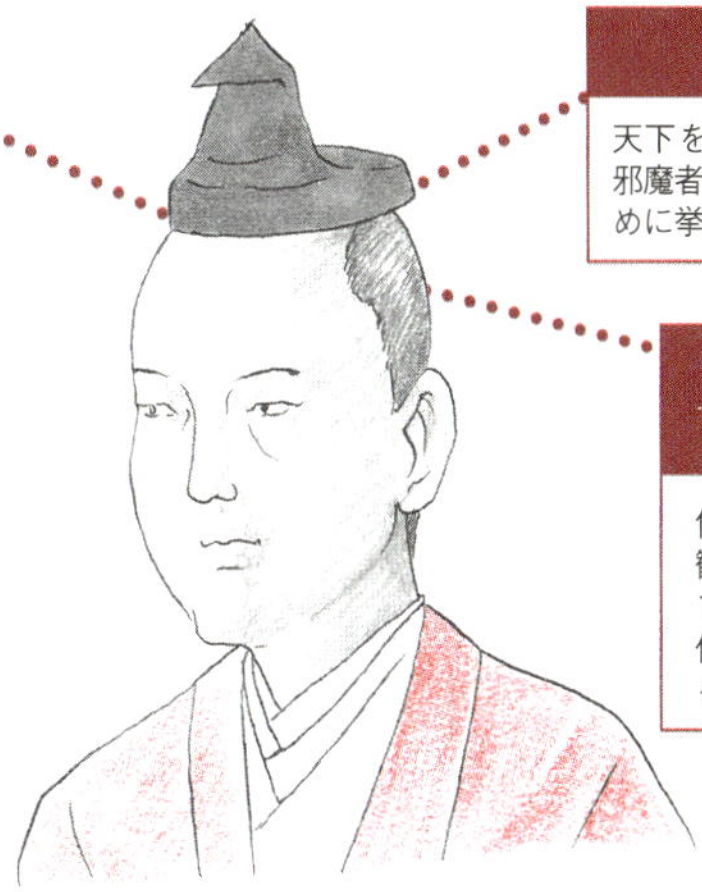

明智光秀

共犯説

足利義昭説

怨恨？

自分を追放した信長を恨み、光秀を使って信長を討たせた。

朝廷説

恐怖心？

信長の権力を恐れた朝廷が、光秀を使って信長を討たせた。

イエズス会説

陰謀？

イエズス会が自分たちの傀儡政権をつくるため、光秀に信長を討たせた。

豊臣秀吉説

下剋上？

天下を狙った秀吉が、光秀をそそのかして信長を討たせた。

徳川家康説

返り討ち？

信長から家康暗殺の命を受けた光秀が、家康と謀って信長を討った。

賤ヶ岳の戦いは味方の裏切りが勝敗を分けた

勝家と秀吉は信長の後継者争いで対立した

織田信長《おだのぶなが》の死後、重臣たちが集結した**清洲会議**でイニシアチブを握ったのは、明智光秀《あけちみつひで》を討った**羽《は》柴《しば》（豊臣《とよとみ》）秀吉《ひでよし》**だった。信長の後継者決定も遺領分割も秀吉の独壇場となり、秀吉と犬猿の仲だった**柴田勝家《しばたかついえ》**は反感を抱き、両者は1583年に**賤ヶ岳**で対峙する。

勝家が迎撃の布陣で秀吉の出方をうかがったことで、両軍は膠《こう》着《ちゃく》状態に突入するが、岐阜城主・**神戸信孝《かんべのぶたか》**（信長の三男）が秀吉に反旗を翻したことで戦が動いた。

秀吉が信孝の牽制に大垣に向うと、秀吉のいない間に柴田方の**佐《さ》久間盛政《くまもりまさ》**隊が一気に羽柴陣営の砦の一部を占領したのである。

結束力で劣る柴田軍は内部分裂によって崩壊した

勝家は盛政に対して撤退を促した。秀吉が戻ってきたときのリスクを考えたのである。ところが、盛政の撤退より早く秀吉が戻ってきたため、盛政はあわてて撤退、秀吉が追撃する形になった。

なんとか秀吉の追撃をかわしていた盛政だったが、その途中、勝家の頑迷さに愛想を尽かした**前田《まえだ》利家《としいえ》**隊が、盛政の援護を放棄して戦線を離脱してしまった。

これによって柴田軍は動揺し、前田隊に続いて**不破勝光《ふわかつみつ》**隊と**金森《かなもり》長近《ながちか》**隊も戦場を離れ、総崩れとなってしまった。勝家は本拠の越前北ノ庄《きたのしょう》に戻って自害、信長の後継争いは終わった。

実は、この戦いで本気で勝家に忠義を尽くそうと考えていた大名はわずかで、軍の士気は高くなかった。一方で、秀吉軍はもともと結束力が高かったうえ、大垣から短時間で賤ヶ岳まで戻るという苦しい行軍がかえって士気を高めた。この差が、戦いの勝敗を決めたといえるだろう。

ここが発見！

決死の行軍を乗り越えた羽柴軍の結束力の高さと、味方の動きを掌握できなかった柴田軍の統率力の低さが勝敗を分けた。

柴田勝家と羽柴秀吉が画策した包囲網

信長の死後、清洲会議で柴田勝家は信長の三男・神戸信孝を、一方の羽柴秀吉は信長の孫である三法師《さんぼうし》（後の秀信《ひでのぶ》）を後継者として推し、互いに対立した。いったんは秀吉の勝利に終わった会議だったが、その後両者は中立の立場にある毛利と徳川を取り込むことで、互いに相手に対する包囲網を築こうと画策を続ける。こうして両者の武力衝突は避けがたいものとなり、賤ヶ岳の戦いへとつながっていった。

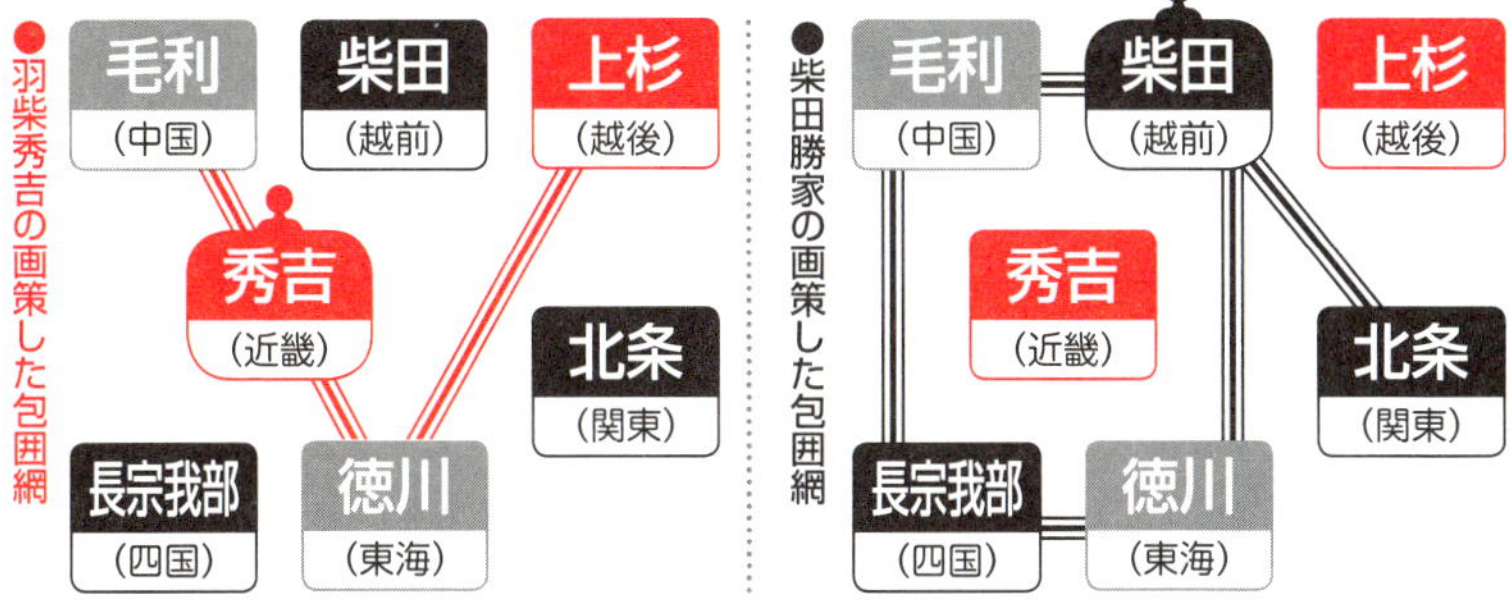
豊臣方
柴田方
その他
●羽柴秀吉の画策した包囲網
毛利（中国）
柴田（越前）
上杉（越後）
秀吉（近畿）
北条（関東）
長宗我部（四国）
徳川（東海）
●柴田勝家の画策した包囲網
毛利（中国）
柴田（越前）
上杉（越後）
秀吉（近畿）
北条（関東）
長宗我部（四国）
徳川（東海）

賤ヶ岳の戦いの経緯

❶ 神戸信孝挙兵の報を聞いた羽柴秀吉が、戦場を離れて大垣の岐阜城へ向かう。

❷ 秀吉不在の隙を突き、佐久間盛政が背後から中川清秀、高山重友を攻める。

❸ 前田利家と柴田勝家がともに前進する。

❹ 戦況不利を聞いた秀吉が、大垣から52kmをわずか5時間で走破し、戦場復帰する。

❺ 勢いに乗った秀吉軍は佐久間軍を攻めるとともに堀秀政らと合流、北上、柴田軍と対峙する。

❻ 前田利家が突然、戦場放棄。この後、柴田軍は総崩れとなって退却するが秀吉軍の追撃を受け、柴田勝家は自刃した。

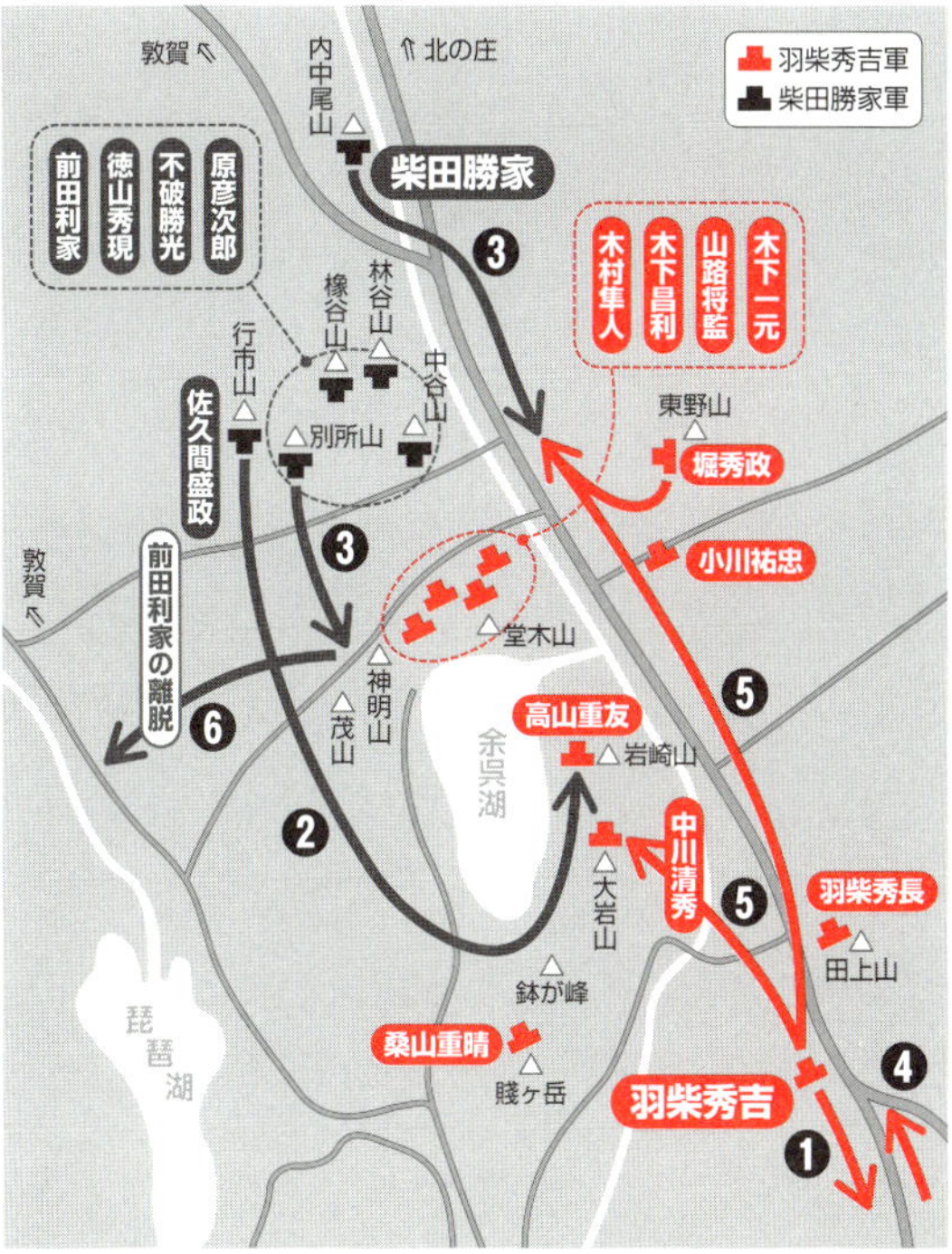
羽柴秀吉軍
柴田勝家軍
敦賀
北の庄
内中尾山
柴田勝家
原彦次郎
不破勝光
徳山秀現
前田利家
木下一元
山路将監
木下昌利
木村隼人
林谷山
橡谷山
行市山
中谷山
別所山
佐久間盛政
東野山
堀秀政
小川祐忠
敦賀
前田利家の離脱
堂木山
神明山
茂山
余呉湖
高山重友
岩崎山
中川清秀
大岩山
羽柴秀長
田上山
鉢が峰
桑山重晴
賤ヶ岳
羽柴秀吉
琵琶湖

小牧・長久手の戦いでの苦杯が家康の評価を上げた

徳川家康と織田信雄が秀吉に反旗を翻した

柴田勝家《しばたかついえ》を滅ぼし、天下取りにひた走る**羽柴《はしば》（豊臣《とよとみ》）秀吉《ひでよし》**であったが、そこに待ったをかける者がいた。織田信長《おだのぶなが》の次男・**信雄《のぶかつ》**である。信雄は、自分を利用して秀吉に歯止めをかけようと考えた**徳川《とくがわ》家康《いえやす》**と結び、**小牧・長久手の戦い**で秀吉と対峙するにいたった。

戦いは家康有利に進んだ。緒戦に勝利し、**森長可《もりながよし》・池田恒興《いけだつねおき》**らを討ち取って羽柴軍に大打撃を与えた。その後も、局地戦では家康・信雄連合軍が優勢であり、勝利は間近であった。

ところが、形勢不利と見た秀吉は信雄領である伊賀・伊勢に侵攻、さらに信雄と**単独で講和を結ぶ**という手に出た。家康は同盟者だった信長の次男に助力するという**大義名分を失い**、兵を撤退させるよりほかはなかった。

家康は武威を示すことに成功 後の徳川の世を予感させた

この戦いは勝敗という決着はつかず、結果だけ見ると家康は秀吉の天下取りを止めることができなかったのだが、周囲の評価という点では軍配は家康に上がった。

秀吉が信長のもとで出世できたのは、秀でた武力によるところが大きかった。その秀吉を事実上敗北させたことは、秀吉の家臣に**家康の武威を示す**に十分だった。

同時に、秀吉にとっては家康の三河国を完全に掌握することに失敗し、東国への足がかりを得ることができなくなり、**将軍になるという夢が遠のく**こととなった。

この後に、家康は秀吉に臣従することになったものの、その存在感は政権のなかでも一際大きく、**家臣の筆頭**としての地位を固めていく。このとき築いた地盤が、やがて関ヶ原の戦いや江戸幕府開幕へとつながっていくのである。

ここが発見！

この戦いをへて秀吉が天下取りへの歩を進めたように見えるが、実は家康の影響力が強くなり、逆に秀吉は将軍への道が遠のいた。

徳川家康の戦歴と勢力範囲の変遷

家康の戦い方は、人心掌握に努めて圧倒的な戦力を集め、ここぞというときに有利な条件でのみ戦うという、いわば戦の王道ともいえる戦い方だった。秀吉のように天賦の軍事的才能に恵まれていたわけではなく、しばしば敗北を喫しているものの、ここぞというときの戦いでは確実に勝利を手にした。

このような堅実さがあったからこそ、領地を大きく失うことなく、着実に勢力範囲を広げていくことができたといえる。

三河統一

1566年（永禄9） この頃までに三河国を統一（❶）。

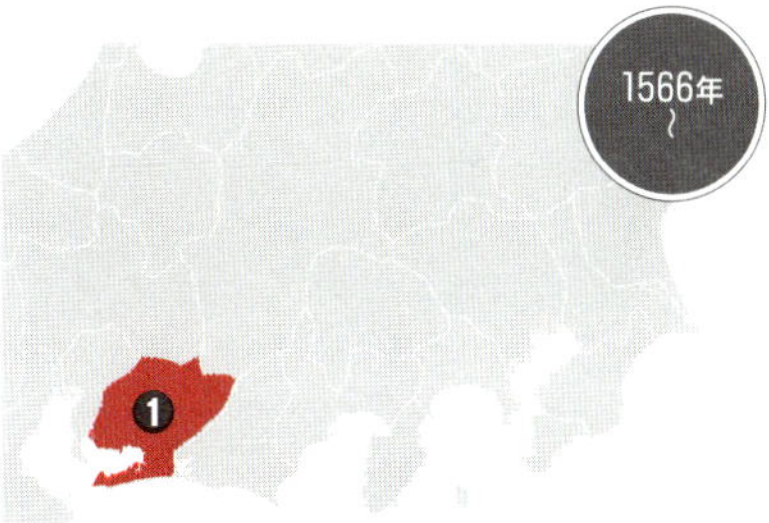
1566年
〜
❶

武田氏との抗争

1569年（永禄12） 今川氏真《うじざね》を掛川城に降し、遠江《とおとうみ》国を支配（❷）。

1570年（元亀元） 姉川の戦いで織田軍の一員として浅井・朝倉軍と戦い、これを破る（❸）。

1573年（元亀3） 三方ヶ原《みかたがはら》の戦いで西進を続ける武田信玄軍に敗北し、領地の一部を失う（❹）。

1575年（天正3） 長篠の戦いで織田軍の一員として武田軍と戦い、これを破る（❺）。

1581年（天正9） 武田軍を攻め、遠江国を制圧（❻）。

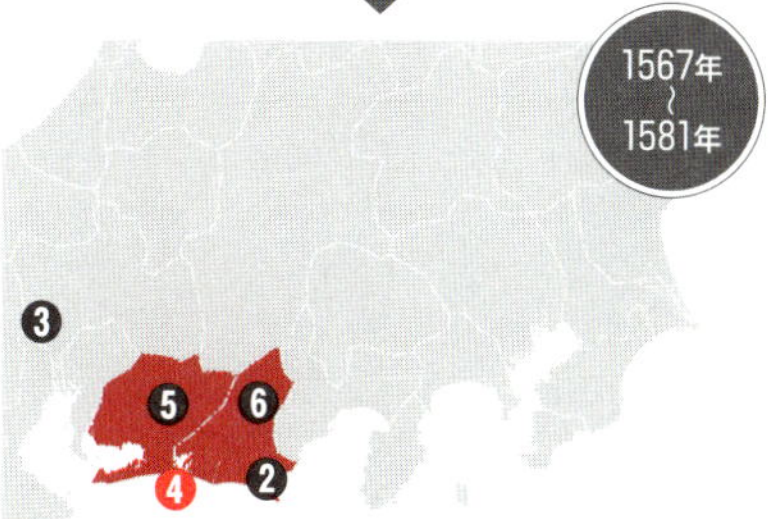
1567年
〜
1581年
❸
❺
❻
❹
❷

中部での覇権確立

1582年（天正10） 武田氏の滅亡に伴って駿河国を支配下にし、信長の死後、天正壬午の乱で北条氏直と戦って甲斐・信濃国を支配下に（❼）。

1584年（天正12） 織田信雄を擁し、小牧・長久手の戦いで羽柴秀吉と戦うも、秀吉と信雄の講和によりやむなく撤退。秀吉の家臣に（❽）。

1585年（天正13） 第一次上田合戦で信濃国の上田城主・真田昌幸を攻めるも大敗（❾）。

1590年（天正18） 小田原征伐で秀吉の北条氏討伐に参戦（❿）。

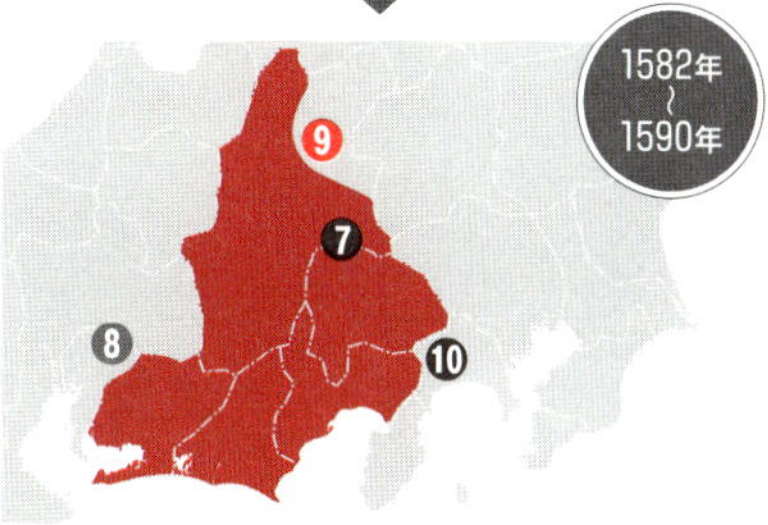
1582年
〜
1590年
❾
❼
❽
❿

江戸移封

1590年（天正18） 秀吉の命により関東に移封され、江戸城に入城して居城とする（⓫）。

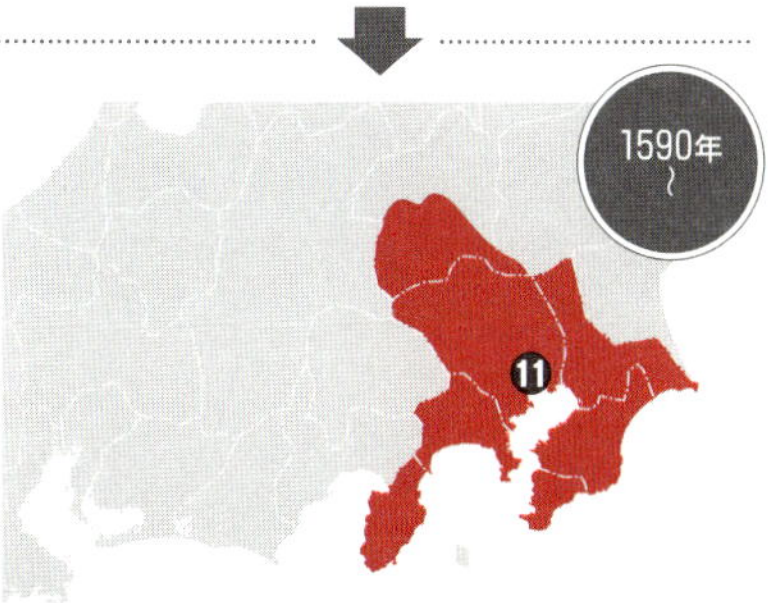
1590年
〜
⓫

※赤●数字は負け戦

羽柴秀吉《はしばひでよし》の関白就任 1585年

なぜ秀吉は将軍ではなく関白になったのか？

秀吉は朝廷の内紛につけ込んで関白に就任した

小牧・長久手の戦いで、徳川家康《とくがわいえやす》・織田信雄《おだのぶかつ》連合軍との和睦を余儀なくされた**羽柴《はしば》（豊臣《とよとみ》）秀吉《ひでよし》**は、**軍事力による天下統一**から**朝廷の権威を利用した政略**へと方針転換した。**後陽成《ごようぜい》天皇**即位の際は銭一万貫を献上、山科七郷（現在の京都市山科区付近）を皇室領として寄付した。さらに、朝廷とつながる大寺社を保護する姿勢を見せ、比叡山再興事業の支援も行った。

そして、伊勢・長島、紀州を平定、四国の**長宗我部元親《ちょうそかべもとちか》**も降伏させて**西日本を制圧**した秀吉は、1585年に朝廷から**関白**に任じられる。関白は朝廷内で天皇の政治を補佐する重要職で、平安時代から藤原氏が独占していた要職であった。秀吉は朝廷内で近衛《このえ》氏と二条氏の誰が関白になるかという論争につけこんで、**近衛前久《このえさきひさ》**の**猶《ゆう》子《し》**（形式上の子ども）となり、関白の座を手にしたのである。

秀吉は関白による新しい武家政権を考えていた

武家政権を正当化する権威をもつのは皇室だけである。秀吉は関白に就任したことで、天皇から支配を任されたという形を取りながら**天下統一**への道を歩んでいく。そして、関白を**征夷大将軍**に代わる武家政権のトップに位置づけ、世襲制とした。

秀吉が将軍にならなかった理由については、源氏出身ではない秀吉には将軍になる資格がなかったという説や、秀吉の身分が低かったからという説など諸説あるが、いずれも信憑性に乏しい。

将軍にならなかったのか、あるいはなれなかったのかは判然としないが、いずれにしても、秀吉は将軍をトップとした**室町幕府とは異なる形の武家政権**を目指していたのである。

ここが発見！

秀吉が将軍にならなかったのか、なれなかったのかは謎だが、秀吉は将軍に代わって、関白による新しい武家政権を目指していた。

朝廷の権威を利用した秀吉の政治戦略

天正12(1584)年、小牧・長久手の戦いの最中に権大納言に任じられた秀吉は、主君である織田家よりも高い官職を手にすることになり、実質的な武士の最高権力者となった。その翌年には関白職をめぐる争いに便乗して関白宣《せん》下《げ》を受け、天正14(1586)年には太政大臣に就任するなど、朝廷の権威を後ろ盾にしながら着々と政権の地盤を固めていった。関白就任時、母親が貴族の娘であり自身も皇室の血を引いていると主張するなど、主君であった織田信長とは対照的に官職への並々ならぬ執着を見せたことからも、秀吉がいかに朝廷の権威を重要視していたかうかがい知ることができる。

軍事力による天下統一
方針転換
朝廷の権威を利用した天下統一

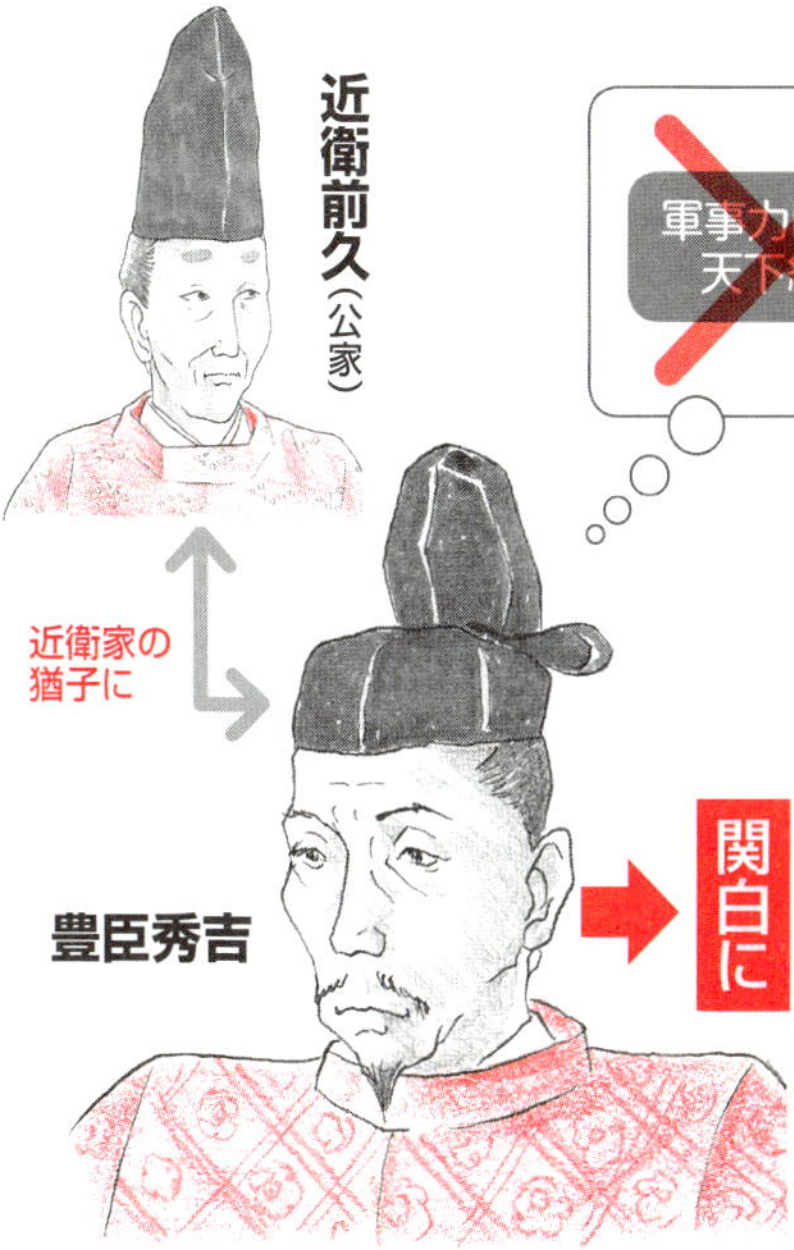
近衛前久（公家）
近衛家の猶子に
豊臣秀吉
関白に

秀吉が将軍にならなかった理由

- 源氏の血を引いていないので、征夷大将軍にはなれないと考えた。
- 征夷大将軍の官職を得るために足利義昭の養子になろうとしたが失敗し、諦めた。
- 征夷大将軍による武家政権よりも、関白による公家政権の実現を目指していた。

※将軍になれなかったという説と、あえてならなかったという説があるが、本当の理由ははっきりとしていない。

秀吉を蛮行に走らせた後継者争い

殺生を好まず、器の大きさで武将を従わせてきた秀吉だが、晩年はそのイメージとは裏腹に蛮行が目立つようになる。1595年、秀吉の養子であり後継者と目されていた秀次が、謀反の疑いをかけられて切腹を命じられ、一族や家臣数十人も処刑された。実子の秀頼が生まれて邪魔者となったため排除されたというのが真相らしい。また、1591年には大きな力をもっていた茶人・千利休を処刑したが、これも側室・淀殿と利休たちの権力争いが絡んでいたという。

「人たらし」の才能で成り上がった秀吉だが、寄る年波により明晰さを失った晩年は、後継者争いのなかで疑心暗鬼という亡霊に苦しめられていたのである。

石垣山一夜城が小田原城攻略の鍵となった

小田原城攻略は惣無事令違反の名目で行われた

関白となった**豊臣秀吉《とよとみひでよし》**は、島津氏による統一が目前であった**九州地方を平定**し、全国に相次いで「**惣無事令《そうぶじれい》**」（大名の私戦禁止）を呼びかけた。抗争中の大名に停戦を命じ、領国の画定を秀吉の裁量に委ねることを強制したのである。

1590年、秀吉は北条氏が惣無事令を無視したことを名目に、北条《ほうじょう》氏の本拠である**小田原へ遠征**した。豊臣軍は北条氏の伊豆の拠点である山中城をわずか半日で落とし、箱根の諸城砦を撃破して一気に小田原城を包囲した。

石垣山一夜城が北条氏の戦意を削いだ

秀吉は着陣早々、3～4万人の兵士を動員し、**石垣山**に築城を急いだ。有名な**一夜城**である。『**関《かん》八州古戦録《はっしゅうこせんろく》**』には、秀吉は櫓《やぐら》に杉原紙を貼って白壁のように見せかけるなど小田原城からは見えないように工夫してつくり上げたとされる。しかし、実際は**一夜にして築かれたものではない**し、北条方に隠れて築いたわけでもなかった。秀吉は、自分の力を見せつけるため、北条軍の眼前で堂々と城を築いたのである。

大軍に城を囲まれた北条軍は築城を阻止するような行動に移れず、城は築城開始から**80日あまり**で完成した。豊臣軍の圧倒的な兵力もさることながら、その間、北条氏には各支城の落城や開城の報せが相次ぎ、筆頭家老の**松田憲《まつだのり》秀《ひで》**、**笠原新六郎《かさはらしんろくろう》父子**などが秀吉に内応するなど、もはや豊臣軍に抗する余力はなかった。

こうして、石垣山城出現から程なく**北条氏政《ほうじょううじまさ》**とその子で当主の**氏直《うじなお》**は降伏、五代100年の栄華を誇った北条氏は滅んだ。一方の秀吉は、続く**奥州仕置き**で**伊達政《だてま》宗《むね》**ら奥州の大名を降伏させ、念願の**天下統一**を成し遂げるのである。

ここが発見！

石垣山城は、80日かけて堂々とつくられた。北条方は築城を知っていたが、圧倒的な兵力の差になすすべがなかった。

広域包囲戦だった小田原征伐

小田原征伐は、21万余といわれる圧倒的な戦力を背景に、北条氏の本拠地である小田原城を包囲しながら、平行して北条氏領国内の支城を次々と陥落させていくという広域包囲戦である。秀吉の狙いは、直接対決を避けて徹底的に相手の戦意を削いで降伏させるというものであった。八王子城での激戦や忍《おし》城での水攻め失敗により多少の犠牲が出たものの、ほぼ狙い通りの結果となったといえるだろう。

落城していく北条氏の支城
約3万50000
箕輪城
厩橋城
倉賀野城
松井田城
館林城
忍城
鉢形城
岩槻城
松山城
河越城
江戸城
臼井城
八王子城
津久井城
東金城
小田原城
玉縄城
約17万
山中城
韮山城
約1万40000
下田城
豊臣軍本隊(秀吉)
徳川・東海道北上軍勢
北国・信濃勢
水軍勢

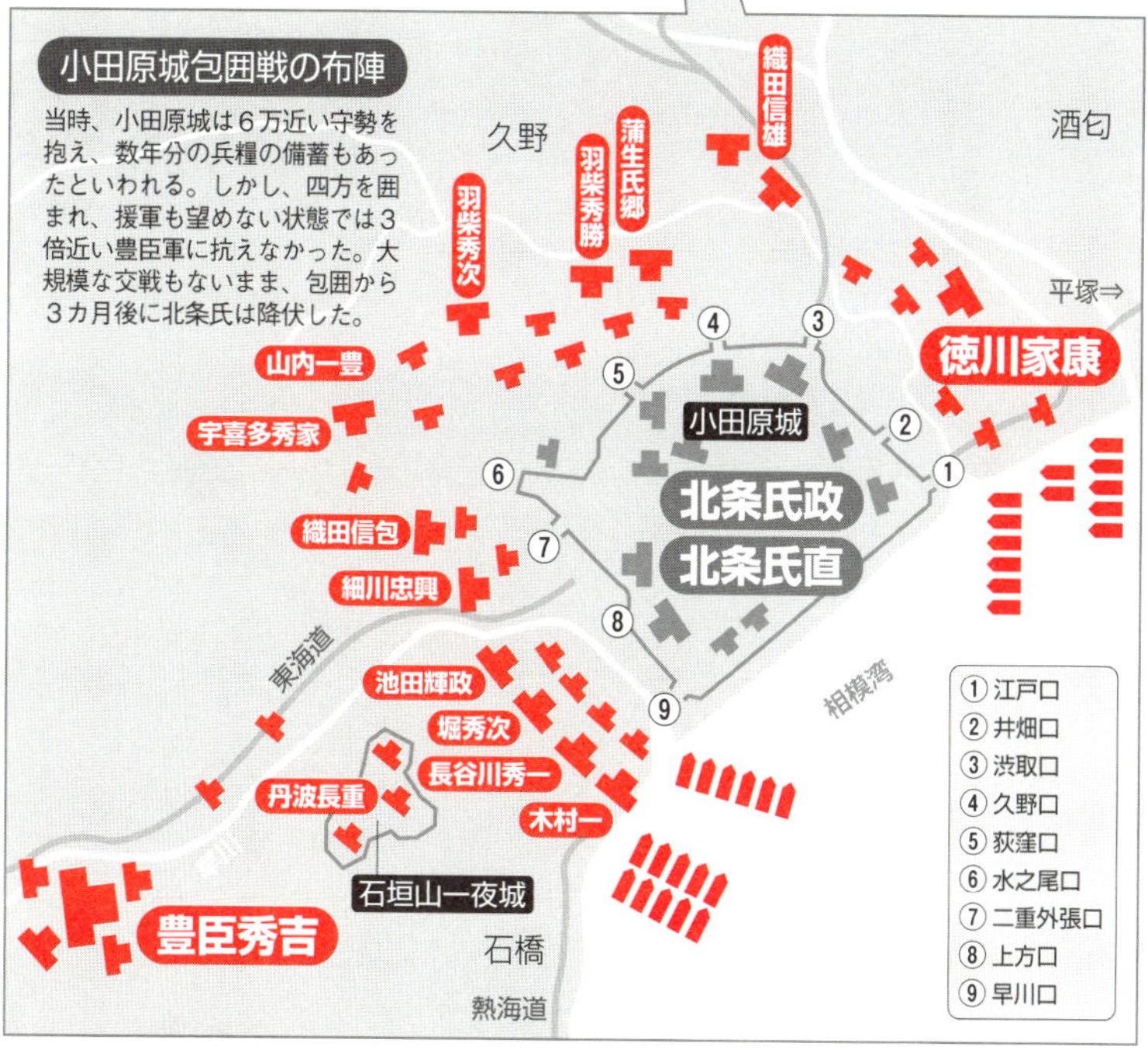
小田原城包囲戦の布陣
当時、小田原城は6万近い守勢を抱え、数年分の兵糧の備蓄もあったといわれる。しかし、四方を囲まれ、援軍も望めない状態では3倍近い豊臣軍に抗えなかった。大規模な交戦もないまま、包囲から3カ月後に北条氏は降伏した。
久野
酒匂
織田信雄
蒲生氏郷
羽柴秀勝
羽柴秀次
平塚⇒
徳川家康
山内一豊
宇喜多秀家
小田原城
北条氏政
北条氏直
織田信包
細川忠興
東海道
池田輝政
堀秀次
長谷川秀一
丹波長重
木村一
早川
石垣山一夜城
豊臣秀吉
石橋
熱海道
相模湾
①江戸口
②井畑口
③渋取口
④久野口
⑤荻窪口
⑥水之尾口
⑦二重外張口
⑧上方口
⑨早川口

知られざる石垣の力

城の石垣が地震で崩れない理由とは

日本の建造物は木造を中心としているが、戦国時代には独自の**石造建築技術**も発展した。その技術は簡単には崩れない城の**石垣**に結集されている。

石垣の堅牢さは**曲線**に秘密がある。一般的に高い石垣をもつ城壁は下部が放物線、上部はほとんど直線になっており、低い石垣は全体がゆるい放物線になっている。こうすると力が直線的に下方にかからず**内部に分散**するので、崩れにくくなるのである。また、城壁の土台は固定せず、粘土をしいた上に**根石**（基礎となる石）を並べて弾力性をもたせてあるので、地震で揺れてもびくともしない。一種の**免震構造**である。

これらの石垣は、城が完成したときの重量バランスを前提に考えてつくられている。そのため、天**守閣**がないと石垣を上から押さえつける力がなくなり、関東大震災のときの**小田原城**のように倒壊してしまう。一方で、**江戸城の伏見櫓**は上に建物が乗っていたことで、石垣を押さえる十分な力がはたらき、壊れなかったのだ。

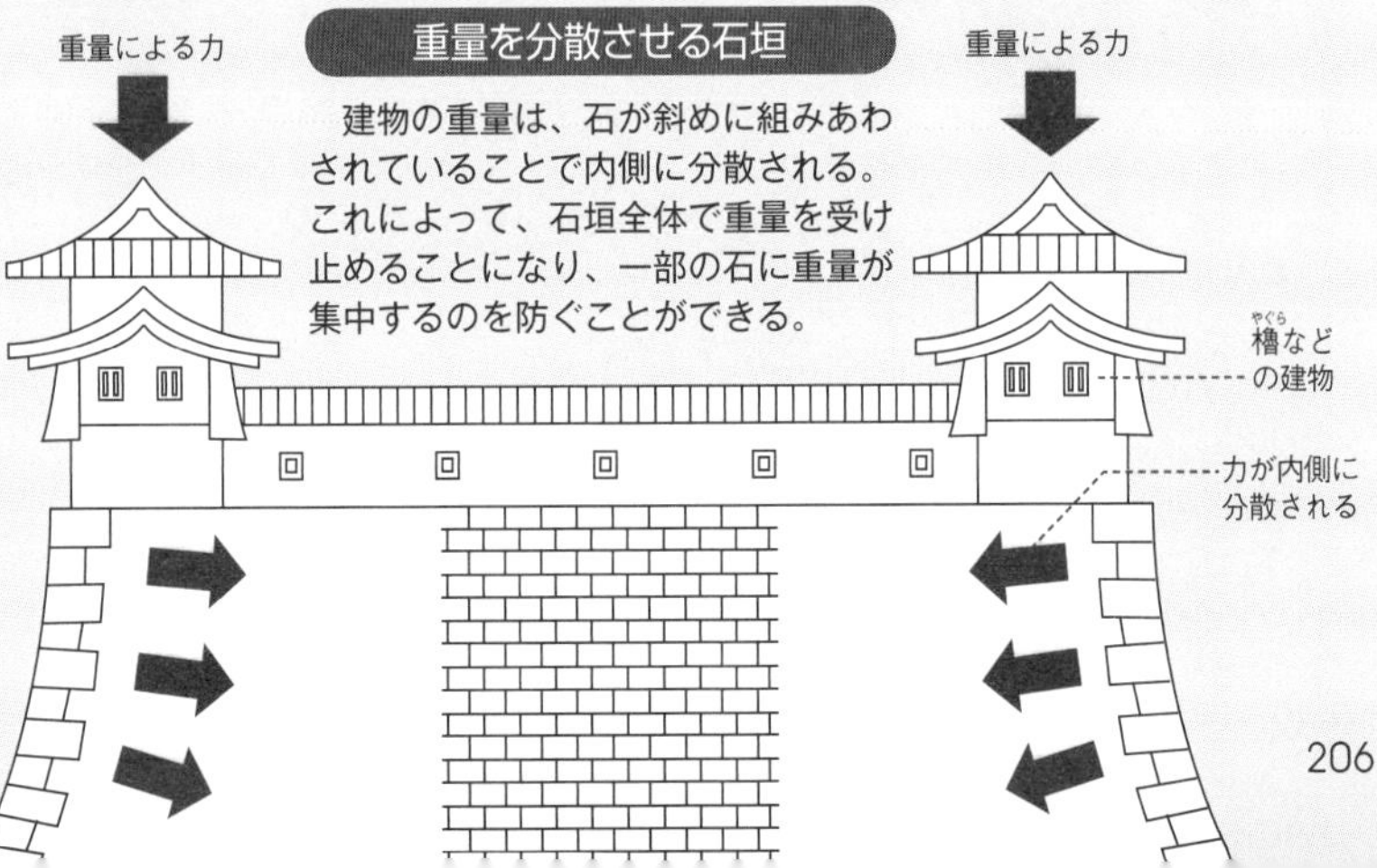
重量による力
重量による力
櫓《やぐら》などの建物
力が内側に分散される

重量を分散させる石垣

建物の重量は、石が斜めに組みあわされていることで内側に分散される。これによって、石垣全体で重量を受け止めることになり、一部の石に重量が集中するのを防ぐことができる。

時代とともに変わる石垣の技術

石垣は、時代によってさまざまな積み方や石の加工の方法が登場し、いくつかの種類に分けられている。

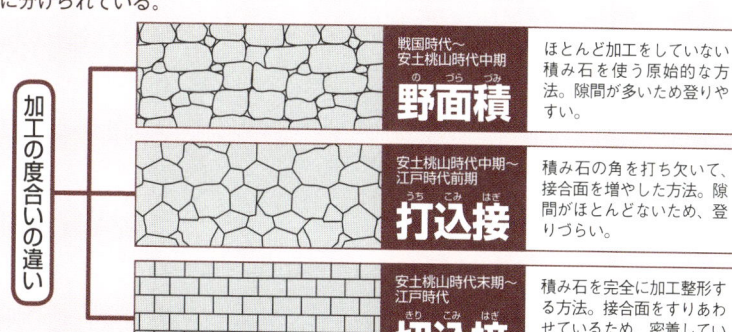

加工の度合いの違い

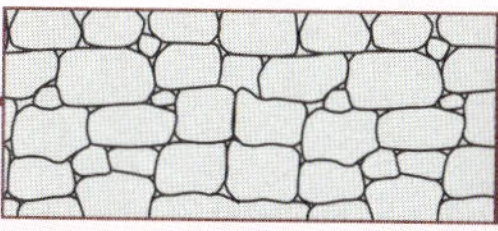

戦国時代～安土桃山時代中期
野《の》面《づら》積《づみ》
ほとんど加工をしていない積み石を使う原始的な方法。隙間が多いため登りやすい。

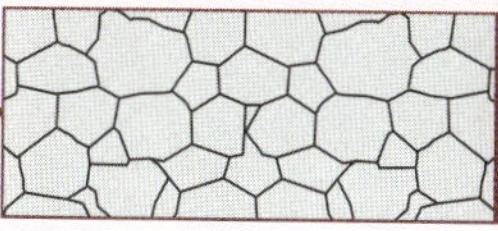

安土桃山時代中期～江戸時代前期
打《うち》込《こみ》接《はぎ》
積み石の角を打ち欠いて、接合面を増やした方法。隙間がほとんどないため、登りづらい。

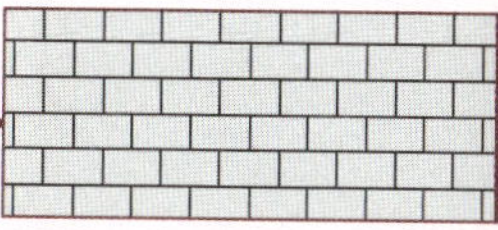

安土桃山時代末期～江戸時代
切《きり》込《こみ》接《はぎ》
積み石を完全に加工整形する方法。接合面をすりあわせているため、密着していて隙間がない。

積み方の違い

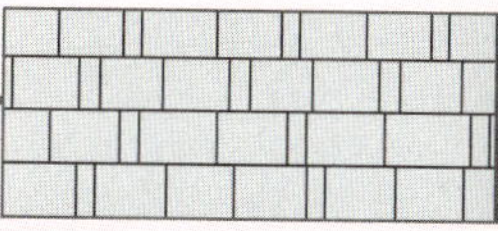

戦国時代以降
布《ぬの》 積《づみ》
四角形に整形した大きな石を横向きに積み上げる方法。見た目はきれいだが、強度にやや問題がある。

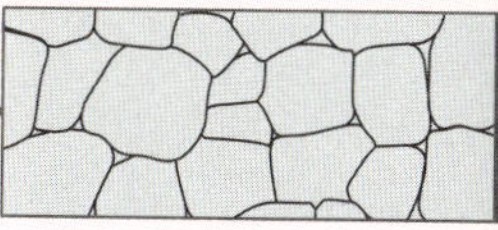

安土桃山時代中期以降
乱《らん》 積《づみ》
大きさの違う石をさまざまな方向に組みあわせながら積み上げる方法。高い技術を要する。

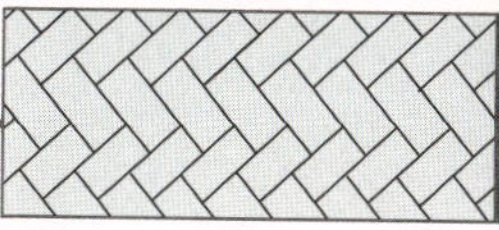

江戸時代末期以降
谷《たに》 積《づみ》
石が斜めに互い違いになるように積み上げる方法。強度は高いが登場が遅く、城の石垣では希少。

※時代区分は戦国時代～江戸時代での目安。築城技術や財政状態によって異なる場合もある。

築城名人の石垣比較

藤堂高虎の
高石垣
“直線の美”

高虎流は直線的な「高石垣」と軟弱地盤を補強する「犬走り」が特徴。城郭が水辺に接する今治城の石垣には、排水に優れて頑丈な野面積が用いられた。

加藤清正の
武者返し
“反りの美”

上にいくほど急勾配になる「武者返し」と呼ばれる清正流石垣。写真の熊本城石垣はどちらも打込接だが、手前は乱積で奥は布積。築いた時代が異なる。

安土桃山時代　文禄《ぶんろく》の役 1592年　慶長《けいちょう》の役 1597年

秀吉の朝鮮出兵は武士の失業対策だった

武力政権の支配力維持のため戦い続ける必要があった

天下統一を果たした**豊臣秀吉**《とよとみひでよし》は1592年と1597年の2度、**朝鮮に出兵**している。中国王朝の**明**の征服を目論むうえで、まずは途上の**李**《り》**氏朝鮮**を落とそうとしたのだ。**文禄・慶長の役**という。

日本軍は、当初は順調に勝ち進んだが、海上補給路を断たれたことで苦戦を強いられるようになった。そして、2回目の出兵の最中に秀吉が没したことで、出兵は何の成果も得られずに終了した。

秀吉はなぜ朝鮮出兵に乗り出したのか。豊臣政権が**武力政権**であったことがポイントである。秀吉は**武功を上げた武将に領地を与える**ことで人心を掌握してきた。大名たちの支配を維持するには、戦いを通じて新しい土地を獲得し、それを大名に与える必要があった。また、武力政権という性格上、秀吉は**戦勝による実力を証明**し続ける必要もあったのだ。

朝鮮出兵は武士の働き口を海外に求めた結果だった

それだけではない。秀吉は織田《おだ》信長《のぶなが》以来の**兵農分離政策**を進めていたため、領土を広げるたびに武士の数が増えていった。戦時には大きな利点だったが、戦争がなくなると莫大な負担になる。秀吉の天下統一で世情が安定すると同時に**多くの武士たちが失業の危機に瀕する**こととなってしまった。

秀吉が朝鮮出兵を行った背景には、武士たちへの**失業対策**という側面もあった。しかし、結果は戦費がかさみ、政権の弱体化に拍車をかけることとなった。後の**徳川**《とくがわ》**家康**《いえやす》のように、よけいな戦いをせず、**浪人**（大名の取り潰しなどで仕官先のなくなった武士）を容認して太平の世を実現する政策に転換していれば、豊臣政権ももう少し長く続いたかもしれない。

ここが発見！

天下統一により、国内には戦がなくなった。秀吉は、膨大な数の武士たちに働きの場を与え、失業を防ぐために朝鮮出兵を行った。

豊臣政権・徳川政権 成否の鍵

秀吉は、各地を征服しながら検地（太閤検地）を行ってその土地の生産力を確認し、年貢や軍役を効率的に課すことで、安定した政権を目指した。また、財政基盤を安定させるために、海外との貿易や商業も奨励した。しかし、それでも天下統一の過程で膨れ上がった武力を維持することは難しく、彼らに労働の場を提供するために朝鮮出兵を決断した。これは、後の徳川幕府が多くの浪人を容認したこととは対照的である。

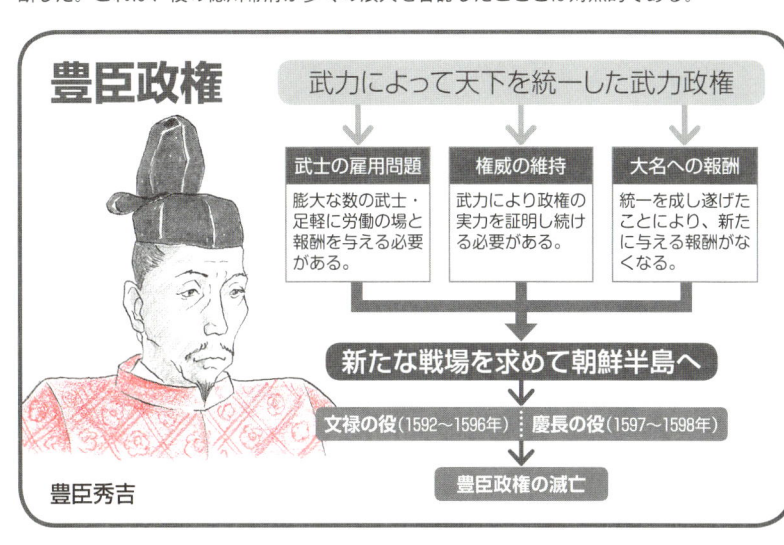

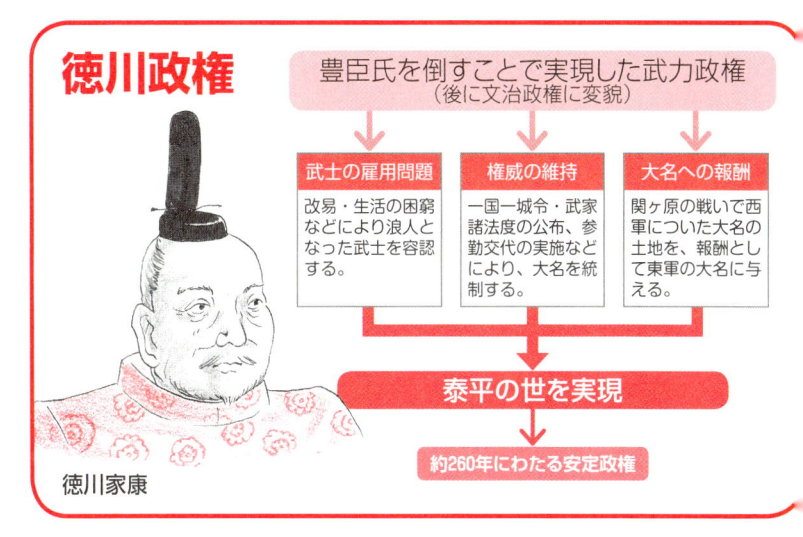

豊臣政権

豊臣秀吉

武力によって天下を統一した武力政権

武士の雇用問題
膨大な数の武士・足軽に労働の場と報酬を与える必要がある。

権威の維持
武力により政権の実力を証明し続ける必要がある。

大名への報酬
統一を成し遂げたことにより、新たに与える報酬がなくなる。

新たな戦場を求めて朝鮮半島へ

文禄の役(1592～1596年)　**慶長の役**(1597～1598年)

豊臣政権の滅亡

徳川政権

徳川家康

豊臣氏を倒すことで実現した武力政権
（後に文治政権に変貌）

武士の雇用問題
改易・生活の困窮などにより浪人となった武士を容認する。

権威の維持
一国一城令・武家諸法度の公布、参勤交代の実施などにより、大名を統制する。

大名への報酬
関ヶ原の戦いで西軍についた大名の土地を、報酬として東軍の大名に与える。

泰平の世を実現

約260年にわたる安定政権

朝鮮出兵が豊臣家臣団の確執を決定的にした

秀吉子飼いの家臣団が武断派と文治派に分裂した

農民から出世した**豊臣秀吉《とよとみひでよし》**にはそもそも家臣がいなかった。しかし、織田信長《おだのぶなが》に近江国を任されるようになってから積極的に家臣を召し抱えていった。秀吉の天下取りを支えたのは、苦楽をともにした**子飼いの家臣団**であった。

賤ヶ岳《しずがたけ》の戦いで武功を立てて「**七本槍《しちほんやり》**」と呼ばれた**武断派**の武将たち、そして晩年の秀吉を支えた「**五奉行《ごぶぎょう》**」と呼ばれる**文治派**の武将たちがその代表である。七本槍の中心人物が**加藤清正《かとうきよまさ》**であり、文治派は**石田三成《いしだみつなり》**が筆頭であった。

彼らは豊臣政権をよく支えたが、武断派と文治派は仲が悪く、やがて**両者の対立**は豊臣政権の崩壊を招くことになる。

三成の清正糾弾が関ヶ原の戦いを招いた

両者が袂《たもと》を分かつ直接の原因となったのは、秀吉軍が朝鮮へ出兵した**文禄《ぶんろく》・慶長《けいちょう》の役**だった。軍状調査を行った三成は、清正が**小西《こにし》行長《ゆきなが》**に非協力的であると糾弾した。行長が明との和議を取りまとめたのに、清正がそれを邪魔したというのだ。また、清正が勝手に「**豊臣朝臣清正《とよとみのあそんきよまさ》**」の署名を使っているとなじった。三成の言葉がどこまで真実かはわからないが、実際に行長と清正の仲は悪かったようだ。行長は**和平派**、清正は**主戦派**という違いもあった。

三成の報告を受けた秀吉は、清正を本土へ召還し、蟄居《ちっきょ》を命じた。その後、清正は秀吉に許され復帰するが、このときの遺恨を忘れることはなく、両者の確執は決定的なものとなった。そして、この確執は秀吉の死後、同じく武断派の**福島正則《ふくしままさのり》**などを巻き込んで「**三成対家康**」という構図に発展し、**関ヶ原の戦い**へつながっていくこととなるのである。

ここが発見!

朝鮮出兵が秀吉臣下の武断派と文治派の対立を決定的なものにし、この確執が後の関ヶ原の戦いへとつながっていった。

武断派・文治派の対立から関ヶ原の戦いへ

賤ヶ岳の七本槍に代表されるように、古くから秀吉のもとで数々の武功を立ててきた武将や、朝鮮出兵において最前線で戦ってきた武将のなかには、大きな戦功もないまま秀吉の側近として強い影響力をもっている石田三成らに不満をもつ者も少なくなかった。1599年、両者の仲裁役立った前田利家が死去すると、武断派は石田三成襲撃事件を起こし、両者の対立は決定的なものとなった。五大老のひとりとして権力の拡大を画策していた徳川家康は、これに乗じて武断派に接近を図り、石田三成との対立を深める。こうして翌年、関ヶ原の戦いが起こるのである。

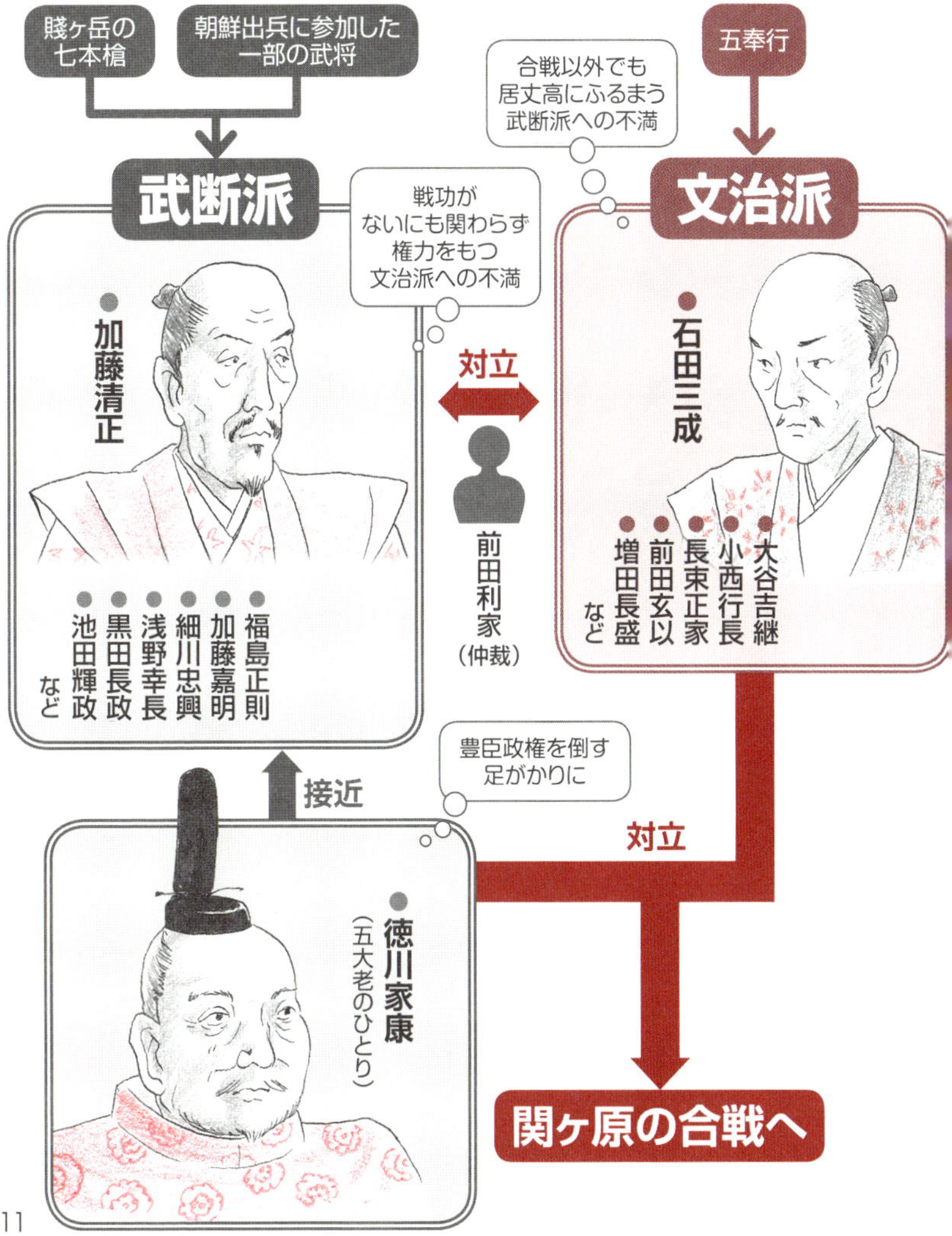
賤ヶ岳の七本槍
朝鮮出兵に参加した一部の武将
五奉行
合戦以外でも居丈高にふるまう武断派への不満
武断派
戦功がないにも関わらず権力をもつ文治派への不満
文治派
加藤清正
福島正則
加藤嘉明
細川忠興
浅野幸長
黒田長政
池田輝政
など
対立
前田利家（仲裁）
石田三成
大谷吉継
小西行長
長束正家
前田玄以
増田長盛
など
豊臣政権を倒す足がかりに
接近
対立
徳川家康
（五大老のひとり）
関ヶ原の合戦へ

直江状で家康を挑発した直江兼続の勝算

豊臣政権打倒を目論む家康が上杉氏に狙いをつけた

上杉謙信《うえすぎけんしん》の死後、上杉氏家中では後継者争いが勃発し、国力が低下した。しかし、新領主・**上杉景《うえすぎかげ》勝《かつ》**は、天下を統一した豊臣秀吉《とよとみひでよし》に近づき、旧来の越後から会津に転封され、**徳川家康《とくがわいえやす》**や毛利輝元《もうりてるもと》に次ぐ**120万石**を有する大大名に返り咲いた。景勝を傍らで支えたのが**直江兼続《なおえかねつぐ》**で、景勝と秀吉の間を取りもったのも彼だった。

しかし秀吉が死ぬと、政権内では家康の存在感が際立ち始め、秀吉の遺言である**五大老・五奉行**による**政務分担制**は有名無実となった。五大老筆頭の**前田利家《まえだとしいえ》**が死ぬと、家康の態度はあからさまに**反豊臣に振り切れた**といえる。

一方、五大老となっていた景勝は、新領国の整備と称して会津に帰ると領内の城の修築や武具の調達を始めた。会津周辺の大名からこの不穏な動きを聞いた家康は**非《ひ》違《い》八ヶ条**を記した弾劾状を景勝に送りつけ、上洛を促した。

兼続は上洛命令を拒否して直江状で家康を挑発した

この弾劾状に対して、兼続はその1条1条を論駁《ろんばく》し、上杉氏の正当性を訴える返書をしたためると、家康へ届けさせた。これが後世にいう「**直江状**」である。直江状は多分に挑発的な内容で、激怒した家康は**会津に向けて出兵**した。

兼続にとって、上洛命令に従うことは**徳川政権を認める**ことになり、受け入れられないことだった。また、家康が出兵したとしても、伏見の家康が遠く会津まで進軍するのは困難であり、長期の滞陣は難しいという読みもあったに違いない。事実、家康の会津征伐は**石田三成《いしだみつなり》**ら反家康派の挙兵によって中断し、後に**家康との和解**を取りつけることで、上杉氏は江戸時代まで生き残るのである。

ここが発見！

上洛命令を断り、家康を挑発した兼続の内心には、家康といえども遠く離れた会津までの出兵は難しいという読みがあった。

関ヶ原の戦いの導火線となった会津征伐

家康にとって会津征伐は、三成に代表される反家康派の挙兵を促し、粛清の口実を手に入れるための罠だったともいわれている。また、あらかじめ上杉氏は三成と挙兵の密約を結んでおり、家康軍を挟み撃ちにするつもりだったという説もある。いずれにしても、この会津征伐が関ヶ原の戦いの直接の引き金になったのである。

会津遠征軍の進路
徳川家康軍の進路
徳川秀忠軍の進路
❸第二次上田合戦
中山道を通って西に向かった秀忠本隊だったが、途中で上田城にこもる真田昌幸と激突。十分の一以下ともいわれる真田軍に翻弄され、関ヶ原の戦いに間にあわなかった。
❷小山《おやま》評定
7月19日、石田三成が挙兵。7月24日に小山（現在の栃木県小山市）で三成の伏見城攻撃の報せを受けた家康は会津征伐を中止。諸将を集め軍議を行い、三成迎撃が決定した。
若松城
上田城
小山
関ヶ原の戦い
❹大坂へ向けて進軍
本隊を秀忠に託した家康は江戸城に帰還。9月1日に江戸城を出発し、東海道を通って大阪に向かった。
江戸
京都
大坂
❶会津征伐に向けて進軍
直江状を受けて、家康は会津征伐を決定。会津遠征軍を編成し、6月16日に大阪を出発。途中で2週間以上江戸城に逗留するなど、非常にゆっくりとしたペースで進軍した。

家康を怒らせた直江状の内容

直江兼続による直江状には、次のような内容が書かれていた。これを見ると、徳川家康を挑発するかのような手紙であったことがわかる。

一、早く上洛せよとのことですが、上杉家は会津に来たばかりで領国経営に忙しく、雪も深いために春までは何もできません。北国出身の者に聞いていただければわかることです。

一、上杉家が謀反の疑いありとのことですが、それならまずはそれを訴え出た者に追求していただきたい。そうされないということは、家康様に下心があるのではありませんか。

＜中略＞

一、よく調べることもなく、讒人の言うことだけ鵜呑みにして、謀反でなければ上洛せよとは、子どものような言い方です。昨日までは謀反を企んでいた者も、そ知らぬ顔で上洛すれば褒美がもらえるような時代ですが、そのようなことは景勝には似合いません。讒人を取り調べてください。景勝と家康様のどちらに非があるか、世間はどのように判断するでしょうか。

直江状
写真提供：東京大学総合図書館

直江状の原本は未発見。写真は、1654年（承応3）に京都の中村五郎右衛門が直江状の内容を記して刊行したもの。

家康の155通の手紙が関ヶ原合戦を勝利に導いた

ここが発見！

家康は開戦前に多くの敵将に手紙を送り、寝返りを誘った。この人心掌握術が多くの寝返りを生み、戦いを勝利に導いた。

関ヶ原の戦いの開戦直後の布陣は西軍が有利だった

豊臣秀吉《とよとみひでよし》の死後、石田三成《いしだみつなり》ら**文治派**と加藤清正《かとうきよまさ》、福島正則《ふくしままさのり》ら**武断派**の対立が表面化した。武断派は**徳川家康**《とくがわいえやす》を盟主に担ぎ上げ、両派の対立は**三成と家康の対立**に転化したのである。1600年、家康は**会津征伐**を決定した。自分が大坂を離れれば三成はかならず動くと踏んだのだ。予想通りに三成は挙兵し、家康率いる**東軍約8万8000**、三成率いる**西軍約8万4000**は関ヶ原で対峙した。

西軍は**毛利氏**や**島津氏**といった大勢力を味方に引き入れ、東軍よりも先に関ヶ原に布陣したことで有利な陣形を整えることができていた。**兵数はほぼ互角**だったが、むしろ戦前の情勢は**西軍有利だったのである**。しかし、結果は**東軍の圧勝**に終わっている。

家康と三成の人心掌握術の差が勝敗を分けた

家康を勝利に導いたのは、西軍諸将の相次ぐ**寝返り**だった。**小早**《こばや》**川秀秋**《かわひであき》、**朽木元綱**《くちきもとつな》、**脇坂安治**《わきざかやすはる》などが合戦の最中に東軍に寝返った。また、毛利軍の**吉川広家**《きっかわひろいえ》は早くから家康と通じていたため軍隊を動かさず、**島津義弘**《しまづよしひろ》も積極的には戦闘に参加しなかった。

彼らの寝返りは突発的に起こったものではない。家康は、三成挙兵の報を受けてから決戦の日までの50日間で、西軍諸将に**155通もの手紙**を送っている。数通程度であった三成の書状と比べると雲泥の差である。三成は、互いの正室が姉妹で旧知の仲である**真田昌**《さなだまさ》**幸**《ゆき》から「なぜ挙兵の意思を事前に伝えなかったのか」という内容の手紙を受け取る始末であった。

軍勢同士のぶつかりあいは五分五分だっただけに、**三成のリーダーシップの甘さ**が命取りになったのである。

家康が切り崩した東西の戦力バランス

東軍と西軍の戦力

双方の戦力は、数の上ではほぼ互角だった。しかし、西軍主力のうち2万3000近くが寝返り、さらに東軍に内応した吉川広家によって約2万6000の毛利勢が足止めをくらい参戦できなかった。家康による事前工作で西軍は開戦当初の優位性を活かすことができなかった。

西軍（約84000）	
宇喜多秀家	17000
小西行長	4000
石田三成	3800
大谷吉継・吉治	3100
織田信高	2000
島津義弘・豊久	1600
島左近	1000
その他	3000
小早川秀秋	15500
小川祐忠	2100
脇坂安治	1000
赤座直保	600
朽木元綱	600
吉川広家	3000
~~毛利秀元~~	~~16000~~
~~長宗我部盛親~~	~~6600~~
~~安国寺恵瓊~~	~~1800~~
~~長束正家~~	~~1500~~

東軍へ寝返り（小早川秀秋・小川祐忠・脇坂安治・赤座直保・朽木元綱）
東軍へ内応（吉川広家）
参加できず（毛利秀元・長宗我部盛親・安国寺恵瓊・長束正家）

東軍（約88000）	
徳川家康	30000
~~浅野幸長~~	~~6500~~
福島正則	6000
黒田長政	5400
細川忠興	5100
~~池田輝政~~	~~4500~~
井伊直政	3600
松平忠吉	3000
加藤嘉明	3000
田中吉政	3000
京極高知	3000
筒井定次	2800
藤堂高虎	2500
寺沢広高	2400
~~山内一豊~~	~~2000~~
生駒一正	1800
金森長近	1100
~~有馬則頼~~	~~900~~
その他	1400

※兵数はおおよその数。

関ヶ原での布陣と実質的な戦力差

関ヶ原に先に布陣した西軍は、山に沿って広がる鶴翼の陣で東軍を取り囲む戦略を選んだ。この時点では西軍が圧倒的に有利。寝返りや内応がなければ、西軍が勝利する可能性のほうが高かったのである。

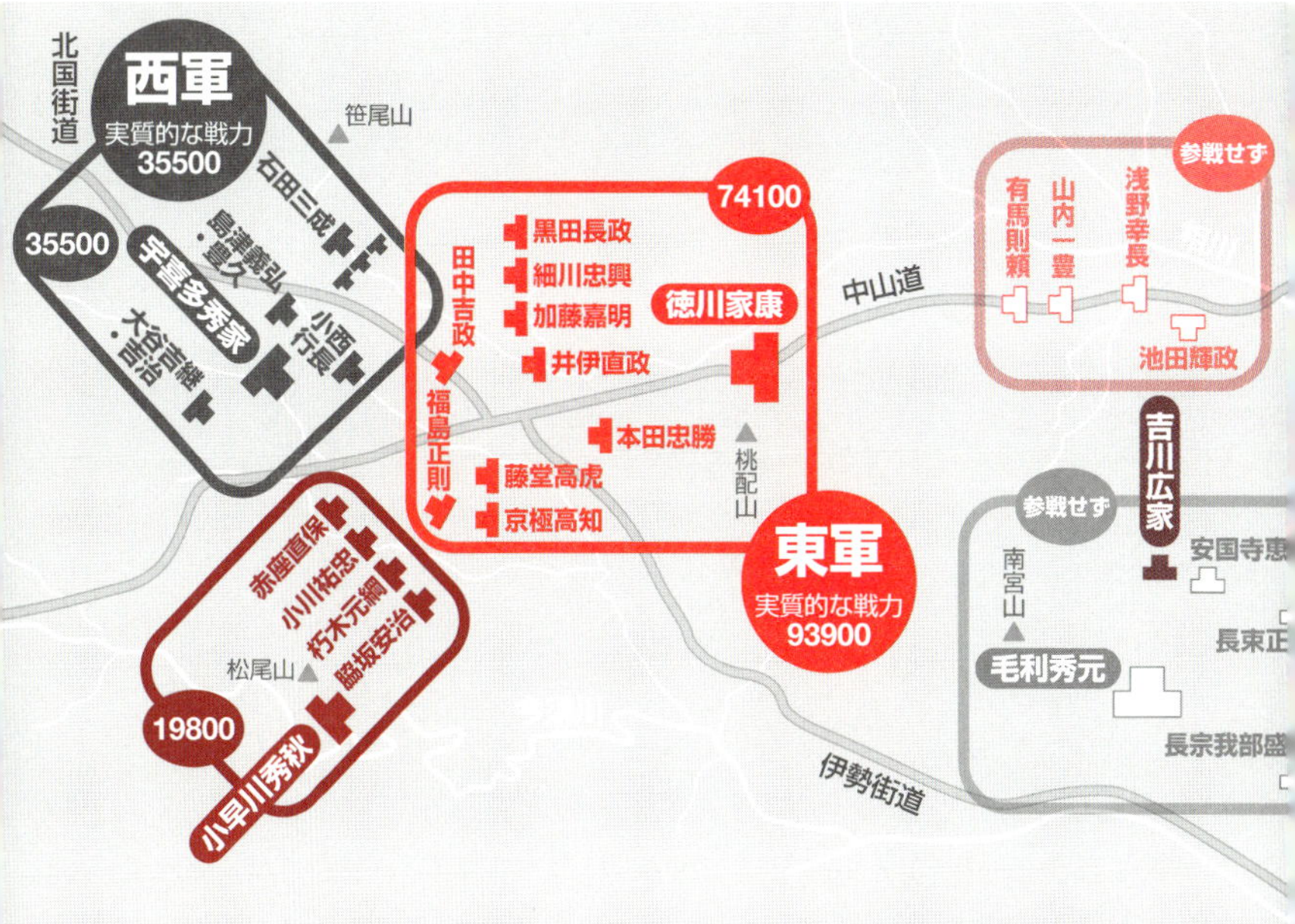

東軍　東軍に内応した西軍　動けなかった西軍
西軍　東軍に寝返った西軍　戦闘に参加しなかった東軍

※武将の配置は一部省略。
※兵数はおおよその数。

大坂城の攻略法は実は秀吉が考えたものだった

豊臣方は籠城戦ならば敗北はないと考えていた

関ヶ原で勝利して江戸幕府を開いた**徳川家康**《とくがわいえやす》にとって、頭痛の種が**豊臣氏**だった。大坂には豊臣秀《とよとみひで》吉《よし》の子・**秀頼**《ひでより》が健在で、65万余石を有していた。豊臣氏が存続する限り、武将たちが家康から離反しうる可能性がつねにあった。

1614年冬、家康は秀頼打倒を決心し、諸大名に**豊臣氏討伐の動員令**を発した。**大坂冬の陣**である。対する豊臣方につく大名はいなかったが、**真田幸村**《さなだゆきむら》、**後藤又兵**《ごとうまたべ》**衛**《え》、**長宗我部盛親**《ちょうそかべもりちか》などの浪人が**10万人**ほど集まった。

家康は大坂城を**20万**の兵で包囲した。このとき豊臣方は「難攻不落の大坂城にこもれば敗れることはない」という自信をもっていた。事実、城攻めが苦手な家康は幸村らが守る曲輪《くるわ》「**真田丸**」を攻めて逆に大きな損害を出している。

秀吉が考えた攻略法が豊臣氏に引導をわたした

家康は天守に向かって延々と砲撃し、豊臣方に**心理戦**をしかけた。砲弾の音は京都まで届くほどで、大坂城の実権を握る**淀殿**《よどどの》は恐怖のあまり**和議**に飛びついた。

和議の条件は大坂城の**外堀**だけを埋めることだった。しかし、家康は約束を反故にして二の丸と三の丸を強引に壊し、**内堀**までも埋めてしまった。結果、大坂城は本丸だけの裸城となり、要塞としての機能を失ってしまう。翌年、家康は**大坂夏の陣**で再び大坂城を攻め、今度は難なく陥落させた。

本丸を裸城にして攻める戦術は、かつて秀吉が大坂城唯一の攻略法として語っていたことだったといわれる。家康は城攻めの天才だった**秀吉の攻略法**に倣ったのだ。秀吉が語った話が豊臣氏を滅ぼす一因となったとしたら、これほど皮肉な話はないだろう。

ここが発見!

大坂城の堀を埋めるという家康の攻略法は、実は生前の秀吉が唯一の攻略法として自ら語ったものだった。

籠城戦から野戦へと追い込まれた豊臣軍

大坂城は石山本願寺の跡地に秀吉の手で築かれた、３重の堀と運河に囲まれた難攻不落の要塞である。冬の陣ではその防御力をいかんなく発揮したが、夏の陣では防衛機構の要である堀を失い、城としての機能を果たさなかった。そのため、豊臣方は圧倒的な戦力の徳川軍の前に不利な野戦を挑むこととなり、なすすべもなく敗れたのである。

冬の陣(1614年)

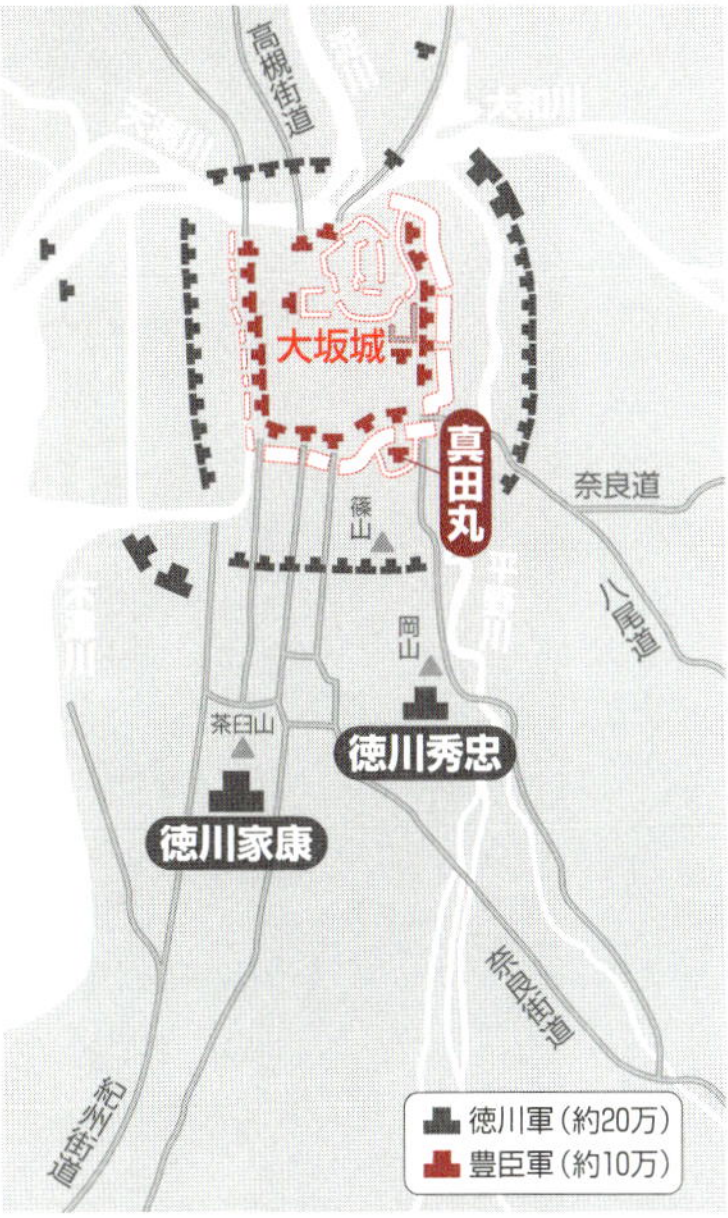
高槻街道
大坂城
真田丸
奈良道
篠山
岡山
八尾道
茶臼山
徳川秀忠
徳川家康
奈良街道
紀州街道
徳川軍(約20万)
豊臣軍(約10万)

夏の陣(1615年)

高槻街道
埋め立てられた堀
大坂城
奈良道
篠山
岡山
八尾道
茶臼山
奈良街道
秀忠
家康
紀州街道
徳川軍(約15万5000)
豊臣軍(約7万8000)

真田隊の奮戦

真田幸村

大坂夏の陣のようすを描いた『大坂夏の陣図屏風(拡大図)』。中央鳥居下のにいる一団が、奮闘した真田幸村の軍。幸村は黒い鹿の角の兜をかぶっている。

『大坂夏の陣図屏風』
大阪城天守閣蔵

5章

鎖国と封建社会

江戸時代

この時代のおもな出来事

江戸時代

1615 武家諸法度・禁中並公家諸法度が制定される……▼P220
1616 徳川家康が死去する……▼P224
1624～1632 黒田騒動が起こる
1627 紫衣事件が起こる……▼P226
1637 天草四郎らによる島原の乱が起こる
1639 ポルトガル船の来航が禁止され、鎖国が完成する……▼P228
1649 農民統制のため慶安御触書が発令される
1657 江戸で明暦の大火が起こる
1660～1671 伊達騒動が起こる
1687 生類憐みの令が出される……▼P236
1702 赤穂事件が起こる……▼P238、240
1709 新井白石らによる正徳の治が始まる……▼P242
1716 徳川吉宗が享保の改革を始める……▼P262
1745～1754 加賀騒動が起こる……▼P244
1772 甲州街道が完成する……▼P246
1774 杉田玄白らによって『解体新書』が刊行される……▼P248

1782～1787 天明の大飢饉が起こる
1786 田沼意次が失脚する …… ▼P252
1787 松平定信が寛政の改革を始める …… ▼P262
1792 ロシア使節ラクスマンが根室に来航する
1808 間宮林蔵が樺太を探検する
1821 伊能忠敬による『大日本沿海輿地全図』が完成する …… ▼P256
1825 異国船打ち払い令が出される
1828 日本地図を海外に持ち出そうとしたシーボルトが国外追放・再渡航禁止となる（シーボルト事件）
1833～1839 天保の大飢饉が起こる
1837 大塩平八郎の乱が起こる …… ▼P258
1838 緒方洪庵が適塾を開設する …… ▼P260
1841 水野忠邦が天保の改革を始める …… ▼P262

写真提供　上：兵庫県立歴史博物館
中：長崎大学附属図書館経済学部分館
下：大樹寺

福島正則の悲劇は城の修理がきっかけだった

幕府による武家諸法度公布は大名を統制するためだった

1615年の豊臣氏滅亡後、幕府は城を一国にひとつしか認めない「**一国一城令**」、大名の行動を制限する「**武家諸法度**」を相次いで公布、大名に対する統制を厳しくした。その内容は、文武奨励から城の無断修理の禁止、家老の選出基準など細部にわたり、**参勤交代**もこの武家諸法度で定められた。

武家諸法度による初の大規模な処罰対象となった大名が**福島正則**《ふくしままさのり》である。豊臣秀吉《とよとみひでよし》の家臣だった正則は、関ヶ原の戦いでは石田三成《いしだみつなり》との対立から真っ先に徳川家康《とくがわいえやす》に与《くみ》した。そして岐阜城を攻略するなど東軍の勝利に貢献したことで、広島に50万石を領する大大名となった。その正則が、なんと「**城の修理**」を行っただけで領地を没収されたのである。

幕府は支配強化のために改易で大名の力を削いだ

正則は城の修復にあたり、法度に従って事前に許可申請を幕府に送っていた。しかし、幕府からなかなか許可が下りない。しびれを切らした正則は、1619年に安易に**修理に着工**してしまった。修理の対象は洪水で破損した部分だけだった。にもかかわらず「**謀反のきざし**」という難癖をつけられ、領地を没収されたうえに、信濃に流されて4万5000石の**捨**《すて》**扶持**《ぶち》（情けで与える最低限の領地）を与えられるという処分になったのである。

見せしめ的な処分であったことは想像に難くなく、その後も多くの有力大名が**改易**《かいえき》の憂き目にあった。改易された大名の領地は**天領**《てんりょう》にされたり、徳川氏と親しい大名の分家に与えられたりした。このような厳しい統制を通じて大名の力は弱められ、**幕府の全国支配**は磐石なものとなったのである。

ここが発見！

幕府は武家諸法度によって武士や大名の統制を強めた。幕府成立の立役者・福島正則もこの法度による処罰対象となった。

大名の改易は頻繁に行われていた

徳川幕府は、支配体制を確立するために大名の改易を頻繁に行った。最初の大規模な改易は、関ヶ原の戦いに関しての改易である。このときは90以上の大名が処分の対象になった。その後は、おもに跡継ぎがいないことによる改易（無《む》嗣《し》断絶）が多くを占め、江戸時代を通じて外様大名127家、親藩・譜代大名121家の計248家が改易の対象となった。

幕府の陰謀による改易もあった!?

幕府による大名の改易には不可解な理由によるものも多かった。1608年の筒井定次の改易の理由には諸説（領国での悪政、キリシタンであったことなど）あるが、豊臣恩顧の武将である筒井氏が大坂に近い伊賀という要地を領していたことを幕府が危険視して、罪状をでっち上げて改易したともいわれている。

また、1632年の加藤氏の場合も、豊臣氏と血縁関係にあったことが理由ではないかといわれている。

関ヶ原の戦い以降に改易されたおもな大名

（20万石以上）

	西暦	大名	藩名（国高）	理由
1	1602年	小早川秀秋	岡山藩（51万石）	無嗣断絶
2	1607年	松平忠吉	清洲藩（52万石）	無嗣断絶
3	1608年	筒井定次	伊賀上野藩（20万石）	諸説あり（幕府陰謀説もある）
4	1610年	堀忠俊	高田藩（30万石）	御家騒動
5	1615年	豊臣秀頼	大坂藩（65.7万石）	大坂の陣の敗戦
6	1616年	松平忠輝	高田藩（60万石）	大坂の陣での遅参、旗本殺害など
7	1619年	福島正則	広島藩（49.8万石）	城の無断修理
8	1620年	田中忠政	柳河藩（32.5万石）	無嗣断絶
9	1622年	最上義俊	山形藩（57万石）	御家騒動
10	1632年	加藤忠広	熊本藩（51万石）	諸説あり（幕府陰謀説もある）
11	1632年	徳川忠長	駿府府中藩（50万石）	不行跡（家臣を手討ちにした）
12	1633年	堀尾忠晴	松江藩（24万石）	無嗣断絶
13	1634年	蒲生忠知	伊予松山藩（24万石）	無嗣断絶
14	1636年	鳥居忠恒	山形藩（24万石）	無嗣断絶
15	1643年	加藤明成	会津藩（40万石）	御家騒動
16	1681年	松平光長	高田藩（26万石）	御家騒動（越後騒動）
17	1686年	松平綱昌	福井藩（47.5万石）	藩主の乱心

※関ヶ原の戦いに関するものを除く

1石の価値とは？

百万石は現在の２０００億円!!

安土桃山時代に行われた**太閤検地**から江戸時代を通じて、大名の領地の規模は**石高**で表された。石高は、その土地における米の収穫量を「**石**」で表したもの。田をランク分けして米の収穫量を計算し、麦や大豆しかつくらない畑や屋敷も一定の係数をかけて石高で表した。当時は農民も米で年貢を納めており、大名や武士の収入も「○○石」というように石高で計算された。

１石は、成人ひとりが1年に消費する米の量で１５０kgほど。江戸時代初期の米価を目安に貨幣に換算すると、おおよそ**1石＝1両**である。現在の価値に換算すると、**1両は約20万円**となる。

江戸幕府の直轄地は約４００万石、単純計算すれば幕府の年収は**約8000億円**になる。大名のなかで最大の石高を誇った加賀藩の百万石は、同様に約２０００億円かというと少し違う。諸大名には**御《おん》手《て》伝《つだい》普《ふ》請《しん》**や**参勤交代**という経済を圧迫する夫《ぶ》役《やく》があったため、実際の収入は幕府の４分の１よりもはるかに低かった。

太閤検地

石高を基準数値にしたのは豊臣秀吉だった。1582年から順次行われた太閤検地で全国の土地の収穫量を調査する際、石高を用いた。そしてこれ以降、大名に課す軍役なども、石高をもとに計算されるようになり、石高が経済力の高さを示すようになった。

太閤検地の測量風景。実際にその土地に赴き、石田三成が考案した検地尺（検地用のものさし）などを使用して厳しい測量がなされた。

米を中心として考えられていた江戸時代の単位

江戸時代には、現代とは異なる単位が使われていた。これらの多くは、地域や時代によって異なっていたが、おおよそ下のような関係になっていた。また、米の量を表す単位である「俵」はとくに差が大きく、1俵＝2～5斗を推移していた。明治時代末期に1俵＝4斗として全国的に統一された。

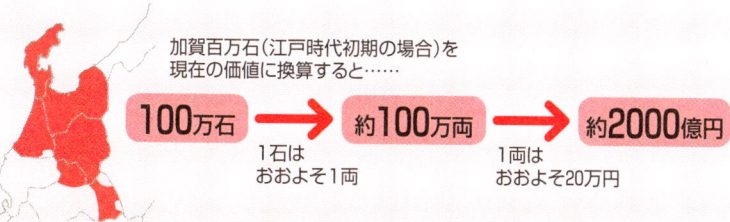

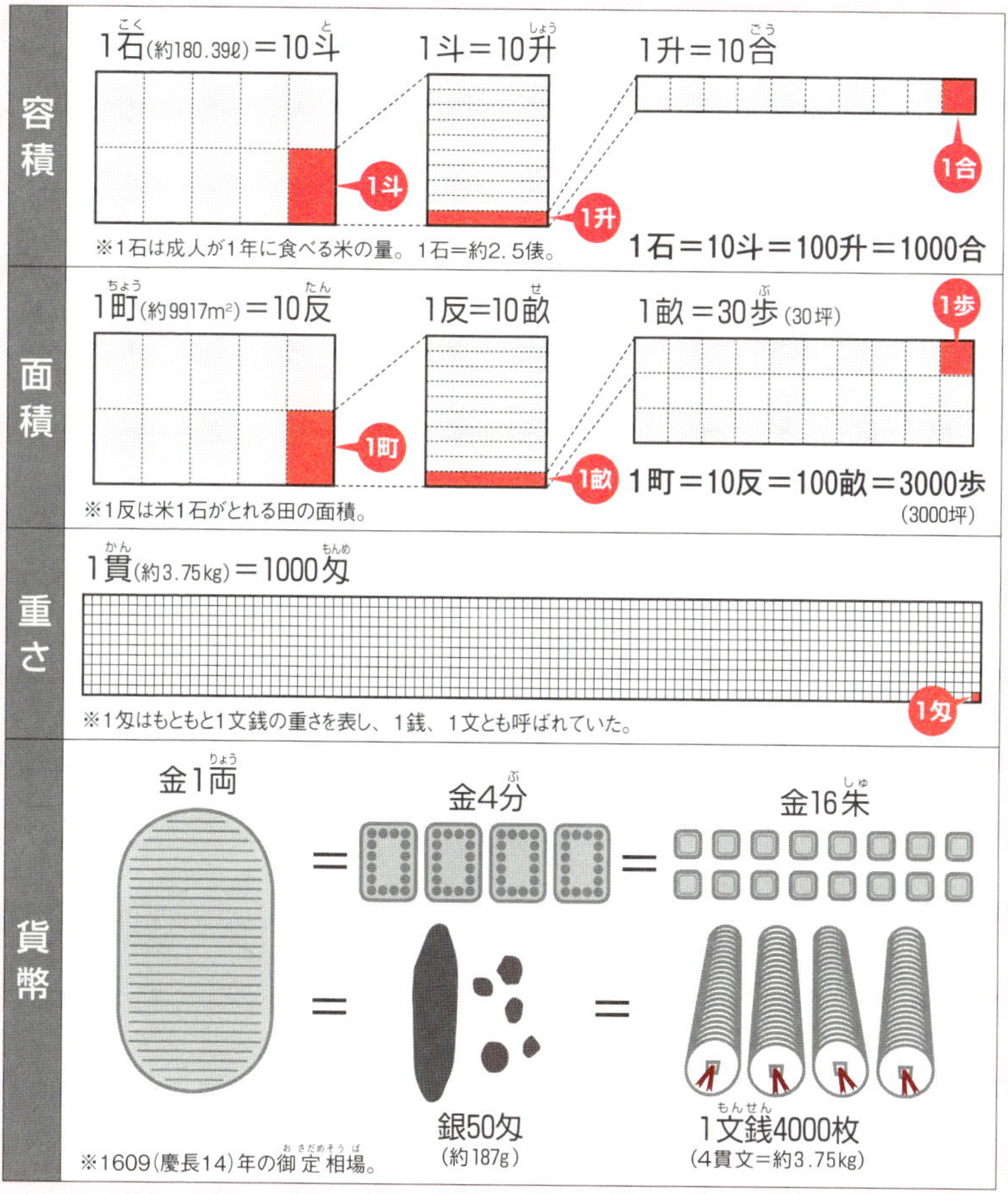
容積
1石《こく》(約180.39ℓ)＝10斗《と》
1斗＝10升《しょう》
1升＝10合《ごう》
1斗
1升
1合
※1石は成人が1年に食べる米の量。1石＝約2.5俵。
1石＝10斗＝100升＝1000合
面積
1町《ちょう》(約9917m²)＝10反《たん》
1反＝10畝《せ》
1畝＝30歩《ぶ》(30坪)
1歩
1町
1畝
1町＝10反＝100畝＝3000歩
(3000坪)
※1反は米1石がとれる田の面積。
重さ
1貫《かん》(約3.75kg)＝1000匁《もんめ》
1匁
※1匁はもともと1文銭の重さを表し、1銭、1文とも呼ばれていた。
貨幣
金1両《りょう》
＝
金4分《ぶ》
＝
金16朱《しゅ》
＝
銀50匁
(約187g)
＝
1文銭《もんせん》4000枚
(4貫文＝約3.75kg)
※1609(慶長14)年の御《お》定《さだめ》相場《そうば》。

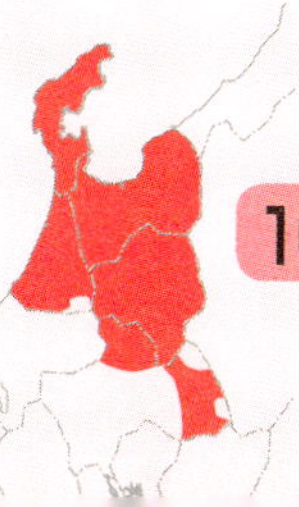

加賀百万石(江戸時代初期の場合)を
現在の価値に換算すると……

100万石 → 約100万両 → 約2000億円

1石は
おおよそ1両

1両は
おおよそ20万円

家康はてんぷらで死んだ？ 歴代将軍の意外な死因

ここが発見！

家康の死因は鯛のてんぷらによる食中毒ではなく胃がんだった。そのほかにも毒殺説がささやかれている将軍などもいる。

てんぷらの食べ過ぎが持病のがんを悪化させた？

戦国時代、ポルトガル人やスペイン人の来航によって伝えられたのは、キリスト教や鉄砲だけではない。**西洋の料理法**も伝わっていた。そのなかに、現在では和食の代表である**てんぷら**がある。戦国時代、それは「**南蛮焼**」と呼ばれ、家康はこのてんぷらを食べて死んだという俗説がある。

家康にてんぷらを教えたのは、京都から駿府を訪れた大商人の**茶《ちゃ》屋《や》四郎次郎《しろうじろう》**である。彼はある大名から献上された鯛を使って、てんぷらをつくらせた。家康はそれを食べ過ぎて腹痛を起こして寝込んでしまったのだ。ここまでは、幕府の確実な記録に残っているので間違いない。しかし、家康が腹痛を起こしたのが1月21日、家康が死んだのは4月17日である。てんぷらの食中毒にしては期間が長過ぎ、これが死因とは考えにくい。家康はもともと**胃がん**のような病気にかかっており、てんぷらの食べ過ぎが持病を悪化させたのではないかと考えられる。

毒殺説も!? 将軍の暮らしは安全・健康ではなかった

戦国の世を生き抜いた家康は別格として、**歴代将軍の寿命**は庶民に比べてけっして長いとはいえなかった。とくに、**お世継ぎ**として幼少の頃から大切に育てられた将軍が早世する傾向があり、庶民には想像もつかない贅沢な暮らしが将軍たちの健康を蝕んでいたのかもしれない。

また、幕府内ではしばしば権力争いが繰り広げられたことから、第十四代将軍・**家茂《いえもち》**のように**毒殺説**がささやかれている者もいる。

このように将軍といえども、けっして安穏とストレスのない暮らしを満喫してばかりはいられなかったのである。

歴代将軍の多くは短命だった

歴代将軍の平均寿命は約51.5歳。当時の成人男子の死亡年齢の平均は約61歳で、けっして長寿命とはいえなかった。

また、将軍家の子どもは乳幼児のときに亡くなることが多かった。上流階級で育った母親の身体が弱かったため、赤子が健康体で生まれることが少なかったこと、乳母が乳房までおしろいを塗った状態で授乳していたため、鉛中毒にかかりやすかったことがその要因といわれている。

歴代将軍の享年の分布

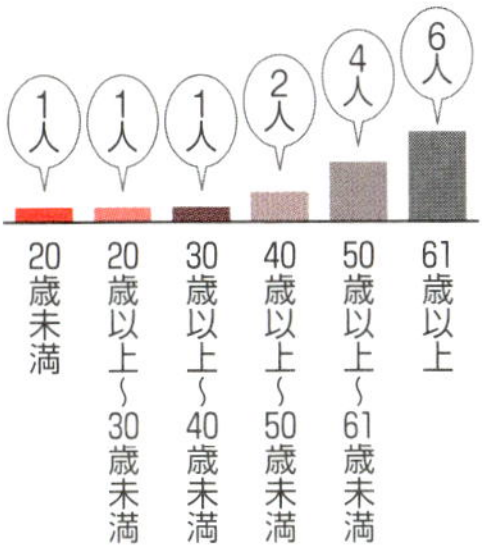
1人
1人
1人
2人
4人
6人
20歳未満
20歳以上〜30歳未満
30歳以上〜40歳未満
40歳以上〜50歳未満
50歳以上〜61歳未満
61歳以上

	将軍名	（享年）死亡原因	墓所
初代	徳川家康	（享年 75歳） 胃がん？	日光東照宮
二代	徳川秀忠	（享年 54歳） 消化器がん	増上寺
三代	徳川家光	（享年 48歳） 脳卒中	輪王寺
四代	徳川家綱	（享年 40歳） 心筋梗塞による急性疾患？	寛永寺
五代	徳川綱吉	（享年 64歳） 成人麻しん	寛永寺
六代	徳川家宣	（享年 51歳） インフルエンザ	増上寺
七代	徳川家継	（享年 8歳） かぜによる急性肺炎	増上寺
八代	徳川吉宗	（享年 68歳） 脳卒中	寛永寺
九代	徳川家重	（享年 51歳） 脳性まひによる排尿障害	増上寺
十代	徳川家治	（享年 50歳） 脚気による急性心不全	寛永寺
十一代	徳川家斉	（享年 69歳） 高齢による腹膜炎	寛永寺
十二代	徳川家慶	（享年 61歳） 暑気あたり	増上寺
十三代	徳川家定	（享年 35歳） 脚気による急性心不全	寛永寺
十四代	徳川家茂	（享年 21歳） 脚気による急性心不全	増上寺
十五代	徳川慶喜	（享年 77歳） 急性肺炎	谷中霊園

将軍の身長を表す位牌

江戸時代を通じて、将軍が亡くなると等身大の位牌を三河国の大樹寺に納めるという慣わしがあった。係の者が将軍の遺体を計測し、それをもとにつくった位牌をかごに乗せて、大名行列よろしく三河まで運んだのである。それらの位牌によると、多くの将軍は当時の成人男子の平均身長に近い150cm台だったが、綱吉だけは120cm台半ばと、飛び抜けて低かったようである。

写真提供：大樹寺

紫衣《しえ》事件 1627年

家康・秀忠からの方針転換 家光が目指した公武融和

秀忠は父・家康と同様に朝廷に対する統制を強めた

　戦国時代まで、朝廷は**荘園制**で武士から年貢を徴収したほか、**座**《ざ》（商工業者による組合）を通じて商工民を支配し、金銭を受け取っていた。しかし、戦国時代に荘園制は解体し、信長らが座を否定したことで財政は苦しくなった。そのため、朝廷や貴族の間では、武士に対する反感が強くなった。

　さらに江戸時代になると、家康が「**禁中**《きんちゅう》**並**《ならびに》**公家諸法度**《くげしょはっと》」を制定し、朝廷ばかりか天皇の権限も規制した。第二代将軍・**秀忠**《ひでただ》はこの政策を引き継いだため、幕府と朝廷の関係はさらに険悪になった。

　そんななか、１６２７年に**紫衣事件**が起こる。紫衣とは朝廷が高僧に授ける格式高い法衣で、法度によりその授与が制限されていた。ところが、**後水尾**《ごみずのお》**天皇**が幕府に断りなく僧侶らに紫衣を与えたのだ。幕府は紫衣を取り上げる決定をし、抗議した僧らを処罰した。

家光は父の政策を転換して朝廷との融和を目指した

　しかし、秀忠が死去すると、三代将軍・**家光**《いえみつ》は朝廷に対して**公武融和策**を取るようになる。これは、朝廷寄りだった乳母の**春日**《かすがの》**局**《つぼね》の影響を強く受けていたためともいわれる。家光は紫衣事件で流罪になっていた僧侶たちを放免し、後水尾院の院領を３０００石から１万石に増やすなどして**幕朝関係の緊張をほぐしていった**。

　さらに家光は、幕府と朝廷の連絡役として京都に「**禁裏付**《きんりづき》」という役職を設置した。幕府の保護のもとに地位を高めようと目論む朝廷内勢力は、幕府との連絡が緊密になるとしてこれを歓迎した。こうして幕府と朝廷との間のしこりは徐々にほどけ、幕末まで表面的には幕朝関係に波風が立つことはなくなったのである。

ここが発見！

初代・家康と第二代・秀忠は朝廷の統制を強めたが、第三代・家光は朝廷との融和策をとり、関係修復を図った。

江戸幕府は朝廷支配を実現した

幕府は、禁中並公家諸法度によって朝廷の統制を確立した。一方で、三代将軍・家光以降は、朝廷の反幕府勢力を抑えて友好関係を保つために、表面上は朝廷との融和策が取られた。家光以降の将軍の正室がすべて皇室や貴族出身であったというのも、そのような政策の表れである。大名家と婚姻関係を結ぶ場合は、いったん貴族の養女とし、家格を上げてから結婚するという方法も取られた。この方法で結婚した正室として有名なのが、十三代将軍・家定《いえさだ》の正室となった天璋院篤姫《てんしょういんあつひめ》である。

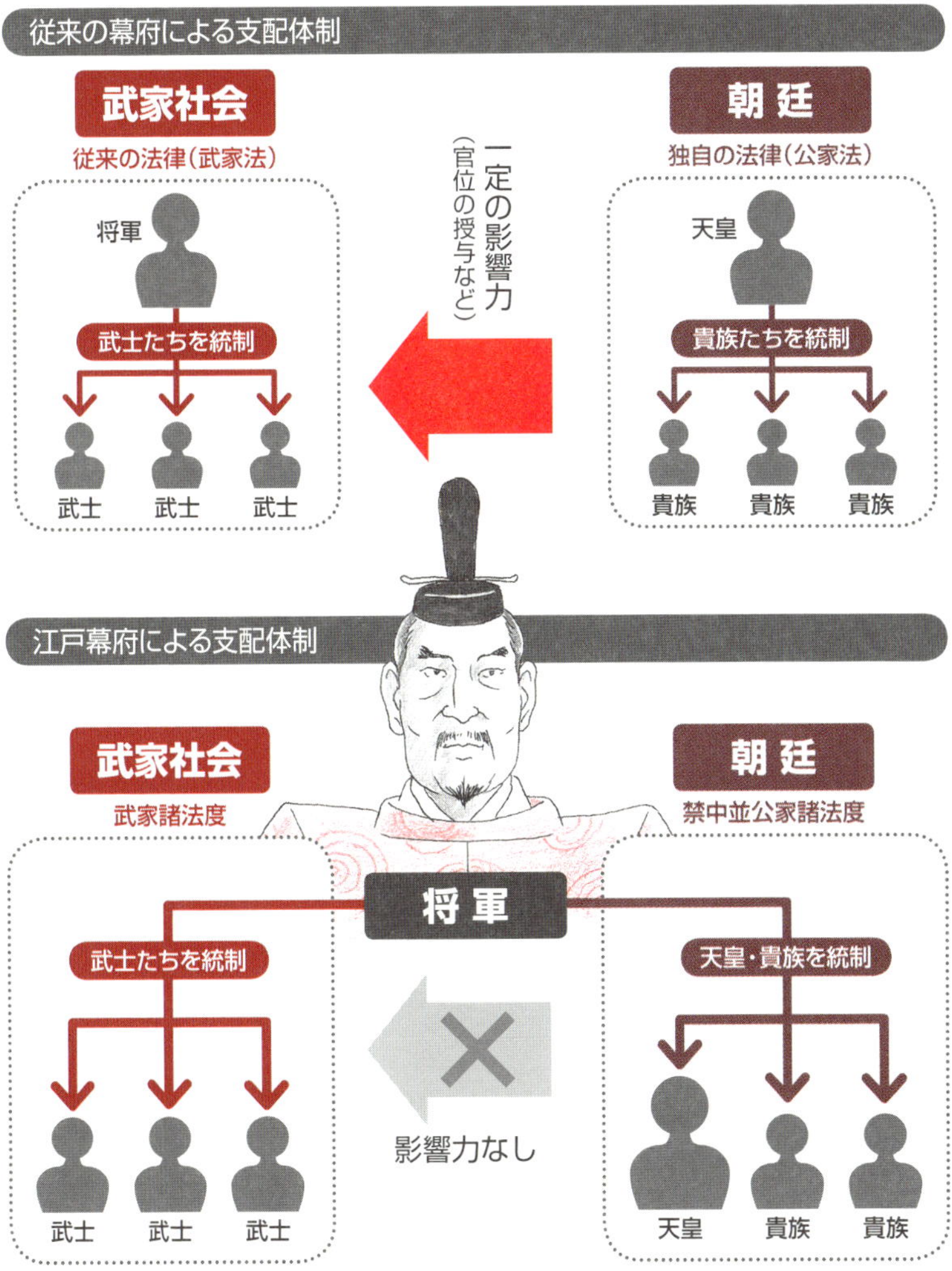
従来の幕府による支配体制
武家社会
従来の法律（武家法）
将軍
武士たちを統制
武士
武士
武士
一定の影響力
（官位の授与など）
朝廷
独自の法律（公家法）
天皇
貴族たちを統制
貴族
貴族
貴族
江戸幕府による支配体制
武家社会
武家諸法度
朝廷
禁中並公家諸法度
将軍
武士たちを統制
武士
武士
武士
影響力なし
天皇・貴族を統制
天皇
貴族
貴族

※そのほか、「諸宗寺院法度」「諸社禰宜《ねぎ》神主法度」による寺社の統制なども行われた。

鎖国の完成後、かえって海外貿易は盛んになった!?

ここが発見!
鎖国の目的はキリスト教の排除であり、鎖国後も貿易は続けられた。その結果、貿易額は鎖国後のほうが増えることになった。

家康は海外との自由貿易を奨励していた!?

徳川家康《とくがわいえやす》は海外との貿易に積極的で、１６００年から14年間、通商と親善をおもな内容とした国書を諸外国に送っている。送付先は、スペイン・ポルトガルなどのヨーロッパ諸国、東南アジア諸国など広範囲にわたっている。内容も友好的で、イギリスへの**朱印状**（貿易許可証）には「停泊はどこでも可」、「税金は必要なし」、「住居は江戸に用意する」とまで記されている。また、**日本人の商人による自由な貿易**やそれに伴う海外渡航などにも寛容だった。

しかし、幕府は貿易の利権を独占しようと考え、次第に幕府に近い一部の商人に優先的に貿易を行わせるようになった。そして、外国人に対しても、**貿易の制限**が加えられるようになっていく。

キリスト教の流行が幕府の鎖国政策のきっかけとなった

貿易のおもな相手国だった**ポルトガル**は**キリスト教の布教**にも熱心だった。家康はキリスト教を快く思っていなかったため、布教に熱心ではない**イギリス**や**オランダ**との貿易に力を入れ始め、やがて段階的に貿易船の来航を禁止していった。そして、家康の死後の１６３９年に施行された**ポルトガル船来航禁止令**をもって**鎖国**は完成した。しかし、その後もオランダ、清、朝鮮、琉球などとの交流は続き、貿易額はかえって伸びることになったのである。

幕府はオランダ商館長に『**オランダ風説書《ふうせつがき》**』を提出させるなど、海外事情に興味を抱いていたが、第一の目的は貿易であったために、このような情報が庶民に広まることはなかった。鎖国は海外との関係を絶つものではなかったが、一般庶民が西洋の文化に触れる道を事実上閉ざしたのである。

貿易振興策から鎖国政策へ

家康は関ヶ原の戦いに勝利すると、1604年には朱印船による貿易制度などを確立し、ヨーロッパや東南アジアとの貿易を振興させた。しかしその後、キリスト教の広まりを警戒するようになった幕府は、貿易の振興とキリスト教の取り締まりを両天秤にかける形で次々と新たな政策を打ち出し、少しずつ鎖国への道を進んでいった。

当初の家康の貿易政策
- ヨーロッパの国々との積極的な貿易（キリスト教の布教を黙認）
- 東南アジアとの積極的な貿易（朱印船貿易）

➡

鎖国政策への転換
- 幕府による貿易の利益の独占
- キリスト教の布教禁止

鎖国への流れ

1612年	直轄領にキリスト教禁教令を発布
1616年	ヨーロッパ船の寄港地を長崎と平戸に制限
1623年	イギリス人が商館を閉鎖し国外に退去
1624年	スペイン船の来航を禁止
1633年	奉書船※以外の貿易を禁止（第一次鎖国令）
1634年	鎖国令を再通達（第二次鎖国令）
1635年	外国船の来航を長崎に制限し、日本人の海外渡航と帰国を禁止（第三次鎖国令）
1636年	ポルトガル人をマカオへ追放（第四次鎖国令）
1637年	キリシタンが島原で蜂起（島原の乱）
1639年	ポルトガル船の入港を禁止（第五次鎖国令）➡鎖国の完成

➡ **海外の文化が日本に入らなくなった**

※朱印船…幕府の許可証（朱印状）を得た貿易船。
※奉書船…朱印状のほかに老中の許可証（奉書）を得た貿易船。

貿易の玄関口　出島

もとはポルトガル人を収容するためにつくられた、総面積約1.31haの人工島。1641年にオランダ商館が移築された後は、江戸時代を通じてオランダとの貿易の玄関口となった。

※乙名《おとな》…貿易事務員兼商館員の監視役。長崎奉行が有力町人から選任した。
※カピタン…商館長。オランダ東インド会社の日本支店長に相当する。

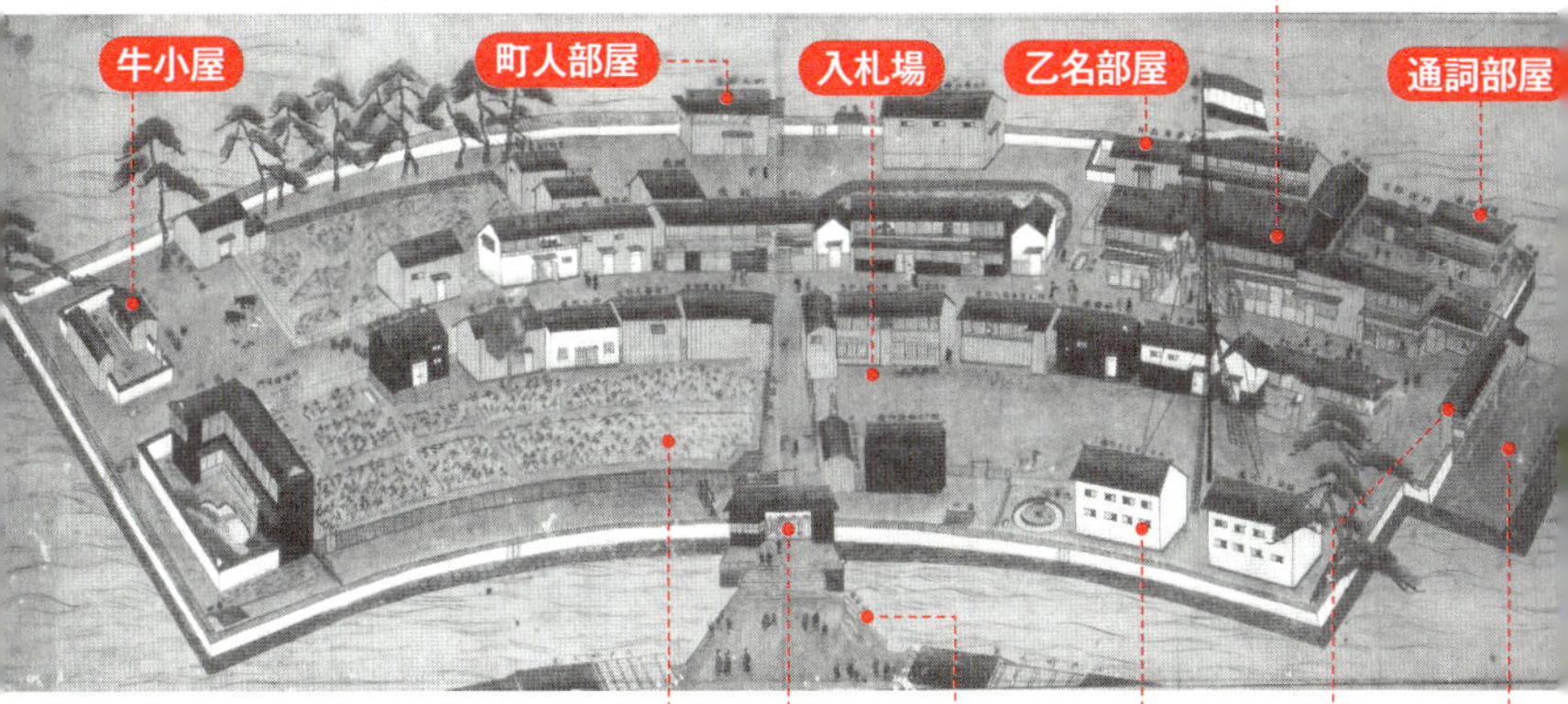

カピタン部屋
牛小屋
町人部屋
入札場
乙名部屋
通詞部屋
花畑
表門
御札場
倉庫
荷物改所
荷揚場

『長崎出島之図』長崎大学附属図書館経済学部分館蔵

江戸は人口2000人の町から世界最大の都市へ

江戸の人口は20年で75倍にもなった

徳川家康《とくがわいえやす》が江戸に入府したのは、１５９０年である。この年、北条氏を滅ぼした豊臣秀吉《とよとみひでよし》が**関八**《かんはっ》**州**《しゅう》（関東の８つの国）を家康に与え、家康は本拠として鎌倉や小田原ではなく江戸の地を選んだ。この頃の江戸はわずか10町ほどの小さな町で、**人口は数千人程度**だったといわれる。

家康は、江戸に入るとすぐに大規模な土木工事を開始し、**城下町**を建設した。そして、家康が幕府を開くと、江戸は急速に発展した。１６０９年に来日したスペイン人の**ドン・ロドリゴ**は、当時の江戸の人口を**15万人**くらいと記録している。数千人程度しかいなかった20年前と比べると隔世の感がある。

江戸は諸外国の都市を抜いて世界最大の都市となった

その後も発展を続けた江戸は、１６４０年代には３００町を超え、京都に並ぶ大都市となった。１６５７年の**明暦**《めいれき》**の大火**で半分以上が焼失したが、復興後に第二の発展期を迎えた。復興景気をあて込んで大量の人とものが流入し、地方からきた出稼ぎ人が定住し始めたのである。明暦の大火の翌年の人口は、武士や町人などをあわせて推定**80万人**を超え、世界最大の都市となった。江戸の町を「**八百**《はっぴゃく》**八町**《やちょう》」というが、この頃には８０８町に達していたと考えられる。

１７１９年には隅田川より東の本所と深川が、１７４５年にはそれまで管轄が異なっていた**寺社門前町**が、江戸の町に編入された。これにより、８０８町をはるかに超える**１６７８町**となった。さらに、１７８７年の人口は武士・町人などをあわせて推定**１５０万人**を超えた。江戸はどこまでも拡大を続けたのである。

ここが発見！

江戸時代中頃に世界最大の都市にまで成長した江戸。実は家康がきたときには、人口わずか２０００人の漁村に過ぎなかった。

爆発的な成長を迎えた江戸の町

家康は神田山を削り、日比谷入江を埋め立てるなど大規模な土木工事を行って町を広げ、城下町の建設を進めた。その後、江戸に幕府が開かれ、参勤交代などで多くの武士が住むようになると、それを支える労働力として多くの人口が流入した。

16世紀末期の江戸

家康が入る以前の江戸はところどころに台地が点在する湿地で、老朽化した江戸城の周辺にわずか数千人が住むだけの地方都市に過ぎなかった。

不忍池
神田山
江戸城
平川
隅田川
日比谷入江
江戸湾

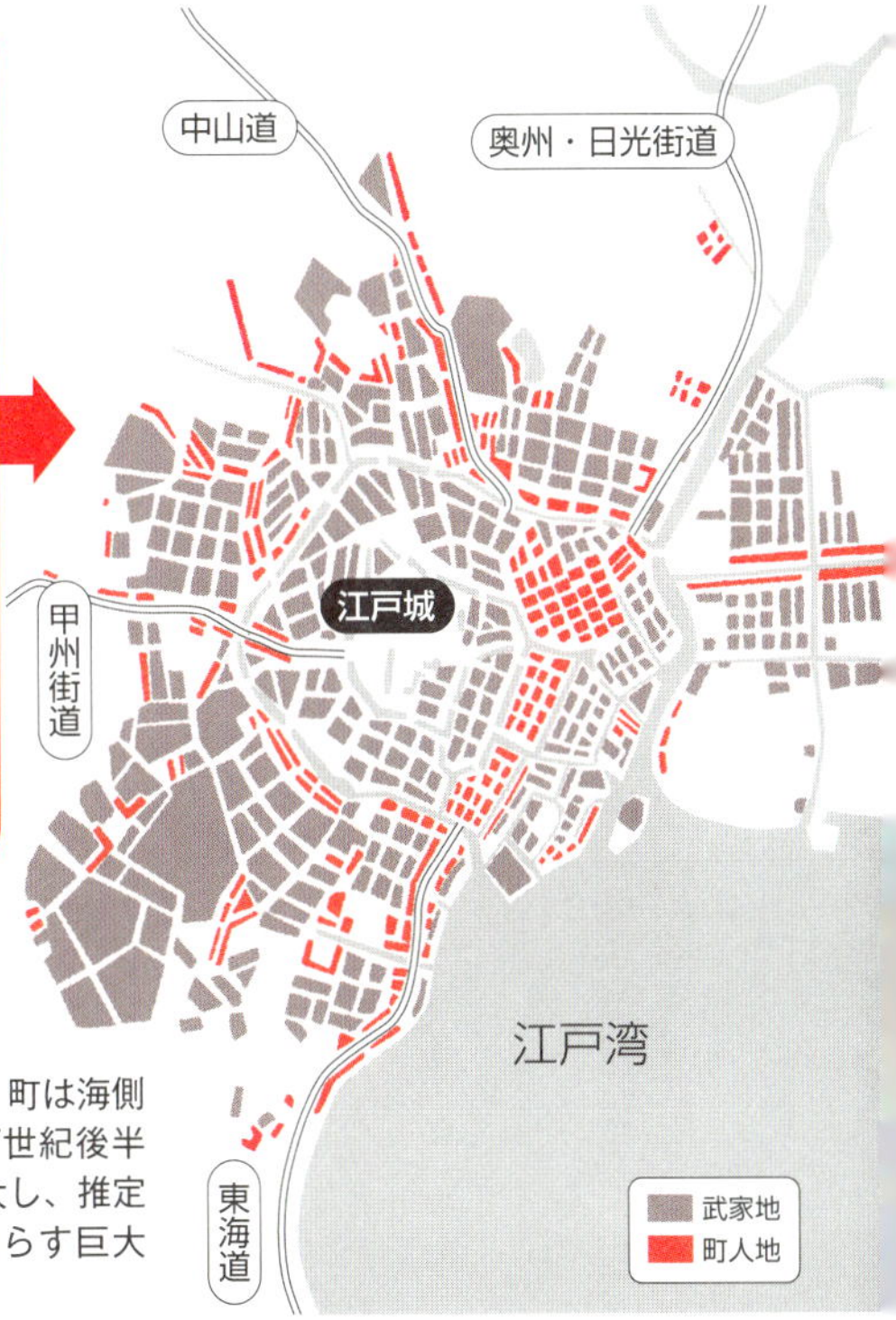
中山道
奥州・日光街道
甲州街道
江戸城
江戸湾
東海道
武家地
町人地

17世紀末期の江戸

入江が大規模に埋め立てられ、町は海側に大きく拡大した。さらに、17世紀後半には市街地が周辺に向かって拡大し、推定150万人ともいわれる人々が暮らす巨大都市へと変貌を遂げた。

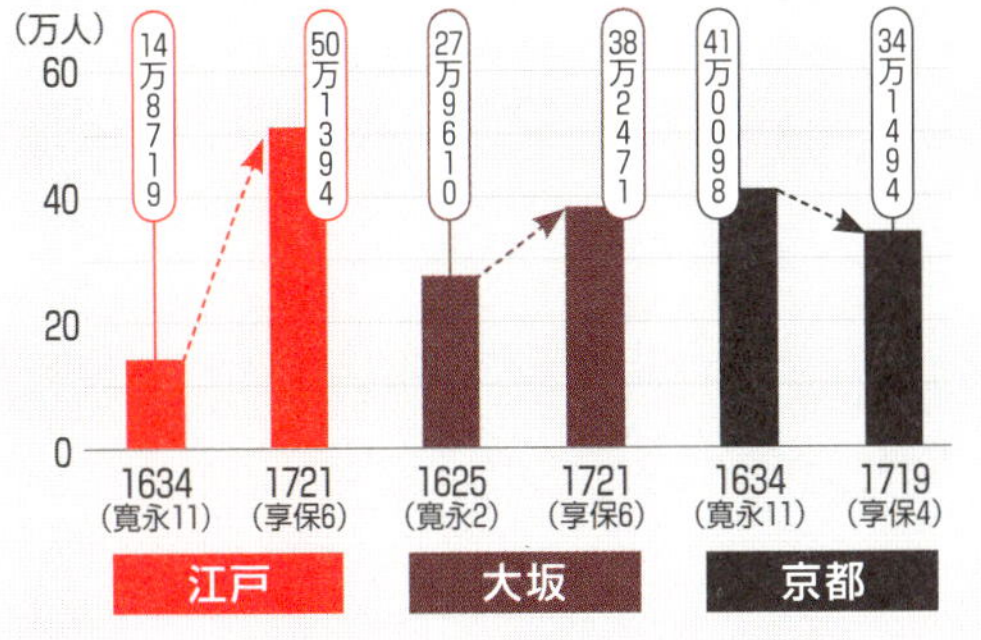
(万人)
60
40
20
0
14万8719
50万1394
27万9610
38万2471
41万0098
34万1494
1634(寛永11)
1721(享保6)
1625(寛永2)
1721(享保6)
1634(寛永11)
1719(享保4)
江戸
大坂
京都

※中部よし子『近世都市の成立と構造』より

三都の町方人口の推移

当時、武士階級は参勤交代などによって流動性が高かったため正確な記録は残っていない。記録に残っている町人の人口は、江戸時代初期から爆発的に人口が増えた江戸に比べ、大坂は伸び悩み、京都は大幅に減少している。

江戸の金貸しは困窮する民衆や大名相手に成長した

> **ここが発見！**
> 民衆の生活が困窮した江戸時代、金貸しが急成長を遂げ、なかには民衆だけではなく大名に金を貸す者も現れた。

江戸の金貸しは高い利息を取って商いを行った

貨幣経済が発達するにつれて困窮したのは、米を生活の糧とする武士と農民だった。生活のために**米を換金**しなければならず、それを売買する商人ばかりが利益を得ていたからである。こうしたなか、米を扱う**札差**《ふださし》などの業者が金貸しを始めた。武士は一年後に支給されるはずの**禄**《ろく》**（米）**を担保にして金を借り入れた。また、庶民は着物などを質入れして短期で借りることが多かった。

当初は年利25％の利息だったが、返済ができずに困窮する者が増えたために、15％以上の利息が禁止された。しかし、金貸しは謝礼と称して追加の利息を取ったり、「**踊**《おど》**り歩**《ぶ》」という利息の二重取りを行ったりもした。たとえば、返済期日を25日にしておき、期日に間にあわないと、月末までの数日で1カ月分の金利を取るのである。ほかにも「**百一文**（朝100文借りて夕方に101文返す）」という暴利も存在した。

急成長を遂げた大名貸しも実は苦労が耐えなかった

武士や庶民だけではなく、各藩も財政事情はかんばしくなかった。そのため、大名に金を貸す**大名貸し**を行う商人が現れた。大名貸しは大きな利益を生む反面、踏み倒しなどのリスクもあった。体裁を重んじて証文に「〜から○両借りた」と書くところを「〜に○両貸した」と書くことがなかば慣習として行われており、その証文が**踏み倒し**の道具として利用されることもあった。

また、幕府は大名貸しで羽振りのよい商人に対して、ときには店の取り潰しを行うなど、圧力をかけた。困窮する大名や幕府も大変だったが、金貸しもけっして楽ではなかったのである。

大名貸しが変えた大名と商人の関係

大名貸しは幕府のお膝元である江戸よりも、自由に商売がしやすい大坂で発達した。当初は小額であったために比較的スムーズに貸し借りが行われた。しかし、江戸時代中頃になって金額が大きくなるとともに藩の財政も悪化し、藩による踏み倒しや商人による貸し渋りなどが発生して、幕府が大名の保護のために商人に貸し付け命令を出すこともあった。やがて、両者は共存の道を模索するようになり、商人が藩に派遣した人物が藩の財政を担うケースなども登場した。

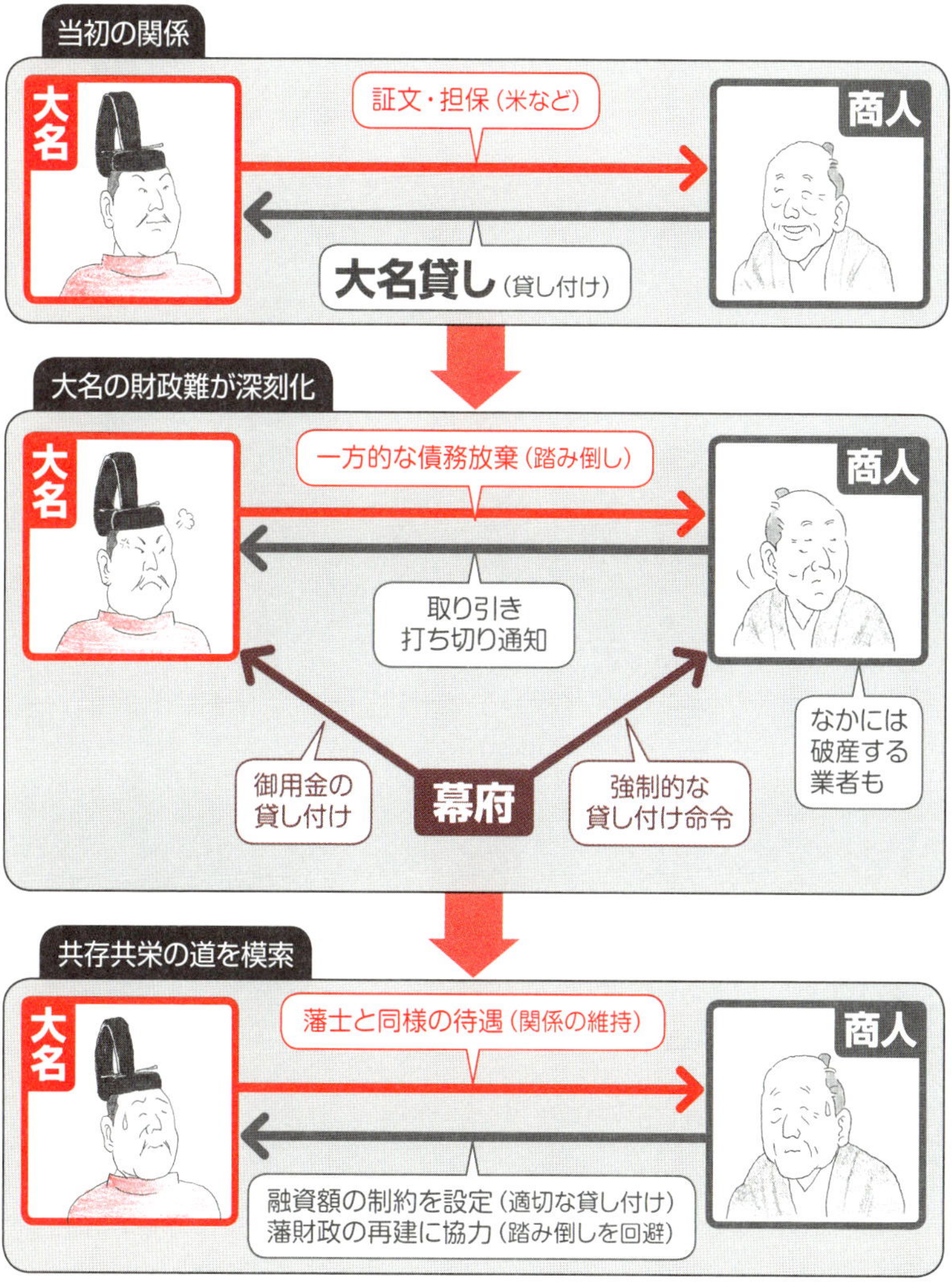
当初の関係
大名
証文・担保（米など）
商人
大名貸し（貸し付け）
大名の財政難が深刻化
大名
一方的な債務放棄（踏み倒し）
商人
取り引き
打ち切り通知
なかには
破産する
業者も
御用金の
貸し付け
幕府
強制的な
貸し付け命令
共存共栄の道を模索
大名
藩士と同様の待遇（関係の維持）
商人
融資額の制約を設定（適切な貸し付け）
藩財政の再建に協力（踏み倒しを回避）

幕府は江戸ではなく大坂を商業の中心地に選んだ

江戸幕府は秀吉が整備した大坂を海運の中心地に選んだ

豊臣秀吉《とよとみひでよし》は自分の居城がある**大坂**の港を重点的に整備した。この大坂の町づくりに貢献したのが、豪商の**淀屋**《よどや》**常安**《じょうあん》と**安井道頓**《やすいどうとん》である。淀屋は秀吉の命で**淀川堤**の修築を完成させ、淀川に連なる水路を用いた商品の輸送を可能にした。安井は未開発だった大坂城南方の湿地を開発し、**東横堀川と海とをつなぐ水路**の開削に尽力した。

江戸幕府も関西を全国の物資の集散地とする政策を取った。瀬戸内海方面からの航路に面している関西のほうが、江戸よりも商品を集積しやすかったからだ。そこで幕府は、秀吉によって整備されていた大坂を選んだのである。

海運の発達で政界への影響力をもつ商人も現れた

幕府の方針で大坂にものが集まると、諸藩は年貢米や特産品を売却するために、大坂に**蔵屋敷**《くらやしき》（商人たちの住居兼倉庫）を置いた。これにより、大名貸しを行う**両替商**が力をもつようになり、さらに航路が整備されると各業種の問屋の勢力が拡大した。

四代将軍・**徳川家綱**《とくがわいえつな》は江戸航路の整備にも着手した。豪商の**河村**《かわむら》**瑞賢**《ずいけん》に命じて気仙（今の岩手県南東部）から江戸にいたる**東廻り航路**を開かせた。

次いで酒田（今の山形県酒田市）から日本海沿岸、瀬戸内海、東海地方沖を通って江戸にいたる**西廻り航路**も整備した。この航路の整備によって**全国的な海運**による輸送が可能になり、江戸時代後半には江戸も商品の集積地として発展していった。

以降、問屋の成長とともに小売商にも格差が生じ、力をもつ豪商たちが経済を担うようになる。一部の豪商は幕府の経済政策にも影響力をもっていたという。

ここが発見！

江戸幕府は、経済規模の小さい江戸ではなく、すでに経済活動が盛んだった大坂を商業の中心地として選んだ。

江戸時代の経済を支えた豪商たち

江戸時代初期に現れた豪商は、幕府や藩を後ろ盾とした御用商人が多かった。しかし、やがて農村や地方の商人と直接取り引きを行うなど、独自の方法で富を手に入れる新興商人が現れるようになった。彼らは、手にした財産を元手にさらに新しい事業を手がけるようになり、彼らのなかには後に財閥に成長したものも少なくなかった。

江戸時代のおもな豪商

江戸	三井高利	伊勢国出身。1673年京都に呉服店「越後屋」を開き、翌年に江戸日本橋で「越後屋呉服店」を開業。三井財閥の基礎を築いた。
	河村瑞賢	伊勢国出身。明暦の大火(1657年)の際に木材の買い占めによって財を成した。幕府の命により航路開発や治水工事なども手がけた。
	紀伊国屋文左衛門	紀伊国生まれ。17世紀末〜18世紀初頭にかけ、ミカンや材木の買い占めで財を築いたが、巨万の富を一代で使い果たした。
	奈良屋茂左衛門	深川の材木商。明暦の大火や日光東照宮の修復に際して木材の調達を請け負い、豪商となった。
大坂	淀屋辰五郎	江戸時代のはじめ、全国の米相場の基準となる米市を設立するなど大坂の発展に貢献したが、武家社会への影響力が増したことで財産を没収された。
	鴻池善右衛門	摂津国伊丹出身。もともとは酒造業だったが、1656年に両替商となって事業を拡大して豪商となり、鴻池財閥の基礎を築いた。
	蘇我理右衛門	1590年に銅製錬・銅細工の「泉屋」を開業し、銅から銀を分離する技術を用いて店を大きくするとともに、住友財閥の地盤を築いた。
京都	下村彦右衛門	摂津国出身。18世紀はじめに、古着の行商人をへて伏見に「大文字屋」を構えた。大文字屋は、後に大丸となった。
	飯田新七	越前国敦賀出身。19世紀はじめに米穀商の高島屋の婿養子となり、のれん分けにより古着商「たかしまや(後の高島屋)」を創業した。

大坂の賑わい

大坂からは、江戸に向けて「菱垣廻船《ひがきかいせん》」と呼ばれる定期船が運航され、多くの物資が運ばれた。この絵には、秋に収穫された木綿を菱垣廻船によってより速く江戸に運ぶ「新綿《しんめん》番船《ばんせん》」と呼ばれる競争のようすが描かれている。

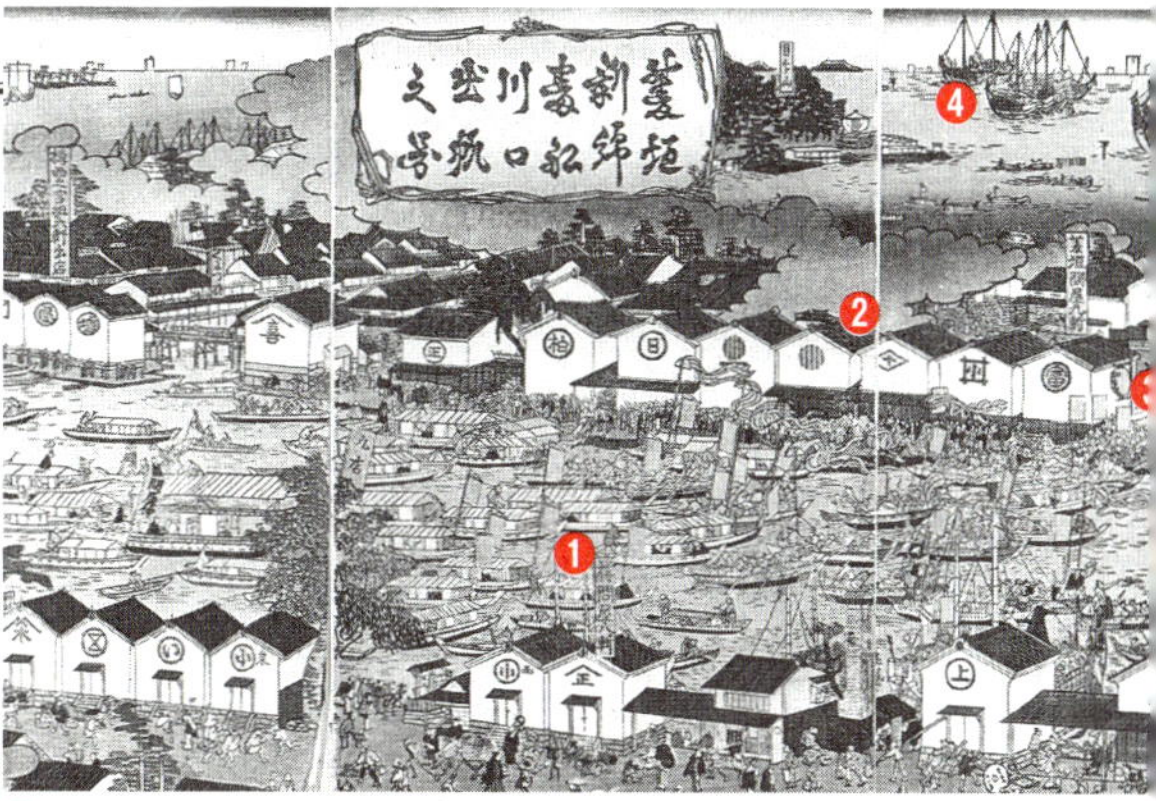

『菱垣新綿番船川口出帆之図』大阪城天守閣蔵

❶菱垣廻船まで綿を運ぶ伝馬船 ❷菱垣廻船問屋の蔵 ❸競争を開催している事務所 ❹菱垣廻船

江戸時代 **生類《しょうるい》憐《あわれ》みの令の発布 1687年**

本当は悪法ではなかった!? 生類憐みの令に秘められた意図

ここが発見!

生類憐みの令は後世にいわれるほどの悪法ではなく、人々に命の尊さを思い出させる一定の効果があった。

江戸時代初期は戦国以来の生命軽視の風潮が続いていた

1687年、五代将軍の**徳川綱《とくがわつな》吉《よし》**は「**生類憐みの令**」を発した。人間が動物以下に扱われた、稀代の悪法といわれる法令である。

しかし、それは誤解によるところが大きい。戦国時代は、人を殺すことで自分の価値を高め、主君に殉じて自決することが美徳とされてきた。江戸時代になり太平の世になったとはいえ、人々の精神はそう簡単に変わるものではない。喧嘩は日常茶飯事、抜刀して斬りあうことも多く、大名でさえ「うかつにつかいも出せぬ。帰ってこぬからな」という有様で、**生命に対する尊厳**が希薄だった。

生類憐みの令は、戦国時代以来の殺伐とした風習を断ち切るためのものだった。綱吉は深刻な**生命軽視の風潮**を改める必要性を感じていたのである。

生類憐みの令は命の大切さを人々に浸透させた

生類憐みの令には「人宿または牛馬宿などで生類が病を患い、重くなるとさっさと捨ててしまうようだが、今後は許さない。見つけしだい厳しく処罰する。目撃したら訴え出ること。当事者でも構わない」とあり、けっして**犬だけに特化した法ではない**。実際、「病人を捨てるな」、「子どもを捨てるな」、「行き倒れを保護せよ」といった規定も多数出されている。裏を返せば、当時の人々は病人や子どもを平気で捨てていたのだ。

生類憐みの令は告発した者に**賞金**を与える制度だったため、当初は人々が疑心暗鬼に陥ることなどもあった。しかし、生類憐みの令の影響は徐々に現れ、殺生や死を嫌う思想は確実に庶民の間にも浸透していった。そして、人命を軽視する者たちの横行もおさまったのである。

生類憐みの令は何をもたらしたのか

綱吉が生類憐みの令を発令した理由については、綱吉に跡継ぎが生まれないことを心配した母・桂昌院《けいしょういん》が隆光《りゅうこう》僧正という僧に勧められたというのが通説となっている。しかし、捨て子や病人を保護する内容まで含まれていることから、生命を軽視する戦国時代からの価値観を見直すといった道徳的な目的もあったのではないかと考えられる。

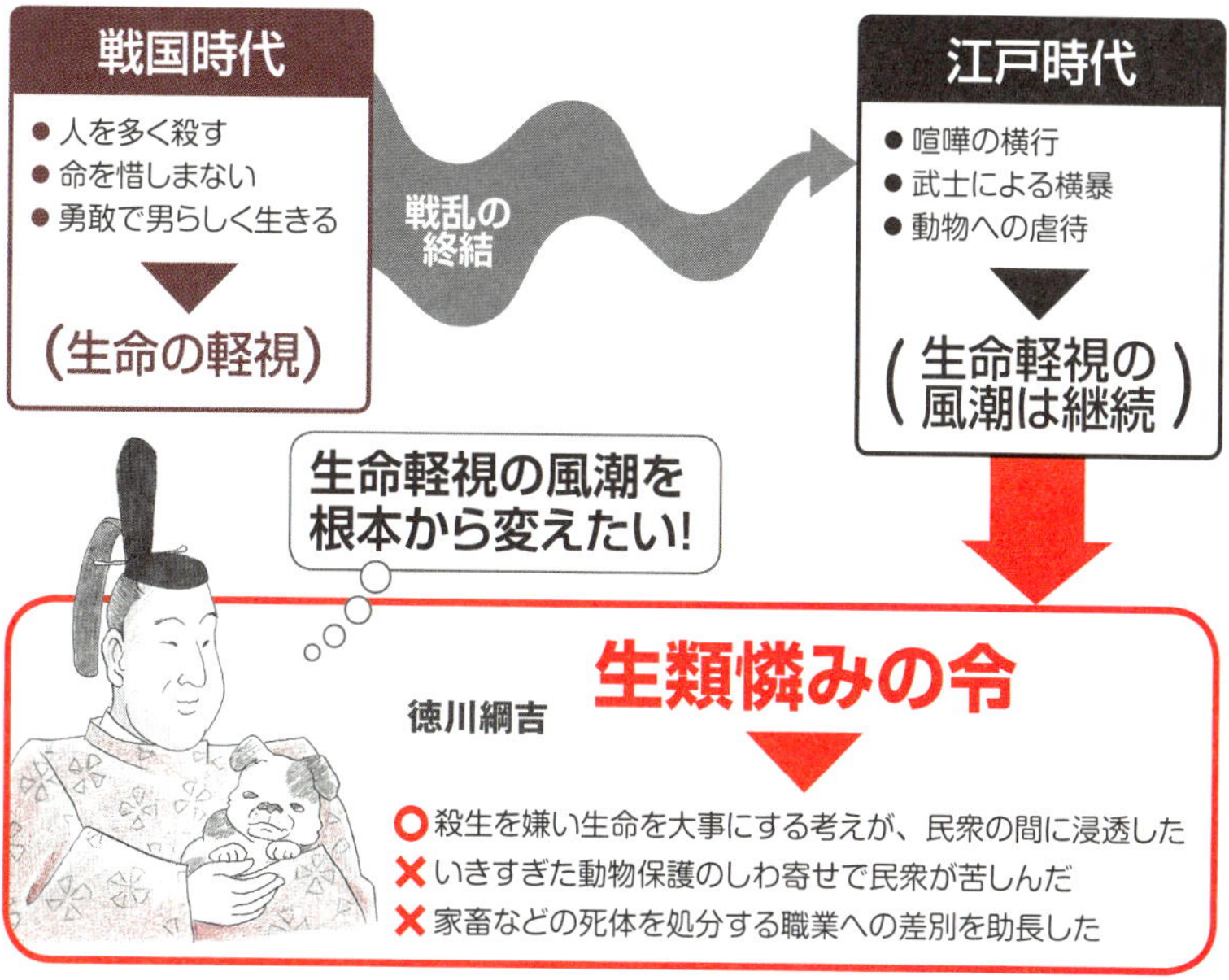
戦国時代
● 人を多く殺す
● 命を惜しまない
● 勇敢で男らしく生きる
(生命の軽視)
戦乱の終結
江戸時代
● 喧嘩の横行
● 武士による横暴
● 動物への虐待
(生命軽視の風潮は継続)
生命軽視の風潮を根本から変えたい!
徳川綱吉
生類憐みの令
○ 殺生を嫌い生命を大事にする考えが、民衆の間に浸透した
× いきすぎた動物保護のしわ寄せで民衆が苦しんだ
× 家畜などの死体を処分する職業への差別を助長した

生類憐みの令に関するおもな出来事

1687(貞享4)年	●魚鳥類を食することを禁止。(鶏と亀と貝類も含む) ●旗本の子が吹矢でツバメを撃ったため、代理として家臣が死罪。
1689(元禄2)年	●病馬を捨てたとして農民ら数十名が神津島へ流罪。 ●評定所の前で犬が争って死んだため旗本1名が閉門。
1691(元禄4)年	●犬・猫・ネズミに芸を覚えさせて見世物にすることを禁止。
1695(元禄8)年	●大久保・四谷に犬小屋がつくられる。(住民は強制立ち退き) ●法令違反として大坂与力はじめ11名が切腹。(子は流罪) ●中野に16万坪の犬小屋が完成し、10万余頭の犬を飼養。(住民は強制立ち退き。食費は年間9万8千両。上納金として府民が毎日米330石、味噌10樽、干鰯10俵、薪56束などを献納)
1696(元禄9)年	●犬殺しの密告者に賞金30両を与える制度を開始。
1700(元禄13)年	●活魚の売買を禁止。
1709(宝永6)年	●綱吉の死を受け、新井白石らにより廃止。

赤穂事件は武士の価値観の変化を知らしめた

藩主の人傷沙汰を機に存亡の危機を迎えた赤穂藩

元禄期、幕府や諸藩では**経済通**が重んじられ、そうでない者は政局から遠ざけられるようになっていた。**赤穂藩**も例外ではなく、経済通が藩政を握り、経済に疎い無骨者の家老・**大石内蔵助**《おおいしくらのすけ》は藩政から遠ざけられていた。

１７０１年、赤穂藩主の**浅野**《あさの》**内匠頭**《たくみのかみ》（**長矩**《ながのり》）が**吉良**《きら》**上野介**《こうずけのすけ》（**義**《よし》**央**《なか》）に斬りつける事件が起きた。藩内は、幕府と戦おうとする**抗戦派**と開城して立ち退くべきという**穏健派**に分裂。このとき内蔵助は城を明けわたして**御家再興**と吉良の処分を幕府に願い出るべきだと主張し、藩論をまとめ上げた。

武士の鑑か？ 犯罪者か？ 賛否両論が巻き起こった

その後、内蔵助は抗戦派を押さえ込みながら御家再興の嘆願を続ける。しかし、跡継ぎが広島藩預かりとなったことでその夢は絶たれ、翌年**討ち入り**を決意する。

集まった同志は、時代の流れに取り残された昔ながらの武士であり、その多くが藩の消滅で窮乏してしまう人間たちだった。彼ら以外にも、取りつぶしによって路頭に迷うだろう藩士は多かった。討ち入りには主君の仇討ち以外に、吉良を討つ手柄で御家再興の悲願を果たし、**窮乏する藩士たちを救う**目的もあったといわれている。残念ながら御家再興はならなかったが、赤穂事件は武士らしい生き様を示した事件として、庶民の間に大きな反響を巻き起こした。

一方で、幕府が築いてきた「法による支配」を根底から覆す行為だとする意見もあり、**幕府内に賛否両論**を巻き起こした。平和な世の中が続いたことで、戦国時代以来の**武士の主従関係に基づく道徳観**は、当の武士たちの間で大きく揺らぎ始めていたのである。

ここが発見！

赤穂藩出身の浪士たちによる赤穂事件は賛否両論を巻き起こし、武士の道徳観が揺らぎ始めていることを示すこととなった。

赤穂事件はどのように評価されたのか

浪士たちの行為の是非とその処分については、幕府内でも意見が分かれた。学者の林信篤《はやしのぶあつ》や室鳩巣《むろきゅうそう》らが浪士たちの助命を嘆願する一方、荻生徂徠《おぎゅうそらい》らは厳重な処分を主張した。一説によると、綱吉もいったんは助命に傾いたが、上野寛永寺の公弁法《こうべんほっ》親王の「助命した者たちのなかから後世に身をもちくずす者が出たら、今回の討ち入りまで否定されかねない。名誉の死を与えるほうが彼らにとってもよいのでは」という意見を聞き、切腹を命じたという。

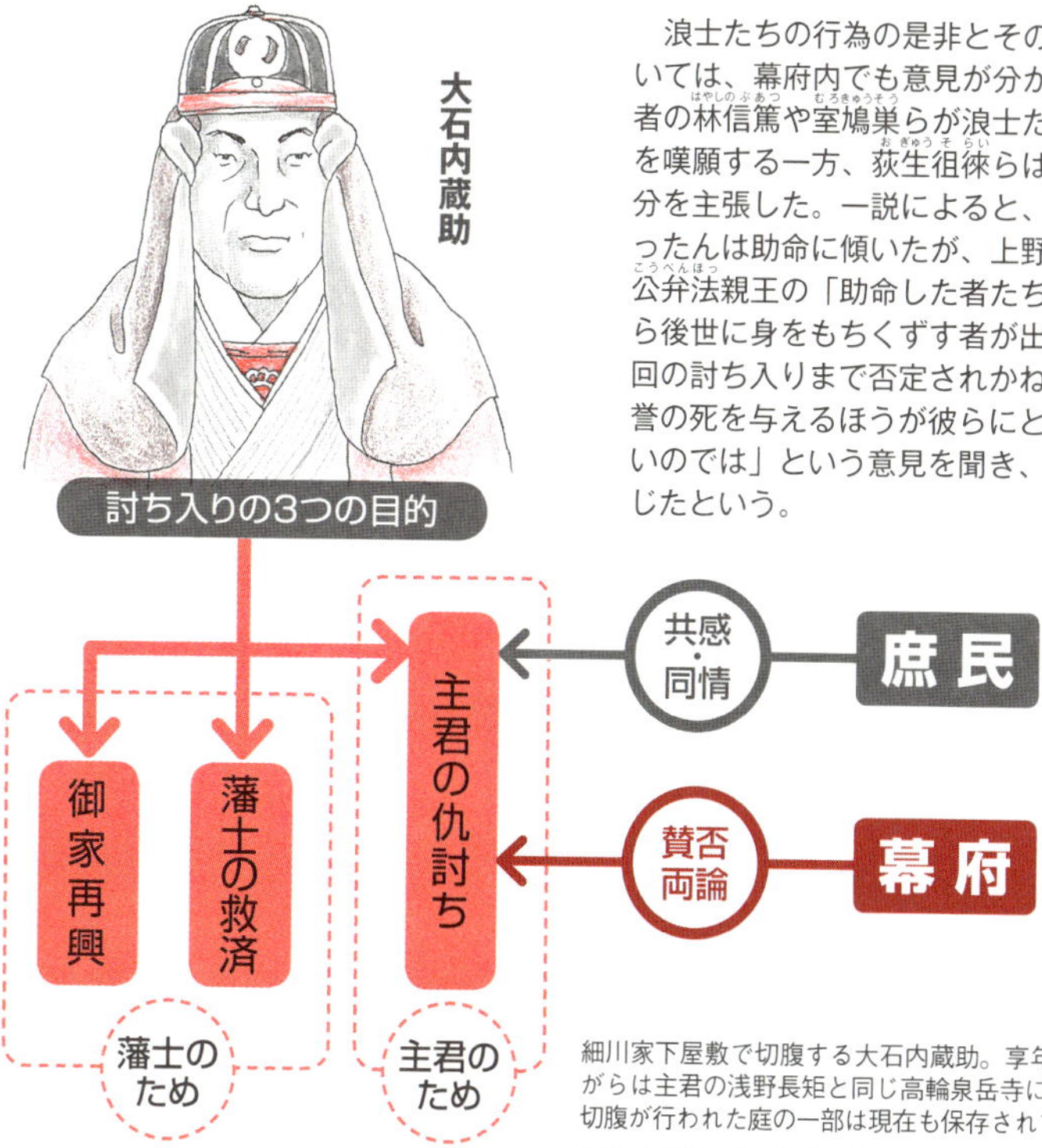
大石内蔵助
討ち入りの3つの目的
御家再興
藩士の救済
主君の仇討ち
藩士のため
主君のため
共感・同情
庶民
賛否両論
幕府

細川家下屋敷で切腹する大石内蔵助。享年45歳。亡がらは主君の浅野長矩と同じ高輪泉岳寺に葬られた。切腹が行われた庭の一部は現在も保存されている。
『大石内蔵助切腹之図』兵庫県立歴史博物館蔵

本当の忠臣蔵には陣太鼓も揃いの羽織もなかった

実際の討ち入りは映画や芝居とはかなり異なっていた

元禄15年12月15日（１７０３年1月31日）午前4時、**赤穂浪士47人**は大雪のなかを**吉良邸**に向かう。彼らは**揃いの羽織**を着て、大《おお》石内蔵助《いしくらのすけ》の**陣太鼓**を合図に一斉に吉良邸になだれ込んだ。

これが、忠臣蔵に描かれる討ち入り場面である。しかし、これらはすべて人形浄瑠璃『**仮名手本《かなでほん》忠臣蔵《ちゅうしんぐら》**』の脚色である。雪は前日にはやんでいたし、浪人暮らしの彼らは思い思いの服を着用していた。また、内蔵助は陣太鼓ではなく、「**采配《さいはい》**」で指揮を取っていた。

吉良を討ち取ったときに、引き上げの合図として**鐘**が打たれている。それは、引き上げに遅れる者を出さないための配慮だった。ちなみに、内蔵助は吉良の在宅を事前に知っていた。

吉良方の侍は抵抗する間もなく討ち取られた

吉良邸では赤穂浪士と**小林平《こばやしへい》八郎《はちろう》**とが壮絶な斬りあいになったとされるが、これも定かではない。この人物は実在したが、実際は「吉良はどこだ」と問われて「身分が低いゆえ主のことは知らない」と答えて逃げようとしたところ、裾から覗いた絹のふんどしで身分の高い者と見破られ、斬り殺されたという説がある。そのほかの吉良方の侍の多くは、斬りあう前に討たれたり、囲まれて討ち取られたりした。家老などおもだった人間は、すぐさま隣家に逃げてしまったという。

以上のように、実際の討ち入りと『仮名手本忠臣蔵』のなかの**討ち入りの場面はかなり異なる**。このような脚色は、芝居や読み物に取り上げられるときの常套手段であるが、この事件に対する世間の関心は、それだけ高かったということである。

ここが発見！

吉良邸討ち入りは後世に脚色された部分が多く、壮絶な斬りあいをする間もなく吉良方の侍が一方的に討ち取られていった。

討ち入りはどのように行われたのか

討ち入りを警戒していた吉良邸ではあったが、前日の茶会で多くの者は疲れて眠っていた。討ち入った浪士たちは、「五十人組は東へ回れ」「三十人組は西へ回れ」などと声高に叫んで人数が多いと思わせ、しかも多勢に無勢にならないように３人１組で行動した。また、討ち入りと同時に吉良邸の隣近所に対して討ち入りであること、手出し無用であることを伝え、巻き添えによって被害が広がることを防いだという。

表門隊

大将：大石内蔵助
総勢：23名
- 表門…大石以下3名
- 庭の見張り…6名
- 邸内に突入…14名

※門にはしごを立てて突入

吉良邸の見取り図

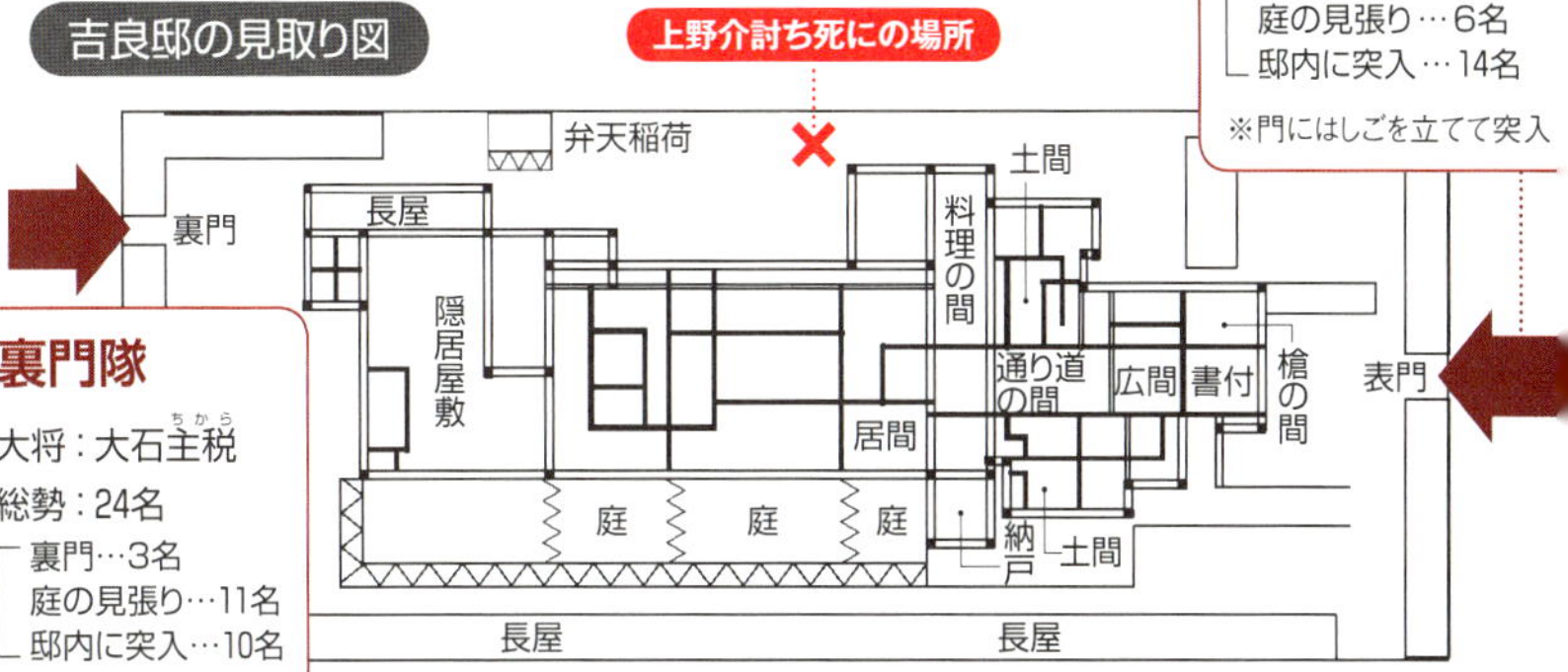
上野介討ち死にの場所
弁天稲荷
裏門
長屋
隠居屋敷
料理の間
土間
通り道の間
広間
書付
槍の間
表門
居間
庭
庭
庭
納戸
土間
長屋
長屋

裏門隊

大将：大石主税《ちから》
総勢：24名
- 裏門…3名
- 庭の見張り…11名
- 邸内に突入…10名

※門を打ち破って突入

浪士たちの討ち入りとその後のルート
奥州・日光街道
中山道
甲州街道
江戸城
隅田川
東海道
❶ 12月14日午後 堀部安兵衛宅に集合する。
❷ 12月15日未明 吉良邸に討ち入りする。
❸ 12月15日明け方 浅野内匠頭邸跡を通過する。
❹ 12月15日朝方 吉田忠左衛門、冨森助右衛門の2名を幕府大目付の仙石伯耆守邸へ出頭させる。
❺ 12月15日午前8時頃泉岳寺にて討ち入り報告を行う。
❻ 12月15日夜 仙石伯耆守邸へ向かい、残りの浪士も出頭。4カ所の大名屋敷に分かれて収容される。

正徳《しょうとく》の治《ち》 1709年

新井白石の経済の知識の乏しさが改革を失敗させた

荻原重秀の経済改革が深刻なインフレを招いた

五代将軍・**徳川綱吉**《とくがわつなよし》の時代は全国の流通路が整備され、さまざまな手工業が発達し、農業も発達して飢えに苦しむ人々も減った。しかし綱吉は経済的安定を維持する政策を取らず、贅を尽くした生活をしたため、**深刻な財政悪化**を引き起こした。

勘定奉行の**荻原重秀**《おぎわらしげひで》は幕府の税収を上げるために貨幣の質を落とす「**改鋳**《かいちゅう》」を行った。その結果、一時的に経済は回復したものの、やがて急激な**インフレ**が起こり、幕府の信頼は失墜した。

理念だけを通そうとした学者政治家・新井白石の限界

続く六代将軍・**家宣**《いえのぶ》のもとで正徳の治と呼ばれる改革を行ったのが、**朱子学者**の**新井白石**《あらいはくせき》だった。白石はインフレの原因を質の悪い小判に求め、純度の高い良質な小判を流通させれば物価は安定すると考えた。

しかし、この政策は**通貨量を半減**させ、**デフレ**を引き起こしただけだった。為政者が変わるたびに行われる貨幣の改鋳が、社会に大混乱をもたらしたのである。

また、白石は地方役人の腐敗を正すため、地方役人と結託しやすい**大庄屋などの役職を廃止**した。この改革は一定の成果を上げたが、改革は突然終わりを告げる。後ろ盾であった七代将軍・**家継**の死とともに、彼は**罷免**されてしまったのである。

もともと真面目な朱子学者だった白石は、封建社会を維持することは重視していたものの、商業の振興による**経済発展が社会の安定につながる**という知識に乏しかったため、財政を根本から立て直すことはできなかった。実情を見ずに理念だけを通そうとした、朱子学者の欠点が表に出てしまったといえる。

ここが発見!

朱子学者・新井白石による財政改革は理想が高く現実的でなかったうえ、彼の経済に対する知識の乏しさにより失敗に終わった。

抑制ばかりだった正徳の治

綱吉の政策の後を引き継いだ新井白石は、儒教の新しい学問体系である朱子学を修めた理想主義者であった。白石は政治を司る者が自ら手本を示せば、幕府もよくなっていくと考えた。役人の心得を規定し、綱紀粛正を図ったのはそのためである。しかし、このことが幕府内の反発を呼ぶこととなり、肝心の経済政策の不徹底にもつながった。

改革は失敗したが、白石は朱子学者として高く評価されている。白石には宣教師との会話で得た西洋事情を紹介した『西洋紀聞』などの著書もある。

小判1両の重さと金の割合

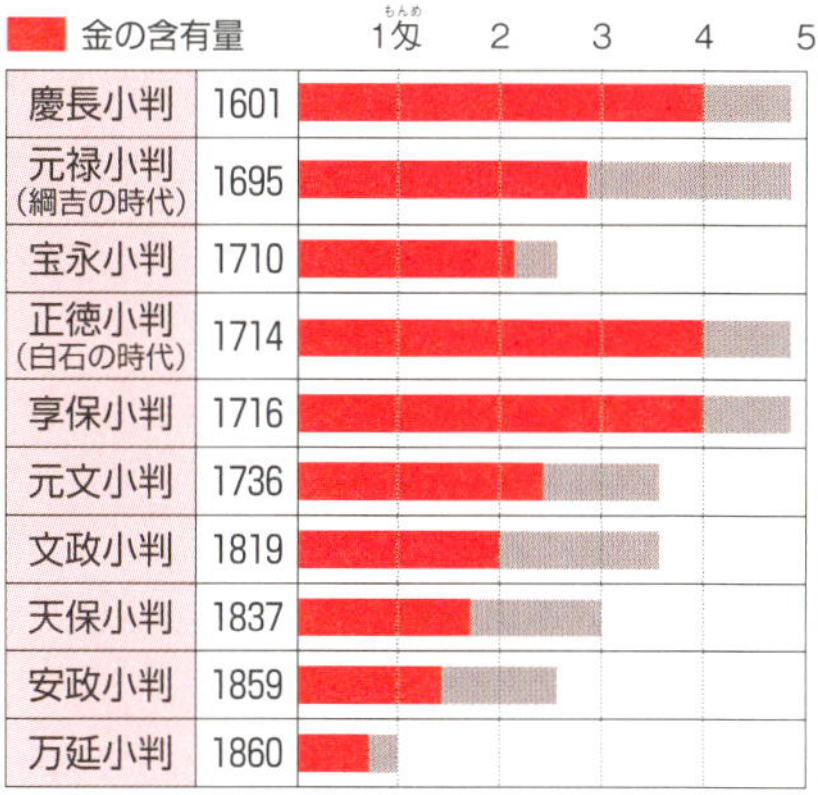
金の含有量
1匁《もんめ》
2
3
4
5
慶長小判 1601
元禄小判（綱吉の時代） 1695
宝永小判 1710
正徳小判（白石の時代） 1714
享保小判 1716
元文小判 1736
文政小判 1819
天保小判 1837
安政小判 1859
万延小判 1860

※1匁は約3・75g

元禄期以降にたびたび貨幣が改鋳されて品質が低下していったことから、江戸時代中頃の幕府の財政がいかに逼迫していたかがうかがえる。

徳川綱吉
（五代将軍）

新井白石

綱吉の政策

政治・経済に対して現実離れした高い理想

↓ 失速

実情に即した政策へと方針転換

↓

正徳の治

おもな政策

1709年　生類憐みの令を廃止
1711年　朝鮮通信使待遇改訂 → 朝鮮の使節を迎える応接を簡素化して支出抑制
1712年　荻原重秀を罷免 → 改革の推進
1714年　良質の正徳小判を発行 → 貨幣価値を向上させ、インフレを抑制
1715年　海舶《かいはく》互《ご》市《し》新例 → 長崎での貿易額を統制し、金銀の流出を防止

失敗点

デフレの発生
反対派の抵抗が大きく徹底したものにはならず

成功点

インフレの抑制
金銀の海外流出が減少

↓ 結果

幕府の赤字はそれを上回って悪化し続けたため、財政は改善されなかった

巷を騒がせた御家騒動 実はただの権力争いだった

御家騒動の実体は家臣たちによる内輪の権力争いだった

御家騒動《おいえそうどう》には、陰湿な権力争いや御家乗っ取りを企む悪者が登場するなど、どこかドラマめいたイメージがつきまとう。それは歌舞伎などの主要な題材として取り上げられるためであろう。しかし、実際の御家騒動を見てみると、**家臣間の内輪での権力争い**がほとんどで、家臣が大名の地位を狙った事件など皆無なのである。

加賀騒動に見る御家騒動の実態

江戸時代の**三大御家騒動**に、**加賀騒動**がある。藩主の**前田吉徳《まえだよしのり》**に取り入った**大槻伝蔵《おおつきでんぞう》**が藩政を私物化し、主君の側室と密通してその子どもを藩主の座につけようと画策。伝蔵は吉徳の死期を早めることに成功すると、跡を継いだ長子の**宗辰《むねたつ》**を暗殺する。

しかし、跡継ぎの弟・**重熙《しげひろ》**を毒殺しようとしたところで陰謀が明るみに出た。伝蔵の命で重熙を暗殺しようとした女中は蛇責《へびぜ》めという極刑に処され、伝蔵一味はことごとく処分された。

以上の話が、**芝居**などで伝わる加賀騒動である。しかし、実際は吉徳と宗辰の死に伝蔵は関係ないし、毒殺未遂事件についても**冤罪《えんざい》の可能性**がきわめて高い。もちろん蛇責めなどという刑も執行されていない。加賀騒動の根底には、御家乗っ取りなどではなく、異例の累進を重ねた伝蔵に対するやっかみが原因の、**新旧勢力の対立**があったのである。

このような御家騒動の原因のひとつには、**藩主の指導力の低下**があった。それによって家臣の間で権力争いが起こるようになる。これらの権力争いが、**大名家のいざこざを楽しむ**庶民の風潮のなかで、面白おかしく脚色されてしまったのである。

ここが発見！

実際の御家騒動は御家乗っ取りなどを狙ったものではなく、家臣たちの権力争いからくるいざこざがほとんどだった。

世間の好奇心の的だった三大御家騒動

戦国時代、大名一族や家臣たちによる権力争いは珍しいことではなく、武力による権力奪取も当然のように行われていた。しかし、太平の世となった江戸時代、権力争いを武力で解決することは不可能であり、こじれると御家取りつぶしなどになる危険性もあった。そのため、権力争いは表立った行動としてではなく、人々の目にさらされにくい場所で実行されることが多くなった。

このような背景から、御家騒動は太平の世に生きる人々の好奇心や想像力をかきたて、講談などの格好の題材となった。江戸時代を通じ、大小あわせて30以上の御家騒動があったといわれている。

❶ 伊達騒動（1660〜1671年）

藩政をめぐる伊達一族内の権力争い

- 遊興三昧の第三代藩主・伊達綱宗が一関藩主・伊達宗勝（綱宗の叔父）らにより強制隠居。
- 宗勝派と反宗勝派の伊達宗重らが対立。
- 宗勝派の仙台藩家老・原田宗輔による宗重殺害。
- 宗勝派の処分。

後世の脚色

反対勢力による仙台藩乗っ取り

- 宗勝と原田宗輔らの陰謀による綱宗の籠絡と強制隠居。
- 宗勝らによる第四代藩主・伊達綱村の毒殺未遂。
- 宗重の告発により陰謀発覚。
- 観念した原田が宗重を斬るも、自らも斬殺された。

❷ 加賀騒動（1745〜1754年）

藩主の死後、反対勢力による藩主側近一派の一掃

- 反対勢力が、藩主の側近・大槻伝蔵らを陥れるために藩主の暗殺計画を捏造。
- 伝蔵の自害。

後世の脚色

藩主側近による加賀藩乗っ取り

- 伝蔵と真如院（藩主の側室）による第五代藩主・前田吉徳の暗殺。
- 同じく第七代藩主・前田重煕の暗殺を計画するも、忠臣・前田直躬によって未遂。
- 関係者の処分（実行犯は蛇責めの刑）。

❸ 黒田騒動（1624〜1633年）

悪政を見とがめた家老による幕府への讒言

- 藩主・黒田忠之による倉八十太夫の重用と浪費。
- 危機感を感じた家老・栗山大膳が、国の安堵のために「幕府転覆計画」をでっち上げ幕府へ上訴。
- 取り調べの結果、忠之は無実。大膳は盛岡藩預かり。

※黒田騒動に関しては大きな脚色はされていないが、後に森鴎外によって小説化されている。

将軍の避難路だった!? 甲州街道の知られざる役割

ここが発見！

幕府によって新造された甲州街道は、西からの攻撃に対する防御と、将軍たちの避難路というふたつの役割をもっていた。

甲州街道は西からの攻撃を防ぐためにつくられた

幕府は、諸国から江戸にいたる道として**五街道**の整備を進め、街道が江戸に入る出入り口付近には幕閣に近い**有力大名を配置**した。また、各街道に**関所**を設置して、武器の搬入や不審者の侵入に目を光らせた。これらはすべて、**江戸の防備**のためである。

実は、五街道のなかで**甲州街道**だけは新しくつくられたものだった。関ヶ原の戦いの後に多くの有力大名を西国に転封した**徳川家康**《とくがわいえやす》は、大名たちが謀反を起こして江戸に攻め上る場合、**甲信地方**が江戸防衛の重要な拠点となると考えた。そこで、**甲斐国を直轄領**とし、そこに孫の徳川忠長《とくがわただなが》を配置するとともに、甲信地方と江戸を結ぶ甲州街道を整備したのである。

甲州街道は将軍たちの避難路としての役割ももっていた

甲斐国甲府には幕府の最強部隊・**甲府軍**が置かれた。当時、江戸を落とすより甲斐を落とすほうが難しいといわれたほどである。万が一、甲府軍が破れても、小仏の関所を突破し、江戸の入り口に配置された内藤氏を破り、さらに**四ツ谷の大木戸**を突破しなければならない。万全な防備だった。

さらに、甲州街道には、**将軍の避難経路**としての役割もあった。反乱軍が江戸に攻め入ろうと隊列を組んで侵攻してくると、甲州街道以外の四街道ではかならず**江戸城の東側**に行きつく。脇道は狭いため、多くの軍勢が隊列を組んで進むことが難しい。

一方、甲州街道は、江戸城からまっすぐ**西に延びている**。すべての関門が突破されたとき、将軍は甲州街道を使って、江戸から逃れるようになっていた。戦国時代が終わったとはいえ、江戸はつねに緊張感に満ちていたのである。

江戸の街と五街道

家康は、江戸を中心とする全国の交通網の発達を促し、幕府の支配体制を確立するために1601（慶長６）年に五街道を制定した。そして同時に、五街道以外の主要道路を脇往還《わきおうかん》（脇街道）と呼んで、同様に整備を進めた。一方で、これらの主要道には関所などを設けて、治安の維持にも努めた。

五街道の位置

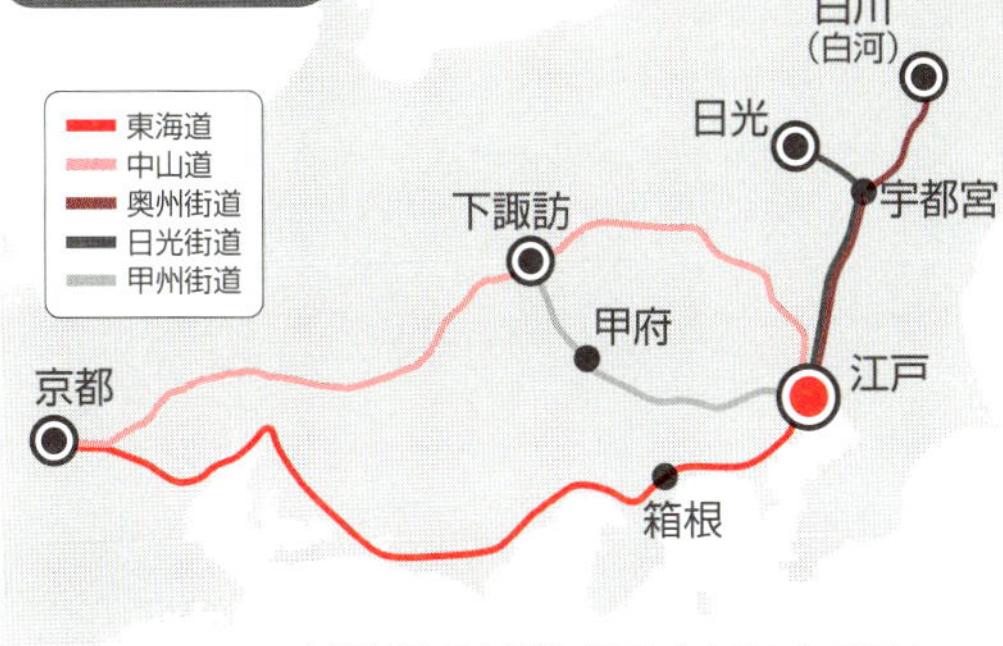
東海道
中山道
奥州街道
日光街道
甲州街道
白川
（白河）
日光
宇都宮
下諏訪
甲府
江戸
京都
箱根

※奥州街道と日光街道は江戸から宇都宮までは同じ。

江戸の町と五街道

信州を通り、近江国草津で東海道と合流する。
中山道
奥州街道は陸奥国白川まで、日光街道は徳川家康を祀る日光山まで通じている。
日光街道
奥州街道
五街道のなかではもっとも新しく、甲斐国甲府をへて、信濃国下諏訪で中山道と合流する。
甲州街道
四谷
日本橋
江戸城
甲州街道沿いに、大量の鉄砲を保有する軍隊が配備されていた。
甲州街道以外の四街道の起点となっていた。現在も、日本の道路網の始点となっている。
東海道
おもに太平洋岸を通り、京都まで続く。五街道の中でもっとも整備され、交通量も多かった。

五街道は日本橋を起点につくられたが、甲州街道だけは江戸城に行きつくようにつくられた。

『解体新書《かいたいしんしょ》』の刊行 1774年

世界が驚くほど高かった!? 江戸時代の医療技術

日本の医学は海外から見てもレベルの高いものだった

江戸時代の医学は、八代将軍・**徳川吉宗《とくがわよしむね》**の**実学奨励策**（産業に役立つ学問を奨励する政策）により発展した。京都の**山脇東洋《やまわきとうよう》**は日本の医学発展の先駆者といえる。人体についての古典の記述に疑問を抱いた東洋は1754年に刑死人の人体解剖を観察し、1759年に日本初の解剖図録『**蔵志《ぞうし》**』を著した。それは従来の空想的人体観の誤りを指摘するものだった。

その12年後、**杉田玄白《すぎたげんぱく》**、**前野良沢《まえのりょうたく》**、**中川淳庵《なかがわじゅんあん》**らが、人体解剖を見るため江戸の小塚原刑場に集まっ

1750　1700（年代）

山脇東洋 1705～1762

死刑囚の解剖をもとに1759年『蔵志』を刊行。

1723～1803

1733～1817

1739～1786

宇田川玄随《うだがわげんずい》 1755～1797

華岡青洲 1760～1835

世界初の麻酔による手術を行う。

江戸時代の西洋医学の担い手たち

蘭学はオランダとの貿易に伴い、おもに江戸時代後半以降、日本に流入するようになった。その範囲は語学・医学・天文学・物理学・化学など幅広い分野にわたったが、なかでも医学の分野では優れた研究者が多く輩出され、西洋医学を全国に広めていった。

ここが発見！

実学奨励策などによって、江戸時代の医療技術はオランダ人医師シーボルトが驚くほど高いレベルに達していた。

通仙散は6種類の薬草を配合した麻酔剤。細かくして熱湯を加えて煮沸したものを内服すると、数時間で麻酔が効いて手術が可能になったといわれる。

た。オランダの医学書『**ターヘル・アナトミア**』と見比べ、その正確さに驚いた彼らは、この本の翻訳を決意する。オランダ語の辞書などない時代だったが、苦労に苦労を重ねて1774年に『**解体新書**』を完成させた。

華岡青洲《はなおかせいしゅう》も江戸時代を代表する医師である。「**通仙散**《つうせんさん》」という麻酔剤を発明した青洲は、1805年にアメリカのモートン（エーテル麻酔による手術を成功）よりも40年早く、**世界初の全身麻酔による乳がん摘出手術**に成功した。

このような日本の医学の発展は海外からも評価されるもので、1823年に来日した長崎オランダ商館付医師の**シーボルト**は「日本の医学のレベルが高いのに驚いた」と日記に記している。

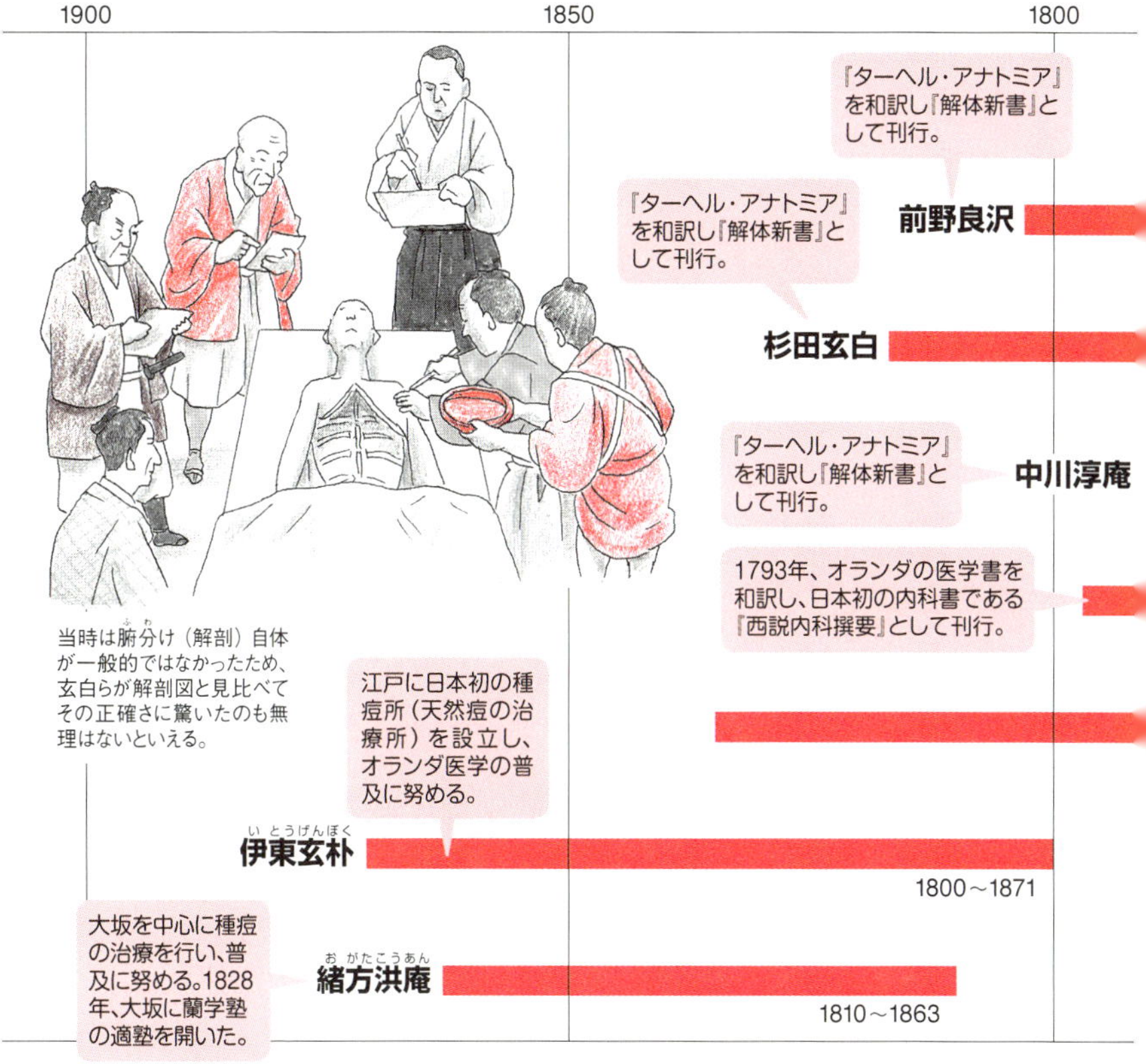
1900
1850
1800
『ターヘル・アナトミア』を和訳し『解体新書』として刊行。
前野良沢
『ターヘル・アナトミア』を和訳し『解体新書』として刊行。
杉田玄白
『ターヘル・アナトミア』を和訳し『解体新書』として刊行。
中川淳庵
1793年、オランダの医学書を和訳し、日本初の内科書である『西説内科撰要』として刊行。
当時は腑分《ふわ》け（解剖）自体が一般的ではなかったため、玄白らが解剖図と見比べてその正確さに驚いたのも無理はないといえる。
江戸に日本初の種痘所（天然痘の治療所）を設立し、オランダ医学の普及に努める。
伊東玄朴《いとうげんぼく》
1800～1871
大坂を中心に種痘の治療を行い、普及に努める。1828年、大坂に蘭学塾の適塾を開いた。
緒方洪庵《おがたこうあん》
1810～1863

江戸庶民の教育事情

識字率は世界トップレベルだった!!

江戸時代の人々はよく本を読んだ。出版部数も多く、江戸の遊里を描いた「**洒落本**《しゃれぼん》」や、**草双子**《くさぞうし》（絵入りの娯楽本）の一種で独特の風刺が特徴の「**黄表紙**《きびょうし》」が人気を博し、**貸本屋**を通じて多くの人々に読まれた。洒落本と黄表紙が寛政の改革を風刺しているとして弾圧されても、滑稽本《こっけいぼん》や人情本、読本《よみほん》といった新ジャンルが現れ、庶民の知的欲求はとどまらなかった。

こうした大衆文化の発展は、裏を返せば、当時の**庶民の識字率が非常に高かった**ことを意味する。

江戸時代後期には、いたる所に**寺子屋**があり、読み・書き・算術などの初等教育だけではなく、手紙の書き方などの一般常識も教えられた。庶民も農民も教育熱心で、彼らはいかに生活が苦しくても、子どもを寺子屋に通わせた。

ほかにも、藩が運営する教育施設である**藩校**や民間の教育施設である**私塾**なども増えていった。このような教育機関の充実により、江戸時代の日本人の識字率は世界でもトップレベルだったといわれている。

江戸時代の寺子屋設置数

寺子屋の普及によって、日本の教育水準は飛躍的に向上した。江戸時代の末期の就学率は70～80%、識字率は70%以上に達したといわれている。当時の全国の寺子屋設置数をみると、「学都」と呼ばれた松本のある長野県、幕末に多くの志士を輩出した山口県、日本最古の庶民学校といわれる閑谷《しずたに》学校のあった岡山県が上位に並んでいる。

1位	**長野県**（松代藩、上田藩、小諸藩など）	1341
2位	**山口県**（長州藩）	1305
3位	**岡山県**（岡山藩、備中松山藩、津山藩など）	1031
4位	**愛知県**（尾張藩、岡崎藩、吉田藩など）	976
5位	**熊本県**（熊本藩）	910
6位	**兵庫県**（姫路藩、赤穂藩、出石藩など）	819
7位	**大阪府**（高槻藩、岸和田藩、狭山藩など）	778
8位	**岐阜県**（大垣藩、岩村藩、加納藩など）	754
9位	**島根県**（松江藩、浜田藩、津和野藩など）	675
10位	**宮城県**（仙台藩）	567

※『日本教育史資料』（文部省総務局編）より
※（　　　）内は江戸時代のおもな藩

活字文化の普及を担った貸本

江戸時代には木版印刷の技術の発達に伴って多くの本が印刷・出版されるようになったが、その多くは貸本として流通した。出版された本はまず貸本屋が仕入れ、貸本屋はそれらの本を背負ってお得意さんを回り希望のものがあれば貸し出すという、いわば移動図書館のようなシステムであった。貸賃は盆や暮れにまとめて請求することが多かった。1冊の本は数十人の読者の手をへて古くなると、市で交換されたり、売られたりした。

貸本屋の服装

目立つように派手な着物を着て、背中に多くの本を背負っている。

写真提供：平木浮世絵財団

貸本屋
本問屋

江戸の本屋

当時の本屋は出版を手がける出版社でもあった。左側には大きな風呂敷を背負った貸本屋が描かれている。

写真提供：国立国会図書館

寺子屋が江戸時代の教育水準を引き上げた

寺子屋では、基礎的な文章の読み方、書き方、算術など、おもに日常生活に必要な「読み書きそろばん」から始まり、レベルにあわせて地理や歴史、儒学などが教えられた。生徒数は数人～数十人とその規模はさまざまだったが、全国には1万5000以上もの寺子屋があったと考えられている。

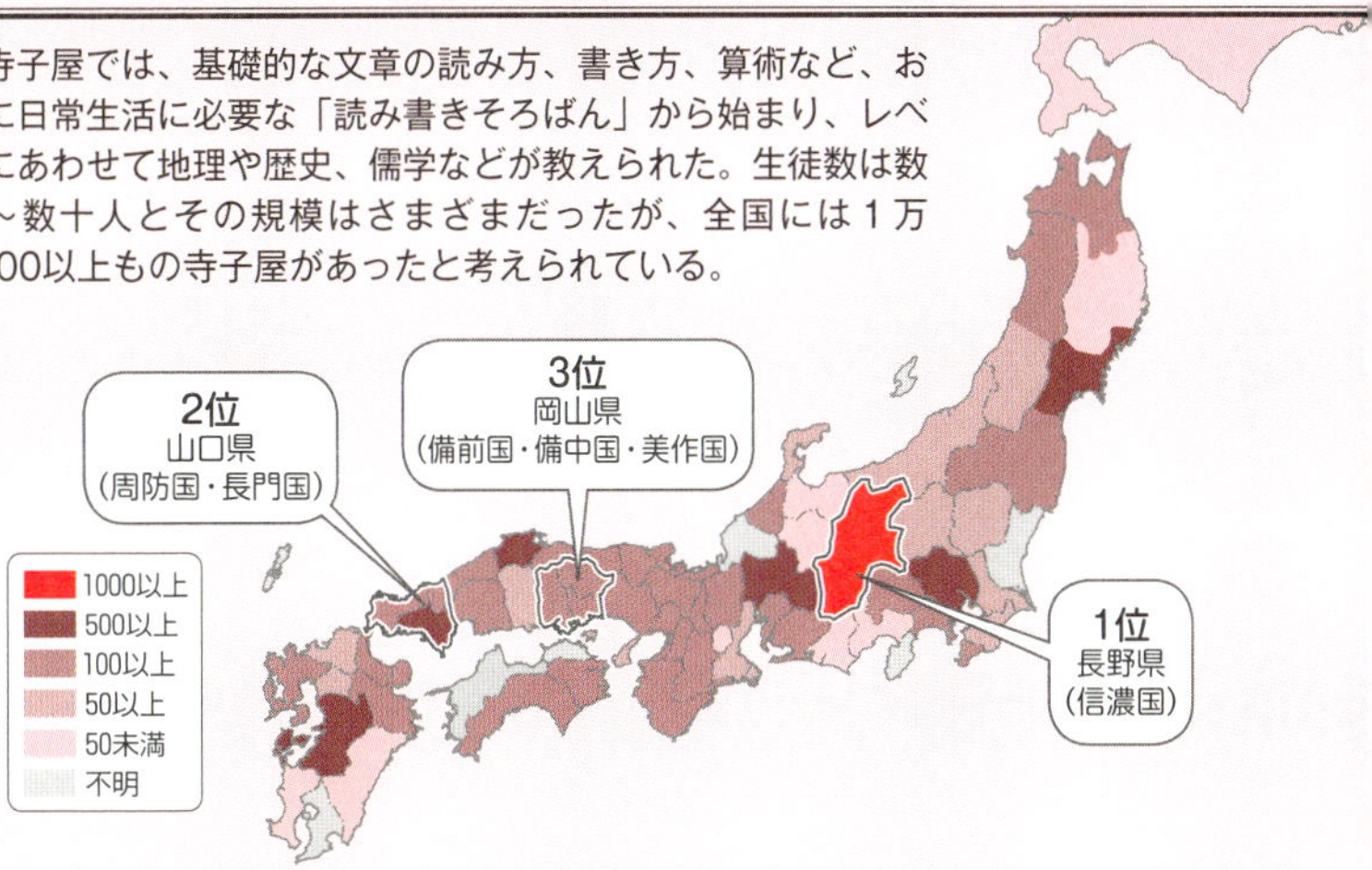
3位
岡山県
（備前国・備中国・美作国）
2位
山口県
（周防国・長門国）
1位
長野県
（信濃国）
1000以上
500以上
100以上
50以上
50未満
不明

田沼意次の経済政策は先進的過ぎて失敗した

商業の発展を重視した過去に類を見ない経済政策だった

十代将軍・**徳川家治《とくがわいえはる》**の側用人《そばようにん》に起用された**田沼意次**は、賄賂を横行させた悪徳政治家のイメージが強い。しかし、彼の経済政策は、当時としてはきわめて**先進的**なものだった。

田沼の経済政策がほかの改革と違ったのは、急成長する商人たちに対して**新しい課税制度を導入**したことである。特産物の流通・販売を促進し、**株仲間**（同業者による組合）を公認して商業の発展を促す代わりに、商人たちに「**冥《みょう》加《が》・運上《うんじょう》**」という税を課した。また、長崎貿易のおもな輸出物である**俵物**（輸出用の魚介類の乾物）の生産を奨励した。同時に、大坂などの大商人に資金を出させて大規模な**新田開発**や**蝦夷地の開発**を行った。

武士の生活だけを守ろうとした、いわゆる江戸の三大改革に比べると、商業を発展させることで財政を立て直そうとする点で、現実に即した改革だったのである。

商業重視の田沼の政策は多方面から反感を買った

しかし、田沼の先進的な政策は、**貨幣経済**の発達に乗り遅れた農村に貧困層を生み出すなどし、混乱をもたらした。税負担を強いられた商人や、貿易促進に反対する**幕閣内の保守派の反感**もつのった。また、**天明の飢饉**や**江戸の大洪水**などの天災も加わり、一揆や打ちこわしの数が増大した。

このような混乱のなか、田沼は反対派の手によって失脚し、彼の政策は反田沼派の**松平定信《まつだいらさだのぶ》**によりことごとく排除された。松平は質素と学問を好む**復古主義**を取り、**倹約令**によって幕府財政を安定させようとした。だが、それも不況を招く結果となり、幕府の財政悪化は立ち直らなかった。

ここが発見！

田沼の経済政策は産業を振興する現実に即したものだったが、先進的過ぎたために農村などに混乱をもたらし、失敗に終わった。

農民と武士に受け入れられなかった田沼の政策

田沼の政策の特徴は、急速に力をつけていた商人からの収入によって経済を立て直そうとしたことだった。商業を保護する代わりに商品の流通に税金をかけて、幕府の収入増を狙ったのだ。

しかし、農業を軽視し過ぎていたために農民の困窮を引き起こし、さらに飢饉なども重なって農村の荒廃を招いた。また、賄賂が横行する負の面もあった。これらのさまざまな要因が重なって幕府内に多くの反対勢力が生まれ、彼は将軍の死とともに失脚することとなった。

田沼意次（老中）

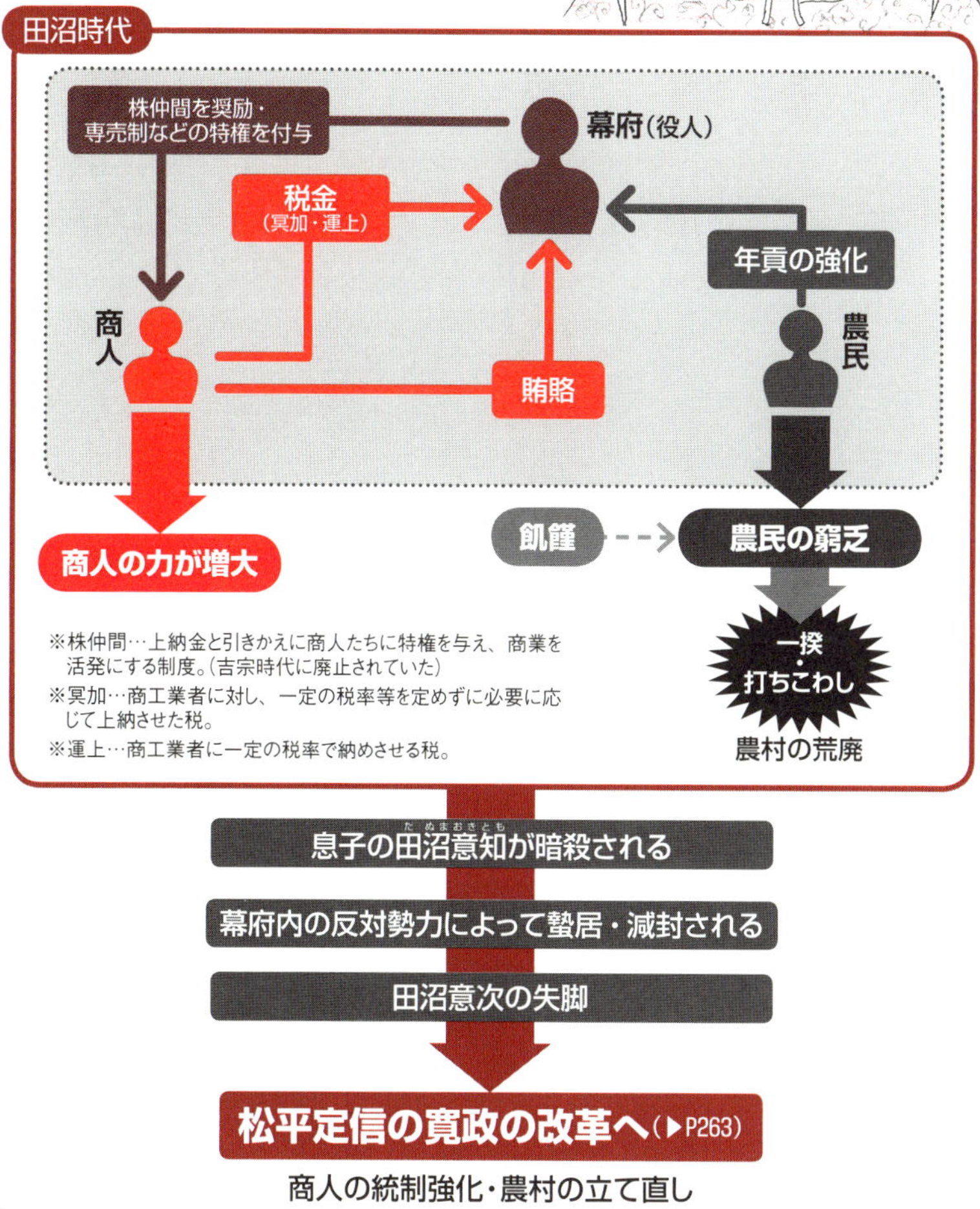
田沼時代
株仲間を奨励・
専売制などの特権を付与
幕府（役人）
税金
（冥加・運上）
年貢の強化
商人
農民
賄賂
商人の力が増大
飢饉
農民の窮乏
一揆
・
打ちこわし
農村の荒廃
※株仲間…上納金と引きかえに商人たちに特権を与え、商業を活発にする制度。（吉宗時代に廃止されていた）
※冥加…商工業者に対し、一定の税率等を定めずに必要に応じて上納させた税。
※運上…商工業者に一定の税率で納めさせる税。
息子の田沼意知《たぬまおきとも》が暗殺される
幕府内の反対勢力によって蟄居・減封される
田沼意次の失脚
松平定信の寛政の改革へ（▶P263）
商人の統制強化・農村の立て直し

好景気のなかで生まれた庶民のための化政文化

版画技術の発達で浮世絵が爆発的な人気を集めた

徳川家斉《とくがわいえなり》のもとで庶民の生活に余裕が出てきた文化・文政期（１８０４～１８３０年）、庶民の生活に深く結びついて娯楽的要素が強い**化政文化**が生まれた。化政文化は**町人の文化**であり、武士に対する反抗心をもちながら退廃的で享楽的な側面をもっていた。

化政文化を代表するものに**浮世絵版画**がある。**鈴木春信**《すずきはるのぶ》が「**錦絵**」と呼ばれる多色刷りの浮世絵版画を創作したことに始まって、多くの浮世絵がつくられた。**喜多**《きた》**川歌麿**《がわうたまろ》の**美人画**や**歌川豊国**《うたがわとよくに》の**役者絵**は絶大な人気を博し、**葛飾北斎**《かつしかほくさい》の『**富嶽三十六景**』、**歌川広重**《うたがわひろしげ》の『**東海道五十三次**』などの風景画は、現在でいう絵葉書のようなものとして大流行した。

庶民の娯楽となった歌舞伎と相撲

当時の庶民を楽しませたものに寺社の催し物があった。**縁日**や**富くじ**が催され、境内には多くの人が集まった。物見遊山や湯治の旅のほかに寺社参詣も盛んになり、伊勢神宮に参る「**御蔭参**《おかげまい》**り**」も流行した。

歌舞伎もおおいに江戸の町人を楽しませた。歌舞伎は江戸時代を通じて娯楽の花形であり、寛政期（１７８９～１８０１年）には中村、市村、森田の**江戸三座**が栄えた。文政期（１８１８～１８３０年）には作者の**鶴屋南北**《つるやなんぼく》、名優七代目**市川団十郎**《いちかわだんじゅうろう》が人気を博し、江戸時代末期には**河竹黙阿弥**《かわたけもくあみ》の「**白浪物**《しらなみもの》」（盗賊が主人公の物語）が評判を呼んだ。

また、幕府が**四季勧進相撲**を公認したことで、それまで大名や旗本の娯楽だった相撲が庶民に広がり、天明・寛政期（１７８１～１８０１年）には、谷風、小野川、雷電らの名力士が人気を集めた。

ここが発見！

文化・文政期には、好景気と退廃的な風潮のなか、娯楽性の強い浮世絵や歌舞伎、相撲などの庶民文化が花開いた。

公家・武士から町人主導の文化へ

江戸時代の文化は、寛永期の文化、元禄文化、化政文化と大きく３つに分けられる。寛永期の文化は、京都の公家や武士を中心とした華やかな文化。続く元禄文化は上方で花開いた庶民的文化だが、まだこの頃の文化の担い手は力をつけた豪商や武士が中心であった。その後、上方から江戸に政治経済の中心が移るにつれて、江戸の町人を中心により多くの庶民に親しまれた化政文化が生まれた。

江戸時代の文化の移り変わり

文化(時代)	担い手	特　徴
寛永期の文化（17世紀前半）	公家・武士	豪華で壮大。南蛮文化が積極的に取り入れられた安土桃山時代の文化の影響が色濃く残る。
元禄文化（17世紀末～18世紀はじめ）	上方の豪商・武士	華麗で現実主義、合理主義的な文化。当時の世相をありのままに描写した浮世草子や、自然や季節を取り入れた俳諧が流行。歌舞伎や人形浄瑠璃もこの時期に大きく発展した。また、浮世絵もこの頃に生まれている。
化政文化（19世紀はじめ）	江戸の町人	耽美的で通俗的、かつ享楽的な文化。当時の腐敗した政治の状況を反映して、社会情勢を皮肉った川柳や日常生活を滑稽に描いた文学作品が流行。版画技術の発達により、より鮮やかになった多色刷りの浮世絵「錦絵」も人気を博した。

18世紀中頃の芝居小屋

『仮名手本忠臣蔵七段目謀酔之段』神戸市立博物館蔵

寛延《かんえん》２年(1749)頃の芝居小屋の内景を描いた錦絵。元禄時代に花開いた歌舞伎や人形浄瑠璃も、この頃には庶民の文化として定着。芝居を楽しむ庶民の生き生きとした姿が描かれている。

江戸時代 『大日本沿海輿地全図《だいにほんえんかいこうちぜんず》』の完成 1821年

もち出し禁止となった伊能忠敬の日本地図

忠敬は磁石と歩幅だけで驚くべき正確性を実現した

1828年、**国外もち出し禁止の日本地図**をもって帰国しようとしたオランダ人**シーボルト**が捕まった。その地図は、あまりに正確にできているために幕府がもち出しを禁止していた、**伊能忠敬《いのうただたか》**の**『大日本沿海輿地全図』**だった。

18世紀後半頃から、ロシアなどの外国船が頻繁に日本に来航するようになり、幕府は**蝦夷地**に調査団を派遣した。その一環として、幕府天文方に師事して測量術を学んだ忠敬に**地図作製**が命じられたのである。1800年、忠敬は蝦夷地の測量にあたった。忠敬の測量は田畑の測量と同じ要領で測量し、**天体観測で誤差を補正**する方法で、**磁石や歩幅による計測**だけで海岸線をほぼ正確に再現できた。完成した蝦夷地と東北の地図を見て、幕府の役人はその完成度の高さに驚いたという。

こうして忠敬のもと全国の測量が行われ、その死から3年経った1821年に『大日本沿海輿地全図』が完成したのである。

めぐりめぐって逆輸入された伊能忠敬の地図

この地図は、開国時に一部がイギリスの手にわたり、その緻密さが諸外国を驚嘆させた。そして、イギリスで刊行され、**勝海舟**によって**日本に逆輸入**された。

忠敬の地図は「**伊能図**」といい、大図・中図・小図の3種類、計225図あった。しかし、正本は1873年の火災で焼失し、関東大震災で副本も焼失してしまった。小図と中図は写本があるものの、大図214枚の写本はほぼなく、詳細が不明となっていた。ところが、2001年に米国議会図書館で207枚の大図が発見された。伊能図の全貌がわかる日も、そう遠くはないのかもしれない。

ここが発見！

『大日本沿海輿地全図』は、単純な測量法ながら、伊能忠敬の地道な努力により驚くべき完成度を誇った。

伊能忠敬の測量を支えたものは「丁寧さ」だった

伊能忠敬は、1800年から1816年にかけて10回にわたる測量を行い、日本全土の地図を作成した。彼の測量方法は、けっして革新的な技術を用いたものではなかった。しかし、細部にまでこだわって丁寧に測量を行い、誤差を極力少なくしたことにより、それまでにない正確さをもつ地図をつくることができた。

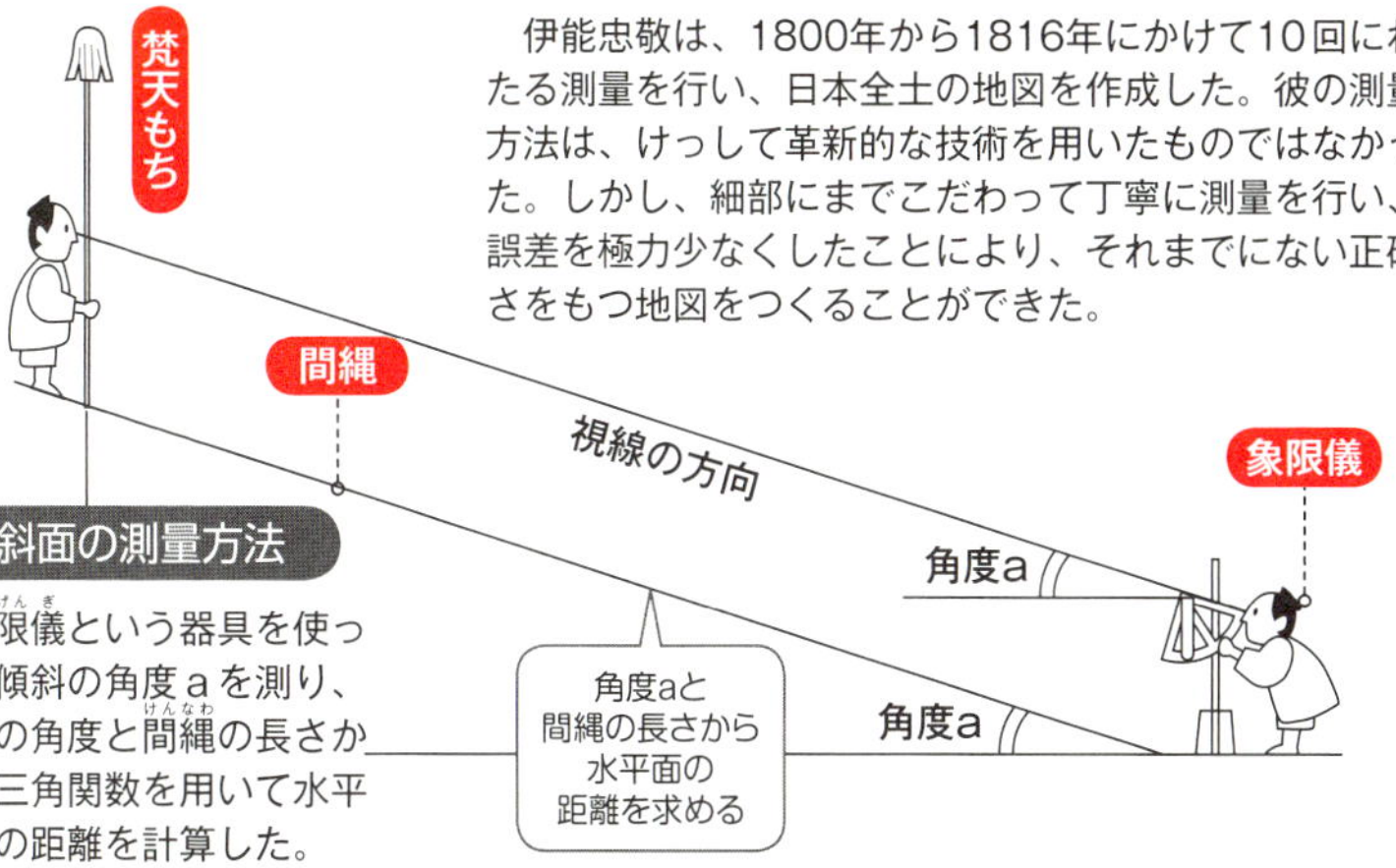
梵天もち
間縄
視線の方向
象限儀
角度a
角度a
角度aと
間縄の長さから
水平面の
距離を求める

斜面の測量方法

象限儀《しょうけんぎ》という器具を使って傾斜の角度ａを測り、その角度と間縄《けんなわ》の長さから三角関数を用いて水平面の距離を計算した。

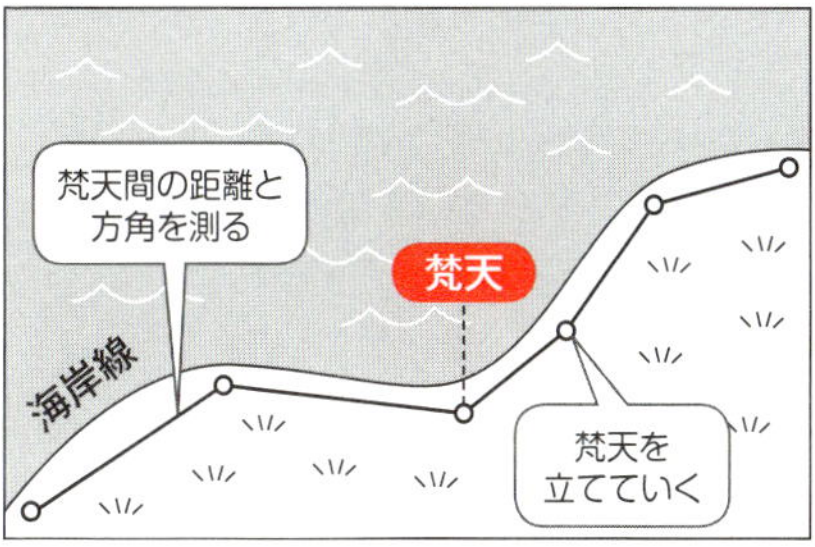
梵天間の距離と
方角を測る
梵天
海岸線
梵天を
立てていく

海岸線の測量方法

間隔を置いて海岸線に梵天（祭りなどに使う祭器）を立て、その方角と距離を測りながら海岸線を描いていった。

伊能忠敬が作成した地図の写し

正本は1873年に火災で焼失し、副本も1923年に関東大震災で焼失した。『大日本沿海輿地全図』のうち「伊能大図」は、214枚（縮尺３万6000分の１）で日本全国をカバーしている。下図は2002年に発見された34番：北海道・江差地方の地図の写し。

『伊能忠敬[illegible]図』国立歴史民俗博物館蔵

大塩平八郎《おおしおへいはちろう》の乱 1837年

大塩平八郎の真意は社会を根本から変えることだった

ここが発見！

打ちこわしや一揆の多くは窮民救済を求めたものだったが、大塩平八郎の乱は幕政を批判し、社会を変えようとする蜂起だった。

農民の困窮により各地で一揆が頻発した

江戸時代に入り、商品作物の栽培が増えて加工業が発達すると、商品作物を上手に扱って利益を得る者も現れ、**農民の格差が拡大**した。そのため、頻繁に一揆が起こり、とくに飢饉が相次いだ１７００年代以降、凶作や飢饉による**窮民救済を訴えた一揆**が急激に増えた。

１８３３年から数年間続いた**天保の飢饉**では、全国的に天候不順に見舞われて**凶作**が連年続き、餓死者が増えるとともに**物価が高騰**した。幕府は有効な対策を取れず、商人たちは米穀を買い置きして暴利をむさぼる有様だった。当然、社会不安が高まり、一揆や**打ちこわし**が各地で起こった。

大塩平八郎の蜂起は新しい政治体制を予感させた

１８３７年2月、庶民の窮状を嘆いた大坂西町奉行所の元与力・**大塩平八郎**が蜂起した。この乱は、それまでの一揆に比べて非常に大規模なもので、反乱軍は大砲や鉄砲を放ち、**鴻池**《こうのいけ》や**三井**などの豪商の家に放火しながら進軍した。この乱はわずか半日で鎮圧されたが、大坂の町の約5分の1、１万８０００軒が焼けたという。

名与力として知られ、自宅で塾も開いていた大塩はつねづね役人の腐敗を嘆いており、蜂起の直前は「幕府の政治はよくない。悪徳役人や商人に天誅を加えるべし」という文書を配っていた。大塩の乱は、窮民救済を旗印にしつつも公然と**幕政を批判**し、社会のあり方を根本から変えようとした点で、今までの一揆とは異なった。

彼の蜂起は、庶民が相次ぐ飢饉と生活苦から幕府の政治に失望し、**新しい政治体制**を望むようになっていることを幕府と諸藩に知らしめ、大きな危機意識を抱かせるのに十分だったのである。

全国で頻発した農民一揆

江戸時代を通じて頻発した農民一揆には、所定の手続きを踏まずに藩主や将軍に窮状を直接訴える「越訴《おっそ》」、農民たちが年貢の軽減などを求めて指導者のもとに団結して蜂起する「惣百姓一揆」、幕末に世直しを標榜して頻発した「世直し一揆」、都市部で特権商人の屋敷などを破壊した「打ちこわし」などがあった。

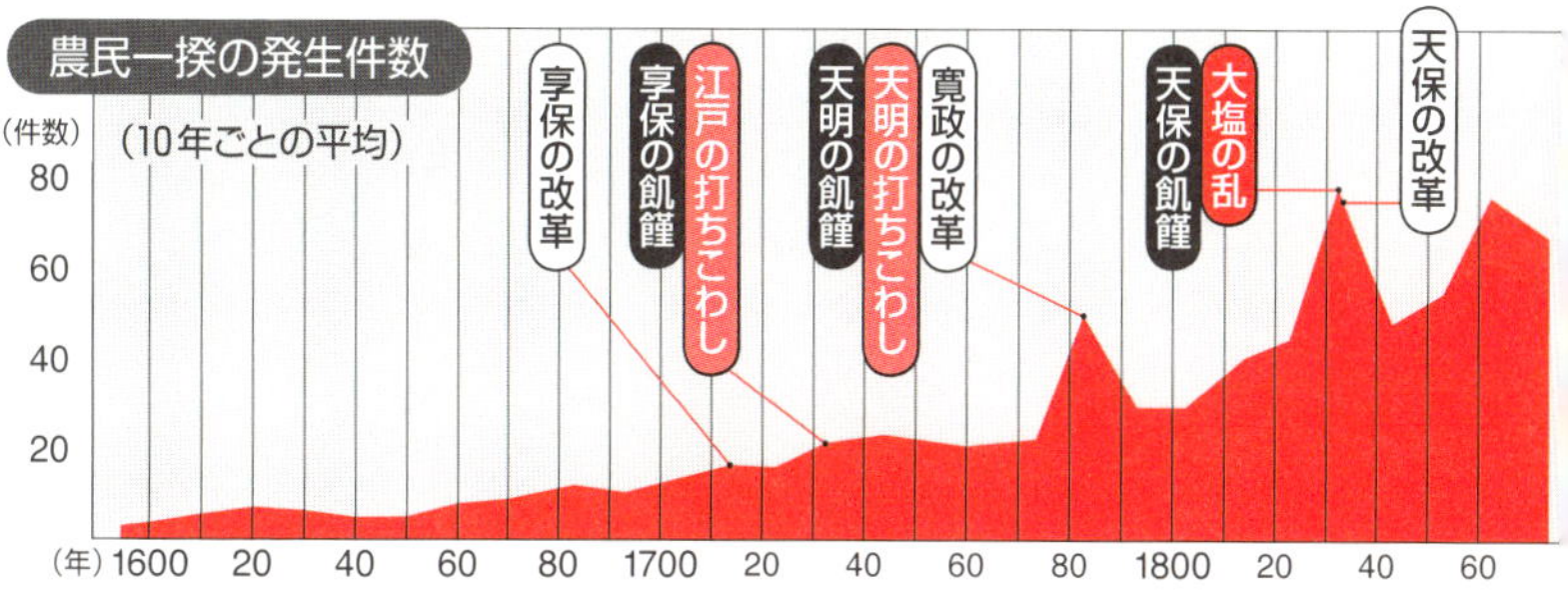
農民一揆の発生件数
(件数)
(10年ごとの平均)
80
60
40
20
(年) 1600
20
40
60
80
1700
20
40
60
80
1800
20
40
60
享保の改革
享保の飢饉
江戸の打ちこわし
天明の飢饉
天明の打ちこわし
寛政の改革
天保の飢饉
大塩の乱
天保の改革

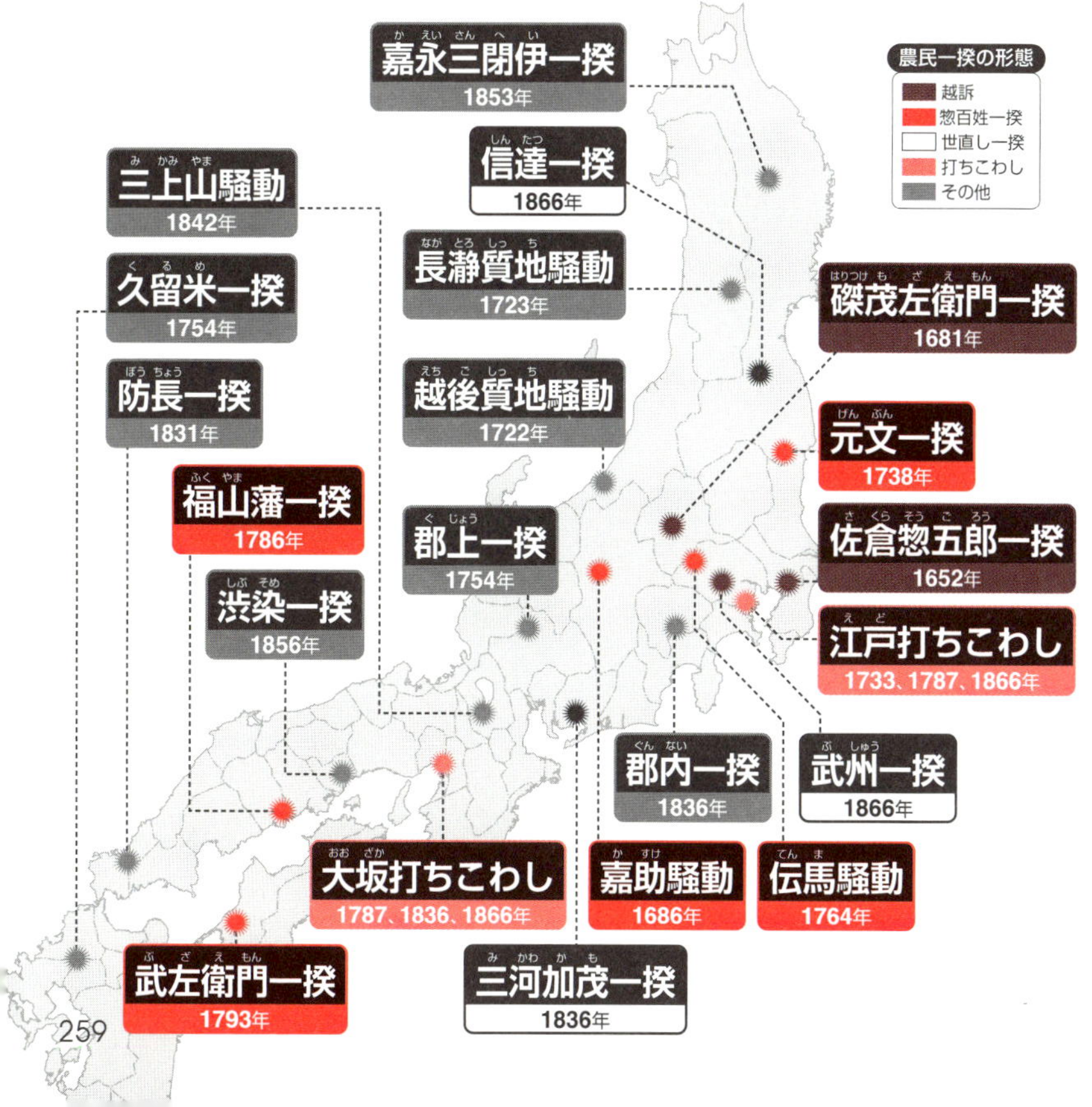
農民一揆の形態
越訴
惣百姓一揆
世直し一揆
打ちこわし
その他
嘉永三閉伊《かえいさんへい》一揆
1853年
信達《しんたつ》一揆
1866年
三上山《みかみやま》騒動
1842年
長瀞質地《ながとろしっち》騒動
1723年
久留米《くるめ》一揆
1754年
磔茂左衛門《はりつけもざえもん》一揆
1681年
防長《ぼうちょう》一揆
1831年
越後質地《えちごしっち》騒動
1722年
元文《げんぶん》一揆
1738年
福山《ふくやま》藩一揆
1786年
郡上《ぐじょう》一揆
1754年
佐倉惣五郎《さくらそうごろう》一揆
1652年
渋染《しぶそめ》一揆
1856年
江戸《えど》打ちこわし
1733、1787、1866年
郡内《ぐんない》一揆
1836年
武州《ぶしゅう》一揆
1866年
大坂《おおさか》打ちこわし
1787、1836、1866年
嘉助《かすけ》騒動
1686年
伝馬《てんま》騒動
1764年
武左衛門《ぶざえもん》一揆
1793年
三河加茂《みかわかも》一揆
1836年

江戸時代 **緒方洪庵《おがたこうあん》が適塾《てきじゅく》を開設 1838年**

日本近代化を促進させた適塾の完全実力主義

緒方洪庵が開設し多くの偉人を輩出

江戸時代末頃になると、公立の藩校のほかに多くの**私塾**がつくられた。当時の最先端の学問である**蘭学**は、とくに江戸や長崎の私塾を中心に学ばれていた。しかし、大坂にも非常に著名な私塾があった。蘭学者の**緒方洪庵**の開いた**適塾**である。

適塾の門下生には、日本の近代化に関わった者が多い。教育家として明治時代に活躍する**福沢諭吉《ふくざわゆきち》**、陸軍の近代化に尽力した**大村益次郎《おおむらますじろう》**、日本赤十字や産業の近代化に寄与した**佐野常民《さのつねたみ》**、安政の大獄で処刑された**橋本左内《はしもとさない》**など、枚挙にいとまがない。

完全実力主義の適塾はレベルの高さで群を抜いていた

適塾の塾生たちは、オランダ語の原書を読み、その解釈を競いあった。緒方や塾頭がそれを判定し、成績のよい者だけが上級に進むという**実力主義**の厳しい環境だった。

しかし、師匠の学説をそのまま覚えるほかの私塾と違い、緒方は自分の解釈を押しつけることはなかった。そのため、塾生は思い思いに勉学に励むことができた。たとえば、適塾は医学の私塾であるが、福沢諭吉は医学をまったく身につけなかった。自分の興味のある原書だけを勉強したのである。

福沢は大坂から江戸に出たとき、名のある蘭学者を訪れては自分の実力を試して回ったが、どれもたいしたことがなかったと回想している。それだけ、適塾のレベルは群を抜いていた。

後に福沢は**慶応義塾**を創立するが、学生の自主性を重んじ、教える者と教えられる者が互いに切磋琢磨しながらレベルを高めていくという適塾の方針が、後世にまで受け継がれていったのである。

ここが発見！

緒方洪庵が開いた適塾はそのレベルが突出しており、日本の近代化に関わった多くの門下生を輩出した。

盛んになった各藩の教育機関

江戸時代の教育機関には、幕府が開いた昌平坂学問所を筆頭に、各藩が設立する藩校、藩主や民間人が庶民教育のために設立し、藩が運営を助けた郷学、民間の学者などによる私塾、庶民に向けて読み書きやそろばんなどの実務を教える寺子屋などがあった。江戸時代後期にはとくに私塾の活動が活発になり、幕末に活躍する多くの人物を育てた。

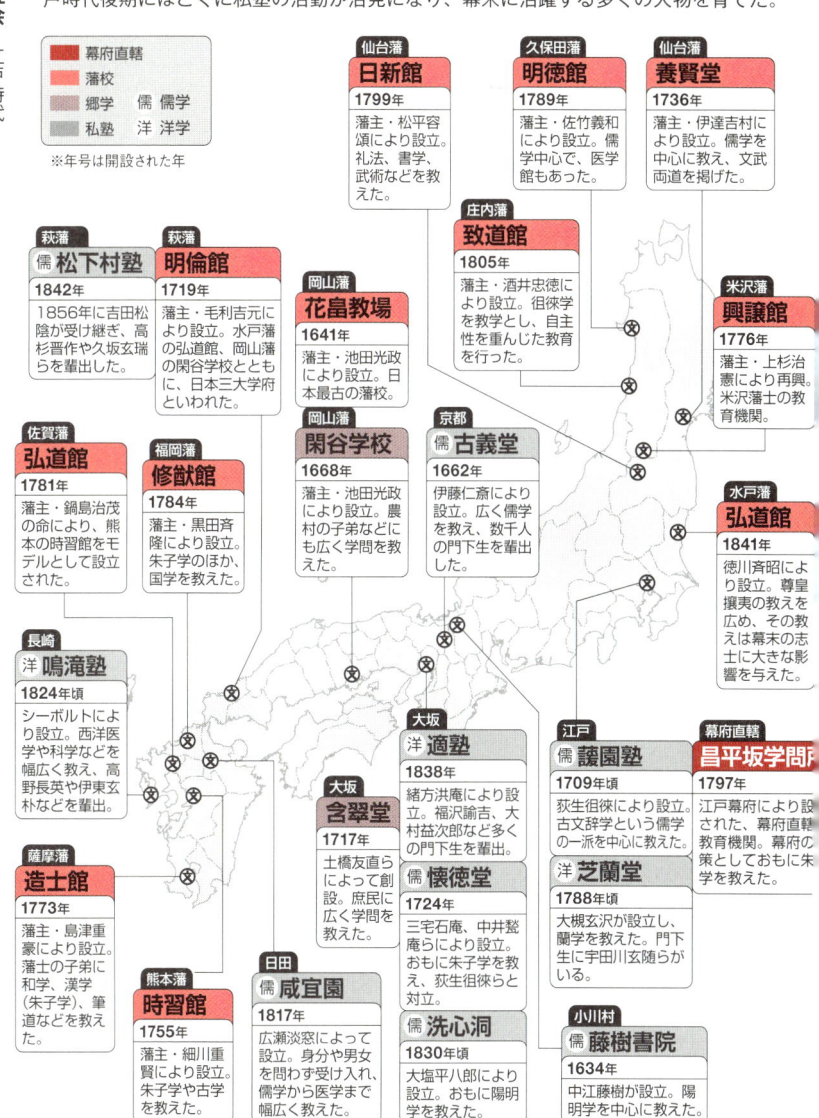

幕府直轄
藩校
郷学　儒 儒学
私塾　洋 洋学

※年号は開設された年

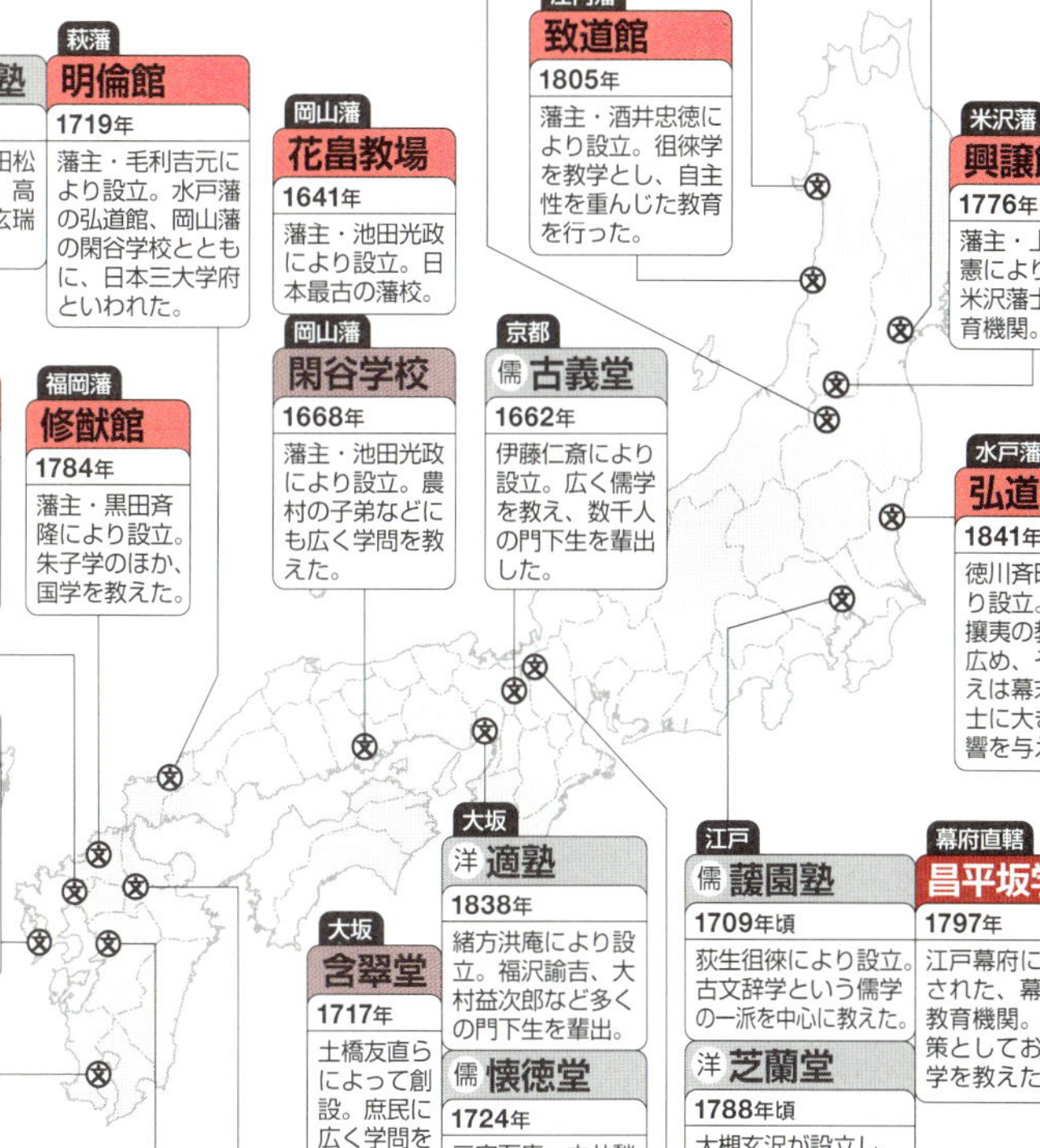

仙台藩　日新館
1799年
藩主・松平容頌により設立。礼法、書学、武術などを教えた。

久保田藩　明徳館
1789年
藩主・佐竹義和により設立。儒学中心で、医学館もあった。

仙台藩　養賢堂
1736年
藩主・伊達吉村により設立。儒学を中心に教え、文武両道を掲げた。

庄内藩　致道館
1805年
藩主・酒井忠徳により設立。徂徠学を教学とし、自主性を重んじた教育を行った。

萩藩　儒 松下村塾
1842年
1856年に吉田松陰が受け継ぎ、高杉晋作や久坂玄瑞らを輩出した。

萩藩　明倫館
1719年
藩主・毛利吉元により設立。水戸藩の弘道館、岡山藩の閑谷学校とともに、日本三大学府といわれた。

岡山藩　花畠教場
1641年
藩主・池田光政により設立。日本最古の藩校。

米沢藩　興譲館
1776年
藩主・上杉治憲により再興。米沢藩士の教育機関。

佐賀藩　弘道館
1781年
藩主・鍋島治茂の命により、熊本の時習館をモデルとして設立された。

福岡藩　修猷館
1784年
藩主・黒田斉隆により設立。朱子学のほか、国学を教えた。

岡山藩　閑谷学校
1668年
藩主・池田光政により設立。農村の子弟などにも広く学問を教えた。

京都　儒 古義堂
1662年
伊藤仁斎により設立。広く儒学を教え、数千人の門下生を輩出した。

水戸藩　弘道館
1841年
徳川斉昭により設立。尊皇攘夷の教えを広め、その教えは幕末の志士に大きな影響を与えた。

長崎　洋 鳴滝塾
1824年頃
シーボルトにより設立。西洋医学や科学などを幅広く教え、高野長英や伊東玄朴などを輩出した。

大坂　洋 適塾
1838年
緒方洪庵により設立。福沢諭吉、大村益次郎など多くの門下生を輩出。

江戸　儒 蘐園塾
1709年頃
荻生徂徠により設立。古文辞学という儒学の一派を中心に教えた。

幕府直轄　昌平坂学問所
1797年
江戸幕府により設立された、幕府直轄教育機関。幕府の政策としておもに朱子学を教えた。

大坂　含翠堂
1717年
土橋友直らによって創設。庶民に広く学問を教えた。

儒 懐徳堂
1724年
三宅石庵、中井甃庵らにより設立。おもに朱子学を教え、荻生徂徠らと対立。

洋 芝蘭堂
1788年頃
大槻玄沢が設立し、蘭学を教えた。門下生に宇田川玄随らがいる。

薩摩藩　造士館
1773年
藩主・島津重豪により設立。藩士の子弟に和学、漢学（朱子学）、筆道などを教えた。

熊本藩　時習館
1755年
藩主・細川重賢により設立。朱子学や古学を教えた。

日田　儒 咸宜園
1817年
広瀬淡窓によって設立。身分や男女を問わず受け入れ、儒学から医学まで幅広く教えた。

儒 洗心洞
1830年頃
大塩平八郎により設立。おもに陽明学を教えた。

小川村　儒 藤樹書院
1634年
中江藤樹が設立。陽明学を中心に教えた。

ことごとく失敗に終わった江戸幕府の財政改革

ここが発見！
江戸時代、3度にわたる財政改革が行われたが、ことごとく失敗した。原因は、貨幣経済の発達に対応できなかったことにある。

貨幣経済の発達が社会のシステムをくずした

貨幣は保存しやすいうえ、もち運びも便利で、どんな商品とも交換しやすい。そのため、交通が発達して商業が盛んになった江戸時代には、多くの物資の取り引きが貨幣を介して行われるようになった。

一方で、当時の武士の給料は米などの**現物支給**が主流だった。貨幣が取り引きの中心になるに従って、武士は生活物資を手に入れるために米を現金に替えなければならなくなり、**米の価格変動**によって収入が不安定となった。ものを買う場合も物価変動の影響を受けやすかった。また、流通する商品が増えると生活必需品以外のものを買う機会も多くなり、多くの武士が生活に困窮するようになった。主君から土地を与えられ、**年貢**として収入を得る**封建主義社会のシステム**が、貨幣経済の発達に追いつかなくなったのだ。

幕府の財政改革は根本的な解決策を見出せなかった

幕府の経済力も元禄時代をピークに下降線をたどり始める。米の収穫量が増えない一方で出費がかさみ、年貢を中心とする**財政が悪化**したのだ。そこで幕府は財政改善を果たすべく、3度にわたる改革を実施した。それが、**徳川吉宗**《とくがわよしむね》による**享保**《きょうほう》**の改革**、**松平定信**《まつだいらさだのぶ》による**寛政**《かんせい》**の改革**、**水野忠邦**《みずのただくに》による**天保の改革**である。しかし、これらの改革は財政再建の面ではことごとく失敗に終わっている。

これらは商人や農民への負担を強いるという発想の改革であり、年貢を前提とするシステムを見直して**貨幣経済**に対応するものではなかった。このため、幕府は財政を一時的に回復させることはできても、根本的な再建を実現することはできなかったのである。

三大改革はどのような結果をもたらしたのか

3つの改革では、財政危機の原因が貨幣経済の発達にあり、社会のしくみを根本から変えなければ問題は解決しないという認識が薄かった。そのため、結果として一時しのぎの政策に終始し、政権が交代すると改革も頓挫するということの繰り返しとなった。

享保の改革

1716年〜1745年

徳川吉宗（八代将軍）

米に関する改革を多く行ったため、「米将軍」の異名を取った。

- **倹約令** ➡ 支出の抑制
- **新田開発** ➡ 米の増産
- **定免法** ➡ 幕府収入の安定
- **上《あ》げ米《まい》** ➡ 幕府収入の安定

結果

✕

幕府財政は一部で健全化し税収も増加したが、負担を強いられた農民や町人の不満を招き、一揆や打ちこわしなどが頻発。

※定免法…数年から数十年単位の収穫量の平均から年貢量を決める制度。
※上げ米…米の上納と引きかえに参勤交代の負担を軽減する制度。

寛政の改革

1787年〜1793年

松平定信（老中）

商業振興策中心の田沼意次の政治を否定する改革を行ったが、6年で失脚。

- **質素倹約・風紀取り締まり** ➡ 支出の抑制
- **株仲間の解散** ➡ 商業の抑圧
- **大名に対する囲《かこい》米《まい》の義務化** ➡ 米の流通の安定
- **旧《きゅう》里《り》帰《き》農《のう》令** ➡ 農業の再興
- **棄《き》捐《えん》令** ➡ 旗本･御家人らの救済

結果

✕

農民や町人に厳しく、武士を優遇する改革。商業振興政策の放棄により財政は再び悪化し、失敗。

※株仲間…上納金と引きかえに商人たちに特権を与え、商業を活発にする制度。 ※囲米…米の備蓄制度。 ※旧里帰農令…江戸へ流入した百姓を出身地へ強制的に帰還させる制度。 ※棄捐令…借金の放棄・返済繰り延べ制度。

天保の改革

1841年〜1843年

水野忠邦（老中）

寛政の改革と同じ路線を目指したが、わずか2年で失脚。

- **綱紀粛正・倹約令の徹底** ➡ 支出の抑制
- **株仲間の解散** ➡ 商業の抑圧
- **人返し令** ➡ 農業の再興
- **棄捐令** ➡ 旗本･御家人らの救済

結果

✕

財政の健全化は実現せず。倹約令により庶民の恨みを買い、大名や商人らの猛反発により失敗。

※人返し令…江戸に流入した出稼ぎ農民の強制帰郷を定めた制度。

6章

近代国家の成立

幕末・明治維新

この時代のおもな出来事

江戸時代

1853	ペリーが浦賀沖に来航する	▼P266
1854	日米和親条約が締結される	
1858	日米修好通商条約が締結される	
	安政の大獄により尊王攘夷派が弾圧される	
1860	桜田門外の変で大老・井伊直弼が暗殺される	
1862	坂下門外の変で老中・安藤信正が襲われる	
1863	薩英戦争が起こる	
	八月十八日の政変が起こり、長州藩が京都を追放される	
1864	禁門の変が起こり、長州軍が敗れる	
	西郷隆盛と勝海舟が初の会談を行う	▼P268
	第一次長州征伐が行われる	
1866	薩長同盟が実現する	▼P270
1867	「ええじゃないか」が流行する	▼P272
	大政奉還が行われる	
1868	王政復古の大号令が発令される	▼P274

明治時代

1868～1869

鳥羽・伏見の戦いが起こり、戊辰戦争が始まる……▼P276

五箇条の御誓文が出される

江戸城が無血開城される……▼P278

会津戦争が起こる……▼P280

箱館戦争が起こり、戊辰戦争が終結する……▼P282

1869

版籍奉還が行われる

1871

郵便制度が始まる

廃藩置県が行われる……▼P284

写真提供　上：神奈川県立歴史博物館
中：国立国会図書館
下：山口県立山口博物館

開国は幕府の内政の混乱でなしくずしに実現した

黒船来航を知っていながら幕府は対策を立てなかった

幕末、多くの外国船が通商を求めて来航したが、幕府は要求を拒否し続けていた。植民地化を危惧して開国をすすめたオランダの提言にも、耳を貸すことはなかった。

そして１８５３年、**ペリー**率いるアメリカ海軍の軍艦４隻が浦賀に姿を現した。実は、日本はオランダ商館を通じて来航を事前に知っていた。しかし、**異国船打ち払い令**が功を奏した経験から事態を甘く見ていたため、目立った対策を取っていなかった。

ペリーは、当時の大統領・フィルモアの国書を持参し「やむを得ない場合は武力に訴える」と通告したため、老中・**阿部正弘**《あべまさひろ》は、１年間の猶予を願い出た。しかし、その後に将軍が亡くなり、後継者争いが起こるなど内政の問題が続き、議論は前に進まなかった。

混迷をきわめた幕府は一般庶民にまで意見を求めた

幕府は回答を用意できずにペリーの再訪を迎える。ペリーは日本が譲歩すると読んでいた。その思惑通り、軍事力の差からもはや攘夷は不可能だと確信していた幕府は、「**日米和親条約**」を結んで**下田**と**箱館**を開港した。その後、イギリス、ロシアとも同様の条約を結んだ。こうして、２００年以上続いた鎖国は幕を閉じた。

幕府は、対応の遅さからなしくずし的に開国要求を飲まざるを得なくなり、信用を大きく失墜させた。さらに、開国を受け入れるかどうか、大名や一般庶民にまで広く意見を募ったことは、幕府の専制体制を弱めることにつながり、**江戸時代の終焉**をいっそう加速させることとなった。この後、**開国論者**と**攘夷論者**が激しく争う時代となるが、もはや幕府にそれを抑える力はなくなっていた。

ここが発見！

武力行使も辞さないという米国の開国要求に対し、挙国一致してあたることができず、日本はなしくずし的に鎖国を解除した。

日本人を驚愕させたペリー艦隊の旗艦・ポーハタン号

1854年、前年の来航に続き、今度は琉球経由で日本を再訪した7隻のアメリカ軍艦隊のうちの1隻が、このポーハタン号である。当初は前年にも来航したサスケハナ号が旗艦とされていたが、江戸湾到着後にポーハタン号が旗艦となり、幕府との折衝を行うペリーたちの前線基地となった。4年後の1858年に締結された日米修好通商条約は、このポーハタン号の艦上で調印が行われた。

『亜米利加船渡来横浜之真図』
神奈川県立歴史博物館蔵

全長77.32m、全幅14m、蒸気機関駆動の巨大な外輪を備えていた。

将軍の後継者争いが幕府の求心力を失わせた

黒船来航後、将軍・徳川家慶が死去すると、病弱な家定が将軍位についた。これにより、幕府内では井伊直弼に代表される保守派の南紀派と、改革派の徳川斉昭らによる一橋派の間で、次期将軍をめぐる激しい対立が生まれた。

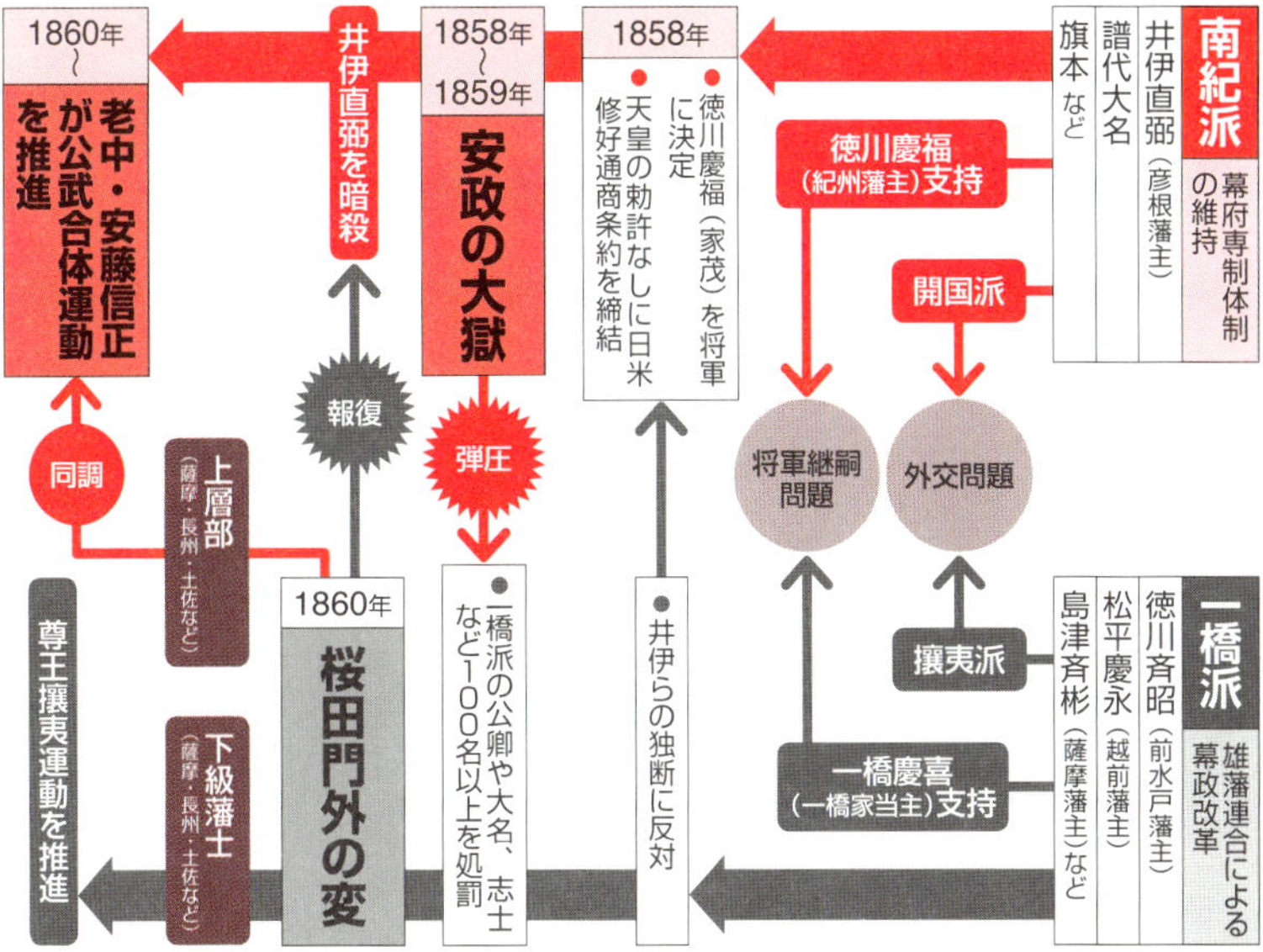

南紀派
幕府専制体制の維持
井伊直弼（彦根藩主）
譜代大名
旗本など
徳川慶福（紀州藩主）支持
開国派
1858年
●徳川慶福（家茂）を将軍に決定
●天皇の勅許なしに日米修好通商条約を締結
1858年〜1859年
安政の大獄
井伊直弼を暗殺
1860年〜
老中・安藤信正が公武合体運動を推進
将軍継嗣問題
外交問題
一橋派
雄藩連合による幕政改革
徳川斉昭（前水戸藩主）
松平慶永（越前藩主）
島津斉彬（薩摩藩主）など
攘夷派
一橋慶喜（一橋家当主）支持
●井伊らの独断に反対
弾圧
●一橋派の公卿や大名、志士など100名以上を処罰
報復
1860年
桜田門外の変
同調
上層部（薩摩・長州・土佐など）
下級藩士（薩摩・長州・土佐など）
尊王攘夷運動を推進

江戸時代 西郷隆盛《さいごうたかもり》と勝海舟《かつかいしゅう》が会見 1864年

薩摩による武力倒幕は幕臣の勝海舟が決意させた

> **ここが発見！**
> 公武合体派である薩摩藩の一員であった西郷隆盛が倒幕運動に向かったのは、勝海舟との会見がきっかけだった。

西郷は長州征伐にあたって勝海舟と会見していた

蘭学を学び、西洋事情に明るかった**勝海舟**は、ペリー来航の折に出した意見書を幕府の中堅官僚・大久保一翁《おおくぼいちおう》に見出された。長崎の**海軍伝習所**（幕府が開いた海軍に関する軍学校）に入った後、**咸臨丸**《かんりんまる》で渡米し識見を広め、1864年、兵庫に**海軍操練所**を設けた。勝は、幕臣だけでなく諸藩の子弟も受け入れて人材の育成に努め、**坂本龍馬**《さかもとりょうま》なども育てた。

当時の政局は「**公武合体**」（朝廷と結びつけて幕府の力を回復させようとする勢力）と「**尊王攘夷**」（朝廷の力を強め外国人勢力を追い出そうとする勢力）が交錯していた。しかし、1863年の「**八月十八日の政変**」で朝廷内から尊王攘夷派が一掃されると、攘夷派の急先鋒である長州藩は京都から追放された。勢いに乗った公武合体派は1864年に**第一次長州征伐**を行うが、このとき薩摩藩から征長総督参謀として参戦することになったのが**西郷隆盛**《さいごうたかもり》だった。

勝海舟は幕臣ながら西郷に幕府転覆をすすめた

西郷は、勝と大坂で初対面を果たし、外国が力で**条約勅許**《ちょっきょ》（天皇が条約を正式に認めること）を求めてきた場合の対応策を聞いた。それに対して勝は、**参与会議**（八月十八日の政変後、有力大名によって設けられた会議）の復活と**雄藩連合**（力のある藩による連合体）による政治の必要性を説いた。また、勝は「幕府はもう駄目だ。もし、日本国をなんとかしたければ、幕府を倒して新しい政府をつくればいい」とも告げたという。

これを聞いた西郷は長州に対する強硬論を融和論へと改める。そして、藩の最高権力者・**島津久光**《しまづひさみつ》抜きで**大久保利通**《おおくぼとしみち》と武力倒幕を進めることを決意するのである。

入り乱れた藩論はどのようにしてまとまっていったのか

当時、国内では対外政策に関しては攘夷論と開国論、国内政治に関しては尊王論、倒幕論、佐幕論、中間的な幕府改革論などが入り乱れており、どの藩もかならずしも一枚岩ではなかった。そんななか、薩英戦争や下関戦争など、海外との戦争を通じて攘夷運動の限界を感じた長州と薩摩は、藩論を開国・倒幕にまとめ上げ、幕末の動乱の主役となっていった。

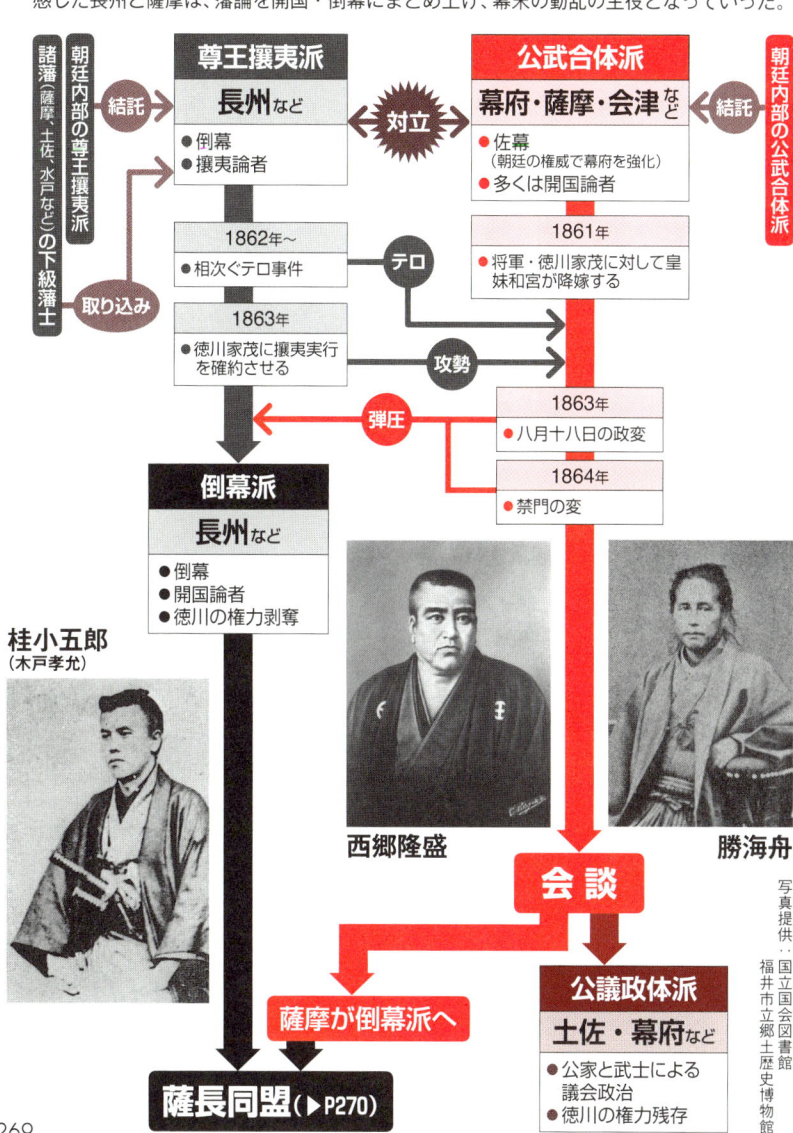

朝廷内部の尊王攘夷派 ―結託→ **尊王攘夷派**

諸藩（薩摩、土佐、水戸など）の下級藩士 ―取り込み→ **尊王攘夷派**

尊王攘夷派
長州など
- 倒幕
- 攘夷論者

←対立→

公武合体派
幕府・薩摩・会津など
- 佐幕（朝廷の権威で幕府を強化）
- 多くは開国論者

朝廷内部の公武合体派 ―結託→ **公武合体派**

1862年～
- 相次ぐテロ事件

―テロ→ 公武合体派

1861年
- 将軍・徳川家茂に対して皇妹和宮が降嫁する

1863年
- 徳川家茂に攘夷実行を確約させる

―攻勢→ 公武合体派

1863年
- 八月十八日の政変

1864年
- 禁門の変

―弾圧→ 尊王攘夷派

倒幕派
長州など
- 倒幕
- 開国論者
- 徳川の権力剥奪

桂小五郎
（木戸孝允）

西郷隆盛

勝海舟

会談

薩摩が倒幕派へ

公議政体派
土佐・幕府など
- 公家と武士による議会政治
- 徳川の権力残存

薩長同盟（▶P270）

（▶P270）

写真提供：国立国会図書館 福井市立郷土歴史博物館

薩長同盟は薩長の経済的な打算によって成立した

西郷隆盛が坂本龍馬に長州との仲介を依頼した

倒幕論は、徐々に国内に広がっていった。その頃、倒幕を実現できる力をもっていたのは、**薩摩**、**長州**、**土佐**、**肥前**という西南雄藩だけだった。

しかし、土佐は公武合体派、肥前は日和見的な態度に終始していた。一方、長州は**高杉晋作**《たかすぎしんさく》により武力倒幕に藩論を変え、薩摩は雄藩連合政権を目指し幕府との対立姿勢を深めていた。

こうした情勢のなか、幕府は反抗する長州藩に対して、**第二次長州征伐**を決行しようとしていた。長州なども加えた雄藩連合を目指す薩摩にとって、ここで長州がつぶされてはかなわない。そこで西郷隆盛は、両藩に通じていた土佐の脱藩浪士・**坂本龍馬**《さかもとりょうま》らに長州藩との仲介を求めた。

経済的な事情が薩長の間の溝を埋めた

「**八月十八日の政変**」などで衝突していた薩摩藩と長州藩は、犬猿の仲だった。とくに、長州藩内での「薩摩憎し」という感情には根強いものがあった。そこで、龍馬はまず経済的に両者の手を握らせ、相互の信頼を深めたうえで、軍事同盟を結ばせる方法を考え出した。

幕府の圧力で密貿易の成果が上がらなくなっていた長州藩では、**第二次長州征伐**に備えるための弾薬が不足しており、薩摩藩では天災により米が不足していた。坂本は、武器弾薬を薩摩藩名義で買いつけて長州に流し、その見返りとして長州から薩摩に米をわたすという案を考えて実行した。

その結果、両者の関係は徐々に修復され、１８６６年に**薩長同盟**が成立した。龍馬らの斡旋で結ばれた薩摩と長州は、倒幕運動の中心勢力となっていくのである。

ここが発見！

坂本龍馬は、犬猿の仲であった薩摩と長州に手を結ばせるにあたり、まず両者の経済的な結びつきをつくり上げた。

薩長の窮状を利用した坂本龍馬

当初、龍馬は薩長の会談を下関で行うことを画策したが、西郷が直前になって拒否したことで、両者の溝はさらに深いものとなった。そこで龍馬は、武器不足に陥った長州に薩摩から武器を供給させ、その代償として長州から薩摩へ米を供出させることで、両者の関係を修復することに成功する。こうして、1866（慶応２）年に薩摩藩家老・小松帯刀《こまつたてわき》（清《きよ》廉《かど》）邸（京都市上京区）で、六カ条からなる同盟文によって薩長同盟が締結された。

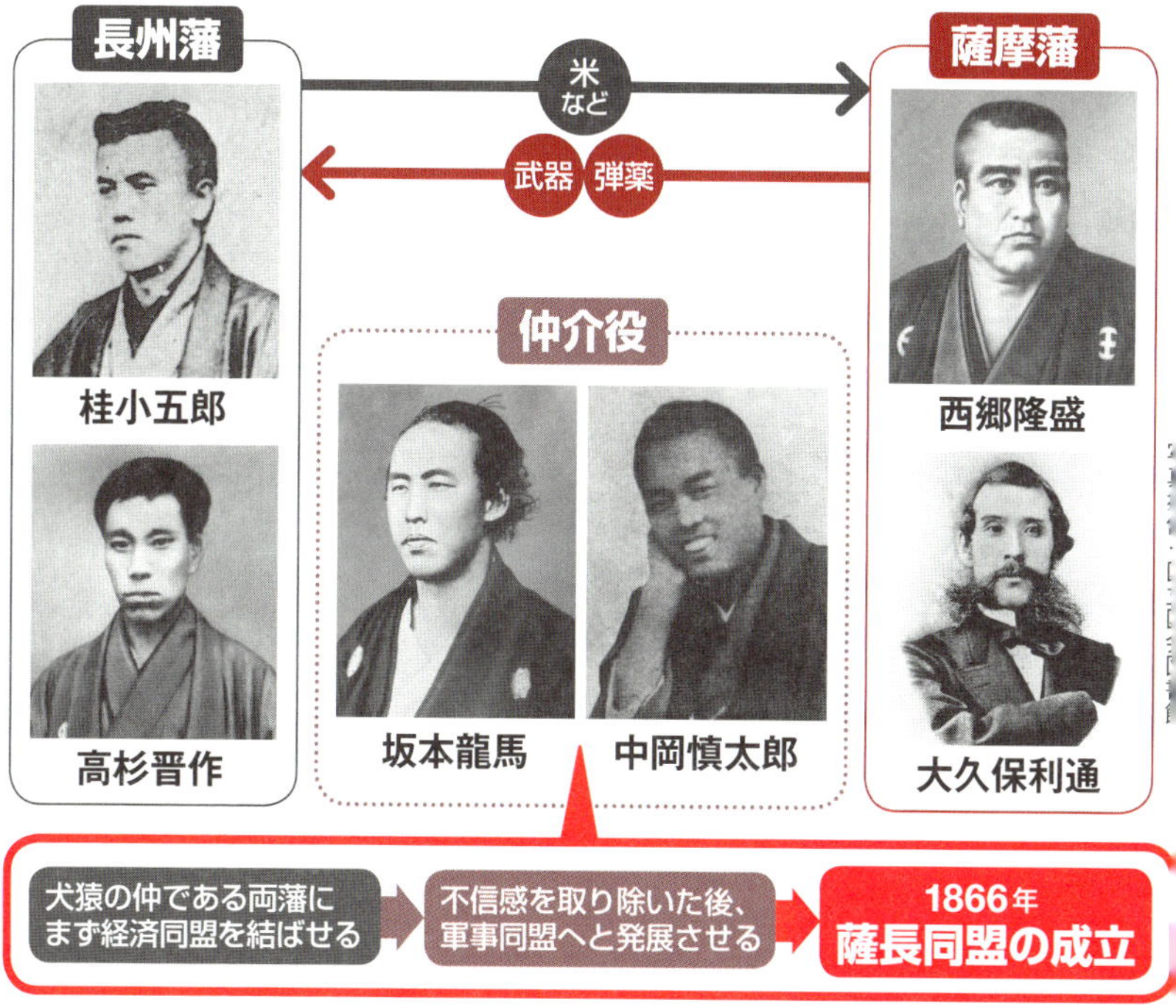
長州藩
薩摩藩
米など
武器
弾薬
桂小五郎
高杉晋作
仲介役
坂本龍馬
中岡慎太郎
西郷隆盛
大久保利通
犬猿の仲である両藩にまず経済同盟を結ばせる
不信感を取り除いた後、軍事同盟へと発展させる
1866年 薩長同盟の成立

薩長同盟の内容

薩長同盟の際に交わされた文面には、きたるべき長州征伐の際に長州側につくことを薩摩に求めるほか、協力して天皇による親政実現のために力を尽くすことなどが書かれていた。

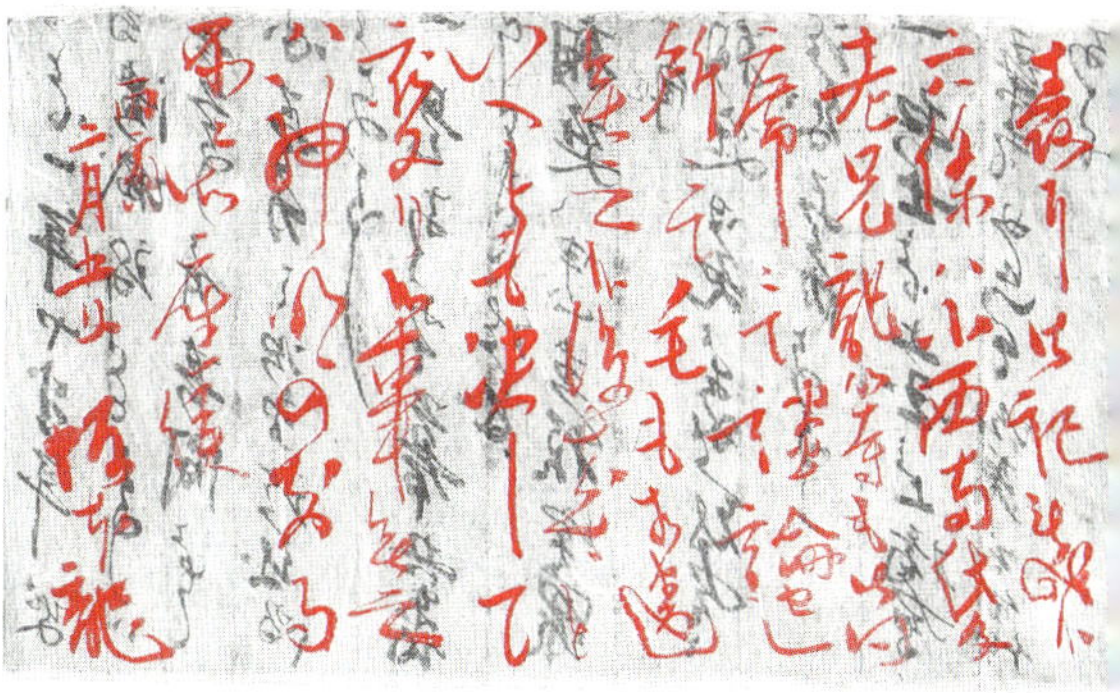

写真提供：宮内庁書陵部

桂小五郎は成立した薩長同盟の六ヶ条からなる同盟文を書きつづり、その裏面に坂本龍馬が「この内容で間違いない」という内容を朱で書き記した。

「ええじゃないか」現象は倒幕派が画策した!?

「ええじゃないか」は世直し一揆の亜流だった

　幕末期、民衆たちが踊り狂うという奇妙な社会現象が発生した。**「ええじゃないか」**である。この現象は1867年の三河吉田城下で始まったとされ、瞬く間に西日本に広がった。

　「ええじゃないか」は、**伊勢神宮**や**熱田神宮**のお札が降ってきたことを祝い、人々が「ええじゃないか」と連呼しながら踊り歩いた現象で、抑圧された民衆の不満を背景にした**民衆運動**といわれる。

　お札が降ってきた家は**施米**《せまい》・**施**《せ》**金**《がね》（米や金をほどこす）を行い、ときに富豪の家などが施与を拒否すると、人々は家の中に入り込んで荒らし回るという強行手段を取ることもあった。そのため、**世直し一揆**（幕末に頻発した一揆の一種）の亜流とも見られている。

「ええじゃないか」は倒幕派のカモフラージュだった?

　「ええじゃないか」は、**大政奉還**上表直後の政局を決定づける大事な時期に、政局の中心地である京坂地方で最高潮に達している。そのため、この「ええじゃないか」は、薩摩・長州などの倒幕派がわざと起こし、**活動のカモフラージュ**に利用したという説がある。

　当時は、長引く不況に対する民衆の不満が日本中に広まっており、ちょっとしたきっかけで爆発する可能性をつねにはらんでいた。意図的に騒動を引き起こすことも、十分に可能であったといえる。

　幕府は「ええじゃないか」を抑え込むよりも大政奉還を急いだ。

　「ええじゃないか」という社会現象が、倒幕派が意図的に引き起こしたものなのかは今となっては確認するすべもない。しかし、結果的に**倒幕派の政治工作の煙幕**となり、倒幕運動にとって好都合となったのは間違いなかった。

ここが発見!

「ええじゃないか」は社会不安をきっかけに始まった民衆運動だったが、倒幕派によって引き起こされたという説もある。

「ええじゃないか」が世直しの気運をもたらした

「ええじゃないか」は、御蔭参《おかげまい》りの一種とされている。御蔭参りとは庶民がこぞって伊勢神宮参りに出かける現象のことで、江戸時代には約60年周期で自然発生的に繰り返されていた。多いときには数カ月で約500万人もの人々が伊勢に押しかけたといわれている。「ええじゃないか」では、伊勢神宮に全国から人々が押し寄せるということはなかったが、東は江戸から西は中国・四国までの各地で人々が踊り狂った。

ええじゃないか
ええじゃないか
くさいものに紙をはれ
やぶれたらまたはれ
ええじゃないか
ええじゃないか
日本の世直りは
ええじゃないか
豊年踊りはお目出たい
お陰参りすりゃ、ええじゃないか
ハアァ、ええじゃないか

『ええじゃないか』の歌詞の例

自然発生説

抑圧された民衆の不満のはけ口や、世直しを訴える民衆運動として自然発生的に生まれた？

倒幕派陰謀説

国内を混乱させ、活動の隠れみのとするために引き起こした？

幕府陰謀説

抑圧された民衆の暴動を避けるためにガス抜きとしてしかけた？

「ええじゃないか」の当時のようすを描いた絵。宗教性を媒体として封建的な秩序からの解放を願う、民衆のエネルギーの爆発を感じさせる。

『豊饒御蔭参之図』
三重県立博物館蔵

朝廷随一の策士・岩倉が画策したクーデター

徳川慶喜の大政奉還は朝廷をおおいにあわてさせた

慶応3年10月14日（1867年11月9日）、十五代将軍・**徳川《とくがわ》慶喜《よしのぶ》**は「**大政奉還**」を発表し、徳川幕府の歴史に終止符を打った。薩摩・長州らに朝廷から**討幕の密勅**（秘密裏に下された天皇の命令）が下された直後のことだった。

幕府の政権返上は、武力倒幕派の大義名分を失わせた。困惑したのは朝廷だった。政権を返されても、その時点で朝廷に政府としての機能はない。結局、幕府に引き続き新政府の運営を頼むことになるというのが慶喜の思惑だった。

策士・岩倉の逆転の一手が幕府の思惑を覆した

これに反発したのが公卿の**岩倉《いわくら》具視《ともみ》**だった。天皇親政を主張する**王政復古派**である岩倉は、徳川氏とともに政治を運営しようとする**公議政体派**を朝廷内から閉め出した。

そして、慶応3年12月9日（1868年1月3日）、薩摩藩兵らに御所を警備させるなか、明治天皇に「**王政復古の大号令**」を発表させ、朝廷内におけるクーデターを完成させたのである。

こうして天皇が全権を握る新政府が誕生し、当日岩倉らによって開かれた**小御所会議**で、慶喜に対して**辞官納地《じかんのうち》**（官位の返上と領地の返還）の処分が決定された。徳川氏の権力はまったく失われてしまったのである。

明治天皇は当時15歳と幼く、王政復古が岩倉らの主導によることは明らかだった。また、その前年に出された討幕の密勅にも岩倉が関与しているが、実際に天皇の裁可を得たかどうかはなはだ疑わしく、**偽勅《ぎちょく》**である可能性が高い。策士として名高い岩倉は、再起を図る徳川幕府を見事に出し抜き、王政復古という野望を成功させたのだった。

ここが発見！

徳川慶喜は大政奉還によって政治的な生き残りを図ったが、岩倉具視のクーデターによって権力を失うことになった。

剥奪された徳川幕府の権力

王政復古は、将軍を頂点とする幕府による武家政治を終わらせた。一方で、摂政や関白などの役職も廃止するなど、朝廷政治の体制改革も同時に行った。岩倉具視をはじめとする倒幕派は、天皇の親政を推進しながらも、自分たちを中心とするまったく新しい政治の形を目論んだのである。これにより、徳川幕府の権力は剥奪され、戊辰戦争、江戸城開城へとつながっていった。

朝廷

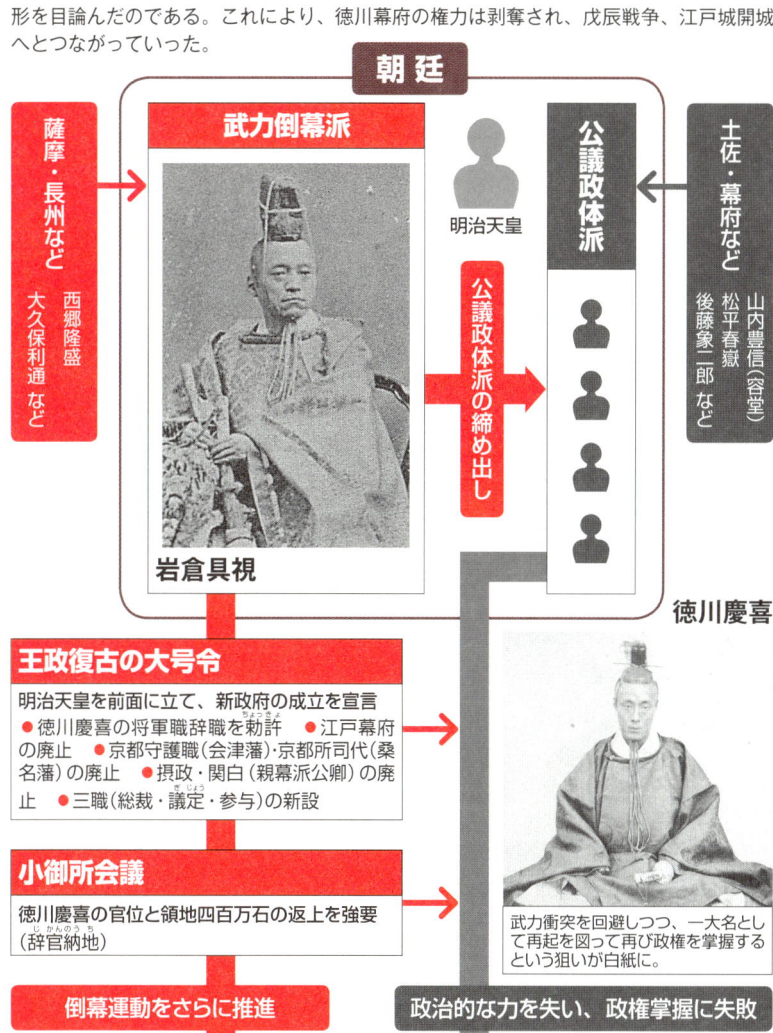

薩摩・長州など
西郷隆盛
大久保利通 など

武力倒幕派

岩倉具視

明治天皇

公議政体派の締め出し

公議政体派

土佐・幕府など
山内豊信(容堂)
松平春嶽
後藤象二郎 など

徳川慶喜

武力衝突を回避しつつ、一大名として再起を図って再び政権を掌握するという狙いが白紙に。

王政復古の大号令

明治天皇を前面に立て、新政府の成立を宣言
●徳川慶喜の将軍職辞職を勅許《ちょっきょ》 ●江戸幕府の廃止 ●京都守護職(会津藩)・京都所司代(桑名藩)の廃止 ●摂政・関白(親幕派公卿)の廃止 ●三職(総裁・議定《ぎじょう》・参与)の新設

小御所会議

徳川慶喜の官位と領地四百万石の返上を強要(辞官納地《じかんのうち》)

倒幕運動をさらに推進

政治的な力を失い、政権掌握に失敗

戊辰戦争(▶P276)**、江戸城の無血開城**(▶P278)**へ**

写真提供：福井市立郷土歴史博物館

3倍の兵力差がありながらなぜ旧幕府軍は敗れたのか？

ここが発見！

3倍の兵力差がありながら旧幕府軍が敗れたのは、錦旗の効果とともに、両軍の質に格段の差があったためである。

窮地に立たされた徳川慶喜がついに挙兵した

多くの幕臣を抱える**徳川《とくがわ》慶喜《よしのぶ》**にとって、官位の返上はまだしも、四百万石もの領地の返上は受け入れられないものだった。大坂城に入っていた慶喜は、すぐに京都への進軍を決め、**鳥羽・伏見の戦い**が勃発した。両軍の戦力は、旧幕府軍1万5000に対し、新政府軍は5000。軍勢の数では圧倒的に**旧幕府軍が有利**だった。

戦いは、鳥羽方面の薩摩藩と桑名藩の争いで始まり、伏見方面でも長州藩と会津藩らがぶつかった。鳥羽方面では、狭い鳥羽街道を縦列で無理に突破しようとするなど、桑名藩兵の拙い戦略により旧幕府軍が敗走、伏見の戦いも激戦の末に新政府側に凱歌が上がった。

相次ぐ寝返りを受け慶喜は江戸へ逃亡した

翌日、薩摩藩本営に**錦旗《きんき》**が翻った。錦旗とは天皇の旗のことである。この旗は岩倉の命を受けて薩摩藩と長州藩がつくったものだったが、新政府軍がそれを掲げたということは、旧幕府軍が**朝敵**になったことを意味した。彼らの動揺は尋常ではなかった。

旧幕府軍が立て直しのために淀城へ入ろうとすると、淀城主の**稲《いな》葉《ば》正邦《まさくに》**が寝返り、続いて津藩の**藤堂氏**が裏切って旧幕府軍は壊滅した。さらに、中立を保っていた西国諸藩も新政府側につくにいたり、**慶喜は海路で江戸へと逃げ帰った**。

この戦いでは、旧幕府軍に有能な指揮官がいなかったのに対し、新政府軍は中堅の指揮官が西洋風の戦法に従ってうまく兵を動かした。鉄砲や大砲の質でも、新政府が旧幕府軍より上だった。3倍の兵力差があったにもかかわらず旧幕府軍が負けたのは、錦旗の効果もあっただろうが、それ以上に**両軍の質の差**が大きかったのである。

幕府滅亡への第一歩となった鳥羽・伏見の戦い

鳥羽・伏見の戦いの経緯　1868年1月27～30日(慶応4年1月3～6日)

王政復古の大号令の後、江戸では薩摩藩士による挑発的な破壊行動が頻発した。この行動に憤った旧幕府側は、慶喜の滞在先である大坂を出発して京都に攻め上り、鳥羽と伏見で新政府軍と対峙する。新政府側の挑発に乗ってしまった旧幕府側は、この後、戊辰戦争を通じて自滅への道を歩むこととなる。

新政府軍の進路
新政府軍
旧幕府軍の退路
旧幕府軍
鴨川
禁裏御所
京都
桂川
鳥羽街道
竹田街道
伏見街道
❶
伏見
❷
天王山
淀城
巨椋池
宇治川
橋本
❸八幡
山崎
木津川

二手に分かれて京都に討ち入ろうとした旧幕府軍は、鳥羽と伏見で新政府軍と対峙。

❶鳥羽の戦い
軍事の素人だった大目付・滝川具挙が率いる旧幕府軍は銃に弾を込めないまま、縦隊という無防備な状態で行軍中に薩摩軍の砲撃に遭遇し、なすすべなく敗走。

❸その後、淀や八幡などで戦闘を繰り返しながらも旧幕府軍は敗走。開戦から4日目の夜、総大将であった徳川慶喜は海路で江戸へと逃走。

❷伏見の戦い
新政府軍の砲撃に対して会津兵などが激しく抵抗するも、指揮官の竹中重固が所在不明で指揮系統に支障をきたしていたこともあり敗走。

戊辰戦争の経緯

〈新政府軍の進路〉
東海道鎮撫軍
東山道鎮撫軍
北陸道鎮撫軍
奥羽鎮撫軍・会津征討軍など
〈旧幕府軍の退路〉
徳川慶喜軍
榎本武揚軍
おもな戦場
1869年5月
五稜郭の戦い
箱館
松前
1868年5～7月
長岡城攻防戦
1868年9月
会津の戦い
長岡
会津
江戸
1868年5月
彰義隊の戦い
京都
大坂
伏見
1868年1月
鳥羽・伏見の戦い

江戸城無血開城は列強から日本を守るために行われた

ここが発見！
新政府軍と旧幕府軍が江戸城の無血開城を選択したのは、内戦を早期に終わらせて日本の植民地化を防ぐためだった。

旧幕府軍と新政府軍の戦いは列強の代理戦争だった

戊辰《ぼしん》戦争を終結させた中心人物は、**西郷隆盛**《さいごうたかもり》と**勝海舟**《かつかいしゅう》のふたりである。西郷は新政府軍のリーダー、勝は**徳川慶喜**《とくがわよしのぶ》から事態の収拾を一任された恭順派の人物である。

旧幕府軍と新政府軍の戦いには、欧米列強も荷担していた。旧幕府軍には**フランス**が、新政府軍には**イギリス**がつき、資金や兵器の援助を繰り返した。とくにフランス公使の**レオン・ロッシュ**は、この戦いを契機に日本との貿易を独占しようとの思惑があり、援助を惜しまなかった。

勝はそうした日本を取り巻く状況をもっとも理解していた人物でもあった。**咸臨丸**《かんりんまる》艦長としてアメリカ視察を経験し、西洋事情にも精通していた勝は、内戦が長引けば日本が欧米の植民地になる危険性を知っていた。それは、新政府側も承知していたことだった。

無血開城の英断が欧米諸国の介入を回避させた

勝は外国の国内干渉を避けるためにフランスと絶縁すると、新政府軍の江戸城攻撃を止めるため、旗本の**山岡鉄太郎**《やまおかてつたろう》（**鉄舟**《てっしゅう》）を駿府の征東軍大総督府に派遣し、最高責任者だった西郷との会談を約束させた。

1868年4月5日（慶応4年3月13日）、勝と西郷の会談は実現した。江戸城で両軍が衝突すれば国土は疲弊し、**欧米諸国の介入**を許すことになると、勝は西郷に説いた。西郷も「いろいろと難しい議論もありましょうが、この西郷が一身にかけてお引き受けいたします」と確約した。これにより江戸城総攻撃は寸前で中止され、江戸城は**無血開城**された。

日本を取り巻く国際情勢を理解していたふたりだったからこそ、歴史的な英断が実現したのである。

勝と西郷の再会 無血開城をめぐる交渉

西郷は会談に先立ち、まず駿府で勝の代理人である山岡鉄舟と面会して、無血開城の条件を示した。この条件はすぐに勝に伝えられ、江戸の薩摩藩邸において両者の会談が実現した。勝から西郷へ示された回答は寛大な措置を求める内容だったが、勝を信頼していた西郷はこの案を受け入れてもち帰った。その後、新政府軍の上層部による検討の結果、当初の条件と勝の回答の折衷案ともいえる条件が整い、無血開城が実現することとなった。

西郷から示された条件

一、徳川慶喜は**備前藩預かり**とする。
二、江戸城は明けわたしとする。
三、軍艦は**すべて引きわたす**。
四、武器は**すべて引きわたす**。
五、城内の家臣は向島で謹慎とする。
六、**徳川慶喜を補佐した人物を厳しく処罰**する。
七、残存勢力が抵抗する場合は、新政府軍が鎮圧する。

最終的な処分

一、徳川慶喜は故郷の**水戸での謹慎**とする。
二、江戸城の明けわたしは**大総督に一任**する。
三、軍艦は新政府軍による接収後、**適切な量を徳川家に引きわたす**。
四、武器は新政府軍による接収後、**適切な量を徳川家に引きわたす**。
五、城内の家臣は向島で謹慎とする。
六、**会津、桑名に降伏を促し、抵抗する場合は厳しく処罰**する。
七、残存勢力が抵抗する場合は、新政府軍が鎮圧する。

勝海舟

勝は、江戸城開城の交渉が決裂したときは、江戸に火を放つ考えであったという。決死の覚悟で臨んだ交渉を成功させた勝は、その後第一線を退き、明治時代には数々の名誉職を歴任。徳川慶喜の赦免や旧幕臣への支援に尽力し続け、1899(明治32)年に没した。

山岡鉄舟

新撰組の前身である新徴組の一員として活動していた山岡は、新政府軍への連絡係として、西郷を相手に一歩も引かず大役を果たした。明治時代になり、権令(知事)などを歴任した後、1888(明治21)年に胃がんで亡くなった。臨終にあたっては白衣に着替え、皇居に向かって座ったまま息絶えたという。

写真提供：福井市立郷土歴史博物館

見せしめのために徹底的に破壊された会津藩

奥羽越列藩同盟は政府軍の武力の前に瓦解した

戊辰《ぼしん》戦争において、新政府軍への対決姿勢を貫いたのが**会津藩**だった。会津藩は鳥羽・伏見の戦いで錦旗《きんき》を掲げる薩長軍と戦い、第一級の**朝敵**とされてしまった。

京都守護職として京の治安を守り、孝明《こうめい》天皇から厚い信頼を得てきた会津藩主・**松平容保**《まつだいらかたもり》は憤激したが、新政府側には通用しなかった。とくに長州藩は会津藩預かりの新撰組によって多くの志士が殺されていたため、会津藩を目の敵にしていた。容保が朝廷に恭順の意を示しても、新政府側は会津征討の姿勢をくずさなかった。

会津藩に同情的だった東北と越後の諸藩は「**奥羽越列藩同盟**」を結び、新政府への対決姿勢を示した。この同盟がうまく機能すれば、西日本の新政府と東日本の同盟政府という**ふたつの政府**が誕生するはずだった。しかし、圧倒的な戦力の新政府軍は同盟側の藩を切りくずしていき、同盟は間もなく瓦解。会津藩は孤立無援で新政府軍と戦うことになった。

見せしめのための殺戮と過酷な戦後処理が会津を襲った

会津戦争は熾烈なものだった。**白虎隊**の悲劇が有名だが、それはほんの一部でしかない。会津に攻め入った新政府軍は、見せしめのために女子どもも容赦なく殺し、埋葬すら許さなかった。徹底抗戦を決めていた会津軍は、絶え間ない砲撃のなかで**1カ月の籠城戦**に耐えたが、ついに降伏した。

戦後、会津藩士たちは、下北半島周辺の**斗南**《となみ》**藩**3万石に移封された。3万石とはいうものの、夏でも冷たい風が吹く不毛の地で実際には7000石程度であったという。会津の人々は戦争で多くの命を失い、移住地でも飢えと寒さでさらに命を失ったのである。

ここが発見!

朝廷に恭順の意を示した会津藩だったが、会津藩を目の敵にしていた新政府軍には受け入れられず、徹底的に攻撃された。

悲惨な状況だった戦後の会津城下

兵力、火力に劣る会津軍は当初から苦しく悲惨な戦いを強いられた。なかでも、白虎隊の悲劇は会津戦争の悲惨さの象徴として今日まで長く語り継がれている。兵士たちが立てこもった若松城も、1カ月の籠城によって砲弾を雨のように浴び、修復不可能なほどに損傷した。

戦争直後の若松城。被弾しながらももちこたえたが、1868年11月6日、会津藩の降伏とともに開城された。その後、修復されることはなく1874年に解体された。

『白虎隊自刃の図』会津新選組記念館蔵

会津藩は、男子を年齢別に分け、玄武隊、朱雀隊、青龍隊、白虎隊などを組織した。このうち、16～17歳の武家の男子によって組織された白虎隊は、飯盛山に退却した折、会津市内が燃えているのを見て落城と誤認し、その場で自刃した。

「幕末のジャンヌ・ダルク」新島八重《にいじまやえ》

会津藩の砲術師範の家に生まれ、幼い頃から銃器に親しんでいた新島八重は、会津戦争に際しては髪を切って男装し、銃を手に戦った。戦争に女性が参加することなど考えられなかった時代、銃器に対する知識と経験から先頭に立って戦う八重の姿は、のちに「**幕末のジャンヌ・ダルク**」と呼ばれ、伝説的な逸話となった。

その後、兄を頼って京都に行った八重は、**新島襄《にいじまじょう》**と知りあってキリスト教に目覚め、彼が目指していたキリスト教主義の学校設立に協力する。そして、襄が1875年に同志社英学校（後の同志社大学）を設立すると結婚し、1876年から始められた女子塾では自ら教鞭をとった。襄が亡くなった後は社会福祉運動にも参加して精力的に活動し、一般女性としてはじめて叙勲を受けた。まだ江戸時代以来の男尊女卑的な思想が色濃く残っていた明治時代において、**女性の社会進出の先頭にいた**女性は、実は旧幕府軍である会津藩出身の女性だったのである。

写真提供：同志社大学

榎本武揚は蝦夷地に徳川家臣団の移住を夢見た

蝦夷地は国防の要として多くの人物が注目していた

幕末期、蝦夷地にある松前藩の松前城や箱館の**五稜郭**《ごりょうかく》は北方防備の要となっており、幕閣の注目するところとなっていた。北方の防備を固めることが、日本の安全に欠かせなかったからである。

蝦夷地に関心を示したのは、**坂**《さか》**本龍馬**《もとりょうま》も同じだった。おそらく幕臣の勝海舟《かつかいしゅう》らから、蝦夷地の情勢を聞いていたのだろう。北方視察団を派遣するなど、**蝦夷地開拓**を夢想していたという。その蝦夷地の箱館が、戊辰《ほしん》戦争の最終戦の舞台となった。

榎本は新政府との対決を望んではいなかった

江戸城が無血開城されると、旧幕府の海軍副総裁だった**榎本武揚**《えのもとたけあき》は残存兵と有志を引き連れ箱館を目指し、五稜郭を前線基地とした。海外留学の経験もある榎本は、外国の知識にも通じており、欧米列強による植民地化を避けるために、新政府軍との対決は避けるべきだと考えていた。蝦夷の地を旧幕臣で開拓し、**徳川家臣団の移住地**にしようと考えていたのだ。

榎本は、親しくしていたイギリス領事を通じ、蝦夷地への移住を願う嘆願書を出すなど、明治新政府と和解しようと試みた。また、開拓奉行の**沢太郎左衛門**《さわたろうざえもん》率いる250人を室蘭に移住させ、開拓にあたらせることにした。**開拓団**に北海道の主要な場所を守らせ、外国の侵略に備えようとしたのである。この方針は、明治政府の**屯**《とん》**田兵**《でんへい》の設置に受け継がれる。

しかし、新政府は榎本の行動を反逆と見なし、約8000の軍勢を投入した。旧幕臣の意地を貫くため、新政府軍と対決せざるを得なくなった榎本は激闘の末に降伏した。旧幕臣による蝦夷地開拓という夢をかなえることはできなかったのである。

ここが発見!

榎本武揚は新政府軍と戦うつもりはなく、箱館を拠点に蝦夷地を開拓し、徳川家臣団の移住地にしようと考えていた。

榎本が蝦夷に託した夢

榎本らが箱館に設立した政治機構は、榎本のもとを訪れたイギリスとフランスの軍艦の艦長らによって「事実上の政権」として承認された。しかし、榎本自身は独立国家をつくろうとしていたわけではなく、あくまで新政府のもとでの徳川家や旧幕臣の生き残り策として、蝦夷地の開拓を目指していた。

蝦夷の旧幕府軍要人

前列右から榎本武揚、荒井郁之助。後列右から松岡磐吉、林董三郎、榎本対馬、小杉雅之進。

写真提供：毎日新聞社

戊辰戦争で使われた武器

当時は、欧米からさまざまな兵器が輸入され、従来の火縄銃に代わって使われるようになっていた。新政府軍は独自の貿易によって、最新の火器を多数揃えていた。この火器の差も、両軍の勝敗を分ける大きな鍵となった。

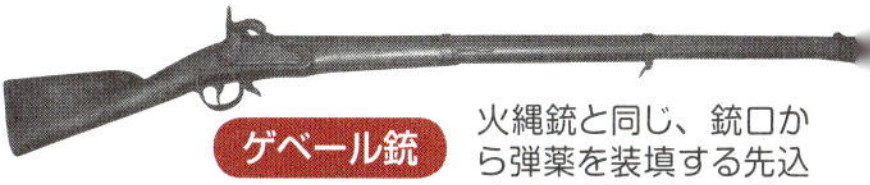

ゲベール銃

火縄銃と同じ、銃口から弾薬を装填する先込め式。価格が安いが、戊辰戦争当時にはすでに時代遅れとなっていた。

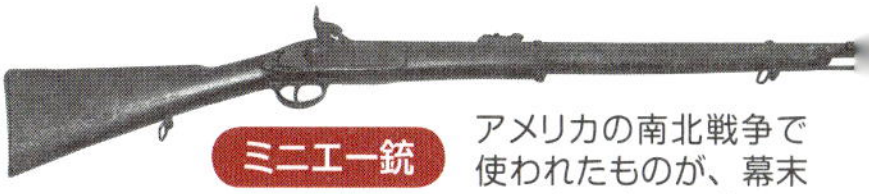

ミニエー銃

アメリカの南北戦争で使われたものが、幕末の日本に大量に輸入された。先込め式ながら命中率がよく、旧幕府軍、新政府軍の両軍に使用された。

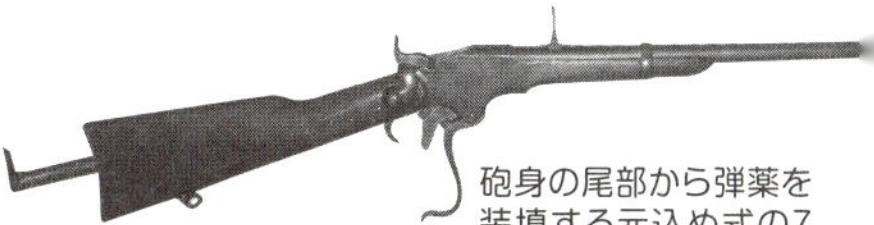

スペンサー銃

砲身の尾部から弾薬を装填する元込め式の7連発銃。おもに佐賀藩が使用したが、高価でその数は多くなかった。

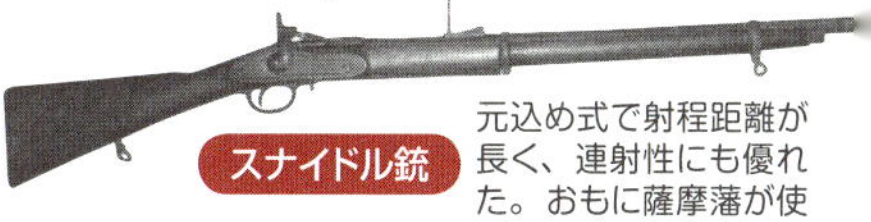

スナイドル銃

元込め式で射程距離が長く、連射性にも優れた。おもに薩摩藩が使用したが、旧幕府軍の長岡藩なども使用した。

ガトリング砲

1分間に200発の弾丸を発射する機関銃。長岡藩が2門もっていたほか、佐賀藩や薩摩藩も保有していたという記録がある。

写真提供：河井継之助記念館

写真提供：山口県立山口博物館（ミニエー銃）、会津新選組記念館（上記以外）

廃藩置県が倒幕を主導した武士たちを失業させた

戊辰戦争後、新政府は中央集権化を推し進めた

倒幕を進めた志士たちは、新政府を樹立したものの、明確な国家建設のビジョンをもっていたわけではなかった。国家の中心に奉られた朝廷にしてもそうだった。明らかなのは、**中央集権制の確立**が必要ということだった。

そこで1869（明治2）年、明治政府は**版籍奉還**を行った。諸藩の領地（版）と領民（籍）を天皇に返上し、それまでの藩主を**知藩事**に改め、石高の代わりにその10分の1を家禄として支給し、藩の運営にあたらせるというものだった。これにより中央集権体制の形は整えられたが、元藩主が藩の運営を任されただけで、実質的な変化はほとんどなかった。

廃藩置県は軍事力を背景に断行された

1871（明治4）年、政府は薩摩・長州・土佐の3藩から1万の兵を東京に集めて政府の軍隊・**御《ご》親兵《しんぺい》**を設置し、**廃藩置県**を断行した。知藩事を罷免して藩を消滅させるとともに、中央から**県知事**を派遣し、県を政府の直轄統治のもとに置いたのである。これにより中央集権制が確立され、幕末にあった27の**大名家は消滅**。長きにわたって日本を支配した武士の世が一晩にして終わりを告げ、武士たちも一挙に失業した。

明治維新は、倒幕派の諸藩が幕府を打倒して新政権を打ち立てた、武士による革命であった。当の武士たちは、そのことでよもや自分たちが消滅するとは思っていなかっただろう。倒幕を主導した薩摩藩の**島津久光《しまづひさみつ》**は、廃藩置県が行われると、**西郷隆盛《さいごうたかもり》**を罵っておおいに憤慨した。そして、桜島を目の前にする海岸に舟を浮かべ、盛大に怒りの花火を打ち上げさせたという。

ここが発見！

新政府は中央集権化を進めるために廃藩置県を断行したが、倒幕を主導してきた武士たちが職を失うことになった。

定まらなかった県の数

1871年８月に行われた当初の廃藩置県では、藩をそのまま県に置きかえたため、その数は３府302県にものぼった。そこで、わずか数カ月後の11月には３府72県に統合され、その後は３府69県（1872年）→３府60県（1873年）→３府35県（1876年）と吸収・合併が繰り返された。ところが、今度はひとつの府県が大きくなり過ぎたために分割が進み、1889年に３府43県となってようやく落ち着きを見せた。

廃藩置県後の府県（1871年11月の統合後）

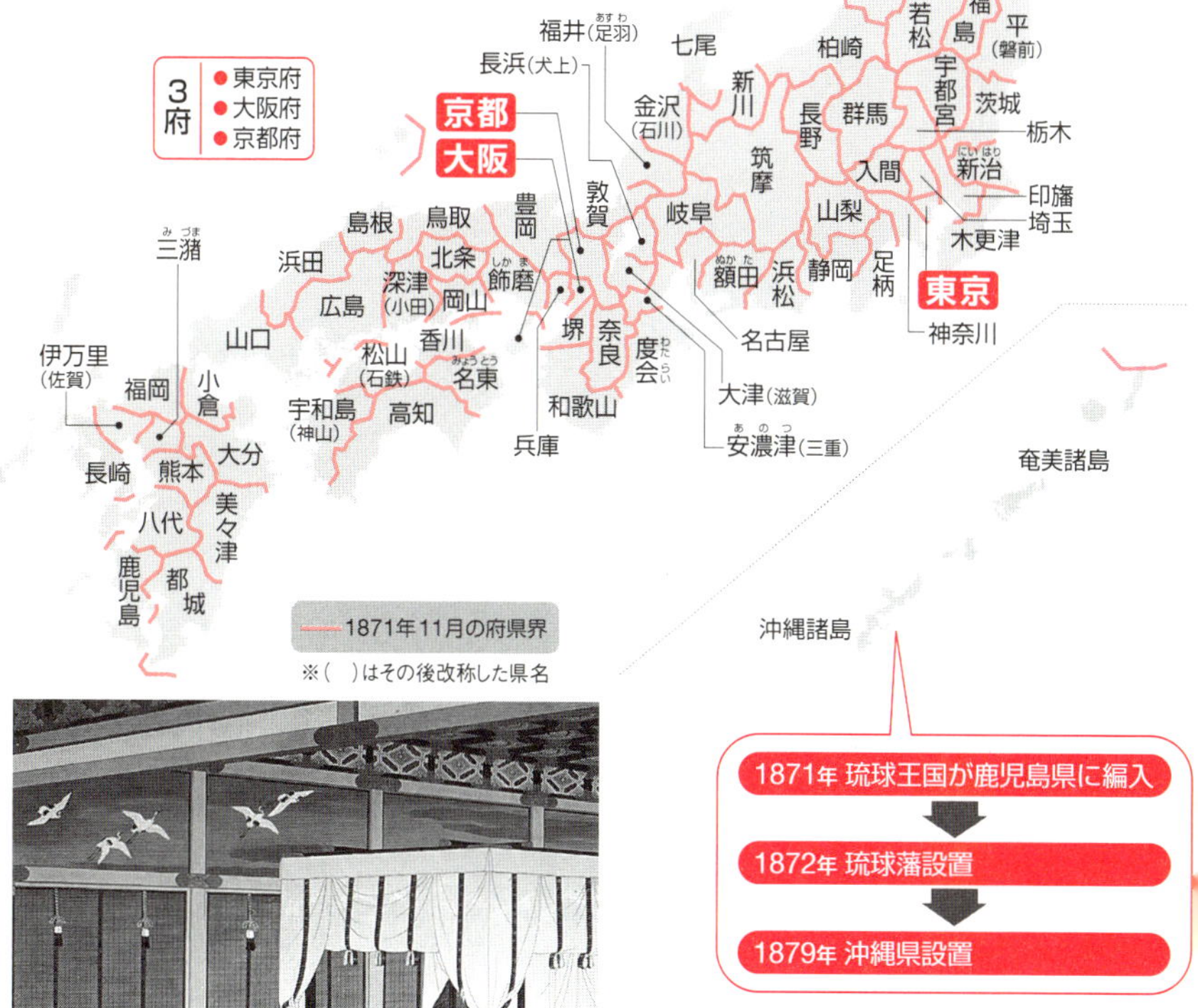
3府
●東京府
●大阪府
●京都府
青森
秋田
盛岡
(岩手)
一ノ関
(水沢・磐井)
酒田
(鶴岡)
山形
宮城
(仙台)
相川
新潟
置賜《おきたま》
若松
福島
平
(磐前)
柏崎
七尾
福井《あすわ》(足羽《あすわ》)
長浜(犬上)
金沢
(石川)
新川
長野
群馬
宇都宮
茨城
栃木
筑摩
入間
新治《にいはり》
印旛
埼玉
木更津
京都
大阪
敦賀
岐阜
山梨
足柄
東京
神奈川
島根
鳥取
豊岡
北条
飾磨《しかま》
深津
(小田)
岡山
浜田
広島
山口
額田《ぬかた》
浜松
静岡
名古屋
香川
松山
(石鉄)
名東《みょうとう》
堺
奈良
度会《わたらい》
大津(滋賀)
安濃津《あのつ》(三重)
和歌山
兵庫
宇和島
(神山)
高知
三潴《みづま》
伊万里
(佐賀)
福岡
小倉
長崎
熊本
大分
八代
美々津
鹿児島
都城
奄美諸島
沖縄諸島
1871年11月の府県界
※（　）はその後改称した県名
1871年 琉球王国が鹿児島県に編入
1872年 琉球藩設置
1879年 沖縄県設置

廃藩置県の詔のようす。明治政府を支えた公家・三条実美が詔を読み上げている。左側にいる人物は、明治政府の要人・岩倉具視や木戸孝允ら。

『廃藩置県』聖徳記念絵画館蔵

7章

富国強兵

世界大戦以前

この時代のおもな出来事

明治時代

1872	学制が公布される	▼P288
	新橋―横浜間に日本初の鉄道が開通する	
1873	徴兵令が公布される	
	西郷隆盛、板垣退助らが参議を辞職する（明治六年の政変）	
	明治改暦が行われる	▼P290
1874	板垣退助らにより民撰議院設立建白書が出される	▼P292
1877	西南戦争が起こる	
1878	大久保利通が暗殺される（紀尾井坂の変）	
1884	秩父で困窮農民が蜂起、軍隊によって鎮圧される（秩父事件）	▼P293
1889	大日本帝国憲法が発布される	
1890	第一回帝国議会が開催される	
1894～1895	日清戦争が起こる	
1902	日英同盟が結ばれる	
1904	日露戦争が始まる	
1905	日本海海戦が行われる	▼P294
	日露戦争の講和条約としてポーツマス条約が結ばれる	▼P296

1910　幸徳秋水らが天皇暗殺を企てたとして検挙される（大逆事件）
韓国併合が行われ、朝鮮総督府が設置される

写真提供　上：日本銀行貨幣博物館
中：旧開智学校
下：鉄道博物館

学制の制定 1872年

小学校の設置が理由で農民一揆が起こった!?

初等教育は富国強兵のために必要だった

明治に入り世情が落ちつくと、政府は重要政策として**富国強兵**を掲げ、その一環として**徴兵令**や**学制**の発布を行った。

江戸時代、教育はおもに武士のためのものであった。**寺子屋**の発展で庶民も初歩的な教育を受けるようになったが、農村には字を読み書きできない者もまだ多く、**女子教育**もなおざりにされていた。

しかし、近代化が進んだ社会では、兵士にしても労働者にしても、読み書きはもちろん、初歩的な算術などが今まで以上に必要となる。富国強兵を進めるためには、国民の教育水準を高めることが絶対条件だったのである。

高額な授業料負担が庶民感情を刺激した

１８７２年、学校制度を定めた日本初の教育法令である学制が公布され、**小学校（尋常《じんじょう》小学校）**が設置された。これは広く庶民に学ぶ機会を与えるものだったが、反発が大きかった。なぜなら、農村では貴重な労働力である子どもを小学校に取られてしまっては、家計への打撃となるからだ。

また、有業者の月収が平均１円75銭という時代に、月50銭の授業料が徴収されたことは、庶民にとっては経済的な負担となった。ときには、**小学校廃止を求めた農民一揆**まで起こり、深刻な問題となった。

そのため政府は１８７９年に**教育令**を発布し、小学校経営を町村の自由裁量として課程を短縮した。しかし、今度はこれが自由主義的過ぎると批判を受けることとなる。その後、政府は試行錯誤を続けながらも教育制度を少しずつ整備していき、１９１０年を過ぎる頃には就学率が90％以上に達していたのである。

ここが発見！

政府は富国強兵のために初等教育に力を入れたが、農村では労働力である子どもを学校に取られるとして反対意見も多かった。

手探り状態だった明治初期の学校教育

1872年に定められた学制では、全国に250以上の中学校と5万以上の小学校を設立することとなった。しかし、新築の学校は20％に満たず、多くの学校は寺や民家を利用したもので、教員は1～2名。しかも、ほとんどは正式な教員ではなく、元藩校の教師や医師が多かった。その後、文部省が教育制度の充実に力を入れたことで、教育の環境は徐々に整えられていった。

文部
アイウエオ
カキクケコ
サシスセソ

『小学入門教授図解』
国立教育政策研究所蔵

当時の授業のようす。教員が、読み書きを教えるための五十音表を壁に広げて授業を進めている。小学校は上等小学校、下等小学校の2つに分けられ、それぞれがさらに8つの級に分けられており、授業は基本的に学年別に行われた。

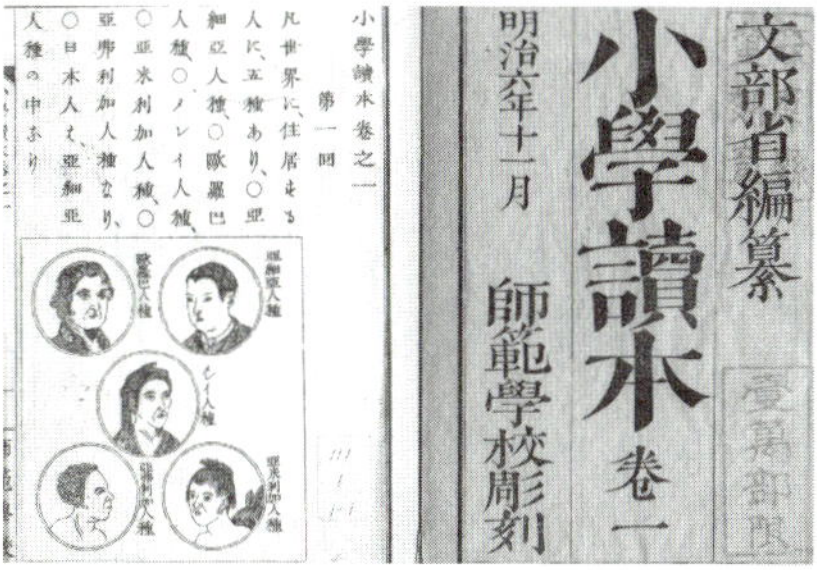

文部省編纂
小學讀本 巻一
明治六年十一月
師範學校彫刻

当時の教科書『小学読本』。アメリカの教科書を翻訳したもの。「およそ地球に居住せる人に五種あり」という文書とともに、各人種の似顔絵が添えてある。当初は文部省による検定制度などもなく、民間業者が海外の教科書をそのまま翻訳したものや、国語・算数・理科・社会が1冊に収められているものなどもあった。

写真提供：旧開智学校

義務教育と就学率の変遷

当初は低かった就学率も、教育令や改正教育令、教育勅語の発布により上昇。さらに、1900年に尋常小学校の無料化とともに義務教育の４年制が確立し、1907年に義務教育が６年制になる頃には就学率が90％を超えた。

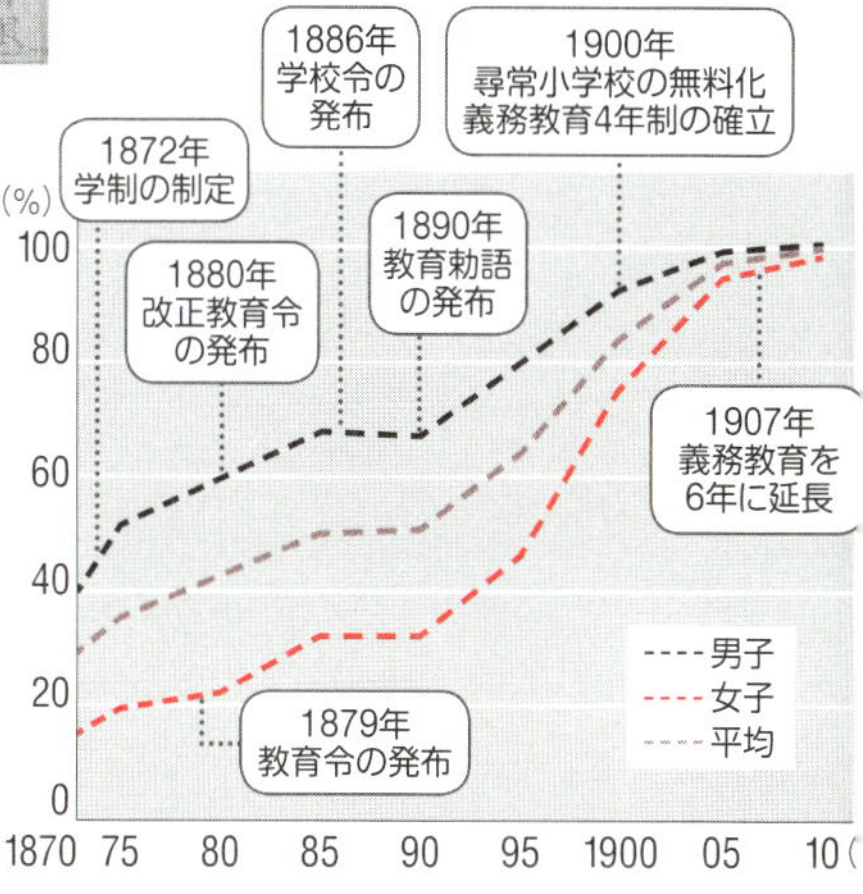

1886年
学校令の発布
1900年
尋常小学校の無料化
義務教育4年制の確立
1872年
学制の制定
(%)
1890年
教育勅語の発布
1880年
改正教育令の発布
1907年
義務教育を6年に延長
1879年
教育令の発布
男子
女子
平均
100
80
60
40
20
0
1870
75
80
85
90
95
1900
05
10

※文部省『文教資料』をもとに作成。

12月がわずか3日!? 混乱を招いた明治の改暦

旧暦では1年が13カ月になることもあった

古代から日本では、月の周期で1カ月を決める**太陰太陽暦**を使用していた。いわゆる**旧暦**と呼ばれる暦である。農業や漁業には、月の満ち欠けが大きく関係している。月の満ち欠けを取り入れた旧暦は、これらの職業に従事する人々にとってなくてはならないものだった。旧暦では、19年に7回の割合で1年が13カ月になった。現代人には想像できないことだが、1年の日数が30日も増えたのである。これを**閏月**《うるうづき》という。

当時、欧米各国は**太陽暦**を使用していた。開国以来、外国との交渉が増えた日本政府は、旧暦と太陽暦の違いによる不便さを、ことあるごとに感じていた。明治維新によって**国際社会の一員**となった明治政府としては、一刻も早く太陽暦を採用したかったのである。

改暦によって1カ月分減った役人の給料

そこで明治5年12月3日（1872年1月1日）、政府は太陽暦（**グレゴリオ暦**）への移行を布告し、この日を明治6年1月1日とすると決めた。国民に根づいた旧暦をやめることに躊躇はあったが、明治6年が閏月のある年だったことが、政府の判断を後押しした。

前年、政府は官公庁の役人に対して、年棒制に変えて月給制を導入していた。太陽暦を採用することで、**来年度の月給を1カ月減らすことができた**のである。

しかし、当然のように庶民は困惑した。大晦日を迎える前に元旦になってしまったのだ。また、年末の改暦ということに加えて、実施日のわずか20数日前の発表という唐突さもあり、暦業者にとってははた迷惑な話だった。せっかく刷った暦がただの紙切れになってしまったのである。

ここが発見!

突然の改暦は庶民に混乱をもたらした。その背景には、役人の給料を1カ月少なくするという政府の隠れた狙いがあった。

日本で使われた暦の変遷

旧暦（太陰太陽暦）は、月の満ち欠けによって1カ月を決め、太陽の動きによって季節（二十四節気）を決めるというもの。日本では7世紀に中国から導入して以来、江戸時代までは中国の暦がそのまま使用され、江戸時代に入ると中国のものが改良されて使われるようになった。明治時代になるまで使われた暦は、天文学者である渋川景佑《しぶかわかげすけ》らが完成させ、天保年間に採用された天保暦で、正確にはこの暦が日本での旧暦にあたる。この暦は、実際に使われた太陰太陽暦としてはもっとも精密なもののひとつで、グレゴリオ暦よりも誤差が小さいといわれている。

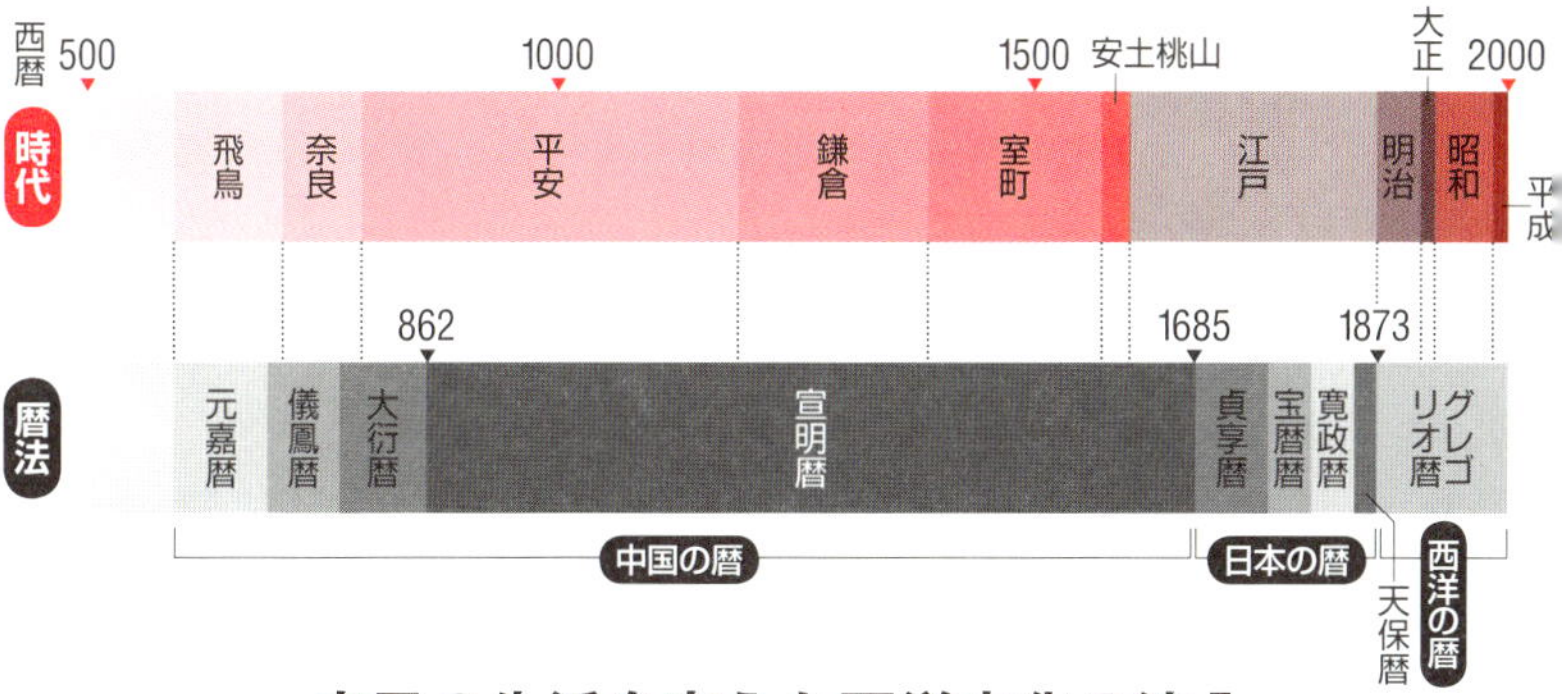
西暦
500
1000
1500
2000
安土桃山
大正
時代
飛鳥
奈良
平安
鎌倉
室町
江戸
明治
昭和
平成
862
1685
1873
暦法
元嘉暦
儀鳳暦
大衍暦
宣明暦
貞享暦
宝暦暦
寛政暦
グレゴリオ暦
中国の暦
日本の暦
天保暦
西洋の暦

庶民の生活を変えた西洋文化の流入

明治政府は西洋のさまざまな制度を積極的に導入した。

貨幣制度

1871年、従来の貨幣制度に代わり、西洋に倣った十進法による貨幣制度がスタートした。このとき、円という単位がはじめて正式に採用された。

一圓

写真提供：日本銀行貨幣博物館

世界的に流通していた貿易用の銀貨に倣った1円銀貨。

鉄道

1872年、新橋－横浜間に鉄道が開通し、9両編成の蒸気機関車が両駅を約1時間で結んだ。

写真提供：鉄道博物館

現存する日本初の蒸気機関車。イギリスから輸入された。

郵便制度

1871年、わが国の近代郵便制度が発足し、東京－大阪間で郵便事業が始まった。このとき、日本初となる切手が4種類発売された。

日本最初の切手。

銭四十八文

当時の郵便局のようすを描いた『郵便取扱の図』。左側に窓口が見える。 写真提供：上下ともに、郵政資料館

民撰議院設立建白書の提出 1874年

自由民権運動の中心となったのは不平士族だった

板垣退助は武力ではなく言論による反抗を選んだ

明治維新以降、明治政府は**中央集権国家**づくりに邁進したが、その過程で切り捨てられたのが士族たちである。「**秩禄《ちつろく》処分**」（武士に与えられる給料の廃止）や「**廃刀令**」（帯刀の禁止）などで多くの権利を失った彼らは、１８７０年代にたびたび武力に訴えて立ち上がった。その最大のものが、薩摩の**不平士族**が**西郷隆盛《さいごうたかもり》**を立てて引き起こした**西南戦争**であった。

西郷とともに下野していた**板垣《いたがき》退助《たいすけ》**は、武力ではなく言論によって士族の権利回復を目指す道を選んだ。板垣は**後藤《ごとう》象二郎《しょうじろう》**らとともに、政府に対して民選の議会開設を要望する「**民撰議院設立建白書**」を提出した。この行動は**自由民権運動**が国民に浸透する契機となり、士族だけでなく**地租**（土地への税金）の改正を求める農民などの支持も集め、運動は全国へと広がっていった。

自由民権運動は武力闘争へ転化して衰退していった

政府は、自由民権運動をさまざまな手段を用いて弾圧した。もっとも、自由民権を基本とした**立憲政治**（憲法にのっとった政治）の確立は、**伊藤博文《いとうひろぶみ》**ら政府側の人間も考えていた。立憲政治を目指すという点では、政府と自由民権運動の方向性は真っ向から対立するものではなかったのである。ただ、主体となるのが政府か民衆かという点で食い違い、それがさまざまな紛争を生んだ。

新時代の農民一揆と呼ぶべき、**激化事件**もそのひとつだった。政府に不満をもつ活動家や農民たちによる激化事件は、１８８０年代に各地で頻発。しかし、政府が徹底的に取り締まったことから、やがて**自由民権運動そのものが衰退**していくこととなった。

ここが発見！

不平士族の運動として始まった自由民権運動は、農民にも支持されて広まったが、やがて激化事件なども引き起こして衰退した。

担い手が変化した自由民権運動

板垣退助

　初期の運動は、板垣に同調した不平士族たちが支えていたが、やがて政治への参加を望む豪農たちが中心となり、自由党や立憲改進党などが結成された。その後、貧困にあえぐ農民などによる激化事件が相次ぎ、自由党や立憲改進党はこれらを統制できなかったことで急速に衰退していった。1886年には、党派を超えて運動を進めようと大同団結運動が始まるが、これも分裂や政府の弾圧によって数年で終息した。しかし、自由民権運動の要求を無視できなかった政府によって、1890年に初の帝国議会が開かれた。

写真提供：国立国会図書館

自由民権運動の流れと政府の対応

時期	運動の形態	要求	中心勢力		政府の対応
1874～1877年頃	立志社による運動	藩閥政治の打倒	**士族**	←	1875年 讒謗律《ざんぼうりつ》・新聞紙条例による弾圧
1877～1881年頃	自由党・立憲改進党による運動	国会開設 税金の軽減	**豪農**	←	1880年 集会条例による弾圧
1881～1886年頃	激化事件	国会開設 政府の打倒 借金負担の軽減	**農民**	←	武力による鎮圧
1886～1889年頃	大同団結運動	税金の軽減 言論の自由 外交政策の挽回	**活動家 政治家**	←	1887年 保安条例による弾圧

※讒謗律・新聞紙条例…新聞、風刺画などで政府を批判する行為を取り締まる法律。
※集会条例…集会・結社の自由を規制した法律。
※保安条例…秘密の集会・結社を禁じ、危険人物を退去させるための法律。

頻発する激化事件 ～秩父事件～

　1884（明治17）年、主要産業である生糸の大暴落により困窮をきわめていた秩父地方の農民は困民党を組織し、自由党員とともに蜂起した。農民たちは秩父周辺を制圧し、高利貸や役所を襲撃したが、この暴動を知った政府が送り込んだ警察や軍隊によって制圧され、約1万4000名が処罰されたうえ、首謀者5人が処刑された。1882～1884年にかけて、各地でこのような激化事件が頻発した。

秩父事件で蜂起した人々を弔った墓。

日本海海戦が日本国民の海軍びいきを決定づけた

日本では陸軍に比べて海軍の人気が高かった

かつて日本には**海軍**と**陸軍**が存在していた。政治的発言力は陸軍が上だったが、海軍のほうが圧倒的に国民人気が高かった。陸軍軍人のように政治の表に出ることがなく、大海原を航海して外国語を駆使するという、スマートで開放的なイメージが受けたのだろう。

一方の陸軍には、政治に対する発言力の強さから強圧的なイメージがあった。もちろん、海軍の中にも政治軍人はいたし、当時の陸軍軍人も外国語を使いこなしたが、いつの間にかそのようなイメージが定着していたのである。

「東洋の奇跡」が海軍の人気を決定づけた

そんな日本人がさらに海軍びいきになったのには、きっかけがあった。１９０４年に始まった**日露戦争**である。列強各国は当時大国として君臨していたロシアの勝利を信じて疑わなかったが、日本は予想以上に善戦し、翌年5月の**日本海海戦**を迎える。

ロシアの**バルチック艦隊**が対馬海峡に現れ、**東郷《とうごう》平八郎《へいはちろう》**率いる日本海軍の**連合艦隊**がこれを迎え撃った。この戦いで東郷は「**丁字《ていじ》戦法**」という作戦を用いてバルチック艦隊に壊滅的な打撃を与え、戦争の勝利を決定づけた。日本海海戦の勝利は、世界から「**東洋の奇跡**」といわれ、日本人は熱狂した。東郷司令長官は英雄に祭り上げられ、日本人の海軍びいきは決定的なものとなったのである。

陸軍も日本海海戦の2カ月前、**奉天会戦**でロシア軍を破り、陸戦の大勢を決める勝利を挙げていた。だが、もともと海軍びいきである日本国民の喜びようは、日本海海戦の勝利のときとは比べものにならないほどひかえめだったという。

ここが発見！

もともと国民へのイメージがよかった海軍は、日本海海戦の大勝利により国民への好印象をさらにアップさせた。

奇跡を可能にした東郷平八郎の戦略

バルチック艦隊は、日本海までの長期間の移動で多くの兵士が疲弊していた。また、帰りの分の燃料や物資などを大量に積み込み、積載超過といえる状態にあった。一方の日本艦隊は、バルチック艦隊の到着までに徹底した訓練を行っていたうえ、優れた無線通信技術を駆使して戦闘前、戦闘中の情報収集を怠らなかった。これらの要素が、日本海海戦の勝敗を分けたといわれている。

	日本軍		ロシア軍	
	戦力	損失	戦力	損失
戦艦	4	0	8	8
海防戦艦	0	0	3	3
装甲巡洋艦	8	0	3	3
巡洋艦	12	0	6	2
海防艦・砲艦	4	0	0	0
駆逐艦	21	0	9	6
水雷艇	39	3	0	0

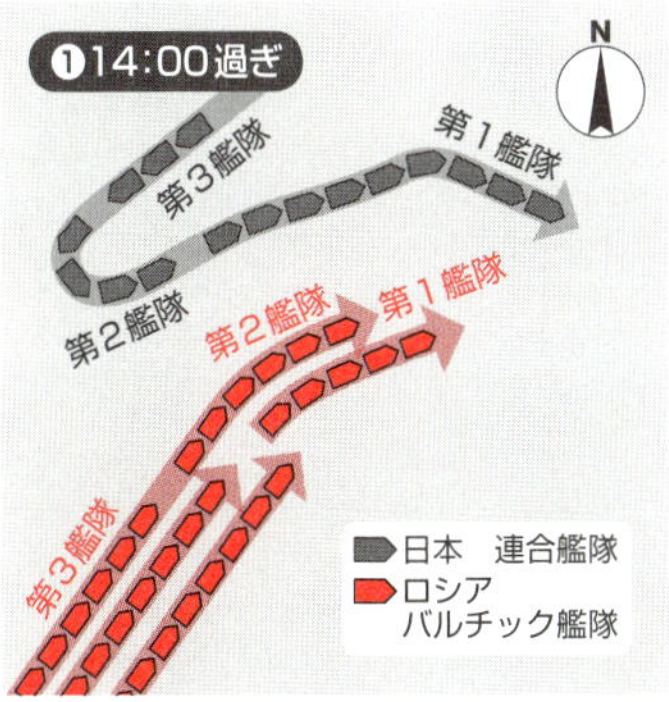
❶14:00過ぎ
N
第3艦隊
第1艦隊
第2艦隊
第2艦隊
第1艦隊
第3艦隊
日本　連合艦隊
ロシア
バルチック艦隊

バルチック艦隊の左側で強引に回頭した連合艦隊が相手の進行方向をふさぐ形に進み、バルチック艦隊に向けて一斉砲撃を行う。バルチック艦隊は先頭の艦船しか反撃できない。

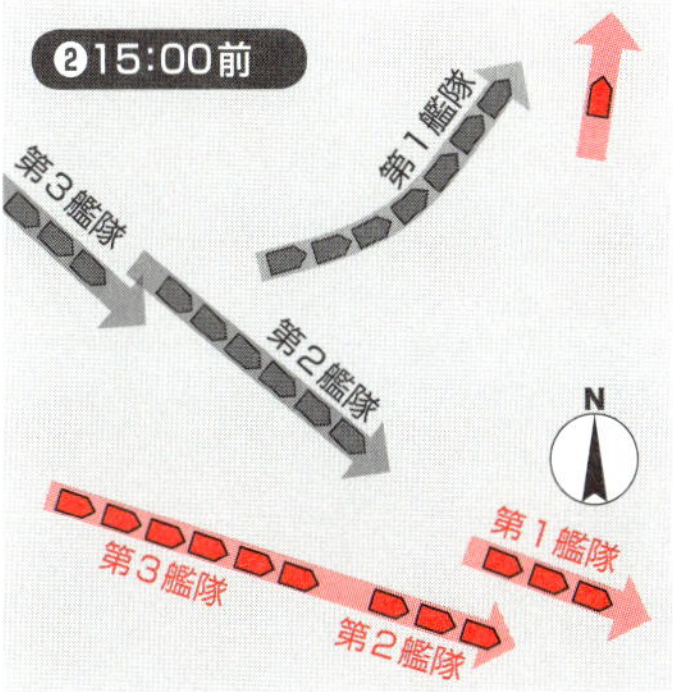
❷15:00前
第1艦隊
第3艦隊
第2艦隊
N
第1艦隊
第3艦隊
第2艦隊

連合第２艦隊は右側（東）へと逃げるバルチック艦隊主力を追撃。連合第１艦隊は、戦列を離れて北へと逃走する敵艦船を追撃する。

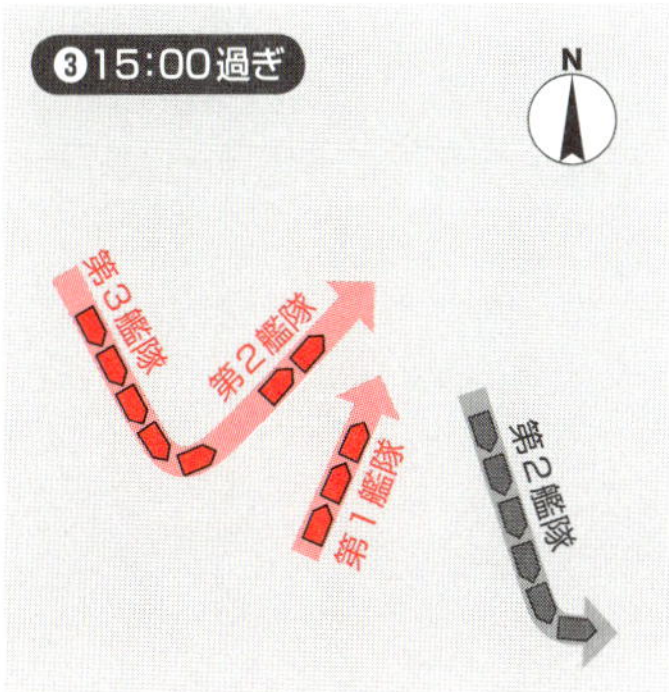
❸15:00過ぎ
N
第3艦隊
第2艦隊
第1艦隊
第2艦隊

バルチック艦隊は連合第２艦隊との戦闘を避けるため、左側（北）へ回頭する。

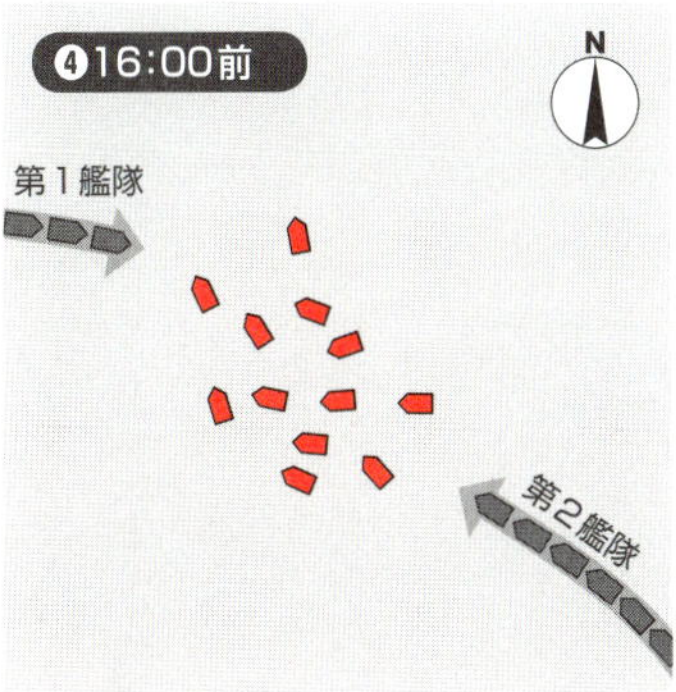
❹16:00前
N
第1艦隊
第2艦隊

北へ逃走するバルチック艦隊は、北へ進路を取っていた連合第１艦隊と遭遇。追撃してきた連合第２艦隊と挟み撃ちにされ、勝敗が決した。

第一次世界大戦のきっかけになった日露戦争

ここが発見!

日露戦争での日本の勝利は、世界中を驚かせたと同時に、列強の力関係を変え、第一次世界大戦のきっかけのひとつになった。

当事者の日本も日露戦争の勝利を予想していなかった

日露戦争の前、ロシアの脅威を知っていた日本は、**日英同盟**を結んでロシアを牽制したり、直接交渉を行ったりして、ぎりぎりまで戦争を回避しようとした。戦争を決意したときですら、アメリカ大統領の**セオドア・ルーズベルト**に和平の仲介を頼んでいる。戦いをしかける当人たちが、勝利を予想していなかったのである。

諸外国も同様であった。しかし、予想を裏切って日本は勝利した。この勝利は日本軍部に大きな自信を与えることにつながり、後に軍人が政治介入を強めていくきっかけになった。

日露戦争後の欧米列強の変化 ロシアはバルカン侵攻へ

一方、アジアの小国である日本が大国ロシアを破った事実は、欧米列強の支配下にあったアジア諸国を歓喜させ「植民地地域の独立に弾みをつけ、人種差別下にあった人々を勇気づけた」といわれた。また、欧米列強にとっても、ロシアへの脅威・警戒感は薄くなり、**列強のバランスはくずれた**。

イギリスは仮想敵国をロシアからドイツに変え、**日英露は協調路線へと方針を転換**。アメリカはこの機に清へ進出しようとしたが、日英露三国に締め出しを食らい、対日感情が悪化した。

もともと不凍港を求めて南下する政策を重要視していたロシアは、敗北によって極東への南下を断念し、南下の矛先をバルカン半島へ向けた。この**バルカン侵攻政策**が、同じくバルカン侵攻を企んでいたオーストリアとの対立を招き、**第一次世界大戦**の引き金となる。

日露戦争は単に小国が大国に勝ったというだけでなく、国際情勢を大きく変えるほどの重大事件だったのである。

第一次世界大戦は日露戦争が引き金となった

日露戦争には、利害の対立する欧米列強が日本に行わせた代理戦争的な側面もあった。そのため、日本は戦争には勝ったものの、賠償金を得ることができなかったうえ、領土の獲得も不本意なものに終わり、アメリカやイギリスに対する多額の借金だけが残ったのである。一方のロシアは、この敗戦によって極東での南下政策を諦め、ヨーロッパ、とくにバルカン半島への南下政策を模索し、第一次世界大戦へとつながっていく。

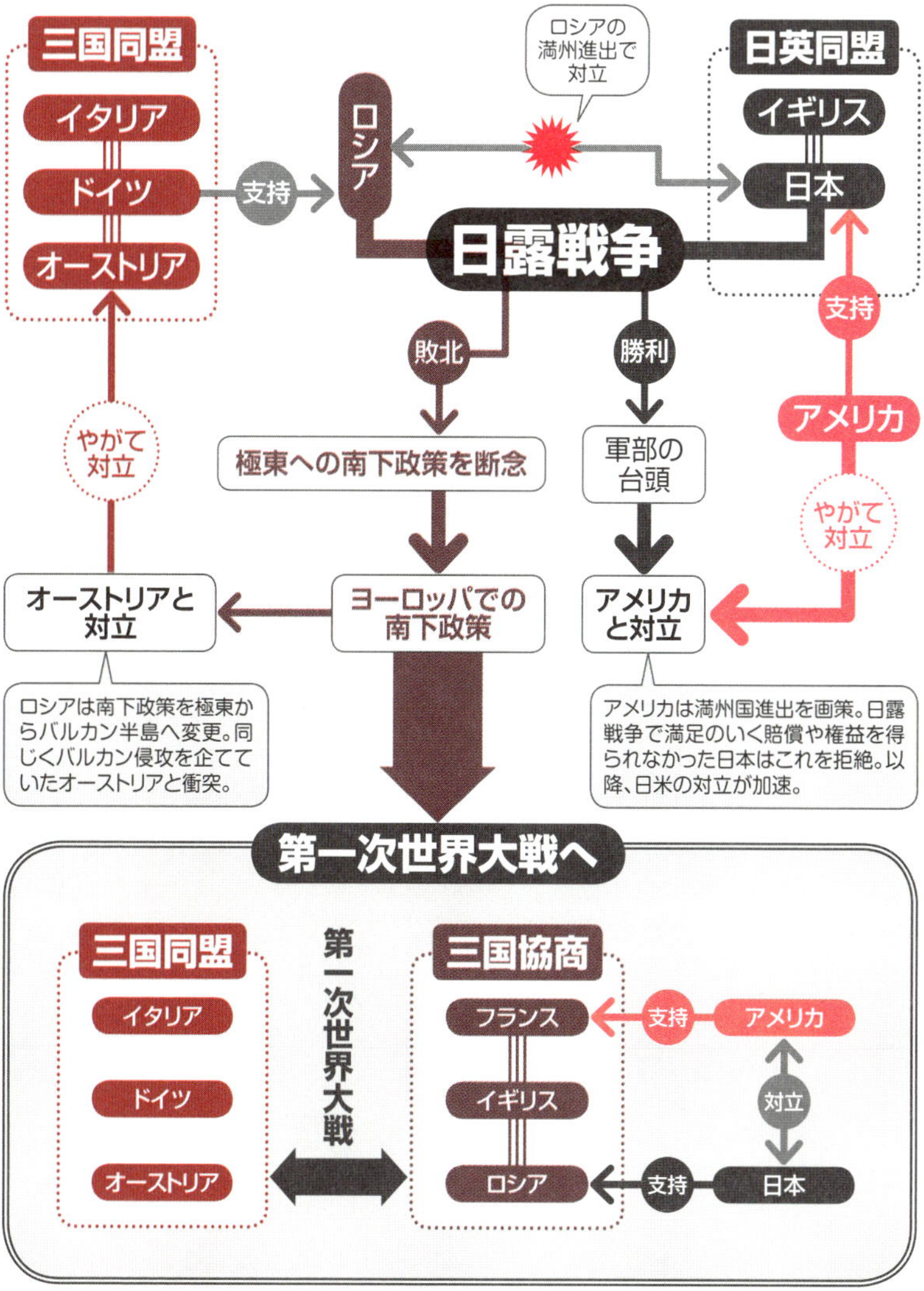

三国同盟
イタリア
ドイツ
オーストリア
支持
ロシア
ロシアの満州進出で対立
日英同盟
イギリス
日本
日露戦争
敗北
勝利
支持
アメリカ
やがて対立
極東への南下政策を断念
軍部の台頭
やがて対立
オーストリアと対立
ヨーロッパでの南下政策
アメリカと対立
ロシアは南下政策を極東からバルカン半島へ変更。同じくバルカン侵攻を企てていたオーストリアと衝突。
アメリカは満州国進出を画策。日露戦争で満足のいく賠償や権益を得られなかった日本はこれを拒絶。以降、日米の対立が加速。
第一次世界大戦へ
三国同盟
イタリア
ドイツ
オーストリア
第一次世界大戦
三国協商
フランス
イギリス
ロシア
支持
アメリカ
対立
支持
日本

8章

ふたつの大戦から現代へ

第一次世界大戦以降

この時代のおもな出来事

大正時代

1914〜1918	第一次世界大戦が起こる	▼P300
1915	中国に対華二十一カ条の要求を出す	
1920	国際連盟に加入する	
1923	関東大震災が起こる	
1925	男子普通選挙法が成立する	

昭和・現代

1931	満州事変が起こる	
1932	五・一五事件が起こる	
1933	国際連盟を脱退する	
1936	二・二六事件が起こる	▼P302
1937	日中戦争が始まる	
1938	東京オリンピック(1940年)中止が決定される	▼P304

1940 日独伊三国同盟が締結される……▼P306
1941 太平洋戦争が始まる
1945 広島・長崎に原爆が投下される
ポツダム宣言を受諾し、無条件降伏する
1946 日本国憲法が発布される
1951 サンフランシスコ講和条約が締結される……▼P308
1956 国際連合に加盟する
1964 東京オリンピックが開かれる
1972 沖縄が日本に返還される

写真提供　上：探検コム
中下：朝日新聞社

日本の参戦理由は中国の権益を手に入れるためだった

ここが発見！
日本は、表向きは日英同盟を背景として第一次世界大戦に参戦したが、本当の目的は、中国の権益を手に入れることにあった。

日本は第一次世界大戦を利用して中国進出を果たした

1914年、**第一次世界大戦**が勃発した。日本は直接的には大戦とは関係のない立場であったが、1902年に結んだ**日英同盟**を背景に、**連合国**の一員として大戦に参加。地中海まで軍を派遣した。

しかし、日本の本当の狙いは**中国**だった。豊富な資源を獲得し、自国製品の市場開拓を目指す日本は、中国を是非とも勢力下に置いておきたかった。互いに反目していた軍部と政党は**大隈重信**《おおくましげのぶ》首相のもとに団結、戦争を推進した。

日本は中国大陸に出兵して山東省のドイツ軍を排除し、その権益を日本が引き継ぐことなどを含む「**対華二十一カ条の要求**」を中国側に認めさせた。列強がアジアに構っていられない状況のなか、中国も日本の要求を飲まざるを得なかったのだ。

大正モダニズムの光と影 労働者による運動が活発化

1918年、ドイツの敗戦によって第一次世界大戦は終結し、戦勝国側に立った日本の国際的地位は高まった。さらに、大戦は日本に**空前の好景気**をもたらした。ヨーロッパとアジアへの輸出拡大によって、大戦前には11億円の債務国であった日本が、大戦後の1920年には27億円の**債権国**へと変わっていた。極東アジアの小国が、欧米の列強と肩を並べるほどの大国となったのである。

国内では、**大戦景気**に乗じた**成金**が生まれ、中流以上の人々は「**大正モダニズム**」と呼ばれる西洋風の文化を満喫した。しかし一方で、労働者による低賃金・長時間労働に対する**労働争議**が頻発。大戦前の弾圧を受けて鳴りを潜めていた社会主義者も活動を再開し、多くの若者が**社会主義運動**へ身を投じることとなった。

第一次世界大戦がもたらした日本の躍進と好景気

第一次世界大戦への参戦で連合国側の勝利に貢献したと評価された日本は、山東省におけるドイツの権益を譲り受け、ドイツ領南洋諸島を委任統治領として獲得するとともに、国際連盟の常任理事国という地位も手に入れた。また、国内は戦争による被害を受けなかったこと、ヨーロッパやアジア各国への輸出が増大したことで、空前の好景気に沸いた。

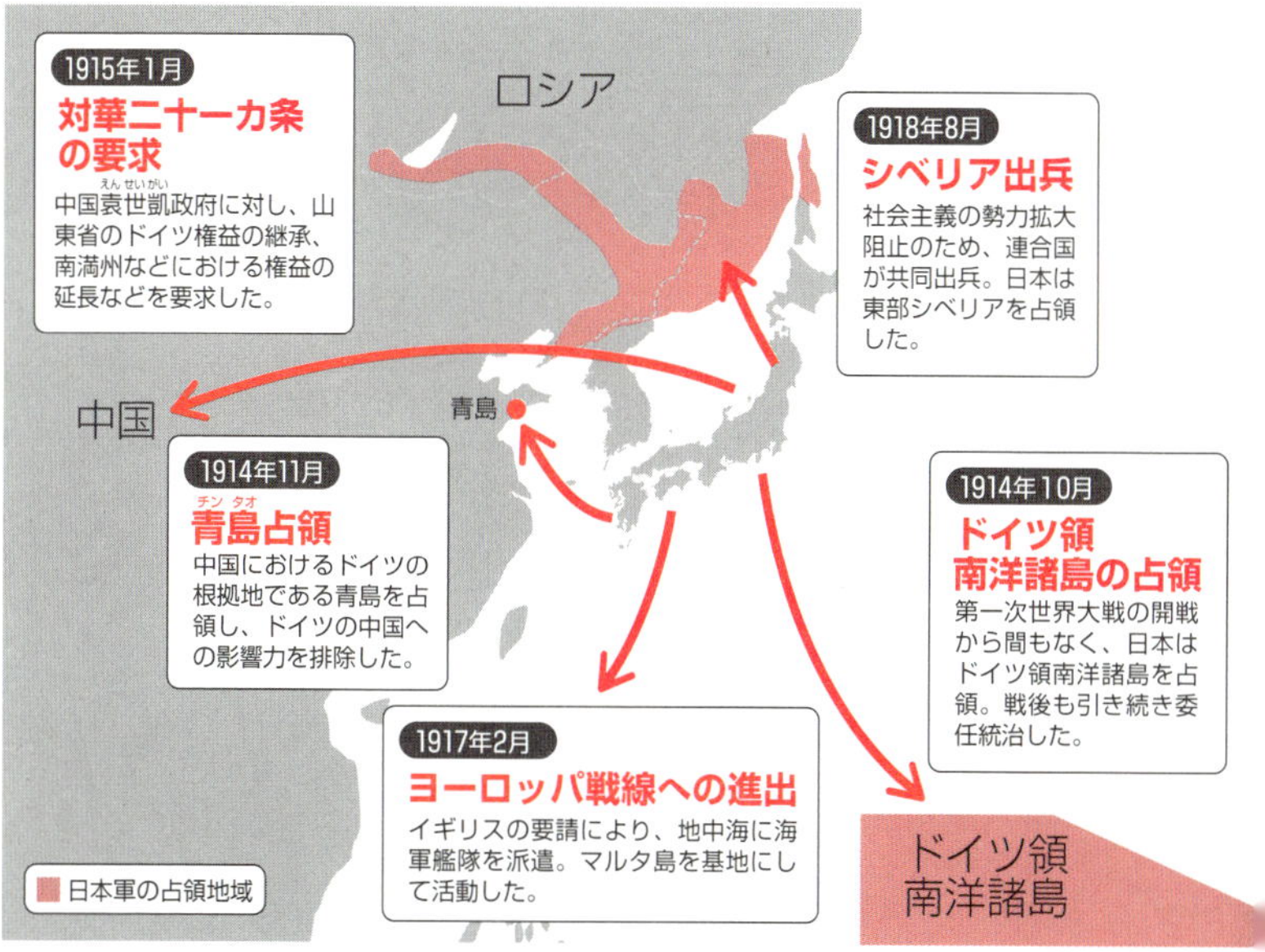
1915年1月
対華二十一カ条の要求
中国袁《えん》世凱《せいがい》政府に対し、山東省のドイツ権益の継承、南満州などにおける権益の延長などを要求した。
ロシア
1918年8月
シベリア出兵
社会主義の勢力拡大阻止のため、連合国が共同出兵。日本は東部シベリアを占領した。
中国
青島
1914年11月
青《チン》島《タオ》占領
中国におけるドイツの根拠地である青島を占領し、ドイツの中国への影響力を排除した。
1914年10月
ドイツ領南洋諸島の占領
第一次世界大戦の開戦から間もなく、日本はドイツ領南洋諸島を占領。戦後も引き続き委任統治した。
1917年2月
ヨーロッパ戦線への進出
イギリスの要請により、地中海に海軍艦隊を派遣。マルタ島を基地にして活動した。
日本軍の占領地域
ドイツ領南洋諸島

青島陥落を祝う人々

当時、日本全国で飾り立てた電車や着飾った人々による盛大なパレードが行われ、国民は戦勝気分に酔いしれた。

二・二六事件 1936年

二・二六事件が日本の軍国主義化を加速させた

長引く不況により日本は軍国主義への道を歩み始めた

第一次世界大戦の後に**関東大震災**、**金融危機**、**世界恐慌**などが起こると、大戦による特需に沸いていた日本を慢性的な不況が襲った。世界恐慌による大不況を統制経済で乗り切ったアメリカやイギリスに対し、米英の勢力圏に対する輸出が伸び悩んだ日本は、**満洲**に活路を見出していく。

政府はあくまで**協調外交路線**を貫きながら利権を拡大する方針だったが、満洲に駐屯していた**関東軍**は政府を無視して暴走を始めてしまった。**南満洲鉄道**の線路爆破事件を機に南満洲の都市を武力制圧（**満洲事変**）、さらに関東軍は傀儡《かいらい》国家として**満洲国**を建国する。この暴挙は世界中から批判を浴び、日本は**国際連盟を脱退**することとなった。

二・二六事件は軍部が実権を握るきっかけとなった

日本国内では、軍部によるクーデターが起こった。1932年5月15日、海軍の青年将校が**犬養《いぬかい》毅《つよし》**首相を射殺した「**五・一五事件**」、そして1936年2月26日、陸軍の青年将校らが1400人の兵士を率いて首相官邸や警察庁などを襲撃し、永田町一帯を占拠した「**二・二六事件**」である。

当時の陸軍では、天皇中心主義を掲げる若手将校中心の「**皇道《こうどう》派**」と、合法的な改革を目指す軍参謀中心の「**統制派**」が対立。二・二六事件は皇道派によるもので、天皇中心の改革を掲げていたが、天皇はこれを認めなかった。統制派を中心とする鎮圧軍により、このクーデターは失敗に終わった。

しかし、その後の政府は暴力を恐れ、軍部の政治介入を許すようになった。軍部の発言権はさらに強まり、日本の軍国主義への歩みは決定づけられたのである。

ここが発見！

二・二六事件は失敗に終わったが、これによって軍部の発言権は強まり、日本の軍国主義への歩みは決定づけられた。

陸軍の派閥抗争だった二・二六事件

皇道派は、天皇親政という理念を掲げてはいるものの、それを実現するための具体的な方策をもっていなかった。これに対し、統制派は政財界と結びつき、彼らの力で世論をコントロールしつつ、海外進出を進めていくというビジョンをもっていた。二・二六事件後、統制派は大規模な人事異動によって皇道派を一掃し、同時に自由主義的な人物や軍部の政策に批判的な人物の弾圧も行い、軍部の権力を強めていった。

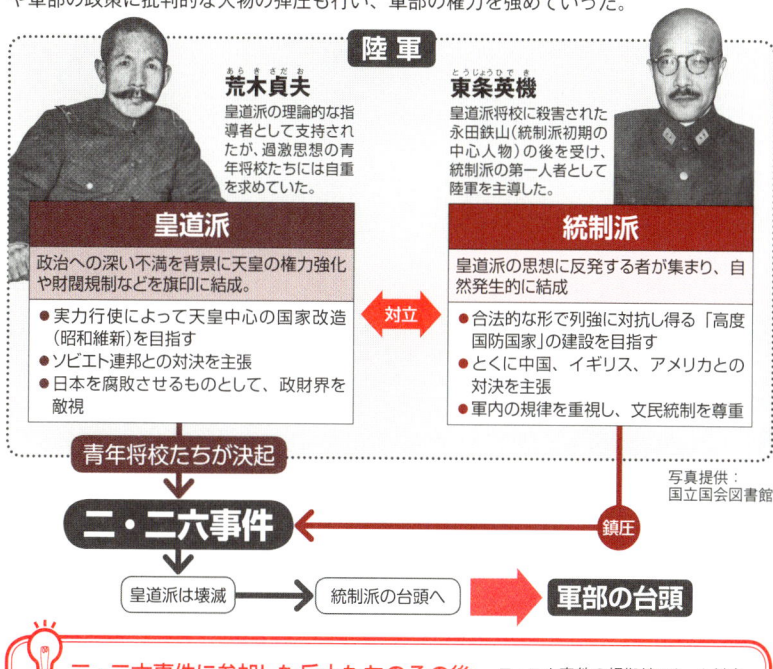

陸軍

荒《あら》木《き》貞《さだ》夫《お》

皇道派の理論的な指導者として支持されたが、過激思想の青年将校たちには自重を求めていた。

東《とう》条《じょう》英《ひで》機《き》

皇道派将校に殺害された永田鉄山（統制派初期の中心人物）の後を受け、統制派の第一人者として陸軍を主導した。

皇道派	対立	統制派
政治への深い不満を背景に天皇の権力強化や財閥規制などを旗印に結成。		皇道派の思想に反発する者が集まり、自然発生的に結成
● 実力行使によって天皇中心の国家改造（昭和維新）を目指す ● ソビエト連邦との対決を主張 ● 日本を腐敗させるものとして、政財界を敵視		● 合法的な形で列強に対抗し得る「高度国防国家」の建設を目指す ● とくに中国、イギリス、アメリカとの対決を主張 ● 軍内の規律を重視し、文民統制を尊重

写真提供：国立国会図書館

皇道派 → 青年将校たちが決起 → **二・二六事件** ← 鎮圧 ← 統制派

二・二六事件 → 皇道派は壊滅 → 統制派の台頭へ → **軍部の台頭**

二・二六事件に参加した兵士たちのその後

皇道派の青年将校のほとんどは投降に応じた。その後、軍法会議が設けられ、思想的指導者の北《きた》一《いっ》輝《き》や、青年将校19人が処刑（銃殺）される。一方、上官に促されるまま参加した兵卒たちは、罪に問われず、元いた隊に戻された。しかし、二・二六事件の主力だった第一師団は、翌年1937年に勃発する日中戦争で最前線の激戦地に投入される。「汚名をそそげ」とどなられるなか、多くの兵士が戦死した。

二・二六事件の根拠地であった料亭「幸楽」に立てこもった陸軍兵士たち。

写真提供：朝日新聞社

昭和時代

東京オリンピックの中止 1938年

幻となったオリンピックが日本の国際的孤立を深めた

国際的孤立を回避するためにオリンピックは招致された

アドルフ・ヒトラーが、**ベルリンオリンピック**をナチス・ドイツの宣伝に利用した話は有名だが、当時は日本もオリンピックの招致活動を行っていた。ただし、日本がオリンピック招致に動いたのは、ナチス・ドイツのような思惑からではなく、国際的孤立を深めていくなかで**国際協調路線**を維持しようとしたからだった。

招致の中心的役割を担ったのは、柔道の生みの親でありアジア人初のIOC（国際オリンピック委員会）委員となった**嘉納治五郎**《かのうじごろう》だった。折しも、1928年のアムステルダム大会で三段跳びの**織**《お》**田幹雄**《だみきお》が日本人初の金メダルを獲得し、1932年のロサンゼルス大会でも日本人選手が活躍を見せていた時期である。1940年に**第12回オリンピック**が東京で開かれることが決定すると、**アジア初**となるオリンピック開催に人々はおおいに熱狂した。

オリンピックの返上により日本はさらに孤立を深めた

しかし、開催2年前の1938年、日本は**オリンピック開催権を返上**した。政府は返上の理由を、施設建設などに使う鉄が不足しているためとした。しかし実際は、**日中戦争**の戦況や、戦争が長引くにつれて国内外でオリンピック開催に対する批判が高まったためであった。国内では軍部による中止の圧力があり、中国の利権をめぐって対立していたイギリスやアメリカからも中止を求める声が上がっていた。

オリンピックは、日本が国際協調を模索するうえで最良のカードであったといえる。しかし、その唯一のカードを放棄したことで、日本はますます**国際社会での孤立**を深めていったのである。

ここが発見!

東京オリンピックは日本が国際協調を進める唯一のカードだったが、これを放棄したことで国際的孤立はますます深まった。

国際協調の象徴となるはずだった東京オリンピック

東京オリンピックの準備は進められていたが、イギリスが日中戦争を理由に選手の派遣を拒否したのを皮切りに、ボイコットを表明する国が続出。結果的に、開催が失敗に終わる前に開催権を返上しようという判断が下された。

日本の返上を受け、フィンランドのヘルシンキが代わりの候補地として選ばれたが、こちらも第二次世界大戦の勃発で中止となった。

東京でのオリンピック開催決定を喜ぶ市民。日の丸とともに、当時友好国であったナチス・ドイツのハーケンクロイツが掲げられている。

写真提供：探検コム

オリンピックを待ち望んでいた日本国民

当時の出版物などを見ると、政府の苦悩をよそに、国民の期待がいかに大きかったかをうかがい知ることができる。

当時の出版物の記事。オリンピックに対する意気込みや期待が伝わってくる。メイン会場として駒沢に陸上競技場を建設する予定もあったが、資材不足のため実現はしなかった。

東京オリンピックのポスター。さまざまなデザインのものがつくられた。

写真提供：国立公文書館アジア資料センター（当時の記事）、毎日新聞社（埴輪のポスター）、探検コム（仁王のポスタ

「ドイツに続け」とばかりに安易に結んだ三国同盟

ここが発見！

ドイツの快進撃で日本国内に生まれた「ドイツに続け」という気運が三国同盟を締結させ、太平洋戦争へとつながっていった。

日本はドイツの勝利を盲目的に確信していた

1940年、**日中戦争**は泥沼の状態に陥っていた。日本の国家予算に占める軍事費の割合は急増し、国民生活は苦しくなっていた。そして、日本の勢力拡大を快く思っていなかったアメリカは、日本に対して段階的に**経済制裁**を進めた。これにより、鉄や石油などの物資をアメリカからの輸入に頼っていた日本は、さらに苦境に立たされることになった。

当時のヨーロッパでは**第二次世界大戦**が始まり、ドイツがヨーロッパを席巻していた。日本国内にはドイツの勝利を確信する見方が広まり、陸軍を中心にドイツとの連携を強化し、米英に対抗すべきという考え方が強まった。海軍や外務省は米英との戦争の危険性を認識し、関係を改善していくべきだという考えをもっていたが、日本全体の論調としては、ドイツの優勢を讃える状況だった。そして1940年9月、**日独伊三国同盟**が締結された。

経済制裁による石油不足が日本を戦争に追い込んだ

この段階では、日本政府はアメリカとの戦争を望んでいたわけではなかった。しかし、日本が**南部仏印**（フランス領インドシナ／現在のベトナム・ラオス・カンボジア）に進駐すると、1941年8月にアメリカは日本に対して石油輸出を全面的に禁止。さらに「**ABCD包囲網**」（アメリカ・イギリス・中国・オランダ）をもって経済封鎖を行った。石油の輸入の大部分をアメリカに頼っていた日本は、このままでは屈服するしかない状況へと追い詰められた。

現状を打開するには武力で米英を破り、包囲網を打破するしかないと考えた日本は、**太平洋戦争**へと突入していくのである。

資源不足がもたらした太平洋戦争

日中戦争が長期化するにつれ、日本の資源不足は深刻なものとなった。そのため、安定的に資源を手に入れるために東南アジアへと進出を図った。

もともと、日本はアメリカとの戦争を望んでいなかったが、東南アジアへの進出によりアメリカとの対立は深刻なものとなり、戦争は不可避となった。

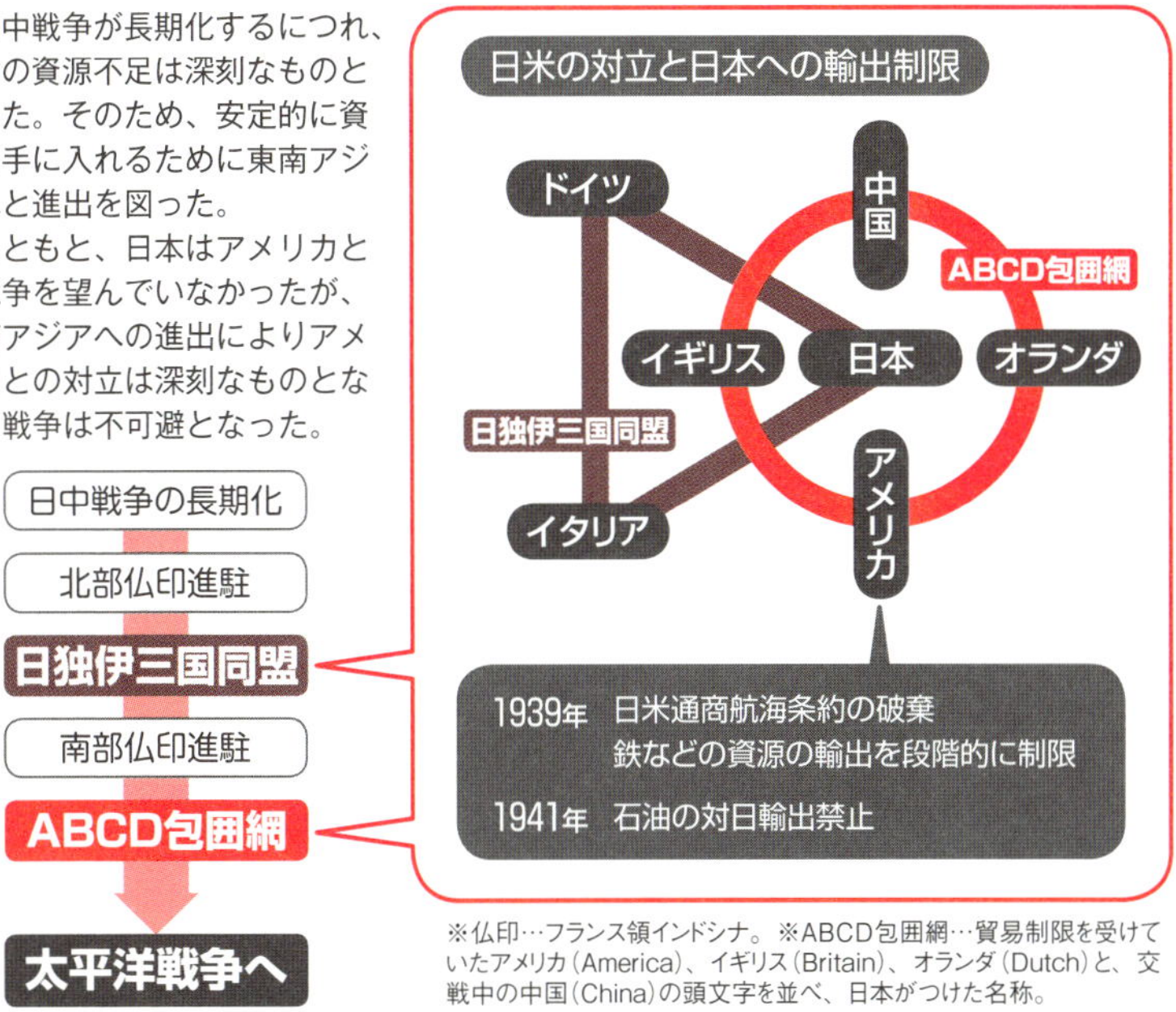
日中戦争の長期化
北部仏印進駐
日独伊三国同盟
南部仏印進駐
ABCD包囲網
太平洋戦争へ
日米の対立と日本への輸出制限
ドイツ
中国
ABCD包囲網
イギリス
日本
オランダ
日独伊三国同盟
アメリカ
イタリア
1939年 日米通商航海条約の破棄
鉄などの資源の輸出を段階的に制限
1941年 石油の対日輸出禁止

※仏印…フランス領インドシナ。※ABCD包囲網…貿易制限を受けていたアメリカ(America)、イギリス(Britain)、オランダ(Dutch)と、交戦中の中国(China)の頭文字を並べ、日本がつけた名称。

アメリカ頼みだった日本の軍需物資

第一次世界大戦以降、アメリカとの対立が続いていた日本だったが、機械や石油、鉄などの軍需物資のほとんどはアメリカからの輸入に頼っていた。そのため、資源確保のための海外進出によってアメリカの経済制裁を受けると、海外進出をますます拡大しなければならなくなるという悪循環に陥っていった。

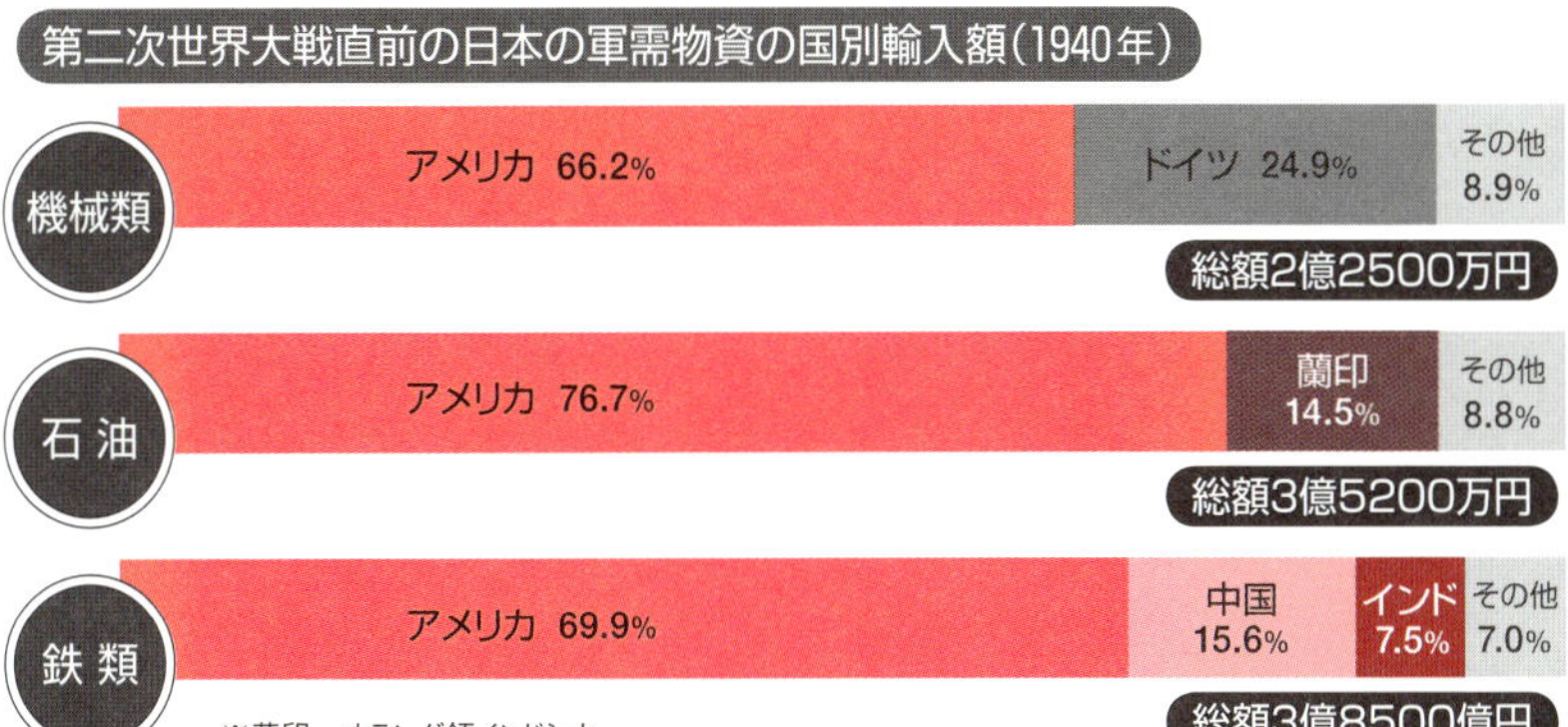
第二次世界大戦直前の日本の軍需物資の国別輸入額(1940年)
機械類
アメリカ 66.2%
ドイツ 24.9%
その他 8.9%
総額2億2500万円
石油
アメリカ 76.7%
蘭印 14.5%
その他 8.8%
総額3億5200万円
鉄類
アメリカ 69.9%
中国 15.6%
インド 7.5%
その他 7.0%
総額3億8500億円

※蘭印…オランダ領インドシナ。

サンフランシスコ講和条約が日本の経済成長を決めた

ここが発見!
サンフランシスコ講和条約が自由主義国との単独講和だったことで、日本はアメリカ主導の経済復興を果たすこととなった。

間接統治によって日本の民主化はスムーズに進んだ

１９４５年8月、日本は**ポツダム宣言**を受諾し、**無条件降伏**した。戦後の日本は**ＧＨＱ（連合国軍最高司令官総司令部）**による統治下に置かれ、日本国憲法の制定、財閥の解体、農地改革、教育改革などの**民主化政策**が次々と行われた。

日本の民主化政策は、ＧＨＱの指令を日本政府が実施するという**間接統治**だったことで、比較的にスムーズに成し遂げられた。

当時すでに、自由主義圏と社会主義圏の**冷戦構造**が見え隠れし始めていた。アメリカはソ連などの社会主義勢力が日本に接近することを恐れ、日本を自陣営に取り込みたいという意図をもっていた。**社会主義圏への対抗策**として、日本の経済復興と独立が重要だと考えていたのである。

講和の内容次第では日本の国土分断のおそれもあった

１９５０年、**朝鮮戦争**が起こった。日本は朝鮮戦争の軍需景気で一気に復興の足がかりを得た。そして１９５１年、日本は**サンフランシスコ講和条約**に調印し、翌年、正式に独立国となる。重要なのは、この条約が社会主義国を除く48カ国の自由主義国との間に結ばれた**単独講和**だったことである。これにより、日本を社会主義勢力に対抗する最前線と位置づけるアメリカとの関係が強まり、アメリカ主導の経済復興がさらに推し進められたのである。

仮に、社会主義諸国を含めた全面講和を結んでいたとしたら、日本とアメリカとの絆はここまで強くならなかっただろう。東西冷戦の波に飲まれ、ドイツや朝鮮半島のように、両勢力によって国土が分断される可能性もないわけではなかったのである。

アメリカの単独統治が日本の復興をもたらした

日本の統治は、名目上は連合国による共同統治であったが、日本の共産化を避けたいアメリカの思惑が強く働いて極東委員会や対日理事会の発言力は限定的なものとなり、実質的にはアメリカによる単独統治のような形になった。このことが、その後の日本の方向性を決定づけたといえる。

GHQ 最高司令官 マッカーサー

立法機関
極東委員会
アメリカ、ソ連、イギリス、中華民国などの11カ国で構成された立法機関。占領に関する政策決定を行い、GHQに指令する。

諮問機関
対日理事会
アメリカ、ソ連、イギリス、中華民国など7カ国で構成された諮問機関。GHQの諮問を受けて助言を行う。

アメリカを通して指令

諮問　助言

行政機関
GHQ
（連合国軍最高司令官総司令部）
極東委員会の指令によって占領政策を実行する行政機関。ほぼアメリカ軍によって構成されており、実質的にはアメリカ一国による間接統治の中枢となっていた。

指令

間接統治
日本政府
指令を受けて占領政策を実施。
統治
日本国民

マッカーサーへの感謝の署名運動

1951年、朝鮮戦争をめぐりトルーマン米大統領と対立したマッカーサー元帥は、連合国最高司令官を解任。離日するマッカーサーを見送るために沿道には20万人もの人々や米兵士が並び、感謝の署名運動も起こった。

 写真提供：朝日新聞社

冥加 みょうが	252
三好長慶 みよしながよし	165,171
明 みん	136,208
民撰議院設立建白書 みんせんぎいんせつりつけんぱくしょ	292

む

紫式部 むらさきしきぶ	72

め

明治改暦 めいじかいれき	290
明治天皇 めいじてんのう	274
明徳の乱 めいとくのらん	134,137,156
明暦の大火 めいれきのたいか	230

も

毛利隆元 もうりたかもと	178
毛利輝元 もうりてるもと	178,212
毛利元就 もうりもとなり	166,174,178,187
百舌鳥古墳群 もずこふんぐん	46
以仁王 もちひとおう	90,96
森長可 もりながよし	200

や

八板金兵衛 やいたきんべえ	158
八板若狭 やいたわかさ	158
屋島の戦い やしまのたたかい	91
山岡鉄太郎(鉄舟) やまおかてつたろう(てっしゅう)	278
山崎の戦い やまざきのたたかい	196
山背大兄王 やましろのおおえのおう	51,56
邪馬台国 やまたいこく	38,40
大和絵 やまとえ	72,143
大和政権 やまとせいけん	40,42,44
山名宗全(持豊) やまなそうぜん(もちとよ)	150
山本勘助 やまもとかんすけ	166,172,184
山脇東洋 やまわきとうよう	248
ヤミ市(闇市) やみいち	16
弥生文化 やよいぶんか	36

ゆ

結城秀康 ゆうきひでやす	188

よ

吉田兼見 よしだかねみ	196
吉野ヶ里遺跡 よしのがりいせき	36
淀殿 よどどの	203,216

世仁親王 よひとしんのう	→後宇多天皇

ら

楽市楽座 らくいちらくざ	175,190
『洛中洛外図屏風』 らくちゅうらくがいずびょうぶ	174

り

李氏朝鮮 りしちょうせん	208
律宗 りっしゅう	105
律令制 りつりょうせい	44,62
龍造寺隆信 りゅうぞうじたかのぶ	185
良寛 りょうかん	104
両統迭立 りょうとうてつりつ	120
臨済宗 りんざいしゅう	104,146

る

ルーズベルト	296

れ

連歌 れんが	143
連合艦隊 れんごうかんたい	294
連合国軍最高司令官総司令部 れんごうこくぐんさいこうしれいかんそうしれいぶ	308
連署 れんしょ	113
蓮如 れんにょ	146,176

ろ

禄 ろく	232
六波羅探題 ろくはらたんだい	112,122
六角定頼 ろっかくさだより	171

わ

倭(国) わ	38,60
若宮幕府 わかみやばくふ	101
脇坂安治 わきざかやすはる	214
『和田文書』 わだもんじょ	124
和田義盛 わだよしもり	107
和様 わよう	72,142

藤原通憲 ふじわらのみちのり	→信西
藤原基実 ふじわらのもとざね	86
藤原泰衡 ふじわらのやすひら	98
藤原頼長 ふじわらのよりなが	84
藤原頼通 ふじわらのよりみち	71,80
武断派 ぶだんは	210,214
仏教 ぶっきょう	50,52
仏教公伝 ぶっきょうこうでん	52
不輸不入権 ふゆふにゅうのけん	63
フビライ	116
不平士族 ふへいしぞく	292
古人大兄皇子 ふるひとのおおえのみこ	51,56
不破勝光 ふわかつみつ	198
文永の役 ぶんえいのえき	116
分国法 ぶんこくほう	154
『文治派』ぶんちは	210,214
文禄・慶長の役 ぶんろくけいちょうのえき	208,210

へ

平安京 へいあんきょう	64
平治の乱 へいじのらん	84,99
平城京 へいじょうきょう	64
兵農分離 へいのうぶんり	180,208
ペリー	266

ほ

北条氏綱 ほうじょううじつな	161
北条氏直 ほうじょううじなお	201,204
北条氏政 ほうじょううじまさ	204
北条氏康 ほうじょううじやす	160,164,172
北条貞時 ほうじょうさだとき	109,118,120
北条早雲 ほうじょうそううん	154,160,170
北条高時 ほうじょうたかとき	109,120,124,126
北条時政 ほうじょうときまさ	106,108
北条時宗 ほうじょうときむね	109,116,120
北条時行 ほうじょうときゆき	109,126
北条時頼 ほうじょうときより	109,114
北条政子 ほうじょうまさこ	106,108,110
北条泰時 ほうじょうやすとき	109,111,112
北条義時 ほうじょうよしとき	107,108
奉天会戦 ほうてんかいせん	294
法然 ほうねん	104
北面武士 ほくめんのぶし	80,110
北嶺 ほくれい	78
法華経 ほけきょう	104
保元の乱 ほうげんのらん	84,99
戊辰戦争 ぼしんせんそう	278,280,282,284
細川勝元 ほそかわかつもと	150
法華宗 ほっけしゅう	→日蓮宗
法相宗 ほっそうしゅう	105
掘立柱建物 ほったてばしらたてもの	3,35
ポツダム宣言 ぽつだむせんげん	308
堀河天皇 ほりかわてんのう	71,80
本能寺 ほんのうじ	194,196
本能寺の変 ほんのうじのへん	196

ま

前田利家 まえだとしいえ	8,198,212
前野良沢 まえのりょうたく	248
纒向石塚古墳 まきむくいしつかこふん	40,44
『枕草子』まくらのそうし	72
松平容保 まつだいらかたもり	280
松平定信 まつだいらさだのぶ	252,262
松平竹千代 まつだいらたけちよ	→徳川家康
松平信康 まつだいらのぶやす	188
松平元康 まつだいらもとやす	→徳川家康
松田憲秀 まつだのりひで	204
松姫 まつひめ	174
末法思想 まっぽうしそう	74
満洲国 まんしゅうこく	14,302
満洲事変 まんしゅうじへん	302

み

三方ヶ原の戦い みかたがはらのたたかい	201
水野忠邦 みずのただくに	262
密教 みっきょう	68,104
港川人 みなとがわじん	31
湊川の戦い みなとがわのたたかい	128
南満洲鉄道 みなみまんしゅうてつどう	14,302
源実朝 みなもとのさねとも	108,110
源為義 みなもとのためよし	84
源範頼 みなもとののりより	85,90,92,96,102
源満仲 みなもとのみつなか	79
源義家 みなもとのよしいえ	78,102
源義経 みなもとのよしつね	85,90,92,96,98,102
源義朝 みなもとのよしとも	84,89,90
源義仲 みなもとのよしなか	85,90,96,98,102
源頼家 みなもとのよりいえ	106,108
源頼朝 みなもとのよりとも	85,90,96,98,102,106,108
源頼義 みなもとのよりよし	78,100
宮将軍 みやしょうぐん	109,111
明恵 みょうえ	104

長岡京 ながおかきょう 64
中岡慎太郎 なかおかしんたろう 271
中川淳庵 なかがわじゅんあん 248
長篠の戦い ながしののたたかい 182,190,201
中先代の乱 なかせんだいのらん 126
中臣鎌足 なかとみのかまたり 56,70
中大兄皇子 なかのおおえのおうじ 56,58
奴国 なこく 38,43
鍋島直茂 なべしまなおしげ 185
名和長年 なわながとし 122
南光坊天海 なんこうぼうてんかい 166
南禅寺 なんぜんじ 146
南都 なんと 78
南都六宗 なんとろくしゅう 64,68
南北朝 なんぼくちょう 121,130

に

新島八重 にいじまやえ 281
二位尼 にいのあま →平時子
二官八省 にかんはっしょう 66
錦絵 にしきえ 12,254
二条天皇 にじょうてんのう 84
日英同盟 にちえいどうめい 296,300
日独伊三国同盟 にちどくいさんごくどうめい 306
日米修好通商条約 にちべいしゅうこうつうしょうじょうやく 267
日米和親条約 にちべいわしんじょうやく 266
日明貿易 にちみんぼうえき 135,136,138
日蓮 にちれん 104
日蓮宗 にちれんしゅう 104,147,194
日露戦争 にちろせんそう 294,296
日宋貿易 にっそうぼうえき 86,139
新田義貞 にったよしさだ 121,123,124,128,130
日中戦争 にっちゅうせんそう 304,306
二·二六事件 ににろくじけん 302
日本海海戦 にほんかいかいせん 294
『日本書紀』 にほんしょき 56
仁徳天皇 にんとくてんのう 46

の

信長塀 のぶながべい 195

は

廃刀令 はいとうれい 292
廃藩置県 はいはんちけん 284
廃仏派 はいぶつは 52
白村江の戦い はくそんこうのたたかい 55,58
ばさら(婆娑羅)大名 ばさらだいみょう 132,143
箸墓古墳 はしはかこふん 41
羽柴秀勝 はしばひでかつ 188
羽柴秀吉 はしばひでよし →豊臣秀吉
橋本左内 はしもとさない 260
八月十八日の政変 はちがつじゅうはちにちのせいへん 268,270
蜂須賀正勝(小六) はちすかまさかつ(ころく) 168
馬頭原の戦い ばとうばらのたたかい 176
華岡青洲 はなおかせいしゅう 249
埴輪 はにわ 46
播磨三木城包囲戦 はりまみきじょうほういせん 184
バルチック艦隊 ばるちっくかんたい 294
半済令 はんぜいれい 132
版籍奉還 はんせきほうかん 284
班田収授法 はんでんしゅうじゅほう 62

ひ

東山文化 ひがしやまぶんか 140,142
比企能員 ひきよしかず 107,108
備前八幡山城 びぜんはちまんやまじょう 184
ヒトラー 304
火縄銃 ひなわじゅう 158
日野富子 ひのとみこ 140
卑弥呼 ひみこ 38,40
白虎隊 びゃっこたい 280
評定衆 ひょうじょうしゅう 106,109,113
平賀朝雅 ひらがともまさ 108
熙仁親王 ひろひとしんのう →伏見天皇

ふ

『富嶽三十六景』 ふがくさんじゅうろっけい 254
福沢諭吉 ふくざわゆきち 260
福島正則 ふくしままさのり 210,214,220
武家諸法度 ぶけしょはっと 209,220,227
富国強兵 ふこくきょうへい 288
武士道 ぶしどう 114
伏見天皇 ふしみてんのう 120,131
撫順炭砿 ぶじゅんたんこう 15
藤原四家 ふじわらしけ 71
藤原純友 ふじわらのすみとも 76
藤原種継 ふじわらのたねつぐ 64
藤原信頼 ふじわらののぶより 84
藤原秀郷 ふじわらのひでさと 77,103
藤原不比等 ふじわらのふひと 70
藤原道長 ふじわらのみちなが 70,72,74,80

伊達騒動 だてそうどう	245
伊達稙宗 だてたねむね	186
伊達政宗 だてまさむね	185,204
田沼意次 たぬまおきつぐ	252
種子島時尭 たねがしまときたか	158
壇ノ浦の戦い だんのうらのたたかい	91,92

ち

知行国 ちぎょうこく	81,88
秩父事件 ちちぶじけん	293
秩禄処分 ちつろくしょぶん	292
千早城 ちはやじょう	122
茶屋四郎次郎 ちゃやしろうじろう	224
仲恭天皇 ちゅうきょうてんのう	112
中国攻め ちゅうごくぜめ	184
朝貢 ちょうこう	116,138
長州征伐 ちょうしゅうせいばつ	268,270
朝鮮出兵 ちょうせんしゅっぺい	208
朝鮮戦争 ちょうせんせんそう	308
長宗我部元親 ちょうそかべもとちか	202
長宗我部盛親 ちょうそかべもりちか	215,216
徴兵令 ちょうへいれい	288

つ

通仙散 つうせんさん	249
土御門上皇 つちみかどじょうこう	112
妻問婚 つまどいこん	70
鶴岡八幡宮 つるがおかはちまんぐう	100
鶴屋南北 つるやなんぼく	254
『徒然草』つれづれぐさ	114

て

適塾 てきじゅく	260
出島 でじま	229
てつはう	117
鉄砲伝来 てっぽうでんらい	158
寺子屋 てらこや	250,288
天智天皇 てんじてんのう	→中大兄皇子
天主(天守閣) てんしゅ	190,192,206
天璋院篤姫 てんしょういんあつひめ	227
殿上人 てんじょうびと	66
天台宗 てんだいしゅう	68
天保の改革 てんぽうのかいかく	259,262
天保の飢饉 てんぽうのききん	258
天武天皇 てんむてんのう	4,57,60
天明の飢饉 てんめいのききん	252
天目山の戦い てんもくざんのたたかい	160,182

と

唐 とう	54,58
『東海道五十三次』とうかいどうごじゅさんつぎ	11,254
東京オリンピック とうきょうおりんぴっく	304
道元 どうげん	104
東郷平八郎 とうごうへいはちろう	294
東条英機 とうじょうひでき	303
統制派 とうせいは	302
闘茶 とうちゃ	143
藤堂高虎 とうどうたかとら	207,215
富樫政親 とがしまさちか	176
土岐氏の乱 ときしのらん	134,137
徳川家定 とくがわいえさだ	225,227
徳川家継 とくがわいえつぐ	225,242
徳川家綱 とくがわいえつな	225,234
徳川家斉 とくがわいえなり	225,254
徳川家宣 とくがわいえのぶ	225,242
徳川家治 とくがわいえはる	225,252
徳川家光 とくがわいえみつ	225,226
徳川家茂(慶福) とくがわいえもち(よしとみ)	224,267
徳川家康 とくがわいえやす	102,164,166,168,176, 178,183,186,188,197,200,202,208, 212,214,216,220,224,228,230,246
徳川綱吉 とくがわつなよし	225,236,242
徳川秀忠 とくがわひでただ	213,225,226
徳川慶喜 とくがわよしのぶ	225,274,276,278
徳川吉宗 とくがわよしむね	225,248,262
徳政一揆 とくせいいっき	144
徳政令 とくせいれい	144
得宗専制政治 とくそうせんせいせいじ	109,118,120,124
徳姫 とくひめ	188
鳥羽上皇(法皇) とばじょうこう	84
鳥羽・伏見の戦い とばふしみのたたかい	276,280
豊臣秀吉 とよとみひでよし	8,156,168,184, 186,188,196,198,200,202,204,208, 210,212,214,216,220,222,230,234
豊臣秀頼 とよとみひでより	188,216
渡来人 とらいじん	50
渡来僧 とらいそう	52
屯田兵 とんでんへい	282

な

直江兼続 なおえかねつぐ	185,212
直江状 なおえじょう	212

す

推古天皇 すいこてんのう	50,52,57
崇仏派 すうぶつは	52
崇仏論争 すうぶつろんそう	52
菅原道真 すがわらのみちざね	54
杉田玄白 すぎたげんぱく	248
崇峻天皇 すしゅんてんのう	50,57
鈴木春信 すずきはるのぶ	11,254
崇徳天皇(上皇) すとくてんのう	84
受領 ずりょう	76

せ

征夷大将軍 せいいたいしょうぐん	97,102,130,134,140,186,202
清少納言 せいしょうなごん	72
政僧 せいそう	166
西南戦争 せいなんせんそう	292
精霊崇拝 せいれいすうはい	32
清和源氏 せいわげんじ	78
世界恐慌 せかいきょうこう	302
関ヶ原の戦い せきがはらのたたかい	178,200,209,210,213,214,220,246
摂関政治 せっかんせいじ	70,127
摂家将軍 せっけしょうぐん	109
摂政 せっしょう	66,70,80,275
摂津源氏 せっつげんじ	79
前九年の役 ぜんくねんのえき	78,100
戦国大名 せんごくだいみょう	152,154,162,164,176,180,186
禅宗 ぜんしゅう	104,142,146
千利休 せんのりきゅう	157,203

そ

『蔵志』そうし	248
惣村 そうそん	144,146
曹洞宗 そうとうしゅう	104
惣無事令 そうぶじれい	204
僧兵 そうへい	78
惣領制 そうりょうせい	114
蘇我稲目 そがのいなめ	50,57
蘇我入鹿 そがのいるか	50,56
蘇我馬子 そがのうまこ	50,52,57
蘇我蝦夷 そがのえみし	50,56
束帯 そくたい	73
則天武后 そくてんぶこう	61
租庸調 そようちょう	62
祖霊信仰 それいしんこう	38
尊皇攘夷 そんのうじょうい	268

た

『ターヘル・アナトミア』	249
第一次世界大戦 だいいちじせかいたいせん	296,300
大覚寺統 だいかくじとう	120,128
対華二十一カ条の要求 たいかにじゅいっかじょうのようきゅう	300
大化の改新 たいかのかいしん	56
太原崇孚(雪斎) たいげんすうふ(せっさい)	166,168
太閤検地 たいこうけんち	209,222
大正モダニズム たいしょうもだにずむ	300
大政奉還 たいせいほうかん	272,274
大仙陵古墳 だいせんりょうこふん	46
第二次世界大戦 だいにじせかいたいせん	306
『大日本沿海輿地全図』だいにほんえんかいこうちぜんず	256
『太平記』たいへいき	124,142
太平洋戦争 たいへいようせんそう	306
大宝律令 たいほうりつりょう	62
大名貸し だいみょうがし	232
平清盛 たいらのきよもり	77,84,86,88,92,98
平維盛 たいらのこれもり	87,90,96
平貞盛 たいらのさだもり	77,79
平滋子 たいらのしげこ	86
平忠正 たいらのただまさ	84,87
平時子 たいらのときこ	87,92
平徳子 たいらのとくこ	86
平将門 たいらのまさかど	76,103
平正盛 たいらのまさもり	78,87
平盛子 たいらのもりこ	86
高倉天皇 たかくらてんのう	86,113
高杉晋作 たかすぎしんさく	270
高松塚古墳 たかまつづかこふん	4
高望王 たかもちおう	78
高山右近 たかやまうこん	163
武田勝頼 たけだかつより	160,174,182,189
武田信玄 たけだしんげん	160,164,170,172,174,178,184,186,201
武田信虎 たけだのぶとら	164,178
竹中半兵衛(重治) たけなかはんべえ(しげはる)	184
武内宿禰 たけうちのすくね	50
太政大臣 だじょうだいじん	67,86,136,186,203
竪穴住居 たてあなじゅうきょ	2,34

佐久間盛政 さくまもりまさ	198	島津義弘 しまづよしひろ	214
桜田門外の変 さくらだもんがいのへん	267	持明院統 じみょういんとう	120,128,130
鎖国 さこく	228,266	社会主義運動 しゃかいしゅぎうんどう	300
佐々木道誉（高氏） ささきどうよたかうじ	132	遮光器土偶 しゃこうきどぐう	33
笹山遺跡 ささやまいせき	32	洒落本 しゃれぼん	250
薩長同盟 さっちょうどうめい	269,270	朱印状 しゅいんじょう	228
真田昌幸 さなだまさゆき	185,201,212,214	十三人の合議制 じゅうさんにんのごうぎせい	
真田幸村 さなだゆきむら	185,216		106,108,113
佐野常民 さのつねたみ	260	十二単 じゅうにひとえ	73
佐幕 さばく	269	自由民権運動 じゆうみんけんうんどう	292
ザビエル さびえる	162	修験道 しゅげんどう	68
侍所 さむらいどころ	96,100,113	守護 しゅご	63,100,113,127,132,
早良親王 さわらしんのう	64		134,140,150,152,154,186
三管領四職 さんかんれいししき	134	守護代 しゅごだい	150,152,154
参勤交代 さんきんこうたい	209,220,222,231	守護大名 しゅごだいみょう	132,136,144,150
三国協商 さんごくきょうしょう	297	順徳上皇 じゅんとくじょうこう	112
『三国志』 さんごくし	38	書院造 しょいんづくり	142
三国同盟 さんごくどうめい	297	松下村塾 しょうかそんじゅく	261
『三子教訓状』 さんしきょうくんじょう	178	城下町 じょうかまち	157,190,230
三種の神器 さんしゅのじんぎ	92,134	荘官 しょうかん	76,97
三世一身法 さんせいっしんのほう	62	承久の乱 じょうきゅうのらん	110,112,120
三内丸山遺跡 さんないまるやまいせき	34	正中の変 しょうちゅうのへん	122
サンフランシスコ講和条約 さんふらんしすこ こうわじょうやく	308	正長の徳政一揆 しょうちょうのとくせいいっき	144
三法師 さんほうし	→織田秀信	浄土教 じょうどきょう	74
参与会議 さんよかいぎ	268	聖徳太子 しょうとくたいし	50,52,57,60
		浄土宗 じょうどしゅう	104,146,194
し		浄土真宗 じょうどしんしゅう	104,146
GHQ	→連合国軍最高司令官総司令部	昌平坂学問所 しょうへいざかがくもんじょ	261
シーボルト しーぼると	249,256,261	承平・天慶の乱 じょうへいてんぎょうのらん	
紫衣事件 しえじけん	226		76,79,103
辞官納地 じかんのうち	274	縄文土器 じょうもんどき	32
鹿ヶ谷事件 ししがたにじけん	88	縄文文化 じょうもんぶんか	30,36
時宗 じしゅう	104	生類憐みの令 しょうるいあわれみのれい	236
治承三年の変 じしょうさんねんのへん	88	舒明天皇 じょめいてんのう	51,56
治承・寿永の乱 じしょうじゅえいのらん	90	白河天皇（上皇） しらかわてんのう	78,80
四神相応 しじんそうおう	64	新羅 しらぎ	52,54,58
賤ヶ岳の七本槍 しずがたけのしちほんやり	210	親魏倭王 しんぎわおう	38
賤ヶ岳の戦い しずがたけのたたかい	198	真言宗 しんごんしゅう	68
使節遵行 しせつじゅんぎょう	132	尋常小学校 じんじょうしょうがっこう	288
執権 しっけん	108,110	信西 しんぜい	84
地頭 じとう	63,86,97,100,112	新撰組 しんせんぐみ	280
持統天皇 じとうてんのう	60	『信長公記』 しんちょうこうき	168,182,184
柴田勝家 しばたかついえ	198,200	寝殿造 しんでんづくり	73,142
島左近 しまさこん	184,215	神仏習合 しんぶつしゅうごう	68
島津貴久 しまづたかひさ	162,187	新補地頭 しんぽじとう	112
島津久光 しまづひさみつ	268,284	親鸞 しんらん	104,146

黒田官兵衛（孝高）くろだかんべえ（よしたか）	163,185
黒田騒動 くろだそうどう	245
黒船 くろふね	266

け

激化事件 げきかじけん	292
下剋上 げこくじょう	150,152,154
華厳宗 けごんしゅう	105
元 げん	116
元弘の変 げんこうのへん	122
『源氏物語』げんじものがたり	70,72
遣隋使 けんずいし	54,60
検地 けんち	164
遣唐使 けんとうし	54,60
建武式目 けんむしきもく	132
建武の新政 けんむのしんせい	126
建礼門院 けんれいもんいん	→平徳子
元禄文化 げんろくぶんか	255

こ

五・一五事件 ごいちごじけん	302
弘安の役 こうあんのえき	116
公議政体 こうぎせいたい	274
皇極(斉明)天皇 こうぎょくてんのう	57,58
高句麗 こうくり	52,59
庚午年籍 こうごねんじゃく	58
光厳天皇(上皇) こうごんてんのう	126,128,131
郷士 ごうし	168
甲州街道 こうしゅうかいどう	231,246
甲相駿三国同盟 こうそうすんさんごくどうめい	164,167
後宇多天皇 ごうだてんのう	120,131
公地公民制 こうちこうみんせい	62
皇道派 こうどうは	302
公武合体 こうぶがったい	267,268,270
光明天皇 こうみょうてんのう	130
孝明天皇 こうめいてんのう	280
『甲陽軍鑑』こうようぐんかん	172
御恩と奉公 ごおんとほうこう	118
後亀山天皇 ごかめやまてんのう	131,134
『後漢書』東夷伝 ごかんじょとういでん	38
国際連盟 こくさいれんめい	302
国司 こくし	76,80,81,97,127
国人 こくじん	132,150,152,164,178
国風文化 こくふうぶんか	54,72
御家人 ごけにん	97,106,110,112,114,118,127
小御所会議 こごしょかいぎ	274
後小松天皇 ごこまつてんのう	131,134,136
後嵯峨天皇(上皇) ごさがてんのう	109,120
五山・十刹の制 ござんじっさつのせい	146
後三条天皇 ごさんじょうてんのう	71,80
後三年の役 ごさんねんのえき	78
『古事記』こじき	46
後白河天皇(上皇、法皇) ごしらかわてんのう	84,87,88,98,102
御成敗式目 ごせいばいしきもく	112
後醍醐天皇 ごだいごてんのう	120,122,126,128,130
五大老 ごたいろう	212
後藤象二郎 ごとうしょうじろう	292
後藤又兵衛 ごとうまたべえ	216
後鳥羽上皇 ごとばじょうこう	110,112
小西行長 こにしゆきなが	163,210
近衛前久 このえさきひさ	202
近衛天皇 このえてんのう	84
小早川隆景 こばやかわたかかげ	178
小早川秀秋 こばやかわひであき	179,214
後深草天皇(上皇) ごふかくさてんのう	109,120,131
五奉行 ごぶぎょう	210,212
古墳 こふん	2,4,44,46
個別安堵法 こべつあんどほう	126
小牧・長久手の戦い こまきながくてのたたかい	188,200,202
小松帯刀(清廉) こまつたてわき(きよかど)	
後水尾天皇 ごみずのおてんのう	226
後陽成天皇 ごようぜいてんのう	202
五稜郭 ごりょうかく	282
墾田永年私財法 こんでんえいねんしざいほう	62

さ

西光 さいこう	88
西郷隆盛 さいごうたかもり	268,270,275,278,284,292
最澄 さいちょう	68,74
斎藤道三 さいとうどうさん	154,165,178
斎藤義龍 さいとうよしたつ	178
斉明天皇 さいめいてんのう	→皇極天皇
西面武士 さいめんのぶし	81,110
酒井忠次 さかいただつぐ	183
嵯峨天皇 さがてんのう	71,78
坂本龍馬 さかもとりょうま	268,270,282
防人 さきもり	58

316

嘉吉の変 かきつのへん 140
学制 がくせい 288
笠原新六郎 かさはらしんろくろう 204
梶原景時 かじわらかげとき 107,108
春日局 かすがのつぼね 226
和宮 かずのみや 269
化政文化 かせいぶんか 254
片倉景綱 かたくらかげつな 185
勝海舟 かつかいしゅう 256,268,278,282
葛飾北斎 かつしかほくさい 254
桂小五郎 かつらこごろう 269
加藤清正 かとうきよまさ 207,210,214
『仮名手本忠臣蔵』 かなでほんちゅうしんぐら 240
仮名文字 かなもじ 72
金森長近 かなもりながちか 198
嘉納治五郎 かのうじごろう 304
歌舞伎 かぶき 254
株仲間 かぶなかま 252,263
鎌倉五山 かまくらござん 146
鎌倉十刹 かまくらじっせつ 146
鎌倉府 かまくらふ 134,164
鎌倉六宗 かまくらろくしゅう 104
亀山天皇(上皇) かめやまてんのう 109,120,131
刈田狼藉 かりたろうぜき 132
枯山水 かれさんすい 142
河越城の戦い かわごえじょう 160
河越夜戦 かわごえよいくさ 160
河竹黙阿弥 かわたけもくあみ 254
河内源氏 かわちげんじ 79
川中島の戦い かわなかじまのたたかい 172
河村瑞賢 かわむらずいけん 234
環濠集落 かんごうしゅうらく 36
勘合符 かんごうふ 138
勘合貿易 かんごうぼうえき →日明貿易
官職 かんしょく 66,102,136,186,203
『漢書』地理志 かんじょちりし 38
官人 かんじん 66
勧進相撲 かんじんずもう 254
寛政の改革 かんせいのかいかく 259,262
貫頭衣 かんとうい 39
関東軍 かんとうぐん 14,302
観応の擾乱 かんのうのじょうらん 130
関白 かんぱく 66,70,80,81,86,186,202,204,275
『関八州古戦録』 かんはっしゅうこせんろく 204
神戸信孝 かんべのぶたか 189,198
桓武天皇 かんむてんのう 64,71,78
桓武平氏 かんむへいし 78
管領 かんれい 134,140,150

き

義円→足利義教 ぎえん
『魏志』倭人伝 ぎしわじんでん 37,38,40
木曽義仲 きそよしなか →源義仲
喜多川歌麿 きたがわうたまろ 10
北畠顕家 きたばたけあきいえ 128,130
北畠具教 きたばたけとものり 174
北畠信雄 きたばたけのぶかつ →織田信雄
北山第 きたやまだい 135,136,137
北山文化 きたやまぶんか 135,142
吉川広家 きっかわひろいえ 178,214
吉川元春 きっかわもとはる 178
木戸孝允 きどたかよし →桂小五郎
木下藤吉郎 きのしたとうきちろう →豊臣秀吉
黄表紙 きびょうし 250
九州探題 きゅうしゅうたんだい 134
教育勅語 きょういくちょくご 289
教育令 きょういくれい 288
京都五山 きょうとござん 146
京都十刹 きょうとじっせつ 146
享保の改革 きょうほうのかいかく 259,262
清洲会議 きよすかいぎ 198
吉良上野介 きらこうずけのすけ 238,240
キリシタン大名 162
キリスト教 162,195,228
金閣 きんかく 135,142
銀閣 ぎんかく 142
錦旗 きんき 276,280
禁中並公家諸法度 きんちゅうならびにくげしょはっと 226
欽明天皇 きんめいてんのう 50,57
禁裏付 きんりづき 226

く

空海 くうかい 68
公卿 くぎょう 66,128,274
公暁 くぎょう 108
草双紙 くさぞうし 250
楠木正成 くすのきまさしげ 122,128
百済 くだら 50,52,58
朽木元綱 くちきもとつな 214
『旧唐書』 くとうじょ 61
口分田 くぶんでん 62
熊野三山 くまのさんざん 68

う

項目	読み	ページ
上杉景勝	うえすぎかげかつ	185,212
上杉謙信	うえすぎけんしん	160,164,171,172,174,185,186,212
上杉憲実	うえすぎのりざね	140
浮世絵	うきよえ	10,254
羽州探題	うしゅうたんだい	134
宇田川玄随	うだがわげんずい	248,261
歌川豊国	うたがわとよくに	254
歌川広重（三代）	うたがわひろしげ	12
歌川広重	うたがわひろしげ	11,254
宇多源氏	うだげんじ	78
打ちこわし	うちこわし	252,258
宇都宮辻子幕府	うつのみやずしばくふ	100
厩戸王	うまやとおう	→聖徳太子
運上	うんじょう	252

え

項目	読み	ページ
永享の乱	えいきょうのらん	140
栄西	えいさい	104
叡尊	えいそん	104
永仁の徳政令	えいにんのとくせいれい	118
ええじゃないか		272
ABCD包囲網		306
江戸城	えどじょう	193,201,206,231,241,246,278,282
榎本武揚	えのもとたけあき	282
延喜・天暦の治	えんぎてんりゃくのち	126
延久の荘園整理令	えんきゅうのしょうえんせいりれい	80
延暦寺	えんりゃくじ	64,68,78,137,194
延暦寺焼き討ち	えんりゃくじやきうち	175,194

お

項目	読み	ページ
御家騒動	おいえそうどう	221,244
奥羽越列藩同盟	おううえつれっぱんどうめい	280
応永の乱	おうえいのらん	135,137,156
奥州仕置き	おうしゅうしおき	204
奥州探題	おうしゅうたんだい	134
王政復古の大号令	おうせいふっこのだいごうれい	274,277
応仁・文明の乱	おうにんぶんめいのらん	140,150,152,156
大海人皇子	おおあまのみこ	→天武天皇
大石内蔵助	おおいしくらのすけ	238,240
大内義興	おおうちよしおき	171
大内義隆	おおうちよしたか	162
大王	おおきみ	44,56,60
大久保利通	おおくぼとしみち	268,271,275
大隈重信	おおくましげのぶ	300
大蔵幕府	おおくらばくふ	100
大坂城	おおさかじょう	192,216,234,276
大坂夏の陣	おおさかなつのじん	216
大坂冬の陣	おおさかふゆのじん	216
大塩平八郎の乱	おおしおへいはちろうのらん	258
大谷吉継	おおたによしつぐ	211,215
大津宮	おおつのみや	58
大友宗麟（義鎮）	おおともそうりん（よししげ）	162
大村益次郎	おおむらますじろう	260
御蔭参り	おかげまいり	254,273
緒方洪庵	おがたこうあん	249,260
於義丸	おぎまる	→結城秀康
荻原重秀	おぎわらしげひで	242
桶狭間の戦い	おけはざまのたたかい	164,166,168,195
織田市	おだいち	188
織田信雄	おだのぶかつ	174,188,200,202
織田信孝	おだのぶたか	→神戸信孝
織田信忠	おだのぶただ	8,174,189,190
織田信長	おだのぶなが	8,156,158,160,164,166,168,174,176,178,180,182,184,186,188,190,192,194,196,198,203,210
織田信秀	おだのぶひで	186
織田信広	おだのぶひろ	166,189
織田信行	おだのぶゆき	178
織田秀信	おだひでのぶ	199
小田原征伐	おだわらせいばつ	160,201,204
小田原城	おだわらじょう	204,206
於次丸	おつぎまる	→羽柴秀勝
御伽草子	おとぎぞうし	142
踊念仏	おどりねんぶつ	104
踊り歩	おどりぶ	232
オランダ風説書	おらんだふうせつがき	228
蔭位の制	おんいのせい	66
陰陽五行説	おんみょうごぎょうせつ	64,74
陰陽道	おんみょうどう	74

か

項目	読み	ページ
改易	かいえき	209,220
海軍操練所	かいぐんそうれんじょ	268
改新の詔	かいしんのみことのり	56
『解体新書』	かいたいしんしょ	248
火焔土器	かえんどき	32
加賀騒動	かがそうどう	244

318

索引

あ

会津征伐 あいづせいばつ	214
会津戦争 あいづせんそう	280
赤松則村 あかまつのりむら	122
赤松満祐 あかまつみつすけ	140
悪党 あくとう	122
明智光秀 あけちみつひで	196,198
赤穂事件 あこうじけん	238,240
浅井長政 あざいながまさ	174,188
朝倉敏景(孝景) あさくらとしかげ(たかかげ)	152,155,170
朝倉義景 あさくらよしかげ	165,174
浅野内匠頭 あさのたくみのかみ	238
旭姫 あさひひめ	188
足利尊氏(高氏) あしかがたかうじ(たかうじ)	102,121,122,124,126,128,130,132,141
足利直冬 あしかがただふゆ	130
足利直義 あしかがただよし	126,128,130
足利晴氏 あしかがはるうじ	160
足利持氏 あしかがもちうじ	140
足利基氏 あしかがもとうじ	134
足利康子 あしかがやすこ	136
足利義昭 あしかがよしあき	141,171,197,203
足利義詮 あしかがよしあきら	130,134,141
足利義勝 あしかがよしかつ	140,144
足利義嗣 あしかがよしつぐ	136
足利義教 あしかがよしのり	140,144
足利義尚 あしかがよしひさ	141,150
足利義政 あしかがよしまさ	140,142,150
足利義視 あしかがよしみ	150
足利義満 あしかがよしみつ	134,136,138,140,142,146,156
足利義持 あしかがよしもち	136,140
足軽 あしがる	180
飛鳥池遺跡 あすかいけいせき	60
飛鳥浄御原令 あすかきよみはらりょう	60
安土宗論 あづちしゅうろん	194
安土城 あづちじょう	8,190,192
『吾妻鏡』 あづまのかがみ	93
姉川の戦い あねがわのたたかい	184,201
安倍晴明 あべのせいめい	74
阿倍比羅夫 あべのひらふ	58
阿部正弘 あべまさひろ	266
アニミズム	→精霊崇拝
新井白石 あらいはくせき	237,242
荒木貞夫 あらきさだお	303
粟田真人 あわたまひと	60
安国寺恵瓊 あんこくじえけい	166,215
鞍山製鉄所 あんざんせいてつじょ	14
安政の大獄 あんせいのたいごく	260,267
安徳天皇 あんとくてんのう	86,92,113

い

井伊直弼 いいなおすけ	267
イエズス会	162,197
位階 いかい	66,186
衣冠 いかん	73
池田恒興 いけだつねおき	200
異国船打ち払い令 いこくせんうちはらいれい	266
石垣 いしがき	191,192,206
石垣山一夜城 いしがきやまいちやじょう	204
石田三成 いしだみつなり	184,210,212,214,220,222
石山合戦 いしやまがっせん	176
石山本願寺 いしやまほんがんじ	105,147,176
以心崇伝 いしんすうでん	166
伊勢平氏 いせへいし	79
板垣退助 いたがきたいすけ	292
市川団十郎 いちかわだんじゅうろう	254
一条天皇 いちじょうてんのう	71,72
一ノ谷の戦い いちのたにのたたかい	91
一揆 いっき	144,252,258,272,288,292
一向一揆 いっこういっき	147,175,176,194
一向宗 いっこうしゅう	146,176,195
一国一城令 いっこくいちじょうれい	209,220
乙巳の変 いっしのへん	56
一遍 いっぺん	104
伊東玄朴 いとうげんぼく	249
伊藤博文 いとうひろぶみ	292
伊都国 いとこく	42
犬養毅 いぬかいつよし	302
伊能図 いのうず	256
伊能忠敬 いのうただたか	256
今川義元 いまがわよしもと	155,160,164,166,168,171,187
岩倉具視 いわくらともみ	274
院政 いんせい	80,84,120,127

●監修者紹介

武光　誠

[たけみつ　まこと]

1950年、山口県生まれ。明治学院大学教授。東京大学人文系大学院国史学科修了。文学博士（東京大学）。専攻は日本史。歴史哲学や比較文化的視点からの幅広い執筆活動を展開、日本の思想文化の研究に取り組んでいる。著書に『知っておきたい日本の神様』『知っておきたい日本の仏教』『知っておきたい日本の名字と家紋』『知っておきたい日本のご利益』『知っておきたい世界七大宗教』『知っておきたい日本の県民性』（角川ソフィア文庫）、『「型」と日本人』（PHP新書）、『一冊でつかむ日本史』（平凡社新書）など多数。

●イラスト――――永田勝也

●デザイン・図版作成――――カラノキデザイン制作室　佐々木容子

●執筆協力――――中原崇　小野憲太朗

●編集協力――――株式会社童夢
山内進

時代考証《じだいこうしょう》で見《み》る！ 日本《にほん》の歴史《れきし》

2011年8月15日発行

●監修者――――武光 誠 [たけみつ まこと]

●発行者――――若松 範彦

●発行所――――株式会社西東社《せいとうしゃ》

〒113-0034 東京都文京区湯島2-3-13

営業部：TEL（03）5800-3120　FAX（03）5800-3128

編集部：TEL（03）5800-3121　FAX（03）5800-3125

URL：http://www.seitosha.co.jp/

ISBN978-4-7916-1687-9